Märkle
Der Verein

Der Verein
im Zivil- und Steuerrecht

von

Dr. Rudi W. Märkle
Ministerialdirigent, Leiter der Steuerabteilung beim
Finanzministerium Baden-Württemberg

unter Mitwirkung von
Matthias Alber, Oberamtsrat und
Siegfried Göller, Oberamtsrat

10., neu bearbeitete Auflage, 2000

RICHARD BOORBERG VERLAG
Stuttgart · München · Hannover
Berlin · Weimar · Dresden

Die Deutsche Bibliothek – CIP-Einheitsaufnahme

Märkle, Rudi W.:
Der Verein im Zivil- und Steuerrecht / von Rudi W. Märkle. Unter Mitw. von Matthias Alber u. Siegfried Göller. - 10., neu bearb. Aufl. - Stuttgart ; München ; Hannover ; Berlin ; Weimar ; Dresden : Boorberg, 2000.
ISBN 3-415-02621-3

Satz und Druck: Gebr. Knöller KG, Stuttgart
Einband: Heinrich Koch KG, Tübingen

© Richard Boorberg Verlag GmbH & Co, 1972

Aus dem Vorwort zur ersten Auflage

Die Vereine, allen voran die zahlreichen Sport-, Gesang- und Musikvereine, erfüllen eine hohe Aufgabe im Staat. Mit ihrer meist gemeinnützigen Zielsetzung haben sich die Vereine als Treuhänder des Staates eine verantwortungsvolle und dankenswerte Verpflichtung auferlegt.

Vereine müssen als Personenzusammenschlüsse innerlich organisiert sein, das innere Vereinsleben muß, wenn es funktionieren soll, in überschaubaren und nachprüfbaren rechtlichen Bahnen verlaufen. Zum Schutze der Vereine und ihrer Mitglieder, aber auch derer, die mit ihnen in Rechtsbeziehungen treten, sind daher Stellung und Verfassung der Vereine im Bürgerlichen Gesetzbuch und seinen Nebengesetzen insbesondere aber in den Satzungen der Vereine geregelt.

Welche Zwecke ein Verein sich auch immer zum Ziel gesetzt hat, die Vereinsarbeit kann nur erfolgreich sein, wenn die notwendige finanzielle Grundlage vorhanden ist. Die Vereine können ihre Aufgaben daher auch nicht im ertrags- und vermögenslosen Raum erfüllen. Dies aber bedeutet für fast jeden Verein die Konfrontation mit zahlreichen steuerlichen Fragen und Problemen, deren Lösung zur Existenzfrage werden kann. Im Hinblick auf die dem allgemeinen Besten dienende Tätigkeit gewährt der Gesetzgeber den Sport- und Kulturvereinen bei Erfüllung bestimmter Voraussetzungen zahlreiche steuerliche Vergünstigungen. In jenem Bereich, in dem der Verein jedoch wie ein „Unternehmer" am allgemeinen Wirtschaftsleben teilnimmt und in dem er in ernsthaftem Wettbewerb mit anderen steuerpflichtigen Unternehmen der privaten Wirtschaft tritt, setzt in der Regel die volle Besteuerung ein.

Zweck dieser Darstellung will es sein, dem Verein selbst, seinem Vorstand, den Mitgliedern und seinen Kontaktpersonen Helfer und Ratgeber beim Auftreten von Zivil- und Steuerrechtsfragen zu sein. Sie will daher den Versuch unternehmen, möglichst vollständig zu sein, und deshalb auch in die weitverzweigten und nur noch schwer überschaubaren Grundsätze von Gesetzgebung und Rechtsprechung hineinleuchten, ohne sich in unwichtigen Einzelheiten zu verlieren.

Die Schrift hat aber darüber hinaus das Ziel, den Beratern der Vereine – den Rechtsberatern wie auch vor allem den Angehörigen der steuerberatenden Berufe – als systematische Grundlage und als handliches Nachschlagewerk bei ihrer Beratung und bei der Kontrolle der Gerichte und der Verwaltung, insbesondere der Finanzverwaltung zu dienen.

Mit dem Wunsche, daß die Darstellung allen Ansprüchen gerecht wird, verbinde ich den Dank an meine Mitarbeiter, die Herren Steuerräte Seibold und Stegmüller, die zum Gelingen des Werks wesentlich beigetragen haben.

Stuttgart, im Juni 1972   Der Verfasser

Vorwort zur 10. Auflage

Seit dem Erscheinen der Vorauflage sind vier Jahre vergangen. Die Zahl der Vereine hat weiterhin kräftig zugenommen. Nach einer Meldung des Deutschen Sportbundes (DSB) existierten Mitte 1998 allein 86 000 Sportvereine, denen rund 26,6 Millionen Mitglieder angehörten (wobei Mehrfachmitgliedschaften nicht berücksichtigt waren). Weiter auf Wachstumskurs sind aber auch die sonstigen Freizeitvereine, die Kultur- und Sozialvereine, die Umwelt-, Hilfs- und Selbsthilfeorganisationen sowie andere Clubs und Vereinigungen, die sich in der Rechtsform des Vereins organisiert haben.

Nach der jüngsten Statistik des Bundesfamilienministeriums sind 12 Millionen Männer und Frauen in diesen Vereinen tätig, ohne Lohn zu fordern. Nach einer Meldung der FAZ vom 2.10.1998 engagieren sich 17 Prozent der Bevölkerung (das bedeutet: jeder sechste Bundesbürger!) ehrenamtlich in einem Verein (Anfang der sechziger Jahre, als das vorliegende Werk entstand, waren dies lediglich fünf Prozent). Der unentgeltliche Einsatz nimmt weiter zu. Mittlerweile schätzt das Bundesfamilienministerium den Wert ehrenamtlicher Arbeit auf mehr als 100 Millionen Mark im Jahr. Die Bedeutung des Ehrenamts ist vor allem in einer Zeit leerer öffentlicher Kassen von höchster gesellschaftspolitischer Bedeutung.

Dieser Entwicklung hat das Recht der Besteuerung der Vereine, ihrer ehrenamtlichen Funktionäre und Helfer sowie ihrer Gönner und Förderer im auslaufenden Jahrzehnt nicht in genügendem Maße Rechnung getragen. Ein „neues" Spendenrecht steht zwar vor der Tür. Initiativen zu einer Verbesserung und Vereinfachung der Vereinsbesteuerung sind jedoch in der Vergangenheit wiederholt gescheitert. Seit 1990 gilt im wesentlichen das Gemeinnützigkeitsrecht sowie das Recht der Vereinsbesteuerung in der Fassung des Vereinsförderungsgesetzes aus dem Jahr 1990, das in einigen Bereichen zum Wohl der Vereine und ihrer Ehrenamtlichen dringend der Überarbeitung bedarf. Im Sommer 1999 erneut gestartete Gesetzesinitiativen der Länder Baden-Württemberg und Hessen sind allerdings gescheitert.

Trotz des Ausbleibens einer grundlegenden Reform der Vereinsbesteuerung berücksichtigt die 10. Auflage des vorliegenden Werks zahlreiche, seit 1996 eingetretene Gesetzesänderungen, von denen neben anderen Steuerpflichtigen auch Vereine betroffen sind. Genannt seien an dieser Stelle:
- neue Steuerklassen und Freibeträge bei der Erbschafts- und Schenkungssteuer (Jahressteuergesetz 1997 vom 20. 12. 1996, BGBl I 1996, 2049, BStBl I 1996, 1523),
- die Abschaffung der Vermögenssteuer für die Zeit nach dem 31. 12. 1996 (durch Unterlassung einer gesetzlichen Neuregelung im Jahressteuergesetz 1997),
- die Neubewertung (Bedarfsbewertung) des Grundbesitzes mit Wirkung ab 1. 1. 1997 (ebenfalls durch das Jahressteuergesetz 1997),
- gleichfalls ab 1. 1. 1997 die Erhöhung des Steuersatzes bei der Grunderwerbsteuer auf 3,5 v. H. (Jahressteuergesetz 1997),
- die Abschaffung der Gewerbekapitalsteuer ab 1. 1. 1998 (Gesetz zur Fortsetzung der Unternehmenssteuerreform vom 29. 10. 1997, BGBl I 1997, 2590, BStBl I 1997, 928),

- die Absenkung des Solidaritätszuschlags auf 5,5 v. H. ebenfalls ab dem 1. 1. 1998 (Gesetz zur Senkung des Solidaritätszuschlags vom 21. 11. 1997, BGBl I 1997, 2743, BStBl I 1997, 967),
- die Absenkung des Körperschaftsteuersatzes auf 40 v. H. mit Wirkung vom 1. 1. 1999 (Steuerentlastungsgesetz 1999/2000/2002 vom 24. 3. 1999, BGBl I 1999, 402; BStBl I 1999, 304),
- bei der Umsatzsteuer die Anhebung des Regelsteuersatzes ab 1. 4. 1998 auf 16 v. H. (Gesetz zur Finanzierung eines zusätzlichen Bundeszuschusses zur gesetzlichen Rentenversicherung vom 19. 12. 1997, BGBl I 1997, 3121, BStBl I 1998, 7),
- sowie die Neuregelung der Eigenverbrauchstatbestände mit Wirkung ab 1. 4. 1999 (ebenfalls durch das Steuerentlastungsgesetz 1999/2000/2002)
- und nicht zuletzt die Lohnsteuer- und sozialversicherungsrechtliche Neuregelung der sogenannten 630-Mark-Jobs (Gesetz zur Neuregelung der geringfügigen Beschäftigungsverhältnisse vom 24. 3. 1999, BGBl I 1999, 388; BStBl I 1999, 302).

Darüber hinaus haben die Verfasser sämtliche Verwaltungsregelungen zusammengetragen und ausgewertet, die die Gemeinnützigkeit, die Besteuerung der Vereine, die steuerliche Behandlung der ehrenamtlich Tätigen sowie Spender und Sponsoren betreffen. Beispielhaft aufgelistet seien die neuen Verwaltungsanweisungen

- zu den Höchstgrenzen für Mitgliedsbeiträge und Aufnahmegebühren,
- zum Ausgleich von Verlusten des steuerpflichtigen wirtschaftlichen Geschäftsbetriebs,
- zur Verwirklichung steuerbegünstigter Zwecke im Ausland,
- zum (steuerfreien) Übergang von der Selbstbewirtschaftung einer Vereinsgaststätte zu ihrer Verpachtung (§ 13 Abs. 4 KStG),
- zum Betriebsausgabenabzug bei gemischt veranlaßten Aufwendungen z. B. bei Musik- und Gesangvereinen,
- sowie zur ertragsteuerlichen Behandlung des Sponsorings sowohl beim Sponsor als auch beim Verein.

Natürlich hat – wie in den Vorauflagen – auch in dieser Auflage die neueste BFH-Rechtsprechung Berücksichtigung gefunden (z. B. zur Zulässigkeit von Rücklagen im wirtschaftlichen Geschäftsbetrieb) und – last but not least – sei auf die umfassende Neubearbeitung und Erweiterung des ABC zu den gemeinnützigen Zwecken besonders hingewiesen.

Die Verfasser verbinden mit der Herausgabe der dergestalt weiterreichend überarbeiteten Neuauflage die Hoffnung und den Wunsch, daß sie sich den Vereinen, ihren ehrenamtlichen Mitarbeitern, Helfern, Mitgliedern, Spendern und Sponsoren weiterhin als wertvoller Ratgeber in allen Zivilrechtsfragen und bei der Bewältigung auftretender Gemeinnützigkeits- und steuerrechtlicher Probleme als nützlich erweisen und damit dem Wohl der Vereinsfamilie dienen möge.

Stuttgart, im August 1999   Die Verfasser

Inhalt

Abkürzungen 17

1. TEIL
DER VEREIN IM ZIVILRECHT

A. Einleitung 21
   I. Der Begriff des Vereins 21
   II. Wirtschaftlicher Verein – Idealverein 21
      1. Wirtschaftlicher Verein 21
      2. Idealverein 23
   III. Rechtsfähiger Verein – nichtrechtsfähiger Verein 24

B. Der rechtsfähige Verein 27
   I. Die Rechtsfähigkeit 27
      1. Erlangung der Rechtsfähigkeit durch Eintragung ins
         Vereinsregister 27
      2. Das Amtsgericht als Registergericht 27
      3. Keine Eintragung wirtschaftlicher Vereine 27
      4. Voraussetzungen der Eintragung 28
      5. Eintragungsverfahren 33
      6. Inhalt der Eintragung 34
      7. Rechtswirkungen der Eintragung 35
   II. Die Verfassung des rechtsfähigen Vereins 37
      1. Begriff und Rechtsgrundlagen 37
      2. Die Satzung 38
      3. Die Mitgliederversammlung 59
      4. Der Vorstand 68
      5. Die Mitgliedschaft (Mitgliedschaftsrechte und -pflichten) 75
   III. Die Haftung 80
      1. Die Haftung des Vereins für seine Angestellten 81
      2. Die Haftung des Vereins für seine Organe 81
      3. Die Haftung des Organs 83
      4. Die Haftung des Mitglieds 84
      5. Die Haftung des Vereins für seine Tiere 84
      6. Die Haftung im Besteuerungsverfahren 85
      7. Die Haftung beim Spendenabzug 86

IV. Das Ende des rechtsfähigen Vereins 87
    1. Selbstauflösungsbeschluß (z.B. bei Fusion) 87
    2. Eintritt des Endtermins 89
    3. Wegfall aller Mitglieder 89
    4. Auflösung durch Behörde 89
    5. Konkurseröffnung 90
    6. Verminderung der Mitgliederzahl 90
    7. Aberkennung der Rechtsfähigkeit 90
    8. Eintragung von Auflösung und Entziehung 91
    9. Schicksal des Vereinsvermögens 91

C. Der nichtrechtsfähige Verein 95

  I. Unterschiede zu anderen Zusammenschlüssen 95
    1. Abgrenzung zum rechtsfähigen Verein 95
    2. Abgrenzung zur BGB-Gesellschaft 95

  II. Stellung des nichtrechtsfähigen Vereins im Gesetz
    (Anzuwendendes Recht) 97

  III. Die Errichtung des nichtrechtsfähigen Vereins 99

  IV. Die Verfassung des nichtrechtsfähigen Vereins 99
    1. Die Satzung 100
    2. Die Mitgliederversammlung 100
    3. Der Vorstand 101
    4. Die Mitgliedschaft (Mitgliedschaftsrechte und -pflichten) 102

  V. Das Vereinsvermögen 103
    1. Umfang des Vereinsvermögens 103
    2. Inhaber des Vereinsvermögens 104

  VI. Die Haftung 105
    1. Die persönliche Haftung des für den nichtrechtsfähigen Verein
      Handelnden 105
    2. Die Haftung des „Vereins" 106
    3. Die Haftung im Besteuerungsverfahren 108

  VII. Die Stellung des nichtrechtsfähigen Vereins vor Gericht 109
    1. Passive Parteifähigkeit 109
    2. Aktive Parteifähigkeit 109
    3. Zwangsvollstreckung 110
    4. Konkurs- und Vergleichsverfahren 111

  VIII. Das Ende des nichtrechtsfähigen Vereins 111
    1. Beendigungsgründe 111
    2. Beendigungsfolgen 111

D. Unterorganisationen 113

2. TEIL
STEUERRECHTLICHE BEHANDLUNG DER VEREINE

- **A. Gemeinnützigkeit** 117
  - I. Voraussetzungen der Gemeinnützigkeit 119
  - II. Gemeinnützige Zwecke 119
    1. Förderung der Allgemeinheit 120
    2. Förderung auf materiellem, geistigem oder sittlichem Gebiet . . 124
    3. Beispiele anerkannter gemeinnütziger Zwecke 128
  - III. Mildtätige Zwecke 149
    1. Körperliche, geistige oder seelische Hilfsbedürftigkeit 149
    2. Wirtschaftliche Hilfsbedürftigkeit 151
    3. Sonstige Voraussetzungen 152
  - IV. Kirchliche Zwecke 153
  - V. Selbstlosigkeit 154
    1. Allgemeines 154
    2. Verwendung der Mittel einer gemeinnützigen Körperschaft . . 155
    3. Grundsatz der zeitnahen Mittelverwendung. 159
    4. Zuwendungen an Vereinsmitglieder 160
    5. Verwendung des Vermögens 164
    6. Grundsatz der Vermögensbindung 164
  - VI. Ausschließlichkeit 166
  - VII. Unmittelbarkeit 168
  - VIII. Steuerlich unschädliche Betätigungen. 169
    1. Fördervereine, Spendensammelvereine 169
    2. Teilweise Weitergabe von Mitteln 175
    3. Überlassung von Arbeitskräften und Arbeitsmitteln 176
    4. Überlassung von Räumen 177
    5. Stiftungen 177
    6. Rücklagenbildung 178
    7. Veranstaltung geselliger Zusammenkünfte 182
    8. Förderung des bezahlten Sports 183
    9. Zulässigkeit von Zuschüssen an Wirtschaftsunternehmen . . . 183
  - IX. Wirtschaftliche Geschäftsbetriebe 183
    1. Allgemeines 183
    2. Verrechnung von Überschüssen und Verlusten. 185
    3. Besteuerungsgrenze nach § 64 Abs. 3 AO 186
    4. Mißbrauchsklausel nach § 64 Abs. 4 AO 188
    5. Reingewinnschätzung bei Altmaterialsammlungen
       (§ 64 Abs. 5 AO). 190

      6. Begriff des wirtschaftlichen Geschäftsbetriebs 193
- X. Zweckbetriebe 205
  1. Begriff und Voraussetzungen 205
  2. Beispiele für Zweckbetriebe 207
  3. Einrichtungen der Wohlfahrtspflege (§ 66 AO) 209
  4. Krankenhäuser (§ 67 AO) 211
  5. Sportliche Veranstaltungen (§ 67a AO) 212
  6. Alten- und Pflegeheime (§ 68 Nr. 1a AO) 229
  7. Einrichtungen für Kinder und Jugendliche (§ 68 Nr. 1b AO). . 229
  8. Selbstversorgungseinrichtungen (§ 68 Nr. 2 AO) 230
  9. Arbeitstherapeutische Betriebe und Fürsorgeeinrichtungen
     (§ 68 Nrn. 3 bis 5 AO) 230
  10. Lotterien und Ausspielungen (§ 68 Nr. 6 AO) 231
  11. Kulturelle Einrichtungen und Veranstaltungen (§ 68 Nr. 7 AO) 232
  12. Veranstaltungen wissenschaftlicher oder belehrender Art
      (§ 68 Nr. 8 AO) 234
  13. Forschungstätigkeiten gemeinnütziger Forschungseinrichtungen (§ 68 Nr. 9 AO) 234
- XI. Satzung 235
  1. Allgemeines 235
  2. Mustersatzung 237
  3. Grundsatz der Vermögensbindung (§ 61 AO) 239
- XII. Tatsächliche Geschäftsführung 240
- XIII. Anerkennungsverfahren 242

B. Steuerliche Abzugsfähigkeit von Spenden 247
- I. Begriff der steuerbegünstigten Ausgaben 247
  1. Allgemeines 247
  2. Abgrenzung von den Betriebsausgaben; ertragsteuerliche
     Behandlung des Sponsorings 248
  3. Spenden und Mitgliedsbeiträge 251
- II. Steuerbegünstigte Zwecke 262
  1. Mildtätige Zwecke 262
  2. Kirchliche Zwecke 263
  3. Religiöse Zwecke 264
  4. Wissenschaftliche Zwecke 264
  5. Besonders förderungswürdige gemeinnützige Zwecke 265
  6. Mitgliedsbeiträge und Spenden an politische Parteien 268
  7. Mitgliedsbeiträge und Spenden an unabhängige
     Wählervereinigungen. 269
  8. Zusammentreffen verschiedener Zwecke 269

III. Spendenempfänger 271
  1. Juristische Personen des öffentlichen Rechts und öffentliche
     Dienststellen 271
  2. Steuerbegünstigte Körperschaften des privaten Rechts 275
  3. Spendenempfänger bei Verwendung von Spenden im Ausland 277
  4. Einzeln anerkannte Spendenempfänger 278

IV. Vertrauensschutz und Haftung beim Spendenabzug 278

V. Spendenbescheinigung 281

VI. Höchstbeträge der abzugsfähigen Spenden 285
  1. Allgemeines 285
  2. Höchstbeträge 286

C. Körperschaftsteuer 290

I. Steuerpflicht 290
  1. Unbeschränkte Steuerpflicht 290
  2. Beschränkte Steuerpflicht 291

II. Einkommensermittlung 291
  1. Allgemeines 291
  2. Die einzelnen Einkunftsarten 292
  3. Ermittlung des Einkommens 302

III. Steuerbefreiungstatbestände 305
  1. Gemeinnützige, mildtätige und kirchliche Vereine 305
  2. Feuerwehren 329
  3. Pensions- und Unterstützungskassen 330
  4. Berufsverbände 331
  5. Landwirtschaftliche Vereine 337
  6. Politische Parteien 338
  7. Mitgliederbeiträge 338
  8. Zinsabschlagsteuer und Freistellungsmöglichkeiten 340

IV. Steuertarif, Veranlagung und Entrichtung der Körperschaftsteuer . 345
  1. Körperschaftsteuertarif 345
  2. Freibetrag 345
  3. Körperschaftsteuerveranlagung 346

D. Gewerbesteuer 349

I. Steuerpflicht bei Vereinen 349

II. Besteuerungsgrundlagen und Erhebung der Gewerbesteuer . . . 350
  1. Gewerbeertrag 350
  2. Festsetzung des Steuermeßbetrags und Erhebung der Gewerbe-
     steuer 351

III. Steuerbefreiungen 352
   1. Gemeinnützige Vereine 352
   2. Krankenhäuser, Altenheime, Altenwohnheime, Pflegeheime, Kurzzeitpflegeeinrichtungen und Einrichtungen zur ambulanten Pflege 352
   3. Landwirtschaftliche Vereinigungen 353
   4. Pensions- und Unterstützungskassen sowie Vermögensverwaltung für nichtrechtsfähige Berufsverbände 353
   5. Schulen und allgemeinbildende oder berufsbildende Einrichtungen 353

E. Vermögensteuer 355

F. Umsatzsteuer 357

  I. Wesen der Umsatzsteuer 357
    1. Allgemeines 357
    2. Rechtsgrundlagen 357

  II. Steuergegenstand 358
    1. Steuerbare Umsätze 358
    2. Unternehmer, Unternehmen 358
    3. Steuertatbestände 362

  III. Steuerbefreiungen 367
    1. Allgemeines 367
    2. Steuerbefreiungstatbestände 368
    3. Vergütung von Vorsteuer 382
    4. Verzicht auf Steuerbefreiung 382

  IV. Bemessungsgrundlage 385
    1. Allgemeines 385
    2. Entgelt 385
    3. Besteuerung nach vereinbarten oder vereinnahmten Entgelten 386

  V. Steuersätze 387
    1. Überblick 387
    2. Allgemeiner Steuersatz 387
    3. Ermäßigter Steuersatz 387

  VI. Vorsteuerabzug 390
    1. Allgemeines 390
    2. Ausschluß vom Vorsteuerabzug 391
    3. Aufteilung der Vorsteuerbeträge 391
    4. Vorsteuerpauschalierung 393
    5. Vorsteuerberichtigung 395
    6. Ausstellung von Rechnungen 395

VII. Vereine mit niedrigem Gesamtumsatz (sog. Kleinunternehmer) 396
   1. Grundsätzliche Regelung 396
   2. Nichterhebung der Umsatzsteuer bei Vorjahresumsatz
      bis 32 500 DM 396
   3. Freiwillige Versteuerung von Umsätzen 397
VIII. Beispiel zur Umsatzsteuer 398
IX. Erhebung der Umsatzsteuer 400
   1. Aufzeichnungspflichten 400
   2. Entstehung der Steuerschuld und Berechnung der Umsatzsteuer 401
   3. Besteuerungszeitraum und Jahressteuererklärung 401
   4. Umsatzsteuer-Voranmeldungen und -Vorauszahlungen. . . . 402

G. Lohnsteuer 405

   I. Vereine als Arbeitgeber 405

   II. Begriff des Arbeitnehmers 405
      1. Voraussetzungen 405
      2. Beispiele für Arbeitnehmer 406
      3. Fehlen der Arbeitnehmereigenschaft 407
      4. Ehrenamtliche Tätigkeit 408

   III. Pflichten als Arbeitgeber 409
      1. Steuerabzug nach den allgemeinen Vorschriften 409
      2. Steuerfreistellung oder Pauschalierung der Lohnsteuer bei
         geringfügigen Beschäftigungsverhältnissen
         (Stichwort: „630-Mark-Jobs")
         409
      3. Pauschalierung der Lohnsteuer bei kurzfristigen Beschäftigungen 414
      4. Steuerfreie Erstattung von Reisekosten, Umzugskosten und
         Mehraufwendungen bei doppelter Haushaltsführung
         (§ 3 Nr. 16 EStG), von Aufwendungen für Fahrten zwischen
         Wohnung und Arbeitsstätte mit öffentlichen Verkehrsmitteln
         im Linienverkehr (§ 3 Nr. 34 EStG) sowie von Telefonkosten
         (Auslagenersatz i. S. des § 3 Nr. 50 EStG 416
      5. Steuerfreie Aufwandsentschädigung für nebenberufliche Tätig-
         keiten z.B. als Übungsleiter, Ausbilder, Erzieher, Pfleger oder
         Künstler (§ 3 Nr. 26 EStG) 417
      6. Aufwandsentschädigungen im Sinne des § 67 a Abs. 3 AO. . . 422
      7. Anmeldung und Abführung der Lohnsteuer 422

   IV. Anrufungsauskunft 422

   V. Überprüfung durch das Finanzamt 423

H. Sonstige Steuern 425

   I. Grundsteuer 425

1. Rechtsgrundlage 425
2. Gegenstand der Besteuerung 425
3. Besteuerungsverfahren 425
4. Gemeinnützige Vereine 426
5. Antrag auf Befreiung von der Grundsteuer 428
6. Grundsteuererlaß 428

II. Grunderwerbsteuer 428
   1. Rechtsgrundlagen 428
   2. Gegenstand der Besteuerung 429
   3. Allgemeine Befreiungen 429

III. Erbschaftsteuer und Schenkungsteuer 430
   1. Rechtsgrundlagen 430
   2. Gegenstand der Besteuerung 430
   3. Zuwendungen von Sponsoren (Sponsoring) 430
   4. Steuerbegünstigte Vereine 431

IV. Lotteriesteuer 432
   1. Rechtsgrundlagen 432
   2. Gegenstand der Besteuerung 432
   3. Steuerbefreiungen 433

V. Vergnügungsteuer 434
   1. Rechtsgrundlagen 434
   2. Gegenstand der Besteuerung 434
   3. Steuerbefreiungen 435

Sachregister 437

Abkürzungen

aaO	am angegebenen Ort	EFG	Entscheidungen der Finanzgerichte
Abs.	Absatz		
AcP	Archiv für zivilistische Praxis (Bd. u. Seite)	ErbStG	Erbschaftsteuergesetz
		EStDV	Einkommensteuer-Durchführungsverordnung
ADAC	Allgemeiner Deutscher Automobil-Club		
AEAO	Anwendungserlaß zur AO	EStG	Einkommensteuergesetz
AG	Aktiengesellschaft	EStR	Einkommensteuer-Richtlinien
AO	Abgabenordnung		
ArbGG	Arbeitsgerichtsgesetz	e.V.	eingetragener Verein
Ba-Wü	Baden-Württemberg	EWG	Europäische Wirtschafts-Gemeinschaft
BayObLG	Bayerisches Oberstes Landesgericht		
		FG	Finanzgericht
BB	Betriebsberater	FGG	Reichsgesetz über die Freiwillige Gerichtsbarkeit
BdF	Bundesminister der Finanzen		
BewDV	Durchführungsverordnung zum Bewertungsgesetz	FinMin	Finanzministerium
		GBO	Grundbuchordnung
		GbR	Gesellschaft bürgerlichen Rechts
BewG	Bewertungsgesetz		
BFH	Bundesfinanzhof	GDL	Gesetz über die Ermittlung des Gewinns aus Land- und Forstwirtschaft nach Durchschnittssätzen
BGB	Bürgerliches Gesetzbuch		
BGBl.	Bundesgesetzblatt		
BGHZ	Bundesgerichtshof in Zivilsachen		
BMF	Bundesminister der Finanzen, Bundesministerium für Finanzen	GemV	Gemeinnützigkeitsverordnung
		GewStG	Gewerbesteuergesetz
		GewStR	Gewerbesteuer-Richtlinien
BStBl.	Bundessteuerblatt	GG	Grundgesetz
BVGG	Gesetz über das Bundesverfassungsgericht	GmbH	Gesellschaft mit beschränkter Haftung
DB	Der Betrieb	GrEStG	Grunderwerbsteuergesetz
DNotZ	Deutsche Notar-Zeitschrift	GrStDV	Grundsteuer-Durchführungsverordnung
DStR	Deutsches Steuerrecht		
DStRE	DStR-Entscheidungsdienst	GrStG	Grundsteuergesetz
DStZ	Deutsche Steuerzeitung	GrStR	Grundsteuer-Richtlinien
EBE	Eildienst: Bundesgerichtliche Entscheidungen	HFR	Höchstrichterliche Finanzrechtsprechung

HGB	Handelsgesetzbuch	RGRK	Kommentar zum BGB, herausgegeben von Reichsgerichtsräten und Bundesrichtern
HRR	Höchstrichterliche Rechtsprechung		
i. S.	im Sinne		
i. V. m.	in Verbindung mit	RGZ	Reichsgericht in Zivilsachen
JW	Juristische Wochenschrift	RpflG	Rechtspflegergesetz
		Rpfleger	Der Deutsche Rechtspfleger
K.	Karte		
KG	Kommanditgesellschaft; Kammergericht	RStBl.	Reichssteuerblatt
KO	Konkurs-Ordnung	StEd	Steuer-Eildienst
KostO	Kostenordnung	StuW	Steuer und Wirtschaft
KSt	Körperschaftsteuer		
KStDV	Körperschaftsteuer-Durchführungsverordnung	u. a. m.	und anderes mehr
		UStG	Umsatzsteuergesetz
		USt	Umsatzsteuer
KStG	Körperschaftsteuergesetz	UStDV	Verordnung zur Durchführung des Umsatzsteuergesetzes
KStR	Körperschaftsteuer-Richtlinien		
		USt.-Kartei	Sammlung von Erlassen des Bundesministers der Finanzen zur Umsatzsteuer
LG	Landgericht		
LM	Das Nachschlagewerk des BGH in Zivilsachen herausgegeben von Lindenmaier und Möhring		
		UR	Umsatzsteuer-Rundschau
		UStR	Umsatzsteuer-Richtlinien
		UWG	Gesetz gegen den unlauteren Wettbewerb
LStDV	Lohnsteuer-Durchführungsverordnung		
		u. U.	unter Umständen
MDR	Monatsschrift für Deutsches Recht	VerglO	Vergleichsordnung
		v. H.	vom Hundert
NJW	Neue Juristische Wochenschrift	VStG	Vermögensteuergesetz
		VStR	Vermögensteuer-Richtlinien
NWB	Neue Wirtschaftsbriefe		
OFH	Oberster Finanzgerichtshof	v. T.	vom Tausend
		VwGO	Verwaltungsgerichtsordnung
OLG	Oberlandesgericht		
OLGZ	Entscheidungen der Oberlandesgerichte in Zivilsachen	ZPO	Zivilprozeßordnung
RFH	Reichsfinanzhof		
RdNr.	Rand-Nummer		

1. TEIL
DER VEREIN IM ZIVILRECHT

A. Einleitung

I. Der Begriff des Vereins

Der Verein ist eine der zahlreichen möglichen Formen einer Personenvereinigung. Das BGB kennt keine Definition des Begriffs Verein. Nach der Rechtsprechung des Reichsgerichts (RGZ 60 S. 99; 74 S. 372; 76 S. 27; 78 S. 134; 97 S. 123; 143 S. 213; 165 S. 143) ist ein Verein eine auf die Dauer berechnete Verbindung einer größeren Anzahl von Personen zur Erreichung eines gemeinsamen Zwecks, die nach Maßgabe ihrer Satzung körperschaftlich organisiert ist, einen Gesamtnamen führt und auf einen wechselnden Mitgliederstand angelegt ist (ebenso BGH, AcP 1951 S. 121).

Die beiden wesentlichen Merkmale des Vereins sind daher

- die körperschaftliche Verfassung, d. h., die Ausgestaltung des Vereins als ein einheitliches Ganzes nach innen wie nach außen, was sich in einer Satzung, im Vorhandensein von Organen und in der Führung eines Gesamtnamens niederschlagen muß,

- die Unabhängigkeit von der Einzelpersönlichkeit und damit vom Mitgliederwechsel.

II. Wirtschaftlicher Verein – Idealverein

Das BGB unterscheidet – insbesondere im Hinblick auf die Erlangung der Rechtsfähigkeit – zwischen wirtschaftlichen Vereinen und Idealvereinen.

1. Wirtschaftlicher Verein

Wirtschaftliche Vereine sind nach dem mißglückten Wortlaut des § 22 BGB Vereine, „deren Zweck auf einen wirtschaftlichen Geschäftsbetrieb gerichtet ist", oder besser formuliert: wirtschaftliche Vereine sind solche, deren Zweck bestimmungsgemäß mittels eines wirtschaftlichen Geschäftsbetriebs erreicht werden soll, wobei der Geschäftsbetrieb die das Wesen des Vereins bestimmende Haupt- oder Grundtätigkeit darstellen muß. Ein wirtschaftlicher Verein ist daher nur dann gegeben, wenn er sich nach Satzung und tatsächlicher Praxis vorwiegend und dauernd nach außen entgeltlich betätigt und dabei vermögenswerte Vorteile für den Verein oder unmittelbar für die Mitglieder erstrebt (RGZ 154 S. 343).

Das planmäßige und auf Dauer angelegte Auftreten des Vereins am Markt in unternehmerischer Funktion durch Einschaltung in wirtschaftliche Umsatzprozesse mit einer regelmäßig entgeltlichen Tätigkeit, die planmäßige Betätigung als Anbieter (nicht bloß als Kunde) heben den wirtschaftlichen Verein entscheidend vom Idealverein ab, ohne daß es darauf ankommt, ob der Verein selbst Gewinne erzielen will (BayOLGZ 1974 S. 246, BayObLG, Rpfleger 1977 S. 20, OLG Oldenburg, Rpfleger 1976 S. 12, BayObLG, Rpfleger 1978 S. 249, OLG Düsseldorf, Rpfleger 1979 S. 269, BayObLG, Rpfleger 1985 S. 495). Bei der Differenzierung zwischen wirtschaftlichem und ideellem Verein ist nicht auf den ideellen oder wirtschaftlichen Zweck des Vereins abzustellen, sondern darauf, ob ein wirtschaftlicher Geschäftsbetrieb vorliegt. Für die Annahme eines wirtschaftlichen Geschäftsbetriebes reichen von den Mitgliedern des Vereins angestrebte wirtschaftliche Vorteile alleine nicht aus (LG Frankfurt, NJW 1996, 2039). Deshalb kann auch ein Verein den Wirtschaftsvereinen i.s. des § 22 BGB zuzurechnen sein, der ideelle Güter nach Art von Wirtschaftsgütern vermarktet und dabei die Verbreitung seines Ideengutes untrennbar mit in geschäftsmäßig organisierter Form verfolgten finanziellen Erfolgen verbindet (so OLG Düsseldorf, betr. Scientology-Vereine, DNotZ 1984 S. 486). Wo dagegen der Geschäftsbetrieb nur Mittel zur Erreichung eines idealen Hauptzwecks sein soll, wo die geschäftsmäßig wirtschaftliche Tätigkeit nicht Selbstzweck des Vereins ist oder wo für den Verein oder seine Mitglieder keine wirtschaftlichen Vorteile erzielt werden sollen, liegt kein wirtschaftlicher Verein vor (vgl. zur Abgrenzung Idealverein/Wirtschaftsverein Eyles, NJW 1996, 1994 ff und Schad, Rpfleger 1998, 185 f.). Den anzumeldenden Vorstand trifft eine Informationslast für die ideelle Zielausrichtung des Vereins und eine insgesamt nichtwirtschaftliche Betätigung (BayObLGZ 1989, 126, 131; OLG Düsseldorf, Rpfleger 1996, 291, 292).

Beispiele: Ein Beamtenverein, der eine Spar- und Darlehenskasse betreibt, ein Konsumverein, ein Sterbekassenverein (RGZ 154 S. 344) und ein Gewinnsparverein (LG Stuttgart, NJW 1952 S. 1139) sind wirtschaftliche Vereine. Ein wirtschaftlicher Verein liegt auch vor, wenn er den Zweck verfolgt, Hilfsgeschäfte für die Unternehmungen der Mitglieder durch eine dauernde und planmäßige Teilnahme am Rechtsverkehr mit Dritten auszuführen, z. B. durch Errichtung einer Geschäftsstelle zum Zwecke der Annahme und Vermittlung von Aufträgen von Taxifahrten und durch Einrichtung, Unterhaltung und Betrieb einer Funkanlage zur Sprechverbindung mit den im Einsatz befindlichen Taxifahrzeugen der Mitglieder (BGHZ 45 S. 395). Bei einem Verein, der eine anbietende Tätigkeit im Außenmarkt als gewerblicher Vermieter/Verpächter unter Einsatz zusätzlicher Fremdmittel beabsichtigt, handelt es sich im Regelfall um einen wirtschaftlichen Verein. Allein der Umstand, daß diese Tätigkeit der Mittelbeschaffung für einen ideellen Versorgungszweck dient, reicht nicht aus, die wirtschaftliche Betätigung als eine dem „Idealzweck" untergeordnete Nebentätigkeit anzusehen und dem Verein die Eintragungsfähigkeit als Idealverein zuzubilligen (OLG Düsseldorf Rpfleger 1998, 251). Auch z. B. ein für Immobilienmakler als Mitglieder gegründeter Verein, der „die Zusammenführung von Angebot und Nachfragen" sowie die „obligatorische

Durchführung des Gemeinschaftsgeschäfts" bezweckt, ist als kooperativ organisierter Teilbetrieb seiner Mitglieder mit ausgelagerten unternehmerischen Teilaufgaben auf einen wirtschaftlichen Geschäftsbetrieb gerichtet (OLG Düsseldorf, Rpfleger 1996, 291). Ein Verein mit dem Zweck, als Treuhänder einer Wohnungseigentümergemeinschaft ihm gehörende Eigentumswohnungen und Tiefgaragenplätze an Dritte zu vermieten, ist auf einen wirtschaftlichen Geschäftsbetrieb gerichtet, auch wenn er satzungsgemäß keinen Gewinn erstrebt (BayObLG, Rpfleger 1985 S. 495). Ein wirtschaftlicher Verein ist auch ein Skisportverein, der einen Skilift gegen Entgelt betreibt, mag auch der Gewinn daraus Sportzwecken zugute kommen (OLG Stuttgart, OLGZ 1971 S. 466). Auch ein Verkehrsverein zur Förderung des Fremdenverkehrs und zur Vermittlung von Unterkünften für Feriengäste ist als wirtschaftlicher Verein anzusehen (so auch OLG Celle, Rpfleger 1992 S. 66). Das gleiche gilt für einen Wasserbeschaffungsverein, dessen Zweck auf die Gewinnung und Verteilung von Brauchwasser gerichtet ist (BayObLG, Rpfleger 1998, 345).

Dagegen sind Vereine, die allgemein die Förderung der beruflichen Interessen ihrer Mitglieder bezwecken, wie zum Beispiel Ärztevereine keine wirtschaftlichen Vereine; übt ein derartiger Verein allerdings für seine Mitglieder mit einem kaufmännisch organisierten Betrieb Hilfsgeschäfte aus (z. B. das Betreiben einer „Notfallpraxis"), so verfolgt er einen wirtschaftlichen Zweck und ist kein Idealverein (OLG Hamm, Rpfleger 1997, 166). Das gilt auch für Geselligkeitsvereine, die ihren Mitgliedern billig Ware abgeben oder für einen Musikverein, der eine gut besuchte Vereinsgaststätte betreibt, weil in diesen Fällen der wirtschaftliche Geschäftsbetrieb nur Nebenzweck ist. Auch ein Verein, der zur Minimierung von Umweltschäden umweltfreundliche Kraftfahrzeuge kauft oder least, um sie ausschließlich Mitgliedern gegen Erstattung der Nutzungskosten zur Nutzung zu überlassen, ist als Idealverein einzustufen (LG Bremen, Rpfleger 1992 S. 67).

Wirtschaftliche Vereine, für die Vereinsrecht gilt, sind in der Praxis selten. Den wichtigsten stehen andere speziellere und brauchbarere Assoziationsformen zur Verfügung, wie etwa die AG, die GmbH, die KG oder die Genossenschaft, für die besondere gesetzliche Regelungen gelten.

Auf wirtschaftliche Vereine soll daher im folgenden, wenn überhaupt, nur am Rande eingegangen werden.

2. Idealverein

Idealvereine (oder nichtwirtschaftliche Vereine) sind Vereine, „deren Zweck nicht auf einen wirtschaftlichen Geschäftsbetrieb gerichtet ist" (§ 21 BGB), die also nach Wortlaut und Durchführung ihrer Satzung ein nicht wirtschaftliches Ziel anstreben.

Das sind nicht nur diejenigen Vereine, die überhaupt keinen Geschäftsbetrieb anstreben oder unterhalten, sondern vor allem auch die große Zahl jener Vereine, bei denen nach der Satzung der Hauptzweck ein ideeller ist und dennoch ein wirtschaftlicher Geschäftsbetrieb unterhalten wird, um damit entweder nur Nebenzwecke zu erfüllen oder den Hauptzweck erfüllen zu können.

Beispiele: Kunstvereine (Gesang- und Musikvereine, Schauspielbühnen), religiöse Vereine, wohltätige Vereine, politische Vereine, Sportvereine (RGZ 133 S. 170ff.), auch wenn diese Millionenumsätze tätigen, gesellige Vereine, auch wenn sie für ihre Veranstaltungen Eintrittsgelder erheben oder nebenbei zur Erreichung ihrer satzungsmäßigen Ziele eine Vereinsgaststätte betreiben oder – wie zum Beispiel der Deutsche Alpenverein – bewirtschaftete Vereinshütten unterhalten. Auch ein Lohnsteuerberatungsverein, dessen erklärtes Ziel es ist, die Mitglieder bei der jährlichen Lohnsteuererstattung zu beraten, ist unter Berücksichtigung des Steuerberatungsgesetzes vom 24. 6. 1975 (BGBl. I S. 1501) trotz des nicht zu leugnenden wirtschaftlichen Charakters als Idealverein anzusehen (OLG Celle, NJW 1976 S. 197; ebenso früher mit anderer Begründung OLG Stuttgart, Rpfleger 1970 S. 334). Auch die zahlreichen Miet- sowie die Haus- und Grundbesitzervereine sind Idealvereine. Ferner ist auch ein von Betriebsratsmitgliedern (und anderen Betriebsangehörigen) gegründeter Verein zur Bewirtschaftung einer Werkskantine als Idealverein zu klassifizieren, wenn die Vorteile ausschließlich den Betriebsangehörigen zugute kommen (BFH, BStBl. 1960 III S. 190; BayObLG, DB 1973 S. 2518 und MDR 1974 S. 400). Schließlich sind auch Betriebsarztzentren nichtwirtschaftliche Vereine (OLG Oldenburg, NJW 1976 S. 374).

Vornehmlich diesen nichtwirtschaftlichen Vereinen (Idealvereinen) sind die folgenden Ausführungen gewidmet.

III. Rechtsfähiger Verein – nichtrechtsfähiger Verein

Nicht jeder Personenzusammenschluß, der die Definition des Vereins erfüllt (vgl. Seite 19, Ziff. I), ist ein rechtsfähiger Verein. Das BGB unterscheidet zwischen rechtsfähigen (§ 21 ff. BGB) und nichtrechtsfähigen (§ 54 BGB) Vereinen. Der begriffliche Unterschied zwischen beiden Erscheinungsformen des Vereins besteht lediglich darin, daß dem nichtrechtsfähigen Verein die Rechtsfähigkeit fehlt, weil er nicht ins Vereinsregister eingetragen ist.

Obwohl – insbesondere rechtssoziologisch – sonst keine Gegensätze zwischen beiden Vereinsarten bestehen, hat der Gesetzgeber den nichtrechtsfähigen Verein nicht den Regeln des rechtsfähigen Vereins, sondern grundsätzlich dem Recht der BGB-Gesellschaft (§ 705 ff. BGB) unterstellt (§ 54 Abs. 1 BGB). Dieser Rechtszustand ist unbefriedigend und wird dem Wesen, der Stellung und der Organisation des nichtrechtsfähigen Vereins nicht gerecht. Die Praxis hat sich unter solchen Umständen bisher damit geholfen, daß sie die für den nichtrechtsfähigen Verein wegen der körperschaftlichen Verfassung nicht passenden Bestimmungen des Gesellschaftsrechts des BGB ausdrücklich wegbedungen oder als stillschweigend wegbedungen angesehen und auf diese Weise Rechtswirkungen erzielt hat, die im praktischen Ergebnis denen eines rechtsfähigen Vereins ähnlich oder gar gleich sind.

Während so das Zivilrecht durch seine unterschiedliche gesetzliche Regelung beider Vereinsarten den nichtrechtsfähigen Verein in gewisser Weise diskriminiert und schlechterstellt, ist das Steuerrecht (vgl. Seite 118, Abschn. A, Gemeinnützigkeit) stets von der unterschiedslosen Gleichbehandlung beider Zusammenschlüsse ausgegangen.

Die Bedeutung dieser Frage zeigt sich an der nahezu unübersehbaren Zahl der nichtrechtsfähigen Vereine, die jene der rechtsfähigen bei weitem übertrifft.

Unter der Vielzahl der nichtrechtsfähigen Vereine sind solche, die nicht rechtsfähig sein wollen, solche, die wegen Fehlens der Voraussetzungen nicht rechtsfähig sein können, und schließlich solche, die früher einmal rechtsfähig waren und nunmehr als nichtrechtsfähige Vereine fortbestehen.

Beispiele: Zu den nichtrechtsfähigen Vereinen gehören neben einigen großen Personenzusammenschlüssen, wie den Gewerkschaften, Arbeitgeberverbänden, Berufsverbänden und politischen Parteien, vor allem die zahllosen Klein- und Kleinstvereine, wie Kegelklubs und dergleichen, unter anderem aber auch die Belegschaft, die durch ihren Betriebsrat eine Kantine betreibt (BFH, BStBl. III 1960 S. 496).

Obwohl die meisten nichtrechtsfähigen Vereine – wie auch die meisten rechtsfähigen – Idealvereine sind, gibt es auch nichtrechtsfähige wirtschaftliche Vereine.

Beispiel: Die Gewinnsparvereine sind, soweit sie keine Rechtsfähigkeit besitzen, zumindest nach Auffassung der Finanzverwaltung (KSt-Kartei Ba-Wü K. 1 zu § 1 KStG) nichtrechtsfähige wirtschaftliche Vereine.

Auf sie näher einzugehen, lohnt sich jedoch wegen ihrer Rarität nicht.

B. Der rechtsfähige Verein

I. Die Rechtsfähigkeit

Die Rechtsfähigkeit macht den Verein zu einer eigenen Rechtspersönlichkeit, zur juristischen Person.

1. Erlangung der Rechtsfähigkeit durch Eintragung ins Vereinsregister

Die nichtwirtschaftlichen Vereine (vgl. Seite 21, Ziff. 2) – auch Idealvereine genannt – erlangen die Rechtsfähigkeit durch Eintragung ins Vereinsregister (vgl. § 21 BGB). Auf diese Eintragung haben die Gründer einen öffentlich-rechtlichen Anspruch, das heißt, der Registerrichter muß eintragen, wenn die vom Gesetz geforderten Eintragungsvoraussetzungen vorliegen. Die Erlangung der Rechtsfähigkeit ist kein Gnadenakt und kein Privileg.

2. Das Amtsgericht als Registergericht

Gemäß § 55 Abs. 1 BGB muß die Eintragung bei demjenigen Amtsgericht erfolgen, in dessen Bezirk der Verein nach der Satzung seinen Sitz hat. Die Landesjustizverwaltungen können jedoch die Vereinssachen einem einzelnen Amtsgericht für die Bezirke mehrerer Amtsgerichte zuweisen (§ 55 Abs. 2 BGB). Wird ein Verein von einem örtlich unzuständigen Gericht eingetragen, so ist die Eintragung zwar dennoch wirksam (§ 7 FGG), das Registergericht kann sie jedoch von Amts wegen gemäß §§ 159, 142, 143 FGG löschen.

Die Führung des Vereinsregisters obliegt nach § 3 Nr. 1 Buchst. a des Rechtspflegergesetzes vom 5. 11. 1969 (BGBl. I S. 2065) in der Fassung vom 3. 12. 1976 (BGBl. I S. 3281) ausschließlich dem Rechtspfleger.

3. Keine Eintragung wirtschaftlicher Vereine

Wirtschaftliche Vereine (vgl. Seite 19, Ziff. 1) erlangen die Rechtsfähigkeit durch staatliche Verleihung. Eintragungsfähig sind nach dem Wortlaut des § 21 BGB daher nur jene Vereine, „deren Zweck nicht auf einen wirtschaftlichen Geschäftsbetrieb gerichtet ist", das heißt, deren wirtschaftliche Tätigkeit nicht satzungsgemäß und tatsächlich Selbstzweck und Hauptbetätigung darstellt.

Diese Voraussetzungen, insbesondere die nichtwirtschaftliche Zielsetzung, muß das Registergericht nach den Schutzzwecken der §§ 21, 22 BGB (vgl. Schmidt,

Rpfleger 1988 S. 45 ff.) an Hand des Wortlauts der Satzung und der vom Verein tatsächlich entfalteten Tätigkeit prüfen und dabei unter Umständen nach § 12 FGG Aufklärung verlangen. Wird die Rechtsform des Idealvereins nur vorgeschoben, verfolgt der Verein in Wahrheit aber unmittelbare wirtschaftliche Interessen seiner Mitglieder, muß der Registerrichter die Eintragung ablehnen. Dies ist z.B. bei **sog. Abmahnvereinen** der Fall, wenn sie unter Mißbrauch von wettbewerbs- und bürgerlich-rechtlichen Gestaltungsformen und unter Vortäuschung legaler wettbewerbsrechtlicher Aktivitäten ausschließlich eigennützige Zwecke verfolgen, indem die Mitglieder lediglich Anzeigen in verschiedenen Tages- und Wochenzeitungen zur Feststellung einfacher Wettbewerbsverstöße studieren und anschließend zweifelhafte Mahnschreiben und Unterlassungserklärungen verschicken, für die man später hohe Mahngebühren kassiert, oder wenn der Vereinszweck laut Satzung darauf gerichtet ist, Gutachten zu Verstößen gegen UWG und AGBG zu erstellen, Zivilprozesse zu führen sowie Strafanzeigen und -anträge zu stellen (AG Frankfurt, NWB 1984 Fach 1 S. 217).

Stellt sich erst später heraus, daß ein eingetragener Verein ein wirtschaftlicher ist, kann ihm die Rechtsfähigkeit entzogen (§ 43 Abs. 2 BGB) bzw. muß er im Verfahren nach §§ 142, 143 FGG gelöscht werden (vgl. hierzu im einzelnen K. Schmidt, NJW 1993 S. 1225 ff.).

4. Voraussetzungen der Eintragung

Die Eintragung erfordert bestimmte zwingende materiellrechtliche und formelle Voraussetzungen. Sind sie erfüllt, kann und muß die Eintragung im Vereinsregister erfolgen.

a) Die Vereinsgründung

In § 21 setzt das BGB für den Eintragungsakt einen bereits gegründeten Verein voraus. Darüber, wie ein Verein zu gründen ist, enthält das Gesetz jedoch keine Bestimmungen.

Erfahrungsgemäß geht die Vereinsgründung stufenweise vor sich:

Vorgründungsgesellschaft
Beratungen und Vorbesprechungen zur Gründung eines Vereins können, wenn sie nach dem Willen der Besprechungsteilnehmer nicht unverbindlich sein sollen, bereits die Verpflichtung enthalten, auf die Gründung eines Vereins hinzuwirken und dabei zusammenzuarbeiten. Ein solcher Vorvertrag führt zur Bildung einer BGB-Gesellschaft (§ 705 ff. BGB), deren erklärtes Ziel es ist, einen bestimmten Verein zu gründen. Schriftform ist nicht erforderlich.

> **Beispiel:** Am Stammtisch beschließen einige Freunde formlos, gemeinsam in nächster Zeit in der Gemeinde A-Dorf einen Musikverein zu gründen. Zwischenzeitlich wird ein Mitglied der Runde mit der Ausarbeitung einer Satzung betraut.

Dieser Vorvertrag gilt bis zum eigentlichen Gründungsakt. Er bindet die Gründungswilligen wie jeder andere Gesellschaftsvertrag und erlaubt ein „Austeigen", das heißt eine Kündigung dieser Bindung, nur aus wichtigem Grunde (BGH, DB 1958 S. 955).

Vorverein
Der Vereinsgründungsakt selbst liegt meist einige Zeit nach dem Abschluß des Vorgründungsgesellschaftsvertrags. Er setzt nämlich die Ausarbeitung und Präsentierung einer Satzung voraus.

Im wesentlichen besteht der Gründungsvorgang darin, daß die bei der Gründung beteiligten Personen sich dahin einigen, daß ein Verein auf der Grundlage der vorliegenden Satzung ins Leben gerufen werden soll und daß die in der Satzung getroffenen Regelungen verbindlich sein sollen. Dazu muß, wenn der Verein als rechtsfähiger gegründet werden soll, noch eine Einigung der Gründer über den Erwerb der Rechtsfähigkeit des Vereins kommen. Mit der Abgabe dieser Erklärung ist die Organisation als Vorverein gegründet.

Dieser Vorverein ist bereits ein korporativ-organisierter personeller Zusammenschluß. Die Satzung hat Bindungswirkung. Die Wahl der Organe, insbesondere des Vorstands, geschieht bereits in Vollzug dieser Satzung. Das korporative Leben des Vereins hat begonnen. Die Körperschaft ist existent. Es fehlt ihr, soweit sie dies überhaupt erstrebt, nur noch die Rechtsfähigkeit.

Seiner Rechtsnatur nach ist der Vorverein daher ein nichtrechtsfähiger Verein in Sachen des § 54 BGB, auf den im Gegensatz zur gesetzlichen Anordnung in § 54 Abs. 2 BGB weitgehend nicht Gesellschaftsrecht, sondern bereits Vereinsrecht, also das Recht des eingetragenen Vereins Anwendung findet (vgl. Seite 99, Ziff. II).

Das Protokoll über die Gründung eines solchen Vorvereins könnte etwa folgenden Inhalt haben:

> **Beispiel:** Am heutigen Tag, am . . ., versammelten sich in der Stadthalle zu A-Dorf 24 Personen. Die Anwesenheitsliste ist diesem Protokoll beigefügt. Nachdem Herr X die Versammlung begrüßt hatte, gab er den Zweck der Zusammenkunft, die Gründung eines Musikvereins unter dem Namen „Eintracht A-Dorf", bekannt. Die Anwesenden erklärten auf seine Frage, daß sie mit der Gründung des Vereins einverstanden seien. Darauf schlug Herr X vor, Herrn P zum Protokollführer zu bestimmen; die Versammlung gab hierzu einstimmig ihr Einverständnis. Herr P nahm das Amt an.
> Herr X verlas die von ihm entworfene Satzung und stellte sie zur Diskussion. Alle Teilnehmer der Versammlung billigten den Wortlaut der Satzung. Hierauf stellte Herr X fest, daß der Musikverein „Eintracht A-Dorf" mit der anliegenden Satzung und der Geschäftsordnung für Mitgliederversammlungen gegründet ist.
> Für die Wahl des Vorstandes wurde eine Wahlkommission gebildet. Als deren Mitglieder schlug Herr X die Herren A, B und C vor. Die Anwesenden waren mit dem Vorschlag einverstanden. Hierauf bestimmte die Wahlkommission Herrn A als ihren Vorsitzenden.
> Herr X hatte Vorschläge für die dann folgende Wahl des Vorstandes ausgearbeitet. Die Wahlzettel enthielten die Namen der vorgesehenen Herren; für Gegenvor-

schläge war genügend Raum freigehalten. Die Wahlkommission legte jedem Anwesenden einen Wahlzettel vor und sammelte die ausgefüllten Scheine wieder ein. Die Auszählung der Stimmen ergab, daß die vorgeschlagenen Kandidaten mit jeweils einer Stimmenthaltung gewählt sind. Herr A stellte fest, daß sich die Vorstandsämter nach der Wahl wie folgt verteilen:
1. Vorsitzender . . .
2. Vorsitzender . . .
Schriftführer . . .
usw.
Herr A übergab sodann den Vorsitz wieder an Herrn X. Dieser sprach der Versammlung den Dank des Vorstandes für die Wahl aus.
Auf die Frage, ob noch jemand das Wort wünsche, meldete sich niemand. Die Versammlung wurde hierauf geschlossen.
gez. X   gez. P

Ist der Verein einmal dergestalt ins Leben getreten, daß es nur noch der Eintragung bedarf, dann können die Gründer und die nach erfolgter Gründung beigetretenen Mitglieder ihre Gründungs- und Beitrittserklärungen nicht mehr wegen Irrtums, arglistiger Täuschung oder anderer Willensmängel mit der Folge rückwirkender Unwirksamkeit anfechten. Die korporative Mitwirkung von Gründern oder Mitgliedern durch Wahlen, Abstimmungen und dergleichen, aber auch das Auftreten der Organe nach außen, können nicht rückgängig gemacht werden. An Verträge, die ein im Auftrag des nichtrechtsfähigen Vorvereins Handelnder abgeschlossen hat (z.b. Mietverträge) ist der später eingetragene Verein gebunden (OLG Celle, NJW 1976 S. 806). Gründer und Mitglieder können daher ihren Nichtigkeits- oder Anfechtungsgrund nur für die Zukunft in der Form des Austritts aus dem Verein geltend machen (vgl. RGZ 147 S. 257; RG, JW 1933 S. 1996, und RG, DR 1943 S. 801).

b) Die Schaffung einer Satzung

Neben der Gründungsvereinbarung ist weitere Voraussetzung für die Eintragung des Vereins die Existenz einer Satzung.

Die Satzung braucht, soll sie gültig sein, nicht schriftlich abgefaßt zu sein. Eingetragen werden soll allerdings der Verein nur auf Grund einer schriftlichen Satzung (§ 59 BGB). Der Mangel der Schriftform berührt aber die Gültigkeit der Eintragung nicht.

Dagegen muß die Satzung einen bestimmten Mindestinhalt haben. Sie muß Zweck, Namen und Sitz des Vereins enthalten und muß ergeben, daß der Verein eingetragen werden soll (§ 57 BGB). Ist dieses Erfordernis nicht erfüllt, ist die Eintragung von Amts wegen zu löschen (wegen Einzelheiten zum Satzungsinhalt vgl. Seiten 39 f., Ziff. 2 d).

Der Vereinszweck darf nicht gegen ein gesetzliches Verbot verstoßen, sonst ist die Eintragung ins Vereinsregister unzulässig. Ein Verein, dessen Zweck z. B. die Vermittlung von Wohnraum an seine Mitglieder gegen Entgelt (Aufnahmegebühr und Jahresbeitrag) ist, verfolgt einen gesetzwidrigen Zweck; seine Eintragung in das Vereinsregister ist daher nicht möglich (LG Karlsruhe, Rpfleger 1974 S. 221 und LG Essen, Rpfleger 1983 S. 158).

c) Kein Verstoß gegen gesetzliches Verbot

Die Eintragung eines Vereins darf nicht erfolgen, wenn der Vereinszweck gegen ein gesetzliches Verbot verstößt. Besteht der Vereinszweck in der Wohnungsvermittlung und verlangt der Verein (auch) im Hinblick darauf eine Aufnahmegebühr und einen regelmäßigen Beitrag, so verstößt der Vereinszweck gegen das Wohnungsvermittlungsgesetz (LG Karlsruhe, Rpfleger 1974 S. 221; LG Essen, Rpfleger 1983 S. 158; LG Karlsruhe, Rpfleger 1984 S. 22); die Eintragung eines derartigen Vereins im Vereinsregister ist unzulässig.

d) Die Anmeldung zur Eintragung

Der Wille der Gründer, eine juristische Person ins Leben zu rufen, wird dadurch nach außen erklärt, daß der Verein zur Eintragung ins Vereinsregister angemeldet wird.

Anmeldender

Die Anmeldung zur Eintragung muß durch den gesamten Vorstand als Vertreter des Vorvereins erfolgen (§ 59 BGB). Diese Bestimmung ist eine Mußvorschrift. Sie bedeutet, daß der Vorverein, vertreten durch die Vorstandsmitglieder in vertretungsberechtigter Zahl (BayObLG, DNotZ 1992 S. 46 und LG Schwerin, Rpfleger 1997, 264), die Anmeldung bewirken muß. Das gilt selbst dann, wenn die Satzung für Rechtsgeschäfte Einzelvertretung genügen läßt. Einzelne Vorstandsmitglieder können sich jedoch durch Bevollmächtigte, die eine öffentlich beglaubigte Vollmacht vorweisen, vertreten lassen (OLG Hamm, Rpfleger 1980 S. 384 und DNotZ 1985 S. 86).

Form der Anmeldung

Die Anmeldung muß beim Amtsgericht, in dessen Bezirk der Verein nach der Satzung seinen Sitz hat (§ 55 BGB), durch öffentlich beglaubigte Erklärung (§§ 77, 129 BGB i.V.m. § 40 Beurkundungsgesetz) bewirkt werden. Diese unabdingbare strenge Formvorschrift, die durch eine ordnungsgemäße Registerführung geboten erscheint, gilt auch für eine etwaige Vollmacht.

Anlagen

Der Anmeldung zum Vereinsregister sind die Satzung in Urschrift (von mindestens 7 Personen unterzeichnet) und Abschrift sowie eine Abschrift der Urkunden über die Bestellung des Vorstands (Abschrift der Versammlungsniederschrift über Vereinsgründung und Vorstandsbestellung) beizufügen (§ 59 Abs. 2 BGB). Ist die Wahl des Vorstands eines Vereins in der Satzung einem besonderen Vereinsorgan (z.B. Kuratorium) übertragen, so ist der Anmeldung des Vereins zur Eintragung in das Vereinsregister auch die Urkunde über die Bestellung dieses Vereinsorgans beizufügen (BayObLG, Rpfleger 1984 S. 150 = DNotZ 1984 S. 486).

Eine Eintragung, die trotz Fehlens dieser Unterlagen vorgenommen wird, ist jedoch nicht von Amts wegen zu löschen, da § 59 Abs. 2 BGB wohl nur eine Sollvorschrift darstellt.

Muster für eine Anmeldung beim Registergericht

An das
Amtsgericht – Vereinsregister –
A-Dorf

Betr.: Anmeldung eines Vereins
Anl.: 8

Die Vorstandsmitglieder des unter dem Namen „Musikverein Eintracht A-Dorf" errichteten Vereins überreichen die Satzung in Urschrift und Abschrift sowie das Protokoll über die Bestellung des Vorstandes vom .... und melden den Verein zur Eintragung in das Vereinsregister an.

A-Dorf, den ....

Unterschriften
aller Vorstandsmitglieder

e) Sollvorschriften

Neben den zwingenden Bestimmungen über die Voraussetzungen der Eintragung enthält das Gesetz noch einige Sollvorschriften.

Gemäß § 56 BGB soll die Eintragung nur erfolgen, wenn die Zahl der Mitglieder des Vorvereins mindestens 7 beträgt (Ausnahmen sind möglich, vgl. OLG Hamm, Rpfleger 1997, 481), mindestens 7 Mitglieder die Satzung unterzeichnet haben, was auch auf einer besonderen der Satzung beigefügten Urkunde geschehen sein kann, und der Tag der Errichtung angegeben ist (§ 59 Abs. 3 BGB), wenn der Name des Vereins sich vom Namen anderer an demselben Ort oder in derselben Gemeinde bestehenden eingetragenen Vereine deutlich unterscheidet (§ 57 Abs. 2 BGB) und wenn schließlich die Satzung Bestimmungen enthält über den Ein- und Austritt der Mitglieder, die Mitgliedsbeiträge, die Bildung des Vorstands, die Voraussetzungen und die Form der Berufung der Mitgliederversammlung und die Beurkundung ihrer Beschlüsse (§ 58 BGB).

Diese Sollbestimmungen sind aber nur Ordnungsvorschriften, deren Nichtbeachtung zwar den Rechtspfleger zur Zurückweisung des Eintragungsantrags verpflichtet (§ 60 Abs. 1 BGB), deren Verletzung die Gültigkeit der Eintragung jedoch nicht berührt. Das Registergericht ist insbesondere nicht befugt, die Anmeldung eines Vereins zurückzuweisen oder zu beanstanden, wenn die Satzungsbestimmungen keine zwingenden Rechtsvorschriften verletzen, das Gericht diese vielmehr lediglich für unzweckmäßig, unklar oder redaktionell überholungsbedürftig hält (OLG Köln, NJW 1992 S. 1048).

5. Eintragungsverfahren

Das Registergericht prüft die Anmeldung.

a) Zurückweisung der Anmeldung

Liegen die auf Seiten 24 ff., Ziff. 4 genannten Voraussetzungen der Eintragung (§§ 56 bis 59 BGB) nicht vor, wird die Anmeldung durch begründeten Beschluß zurückgewiesen. Gegen die Zurückweisung der Anmeldung ist der Vorverein beschwerdeberechtigt (im Anschluß an BGH NJW 1986 S. 1033; NJW 1989 S. 295 und 1610). Legen die anmeldenden Vorstandsmitglieder gegen die Zurückweisung der Anmeldung unter Berufung auf ihre Stellung als gesetzliche Vertreter des Vorvereins Rechtsmittel ein, so handelt es sich auch dann um ein Rechtsmittel des Vorvereins, wenn es fälschlich als solches der Vorstandsmitglieder persönlich bezeichnet wird (BayObLG, DNotZ 1992 S. 46).

Äußert der Rechtspfleger im Vereinseintragungsverfahren eine der Eintragung entgegenstehende Rechtsmeinung, ohne eine Beseitigungsauflage zu erteilen oder die beantragte Eintragung abzulehnen, dann liegt keine erinnerungs- und danach beschwerdefähige Entscheidung vor (OLG Köln, Beschl. vom 16. 3. 1988, NJW 1989 S. 173).

b) Zulassung der Anmeldung

Liegen dagegen die Eintragungsvoraussetzungen vor, wird die Anmeldung zugelassen. Dies geschieht außer in den Fällen, in denen die höhere Instanz die Zulassung ausspricht, formlos. Wegen § 61 BGB hat sie allerdings nur vorläufige Wirkung. Die Kosten der Ersteintragung richten sich nach § 80 Abs. 1 KostO.

c) Mitwirkung der Verwaltungsbehörde

Die Zulassung der Anmeldung wird nunmehr nach § 61 BGB der zuständigen Verwaltungsbehörde – das ist in den kreisfreien Städten das Ordnungsamt, im übrigen das Landratsamt – mitgeteilt. Diese kann gegen die Eintragung Einspruch erheben (§ 61 Abs. 2 BGB), wenn der Verein nach dem öffentlichen Vereinsrecht unerlaubt ist oder verboten werden kann. Das ist nur der Fall, wenn der Zweck oder die gesamte tatsächliche Tätigkeit des Vereins den Strafgesetzen zuwiderläuft, sich gegen die verfassungsmäßige Ordnung oder gegen den Gedanken der Völkerverständigung richtet. Die Verwaltungsbehörde muß, wenn sie Einspruch erhebt, diesen mit einer Begründung an das Registergericht richten. Dieses informiert den Vereinsvorstand davon (§ 62 BGB). Der Vorstand kann den Einspruch mit den Rechtsbehelfen der Verwaltungsgerichtsbarkeit anfechten (so jedenfalls die herrschende Lehre, die darin einen Verwaltungsakt sieht), also nach erfolglosem „Widerspruchsverfahren" Anfechtungsklage beim Verwaltungsgericht erheben (§§ 40, 68 ff. VwGO). Nach Erschöpfung des Verwaltungsrechtswegs ist sogar noch die Verfassungsbeschwerde nach § 90 BVerfGG mit der Begründung möglich, Art. 9 GG sei verletzt worden.

Im übrigen wird der Einspruch unwirksam, wenn die nach den Bestimmungen des Vereinsgesetzes zuständige Behörde nicht innerhalb eines Monats nach

Einspruchserhebung ein Verbot des Vereins ausgesprochen hat oder wenn ein rechtzeitig ausgesprochenes Verbot zurückgenommen oder unanfechtbar aufgehoben worden ist (§ 63 BGB).

Teilt die Verwaltungsbehörde dem Registergericht mit, daß sie keinen Einspruch erhebe oder sind seit der Mitteilung der Anmeldung an die Verwaltungsbehörde 6 Wochen verstrichen und ist bis dahin kein Einspruch erhoben worden oder hat ein Einspruch seine Wirksamkeit verloren, so darf die Eintragung erfolgen.

d) Tätigkeit des Registergerichts nach erfolgter Eintragung

Nach der Eintragung hat das Amtsgericht die Eintragung durch das für seine Bekanntmachungen bestimmte Blatt zu veröffentlichen (§ 66 Abs. 1 BGB). Die Bekanntmachung muß mindestens Name, Sitz und die Tatsache der Eintragung enthalten. Die Verletzung dieser Amtspflicht des Rechtspflegers ändert an der Wirksamkeit der Eintragung jedoch nichts; sie kann lediglich eine Schadensersatzpflicht nach § 839 BGB begründen.

Schließlich muß das Registergericht dem Verein die Eintragung mitteilen (§ 130 Abs. 2 FGG) sowie die Urschrift der Satzung mit der Bescheinigung der Eintragung versehen und zurückgeben. Die Abschrift wird vom Amtsgericht beglaubigt und mit den übrigen Schriftstücken in den Vereinsakten aufbewahrt (§ 66 Abs. 2 BGB).

Die Kosten der Eintragung richten sich nach § 8 der Kostenordnung. Dabei ist der Geschäftswert für die Eintragung (z. B. bei einem Amateursportverein) anders als bei Handelsregistereintragungen, nicht nach einem bestimmten Vomhundertsatz des Vereinsvermögens festzusetzen (BayObLG, Rpfleger 1979 S. 398).

6. Inhalt der Eintragung

Nach § 64 BGB müssen, um den Verein nach außen hinreichend zu individualisieren, Name und Sitz zwingend eingetragen werden. Darüber hinaus soll die Eintragung den Tag der Errichtung der Satzung, die Bezeichnung der Vorstandsmitglieder sowie die Aufnahme von Bestimmungen enthalten, die den Umfang der Vertretungsmacht des Vorstands beschränken oder die Beschlußfassung des Vorstands abweichend von der Vorschrift des § 28 Abs. 1 BGB regeln (vgl. § 64 BGB). Die Verletzung dieser Sollbestimmung vermag jedoch die Rechtswirksamkeit der Eintragung nicht zu vermindern.

Weitergehende Eintragungen wird man, um die Klarheit des Registers nicht zu beeinträchtigen, nur dann für zulässig erachten können, wenn die Bedürfnisse des Verkehrs sie gebieten oder doch zweckmäßig erscheinen lassen, wie etwa die Verteilung der Geschäfte auf die einzelnen Vorstandsmitglieder, sofern sie für die Ausübung der Vertretungsmacht wesentlich ist, oder die Bestellung von Sondervertretern nach § 30 BGB.

7. Rechtswirkungen der Eintragung

a) Rechtsfolgen bei ordnungsgemäßer Eintragung

Folgen für den Verein
Durch die Eintragung erlangt der Verein die Rechtsfähigkeit. Die Eintragung wirkt also rechtsgestaltend. Der Verein ist durch sie juristische Person geworden. Sein Name erhält gemäß § 65 BGB den Zusatz „e.V." oder „E.V." (eingetragener Verein). Der Verein muß jetzt diesen erweiterten Namen führen.

Der Verein kann von nun an jederzeit, wenn er sich gegenüber Behörden ausweisen will, vom Amtsgericht ein Zeugnis darüber verlangen, daß der Vorstand aus den im Vereinsregister eingetragenen Personen besteht (§ 69 BGB – Eintragungszeugnis).

Im übrigen geht mit der wirksamen Eintragung das Vermögen des nichtrechtsfähigen Vorvereins im Wege der Gesamtrechtsnachfolge automatisch auf das neue Rechtssubjekt, den eingetragenen Verein, über (RGZ 85 S. 259). Das gilt für Aktiva und Passiva gleichermaßen. Es bedarf also keiner rechtsgeschäftlichen Einzelübertragungsakte, bei Grundstücken insbesondere keiner Auflassung und Eintragung im Grundbuch, bei den Schulden keiner Schuldübernahme nach §§ 414, 415 BGB und auch keiner Unterbrechung schwebender Prozesse (allerdings nicht ganz unbestritten). Dadurch wird ein im Rechtsverkehr wünschenswerter nahtloser Übergang der Rechtsposition des Vorvereins auf den eingetragenen Verein gewährleistet.

Publizitätswirkung
Die Eintragungen im Vereinsregister genießen keinen öffentlichen Glauben wie das Grundbuch. Es gibt keine Bestimmungen, nach denen der Inhalt des Vereinsregisters zugunsten Dritter so lange als richtig gilt, als diese gutgläubig sind. Die §§ 68 und 70 BGB schaffen aber wenigstens eine negative Publizität des Vereinsregisters, wie sie nach § 15 HGB auch für das Handelsregister gilt. Diese negative Publizität ist allerdings beschränkt auf die Änderung des Vorstands, die Beschränkung seiner Vertretungsmacht und die Änderung der Bestimmungen über seine Beschlußfassung.

Die Publizitätswirkung des Vereinsregisters, das öffentlich ist und das jedermann einsehen kann, besteht somit in doppelter Richtung:
– Im Rahmen des rechtsgeschäftlichen Verkehrs braucht sich ein Dritter eine Änderung des Vorstands nicht entgegenhalten zu lassen, wenn sie nicht eingetragen war, es sei denn, daß der Dritte die Änderung tatsächlich kannte (daß er sie hätte kennen müssen, genügt nicht), was der Verein notfalls beweisen muß. Hier schützt also das Vereinsregister den, der in geschäftliche Beziehungen zum Verein tritt und auf den Fortbestand des Vorstands vertraut.
– Ist die Änderung des Vorstands dagegen eingetragen, dann muß der Dritte sie gegen sich gelten lassen, es sei denn, er hat sie nicht gekannt und auch nicht kennen müssen, wobei leichte Fahrlässigkeit schon schadet und der

Dritte die Beweislast trägt. Die Eintragung schützt also den Verein davor, durch Rechtsgeschäfte des abgelösten Vorstands noch verpflichtet zu werden.

Diese Publizitätswirkung des Vereinsregisters gilt jedoch nur im rechtsgeschäftlichen und im Prozeßverkehr (z. B. für Klagestellung), nicht aber für unerlaubte Handlungen.

b) Rechtsfolgen bei mangelhafter Eintragung

Es fragt sich, ob die Eintragung ins Vereinsregister auch für die Fälle eines Mangels der Vereinsentstehung rechtsgestaltende Kraft hat oder nicht.

Ist ein Verein eingetragen worden, obwohl es an einer der Eintragungsvoraussetzungen (vgl. Seiten 25 f., Ziff. 4) mangelte, muß wie folgt unterschieden werden:

Verletzung von Sollvorschriften

Ist nur eine Soll- und Ordnungsvorschrift verletzt worden, ist die Eintragung dennoch gültig. Der Verein ist rechtsfähig. Eine Löschung der Eintragung von Amts wegen darf nicht erfolgen.

Beispiel: Die Zahl der Mitglieder beträgt weniger als 7 (§ 56 BGB); beim Vereinsnamen besteht örtliche Verwechslungsgefahr (§ 57 Abs. 2 BGB); die Satzung enthält keine Bestimmungen über Ein- und Austritt der Mitglieder, über Mitgliedsbeiträge usw. (§ 58 BGB); der Anmeldung sind Satzung und (oder) Abschrift der Urkunden über die Vorstandsbestellung nicht beigefügt (§ 59 Abs. 2 BGB); die Satzung ist von weniger als 7 Mitgliedern unterschrieben oder es fehlt das Errichtungsdatum (§ 59 Abs. 3 BGB). Alle diese Mängel führen nicht zur Löschung des Vereins.

Verletzung von Mußvorschriften

Fehlt es dagegen an einer wesentlichen Eintragungsvoraussetzung, soll die Eintragung von Amts wegen gemäß §§ 159, 142, 143 FGG gelöscht werden. Die Löschung ist allerdings regelmäßig nur dann veranlaßt, wenn das Fortbestehen der Eintragung Schädigungen Berechtigter zur Folge hätte oder dem öffentlichen Interesse widerspräche. Sie kann unterbleiben, wenn sie niemand nützt, aber schwere wirtschaftliche Nachteile für den Betroffenen mit sich bringt (KG Recht 1928 Nr. 1412, OLG Hamm, Rpfleger 1969 S. 350, BayObLG, Rpfleger 1978 S. 247). Die Löschung hat aber keine rückwirkende Kraft. Bis zum Zeitpunkt der Löschung im Vereinsregister bleibt der Verein vielmehr rechtsfähig (RGZ 81 S. 206). Die Löschung einer Eintragung im Vereinsregister ist nicht mehr zulässig, wenn ein Mangel, der die Löschung gerechtfertigt hätte, beseitigt worden ist und somit nicht mehr besteht (BayObLG, Rpfleger 1995, 465, DNotZ 1996, 167).

Beispiele: Im Zeitpunkt der Eintragung liegt noch gar kein Personenzusammenschluß vor; es existiert keine Satzung; es liegt zwar eine Satzung vor, aber es fehlt der in § 57 BGB geforderte Mindestinhalt (Name, Zweck, Sitz des Vereins und dokumentierter Eintragungswille); die Anmeldung zum Vereinsregister ist überhaupt nicht oder beispielsweise nur von einem Teil der Vorstandsmitglieder erfolgt (§ 59 BGB). Alle diese schweren Mängel führen durch Löschung zur Beseitigung der Rechtsfähigkeit für die Zukunft.

Über die Beschwerde gegen die Ablehnung der Einleitung eines Löschungsverfahrens hat das Landgericht zu entscheiden (BayObLG, NJW 1992, 2362). Im erstinstanzlichen Verfahren auf Amtslöschung einer Eintragung im Vereinsregister darf die Löschung nicht durch einstweilige Anordnung verfügt werden (BayObLGZ 1994, 58).

Ein Wandel des Vereins vom Ideal- zum Wirtschaftsverein berechtigt nicht nur die behördlichen Stellen gem. § 43 Abs. 2 BGB zur Entziehung der Rechtsfähigkeit, sondern auch das Registergericht zur Einleitung eines Amtslöschungsverfahrens nach den §§ 159, 142 FGG. Der von der herrschenden Meinung befürwortete Ausschluß einer verdeckten Rechtsformverfehlung aus dem Anwendungsbereich des Amtslöschungsverfahrens vermag nicht zu überzeugen. Die Löschung aus dem Vereinsregister im Verfahren nach den §§ 159, 142 FGG führt zum Verlust der Rechtsfähigkeit, nicht jedoch zwangsläufig zur Durchführung eines Liquidationsverfahrens. Der Verein besteht vielmehr als nichtrechtsfähiger Verein fort, wenn seine Aktivitäten auch nach der Löschung aus dem Vereinsregister weitergeführt werden sollen (vgl. hierzu ausführlich Oetker, NJW 1991 S. 385 ff.).

II. Die Verfassung des rechtsfähigen Vereins

1. Begriff und Rechtsgrundlagen

Unter Verfassung versteht man die Summe der Vorschriften, die das innere Vereinsleben, außerdem Name und Zweck des Vereins, seine äußere Gestalt und sein Handeln nach außen regeln. Deshalb sind Bestandteile der Vereinsfassung die Regeln, die sich mit der Feststellung von Zweck, Sitz, Wirkungskreis und Namen des Vereins, mit dem Ein- und Austritt der Mitglieder und dem unfreiwilligen Verlust der Mitgliedschaft befassen, ferner jene Bestimmungen, die die Vertretung des Vereins, die Verwaltung des Vereinsvermögens regeln und schließlich auch die Vorschriften über die Auflösung des Vereins.

Diese Verfassung des rechtsfähigen Vereins wird vornehmlich durch die Vereinssatzung bestimmt (§ 25 BGB). Die hierin zum Ausdruck gekommene Vereinsautonomie findet allerdings in den unabänderbaren zwingenden Normen des BGB ihre Grenze.

Danach gehören zum unabdingbaren Vereinsverfassungsrecht mit der Folge der Unwirksamkeit entgegenstehender Satzungsbestimmungen folgende Vorschriften:

§ 26 Abs. 1 Satz 1 BGB § 29 BGB § 41 Satz 1 BGB
§ 26 Abs. 2 Satz 1 BGB §§ 34 bis 36 BGB § 47 BGB
§ 27 Abs. 2 BGB § 37 BGB
§ 28 Abs. 2 BGB § 39 Abs. 1 BGB

Die übrigen Verfassungsbestimmungen des BGB lassen entweder einen bestimmten Änderungsspielraum offen (§§ 26 Abs. 2 Satz 2, 30, 39 Abs. 2, 41 Satz 2 BGB) oder sind durch Satzungsvorschriften ganz abdingbar (§ 40 BGB).

Im Vereinsverfassungsrecht gilt also in erster Linie das zwingende Recht des Bürgerlichen Gesetzbuchs. In zweiter Linie ist die Vereinssatzung maßgebend (§ 25 BGB). In dritter Linie finden die ergänzenden Bestimmungen des BGB Anwendung.

Der Kirche zugeordnete Vereine können allerdings ihre Satzung ohne Bindung an bestehende vereinsrechtliche Vorschriften gestalten, soweit der Innenbereich des vereinsrechtlichen Zusammenschlusses betroffen ist (OLG Köln, Rpfleger 1992 S. 112).

2. Die Satzung

a) Rechtsnatur der Satzung

Die rechtliche Natur der Satzung ist sehr umstritten. Viele schreiben dem Verein das Recht der Autonomie zu und legen daher der Satzung die Eigenschaft eines Vereinsgesetzes bei (so RGZ 165 S. 143), andere dagegen sehen in der Satzung nur eine rechtsgeschäftliche Vereinbarung.

Der Streit soll hier auf sich beruhen, weil er weitgehend theoretischer Natur ist und beide Seiten in den wichtigsten Fragen, die davon abhängen (z. B. Folge von Willensmängeln beim Gründungsvorgang) zum gleichen Ergebnis kommen.

b) Form der Satzung

Für die Satzung schreibt das Gesetz keine Schriftform vor. Wenn der Verein aber eingetragen werden soll, muß die Satzung schriftlich abgefaßt sein, ohne daß dieser Mangel die Gültigkeit der Eintragung berührte (§ 59 BGB).

Da die Satzung regelmäßig in einer Urkunde schriftlich niedergelegt ist, bezeichnet man die Urkunde selbst gleichfalls als Satzung.

Jedes Vereinsmitglied hat einen Anspruch darauf, daß der Verein ihm ein Exemplar der Vereinssatzung aushändigt. Es braucht sich nicht an das Registergericht verweisen zu lassen. (LG Karlsruhe, Rpfleger 1987 S. 164).

c) Bestandskraft der Satzung

Nichtigkeit der Satzung

Der Gründungsakt und damit auch die Satzung können nicht wegen Irrtums, arglistiger Täuschung oder Drohung angefochten werden, wenn die Eintragung erfolgt ist und die Vereinstätigkeit begonnen hat, weil außenstehende Dritte auf den Bestand einer ins Leben getretenen Vereinigung vertrauen dürfen. Einzelne Satzungsbestimmungen können jedoch, wenn sie gegen das Gesetz, gegen die guten Sitten (RGZ 165 S. 144; KG, NJW 1962 S. 1917) oder gegen das Wesen korporativer Gestaltung verstoßen, nichtig sein.

Beispiel 1: In der Satzung ist bestimmt, daß dem Vorstand keine gerichtliche und außergerichtliche Vertretungsbefugnis zusteht (Verstoß gegen § 26 Abs. 2 Satz 1 BGB) oder daß der Vorstand nur nach Rücksprache mit dem Bürgermeister oder einem Mäzen des Vereins handlungsberechtigt ist (Verstoß gegen die guten Sitten). Solche Satzungsvorschriften sind nichtig. Die Nichtigkeit einzelner Bestimmungen hat jedoch nicht die Nichtigkeit der gesamten Satzung zur Folge; § 139 BGB gilt also nicht. An die Stelle nichtiger Satzungsbestimmungen treten vielmehr die gesetzlichen.

Beispiel 2: Die Schiedsklausel in einer Satzung enthält keine Aussage darüber, wer als Schiedsrichter zur Entscheidung der Vereinsrechtsstreitigkeiten berufen ist und in welcher Form die Auswahl unter mehreren Schiedsrichtern getroffen werden soll; dies ergibt sich vielmehr aus einer besonderen Schiedsordnung. Eine derartig unpräzise Schiedsklausel ist nichtig (BFH, NJW 1984 S. 1355).

Beispiel 3: Die Satzung eines Lohnsteuerberatungsvereins für ausländische Arbeitnehmer enthielt u. a. Bestimmungen folgender Art: Bestimmungen des Mitgliedsbeitrags durch den Vorstand, Entscheidung über die Aufnahme von Mitgliedern durch den Vorstand, Einberufung der Mitgliederversammlung – einschließlich der außerordentlichen – durch den Vorstand, Abhaltung der Mitgliederversammlung nur mindestens alle 10 Jahre, Bestehen des Vorstands aus nur einem auf Lebenszeit gewählten Mitglied und Anfall des Vereinsvermögens nach der Liquidation an den Vorstand. Das LG Bremen (MDR 1974 S. 134) kam zu dem Ergebnis, daß zwar jede dieser Bestimmungen für sich durch die auf Grund der Vereinsautonomie gegebene Freiheit der Satzungsgestaltung gedeckt sei, daß sie jedoch in ihrer Gesamtheit gegen die guten Sitten (§ 138 BGB) verstoßen, weil die Satzung unter weitgehender Beschränkung der Rechte der Mitgliederversammlung den Vorstand mit einer Machtfülle ausstatte, die die naheliegende Gefahr einer Knebelung der Vereinsmitglieder begründe, zumal der Austritt in der Satzung nicht geregelt sei. Aus diesem Grunde sah das LG die Zurückweisung der Anmeldung des Vereins zum Vereinsregister als zu Recht erfolgt an.

Satzungsänderung

Die Satzung ist grundsätzlich abänderbar. Fehlen satzungsmäßige Bestimmungen darüber, so ist nach § 33 Abs. 1 BGB für jede Satzungsänderung eine Mehrheit von ¾ der zur Mitgliederversammlung erschienenen, zur Änderung des Vereinszwecks sogar die mündliche oder schriftliche Zustimmung sämtlicher Vereinsmitglieder notwendig. Die ¾-Mehrheit muß nicht nur für materielle Satzungsänderungen, sondern auch für bloße redaktionelle Änderungen des Urkundentextes vorliegen.

§ 33 BGB enthält jedoch dispositives Recht (§ 40 BGB). Die Satzung eines Vereins kann daher abweichende Mehrheiten festsetzen oder aber die Satzungsänderung einem anderen Vereinsorgan übertragen. Die Satzung kann jedoch nicht ihre eigene Unabänderbarkeit oder das Verbot der Abänderung einzelner Satzungsbestimmungen anordnen, weil dies gegen die Vereinsautonomie verstoßen würde. Auch die Satzungsbestimmung, wonach z.b. Satzungsänderungen ausschließlich durch Rechtsverordnung einer Kirchengemeinschaft erfolgen, ist nicht zulässig (OLG Frankfurt, Rpfleger 1982 S. 291).

Schließlich kann eine Satzungsbestimmung, die für bestimmte Beschlüsse eine größere als die ¾-Mehrheit verlangt, nur mit der entsprechenden Mehrheit aufgehoben werden (RG, HRR 1932 Nr. 1639).

Ob ein Beschluß den Vereinszweck ändert (§ 33 Abs. 1 Satz 2 BGB), ist eine Auslegungsfrage. Wird ein Nebenzweck zum Hauptzweck erhoben, liegt sicher eine Änderung des Vereinszwecks vor.

Beispiel: Ein karitativer Verein setzt sich plötzlich revolutionär-politische Ziele; ein akademischer Gesellschaftsverein baut und betreibt bei beträchtlicher Beitragserhöhung nunmehr hauptsächlich ein Altersheim; ein „normaler" Musikverein grenzt den Personenkreis, für den er sich einsetzen will, auf Jugendliche ein, verengt das Vereinsziel auf die Förderung einer ganz bestimmten Musikart und gibt sich als weiteres Vereinsziel die Förderung des politischen Bewußtseins (LG Nürnberg-Fürth, Rpfleger 1988 S. 151).

Solche Änderungen des Vereinszwecks bedürfen, falls die Satzung nichts Gegenteiliges bestimmt, der Zustimmung aller Vereinsmitglieder. Dabei müssen die nicht erschienenen Mitglieder schriftlich zustimmen, was auch dann unterstellt werden kann, wenn sie nach schriftlicher Aufforderung innerhalb einer angemessenen Frist nicht widersprechen.

Fehlt die von Satzung oder Gesetz geforderte Mehrheit, kann eine Satzungsänderung nicht beschlossen werden; wird der Beschluß gleichwohl gefaßt, ist die Satzungsänderung nichtig und der Vorstand darf den Beschluß nicht zur Eintragung anmelden.

Es sind allerdings Ausnahmefälle denkbar, in denen ein rechtsgültiger Änderungsbeschluß nicht notwendig ist. So hat das RG (RGZ 19 S. 184) für den Fall, daß ein den Vereinszweck ändernder, aber wegen Verstoßes gegen § 33 Abs. 1 Satz 2 BGB ungültiger Beschluß von der Mehrheit durchgeführt wird, angenommen, daß die Durchsetzung des Mehrheitswillens so anzusehen sei, als seien die dem veränderten Zweck anhängenden Mitglieder aus dem Verein ausgeschieden und als hätten sie sich zu einem neuen Verein mit dem gewünschten Zweck zusammengeschlossen. Darüber hinaus hat es der BGH (NJW 1955 S. 457) in einem Fall als Zustimmung gewertet und daher die Eintragung einer Satzungsänderung als wirksam angesehen, in dem einem Verein von außen her die Änderung von Namen, Zweck und Satzung aufgezwungen oder auch nur angetragen wurde und sämtliche Mitglieder die Durchführung dieser Änderungen längere Zeit widerspruchslos hingenommen hatten.

Die Änderung der Satzung eines eingetragenen Vereins kann von einem alleinvertretungsberechtigten Mitglied des Vorstandes zur Eintragung in das Vereinsregister angemeldet werden; die Mitwirkung sämtlicher vertretungsberechtigter Vorstandsmitglieder ist dazu nicht notwendig (BGH, Rpfleger 1986 S. 184).
Der Anmeldung ist der Änderungsbeschluß in Urschrift und Abschrift beizufügen. Erst mit der Eintragung ins Vereinsregister durch das zuständige Registergericht wird die Satzungsänderung wirksam (§ 71 Abs. 1 BGB). Für die Eintragung der Sitzverlegung ist das Registergericht des neuen Sitzes örtlich zuständig (OLG Stuttgart, Rpfleger 1989 S. 27 und KG, Rpfleger 1992 S. 204).
Nach §§ 159, 132 FGG kann das Registergericht die Vorstandsmitglieder eines Vereins unter Androhung eines Zwangsgeldes anhalten, eine von der Mitgliederversammlung beschlossene Satzungsänderung zur Eintragung in das Vereinsregister anzumelden (vgl. hierzu OLG Frankfurt, Rpfleger 1979 S. 60). Die Eintragung einer nach dem Beschluß der Mitgliederversammlung erst später in Kraft tretenden Satzungsänderung in das Vereinsregister ist jedoch vor dem Zeitpunkt des Inkrafttretens nicht zulässig. Da die Satzungsänderung mit der konstitutiven Eintragung wirksam wird, ist eine Vorabeintragung begrifflich ausgeschlossen (LG Bonn, Rpfleger 1984 S. 192).
Gegen die Eintragung der Satzungsänderung kann gem. § 20 Abs. 1 FGG jedermann Beschwerde einlegen, in dessen Rechte durch die Verfügung unmittelbar eingegriffen wird (OLG Köln, Rpfleger 1995 S. 163).

Muster für die Anmeldung einer Satzungsänderung

An das
Amtsgericht – Vereinsregister –
A-Dorf

Betr.: Satzungsänderung
Anl.: 2

§ 17 der Satzung des „Musikverein Eintracht A-Dorf" wurde durch ordnungsgemäßen Beschluß der Mitgliederversammlung vom .... abgeändert und lautet nunmehr wie folgt: „. . ."

Ur- und Abschrift des Änderungsbeschlusses liegen bei.

A-Dorf, den ....

Unterschriften sämtlicher
Vorstandsmitglieder

d) Mindestinhalt der Satzung

Die Satzung eines rechtsfähigen Vereins muß sämtliche das Vereinsleben bestimmenden Leitprinzipien und Grundsatzregelungen, soweit sie nicht gesetzlich festgelegt sind, enthalten (BGH, NJW 1967 S. 1268).
Deshalb kann z.B. eine **Schiedsklausel** nur dann als verbindlich angesehen werden, wenn die Satzung selbst die wesentlichen Punkte festlegt. Hierzu gehö-

ren insbesondere die Zusammensetzung des Schiedsgerichts und die Regeln über die Auswahl und Bestellung der Schiedsrichter; denn davon hängt es wesentlich ab, ob das Schiedsgericht die Gewähr einer unparteiischen Entscheidung bietet und die erforderliche Sach- und Fachkunde, rechtliche Kenntnis und wirtschaftliche Erfahrung besitzt. Sie sind Grundentscheidungen, die nicht einem beliebigen Vereinsorgan und einer Schiedsordnung überlassen bleiben dürfen (BGH, NJW 1984 S. 1355).

Über derartige Leitprinzipien hinaus muß die Satzung den in § 57 Abs. 1 BGB geforderten Mindestinhalt haben. Das bedeutet, daß mindestens der Zweck, der Name und der Sitz des Vereins in der Satzung enthalten sein müssen, daß sich aus der Satzung der Eintragungswille der Gründer ergeben muß (vgl. §§ 1 und 2 der auf den Seiten 49 f. unter Buchst. i abgedruckten Mustersatzung). Sie soll überdies, wie § 58 Nr. 1 und Nr. 4 BGB vorschreibt, Bestimmungen über den Eintritt und Austritt der Mitglieder und über die Form der Berufung der Mitgliederversammlung und die Beurkundung ihrer Beschlüsse enthalten. Fehlen solche Angaben in der dem RegisterG vorgelegten Satzung, so muß das zur Beanstandung durch das RegisterG und ggf. – auch soweit es sich um das Fehlen sog. Sollerfordernisse handelt – zur Ablehnung der Eintragung führen. Wird in der Satzung eines Zweigvereins bezüglich der in §§ 57 Abs. 1, 58 Nr. 1 bis 4 BGB genannten Regelungen auf die Satzung des Gesamtvereins verwiesen, so ist dies nur zulässig, wenn die Verweisung widerspruchsfrei und verständlich gefaßt ist und sie sich auf bestimmte einzelne Vorschriften der in Bezug genommenen Satzung bezieht (OLG Hamm, DNotZ 1988 S. 159).

Zweck des Vereins

Dem Vereinszweck fällt die Aufgabe zu, dem Verband ein festes Ziel zu geben, das nicht ohne weiteres geändert werden kann; Vereinszweck ist das die Mitglieder verbindende grundlegende Interesse, die große Linie, um derentwillen sich die Mitglieder zusammenschließen (vgl. BGH, Rpfleger 1986 S. 186). Der Vereinszweck darf nicht nur vorgeschoben sein (BGH, AZ: I ZR 52/86 vom 19. 5. 1988).

Im übrigen ist es Sache des Vereins, seine Satzung so zu gestalten, daß sich aus ihr die Berechtigung der Eintragung in das Vereinsregister ergibt. Dazu bedarf es neben der Angabe des Vereinszwecks auch einer Beschreibung der wesentlichen Vorhaben des Vereins in einer Form, daß danach die Art der künftigen Vereinstätigkeit bestimmt und eingeordnet werden kann. Wenn es an einer näheren Umschreibung der konkreten Tätigkeitsformen des Vereins fehlt, ist das Registergericht nicht zu amtswegigen Ermittlungen verpflichtet (OLG Düsseldorf, Rpfleger 1996, 291, 292).

Beim Idealverein darf der Hauptzweck kein wirtschaftlicher sein. Das Handeln des Vereins darf nach seiner Satzung nicht primär und hauptsächlich auf eine wirtschaftliche Zielsetzung ausgerichtet sein. Wenn sich ein Verein in seiner Satzung einen wirtschaftlichen Hauptzweck setzt, ist er als wirtschaftlicher Verein anzusehen, der nicht eingetragen werden darf (vgl. Seite 21 ff.). Wird jedoch nur durch einen wirtschaftlichen Geschäftsbetrieb, wie z.B. durch die

Vereinsgaststätte eines Sport- oder Musikvereins, der ideelle Hauptzweck nur gefördert, liegt ein Idealverein vor, dessen Eintragung möglich ist (vgl. Seite 23 f.).

Name des Vereins
Auch der Name eines eingetragenen Vereins genießt den Schutz des § 12 BGB (vgl. RGZ 74 S. 114 betr. den Verein für Deutsche Schäferhunde und BGH in LM Nr. 6 zu § 16 UWG betr. den Verein der Steuerberater). Da der Name des eingetragenen Vereins nach außen oft das einzige Unterscheidungsmerkmal für seine Individualität als Verbandsperson darstellt, kann der Verein von jedem anderen Verein, der unbefugt den gleichen Namen gebraucht, Unterlassung der Namensführung verlangen. Außerdem steht dem in seinem Namensrecht beeinträchtigten Verein bei schuldhafter Verletzung des Namensrechts nach § 823 Abs. 1 BGB ein Schadenersatzanspruch zu.

Um Verwechslungen zu vermeiden, soll sich zwar der Name des Vereins vom Namen der an demselben Ort oder in derselben Gemeinde bestehenden eingetragenen Verein deutlich unterscheiden (§ 57 Abs. 2 BGB). Verletzt jedoch ein angemeldeter Verein das Namens-Persönlichkeitsrecht eines gleichnamigen Vereins, so ist das eine private Angelegenheit der beiden beteiligten Vereine. Die – unterstellte – Namensverletzung kann nicht eine Registersperre für den angemeldeten Verein herbeiführen. Die Allgemeinheit wird durch den möglichen Namensstreit der beiden Vereine nicht berührt. Daraus folgt, daß das Registergericht nicht befugt ist, wegen eines solchen privaten Streits dem angemeldeten Verein die Eintragung zu versagen; es ist nicht seine Aufgabe, eine – mögliche – Namensrechtsverletzung zu prüfen (RGZ 104 S. 341/343; BGHZ 8 S. 318/321 f.; BayObLG, DNotZ 1987 S. 353 ff.).

Ein Verein, der einen gemeinnützigen Zweck allein mit Hilfe der laufenden Mitgliedsbeiträge und in Erwartung von Spenden verfolgt, darf sich in seinem Namen nicht als „Stiftung" bezeichnen (BayObLG, Rpfleger 1973 S. 20).

Ist der Name eines Vereins geeignet, eine Täuschung über dessen Größe, Bedeutung oder über nicht existente Beziehungen herbeizuführen, so kann er wegen des auch im Vereinsrecht geltenden Grundsatzes der Namenswahrheit nicht eingetragen werden (OLG Hamm, OLGZ 1981 S. 433; BayObLG, Rpfleger 1982 S. 476; LG Bonn, Rpfleger 1987 S. 205; LG Bremen, Rpfleger 1989 S. 202; BayObLG, Rpfleger 1992 S. 397) oder er kann im Vereinsregister von Amts wegen zu löschen sein (OLG Hamm, Rpfleger 1978 S. 132 und 1981 S. 406 BayObLG, Rpfleger 1992 S. 354 = NJW 1992 S. 2362).

Der Name des Vereins darf nicht gegen die guten Sitten verstoßen. Die Benutzung des Begriffs „schwul" verstößt allerdings nicht gegen die guten Sitten, so daß einem Verein, der sich „Schwulengruppe" nennt, nicht allein wegen seines Namens die Aufnahme ins Vereinsregister verweigert werden darf (LG Rottweil AZ: 1 T 218/87).

Sitz des Vereins
Nach der zwingenden Vorschrift des § 57 Abs. 1 BGB muß die Satzung eines eingetragenen Vereins zwar den Sitz des Vereins bestimmen. Wie sie ihn festlegt, ist

jedoch ohne Bedeutung; die Satzung ist darin völlig frei. Sie kann den Sitz des Vereins auch an einem anderen Ort als dem Ort der Verwaltung und Führung der Vereinsgeschäfte begründen.

Da die Satzung eines eingetragenen Vereins stets eine Bestimmung über den Sitz des Vereins enthalten muß, hat für eingetragene Vereine § 24 BGB keine Bedeutung, wonach, wenn nichts anderes bestimmt ist, als Sitz eines Vereins der Ort gelten soll, an welchem die Verwaltung geführt wird.

Im übrigen kann durch entsprechende Satzungsänderung der Sitz des Vereins auch wirksam verlegt werden. Für die Eintragung einer Sitzverlegung ist nach h. M. und überwiegender Rechtsprechung das Registergericht am bisherigen Vereinssitz zuständig. Die durch Satzungsänderung beschlossene Sitzverlegung eines Vereins wird mit einer Eintragung in das Vereinsregister jedoch auch dann wirksam, wenn das Registergericht für die Eintragung örtlich unzuständig war (BayObLG, Rpfleger 1996, 350; DNotZ 1997, 43; OLG Stuttgart, Rpfleger 1997, 312; OLG Brandenburg, Rpfleger 1998, 73).

Auf Eintragung gerichtete Erklärung

Die Satzung muß schließlich, wenn auch nur in einem Nebensatz (vgl. § 1 der auf den Seiten 49 f. unter Buchst. i abgedruckten Mustersatzung), die Erklärung enthalten, daß der Verein eingetragen werden soll. Diese Satzungsbestimmung ist deshalb unerläßlich, weil sie die Erklärung der Vereinsgründer enthält, daß ihr Wille auf Entstehung einer juristischen Person gerichtet ist, diese aber ohne den erklärten Willen ihrer Mitglieder nicht entstehen kann.

Die nach § 59 BGB vorgenommene Anmeldung des Vereins beim Registergericht vermag diese zwingende Satzungsbestimmung nicht zu ersetzen.

e) Soll-Inhalt der Satzung

Nach § 58 BGB soll die Satzung über ihren Mindestinhalt hinaus weitere Bestimmungen enthalten

– über den Eintritt und Austritt der Mitglieder,
– darüber, ob und welche Beiträge von den Mitgliedern zu leisten sind,
– über die Bildung des Vorstands,
– über die Voraussetzungen, unter denen die Mitgliederversammlung einzuberufen ist, über die Form der Einberufung und über die Beurkundung der Beschlüsse.

Außerdem ist das Registergericht bei der Inhaltskontrolle von Vereinssatzungen auch zur Beachtung des Grundsatzes von Treu und Glauben befugt (OLG Frankfurt, Rpfleger 1979 S. 16 und 1981 S. 310). Zwar können sich die Mitglieder eines Vereins grundsätzlich jede von ihnen gewünschte Ordnung geben, soweit das Vereinsrecht dispositiv ist. Diese Gestaltungsfreiheit findet jedoch dort ihre Grenze, wo die Privatautonomie allgemein endet, nämlich an den Bestimmungen der §§ 134, 138, 242 und 826 BGB.

Eintritt und Austritt der Mitglieder

Die Satzung kann in den Grenzen des Art. 9 GG und des § 138 BGB den Eintritt von beliebigen Voraussetzungen abhängig machen. Ein Aufnahmezwang des Vereins besteht jedenfalls grundsätzlich nicht (BGH, NJW 1985 S. 1216).

Beispiel: Ein Gesellschaftsverein kann in seiner Satzung bestimmen, daß das Mindesteintrittsalter 21 Jahre beträgt; eine Loge kann in ihrer Satzung anordnen, daß nur Männer aufgenommen werden können; ein Tennisclub kann durch Satzung vorschreiben, daß bei Vollauslastung der Tennisplätze zeitweilige Aufnahmestops beschlossen werden können.

Es muß aber beachtet werden, daß die Beschränkung der Eintrittsmöglichkeit auf bestimmte Personen u.U. die Gemeinnützigkeit des Vereins in Frage stellen kann (vgl. Seite 121, Ziff. 1).

Eine BGB-Gesellschaft kann nicht selbständig Mitglied eines Idealvereins sein (LG Bonn und OLG Köln, Rpfleger 1988 S. 270).

Eine Vereinssatzung verstößt nicht etwa deswegen gegen § 58 Abs. 1 BGB, weil sie keine ausdrückliche Bestimmung über die Form des Antrags auf Aufnahme in den Verein enthält (BayObLG, NJW 1972 S. 1323). Aus § 39 BGB ergibt sich, daß keinem Mitglied durch Satzung der Austritt verwehrt werden darf. Der Austritt muß also jedem Mitglied ohne Angabe eines Grundes freistehen. Im übrigen kann aber die Satzung bestimmen, daß der Austritt nur am Schluß eines Geschäftsjahres oder erst nach Ablauf einer Kündigungsfrist zulässig ist, wobei diese allerdings höchstens zwei Jahre betragen darf (§ 39 Abs. 2 BGB). Die Satzung kann außerdem für die Austrittserklärung Schriftform sowie Zustellung durch eingeschriebenen Brief anordnen.

Mitgliederbeiträge

Will der Verein Beiträge von seinen Mitgliedern erheben, empfiehlt es sich, wenigstens die Beitragspflicht in der Satzung zu verankern. Schweigt die Satzung nämlich, besteht keine Beitragspflicht. Die Höhe der Beiträge braucht allerdings ziffernmäßig nicht aus der Satzung ersichtlich zu sein. Es genügt, wenn die Satzung darauf verweist, daß die Mitgliederversammlung oder der Vorstand die Höhe der Beiträge festsetzen können (vgl. § 10 der auf den Seiten 49 f. unter Buchst. i abgedruckten Mustersatzung). Eine derartige allgemein gehaltene Satzungsbestimmung ist im übrigen auch zweckmäßig, weil es dann bei evtl. Beitragserhöhungen keiner Satzungsänderung bedarf. Eine sehr erhebliche Beitragserhöhung kann allerdings einen wichtigen Grund zur fristlosen Kündigung der Mitgliedschaft darstellen, wenn die vom Vorstand gegebene Begründung inhaltsleer und nicht nachvollziehbar ist (AG Nürnberg, Rpfleger 1988 S. 109) und dem Mitglied ein weiteres Verbleiben im Verein bis zum Ablauf der Kündigungsfrist nicht zumutbar ist (LG Aurich, Rpfleger 1987 S. 115). Soll die Beitragspflicht auch nach Eröffnung des Vereinskonkurses fortbestehen, so muß dies ausdrücklich in der Satzung verankert sein (BGH, NJW 1986 S. 1604).

Bildung des Vorstands

Die Satzung kann bestimmen, wie der Vorstand gebildet wird und wie er sich zusammensetzt. Der Verein ist in dieser Frage völlig frei. Nur dann, wenn die Satzung hierzu nichts bestimmt, gelten die Regeln des BGB. Danach besteht der Vorstand im Zweifel aus einer Person (§ 26 Abs. 1 Satz 2 BGB) und seine Bestellung erfolgt durch Beschluß der Mitgliederversammlung (§ 27 Abs. 1 BGB).

Einberufung der Mitgliederversammlung

Nach der zwingenden Vorschrift des § 36 1. Alternative BGB muß die Mitgliederversammlung u. a. in den durch die Satzung bestimmten Fällen einberufen werden. Diese Vorschrift hat nur dann einen Sinn, wenn die Satzung auch tatsächlich die Einberufungsfälle aufzählt. Enthält die Satzung keine Bestimmung darüber, so kommt es nur zur Einberufung der Mitgliederversammlung in den gesetzlich vorgesehenen Fällen der §§ 32 2. Alternative und 37 Abs. 1 BGB.

Die Zulassung der Eventualeinberufung einer Wiederholungsversammlung mit geringeren Anforderungen an ihre Beschlußfähigkeit im Anschluß an eine beschlußunfähige Mitgliederversammlung durch die Satzung eines eingetragenen Vereins verstößt weder gegen unabdingbares Gesetzesrecht noch gegen übergeordnete zwingende allgemeine Grundsätze des Vereinsrechts (BGH, Rpfleger 1989 S. 111).

Form der Einberufung

Soll für die Einberufung eine bestimmte Form gelten, wie z. B. schriftliche Einladung, so ist auch dies in der Satzung ausdrücklich zu regeln, weil sonst formlose Einberufung gestattet ist. Satzungsbestimmungen, die alternative Formen der Einberufung vorsehen, sind unzulässig, wenn sie dem einzelnen Mitglied die Kenntnisnahme von der Einberufung der Mitgliederversammlung wesentlich erschweren würden. Jedenfalls muß die Satzung die Form der Einberufung in bestimmter Weise festlegen. Die Satzungsbestimmung muß so genau und eindeutig sein, daß den Vereinsmitgliedern eine Kenntnisnahme von der Einberufung der Mitgliederversammlung ohne wesentliche Erschwernisse möglich ist (OLG Hamm, OLGZ 1965 S. 65). Das schließt Regelungen aus, die ungenau sind und zunächst vom Einberufungsorgan ausgelegt werden müssen. Diese strenge Auslegung ist geboten, damit alle Mitglieder die Möglichkeit haben, an der Mitgliederversammlung teilzunehmen, um in diesem höchsten und wichtigsten Organ des eingetragenen Vereins mitwirken zu können. Deshalb genügt eine Satzungsbestimmung, wonach die Mitgliederversammlung des Vereins durch „ortsübliche Bekanntmachung" oder durch „Aushang" einberufen werden kann, nicht dem Bestimmtheitserfordernis des § 58 Nr. 4 BGB und hindert die Eintragung des Vereins (OLG Zweibrücken, Rpfleger 1985 S. 31).

f) Die Vereinsstrafgewalt auf Grund der Satzung

Nach Art. 92 GG ist zwar die Ausübung der Strafgewalt den Gerichten vorbehalten. Dennoch hat jeder Verein das Recht, in seiner Satzung vereinsinterne Strafbestimmungen aufzustellen und damit Vereinsstrafrecht zu verankern, weil er damit keine Rechtsprechung treibt, sondern zum Zwecke der Aufrechterhaltung der Vereinsdisziplin nur einen Akt der Selbstverwaltung vornimmt. Dies wird heute kaum mehr bestritten. Jeder rechtsfähige Verein kann also, soweit dies in einer gültigen Satzungsbestimmung seine Stütze findet, ein Mitglied oder eine Gruppe von Mitgliedern kraft seiner Disziplinargewalt, die Ausfluß der Vereinsautonomie ist, für ein Vereinsdelikt bestrafen.

Es handelt sich dabei, auch wenn Geldbußen verhängt werden, nicht um Vertragsstrafen, bei denen der Verein Gläubiger wäre, sondern um Disziplinarmaßnahmen, mit denen der Verein Verfehlungen ahnden will und die vom Bestraften als Sühne empfunden werden sollen. Die verhängten Strafen sind aber keine staatlichen Kriminalstrafen.

Wichtigste Voraussetzung für die Bestrafung eines Mitglieds ist die satzungsmäßige Absicherung (BGHZ 21 S. 370 und 36 S. 105). Die Strafbarkeit muß von vornherein in der Satzung verankert sein. Dabei kann die Satzung die Bestrafung an fest umrissene Unrechtstatbestände knüpfen, aber auch an allgemein gehaltene Tatbestände, an Generalklauseln und an ausfüllungsbedürftige Begriffe.

Beispiel: Mißachtung von Weisungen der Vereinsorgane,
schuldhafter Verstoß gegen eine bestimmte Satzungsvorschrift,
grobe Pflichtverletzung,
vereinsschädigendes Verhalten,
dauernde Interesselosigkeit,
unsportliches und unwürdiges Verhalten,
grobe Schädigung des Ansehens,
Verletzung der Vereinsinteressen.

In der Regel unterliegt nur das Vereinsmitglied der Vereinsstrafgewalt. Die Strafgewalt besteht daher nur so lange, als die Mitgliedschaft besteht. Tritt ein Mitglied wirksam aus, darf der Verein keine Strafe mehr aussprechen (RGZ 114 S. 332), wohl aber noch in der Zeit zwischen Abgabe der Austrittserklärung und ihrer Wirksamkeit. Nichtmitglieder können sich jedoch durch privatrechtlichen Vertrag (z. B. durch Lizenzvertrag im Berufsfußball) den Satzungen und autonomen Ordnungen eines Vereins oder Verbands und damit deren Strafgewalt unterwerfen (vgl. OLG Frankfurt, NJW 1973 S. 2208 zum sog. Bundesligaskandal).

Der Verein kann allerdings das Verhalten eines Mitglieds nur dann unter Strafe stellen, wenn es sich bei der zu bestrafenden Handlung um eine Vereinsbetätigung handelt oder aber doch die Vereinsinteressen unmittelbar berührt werden. So kann ein Mitglied bestraft werden, wenn es Vereinsvermögen unterschlagen hat, aber auch, wenn ihm wegen einer vereinsexternen Tat durch Richterspruch das Wahlrecht oder die Fähigkeit zur Bekleidung öffentlicher Ämter aberkannt wurden, nicht aber gibt der auch nach staatlichem Strafrecht nicht mehr strafbare Ehebruch eines Mitglieds dem Verein das Recht, eine Strafsanktion zu verhängen.

Ein Vereinsmitglied kann auch wegen vereinswidrigen Handelns Dritter bestraft werden, wenn es ein Verschulden trifft; ein Verschulden des Dritten ist allerdings unbeachtlich. Das Verschulden kann sowohl in einer bereits durch das Mitglied selbst veranlaßten und von dem Dritten unverändert weisungsgemäß vorgenommenen vereinswidrigen Handlung liegen, als auch in Form eines Auswahl- oder Überwachungsverschuldens auftreten. Dabei ist von den allgemein geltenden Verschuldensgraden auszugehen. Der Nachweis des Verschuldens obliegt dem Verein (vgl. BGH, NJW 1972 S. 1892 und Kirchberger, NJW 1973 S. 1732).

Der Ausschluß aus dem Verein ist im übrigen zwar auch ohne Verschulden des Mitglieds und ohne Angabe von Gründen möglich, wenn die Satzung dies vorsieht; ansonsten setzen jedoch alle schweren Vereinsstrafen mindestens leichte Fahrlässigkeit voraus.

Die Art der Vereinsstrafen ist mannigfaltig.

Beispiel: Rügen, Reuegelder, Geldbußen,
Entzug des Stimmrechts in der Mitgliederversammlung,
Aberkennung anderer Mitgliedschaftsrechte,
Platzverbot,
Spiel- und Wettkampfsperren,
Ruhen der Wählbarkeit für Vereinsämter,
Ausschluß aus dem Verein u. a. m.

Die Satzung kann sogar mehrere Strafen zugleich und nebeneinander vorsehen. Allerdings darf nach erfolgter Bestrafung keine neue Bestrafung aus dem gleichen Grunde erfolgen.

Kennt die Vereinssatzung den Ausschluß des Mitglieds, so ist der Ausschluß auf Zeit als mildernde Maßregel zulässig, wenn ein den Ausschluß rechtfertigender Tatbestand gegeben ist. Der Ausschluß auf Zeit darf aber nicht deshalb ausgesprochen werden, weil Zweifel bestehen, ob die Voraussetzungen für den endgültigen Ausschluß des Mitglieds vorliegen (OLG Frankfurt, NJW 1974 S. 189).

Zuständig für das Vereinsstrafverfahren kann keine außerhalb des Vereins stehende Instanz sein. Die Satzung muß bestimmen, ob der Vorstand, die Mitgliederversammlung, ein Ehrengericht (u. U. ein Ältestenrat) oder ein Schiedsausschuß die Strafen aussprechen; sie muß auch die sonstigen Einzelheiten des Verfahrens regeln. Sie muß anordnen, ob und wie ein Ermittlungsverfahren durchgeführt wird, ob ein Sühneversuch vorgesehen ist, in welcher Weise den Betroffenen rechtliches Gehör gewährt wird, ob und wie er sich vertreten lassen kann, wie die Beweisaufnahme erfolgt, daß und wie der Strafbeschluß abgefaßt und begründet wird und welche Rechtsmittel der Bestrafte hat. Das Ausschließungsorgan eines Vereins, das dem betroffenen Mitglied die Hinzuziehung eines Rechtsanwalts nicht gestattet, verletzt dadurch das Gebot rechtlichen Gehörs jedenfalls dann nicht, wenn es um einfache Vorgänge des Vereinslebens geht und sich das Mitglied deshalb selbst interessengemäß gegen die erhobenen Vorwürfe verteidigen kann. Die Tatsache allein, daß Vorsitzender des Ausschließungsorgans ein Volljurist ist, ist kein zwingender Grund, die Vertretung des betroffenen Mitglieds durch einen Rechtsanwalt zuzulassen (BGH, NJW 1975 S. 160). Grundsätzlich kann jeder Verein die ihm passende Organisationsform wählen; insbesondere kann er auch die Rechte der Mitgliederversammlung stark beschneiden und den Vorstand stärken. Besteht jedoch ein Einzelvorstand, dann sollte beim Ausschluß eines Mitgliedes, also beim schwersten Eingriff in dessen Mitgliedsrechte, die Mitgliederversammlung wenigstens als Kontrollorgan eingesetzt und mit der Nachprüfung der Maßnahme des Vorstandes betraut werden. Bestehen darüber hinaus zwischen dem Vorstand und dem ausgeschlossenen Vereinsmitglied persönliche Differenzen, so ist der Vorstand hinsichtlich des Ausschlusses als befangen anzusehen; dies ergibt sich aus dem allgemein gültigen Grundsatz, wonach ein Mandatsträger in Angelegenheiten, die ihn persönlich berühren, von den ihm übertragenen Rechten keinen Gebrauch machen darf und die erforderliche Entscheidung einem Unvoreingenommenen (Stellvertreter oder Mitgliederversammlung) überlassen muß (OLG Hamm, BB 1976 S. 1191). Sind die Mitglieder des für Ordnungsmaßnahmen zuständigen Vereinsorgans selbst durch das Verhalten verletzt worden, das Gegenstand des Ordnungsverfahrens ist, dürfen sie an dem Verfahren nicht mitwirken (BGH, EBE 1980 S. 462).

Das bestrafte Mitglied ist gegen die Strafe nicht rechtlos. Die Anrufung möglicher höherer Vereinsinstanzen ist jedoch stets Voraussetzung für das Beschreiten des Rechtsweges gegen eine Vereinsstrafe. Hat der Bestrafte die Einlegung des vereinsinternen Rechtsmittels versäumt, kann er nicht mehr klagen. Hat er dagegen den vereinsinternen Instanzenzug erschöpft oder sieht die Satzung gar kein Rechtsmittel vor (auch kein Schiedsgericht), so kann er das ordentliche Gericht anrufen. Dieses prüft dann die Vereinsstrafe auf schwerwiegende Formfehler und auf etwaige Sittenwidrigkeiten oder grobe Unbilligkeit nach (BGHZ 21 S. 370), ob also beispielsweise im Zeitpunkt der Begehung der bestraften Tat die Satzung bereits eine Strafe vorgesehen hat, ob das satzungsmäßig vorgesehene Verfahren eingehalten oder ob dem Betroffenen rechtliches Gehör gewährt wurde (BGH, NJW 1973 S. 35). Dagegen unterliegt die sachliche Berechtigung der Vereinsstrafe in keinem Falle der gerichtlichen Nachprüfung, weil sie unter die eigenverantwortliche Ausübung der Vereinsgewalt fällt, es sei denn, die Tatsachenfeststellung wäre ganz offensichtlich willkürlich (BGH, MDR 1962 S. 111) oder die Strafgewalt beruht nicht auf der Vereinsautonomie, sondern auf privatrechtlicher Vereinbarung, wie das beim DFB im Verhältnis zum Lizenzfußballspieler der Fall ist (OLG Frankfurt, NJW 1973 S. 2208).

Im übrigen kann eine Vereinsstrafe der richterlichen Nachprüfung nur durch satzungsmäßige Einsetzung eines Schiedsgerichts entzogen werden.

g) Zusätzliche Satzungsbestimmungen bei gemeinnützigen Vereinen

Erstrebt ein Verein die steuerliche Anerkennung der Gemeinnützigkeit, so setzt dies voraus, daß er die Verfolgung gemeinnütziger Zwecke in seiner Satzung verankert.

In der Satzung muß dabei vor allem zum Ausdruck kommen,
- daß der Verein ausschließlich und unmittelbar gemeinnützige Zwecke verfolgt, wobei diese im einzelnen aufgeführt werden müssen;
- daß etwaige Gewinne nur für satzungsmäßige Zwecke verwendet werden und die Mitglieder Gewinnanteile oder sonstige Zuwendungen aus Mitteln des Vereins nicht erhalten;
- daß der Verein niemand durch Verwaltungsausgaben, die dem Vereinszweck fremd sind, oder durch unverhältnismäßig hohe Vergütungen begünstigt;
- daß bei Auflösung des Vereins oder beim Wegfall seines bisherigen Zwecks das Vermögen nur für steuerbegünstigte Zwecke verwendet werden darf, wobei entweder die begünstigte Empfängerkörperschaft oder der begünstigte Zweck zu nennen sind.

Fehlt auch nur eine dieser steuerlich bedeutsamen Vorschriften, kann das Finanzamt die Gemeinnützigkeit des Vereins steuerlich nicht anerkennen (vgl. im einzelnen Seiten 232 f., Ziff. XI).

h) Richtlinien, Ordnungen, Wettkampfbestimmungen, Regeln etc.

Zahlreiche Vereine, insbesondere fast alle Sportverbände haben neben ihrer Satzung unterschiedlich bezeichnete zusätzliche Vereinsregelungen. Diese werden meist als Richtlinien, Ordnungen, Wettkampfbestimmungen oder ähnlich bezeichnet. In diese Regelungen außerhalb der Satzung können alle Vereinsgrundsätze Aufnahme finden, die nicht unmittelbar zur Vereinsverfassung, zu den Leitprinzipien des Vereins gehören. Diese Grundsätze könnten zwar über den Mindestmuß- und -sollinhalt (vgl. Seiten 39 f.) hinaus in der Satzung stehen. Ihre Aufnahme in die Satzung ist jedoch nicht zur Wirksamkeit der Regelung auch gegenüber den Mitgliedern erforderlich.

Beispiel: Die Angabe des vom Verein verfolgten Zwecks sowie die Verpflichtung der Mitglieder zur Förderung des Zwecks, sind ebenso wie die Beitragsregelung Teil der Grundordnung des Vereins. Diese Grundsätze müssen in der Satzung verankert sein. Die Konkretisierung der Förderungspflicht des Mitglieds kann dagegen in besonderen Richtlinien erfolgen. Auch bei Sportvereinen gehören die Angabe des Vereinszwecks und der sportlichen Tätigkeit der Mitglieder in die Satzung. Wettkampfordnungen und Spielregeln, die darauf aufbauen, können außerhalb der Satzung in Richtlinien zusammengefaßt werden.

Die Existenz solcher Ordnungen hat den Vorteil, daß sie wegen der notwendigen qualifizierten Mehrheiten bei Satzungsänderungen flexibler geschaffen und abgeändert werden können und daß die Satzung als das Grundgesetz des Vereins übersichtlich und vom Umfang her überschaubar bleibt (vgl. hierzu Lukes, NJW 1972 S. 124 ff.).

i) Mustersatzung

A. Allgemeines

§ 1 Name, Sitz
Der Verein führt den Namen „Tennis-Club A-Dorf e. V.". Er hat seinen Sitz in A-Dorf. Er ist im Vereinsregister eingetragen.
oder: (für den Fall, daß die Eintragung noch nicht erfolgt ist)
Der Verein führt den Namen „Tennis-Club A-Dorf", nach erfolgter Eintragung, die alsbald erwirkt werden soll, mit dem Zusatz „e. V.". Er hat seinen Sitz in A-Dorf.

§ 2 Vereinszweck, Gemeinnützigkeit
(1) Der Zweck des Vereins ist die körperliche Ertüchtigung seiner Mitglieder durch Ausübung und Förderung des Sports, insbesondere des Tennissports. Dabei verfolgt der Verein ausschließlich und unmittelbar gemeinnützige Zwecke i.S. des Abschnitts „Steuerbegünstigte Zwecke" der Abgabenordnung.
(2) Der Verein ist selbstlos tätig; er verfolgt nicht in erster Linie eigenwirtschaftliche Zwecke.
(3) Mittel des Vereins dürfen nur für die satzungsmäßigen Zwecke verwendet werden. Die Mitglieder erhalten keine Zuwendungen aus Mitteln des Vereins.
(4) Es darf keine Person durch Ausgaben, die dem Vereinszweck fremd sind, oder durch unverhältnismäßig hohe Vergütungen begünstigt werden.

§ 3 Geschäftsjahr
Das Geschäftsjahr ist das Kalenderjahr.

§ 4 Vereinsämter
(1) Die Vereinsämter sind Ehrenämter.
(2) Übersteigen die anfallenden Arbeiten das zumutbare Maß ehrenamtlicher Tätigkeit, so können ein hauptamtlicher Geschäftsführer und (oder) Hilfspersonal für Büro und Sportanlagen bestellt werden; § 2 Abs. 3 ist zu beachten.

B. Mitgliedschaft

§ 5 Mitglieder
(1) Der Verein besteht aus
a) ordentlichen und außerordentlichen aktiven Mitgliedern
b) passiven Mitgliedern
c) Ehrenmitgliedern
(2) Außerordentliche Mitglieder sind
a) Studenten und in Berufsausbildung befindliche Mitglieder
b) jugendliche Mitglieder (das sind solche, die bei Beginn des Geschäftsjahres das 18. Lebensjahr noch nicht vollendet haben)
c) Gastmitglieder, die einem anderen Tennis-Verein angehören.
Alle anderen aktiven Mitglieder sind ordentliche Mitglieder. Der Vorstand hat das Recht, die Spielberechtigung von jugendlichen Mitgliedern und Gastmitgliedern einzuschränken.

(3) Passive Mitglieder sind Mitglieder, welche die Aufgabe und Ziele des Vereins fördern, die aber keinen Tennissport betreiben.
(4) Die Ernennung zum Ehrenmitglied erfolgt unter den Voraussetzungen des § 14.

§ 6 Erwerb der Mitgliedschaft

(1) Mitglied des Vereins kann jede natürliche Person werden, die in unbescholtenem Rufe steht.
(2) Der Antrag zur Aufnahme in den Verein ist auf einem dafür besonders vorgesehenen Vordruck schriftlich beim Vorstand einzureichen. Minderjährige müssen die Zustimmung ihrer (ihres) gesetzlichen Vertreter(s) nachweisen.
(3) Im Aufnahmeantrag sind 2 Mitglieder als Bürgen zu nennen, die das Gesuch befürworten.
(4) Der Antrag ist alsdann durch 2wöchigen Aushang im Vereinslokal bekanntzumachen. Einwendungen gegen die Aufnahme sind innerhalb dieser Frist bei einem der Vorstandsmitglieder zu erheben.
(5) Über die Aufnahme entscheidet der Vorstand. Er ist nicht verpflichtet, etwaige Ablehnungsgründe bekanntzugeben.

§ 7 Aufnahmefolgen

(1) Mit der Aufnahme durch den Vorstand beginnt die Mitgliedschaft.
(2) Mit der Aufnahme wird die von der Mitgliederversammlung bestimmte Aufnahmegebühr fällig.
(3) Jedes neue Mitglied erhält eine Mitgliedskarte und ein Exemplar der Satzung. Es verpflichtet sich durch seinen Beitritt zur Anerkennung der Satzung.

§ 8 Rechte der Mitglieder

(1) Sämtliche Mitglieder haben Anspruch darauf, die Einrichtungen des Vereins nach Maßgabe der Satzung und der von den Vereinsorganen gefaßten Beschlüsse und getroffenen Anordnungen zu benutzen und an den Veranstaltungen des Vereins teilzunehmen. Den passiven Mitgliedern steht jedoch das Recht, auf den Tennisplätzen zu spielen, nicht zu.
(2) Die ordentlichen aktiven und die passiven Mitglieder (§ 5) genießen im übrigen alle Rechte, die sich aus der Satzung, insbesondere aus der Zweckbestimmung des Vereins, ergeben. Sie haben das aktive und passive Wahlrecht und gleiches Stimmrecht in der Mitgliederversammlung.
(3) Die außerordentlichen aktiven Mitglieder haben Anspruch auf ermäßigte Beitragszahlung. Sie haben mit Ausnahme der Studenten und der in Berufsausbildung stehenden Mitglieder über 21 Jahre kein aktives und passives Wahlrecht, im übrigen aber gleiches Stimmrecht in der Mitgliederversammlung.
(4) Die jugendlichen Mitglieder haben das Recht, an der Mitgliederversammlung als Zuhörer teilzunehmen.
(5) Ehrenmitglieder haben alle Rechte eines ordentlichen Mitglieds. Sie sind von Beitragsleistungen befreit.

§ 9 Pflichten der Mitglieder

(1) Sämtliche Mitglieder haben die sich aus der Satzung, insbesondere aus der Zweckbestimmung des Vereins sich ergebenden Pflichten zu erfüllen. Sie sind ver-

pflichtet, die sportlichen Bestrebungen und Interessen des Vereins nach Kräften zu unterstützen.
(2) Die Mitglieder sind zur Befolgung der von den Vereinsorganen gefaßten Beschlüsse und Anordnungen verpflichtet. Dies gilt insbesondere auf den Spielplätzen. Die Platz- und Spielordnung ist einzuhalten.
(3) Sämtliche Mitglieder mit Ausnahme der Ehrenmitglieder sind zur Beitragszahlung verpflichtet (§ 10).
(4) Die Pflicht zur Zahlung einer Umlage ergibt sich aus § 11.

§ 10 Beitrag
(1) Alle ordentlichen und außerordentlichen aktiven und passiven Mitglieder haben Jahresbeiträge zu zahlen. Neu aufgenommene Mitglieder zahlen mit dem ersten Beitrag eine Aufnahmegebühr (§ 7 Abs. 2).
(2) Die Höhe und den Zeitpunkt der Fälligkeit des Beitrags sowie die Höhe der Aufnahmegebühr setzt die Mitgliederversammlung fest.
(3) Mitglieder, die den Beitrag nach Fälligkeit nicht entrichtet haben, werden gemahnt. Nach zweimaliger erfolgloser Mahnung können sie nach § 13 ausgeschlossen werden.
(4) Der Vorstand kann unverschuldet in Not geratenen Mitgliedern die Zahlung der Aufnahmegebühr und der Beiträge stunden, in besonderen Fällen auch ganz oder teilweise erlassen.

§ 11 Umlagen
(1) Die Mitgliederversammlung kann in besonderen Fällen die Erhebung einer Umlage anordnen und den Kreis der hierfür zahlungspflichtigen Mitglieder bestimmen.
(2) § 10 Abs. 3 und 4 gelten entsprechend.

§ 12 Austritt
(1) Die Mitgliedschaft kann durch schriftliche Erklärung auf Jahresende gekündigt werden. Die Kündigung muß dem Vorstand spätestens zum 30. September zugestellt werden.
(2) Mit Beendigung der Mitgliedschaft erlöschen alle Ansprüche an den Verein.

§ 13 Ausschluß
(1) Durch Beschluß des Vorstandes, von dem mindestens ⅔ anwesend sein müssen, kann ein Mitglied aus dem Verein ausgeschlossen werden, wenn ein wichtiger Grund vorliegt.
Ausschließungsgründe sind insbesondere:
a) grobe Verstöße gegen Satzung und Interessen des Vereins sowie gegen Beschlüsse und Anordnungen der Vereinsorgane
b) schwere Schädigungen des Ansehens des Vereins
c) unehrenhaftes Verhalten innerhalb und außerhalb des Vereins
d) Nichtzahlung des Beitrags nach zweimaliger Mahnung (§ 10 Abs. 3).
(2) Vor der Beschlußfassung ist dem betroffenen Mitglied Gelegenheit zur Äußerung zu geben.

(3) Der Ausschluß ist dem betroffenen Mitglied durch eingeschriebenen Brief mitzuteilen.
(4) Gegen den Beschluß des Vorstands steht dem Mitglied innerhalb von 2 Wochen nach Zustellung das Recht der Berufung bei der nächsten ordentlichen Mitgliederversammlung zu. Bis dahin ruht die Mitgliedschaft.
(5) Bestätigt die Mitgliederversammlung den Ausschluß des Mitglieds, steht diesem der ordentliche Rechtsweg offen.

§ 14 Ehrungen
(1) Für besondere Verdienste um den Verein und um den Tennissport können verliehen werden
a) die Vereinsnadel in Silber für 20jährige ununterbrochene Mitgliedschaft
b) die Vereinsnadel in Gold für 30jährige ununterbrochene Mitgliedschaft
c) die Eigenschaft als Ehrenmitglied für 40jährige ununterbrochene Mitgliedschaft oder für besondere Verdienste um den Verein und (oder) den Tennissport im allgemeinen.
(2) Die Verleihung der Vereinsnadel wird vom Vorstand beschlossen und in der ordentlichen Mitgliederversammlung vollzogen.
(3) Die Ernennung eines Ehrenmitglieds erfolgt auf Vorschlag des Vorstands durch die Mitgliederversammlung.

C. Organe des Vereins

§ 15 Vereinsorgane
Die Organe des Vereins sind:
a) Der Vorstand
b) Der erweiterte Vorstand
c) Die Mitgliederversammlung

§ 16 Vorstand
(1) Der Vorstand (§ 26 BGB) besteht aus dem 1. und 2. Vorsitzenden. Jedes Vorstandsmitglied ist je einzeln zur Vertretung berechtigt.
(2) Rechtshandlungen, die den Verein zu Leistungen von mehr als 10 000 DM verpflichten, bedürfen der Zustimmung des erweiterten Vorstands.

§ 17 Erweiterter Vorstand
(1) Der erweiterte Vorstand besteht aus:
a) dem Vorstand (§ 16)
b) dem Kassenwart
c) dem Sportwart
d) dem Schriftführer
e) dem Platz- und Gerätewart
f) dem Hauswart
g) dem Vergnügungswart
h) dem Pressewart
i) den zwei Beisitzern.

Die Verfassung des rechtsfähigen Vereins

(2) Die Wahl des Vorstands erfolgt durch die ordentliche Mitgliederversammlung in schriftlicher und geheimer Abstimmung.
(3) Der 1. und 2. Vorsitzende werden auf die Dauer von 2 Jahren, die übrigen Vorstandsmitglieder für je 1 Jahr gewählt.
(4) Scheidet ein Vorstandsmitglied vor Ablauf seiner Amtsdauer aus, so ist der Vorstand befugt, bis zur Beendigung des laufenden Geschäftsjahres einen Nachfolger einzusetzen. Scheidet während seiner Amtszeit der 1. oder 2. Vorsitzende aus, so kann eine Nachwahl stattfinden; sie muß innerhalb von 4 Wochen stattfinden, wenn mehr als die Hälfte der Vorstandsmitglieder ausscheiden.

§ 18 Vorstandssitzung
(1) Eine Vorstandssitzung muß einberufen werden, wenn mindestens 3 Vorstandsmitglieder dies unter Angabe von Gründen verlangen.
(2) Der Vorstand ist beschlußfähig, wenn alle Vorstandsmitglieder eingeladen sind und mindestens die Hälfte der Mitglieder anwesend ist.
(3) Der Vorstand beschließt mit der einfachen Mehrheit der erschienenen Mitglieder. Bei Stimmengleichheit gibt die Stimme des 1. Vorsitzenden bzw. des die Sitzung leitenden Vorsitzenden den Ausschlag.

§ 19 Kassenwart
(1) Der Kassenwart hat die Kassengeschäfte zu erledigen.
(2) Er hat einen jährlichen Haushaltsplan aufzustellen, der vom Vorstand zu genehmigen und in der ordentlichen Mitgliederversammlung zur Beschlußfassung vorzulegen ist.
(3) Er hat mit Ablauf des Geschäftsjahres die Kassenbücher abzuschließen und die Abrechnung den Kassenprüfern (§ 32) zur Überprüfung vorzulegen.

§ 20 Schriftführer
(1) Der Schriftführer besorgt den Schriftverkehr und die Protokollführung in Vorstandssitzungen und Mitgliederversammlungen.
(2) Protokolle muß er gemeinsam mit dem 1. oder 2. Vorsitzenden unterzeichnen.

§ 21 Sportwart
Dem Sportwart unterliegt die Leitung des gesamten sportlichen Betriebs.

§ 22 Jugendwart
Dem Jugendwart unterstehen die jugendlichen Mitglieder. Er hat ihre besonderen Interessen dem Vorstand gegenüber zu vertreten.

§ 23 Platz- und Gerätewart
Der Platz- und Gerätewart hat die Instandhaltung und Wartung der Plätze und Geräte sowie sämtlicher Außenanlagen zu überwachen.

§ 24 Hauswart
Der Hauswart hat die Instandhaltung und Wartung des Vereinshauses einschließlich der Einrichtungen und des Inventars zu überwachen. Ihm obliegt es insbesondere, mit dem Kantinenpächter dafür zu sorgen, daß die Bewirtschaftung zur Zufriedenheit des Vereins erfolgt.

§ 25 Vergnügungswart
Der Vergnügungswart ist für die Durchführung und Abwicklung der vom Verein veranstalteten Festlichkeiten verantwortlich. Im Einvernehmen mit dem Vorstand soll er die einzelnen Veranstaltungen für das ganze Geschäftsjahr rechtzeitig festlegen und bekanntgeben.

§ 26 Pressewart
Der Pressewart sorgt für die Berichterstattung über das sportliche und gesellige Vereinsleben.

§ 27 Beisitzer
Zwei Beisitzer wirken im Vorstand mit (§ 17 Abs. 1 Buchst. i). Sie sollen zu allen nicht besonders erwähnten Aufgaben herangezogen werden.

§ 28 Ordentliche Mitgliederversammlung
(1) Die Mitgliederversammlung besteht aus den anwesenden, stimmberechtigten Mitgliedern des Vereins.
(2) Eine ordentliche Mitgliederversammlung muß mindestens einmal jährlich einberufen werden. Sie soll im ersten Viertel des Jahres stattfinden.
(3) Die Einberufung der Mitgliederversammlung muß schriftlich durch den 1. Vorsitzenden mindestens zwei Wochen vor dem Versammlungstermin erfolgen. Sie muß die Tagesordnung enthalten.
(4) Anträge zur Tagesordnung sind spätestens eine Woche vor der Versammlung beim 1. Vorsitzenden schriftlich mit kurzer Begründung einzureichen. In besonderen Fällen ist der Vorstand berechtigt, mit ⅔-Mehrheit zu beschließen, daß über einen Antrag nur die aktiven Mitglieder abstimmen können.

§ 29 Inhalt der Tagesordnung
(1) Die Tagesordnung muß enthalten:
a) Entgegennahme und Genehmigung des Geschäfts- und Kassenberichts über das vergangene Geschäftsjahr
b) Beschlußfassung über den Haushaltsplan des Vereins
c) Festsetzung von Fälligkeit und Höhe der Aufnahmegebühren, der Jahresbeiträge und einer etwaigen Umlage (§§ 10 und 11)
d) Entlastung des Vorstands
e) Wahl des neuen Vorstands und der Kassenprüfer (§ 32).
(2) Die Mitgliederversammlung beschließt außerdem über Satzungsänderungen und über die Auflösung des Vereins.

§ 30 Beschlußfassung der Mitgliederversammlung
(1) Die ordnungsmäßig einberufene Mitgliederversammlung ist beschlußfähig, wenn außer dem 1. und 2. Vorsitzenden und mindestens zwei weiteren Vorstandsmitgliedern wenigstens ¹⁄₁₀ der stimmberechtigten Mitglieder anwesend sind. Bei der Beschlußfassung über die Änderung der Satzung und die Auflösung des Vereins ist die Anwesenheit von mindestens ¾ der stimmberechtigten Mitglieder erforderlich. Bleibt die einberufene Mitgliederversammlung beschlußunfähig, so ist eine

neue einzuberufen, die ohne Rücksicht auf die Zahl der erschienenen Mitglieder beschlußfähig ist.
(2) Sofern das Gesetz oder diese Satzung nichts anderes bestimmen, erfolgt die Beschlußfassung mit einfacher (relativer) Mehrheit der erschienen stimmberechtigten Mitglieder. Bei Stimmengleichheit entscheidet die Stimme des 1. Vorsitzenden. Bei Beschlüssen über die Änderung der Satzung und die Auflösung des Vereins ist eine Stimmenmehrheit von ¾ der anwesenden Mitglieder erforderlich.
(3) Soll eine Abstimmung geheim erfolgen, so müssen dies mindestens 10 stimmberechtigte Mitglieder beantragen. Wahlen müssen stets geheim durchgeführt werden.
(4) Über die Verhandlungen und Beschlüsse der Mitgliederversammlung ist ein Protokoll aufzunehmen (vgl. § 20).

§ 31 Außerordentliche Mitgliederversammlung
(1) Der Vorstand kann von sich aus eine außerordentliche Mitgliederversammlung einberufen.
(2) Auf schriftliches Verlangen von mindestens ¹/₁₀ aller Mitglieder muß der Vorstand unter Angabe der vorgeschlagenen Tagesordnung eine Mitgliederversammlung einberufen.
(3) Für die außerordentliche Mitgliederversammlung gelten die Vorschriften über die ordentliche Mitgliederversammlung entsprechend.

§ 32 Kassenprüfer
Die Kontrolle der Rechnungsführung obliegt den von der Mitgliederversammlung dazu bestellten zwei Kassenprüfern. Diese geben dem Vorstand Kenntnis von dem jeweiligen Ergebnis ihrer Prüfungen und erstatten der Mitgliederversammlung Bericht. Die Kassenprüfer dürfen dem Vorstand nicht angehören.

§ 33 Einsetzen von Ausschüssen
Der Vorstand ist berechtigt, zu seiner Beratung und Unterstützung beim Ablauf des Vereinsgeschehens Ausschüsse einzusetzen, insbesondere
a) einen Verwaltungs- und Finanzausschuß
b) einen Sportausschuß
c) einen Vergnügungsausschuß.
Weitere Ausschüsse können nach Bedarf gebildet werden.

§ 34 Verwaltungs- und Finanzausschuß
Dem Verwaltungs- und Finanzausschuß gehören neben dem Kassenwart die jeweils erforderliche Anzahl von sachkundigen Mitgliedern an. Sie beraten den Vorstand in finanziellen und wirtschaftlichen Fragen und haben das Recht, selbst zu planen und Vorschläge zu unterbreiten.

§ 35 Sportausschuß
Der Sportausschuß unterstützt den Vorstand sowohl bei der sportlichen Ausbildung und Betreuung der aktiven Mitglieder als auch bei der ordnungsgemäßen Durchführung des Spiel- und Sportbetriebs. Er setzt sich zusammen aus dem Sportwart und

den von den einzelnen Abteilungen des Vereins gewählten und vom Vorstand bestätigten Abteilungsleitern.

§ 36 Vergnügungsausschuß
(1) Der Vergnügungsausschuß besteht aus dem Vergnügungswart und je zwei Vertretern der aktiven und passiven Mitglieder. Er setzt das Programm für die gesellschaftlichen Veranstaltungen fest, das der Zustimmung des Vorstands bedarf, bereitet die einzelnen Veranstaltungen selbständig vor und leitet sie.
(2) Der Vergnügungsausschuß kann sich beliebig aus der Reihe der aktiven und passiven Mitglieder durch Zuwahl ergänzen. Die Gewählten sind dem Vorstand anzuzeigen.

D. SCHLUSSBESTIMMUNGEN

§ 37 Haftpflicht
Für die aus dem Spielbetrieb entstehenden Schäden und Sachverluste auf den Sportplätzen und in den Räumen des Vereins haftet der Verein den Mitgliedern gegenüber nicht.

§ 38 Auflösung des Vereins
(1) Die Auflösung des Vereins kann nur von einer außerordentlichen Mitgliederversammlung beschlossen werden, die sonstige Beschlüsse nicht faßt.
(2) Zur Beschlußfassung bedarf es der Ankündigung durch eingeschriebenen Brief an alle erreichbaren stimmberechtigten Mitglieder und Einhaltung einer Frist von einem Monat. § 30 ist zu beachten.
(3) Für den Fall der Auflösung des Vereins werden der 1. Vorsitzende, der Kassenwart und der Schriftführer zu Liquidatoren bestellt. Deren Rechte und Pflichten richten sich nach § 47 ff. BGB.
(4) Bei der Auflösung des Vereins sowie bei Wegfall seines bisherigen Zwecks fällt das Vermögen des Vereins an die Gemeinde A-Dorf, die es unmittelbar und ausschließlich zur Förderung des Tennissports verwenden muß.
(5) Der 1. Vorsitzende hat die Auflösung des Vereins beim Vereinsregister beim Amtsgericht A-Dorf anzumelden.

§ 39 Inkrafttreten der Satzung
Vorstehende Satzung wurde von der Gründungsversammlung am .... beschlossen. Sie tritt in Kraft, sobald der Verein in das Vereinsregister beim Amtsgericht in A-Dorf eingetragen ist.
Oder (für den Fall, daß die Satzung eine frühere Satzung ablöst):
Durch die vorstehende, in der ordentlichen Mitgliederversammlung vom .... beschlossene Satzung erlischt die in der ordentlichen Mitgliederversammlung vom .... errichtete Satzung.

A-Dorf, den ....

                                             Unterschriften
                                            (vgl. § 59 Abs. 3 BGB)

3. Die Mitgliederversammlung

a) Stellung und Aufgaben der Mitgliederversammlung

Die Mitgliederversammlung, oft auch als Generalversammlung oder Hauptversammlung bezeichnet, ist das oberste Organ eines Vereins. Sie besteht aus der Gesamtheit der Mitglieder. Als notwendiges Vereinsorgan kann sie satzungsmäßig nicht beseitigt werden. Bei Vereinen mit großer Mitgliederzahl ist es – dem praktischen Bedürfnis entsprechend – jedoch zulässig, durch die Satzung die Möglichkeit von Delegiertenversammlungen vorzusehen.

Die Mitgliederversammlung überwacht die übrigen Vereinsorgane und erteilt dem Vorstand Entlastung. Die Entlastung hat den Sinn, evtl. bestehende erkennbare Ersatzansprüche zum Erlöschen zu bringen. Sie schränkt jedoch die Rechte des neu bestellten Vorstands nicht ein, so daß dieser berechtigt und bei Vermeidung von Regreßansprüchen sogar verpflichtet ist, ihm bekannte Ersatzansprüche geltend zu machen (BGHZ 24 S. 47).

Darüber hinaus entscheidet gemäß § 32 Abs. 1 Satz 1 BGB die Mitgliederversammlung in allen Vereinsangelegenheiten, die nicht dem Vorstand oder anderen Organen zugewiesen sind. Die Zuständigkeiten der Vereinsorgane sind in der Satzung abgegrenzt, soweit das Gesetz keine zwingende Abgrenzung vornimmt.

Beispiel: Die Mitgliederversammlung beschließt regelmäßig über die Bestellung und Abberufung des Vorstands (§ 27 Abs.1 BGB), über Änderungen der Satzung (§ 33 Abs. 1 BGB) und über die Auflösung des Vereins (§ 41 BGB); sie kann aber nicht etwa den Verein gerichtlich oder außergerichtlich vertreten (§ 26 Abs. 2 BGB).

Der Vorstand muß die Beschlüsse der Mitgliederversammlung ausführen. Im Zweifel kann die Mitgliederversammlung dem Vorstand sogar Weisungen erteilen (§ 27 Abs. 3 i. V. m. § 665 BGB).

b) Einberufung der Mitgliederversammlung

Die Vorschrift des § 32 BGB läßt erkennen, daß die Mitgliederversammlung rechtswirksam einberufen werden muß. Gültige Beschlüsse kommen nur in wirksam einberufener Versammlung zustande. Beschlüsse einer fehlerhaft einberufenen Mitgliederversammlung sind grundsätzlich nichtig (vgl. S. 67 f.). Ein Vereinsbeschluß kann jedoch trotz Nichteinladung stimmberechtigter Mitglieder wirksam sein, wenn der Verein nachweist, daß der Beschluß nicht auf dem Mangel beruhen kann (BGH, NJW 1973 S. 235).

Ob die Einberufung wirksam ist, ergibt sich in erster Linie aus der Satzung, in zweiter Linie aus § 32 Abs. 1 Satz 2 BGB und in dritter Linie aus allgemeinen Rechtsgrundsätzen.

Form der Einberufung

Das durch die Satzung bestimmte Vereinsorgan – im Zweifel der Vorstand – muß sämtliche Mitglieder in der Form einladen, die die Satzung gebietet (BGH, BB

1955 S. 1038). Sofern die Satzung nichts Abweichendes vorsieht, ist die Ladung allein von den auch nach außen vertretungsberechtigten Vorstandsmitgliedern, nicht dagegen von den nicht mit Vertretungsmacht ausgestatteten Mitgliedern eines „erweiterten" Vorstands oder „Gesamtvorstands" zu bewirken (KG, Rpfleger 1978 S. 133). Der im Vereinsregister als Vorstandsvorsitzender Eingetragene ist jedoch unabhängig davon, ob sein Amt beendet ist, befugt, eine Mitgliederversammlung einzuberufen und diese zu leiten (LG Aurich, Rpfleger 1987 S. 115). Die Satzung kann vorschreiben, daß die Einladung schriftlich oder gar durch eingeschriebenen Brief erfolgen soll. Es muß aber auch als ausreichend angesehen werden, wenn die Satzung lediglich die Einberufung im Wege der Veröffentlichung im Mitteilungsblatt des Vereins vorsieht. Soll die Einberufung der Mitgliederversammlung in einer Tageszeitung bekanntgemacht werden, so muß diese konkret in der Satzung bezeichnet sein (LG Bremen, Rpfleger 1992 S. 304). Die im Vereinsregister als Vorstandsmitglieder eingetragenen Personen sind durch den Ablauf ihrer Amtszeit nicht gehindert, eine Mitgliederversammlung einzuberufen (BayObLG, Rpfleger 1973 S. 20).

Die Satzung kann vorsehen, daß bei Beschlußunfähigkeit einer Mitgliederversammlung eine neue Mitgliederversammlung ohne Fristsetzung einberufen werden kann. Eine derartige „Eventualeinberufung" ist dann zulässig, wenn sie in der Ladung zur ordentlichen Mitgliederversammlung bereits angekündigt ist (LG Bremen, Rpfleger 1999, 132).

Ort und Zeit der Versammlung
Ort und Zeitpunkt der Versammlung dürfen die Mitglieder an der Teilnahme nicht unnötig behindern. So darf das Versammlungslokal nicht zu entlegen oder zu klein sein. Außerdem darf die Mitgliederversammlung nicht ohne zwingenden Anlaß mit ungewöhnlich kurzer Frist oder zu einem ausgefallenen Zeitpunkt einberufen werden, wenn sie rechtswirksam sein soll. Ist in der Satzung – was sich im Interesse einer rechtzeitigen Ladung empfiehlt – eine bestimmte Ladungsfrist enthalten, so beginnt diese bei schriftlicher Einladung nicht bereits mit der Aufgabe zur Post, sondern erst mit dem Zugang beim einzelnen Mitglied (OLG Frankfurt, NJW 1974 S. 189).

Mitteilung der Tagesordnung
Nach § 32 Abs. 1 Satz 2 BGB muß, sofern die Satzung keine abweichende Regelung enthält, der Gegenstand der Beschlußfassung in der Einladung deutlich bezeichnet werden, damit sich die Mitglieder auf die Versammlungsthemen einrichten und vorbereiten können. Das Mitglied muß also eine gegliederte Tagesordnung erhalten. Das gilt im besonderen bei Satzungsänderungen, wobei aus der Einladung bereits klar erkennbar sein muß, welche Vorschrift geändert werden soll.

Beispiele: Die bloße Ankündigung „Satzungsänderung" genügt nicht (BayObLG, Rpfleger 1979 S. 196). Auch die bloße Angabe „Anträge" reicht nicht aus (BayObLG in OLGZ 32 S. 331). Es muß vielmehr in der Tagesordnung heißen: „Änderung des § 2 Abs. 4 der Satzung".

§ 32 Abs. 1 Satz 2 BGB ist allerdings, wie sich aus § 40 BGB ergibt, nachgiebiges Recht. Die Satzung kann also grundsätzlich etwas anderes bestimmen. Dies gilt vor allem für Dringlichkeitsanträge, bei denen bereits die Eilbedürftigkeit der Angelegenheit die Behandlung auf der demnächst bevorstehenden Mitgliederversammlung gebieten kann, auch wenn die Einladungen bereits versandt und die in der Satzung vorgesehenen Ladungs- und Mitteilungsfristen verstrichen sind. Derartige Anträge können, wenn dies in der Satzung vorgesehen ist, auch noch nachträglich auf die Tagesordnung gesetzt werden. Diese müssen den Mitgliedern aber – jedenfalls wenn es sich um Satzungsänderungen handelt – so rechtzeitig vor dem Zusammentritt der Mitgliederversammlung mitgeteilt werden, daß genügend Zeit zu einer sachgerechten Vorbereitung bleibt; das gilt grundsätzlich auch für eilbedürftige Angelegenheiten (vgl. „Jägermeister-Urteil" des BGH, Rpfleger 1987 S. 205).

Voraussetzungen für die Einberufung

Eine Mitgliederversammlung muß stattfinden in den Fällen, in denen die Satzung eine solche vorsieht. Sie muß außerdem stets dann einberufen werden, wenn nach eingehender Prüfung durch das verpflichtete Organ – das ist in der Regel der Vorstand – das Interesse des Vereins es erfordert (§ 36 BGB). Die Mitgliederversammlung muß schließlich auch dann zusammentreten, wenn ein durch die Satzung bestimmter Teil der Mitglieder oder in Ermangelung einer solchen Bestimmung ¹/₁₀ der Mitglieder die Einberufung schriftlich unter Angabe des Zwecks und der Gründe verlangt (§ 37 Abs. 1 BGB). Wie § 36 BGB ist auch diese Minderheitsschutzvorschrift nicht durch Satzung abdingbar (OLG Stuttgart, NJW 1986, 995 und OLG Frankfurt, Rpfleger 1996, 461). Wird dem Verlangen dieser Minderheit nicht entsprochen, so kann das Registergericht die Mitglieder, die das Verlangen gestellt haben, auf Antrag (Antragsgegner ist der Verein und nicht der Vorstand, vgl. BayObLG, Rpfleger 1986 S. 437) zur Einberufung der Versammlung ermächtigen; es kann Anordnungen über die Führung des Vorsitzes treffen; auf die Ermächtigung muß bei der Einladung Bezug genommen werden (§ 37 Abs. 2 BGB). Das Ermächtigungsverfahren regelt § 160 FGG.

Muster einer Einberufung der Mitgliederversammlung

Tennisverein A-Dorf   A-Dorf, ...

Einladung

zu der am ...., 20 Uhr, im Vereinsheim stattfindenden ordentlichen Mitgliederversammlung.

Tagesordnung:
1. Geschäftsbericht des Vorstands
2. Bericht der Kassenprüfer
3. Entlastung des Vorstands
4. Vorstandswahl
5. Satzungsänderung (§ 2 Abs. 4)
6. Verschiedenes
                                                                gez. Leopold X, 1. Vorsitzender

c) Beschlußfassung in der Mitgliederversammlung

Der korporative Wille des Vereins wird gebildet in einem Akt kollektiver Willensbildung, der Beschlußfassung (§ 32 Abs. 1 Satz 1 BGB). Diese Beschlußfassung erfolgt nach Zusammenfassung der einzelnen Stimmabgaben unter Beachtung bestimmter Abstimmungsgrundsätze.

Vorsitz
Den Vorsitz in der Mitgliederversammlung hat in der Regel der 1. Vorsitzende des Vorstands. Enthält die Satzung eine Vorschrift über den Vorsitz in der Mitgliederversammlung, so schließt diese regelmäßig nicht aus, daß beim Fehlen der zum Vorsitz berufenen Personen ein anderer die Versammlung leitet (BayObLG, Rpfleger 1973 S. 20).

Stimmabgabe
Die Form der Abstimmung richtet sich nach der Satzung. Schweigt diese, entscheidet die Mitgliederversammlung über die Abstimmungsform.
    Jedes erschienene Mitglied hat grundsätzlich eine Stimme. Die Nichterschienenen haben keine Stimme; sie müssen sich die Beschlüsse der Erschienenen gefallen lassen, selbst dann, wenn nur ein Mitglied erschienen ist, es sei denn – was meist der Fall ist –, daß die Satzung für die Beschlußfähigkeit eine Mindestzahl von erschienenen Mitgliedern vorschreibt. Abstimmungsvereinbarungen, durch die sich das Mitglied zu einer bestimmten Stimmabgabe verpflichtet, sind zulässig und zwischen den Parteien auch wirksam, soweit sie nicht gegen das Gesetz und die guten Sitten verstoßen. Solche Stimmrechtsbindungen begründen jedoch nur eine schuldrechtliche Verpflichtung unter den Mitgliedern, die sich abgesprochen haben, mit der Folge der Schadenersatzpflicht bei Verletzung der Vereinbarung. Gegenüber dem Verein haben sie keine Wirkung.
    Der Grundsatz, daß jedes anwesende Mitglied eine Stimme hat, ist aber durch § 34 BGB durchbrochen. Danach ist ein Mitglied nicht stimmberechtigt, wenn die Beschlußfassung die Vornahme eines Rechtsgeschäfts mit ihm oder die Einleitung oder Erledigung eines Rechtsstreits zwischen ihm und dem Verein betrifft.

Beispiel: Die Mitgliederversammlung will darüber beschließen, ob dem anwesenden Vereinsmitglied P die Vereinsgaststätte verpachtet werden soll;

die Mitgliederversammlung stimmt darüber ab, ob gegen das Vorstandsmitglied V Schadenersatzklage erhoben werden soll.

Im übrigen ist nach § 32 Abs. 2 BGB ein Beschluß auch ohne Versammlung der Mitglieder gültig, wenn alle Mitglieder schriftlich zustimmen.

Abstimmungsgrundsätze
Nach § 32 Abs. 1 Satz 3 BGB entscheidet grundsätzlich die Mehrheit der gültig abgegebenen Stimmen, und zwar die **absolute Mehrheit** (BGH, DNotZ 1982, 631; NJW 1982, 1585; Rpfleger 1982, 291; zum Meinungsstand siehe Keilbach, DNotZ 1988, 597 ff.).

> **Beispiel:** Bei der Abstimmung über den Kauf eines Grundstücks stimmen von den 100 erschienenen Mitgliedern 45 für das Grundstück A, 30 für das Grundstück B und 25 für das Grundstück C. Hier ist keine absolute Mehrheit zustande gekommen, ein Beschluß liegt nicht vor. Es muß eine Stichwahl erfolgen.

Soll bei der Beschlußfassung im Verein in Abweichung vom Gesetz nicht die Mehrheit der abstimmenden, sondern der anwesenden Mitglieder entscheiden, so daß **Stimmenthaltungen** mit der Wirkung von Nein-Stimmen mitgezählt werden, so muß dies aus der Vereinssatzung eindeutig hervorgehen (BGH, NJW 1982 S. 1585 und 1987 S. 2430). Der Grund hierfür liegt darin, daß derjenige, der sich der Stimme enthält, seine Unentschiedenheit bekunden und gerade nicht mit Nein stimmen will. Würde seine Stimme trotzdem bei der Mehrheitsberechnung mit der Wirkung einer Nein-Stimme mitgezählt, so würde dies den Erklärungswert seines Abstimmungsverhaltens verfälschen. Soll seine Stimmenthaltung dennoch entgegen der Regel die Bedeutung einer Nein-Stimme haben, so muß dies deshalb aus der Satzung so eindeutig ablesbar sein, daß das einzelne Vereinsmitglied über die Bewertung seines Abstimmungsverhaltens bei vernünftiger Würdigung des Satzungswortlauts nicht im Zweifel sein kann.

> **Beispiel:** Zu einem Antrag auf Beitragserhöhung werden von 100 erschienenen Mitgliedern 45 Ja-Stimmen und 35 Nein-Stimmen abgegeben. 20 Mitglieder enthalten sich der Stimme. Damit ist die Beitragserhöhung wirksam mit der erforderlichen absoluten Mehrheit der abstimmenden Mitglieder beschlossen.

Die **einfache Mehrheit** (relative Mehrheit) reicht allerdings aus, wenn sie in der Satzung verankert ist.

Während also für normale Beschlüsse die absolute (oder nach Satzung: einfache) Mehrheit genügt, ist für Satzungsänderungen nach der – allerdings abdingbaren – Vorschrift des § 33 Abs. 1 Satz 1 BGB eine Mehrheit von ¾ der erschienenen (und abstimmenden) Mitglieder notwendig. Die Satzung kann aber auch anordnen, daß die absolute Mehrheit genügt oder daß zu gewissen Satzungsänderungen sämtliche Mitglieder in der Versammlung anwesend sein und der Satzungsänderung zustimmen müssen (RGZ 76 S. 173). Eine wirksam beschlossene Satzungsänderung tritt jedoch nicht wie die übrigen Beschlüsse der Versammlung sofort in Kraft, sie wird nach § 71 BGB vielmehr erst wirksam nach erfolgter Eintragung ins Vereinsregister. Dabei verlangt der Schutz des Rechtsverkehrs, daß die Satzungsänderung in ihrem vollen Wortlaut eingetragen wird, mindestens aber erkennen läßt, welche Satzungsbestimmung geändert ist.

Zur Änderung des Zwecks des Vereins ist schließlich die Zustimmung aller (nicht nur der erschienenen und abstimmenden) Mitglieder erforderlich, wobei die Zustimmung der nicht erschienenen Mitglieder schriftlich erfolgen muß (§ 33 Abs. 1 Satz 2 BGB). Dabei reicht es für das Erfordernis der schriftlichen Zustimmung aus, wenn diese Mitglieder zur schriftlichen Äußerung aufgefordert wurden und innerhalb angemessener Frist (ca. 6 Wochen) nicht widersprochen haben. Änderungen des Vereinszwecks bedürfen auch dann eines einstimmigen Beschlusses, wenn die Satzung für Satzungsänderungen und Auflösungsbeschlüsse eine Zweidrittelmehrheit ausreichen läßt (OLG Köln, NJW 1996, 1180). Zur Frage, in welchen Fällen eine Zweckänderung vorliegt, vgl. Seite 40.

Vereinswahlen, die vom normalen (relativen oder absoluten) Mehrheitsprinzip abweichen oder dieses besonders ausgestalten, müssen eine satzungsmäßige Grundlage haben. Das gilt z. B. für das sogenannte Blockwahlsystem, wonach das Mitglied bei Vorstandswahlen genauso viele Kandidaten wählen muß, wie Positionen zu besetzen sind, und wonach eine Stimmabgabe für weniger Kandidaten zur Ungültigkeit des Stimmzettels führt (BGH, NJW 1974 S. 183).

Eine *Mehrheits-Listenwahl* ist nur zulässig, wenn sie in der Satzung ausdrücklich zugelassen worden ist (§ 40 BGB). Sie ist eine Sonderform des Mehrheitswahlrechts und weicht damit von der gesetzlichen Regelung ab. Sie schränkt das Wahlrecht der Vereinsmitglieder ein, weil diese sich für eine von mehreren Listen entscheiden müssen und weder gegen noch für einzelne Bewerber einer Liste stimmen können (OLG Frankfurt, Rpfleger 1984 S. 360).

Sonderrechte

Nach § 35 BGB können Sonderrechte eines Mitglieds, die ihm nicht ausdrücklich widerruflich eingeräumt worden sind, durch Beschluß der Mitgliederversammlung nicht entzogen werden, solange das sonderberechtigte Mitglied nicht zustimmt. Die Zustimmung kann aber auch durch schlüssiges Handeln erklärt werden und kann auch nachträglich und außerhalb der Mitgliederversammlung erfolgen.

Beispiel: Das satzungsmäßige Recht auf ein bestimmtes Amt, etwa das lebenslängliche Recht auf das Vorstandsamt, ferner das Recht auf Beitragsfreiheit, auf bevorzugte Benutzung einer Vereinseinrichtung, das Zustimmungsrecht bei bestimmten Verwaltungsmaßnahmen, das Recht auf Nichtausschließbarkeit – diese Sonderrechte können, wenn sie nicht widerruflich gewährt worden sind, nicht ohne Zustimmung des Berechtigten entzogen werden, auch wenn in der Mitgliederversammlung Einstimmigkeit herrscht.

Stimmrechtsbündelung

Es ist sehr umstritten, ob für Beschlüsse in der Mitgliederversammlung Gruppen von Vereinsmitgliedern (wie Fachbereichen oder verschiedenen Sportabteilungen des Vereins) oder bestimmten Vereinsgremien oder gar den Vereinsorganen innerhalb des Vereins ein prozentual genau festgelegter und durch Satzungsvorschrift als eigenständig abgesicherter Anteil an dem mit 100 v. H. anzusetzenden „Gesamtstimmrecht" zuerkannt werden darf.

> **Beispiel:** Der Fußballabteilung eines Sportvereins kommen satzungsmäßig 60 v. H. der Tennisabteilung ohne Rücksicht auf das Verhältnis der Mitgliederzahlen 40 v. H. der Stimmrechte zu.

Mit Kirberger (BB 1974 S. 1000ff.) ist die Frage zu verneinen, weil dadurch das Stimmrecht des einzelnen Mitglieds als elementares Vereinsrecht beeinträchtigt wird.

Protokoll

Über den Verlauf der Mitgliederversammlung empfiehlt es sich, ein Protokoll anzufertigen. Ein solches Protokoll ist vor allem dann unerläßlich, wenn eine Vorstandswahl durchgeführt oder eine Satzungsänderung beschlossen wird, weil für die nachfolgende Eintragung im Vereinsregister nach den §§ 67, 71 BGB Protokoll-Ur- und -abschriften vorgelegt werden müssen. Wird die Änderung des Vorstandes eines eingetragenen Vereins zur Eintragung ins Vereinsregister angemeldet und ist in der Vereinssatzung bestimmt, daß die zugrunde liegenden Beschlüsse in einem Protokoll niederzulegen sind, das u. a. von dem Protokollführer zu unterzeichnen ist, muß aus der der Anmeldung beizufügenden Abschrift des Protokolls für das Registergericht eindeutig erkennbar sein, daß der in der Satzung namentlich nicht genannte Protokollführer die Verantwortung für dessen Inhalt übernimmt. Demgemäß ist in der Regel zu verlangen, daß er in der Niederschrift ausdrücklich, z. B. durch einen Zusatz bei seiner Unterschrift, „als Protokollführer" bezeichnet ist (OLG Hamm, Rpfleger 1996, 513).

Ein Protokoll über eine Mitgliederversammlung mit Vorstandswahl und Satzungsänderung könnte etwa folgenden Inhalt haben:

> **Beispiel:** Protokoll der Mitgliederversammlung des „Tennisverein A-Dorf e.V.".
> Zeit: . . .
> Ort: A-Dorf, B-Straße 1, Vereinsheim
> Anwesend: 50 aktive und 30 passive Mitglieder.
> Die Anwesenheitsliste ist diesem Protokoll beigefügt.
> Versammlungsleiter: Herr Leopold X, 1. Vorsitzender.
> Der 1. Vorsitzende begrüßte nach Eröffnung der Versammlung die Erschienenen. Er stellte die satzungsmäßige Einberufung und Beschlußfähigkeit der Versammelten fest und gab die mit der Einberufung angekündigte Tagesordnung bekannt:
> 1. Geschäftsbericht des Vorstands
> 2. Bericht der Kassenprüfer
> 3. Vorstandswahl

4. Satzungsänderung (§ 2 Abs. 4 der Satzung).
Dem Geschäftsbericht des Vorstands, erstattet durch den 1. Vorsitzenden, folgte der Bericht der Kassenprüfer K. und K. Die Kassenprüfer gaben als Ergebnis ihrer Prüfung bekannt: Jahresrechnung und Jahresabschluß sind ordnungsgemäß und sorgfältig erstellt; sie geben keinen Anlaß zu Beanstandungen. Die Mitgliederversammlung entsprach dem Antrag der Kassenprüfer auf Entlastung der beiden Kassenwarte und des übrigen Vorstands mit insgesamt 7 Stimmenthaltungen.
Die Herren K. und K. wurden von der Mitgliederversammlung für den kommenden Jahresabschluß in offener Abstimmung ohne Stimmenthaltungen wieder als Kassenprüfer gewählt. Sie nahmen die Wahl an.
Zu Punkt 3: Durch Zuruf wurde ein Wahlausschuß, bestehend aus den Herren A, B und C, gebildet. Die geheime Abstimmung hatte folgendes Ergebnis: Anstelle des verstorbenen Vorstandsmitglieds Y wird Herr Z als 2. Vorsitzender in den Vorstand gewählt.
Zu Punkt 4: Der 1. Vorsitzende schlug vor, § 2 Abs. 4 der Satzung wie folgt zu ändern: „...". Die Mitgliederversammlung nahm diesen Vorschlag in geheimer Abstimmung mit 3 Gegenstimmen und 5 Stimmenthaltungen an.
Auf die Frage des 1. Vorsitzenden, ob noch jemand das Wort ergreifen wolle, meldete sich niemand. Die Versammlung wurde hierauf geschlossen.

gez. Leopold X gez. Siegfried S
1. Vorsitzender Schriftführer

d) Folgen mangelhafter Beschlußfassung

Formmängel

Das Vereinsrecht enthält, abgesehen von den noch zu erörternden Vorschriften des § 32 BGB, keine besonderen Bestimmungen über die Behandlung fehlerhafter Vereinsbeschlüsse. Von einer den heutigen §§ 241 ff. AktG entsprechenden Regelung und namentlich von der Einführung einer besonderen Anfechtungsklage, wie sie auch das Genossenschaftsrecht kennt (§ 51 GenG), hat der Gesetzgeber im Vereinsrecht bewußt abgesehen.

Dementsprechend wird auch in Rechtsprechung und Schrifttum überwiegend der Standpunkt verfochten, Verstöße gegen das Gesetz, die guten Sitten oder zwingende Satzungsvorschriften führten nach den allgemeinen Regeln (§§ 134, 138 BGB) oder mit Rücksicht darauf, daß ein Mitglied nur im Rahmen der Satzung an Mehrheitsentscheidungen gebunden ist, grundsätzlich zur Nichtigkeit eines Vereinsbeschlusses.

Vereinsbeschlüsse, denen es an einem satzungsmäßigen oder gesetzlichen Erfordernis mangelt, sind daher innerhalb des Vereins und mit Wirkung nach außen nichtig (RGZ 75 S. 243). Jedes Mitglied, aber auch außenstehende Dritte können die Unwirksamkeit solcher nichtigen Beschlüsse geltend machen und erforderlichenfalls Klage auf Feststellung der Nichtigkeit erheben; das hierauf ergehende Feststellungsurteil wirkt gegen jedermann. Allerdings wird man den

Beschlußmangel als geheilt betrachten müssen, wenn das betroffene Mitglied nicht alsbald nach Kenntnis widersprochen hat.

Beispiel: Nichtig sind ein satzungswidrig nicht beurkundeter Beschluß, aber auch Beschlüsse, wenn die Versammlung nicht ordnungsgemäß einberufen war oder die erforderlichen Abstimmungsmehrheiten gefehlt haben.

Einberufungsmangel

Grundsätzlich ist ein Vereinsbeschluß oder eine Wahl ungültig, wenn nicht alle Mitglieder unter Angabe der Tagesordnung in der durch die Satzung bestimmten Weise (§ 58 Nr. 4 BGB), d.h. gewöhnlich entweder durch Bekanntgabe in einem Blatt oder durch Einzelbenachrichtigungen, eingeladen worden sind (vgl. LG Düsseldorf, Rpfleger 1987 S. 72).

Dieser Grundsatz darf jedoch nicht überspannt werden. So würde es über das Ziel hinausschießen, wollte man z. B. bei einem Verein, der mehr als 500 Mitglieder hat, eine Abstimmung als wirkungslos betrachten, wenn auch nur ein Mitglied oder wenige Mitglieder versehentlich nicht geladen waren und dieser Fehler das Abstimmungsergebnis unter keinen Umständen beeinflußt haben kann. Denn bei solcher Lage ist eine ordnungsmäßige Gesamtwillensbildung, wie sie Gesetz und Satzung durch bestimmte Mindestanforderungen gewährleisten wollen, überhaupt nicht in Frage gestellt (BGH, NJW 1973 S. 235). Deshalb führt ein Einberufungsmangel nicht zur Nichtigkeit, wenn feststeht, daß zwischen ihm und der Entschließung der Mitglieder kein ursächlicher Zusammenhang besteht, d.h. wenn auszuschließen ist, daß ein anderes Abstimmungsergebnis herbeigeführt worden wäre (OLG Hamm, OLGZ 1965 S. 68; LG Düsseldorf, Rpfleger 1987 S. 72).

Im Vereinsrecht, das nur gültige oder ungültige, aber keine lediglich anfechtbaren Beschlüsse i. S. der §§ 243 ff. AktG oder des § 51 GenG kennt, hat der BGH einen Vereinsbeschluß trotz Mitwirkung nicht stimmberechtigter Personen als gültig angesehen, sofern der Verein beweist, daß der Verstoß nicht auf der unberechtigten Stimmabgabe beruht (BGH, NJW 1968 S. 543). Dieser Auffassung ist zuzustimmen. Sie läuft darauf hinaus, daß Verstöße gegen formelles Recht tunlichst als unerheblich behandelt werden sollen, wenn feststeht, daß sie ohne Folgen geblieben sind (ebenso OLG Köln, Rpfleger 1983 S. 159). Steht z. B. fest, daß die Einberufung der Mitgliederversammlung wegen Vorversterbens eines Vorstandsmitgliedes nicht durch alle Vorstandsmitglieder vorgenommen worden ist, ohne daß sich bei Bestellung eines Ersatz-Vorstandsmitgliedes an der Einberufung oder dem Verlaufe der Versammlung irgend etwas geändert hätte, dann können die Beschlüsse der Mitgliederversammlung nicht auf diesem Einberufungsmangel beruhen. Es ist deshalb der Einberufungsmangel als im Ergebnis rechtsunerheblich zu behandeln (OLG Köln, aaO).

Geschäftsunfähigkeit oder beschränkte Geschäftsfähigkeit

Die Mitwirkung geschäftsunfähiger oder beschränkt geschäftsfähiger Personen führt nicht automatisch zur Nichtigkeit des Gesamtbeschlusses. Hat ein

Geschäftsunfähiger, z. B. ein völlig Betrunkener, seine Stimme abgegeben, so ist nur seine Stimmabgabe nach § 105 BGB nichtig. Der Beschluß selbst wird nur dann unwirksam, wenn durch den Wegfall dieser Stimme die notwendige Mehrheit fehlt.

Hat ein Minderjähriger (beschränkt Geschäftsfähiger) mitgestimmt, so ist seine Abstimmung gültig, wenn die erforderliche Zustimmung des gesetzlichen Vertreters zum Eintritt in den Verein erteilt wurde, weil darin auch die Einwilligung zur Teilnahme an Abstimmungen zu sehen ist, es sei denn, die Satzung macht die Stimmabgabe von der Volljährigkeit abhängig.

Willensmängel
Die Anfechtung eines Beschlusses wegen Willensmangels ist ausgeschlossen. Das Mitglied kann nur seine eigene Stimmabgabe wegen Irrtums, Arglist oder Drohung anfechten. Nur wenn dadurch die gesetzliche oder satzungsmäßig notwendige Abstimmungsmehrheit zerstört wird, ist der Beschluß hinfällig (RGZ 115 S. 378).

> **Beispiel:** Macht nach einer Abstimmung zugunsten eines bestimmten Antrags von 80 : 20 ein Mitglied geltend, es sei ihm mit gesellschaftlicher Isolierung für den Fall der Ablehnung gedroht worden, oder er habe gemeint, es werde über einen anderen Tagesordnungspunkt abgestimmt, so vermag dies die Wirksamkeit des Beschlusses der Mitgliederversammlung nicht zu beeinträchtigen.

4. Der Vorstand

Nach § 26 Abs. 1 BGB muß jeder Verein einen Vorstand haben. Er kann aus mehreren Personen bestehen. Allerdings ist der Vorstand i. S. der Satzung nicht immer mit dem Vorstand i. S. des BGB gleichzusetzen. Nach bürgerlichem Recht sind nämlich nur jene Personen als Vorstand anzusehen, die unabdingbar gerichtlich und außergerichtlich vertretungsberechtigt und deshalb im Vereinsregister eingetragen sind. Alle übrigen Mitglieder eines „Vorstands", „Gesamtvorstands" oder „erweiterten Vorstands" gehören nicht zum Vorstand i. S. des BGB, von dem hier die Rede ist. Sieht die Vereinssatzung einen mehrgliedrigen Vorstand in der Weise vor, daß die Inhaber bestimmter Ämter den Vorstand bilden, ist durch Auslegung darüber zu entscheiden, ob damit auch die Kopfzahl des Vorstandes festgelegt sein soll. Danach ist zu beurteilen, ob die Mitgliederversammlung eine Person in verschiedene Vorstandsämter wählen darf (OLG Düsseldorf, Rpfleger 1989 S. 374).

a) Bestellung des Vorstands
Der Vorstand wird regelmäßig durch Beschluß der Mitgliederversammlung bestellt (§ 27 Abs. 1 BGB). Die Satzung kann jedoch auch eine andere Art der Bestellung anordnen.

> **Beispiel:** Die Satzung könnte bestimmen, daß der Vorstand vom übergeordneten Verband ernannt wird.

Eine Vorstandswahl ist nichtig, wenn nicht sämtliche Mitglieder des Vereins unter Angabe der Tagesordnung zur Mitgliederversammlung satzungsgemäß eingeladen worden sind (LG Düsseldorf, Rpfleger 1987 S. 72).

Sind Vorstandsmitglieder für die Wahrnehmung dringender Angelegenheiten verhindert oder weigern sie sich hartnäckig mitzuwirken, so muß das Registergericht in dringenden Fällen für die Zeit bis zur Behebung dieses Mangels auf Antrag Ergänzungsmitglieder, sogenannte **Notvertreter** bestellen.

Beispiel: Der Pächter der Vereinsgaststätte will fristgemäß kündigen, es ist jedoch kein Vorstandsmitglied erreichbar. Hier muß das Registergericht auf Antrag zur Entgegennahme der Kündigung einen Notvorstand berufen.

Auch eine nichtige Vorstandswahl gibt jedem Vereinsmitglied das Recht, vom Registergericht die Bestellung eines **Notvorstands** nach § 29 BGB zu verlangen (LG Düsseldorf, Rpfleger 1987 S. 72).

Die Bestellung des Vorstands kann in keinem Fall ohne Zustimmung der betreffenden Person erfolgen. Die Satzung kann die Vereinsmitglieder nicht zur Annahme einer Wahl zum Vorstand verpflichten.

Die Wirksamkeit der Wahl eines Mitglieds in den Vorstand hängt zwar davon ab, daß der Gewählte die Wahl annimmt. Das setzt aber voraus, daß der Kandidat überhaupt gewählt worden ist, also die zur Wahl nach der Satzung notwendige Stimmenzahl erreicht hat. Ist dies nicht der Fall, dann ist der Kandidat nicht gewählt. Daran ändert sich nichts, wenn – aus welchen Gründen auch immer – ein falsches Wahlergebnis verkündet und ein Kandidat zu Unrecht als gewählt bezeichnet wird. Denn die Feststellung und Verkündung des Wahlergebnisses durch den Leiter der Wahlkommission hat beim Verein im Gegensatz zur Aktiengesellschaft nicht die Wirkung eines konstitutiven, das Wahlergebnis fixierenden Akts (BGH, NJW 1975 S. 2101).

Wenn sich aus der Satzung nichts Gegenteiliges ergibt, kann im übrigen auch ein Nichtmitglied zum Vorstand bestellt werden. Selbst die Regelung einer Satzung, wonach der geschäftsführende Vorstand eines Vereins sich aus dem geschäftsführenden Vorstand eines anderen Vereins zusammensetzt, ist zulässig (KG, Rpfleger 1974 S. 394; OLG Frankfurt, Rpfleger 1981 S. 310). Allerdings darf der Verein nicht auf Dauer von einem Dritten in seiner Handlungsfähigkeit beherrscht sein (OLG Frankfurt, aaO).

Bestimmt die Vereinssatzung, daß Vorstand im Sinne des BGB der Vorsitzende und bei dessen Verhinderung der stellvertretende Vorsitzende ist, so handelt es sich hinsichtlich des stellvertretenden Vorsitzenden regelmäßig um eine bedingte Bildung des Vorstands, die unzulässig ist und nicht in das Vereinsregister eingetragen werden kann (Bestätigung von BayObLGZ 1969 S. 33). Soll bei einer solchen Satzungsbestimmung trotz ihres Wortlauts die Bedeutung zukommen, der gesetzliche Vorstand des Vereins werde aus beiden Vorstandsmitgliedern gebildet und die Beschränkung der Vertretungsmacht wirke nur im Innenverhältnis, so hat der Rechtspfleger im Eintragungsverfahren darauf hinzuwirken, daß die Satzung auch eine diesem Sinn entsprechende eindeutige Fassung erhält (BayObLG, Rpfleger 1992 S. 255).

Bei den wenigen Vereinen, bei denen der Vorstand als Angestellter bezahlt wird, ist zu beachten, daß mit der Bestellung zum Vorstand das Angestelltenverhältnis noch nicht begründet ist; hier bedarf es noch des Abschlusses eines schuldrechtlichen Dienstvertrags. Bei den Idealvereinen mit ihren vorwiegend ehrenamtlichen Vorstandsmitgliedern taucht dieses Problem jedoch gar nicht auf.

b) Bestellung besonderer Vertreter

Für bestimmte Geschäfte oder Geschäftszweige des Vereins können auch besondere Vertreter, die natürlich zugleich auch Vorstandsmitglieder sein können, bestellt werden, vorausgesetzt, daß die Satzung dies gestattet (§ 30 BGB).

Beispiele: Kassier, Kassenwart, Rechner, Buchführer, Platzwart, Vergnügungswart u. a.

Ihre Vertretungsmacht erstreckt sich im Zweifel auf alle Geschäfte, die der zugewiesene Geschäftsbereich gewöhnlich mit sich bringt. Insoweit haben sie nach außen eine vorstandsähnliche, selbständige und eigenverantwortliche Stellung, wenngleich sie im Innenverhältnis weisungsgebunden sein können (RGZ 157 S. 236).
Die Bestellung dieser besonderen Vertreter erfolgt im übrigen wie die der Vorstandsmitglieder (vgl. Seite 69, Ziff. 4 a).

c) Stellung und Aufgaben des Vorstands

Der Vorstand ist das Geschäftsführungs- und Vertretungsorgan des Vereins.

Vertretungsmacht des Vorstands (Außenverhältnis)
Der Vorstand vertritt den Verein gerichtlich und außergerichtlich. Er hat die Stellung eines gesetzlichen Vertreters (§ 26 Abs. 2 Satz 1 BGB). Diese Stellung hat der Gesetzgeber grundsätzlich nicht beschränkt, sie kann aber durch die Satzung eingeschränkt werden (§ 26 Abs. 2 Satz 2 BGB) mit Ausnahme der Befugnis, Willenserklärungen entgegenzunehmen (§§ 28 Abs. 2, 40 BGB). Soll eine Satzungsbestimmung den Umfang der Vertretungsmacht des Vereinsvorstandes beschränken, dann muß dies eindeutig aus ihr zu entnehmen sein (BGH, EBE 1980 S. 462). Die Vertretungsmacht des Vereinsvorstands ist aber auch dann keine völlig uneingeschränkte, wenn die Satzung keine ausdrückliche Beschränkung enthält, weil die Eigenart des Vereinszwecks die Vertretungsmacht des Vorstands begrenzen kann.

Beispiel: Der Vorstand verschenkt den vereinseigenen Sportplatz an die Gemeinde. Durch ein solches Geschäft würde der Verein nicht wirksam verpflichtet, das Grundstück herauszugeben, weil es erkennbar aus dem Rahmen des Zwecks eines Sportvereins herausfällt.

Allerdings wird man bei der Prüfung der Erkennbarkeit der Zwecküberschreitung die Erkundigungspflicht des Dritten nicht überspannen dürfen.

Im übrigen wirkt eine Beschränkung der Vertretungsmacht gegen Außenstehende nur dann, wenn sie klar und eindeutig in der Satzung steht. Bloße beschränkende Beschlüsse wirken nur als Anweisungen im Innenverhältnis.

Außerdem sind Beschränkungen der Vertretungsmacht wie auch abweichende Bestimmungen über die Beschlußfassung und Änderungen des Vorstands ins Vereinsregister einzutragen. Sieht die Vereinssatzung eine Gesamtvertretung durch Präsidenten und Geschäftsführer sowie Alleinvertretung bei Vereinigung dieser Ämter in einer Person vor, so ist die Regelung der Alleinvertretung eintragungsfähig, da die Verlautbarkeit der Klarheit des Vereinsregisters dient (OLG Düsseldorf, Rpfleger 1982 S. 477). Ist die Eintragung unterblieben, so können die Beschränkungen Außenstehenden gegenüber nur geltend gemacht werden, wenn deren Kenntnis bewiesen werden kann. Aber selbst wenn die Eintragung erfolgt ist, steht Dritten der Nachweis offen, daß sie die Änderung ohne Fahrlässigkeit nicht gekannt haben (§§ 68, 70 BGB).

Überschreitet der Vorstand beim Abschluß eines Geschäfts seine Vertretungsmacht, so haftet er dem Dritten gegenüber nach § 179 BGB persönlich. Für den Verein ist das Geschäft nicht verbindlich.

Neben der rechtsgeschäftlichen Vertretung nach außen vertritt der Vorstand den Verein auch vor Gericht und bei Behörden. Der Vorstand selbst ist Prozeßpartei. Wird der Verein beleidigt, vertritt ihn der Vorstand auch im Privatklageverfahren. Außerdem ist er auch zur Stellung eines Strafantrags für den Verein berechtigt. Schließlich stellt er den Konkurs- oder Vergleichsantrag und vertritt den Verein vor der Finanzverwaltung.

§ 68 BGB ist über den rechtsgeschäftlichen Verkehr hinaus zugunsten des Prozeßgegners des eingetragenen Vereins auch auf den Prozeßverkehr, zumindest auf die nach der Zivilprozeßordnung erforderlichen Zustellungen auszudehnen. Der Verein muß daher die Zustellung an ein im Vereinsregister eingetragenes Vorstandsmitglied in entsprechender Anwendung des § 68 BGB gegen sich gelten lassen, wenn die Partei, die diese Zustellung betrieben hat, nicht positiv wußte, daß das Amt des Vorstandsmitglieds bereits erloschen war (OLG Frankfurt, Rpfleger 1978 S. 134).

Für die Vertretung des Vereins in *Steuersachen* gelten im allgemeinen die Bestimmungen des bürgerlichen Rechts. Auch vor den Finanzbehörden wird daher der Verein durch den Vorstand vertreten, wobei auch hier die Vertretungsmacht eingeschränkt sein kann, was wiederum nur dann nach außen wirksam ist, wenn die Beschränkung im Vereinsregister eingetragen wird.

Im Verhältnis zu den Finanzbehörden muß der Vorstand, bei mehrgliedrigem Vorstand jedes einzelne Vorstandsmitglied, die steuerlichen Pflichten des Vereins erfüllen. Dazu gehören die Buchführungs- und Aufzeichnungspflicht, die Pflicht, Steuererklärungen abzugeben, dem Finanzamt gegenüber erforderlichenfalls Auskünfte zu erteilen und schließlich auch fällige Steuern aus der Vereinskasse zu zahlen. Erfüllt der Vorstand diese Pflichten nicht, so können Zwangsmaßnahmen und Sicherungsgelder auch gegen seine Person verhängt werden. Für ein gegen ihn festgesetztes Zwangsgeld haftet allerdings auch der Verein. Das Finanzamt kann sich dann entweder an diesen oder aber an den Vorstand halten. Wird ein neuer Vorstand gewählt, so bleiben dennoch die steuerlichen Pflichten des Altvorstands für dessen Amtszeit erhalten (§ 36 AO). Stellt der neue Vorstand fest, daß der Altvorstand entweder keine oder unrichtige oder unvollständige Steuererklärungen abgegeben hat, so muß er dies unverzüglich dem Finanzamt anzeigen (§ 153 Abs. 1 AO).

Im übrigen kann sich jeder eingetragene Verein bzw. der Vereinsvorstand in seinen Steuerangelegenheiten durch Bevollmächtigte vertreten lassen. Der Vereinsvorstand kann insbesondere einen Rechtsanwalt oder einen Angehörigen der steuerberatenden Berufe mit der Erledigung seiner Steuerangelegenheiten betrauen. Er kann aber auch ein Mitglied, z. B. den Kassier damit beauftragen, wenn dieser die Vertretung in Steuersachen nicht geschäftsmäßig ausübt, d. h. wenn dieser sich auf die Vertretung des Vereins beschränkt, weil ihn sonst das Finanzamt zurückweisen müßte (§ 80 Abs. 5 AO). Schließlich kann sich der Verein steuerlich auch durch seine Angestellten vertreten lassen.

Geschäftsführung des Vorstands (Innenverhältnis)
Nach § 27 Abs. 3 BGB hat der Vorstand auch Geschäftsführungsbefugnis. Während die Vertretungsmacht die Außenbeziehungen des Vereins, also die Wirksamkeit des Handelns Dritten gegenüber betrifft, versteht man unter Geschäftsführung die Innenbeziehungen, also die Handlungsbefugnis im Verhältnis zum Verein.

> **Beispiel:** Der Vorstand ist kraft seiner Geschäftsführungsbefugnis berechtigt und verpflichtet zur Buch- und Kassenführung, zur Bilanzerstellung, aber auch zur Einstellung von Personal, zu Einkäufen für den Verein, zum Abschluß von Mietverträgen, zur Geltendmachung von Vereinsforderungen und zur Anforderung von Mitgliedsbeiträgen.

Der Vorstand kann jedoch einzelne Geschäftsführertätigkeiten (z. B. den Forderungseinzug) zeitweise auf Mitglieder übertragen. Im übrigen kann ein Verein, der durch seine Satzung den Vorstandsmitgliedern Einzelvertretungsmacht eingeräumt hat, in der Satzung die interne Beschlußfassung (Geschäftsführung) einem anderen Organ als dem Vorstand i.S. des § 26 BGB übertragen (BGH, Rpfleger 1977 S. 406).

Für die Erfüllung der Geschäftsführerpflichten muß der Vorstand einstehen. Er haftet dem Verein für jedes Verschulden bei der Verletzung dieser Pflichten, nicht aber dem einzelnen Mitglied oder einem Gläubiger (§ 27 Abs. 3 i.V.m. §§ 664 bis 670 BGB). Ein Rechtsgeschäft, das ein Vorstandsmitglied eines eingetragenen Vereins für diesen im Rahmen seiner satzungsmäßigen Einzelvertretungsmacht abschließt, ist allerdings nicht schon allein deshalb gegenüber dem Verein ein pflichtwidriger, zum Schadensersatz verpflichtender Vorgang, weil das betreffende Vorstandsmitglied dabei einem internen, in der Satzung nicht vorgesehenen Vorstandsbeschluß zuwiderhandelt, wonach sämtliche Geschäfte, die eine bestimmte wirtschaftliche Größenordnung überschreiten, nur mit Zustimmung weiterer Vorstandsmitglieder vorgenommen werden dürfen (BGH, NJW 1993 S. 191).

d) Mehrheitsgrundsätze bei mehrgliedrigem Vorstand

Besteht der Vorstand – was die Regel sein wird – aus mehreren Personen, so ist nicht etwa Gesamtvertretung erforderlich. Dies würde auch die Handlungsfähigkeit des Vereins sehr erschweren. Es gilt vielmehr sowohl für die Beschlußfassung als auch für die Kundgabe der Beschlüsse nach außen der Mehrheitsgrundsatz (§ 28 Abs. 1 i.V.m. §§ 32, 34 BGB). Es entscheidet demzufolge die absolute Mehrheit der erschienenen (und abstimmenden) Vorstandsmitglieder. Die gleiche Mehrheit ist dann befugt, den intern gefaßten Beschluß im Namen des Gesamtvorstands auch nach außen zu erklären. Natürlich kann auch der Vorstand durch Mehrheitsbeschluß ein Mitglied oder mehrere zur Abgabe einer Erklärung ermächtigen. Außerdem wird der Vorsitzende des Vorstands in der Regel stillschweigend autorisiert sein, die den Beschlüssen entsprechenden Erklärungen abzugeben.

Beispiel: Der siebenköpfige Vorstand eines Sportvereins beschließt den Verkauf einer alten Turnhalle an die Gemeinde mit 5 : 2 Stimmen. Hierauf schließen entweder die 5 oder ein oder mehrere vom Vorstand bestimmte Vorstandsmitglieder oder der wohl stets ermächtigte Vorstandsvorsitzende im Namen des Gesamtvorstands das Kauf- und Übereignungsgeschäft ab.

Im übrigen kann jedoch die Satzung etwas anderes vorschreiben. Sie kann z. B. Gesamtvertretung, sie kann aber auch Vertretung durch 2 Vorstandsmitglieder oder gar Einzelvertretung durch ein bestimmtes (Vorstandsvorsitzender) oder durch jedes Vorstandsmitglied anordnen. Auch kann ein Verein, der durch seine Satzung den Vorstandsmitgliedern Einzelvertretungsmacht eingeräumt hat, in der Satzung die interne Beschlußfassung einem anderen Organ als dem Vorstand i.S. des § 26 Abs. 2 BGB übertragen (EBE 1977 S. 382).

Wirken bei einem satzungsmäßig aus mehreren Personen bestehenden Vorstand sämtliche Vorstandsmitglieder bei einem Rechtsgeschäft des Vereins zusammen, so kommt es für die Wirksamkeit der Vertretungshandlungen nicht darauf an, ob ihr ein wirksamer Vorstandsbeschluß zugrundeliegt. Ein kontrahierender Dritter läuft also keine Gefahr, daß das Rechtsgeschäft unwirksam sein könnte, vorausgesetzt, daß er sich vergewissert, daß tatsächlich der komplette Vorstand mitwirkt. Beauftragt und ermächtigt dagegen der Vorstand ein oder mehrere Vorstandsmitglieder, das Rechtsgeschäft abzuschließen, muß sich der Dritte darum kümmern, ob Bestimmungen, die die Beschlußfassung des Vorstands abweichend von § 28 BGB regeln, in der Satzung enthalten und im Vereinsregister eingetragen sind und ob sie auch tatsächlich eingehalten sind (vgl. hierzu Danckelmann, NJW 1973 S. 735).

An den Vorstand gerichtete Willenserklärungen können sowohl von Mitgliedern, als auch von Außenstehenden an jedes beliebige Vorstandsmitglied gerichtet werden. Insoweit besteht bei mehrgliedrigem Vorstand Einzelpassivvertretung. Diese kann auch durch Satzung nicht beseitigt werden (§ 28 Abs. 2 i.V.m. § 40 BGB).

> **Beispiel:** Die Austrittserklärung eines Mitglieds oder die Kündigung der Vereinsgaststätte durch den Pächter kann an jedes Vorstandsmitglied gerichtet werden.

e) Entlastung des Vorstands

Nach Erfüllung seiner Amtspflichten hat der Vorstand einen Anspruch auf Entlastung, wenn die Satzung die Entlastung vorsieht oder die Entlastung jahrelanger Brauch ist. Bei mehrgliedrigem Vorstand, der die Aufgabenbereiche auf die Vorstandsmitglieder aufgeteilt hat, können die einzelnen Mitglieder für ihre Bereiche (z. B. der Kassier für die Kassenführung) entlastet werden.

Zuständig für die Entlastung ist im Zweifel die Mitgliederversammlung. Die Entlastung des Vorstands am Ende seiner Amtszeit, am Ende des Geschäftsjahres oder nach Erledigung einer bestimmten Angelegenheit (z. B. dem Bau eines Vereinsheims) hat zur Folge, daß bekannte oder aus dem Rechenschaftsbericht entnehmbare Ersatzansprüche des Vereins gegen den Vorstand erlöschen (BGHZ 24 S. 47, 54).

> **Beispiel:** Ist dem Verein bekannt, daß der Vorstand beim Bau des Vereinsheims nicht das preiswerteste Bauangebot eines Nichtmitglieds, sondern das teurere Angebot eines Mitglieds angenommen hat und erteilt die Mitgliederversammlung dem Vorstand dennoch Entlastung, so begibt sich der Verein damit möglicher Ersatzansprüche gegen den Vorstand.

f) Beendigung der Vorstandsbestellung

Das Vorstandsamt kann enden – abgesehen vom Tod eines Mitglieds – durch Widerruf oder Amtsniederlegung.

Widerruf der Vorstandsbestellung

Nach § 27 Abs. 2 BGB ist die Bestellung des Vorstands jederzeit widerruflich, auch wenn die Satzung die Amtszeit des Vorstands festlegt. Widerrufsberechtigt ist jenes Organ, das den Vorstand bestellt hat, im Zweifel die Mitgliederversammlung. Die Widerruflichkeit kann auch in der Satzung nicht aufgehoben werden, wohl aber auf wichtige Gründe, wie beispielsweise grobe Pflichtverletzung oder Unfähigkeit zur ordnungsmäßigen Geschäftsführung beschränkt werden. Besteht neben dem Vorstandsamt (der Organstellung) noch ein Anstellungsvertrag mit dem Vorstandsmitglied, dessen Vorstandsbestellung widerrufen wird, dann kann im Widerruf zugleich eine Kündigung des Anstellungsverhältnisses aus wichtigem Grund liegen.

Amtsniederlegung

Amtsniederlegung bedeutet die Kündigung des mit dem Verein intern bestehenden auftragsähnlichen Rechtsverhältnisses und damit das Ende der ohne diese Innenrechtsbeziehungen undenkbaren Organstellung. Sie ist bei entgeltlicher Vorstandstätigkeit gemäß § 626 BGB im Zweifel nur aus wichtigem Grund, bei ehrenamtlicher Vorstandstätigkeit jedoch nach § 671 Abs. 1 BGB jederzeit möglich.

Die Amtsniederlegung ist eine höchstpersönliche Entscheidung. Eine mit Mehrheit beschlossene Amtsniederlegung des Gesamtvorstands bindet die Nichtzustimmenden nicht, weil zur Entscheidung darüber nicht der Gesamtvorstand als einheitlich handelndes Organ, sondern jedes Vorstandsmitglied persönlich berufen ist.

Für die Amtsniederlegung eines Mitglieds des Vorstands genügt es, daß sie entweder gegenüber dem Bestellungsorgan oder einem anderen Vorstandsmitglied erfolgt (OLG Frankfurt, Rpfleger 1978 S. 134).

Der Stellvertreter des 1. Vorsitzenden des Vorstands eines Vereins rückt mit dem Ausscheiden des 1. Vorsitzenden nicht ohne weiteres in dessen Rechtsstellung ein (BayOLG, Rpfleger 1972 S. 400).

Ein Notvorstand ist zu bestellen, wenn infolge von Amtsniederlegungen und Amtsenthebungen kein Vorstandsmitglied unangefochten zur Wahrnehmung der notwendigen Geschäftsführungsmaßnahmen fähig oder bereit ist (LG Bonn, Rpfleger 1987 S. 460).

Anmeldung zum Vereinsregister
Jede Änderung des Vorstands ist von dem „Vorstand" zur Eintragung anzumelden (§ 67 Abs. 1 Satz 1 BGB). Gemäß § 77 BGB sind die Anmeldungen zum Vereinsregister von den „Mitgliedern des Vorstands" mittels öffentlich beglaubigter Erklärung zu bewirken. Nach § 78 Abs. 1 BGB kann das Amtsgericht „die Mitglieder des Vorstandes" zur Befolgung des § 67 Abs. 1 BGB durch Festsetzung von Zwangsgeld anhalten. Umstritten ist die Frage, ob die Anmeldung der Vorstandsänderung nur von sämtlichen Mitgliedern des Vorstands rechtswirksam vorgenommen werden kann, oder ob, wenn die Vorstandsmitglieder zur Vertretung des Vereins einzeln berechtigt sind, jedes einzelne Vorstandsmitglied die Änderung anmelden kann. U.E. ist der zuletztgenannten Auffassung zu folgen (ebenso BayObLG 1981 S. 487).

5. Die Mitgliedschaft (Mitgliedschaftsrechte und -pflichten)

a) Die Beziehungen des Mitglieds zum Verein
Die Beziehungen des Mitglieds zu seinem Verein können schuldrechtlicher oder mitgliedschaftsrechtlicher Natur sein.

Schuldrechtliche Beziehungen
Das Mitglied kann dem Verein im Rahmen eines gewöhnlichen Schuldverhältnisses wie ein außenstehender Dritter gegenüberstehen.

> **Beispiel:** Ein Mitglied pachtet die Vereinsgaststätte, kauft Waren vom Verein, gewährt dem Verein ein Darlehen usw.

Solche Rechtsverhältnisse unterliegen nicht dem Vereinsrecht. Der Verein kann durch Beschluß nicht in sie eingreifen. Sie sind in ihrer Fortdauer nicht an die Mitgliedschaft gebunden und werden daher durch das Ausscheiden des Mitglieds grundsätzlich nicht berührt. Für solche Gläubigerrechtsverhältnisse gelten die allgemeinen Regeln des Zivilrechts.

Mitgliedschaftliche Beziehungen
Während der Verein und sein Mitglied nicht zwingend durch Schuldverhältnisse verbunden sein müssen, besteht zwischen beiden in jedem Falle ein auf der Mitgliedschaft beruhendes personenrechtliches Rechtsverhältnis, das sich auf alle vermögens- und verwaltungsmäßigen Beziehungen zwischen Verein und Mitglied erstreckt und eine Reihe von Rechten und Pflichten mit sich bringt.

Neben diesen allgemeinen Mitgliedschaftsrechten, die jedem Mitglied zustehen, sind auch Sonderrechte denkbar, die einzelnen Mitgliedern eine bevorrechtigte Stellung geben.

b) Erwerb der Mitgliedschaft
Das Vereinsrecht gestattet einem Verein nicht zu bestimmen, daß jemand ohne weiteres auf Grund seiner beruflichen Stellung, also möglicherweise gegen seinen Willen Mitglied eines Vereins wird (BayObLG, DB 1973 S. 2518). Auch kann die Mitgliedschaft eines weggefallenen Mitglieds nicht durch die Satzung rechtswirksam auf einen außenstehenden Dritten übertragen werden (BGH, NJW 1980 S. 2708).

Die Mitgliedschaft wird erworben entweder durch Teilnahme an der Gründung bei anschließender Eintragung des Vereins ins Vereinsregister oder durch spätere Beitrittserkärung und antragsgemäße Aufnahme in den Verein, ausnahmsweise auch durch Erbgang oder Abtretung, wenn, was selten sein wird, die Satzung dies in Abweichung zu § 38 BGB (§ 40 BGB) vorsieht.

Eine Vereinssatzung verstößt aber nicht gegen § 58 Nr. 1 BGB, wenn sie keine ausdrückliche Bestimmung über die Form des Antrags auf Aufnahme in den Verein enthält (BayObLG, NJW 1972 S. 1323).

Die Aufnahme kann selbstverständlich von der Erfüllung bestimmter Voraussetzungen, wie z. B. der Volljährigkeit oder der Stellung zweier Bürgen, abhängig gemacht werden.

Die Satzung kann im übrigen auch anordnen, daß die Beitrittserklärung des Mitglieds genügt, ohne daß es zusätzlich der Aufnahmeerklärung durch den Verein bedarf.

Ein Recht auf Aufnahme in einen Verein besteht jedoch grundsätzlich nicht. Ein Verein darf sich seine Mitglieder grundsätzlich selbst aussuchen (OLG Koblenz – AZ 8 U 1658/91). Eine Aufnahmepflicht durch den Verein ist nur dann zu bejahen, wenn sie sich aus der Satzung ergibt oder wenn der Verein, was bei Sport-, Musik- und ähnlichen Vereinen ohnehin undenkbar ist, eine Monopolstellung mißbräuchlich ausnutzt (§§ 826, 249 BGB).

Ist die Beitrittserklärung eines Mitglieds zu einem rechtsfähigen Verein, der die wirtschaftlichen Interessen seiner Mitglieder vertritt, unwirksam, kann dieses Mitglied seine geleisteten Beiträge nicht unter dem Gesichtspunkt der ungerechtfertigten Bereicherung zurückverlangen (LG Wiesbaden, NJW 1975 S. 1033).

c) Gleichberechtigung aller Mitglieder

Das Vereinsrecht geht von der grundsätzlichen Gleichberechtigung aller Mitglieder aus. Die Satzung kann zwar Abweichungen hiervon enthalten. Das Recht auf gleichmäßige Behandlung kann jedoch durch nachträgliche Satzungsänderungen nicht ohne Zustimmung des Benachteiligten beeinträchtigt werden (BGHZ 3 S. 252).

d) Allgemeine Rechte und Pflichten des Mitglieds

Jedes Mitglied hat zunächst Mitverwaltungsrechte im Verein. Das sind Rechte, an der Gestaltung und Verwaltung des Vereinslebens teilzunehmen. Hierher gehören vor allem das Recht, die Einberufung der Mitgliederversammlung zu verlangen (§ 37 BGB), das Stimmrecht in der Mitgliederversammlung (§ 32 BGB) und das aktive und passive Wahlrecht zu den Vereinsämtern.

Daneben hat jedes Mitglied auch Wertrechte im Verein. Das sind insbesondere die Rechte auf Benutzung der Vereinseinrichtungen.

Beispiel: Aktive Mitglieder eines Tennisclubs haben das Recht – natürlich im Rahmen der bestehenden, meist unerläßlichen Platzordnung –, die Tennisplätze zu benutzen.

Schließlich gehört zu den Mitgliedschaftsrechten auch das Recht eines jeden Mitglieds, nicht entgegen den geltenden vereinsrechtlichen Bestimmungen behandelt zu werden (BGH, NJW 1956 S. 1793; 1959 S. 982; 1967 S. 1657 und 1990 S. 2877). Dazu zählt auch das Recht auf Schutz und Förderung der Interessen des Mitglieds auch gegenüber Dritten (BGH, NJW 1990 S. 2877).

Die Verletzung der Mitgliedschaftsrechte durch den Vorstand begründet – ähnlich der positiven Vertragsverletzung – quasi-vertragliche Schadensersatzpflichten, für die der Verein nach § 31 BGB haftet (BGH, NJW 1984 S. 1884 und 1990 S. 2877). Daneben können dem verletzten Mitglied Schadensersatzansprüche nach deliktischen Grundsätzen (§ 823 Abs. 1 BGB) zustehen, und zwar sowohl gegen den Verein (wenn die Voraussetzungen des § 31 BGB vorliegen) als auch gegen einzelne Mitglieder, insbesondere auch gegen Vereinsorgane.

Den allgemeinen Mitgliedschaftsrechten stehen verwaltungs- und vermögensrechtliche Pflichten, die sich aus der Satzung ergeben müssen, gegenüber. Als solche kommen vor allem die Pflicht zur Übernahme von Ämtern, zur Teilnahme an Pflichtversammlungen und die Beitragspflicht in Betracht. Neben der Pflicht zur regelmäßigen Beitragszahlung kann die Satzung einmalige Eintrittsgebühren (oft als „Bausteine" bezeichnet) und einmalige Umlagen vorsehen. Einer Verschärfung dieser satzungsmäßigen Pflichten durch Satzungsänderung kann das einzelne Mitglied nur durch Austritt entgehen (§ 39 BGB).

e) Sonderrechte und -pflichten des Mitglieds

Sonderrechte sind Bevorrechtigungen, die einem einzelnen Mitglied oder mehreren um ihrer selbst willen und nicht im Interesse des Vereins eingeräumt werden. Solche individuellen Sonderpositionen, die den Gleichberechtigungsgrundsatz (vgl. oben Buchst. c) durchbrechen, müssen mit Rücksicht auf andere, später eintretende Vereinsmitglieder und mit Rücksicht auf die Interessen Dritter zu ihrer Wirksamkeit in der Satzung klar zum Ausdruck gebracht sein (RGZ 165 S. 129).

Beispiel: Hierher gehören die Zubilligung eines erhöhten Stimmrechts, das Recht auf dauernde Zugehörigkeit zum Vorstand, das Recht auf Beitragsfreiheit und das Recht auf bevorzugte Benutzung einer Vereinseinrichtung.

Diese Sonderrechte können – anders als die allgemeinen Mitgliedschaftsrechte, die im Rahmen der Satzung auch ohne Zustimmung des einzelnen Mitglieds geschmälert werden können – nach § 35 BGB nicht ohne Zustimmung des Bevorzugten durch Beschluß der Mitgliederversammlung beeinträchtigt werden (vgl. Seiten 62 f., Ziff. 3 c).

Hieraus muß man folgern, daß auch die Auferlegung von Sonderpflichten nur mit Zustimmung der einzelnen benachteiligten Mitglieder möglich ist.

Beispiel: Mitgliedsbeiträge dürfen nicht ohne Zustimmung der Betroffenen in ungleichem Verhältnis erhöht werden.

Mitglieder von Vereinen stehen bei der Erfüllung ihrer satzungsmäßigen Pflichten für den Verein übrigens nicht unter dem Schutz der gesetzlichen Unfallversicherung. Das gilt nach einem Urteil des Bundessozialgerichts auch dann, wenn sie der Tätigkeit für den Verein gewohnheitsmäßig nachgehen, insbesondere bei regelmäßigen Gemeinschaftsarbeiten (AZ: BSG 2 RU 78/87).

f) Der Austritt

Nach der zwingenden Vorschrift des § 39 BGB ist der Austritt aus dem Verein jedem Mitglied freigestellt. Dadurch kann sich das Mitglied der Einwirkungsgewalt der Mehrheit wenigstens für die Zukunft entziehen. Der Angabe von Gründen bedarf es beim Austritt nicht.

Die Satzung kann jedoch bestimmen, daß der Austritt erst am Schluß eines Geschäftsjahres oder erst nach einer Kündigungsfrist von allerdings höchstens zwei Jahren wirksam werden soll (§ 39 Abs. 2 BGB).

Aus wichtigem Grunde kann aber der Austritt auch ohne Einhaltung einer satzungsmäßigen Kündigungsfrist zulässig sein, wenn dem Mitglied ein Verbleiben im Verein bis zum Ablauf der Frist bei Abwägung aller Umstände nicht mehr zugemutet werden kann (RGZ 130 S. 357).

Beispiel: Ein Mitglied, das von einer Gruppe anderer Mitglieder auf dem Gelände des Vereins ohne Grund verprügelt wurde, kann fristlos mit sofortiger Wirkung austreten.

Dagegen bietet die ordnungsmäßig beschlossene Erhöhung des Mitgliedsbeitrags kein Recht zum fristlosen Austritt, wenn die Satzung eine Kündigungsfrist vorsieht, es sei denn, die Beitragserhöhung ist sehr erheblich und die Gründe hierfür nicht nachvollziehbar (AG Nürnberg, Rpfleger 1988 S. 109), jedenfalls ein Verbleiben des Mitglieds im Verein bis zum Ablauf der Kündigungsfrist unzumutbar (RG, JW 1931 S. 1024; LG Aurich, Rpfleger 1987 S. 115; LG Itzehoe, NJW-RR 1989 S. 1531).

Mit dem Wirksamwerden des Austritts erlöschen alle Mitgliedsrechte und -pflichten für die Zukunft, und zwar nicht nur die Mitwirkungs- und Verwaltungsrechte, sondern auch jedes Recht am Vereinsvermögen, wenn nicht ausnahmsweise die Satzung etwas anderes bestimmt. Auch die Vereinsgewalt hört auf, weshalb der Verein nach dem Austritt beispielsweise nicht mehr beschließen kann, daß er das Mitglied ausgeschlossen hätte, wenn es nicht ausgetreten wäre.

Bis zur Wirksamkeit des Austritts bleiben Rechte und Pflichten indessen grundsätzlich erhalten. Der Austretende muß insbesondere weiterhin Mitgliedsbeiträge bezahlen.

Bei gleichzeitiger Auswechslung sämtlicher Mitglieder vgl. BGH, NJW 1980 S. 2707.

g) Der Ausschluß

Das Gesetz enthält über den Ausschluß keine Regelung. Der Ausschluß aus dem Verein ist weder schlechthin Vereinsstrafe noch schlechthin Kündigung. Vielmehr kann er je nach seinem Erklärungswert mal das eine und mal das andere sein. Unbestritten ist jedoch, daß die Satzung den Ausschluß von Mitgliedern vorsehen und das Verfahren festlegen kann. Ist der Ausschluß in der Satzung allgemein vorgesehen, sind aber die Ausschlußvoraussetzungen nicht genannt, so ist er im Zweifel nur zulässig wenn er durch sachliche Gründe gerechtfertigt und nicht unbillig ist (BGH, Urteil vom 19. 10. 1987 AZ: II ZR 43/87).

Beispiel: Unwürdiges, vereinsschädigendes Verhalten.

Aber selbst dann, wenn die Satzung überhaupt keine Vorschriften über eine mögliche Ausschließung enthält, muß man dem Verein als Ausfluß seiner Vereinsautonomie eine Ausschließungsbefugnis aus wichtigem Grund einräumen (RGZ 131 S. 375, vgl. Reuter, NJW 1987 S. 2401 ff.). Der Verein muß allerdings die Umstände, aus denen sich die Unzumutbarkeit der Fortführung des Mitgliedsverhältnisses im Einzelfall ergeben soll, bereits im Ausschließungsverfahren eindeutig und konkret bezeichnen und in gerichtlich nachprüfbarer Weise feststellen (BGH, NJW 1990 S. 40).

Mangels besonderer Satzungsbestimmungen erfordert der Ausschluß einen Mehrheitsbeschluß der Mitgliederversammlung, der schließlich mit Bekanntgabe an den Betroffenen wirksam wird. Ein gruppenweiser Ausschluß aus einem Verein ist nicht zulässig (BayObLG, DNotZ 1989 S. 311 = Rpfleger 1988 S. 416). Die Ausschließung eines Mitglieds durch ein satzungsmäßig unzuständiges Vereinsorgan ist unwirksam (BayObLGZ 1986, Nr. 97).

Das ausgeschlossene Mitglied ist gegen die Ausschließung nicht rechtlos. Es kann nach Erschöpfung des vereinsinternen Rechtsweges, der im übrigen (falls die Satzung nichts anderes bestimmt) aufschiebende Wirkung hat (BayObLG, DNotZ 1989 S. 311 = Rpfleger 1988 S. 416), beim ordentlichen Gericht (in der Regel dem Landgericht) auf Feststellung der Unwirksamkeit des Ausschlusses klagen (BGHZ 13 S. 5/16). Das Gericht wird dann zwar die Ausschlußgründe nicht vollen Umfangs auf ihre sachliche Richtigkeit nachprüfen, weil dies ein Eingriff in die Vereinsautonomie wäre. Es wird aber, um das Mitglied nicht der Willkür des Vereins auszusetzen, untersuchen, ob der Ausschluß eine ausreichende Grundlage in der Satzung hat, ferner ob die Ausschließung eine gesetzwidrige, sittenwidrige oder offenbare unbillige Maßnahme darstellt (RGZ 141 S. 24 und BGH, NJW 1954 S. 833) oder im Widerspruch zum Gleichbehandlungsgrundsatz verhängt worden ist (BGH, NJW 1967 S. 1657) und ob der Ausschließungsbeschluß formell gültig ist, ob dem Mitglied also insbesondere rechtliches Gehör gewährt und der Beschluß mit Gründen versehen dem Betroffenen bekanntgemacht wurde. Seit dem Urteil des BGH (BGHZ 87 S. 337, 344) unterliegt auch die Tatsachenermittlung im vereinsrechtlichen Disziplinarverfahren der richterlichen Kontrolle (ebenso BGH, NJW 1997, 3368).

Ist die Nachprüfung eines Austrittsbeschlusses nach § 1025 ZPO einem Schiedsgericht übertragen, kann nach Auffassung des BGH (BGHZ 48 S. 35, 43) das ordentliche Gericht nicht angerufen werden, wenn dieses Schiedsgericht nach seiner Zusammensetzung nicht Richter in eigener Sache ist, weshalb z.B. ein Vereinsorgan nicht Schiedsgericht sein darf, wohl aber ein gewählter Ausschuß, wie z.B. ein Ältestenrat, der dem Verein gegenüber die nötige Selbständigkeit besitzt. Die h.M. (vgl. z.B. Stein-Jonas-Schlosser, Komm. zur ZPO, 21. Aufl., § 1048 Nr. 9 ff.) hält jedoch mittlerweile im Interesse der Schutzbedürftigkeit dessen, der auf den gesetzlichen Richter verzichten muß, einseitige Schiedsklauseln durch Satzung ohne formgerechte Zustimmung der Parteien des Schiedsverfahrens für unzulässig.

Ist der Ausschluß des Mitglieds wirksam, so erlöschen die Mitgliedschaftsrechte und -pflichten. Gewisse Treupflichten (z.B. Schweigepflicht) wirken indessen fort.

Der Vorstand ist nicht berechtigt, ein **Vorstandsmitglied** aus dem Verein auszuschließen, auch wenn ihm die Satzung allgemein das Recht zur Ausschließung von Vereinsmitgliedern zuweist (BGH, DNotZ 1984 S. 484).

h) Beendigung der Mitgliedschaft auf andere Weise

Ob eine Satzungsbestimmung generell oder zumindest in bestimmten Grenzen zulässig ist, die die Beendigung der Mitgliedschaft an einen objektiven Tatbestand knüpft und deshalb eine Kündigung oder Ausschließung entbehrlich macht, ist umstritten (BGH, Rpfleger 1978 S. 362). Ich halte eine solche Bestimmung im Interesse weitestgehender Vereins- und Satzungsautonomie rechtlich für möglich.

III. Die Haftung

Der eingetragene Verein haftet als juristische Person sowohl für seine Angestellten nach allgemeinen zivilrechtlichen Grundsätzen als auch für seine Organe nach der zwingenden Vorschrift des § 31 BGB.

1. Die Haftung des Vereins für seine Angestellten

Der Verein kann, wenn er nicht durch seine Organe handeln will, bei der Erfüllung von Verbindlichkeiten Hilfspersonen hinzuziehen. Dadurch erweitert er seinen Tätigkeitsbereich. Um die Gläubiger aber nicht schlechter zu stellen, muß sich auch der Verantwortungsbereich des Vereins erweitern. Daher bestimmt § 278 BGB allgemein, daß der Schuldner (Verein) verantwortlich ist für das Verschulden „der Personen, deren er sich zur Erfüllung seiner Verbindlichkeiten bedient".

> **Beispiel:** Wenn der Kassier, der nicht dem Vorstand angehört, die Stadionmiete an die Stadt nicht pünktlich entrichtet, dann muß für diesen Verzug der Verein einstehen.

Aber auch außerhalb eines Schuldverhältnisses haftet der Verein für Schädigungen seiner Angestellten und „Helfer". Er kann sich hier allerdings entlasten. Wenn er bei der Auswahl der bestellten Personen die im Verkehr erforderliche Sorgfalt beobachtet hat oder wenn der Schaden auch bei Anwendung dieser Sorgfalt entstanden wäre, trifft den Verein keine Ersatzpflicht (§ 831 BGB).

> **Beispiel:** Beim Tapezieren der Vereinsgaststätte durch ein Mitglied, das freiwillig Arbeitsdienst leistet, wird ein Besucher von einer umfallenden Leiter verletzt. Für den entstehenden Schaden muß der Verein nach §§ 823, 831 BGB aufkommen, es sei denn, er kann nachweisen, daß er den mit der Arbeit Betrauten sorgfältig ausgewählt hat.

Schließlich haftet der Verein unter Umständen auch dann, wenn er die allgemeine Aufsichts- und Organisationspflicht verletzt, die ihn nach § 823 BGB als eigene trifft in Fällen, in denen er die Ausführung von Schutzmaßnahmen zur Sicherung des Verkehrs Dritten überläßt (näheres hierzu unter Ziff. 2).

2. Die Haftung des Vereins für seine Organe

Über die allgemeine Haftung für die Angestellten und Gehilfen hinaus haftet der rechtmäßige Verein schlechthin für alle zu Schadenersatz verpflichtenden Handlungen, die seine Organe in Ausführung ihrer Vereinsgeschäfte begangen haben (§ 31 BGB). Weil der Verein selbst nur durch seine Organe handeln kann und deshalb der Wille seiner Organe als Wille des Vereins selbst gilt, haftet er nach § 31 BGB nicht für fremdes, sondern für eigenes Verschulden, also für seine eigenen Handlungen. Er hat daher hier keine Möglichkeit, sich nach § 831 BGB zu entlasten, d. h., die Haftung bleibt auch dann bestehen, wenn der Verein nachweisen kann, daß er bei der Auswahl seiner Organe sorgfältig vorgegangen ist.

Die Haftung nach § 31 BGB bezieht sich jedoch nur auf Handlungen der „verfassungsmäßig berufenen Vertreter", d. h. des Gesamtvorstands, eines oder mehrerer Vorstandsmitglieder und evtl. nach der Satzung bestellter Sondervertreter. Sie erstreckt sich nicht auf die Handlung der Angestellten und Gehilfen, die lediglich Beschlüsse des Vorstands oder der Mitgliederversammlung ausführen (vgl. Seite 83, Ziff. 1). Dagegen haftet der Verein auch für Beschlüsse der Mitgliederversammlung, wenn einem Dritten durch ihre Ausführung unmittelbar, also ohne Dazwischentreten des Vorstands, eines Vorstandsmitglieds oder eines Sondervertreters, ein Schaden zugefügt wird.

Selbstverständlich haftet der Verein nur dann, wenn ein Organ unmittelbar bei Ausführung seiner Geschäfte einen Schaden verursacht hat. Ist dagegen der Schaden nur bei Gelegenheit dieser Geschäfte entstanden, tritt die Vereinshaftung nicht ein.

Beispiel: Begeht ein Vorstandsmitglied bei Abschluß eines Kaufvertrags, der den Verein berechtigt und verpflichtet, einen Betrug, so muß der Verein dem Geschäftspartner den entstandenen Schaden ersetzen. Begeht das Vorstandsmitglied bei dieser Gelegenheit auch einen Diebstahl, so haftet hierfür der Verein nicht.

§ 31 BGB betrifft allerdings nur die Haftung für den Schaden, der durch das Verhalten des Organs „einem Dritten" zugefügt wird. „Dritter" i. S. des § 31 BGB kann ein Vorstandsmitglied des Vereins sein, sofern es die schadensverursachende Handlung nicht selbst (mit-)zuverantworten hat (BGH, NJW 1978 S. 2390). „Dritter" in diesem Sinne kann aber auch jedes Mitglied sein, wenn es in seinen Mitgliedschaftsrechten verletzt wird; hierzu gehört auch das Recht eines jeden Mitglieds, nicht entgegen den geltenden vereinsrechtlichen Bestimmungen behandelt zu werden (vgl. S. 79, Ziff. 5 d).

Im übrigen haftet der Verein nicht nur für unerlaubte Handlungen (Delikte) seiner Organe, sondern auch für alle schuldhaften Vertragsverletzungen, wie etwa die Nichterfüllung, die verspätete Erfüllung oder die nicht richtige Erfüllung von Verträgen und auch für Verschulden beim Vertragsabschluß, ja sogar – wie jede natürliche Person – bei schuldlosen Handlungen, wenn sie ausnahmsweise zu Schadenersatz verpflichten (§§ 903, 228, 231 BGB). Darüber hinaus erstreckt sich die Haftung auch auf bloße Handlungen und Verrichtungen, wie etwa die Erteilung einer falschen Auskunft. Dies gilt auch für rechtswidrig schuldhafte Eingriffe des Vereinsvorstands in das Mitgliedschaftsrecht. Auch insoweit gründet sich die Haftung des Vereins nicht nur auf deliktsrechtliche Grundsätze (§ 823 Abs. 1 BGB), sondern auch auf eine analoge Anwendung der Grundsätze über die positive Vertragsverletzung (BGH, NJW 1990 S. 2877).

Die Haftung des Vereins wird jedoch nicht nur dann begründet, wenn ein Organ selbst den Schaden herbeigeführt hat, sondern auch dann, wenn es zwar eine andere Person war, den Verein aber ein sogenannter Organisationsmangel trifft. Dies ist dann der Fall, wenn der Verein für den betreffenden Geschäftsbereich keinen verfassungsmäßig berufenen Vertreter bestellt hat, obwohl die Bestellung angezeigt gewesen wäre, weil der Vorstand allein in der Regel außerstande ist, die Verhältnisse genügend zu übersehen und seine Aufgaben und Verpflichtungen vollen Umfangs zu erfüllen. Durch die Haftung des Vereins für Schäden, die durch Organisationsfehler verursacht sind, wird der Haftungstatbestand des § 31 BGB erheblich erweitert.

Beispiel: Der Fußballplatz eines Sportvereins liegt neben einer Autostraße. Der Vorstand hat 2 Mitglieder ständig damit beauftragt, am Wochenende Ballfangnetze anzubringen. Die Beauftragten unterlassen dies. Während des Fußballspiels fällt der Ball auf die Straße; ein Pkw-Fahrer wird dadurch so erheblich irritiert, daß er verunglückt.

Hätte es der Vorstand unterlassen, jemanden mit dem Anbringen der Netze zu beauftragen, würde der Verein wegen Verletzung seiner Verkehrssicherungspflicht nach §§ 31, 823 BGB haften. Von dieser Haftung kann ihn aber auch die Beauftragung der beiden Mitglieder nicht befreien. Er hätte sie entweder kontrollieren müssen (Aufsichtspflicht) oder aber für die Verkehrssicherung des Platzes einen verfassungsmäßigen Sondervertreter (§ 30 BGB), z.b. einen dem Vorstand angehörenden Platzwart, bestellen müssen. Die Verletzung dieser Organisationspflicht hat zur Folge, daß der Verein trotz der Beauftragung der beiden Mitglieder dem Geschädigten nach §§ 31, 823 BGB Ersatz leisten muß, ohne sich nach § 831 BGB entlasten zu können.

3. Die Haftung des Organs

Wenn der Vorstand die ihm eingeräumte Vertretungsmacht überschreitet, ist das von ihm vorgenommene Geschäft für den Verein nicht verbindlich (§ 179 BGB). Hier haftet der Vorstand selber.

Beispiel: Die Satzung sieht Gesamtvertretung des Vorstands vor. Nichtsdestoweniger schließt ein Vorstandsmitglied allein mit einem Verkäufer im Namen des Vereins einen Kaufvertrag über ein Grundstück ab. Dieser Vertrag bindet den Verein nicht, denn sonst wäre der Schutz, den die Gesamtvertretung für den Verein bezweckt, illusorisch. Der Verkäufer kann, wenn er die mangelnde Einzelvertretungsmacht des betreffenden Vorstandsmitglieds nicht gekannt hat, zwar wahlweise Vertragserfüllung oder Schadenersatz verlangen, aber nur vom Vorstandsmitglied selbst, nicht vom Verein.

Aber auch in den Fällen, in denen der eingetragene Verein für seine Vertretungsorgane haftet, wird die persönliche Haftung des Organs nicht ausgeschlossen. Der durch ein Organ Geschädigte bekommt lediglich neben dem Schädiger als weiteren, oftmals zahlungskräftigeren Schuldner noch den Verein hinzu. Das schuldige Organ und der Verein haften nämlich als Gesamtschuldner (§ 840 BGB).

Beispiel: Hat ein Vorstandsmitglied bei der Vorbereitung eines Kauf- oder Pachtvertrags den Verkäufer oder Verpächter betrogen, dann kann dieser wahlweise Schadenersatz entweder vom Vorstandsmitglied selbst oder vom Verein verlangen.

Greift ein Organ rechtswidrig in Mitgliedschaftsrechte ein, so stehen dem Mitglied quasi-vertragliche Schadenersatzansprüche nur gegen den Verein zu (§ 31 BGB), weil zwischen den einzelnen Vereinsmitgliedern, auch zwischen Mitglied und Organ keine Treue- und Förderpflichten bestehen. Da das Mitgliedschaftsverhältnis aber zugleich als sonstiges Recht i.S.d. § 823 Abs. 1 BGB anerkannt ist, kann bei Verschulden des Organs auch eine deliktische Haftung des Organs selbst in Betracht kommen (BGH, NJW 1990 S. 2877).

4. Die Haftung des Mitglieds

Beim rechtsfähigen Verein ist eine persönliche Haftung des Mitglieds gegenüber den Vereinsgläubigern ausgeschlossen. Gerade in dieser Feststellung zeigt sich die eigene Rechtspersönlichkeit des eingetragenen Vereins. Selbst wenn die Satzung die Haftung der Mitglieder ausdrücklich bestimmt, wird sie mit Wirkung gegenüber den Gläubigern nicht begründet, denn die Regelung der Rechtsbeziehungen der Mitglieder zu Außenstehenden ist dem Verein entzogen. Eine derartige Satzungsbestimmung ist vielmehr als Auferlegung einer Nachschußpflicht gegenüber dem Verein anzusehen.

Denkbar ist allerdings, daß sich ein Vereinsmitglied bei Erfüllung ihm übertragener Vereinsaufgaben – wie jeder Dritte – einem anderen Vereinsmitglied gegenüber *schadensersatzpflichtig* macht. Hier stellt sich die Frage, ob und gegebenenfalls in welchem Umfang das ehrenamtlich tätige Vereinsmitglied von seinem Verein **Freistellung** verlangen kann. Der BGH (NJW 1984 S. 789) bejaht diese Frage dem Grunde nach. Anspruchsgrundlage für einen Freistellungsanspruch ist das in einem solchen Fall zwischen dem Verein und seinem Mitglied bestehende Geschäftsbesorgungsverhältnis besonderer Art, auf das bestimmte Vorschriften des Auftragsrechts entsprechende Anwendung finden. Danach darf der Beauftragte, z. B. ein Jugendleiter, in aller Regel nicht mit dem vollen Risiko der im Interesse des Geschäftsherrn ausgeübten Tätigkeit belastet werden; ihm steht vielmehr ein Anspruch auf Ersatz oder Freistellung von solchen Nachteilen zu, die er bei Durchführung des Auftrags unfreiwillig erleidet.

5. Die Haftung des Vereins für seine Tiere

Nach § 833 Satz 1 BGB haftet der Halter eines Tieres für Schäden, die durch ein Verhalten des Tieres verursacht werden. § 833 Satz 2 BGB macht hiervon eine Ausnahme: Die Haftung des Halters entfällt, wenn es sich bei dem Tier um ein Haustier handelt, welches zu Nutzzwecken eingesetzt war und wenn dieses Tier ausreichend beaufsichtigt wurde. Zu den sogenannten Nutzhaustieren gehören z. B. Pferd, Maultier, Esel, Rind, Schaf, Ziege.

Davon zu trennen sind die sogenannten „Luxustiere", also solche Tiere, die aus Liebhaberei gehalten werden. Für sie haftet der Halter uneingeschränkt. Die Pferde eines Reitvereins sind nach der Rechtsprechung des Bundesgerichtshofs den Luxustieren zuzurechnen, jedenfalls wenn der Reitstall nicht zum Zweck der Gewinnerzielung betrieben wird, sondern nur kostendeckend arbeiten soll. Letzteres ist beim Idealverein der Fall (BGH, Urteil vom 12. 1. 1982, EBE 1982 S. 66 und vom 16. 3. 1982, EBE 1982 S. 172). Daraus folgt, daß ein Reitverein grundsätzlich für seine Pferde haften muß. Der Grund liegt in der „spezifischen Tiergefahr", die sich im unberechenbaren und selbständigen Verhalten der Pferde äußert. Da jedoch nicht jeder Sturz vom Pferd auf das Verhalten des Pferdes zurückgeht, ist Voraussetzung für die Tierhaftung des Vereins, daß kein Versagen des Reiters vorliegt. Im übrigen ist es einem Reitverein unbenommen, die Haftung durch vorherige Absprache mit dem Reiter auszuschließen.

6. Die Haftung im Besteuerungsverfahren

a) Die Haftung des Vorstands

Dem Vorstand obliegen eine Reihe von steuerlichen Pflichten, insbesondere die Entrichtung fälliger Steuern (§ 34 Abs. 1 AO) aus der Vereinskasse. So trifft den Vorstand beispielsweise die Verpflichtung, bis zum 10. Tag nach Ablauf eines jeden Lohnsteueranmeldezeitraums (Kalendermonat) für die ordnungsgemäße Anmeldung und Abführung der von den Löhnen und Gehältern der Arbeitnehmer des Vereins einbehaltenen Lohnsteuern und Kirchensteuern an das FA zu sorgen (§ 34 Abs. 1 AO, § 41a Abs. 1 Satz 1 Nr. 1 und 2, Abs. 2 Satz 1 EStG). Von dieser Verpflichtung können den gesetzlichen Vertreter etwaige Liquiditätsschwierigkeiten der von ihm vertretenen juristischen Person nicht befreien. Falls die zur Verfügung stehenden Mittel zur Zahlung der vollen Löhne einschließlich des Steueranteils nicht ausreichen, darf er die Löhne nur gekürzt als Vorschuß oder als Teilbetrag auszahlen, und er muß dann aus den übrigbleibenden Mitteln die entsprechende Lohnsteuer an das Finanzamt abführen. Diese Grundsätze gelten auch bei ehrenamtlicher Tätigkeit des Vorstands.

Sind **mehrere gesetzliche Vertreter** einer juristischen Person bestellt, so trifft nach der Rechtsprechung des BFH jeden von ihnen die Pflicht zur Geschäftsführung im ganzen, d. h. daß grundsätzlich jeder von ihnen auch alle steuerlichen Pflichten zu erfüllen hat, die der juristischen Person auferlegt sind (BFH, Urt. vom 11. 5. 1962, BStBl. III 1962, 342, 343). Der Grundsatz der Gesamtverantwortung eines jeden gesetzlichen Vertreters (Geschäftsführers) verlangt zumindest eine gewisse Überwachung der Geschäftsführung im ganzen. Aus ihr folgt ferner eine solidarische Verantwortung aller Geschäftsführer für die ordnungsgemäße Erfüllung der steuerlichen Verpflichtungen, die der juristischen Person obliegen.

Diese Pflichten, die den gesetzlichen Vertretern durch § 34 AO auferlegt werden, können nicht durch privatrechtliche Vereinbarungen abbedungen oder beschränkt werden. Sind mehrere Verpflichtete vorhanden, so können diese nur im Innenverhältnis untereinander bestimmen, wer die Pflichten erfüllen soll, was aber die Haftung des nach der internen Vereinbarung für die Erfüllung der steuerlichen Angelegenheiten nicht zuständigen gesetzlichen Vertreters gemäß §§ 34, 69 AO nicht auszuschließen vermag, es sei denn, die Verantwortlichkeit einzelner Vorstandsmitglieder ist im vorhinein durch Schriftform klar und unmißverständlich begrenzt (BFH, Urt. v. 23. 6. 1998, BB 1998, 1934).

Verletzt der Vorstand diese steuerlichen Pflichten schuldhaft, haftet er persönlich gem. § 69 Satz 1 i. V. m. § 34 Abs. 1 AO. So muß der Vorstand, der Arbeitnehmer beschäftigt, die unanfechtbar gewordenen Lohnsteueranmeldungen des Vereins, die einer Steuerfestsetzung unter Vorbehalt der Nachprüfung gleichstehen, gegen sich gelten lassen, weil er als Vertreter des Vereins in der Lage gewesen wäre, sie anzufechten. Das bloße Bemühen um die Erfüllung der steuerlichen Pflichten schließt die Haftung nicht aus (BFH, Urt. vom 20. 1. 1998, DStRE 1998, 605).

Stellt ein neu bestellter Vorstand fest, daß der alte Vorstand unrichtige oder pflichtwidrig keine Steuererklärungen abgegeben hat, so muß er dies innerhalb eines Monats dem Finanzamt anzeigen, andernfalls haftet auch er persönlich für die verkürzten Steuerbeträge.

b) Die Haftung des Vereins

Neben dem Vorstand haftet nach § 70 Abs. 1 AO bei vorsätzlichen oder fahrlässigen Steuerverkürzungen als Gesamtschuldner auch der Verein.

In gleicher Weise haftet der Verein auch für jedes Verschulden seiner Angestellten, wie z.b. des bezahlten Buchhalters, der die steuerlichen Angelegenheiten des Vereins besorgt. Hier hat der Verein aber die Möglichkeit, von der Haftung freizukommen, wenn er nachweisen kann, daß die Steuerverkürzung ohne Wissen des Vorstands begangen wurde und der Vorstand bei der Auswahl und Beaufsichtigung der Angestellten die im Verkehr erforderliche Sorgfalt hat walten lassen.

c) Die Haftung des Mitglieds

Eine persönliche Haftung der Vereinsmitglieder gegenüber dem Finanzamt gibt es nicht. Sie kann auch durch Satzung nicht begründet werden.

7. Die Haftung beim Spendenabzug

Ist der Verein selbst berechtigt, Spenden entgegenzunehmen und für die Spender Spendenbescheinigungen auszustellen, haftet er seit 1990 nach § 10b Abs. 4 EStG für die entgangene Steuer pauschal in Höhe von 40 v.H. der Spende, wenn eines seiner Organe, z. B. der Kassier vorsätzlich oder grob fahrlässig eine unrichtige Bescheinigung ausstellt (**Ausstellerhaftung**) oder veranlaßt, daß die Zuwendungen nicht zu den in der Bestätigung angegebenen steuerbegünstigten Zwecken verwendet werden (**Veranlasserhaftung**). Im einzelnen wird auf S. 278 f. verwiesen.

Unbestritten ist, daß nach § 31 BGB der **Verein** auch für diesen Schaden einstehen muß. Er ist es, der für die Entrichtung der Pauschalsteuer an das Finanzamt haftet. Ob daneben auch das **Organ (Kassier)** haftet, ist umstritten. Die Finanzverwaltung ist offenbar der Auffassung, daß das Organ im Regelfall nicht in Anspruch genommen werden kann. Die bis zur 7. Auflage vertretene gegenteilige Rechtsmeinung wird daher nicht weiter aufrechterhalten.

IV. Das Ende des rechtsfähigen Vereins

Der Verein hört zu bestehen auf,

- wenn er sich durch Beschluß selbst auflöst,
- wenn er nur auf Zeit gegründet war und der satzungsmäßige Endtermin eintritt,
- wenn sämtliche Mitglieder austreten oder gestorben sind, oder
- wenn er auf Grund öffentlichen Vereinsrechts durch die nach den Landesgesetzen zuständigen Behörden aufgelöst wird.

Der Verein bleibt als nichtrechtsfähiger bestehen, d. h., er verliert nur die Rechtsfähigkeit

- bei Konkurseröffnung, ferner
- wenn die Mitgliederzahl unter drei herabsinkt (§ 73 BGB), oder
- wenn dem Verein nach § 43 BGB die Rechtsfähigkeit behördlich entzogen wird

(ausführlich hierzu Böttcher, Rpfleger 1988 S. 169 ff.).

1. Selbstauflösungsbeschluß (z. B. bei Fusion)

Jeder Verein kann sich mit der durch die Satzung festgelegten Mehrheit der Mitgliederversammlung, andernfalls mit ¾-Mehrheit (§ 41 BGB) selbst auflösen. Dies geschieht z.B. bei der **Fusion**, d. h. wenn ein Verein sich mit einem anderen fortbestehenden Verein vereinigt, so daß der erstere verschwindet (Verschmelzung durch Aufnahme), aber auch dann, wenn bei einer Vereinsfusion beide ursprünglichen Vereine sich auflösen und ein neuer dritter Verein gegründet wird (Verschmelzung durch Neubildung). Das **Umwandlungsgesetz (UmwG) vom 28. 10. 1994 (BGBl. I S. 3210)** enthält erstmals Regelungen zur **Fusion** (Verschmelzung) rechtsfähiger Vereine. Danach kann ein rechtsfähiger Verein unter Auflösung ohne Abwicklung im Wege der Aufnahme durch Übertragung seines Vermögens als Ganzes (Gesamtrechtsnachfolge) auf einen anderen **bereits bestehenden Verein** gegen Gewährung von Mitgliedschaften verschmolzen werden. Es können aber auch zwei oder mehr Vereine einen **neuen Verein** gründen und danach ihr Vermögen wiederum jeweils als Ganzes auf diesen neu gegründeten Verein gegen Gewährung von Mitgliedschaften übertragen.

> **Beispiel:** Der Sportverein X-Dorf e.V. kann sein Vermögen durch Verschmelzung als Ganzes auf den bestehenden Sportverein Y-Dorf e.V. übertragen. Die Mitglieder des SV X-Dorf e.V. erhalten die Mitgliedschaft des SV Y-Dorf e.V. Beide Sportvereine können aber auch ihr Vermögen jeweils als Ganzes auf den von ihnen neu gegründeten Sportverein Z e.V. übertragen. Dann müssen sämtliche Mitglieder der übertragenden Vereine die Mitgliedschaft an dem neuen Verein erhalten.

Die Satzungen der an der Verschmelzung beteiligten Vereine oder Vorschriften des Landesrechts dürfen nach § 99 Abs. 1 UmwG der Verschmelzung nicht entgegenstehen. Satzungsmäßige Hindernisse müßten zuvor durch entsprechende Änderung ausgeräumt werden. Aus gemeinnützigkeitsrechtlicher Sicht muß im Hinblick auf den Grundsatz der Vermögensbindung nach § 55 Abs. 1 Nr. 4 AO i.V.m. § 61 Abs. 1 AO darüber hinaus folgendes beachtet werden: Der übertragende Verein muß vor der Verschmelzung in seiner Satzung ausdrücklich regeln, daß das vorhandene Vermögen auf den namentlich zu benennenden Verein übergehen soll und daß dieser es zu gemeinnützigen Zwecken zu verwenden hat.

Die Vertretungsorgane der an der Verschmelzung beteiligten Vereine (d.h. die vertretungsberechtigten Vorstände) schließen nach den §§ 4f. UmwG einen Verschmelzungsvertrag, in dem alle Einzelheiten der Verschmelzung geregelt werden. Der Verschmelzungsvertrag muß notariell beurkundet werden (§ 6 UmwG). Eine Prüfung des Verschmelzungsvertrags oder seines Entwurfs ist nach § 100 UmwG nur erforderlich, wenn mindestens 10 v.H. der Mitglieder diese Prüfung schriftlich verlangen. Für eine etwaige Prüfung gelten die Regelungen in den §§ 9 bis 12 UmwG.

Der Verschmelzungsvertrag oder sein Entwurf ist mit den dazugehörigen Unterlagen (d.h. den Geschäfts- oder Kassenberichten der letzten drei Geschäftsjahre) sowie einem evtl. erstellten Prüfungsbericht von der Einberufung der Mitgliederversammlung an, die über die Zustimmung zum Verschmelzungsvertrag beschließen soll, in dem Geschäftsraum des Vereins zur Einsicht der Mitglieder auszulegen (§ 101 Abs. 1 UmwG). Auf Verlangen ist jedem Mitglied unverzüglich und kostenlos eine Abschrift der ausgelegten Unterlagen zu erteilen (§ 101 Abs. 2 UmwG). In der Mitgliederversammlung sind diese Unterlagen ebenfalls auszulegen und vom Vorstand mündlich zu erläutern.

Der Verschmelzungsvertrag wird nur wirksam, wenn ihm durch Beschluß (Verschmelzungsbeschluß) mit der erforderlichen Mehrheit zugestimmt wird. § 103 UmwG verlangt eine Mehrheit von drei Viertel der erschienenen Mitglieder. Die Satzung kann eine größere Mehrheit und weitere Erfordernisse bestimmen. Der Verschmelzungsbeschluß muß notariell beurkundet werden (§ 13 Abs. 3 UmwG). Eine Klage gegen die Wirksamkeit eines Verschmelzungsbeschlusses muß binnen eines Monats nach der Beschlußfassung erhoben werden (§ 14 Abs. 1 UmwG). Bei eingetragenen Vereinen, die nach § 5 Abs. 1 Nr. 9 KStG steuerbefreit sind, dürfen im übrigen Mitgliedern, die dem Verschmelzungsbeschluß widersprechen, keine Barabfindungen angeboten werden (§ 104 a i.V.m. §§ 29 bis 34 UmwG).

Die Verschmelzung ist nach § 16 UmwG zur Eintragung in das Vereinsregister anzumelden. Die Eintragung erfolgt zuerst in das Register des Sitzes des übertragenden Vereins, dann erst in das Register des Sitzes des übernehmenden Vereins (§ 19 Abs. 1 UmwG). Das Registergericht macht die Eintragungen öffentlich bekannt.

Aufgrund der Eintragung geht das Vermögen des übertragenden Vereins einschl. der Verbindlichkeiten auf den übernehmenden Verein über. Der übertragende Verein erlischt. An die Stelle der untergehenden Mitgliedschaft am übertragenden Verein tritt jeweils die Mitgliedschaft am übernehmenden Verein (§ 20 UmwG).

2. Eintritt des Endtermins

Soll ein Verein nur auf Zeit, d. h. nur für einen bestimmten Zeitraum bestehen, und ist der Endtermin in der Satzung verankert, so hört der Verein mit Eintritt dieses Endtermins automatisch auf zu bestehen.

Beispiel: Ein Förderverein, dessen Ziel die Sammlung von Geldmitteln zum Bau eines Schwimmbades ist und der glaubt, sein Ziel bis zum 31. 12 des Jahres X erreicht zu haben, weshalb er diesen Termin als Endtermin in der Satzung festlegt, endet mit Eintritt dieses Termins.

Die Zweckerreichung allein löst dagegen den Verein nicht von selbst auf.

3. Wegfall aller Mitglieder

Der Verein existiert nicht mehr, wenn sämtliche Mitglieder entweder ausgetreten oder gestorben sind, weil ein Verein ohne Mitglied nicht denkbar ist. Der Verein besteht aber fort, solange auch nur ein Mitglied noch vorhanden ist. Nach § 73 BGB führt allerdings eine Mitgliederzahl von weniger als drei dazu, daß dem Verein die Rechtsfähigkeit auf Antrag oder von Amts wegen zu entziehen ist (OLG Düsseldorf, Rpfleger 1997, 481, 482).

4. Auflösung durch Behörde

Ein Verein, dessen Zweck oder Tätigkeit den Strafgesetzen zuwiderläuft oder der sich gegen die verfassungsmäßige Ordnung oder gegen den Gedanken der Völkerverständigung richtet, ist nach Art. 9 Abs. 2 des Grundgesetzes verboten. Auch ein Verein, dessen Zweck nach der Satzung nicht auf einen Geschäftsbetrieb gerichtet ist, der aber dennoch einen solchen Zweck verfolgt, hat seine Rechtsfähigkeit verwirkt. Davon betroffen sind Vereine, die unter Mißbrauch von wettbewerbs- und bürgerlich-rechtlichen Gestaltungsformen und unter Vortäuschung legaler wettbewerbsrechtlicher Aktivitäten ausschließlich eigennützige Zwecke verfolgen und damit das Gemeinwohl (Verbraucherschutz) gefährden, wie das beispielsweise bei sogenannten Abmahnvereinen der Fall ist (vgl. Seite 24 Ziff. 3).

Im Interesse der Rechtsklarheit und Rechtssicherheit kann aber nicht jedes Gericht und jede Behörde einen solchen Verein einfach als nicht existent ansehen. Es bedarf vielmehr einer Auflösungsverfügung nach dem Vereinsgesetz, die der Bundesminister des Innern oder das Innenministerium des betreffenden Bundeslandes bzw. das zuständige Regierungspräsidium erlassen muß und die mit den Rechtsbehelfen der Verwaltungsgerichtsbarkeit angefochten werden kann.

5. Konkurseröffnung

Mit Konkurseröffnung über das Vereinsvermögen hört der Verein nicht etwa ohne weiteres auf zu bestehen; gemäß § 42 Abs. 1 BGB verliert er jedoch seine Rechtsfähigkeit, so daß er als nichtrechtsfähiger Verein zunächst weiterbestehen kann.

Konkursgrund ist sowohl Zahlungsunfähigkeit als auch Überschuldung. Im Falle der Überschuldung ist die Konkurseröffnung vom Vorstand zu beantragen, wobei die Verzögerung des Antrags die schuldhaft handelnden Vorstandsmitglieder gegenüber den Gläubigern gesamtschuldnerisch verantwortlich macht (§ 42 Abs. 2 BGB). Bei Zahlungsunfähigkeit besteht keine Pflicht des Vorstands zur Konkursanmeldung. Die Eröffnung des gerichtlichen Vergleichsverfahrens berührt dagegen die Rechtsfähigkeit des eingetragenen Vereins nicht.

Mit Eröffnung des Vereinskonkurses *endet* grundsätzlich die *Beitragspflicht* der Mitglieder. Etwas anderes gilt nur dann, wenn die Satzung ausdrücklich vorschreibt, daß die Vereinsmitglieder nicht nur während der werbenden Tätigkeit des Vereins, sondern auch noch im Abwicklungsstadium zur Durchführung der Abwicklung, insbesondere zur Befriedigung der Gläubiger, Leistungen erbringen müssen. Sofern die Satzung jedoch keine Regelung über die Fortdauer der Beitragspflicht im Abwicklungsstadium enthält, müssen Mitglieder eines eingetragenen Vereins für die Zeit nach der Eröffnung des Vereinskonkurses keine Beiträge mehr leisten (BGH, NJW 1986 S. 1604).

6. Verminderung der Mitgliederzahl

Während bei der Eintragung des Vereins mindestens 7 Mitglieder vorhanden sein sollen (vgl. § 56 BGB), ist es unschädlich, wenn nach erfolgter Eintragung die Mitgliederzahl unter 7 sinkt. Erst dann, wenn die Zahl der Vereinsmitglieder unter 3 sinkt, also nur noch ein oder 2 Mitglieder vorhanden sind, hat gemäß § 73 BGB das Registergericht die Möglichkeit, auf Antrag des Vorstands und, wenn dieser den Antrag nicht innerhalb von 3 Monaten stellt, von Amts wegen nach Anhörung des Vorstands dem Verein die Rechtsfähigkeit zu entziehen. Das Registergericht kann aber die Entziehung zurückstellen, wenn glaubhaft gemacht wird, daß sich die Mitgliederzahl alsbald wieder erhöhen wird. Entzieht das Amtsgericht dem Verein die Rechtsfähigkeit, so kann er gleichwohl als nichtrechtsfähiger Verein fortbestehen. Die automatische Auflösung des Vereins tritt erst nach Fortfall des letzten Mitglieds ein (vgl. Seite 92, Ziff. 3).

7. Aberkennung der Rechtsfähigkeit

Während der Staat einen Verein nur auf Grund öffentlichen Vereinsrechts ganz auflösen kann (vgl. Seite 92, Ziff. 4), kann er ihm wenigstens die Rechtsfähigkeit nach bürgerlichem Recht entziehen. Die Voraussetzungen für einen solchen Verwaltungsakt liegen vor, wenn der Verein durch einen gesetzwidrigen Beschluß der Mitgliederversammlung oder durch gesetzwidriges Verhalten des

Vorstands das Gemeinwohl gefährdet, wozu ein bloßer Satzungsverstoß allerdings nicht ausreicht (§ 43 Abs. 1 BGB). Die Voraussetzungen für die Entziehung einer Rechtsfähigkeit liegen aber auch dann vor, wenn ein Idealverein satzungswidrig einen wirtschaftlichen Hauptzweck verfolgt (§ 43 Abs. 2 BGB) oder sich vom Ideal- zum Wirtschaftsverein wandelt.

Das Entziehungsverfahren und die Zuständigkeit der Behörde richten sich nach Landesrecht (§ 44 Abs. 1 BGB).

Der Verein, dem die Behörde die Rechtsfähigkeit entzogen hat, kann als nichtrechtsfähiger Verein fortbestehen.

8. Eintragung von Auflösung und Entziehung

Die Entziehung der Rechtsfähigkeit oder die Auflösung des rechtsfähigen Vereins ist ins Vereinsregister einzutragen. Nur im Falle der Konkurseröffnung unterbleibt die Eintragung (§ 74 Abs. 1 BGB), weil hier nach § 75 BGB die Eröffnung des Konkurses eingetragen werden muß (wie im übrigen auch die Eröffnung des gerichtlichen Vergleichsverfahrens).

Bei Auflösung durch Beschluß der Mitgliederversammlung oder durch Zeitablauf muß der Vorstand die Anmeldung zur Eintragung vornehmen, im ersten Falle unter Beifügung einer Abschrift des Beschlusses (§ 74 Abs. 2 BGB).

Muster für die Anmeldung der Auflösung eines Vereins zum Vereinsregister

Musikverein A-Dorf e. V.
An das
Amtsgericht
– Vereinsregister –
A-Dorf

Betr.: Auflösung des Vereins
Die unterzeichneten Vorstandsmitglieder des „Musikverein A-Dorf e. V." überreichen hiermit in Abschrift das Protokoll der Mitgliederversammlung vom ....
und melden zur Eintragung an:
1. Der Verein ist aufgelöst
2. Der 1. Vorsitzende, der Schriftführer und der Kassenwart (Namen angeben) werden zu Liquidatoren bestellt.

A-Dorf, den ....   Unterschriften

Dagegen erfolgt die Eintragung auf Grund behördlicher Anzeige, wenn dem Verein nach § 43 BGB die Rechtsfähigkeit entzogen werden soll (§ 74 Abs. 3 BGB).

9. Schicksal des Vereinsvermögens

Über das Schicksal des Vereinsvermögens nach Entzug der Rechtsfähigkeit oder Auflösung entscheidet in erster Linie die Satzung (§ 45 Abs. 1 BGB). Fehlt eine Satzungsvorschrift, aus der sich klar ergibt, auf wen das Vermögen des Idealvereins übergehen soll, so kann die Mitgliederversammlung durch gültigen Beschluß das Vermögen einer öffentlichen Stiftung oder Anstalt zuweisen (§ 45 Abs. 2 BGB). Gemeinnützige Vereine müssen dabei streng darauf achten, daß das Vermögen wiederum steuerbegünstigten Zwecken zugeführt wird (vgl. Seiten 164 f.).

Ergibt sich der Empfänger weder aus der Satzung noch aus einem solchen Beschluß der Mitgliederversammlung, so fällt das Vermögen bei Vereinen, die wie z. B. Sport- und Gesangvereine ausschließlich den Interessen ihrer Mitglieder gedient haben, zu gleichen Teilen an die zur Zeit der Beendigung vorhandenen Mitglieder. Bei anderen Vereinen, wie etwa politischen, sozialpolitischen oder religiösen Vereinen, fällt das Vermögen an das Land, in dessen Gebiet der Verein seinen Sitz hatte (§ 45 Abs. 3 BGB), wobei der Fiskus nicht ausschlagen kann und das Vermögen tunlichst in einer den Zwecken des Vereins entsprechenden Weise zu verwenden hat (§ 46 BGB).

In allen Fällen, in denen das Vereinsvermögen nicht an den Staat fällt, muß – außer beim Wegfall aller Mitglieder – eine Liquidation, d.h. eine geordnete außergerichtliche Abwicklung der Vermögensverhältnisse erfolgen (§ 47 BGB). Der Verein selbst ist es, der die Liquidation durchführt. Er bleibt für die Zeit der Liquidation bestehen, sein Zweck und seine Rechtsfähigkeit sind auf die Liquidation beschränkt (§ 49 Abs. 2 BGB).

Die Liquidation erfolgt durch den Vorstand, wenn nicht andere Personen als Liquidatoren bestellt werden (§ 48 Abs. 1 BGB). Die Liquidatoren, die für Handlungen dem Verein wie Vorstandsmitglieder verantwortlich sind, müssen die laufenden Geschäfte abwickeln, die Forderungen einziehen, die Vermögensgegenstände versilbern, die Gläubiger befriedigen und den Überschuß den Anteilsberechtigten herausgeben; dabei können sie zur Beendigung schwebender Geschäfte auch neue abschließen (§ 49 Abs. 1 BGB), erforderlichenfalls Konkurs oder das gerichtliche Vergleichsverfahren beantragen (§ 42 Abs. 2 BGB). Wird nur die Rechtsfähigkeit entzogen und beabsichtigt der Verein als nichtrechtsfähiger fortzubestehen, wodurch die Gläubiger nicht benachteiligt werden, so beschränkt sich die Liquidation auf die Schuldendeckung.

Die Auflösung des Vereins ist durch die Liquidation öffentlich bekanntzumachen. In der Bekanntmachung sind die Gläubiger zur Anmeldung ihrer Ansprüche aufzufordern. Die Bekanntmachung erfolgt durch das in der Satzung zur Veröffentlichung bestimmte Blatt, in Ermangelung eines solchen durch dasjenige Blatt, welches für Bekanntmachungen des Amtsgerichts bestimmt ist, in dessen Bezirk der Verein seinen Sitz hatte. Bekannte Gläubiger müssen durch besondere Mitteilung zur Anmeldung aufgefordert werden (§ 50 BGB).

Das Vermögen darf schließlich den Berechtigten nicht vor Ablauf eines Jahres seit der Bekanntmachung der Auflösung des Vereins oder der Entziehung der Rechtsfähigkeit ausgehändigt werden (§ 51 BGB).

Liquidationsgrundsätze gelten auch bei der **Fusion in der Form der Verschmelzung durch Aufnahme.** Durch die Vermögensübernahme „en bloc" (wenn auch nicht durch Gesamtrechtsnachfolge!) erübrigt sich jedoch eine „echte" Liquidation. Es reicht vielmehr aus, wenn im Wege der vereinfachten

Liquidation das Vermögen des aufgelösten Vereins mit den Folgen aus § 419 BGB auf den aufnehmenden Verein übertragen wird, und zwar aufgrund eines Vertrages gemäß § 311 BGB und im Wege der dinglichen Einzelrechtsübertragung (vgl. hierzu im einzelnen Böhringer, BWNotZ 1990 S. 5 ff.).

C. Der nichtrechtsfähige Verein

I. Unterschiede zu anderen Zusammenschlüssen

1. Abgrenzung zum rechtsfähigen Verein

Der nichtrechtsfähige Verein unterscheidet sich vom rechtsfähigen lediglich dadurch, daß letzterer im Vereinsregister eingetragen ist und dadurch eigene Rechtspersönlichkeit erlangt hat. Im übrigen besteht soziologisch und organisatorisch eine weitgehende Übereinstimmung beider Vereinstypen. Auch der nichtrechtsfähige Verein ist – genauso wie der rechtsfähige – eine auf Dauer berechnete Verbindung einer größeren Zahl von Personen zur Erreichung eines gemeinsamen Zwecks, die nach ihrer Satzung körperschaftlich organisiert ist, einen Gesamtnamen führt und vom Wechsel der Mitglieder unabhängig ist. Diese weitgehende Übereinstimmung mit den Merkmalen des rechtsfähigen Vereins macht den nichtrechtsfähigen Verein zur Körperschaft.

2. Abgrenzung zur BGB-Gesellschaft

Bei der Abgrenzung zwischen nichtrechtsfähigem Verein und BGB-Gesellschaft kommt es auf die Bezeichnung der Vereinigung nicht an. Ob der Zusammenschluß Verein, Gesellschaft, Verband, Gemeinschaft oder Klub heißt, ist ohne Bedeutung. Entscheidend für die Frage, ob im Einzelfall eine BGB-Gesellschaft oder ein nichtrechtsfähiger Verein vorliegt, sind allein die rechtliche Ausgestaltung und Organisation der Vereinigung und das tatsächliche Verhalten der Beteiligten.

Nach den bisher in Rechtsprechung und Literatur entwickelten Grundsätzen unterscheiden sich beide Rechtsformen von Personenzusammenschlüssen daher wie folgt:

– Bei der Gesellschaft sind im Innen- und im Außenverhältnis die Gesellschafter selbst Träger von Rechten und Pflichten. Beim nichtrechtsfähigen Verein sind Rechte und Pflichten dagegen von den Mitgliedern losgelöst. Er steht, ähnlich wie der rechtsfähige Verein als eine juristische Person, sowohl den Mitgliedern als auch Dritten als einheitliches gesondertes Ganzes gegenüber.

– Obwohl der nichtrechtsfähige Verein der eigenen Rechtspersönlichkeit entbehrt, ist er körperschaftlich organisiert. Er gibt sich eine Satzung, in der der richtunggebende Wille der an der Gründung beteiligten Personen für die

Zukunft in einer für alle, auch die zukünftigen Mitglieder verbindlichen Norm niedergelegt ist. Demgegenüber binden sich die Gesellschafter einer BGB-Gesellschaft lediglich an den von ihnen geschlossenen, durch ihren übereinstimmenden Willen aber ebenso jederzeit abänderbaren Gesellschaftsvertrag.

- Bei der BGB-Gesellschaft werden die Geschäfte des „Zweckverbandes" von allen Gesellschaftern gemeinsam geführt, wobei man sich zur Geschäftsführung und Vertretung aus Gründen der Praktikabilität und der Einheitlichkeit der Willensrepräsentation der im Gesellschaftsvertrag bestellten Geschäftsführer bedient (§ 710 BGB). Anders beim nichtrechtsfähigen Verein: hier wird der durch Satzung gebildete Gesamtwille durch dazu bestellte Organe ausgesprochen und verwirklicht, die ihren Verein als Ganzes repräsentieren (wie z. B. der Vorstand, der den Verein gerichtlich und außergerichtlich vertritt).

- Während die Gesellschafter einer BGB-Gesellschaft grundsätzlich Anspruch auf Verteilung der Jahreseinkünfte haben, sind die Vereinsmitglieder an den Jahreseinkünften nicht unmittelbar beteiligt.

- Im Rahmen eines Gesellschaftsverhältnisses sind es die einzelnen Gesellschafter, die Inhaber des gemeinsamen Vermögens sind. Bei einem nichtrechtsfähigen Verein ist das Vereinsvermögen selbständig, von der Person des Mitglieds losgelöst und dem Verein selbst zugeordnet. Dies hat zur Folge, daß das Vereinsmitglied im Falle seines Austritts keinen Anspruch auf einen Teil des Vereinsvermögens hat, im Gegensatz zum Gesellschafter, der, weil er selbst unmittelbar am Gesellschaftsvermögen beteiligt ist, beim Ausscheiden seinen Anteil an diesem Vermögen herausverlangen kann.

- Aus dem Wesen einer Vereinigung wie dem nichtrechtsfähigen Verein folgt, daß die Mitgliederzahl schwanken kann. Das Ausscheiden alter und die Aufnahme neuer Mitglieder haben jedenfalls auf das Bestehen des Vereins als eines auf Dauer gedachten Personenzusammenschlusses keinen Einfluß (BFH, BB 1961 S. 801). Im Gegensatz dazu ist der Bestand einer Gesellschaft des bürgerlichen Rechts grundsätzlich von der Einzelpersönlichkeit abhängig. Die Gesellschaft wird, sofern im Gesellschaftsvertrag nichts anderes bestimmt ist, aufgelöst, wenn der vereinbarte Zweck erreicht ist, ein Gesellschafter stirbt oder kündigt oder über das Vermögen eines Gesellschafters der Konkurs eröffnet ist. Die Gesellschaft kennt also den Mitgliederwechsel nur kraft Ausnahmerechts.

Trotz dieser in ihrer theoretischen Eindeutigkeit überzeugenden Unterscheidungsmerkmale ist die Abgrenzung im praktischen Einzelfall oft schwierig, zumal die Vorschriften des BGB über die Gesellschaft des bürgerlichen Rechts (§ 705 ff. BGB) überwiegend dispositives Recht enthalten und die Beteiligten auf diese Weise Gesellschaften gründen können, die sich vom Verein nur noch graduell unterscheiden. So kann die Gesellschaft durch Fortbestand beim Ausscheiden eines Mitglieds (§ 736 BGB) und durch Aufnahme eines neuen Mitglieds (durch einen mit ihm von allen geschlossenen Vertrag) bis zu einem gewissen Grad vom Wechsel ihrer Mitglieder unabhängig gemacht werden; außerdem kann dem Geschäftsführer eine ähnliche Stellung eingeräumt werden, wie dem Vorstand eines nichtrechtsfähigen Vereins.

In solchen Fällen entscheidet das Gesamtgepräge der Vereinigung. Hier wird es darauf ankommen, welche Züge stärker ausgeprägt sind, vor allem, ob eine weitgehende Ablösung des Gesamtwillens vom Willen der Beteiligten und seine Objektivierung und Abstrahierung in einer Satzung erfolgt ist oder nicht (vgl. Märkle, DB 1970 S. 145 ff.).

Beispiele: Studentische Verbindungen sind, wenn sie nicht ins Vereinsregister eingetragen sind, in der Regel nichtrechtsfähige Vereine (RGZ 78 S. 134). Gleichfalls als nichtrechtsfähige Vereine anzusehen sind die zahlreichen nichteingetragenen Gesellschaftsvereine wie z.B. Kegel-Clubs, wenn sie korporativ organisiert sind, d.h., wenn sie beispielsweise vorstandsähnliche Repräsentationsorgane und Satzungsgewalt haben und wenn sie vom Mitgliederwechsel unabhängig sind; ist dies nicht der Fall, handelt es sich um BGB-Gesellschaften.
Keine Vereine, sondern bloße Gesellschaften sind die üblichen Hausbaugemeinschaften (BGH, DB 1961 S. 975) und die Wett-, Spiel- und Lottogemeinschaften, die sich ohne vereinsmäßige Organisation nur lose zur Erreichung eines gemeinsamen Ziels zusammengeschlossen haben.
Ebenfalls in der Rechtsform der BGB-Gesellschaft organisiert sind in aller Regel die Wertpapiersparvereine und Investmentgesellschaften, weil deren Mitglieder, was beim Verein kaum denkbar ist, einen unmittelbaren Anspruch auf die Jahreseinkünfte des Clubs und beim Ausscheiden einen Abfindungsanspruch in Höhe ihrer wertmäßigen Beteiligung am gemeinsamen Vermögen des Effektenclubs haben (vgl. Mustervertrag der Deutschen Schutzvereinigung für Wertpapierbesitz e.V., der für die Gründung von Investmentclubs empfohlen wird, und Märkle aaO).

II. Stellung des nichtrechtsfähigen Vereins im Gesetz
(Anzuwendendes Recht)

Obwohl einerseits – vor allem in der Organisation – zwischen BGB-Gesellschaft und nichtrechtsfähigem Verein scharfe Gegensätze bestehen und obwohl andererseits zwischen rechtsfähigem und nichtrechtsfähigem Verein begrifflich nur der Unterschied besteht, daß dem letzteren eben die Rechtsfähigkeit fehlt (vgl. Seite 22, Ziff. III), unterstellt das BGB die nichtrechtsfähigen Vereine in einer ihrer Eigenart wenig entsprechenden Weise grundsätzlich dem Recht der bürgerlich-rechtlichen Gesellschaft (§ 54 Satz 1 i.V.m. § 705 ff. BGB).

Davon gibt es zum Schutz der Gläubigerinteressen nur 3 Ausnahmen:
- Aus einem Rechtsgeschäft, das im Namen eines nichtrechtsfähigen Vereins mit einem Dritten abgeschlossen wird, haftet der Handelnde persönlich, mehrere Handelnde als Gesamtschuldner (§ 54 Satz 2 BGB).
- Der nichtrechtsfähige Verein kann verklagt (§ 50 Abs. 2 ZPO) und gegen ihn kann vollstreckt werden (§ 735 ZPO).
- Über das Vereinsvermögen ist ein besonderes Konkursverfahren oder Vergleichsverfahren zulässig (§ 213 KO, § 108 VerglO).

Diese Regelung hat nie befriedigt. Aber glücklicherweise ist das Gesellschaftsrecht des BGB sehr frei und nachgiebig gestaltet. So konnte sich die Praxis schon immer dadurch helfen, daß die auf den nichtrechtsfähigen Verein nicht zugeschnittenen, abänderbaren Vorschriften des Gesellschaftsrechts in der Satzung ausdrücklich wegbedungen oder als stillschweigend ausgeschlossen angesehen wurden und im übrigen sowohl die innere Organisation als auch die äußere Stellung des Vereins möglichst weitgehend der des rechtsfähigen Vereins angeglichen wurden. Dies hatte zur Folge, daß trotz des Gesetzesbefehls des § 54 Satz 1 BGB die nichtrechtsfähigen Vereine nicht oder jedenfalls nur sehr beschränkt nach Gesellschaftsrecht behandelt wurden.

Damit besteht heute Einigkeit, daß § 54 Satz 1 BGB – wohl auch wegen seines nicht mehr vertretbaren rechtspolitischen Zwecks – weitgehend keine Gültigkeit mehr beanspruchen kann. Diese Erkenntnis, daß die Verweisung des § 54 BGB auf Gesellschaftsrecht überholt ist, hat damit zwar den Weg eröffnet, bei nichtrechtsfähigen Personenvereinigungen, die wie ein rechtsfähiger Verein mit einer körperschaftlichen Verfassung und einem Gesamtnamen ausgestattet sind, im Zweifel Vereinsrecht gelten zu lassen. Bei dessen entsprechender Anwendung kann aber nicht unberücksichtigt bleiben, daß im Bereich der bürgerlich-rechtlichen Gesellschaft und des nichtrechtsfähigen Vereins ein beträchtlicher Freiraum zur beliebigen Gestaltung der Rechtsverhältnisse offensteht, der nicht als beseitigt angesehen werden kann, weil jene Verweisung weitgehend überholt ist. Es sind daher Vereinigungen mit sowohl körperschaftlichen als auch personalistischen Elementen und mit fließenden Übergängen von mehr vereinsmäßigen zu mehr gesellschaftsähnlichen Formen möglich. Zusammenschlüsse dieser Art mag man, je nachdem welche Elemente im Einzelfall überwiegen, entweder als Verein oder als Gesellschaft bezeichnen können. Es wäre aber wenig sachgerecht, aus dieser oder jener generellen Einordnung jeweils immer zugleich die alleinige Geltung nur des Vereins- oder nur des Gesellschaftsrechts für die betreffende Vereinigung herzuleiten, ohne bei solchen Mischformen zu prüfen, ob eine unterschiedliche Rechtsanwendung bei ein und derselben Vereinigung geboten ist. Denn hierbei kann sich herausstellen, daß für die verschiedenen Regelungsbereiche der Vereinigung teils Normen des Vereinsrechts, teils solche des Gesellschaftsrechts besser passen und eine derartige Unterscheidung den Bedürfnissen der Organisation sowie den schützenswerten Interessen ihrer Mitglieder am besten gerecht wird (Steffen in *BGB-RGRK*, 12. Aufl., RdNr. 5 zu § 54, BGH, Rpfleger 1979 S. 373).

Nach herrschender Meinung sind nichtrechtsfähige Vereine allerdings **nicht grundbuchfähig.** An der Tatsache, daß die Mitglieder zur gesamten Hand Träger des Vermögens sind, wird gefolgert, es könnten auch nur sämtliche Mitglieder mit entsprechendem Zusatz – und nicht der Verein als solcher – ins Grundbuch eingetragen werden (z. B. OLG Saarbrücken OLGZ 1986 S. 145). Daß damit die Eintragung mitgliederstarker Vereine praktisch unmöglich wird, wird zugestanden; mit Rücksicht auf die Gesetzeslage halten die Vertreter dieser überkommenen Auffassung die Einsetzung von Treuhändern für nötig, die dann als Eigentümer im Grundbuch eingetragen werden können. Dies ist offenbar der Preis, den die Vereine – auch die Parteien – dafür zahlen müßten, daß sie auf die Eintragung verzichten (vgl. hierzu Morlok/Schulte-Trux, NJW 1992 S. 1058 ff.; siehe auch unten S. 107).

III. Die Errichtung des nichtrechtsfähigen Vereins

Die Gründung des nichtrechtsfähigen Vereins geschieht in der gleichen Weise wie beim rechtsfähigen Verein durch die Einigung der Gründer, einen Verein ins Leben zu rufen, und durch die Schaffung einer Satzung. Die Gründungsgrundlage muß also auch hier eine regelmäßig, aber nicht notwendigerweise, schriftlich fixierte Satzung sein. Die Gründungsvereinbarung, der genauso wie beim rechtsfähigen Verein Vorbesprechungen und die Bildung einer Vorgründungsgesellschaft vorangehen können, darf, wenn nur ein nichtrechtsfähiger Verein gegründet werden soll, keine Bestimmungen über den Erwerb der Rechtsfähigkeit enthalten oder muß ausdrücklich erkennen lassen, daß der Verein nicht eingetragen werden soll. Die Gründung des nichtrechtsfähigen Vereins unterscheidet sich nur in dieser fehlenden Vereinbarung über den Erwerb der Rechtsfähigkeit vom Gründungsvorgang eines rechtsfähigen Vereins (vgl. Seite 25, Ziff. 4 a, auch wegen der öffentlich-rechtlichen Beschränkung der Vereinsfreiheit und wegen der Geltendmachung von Willensmängeln bei der Gründung).

IV. Die Verfassung des nichtrechtsfähigen Vereins

Nach § 54 Satz 1 BGB bilden zwar die Vorschriften des Gesellschaftsrechts die Verfassung des nichtrechtsfähigen Vereins. Faktisch bestehen aber große Unterschiede zur Organisation einer Gesellschaft. Daher gelten die §§ 705 bis 740 BGB dann jedenfalls nicht, wenn sie durch die Satzung oder andere Bestandteile der Vereinsverfassung abbedungen worden sind (vgl. Seiten 99 f., Ziff. II). Die Satzung bedeutet daher beim nichtrechtsfähigen Verein das gleiche wie bei der Gesellschaft der Gesellschaftsvertrag. Sie ist gerade beim nichteingetragenen Verein der wesentlichste Bestandteil der vom Gesellschaftsrecht abweichenden korporativen Verfassung.

1. Die Satzung

Auch die Satzung des nichtrechtsfähigen Vereins braucht nicht schriftlich abgefaßt zu sein. Aus Gründen der Rechtsklarheit empfiehlt sich jedoch die Schriftform. Soweit beim rechtsfähigen Verein Satzungsbestimmungen fehlen, gilt Vereinsrecht. Soweit beim nichtrechtsfähigen Verein in der Satzung keine ausdrücklichen oder stillschweigenden Regelungen enthalten sind, gilt Gesellschaftsrecht. Darin zeigt sich die Bedeutung der Satzung und ihrer Bestimmungen gerade für den nichtrechtsfähigen Verein. Hier in der Satzung haben die Gründer die Möglichkeit, die positivrechtliche Unterstellung des nichtrechtsfähigen Vereins unter das Gesellschaftsrecht bis an die Grenze zwingender Vorschriften zu lockern oder gar aufzuheben. Soweit in der Satzung ausdrücklich Vereinsregeln herangezogen werden, gelten diese, und selbst bei lückenhafter Satzungsregelung werden die Satzungsbestimmungen dem Willen der Mitglieder gemäß nicht nach § 705 ff. BGB, sondern nach Vereinsrecht ausgedehnt und ergänzt.

Die Satzung kann lediglich jene Vereinsregeln nicht zur Anwendung bringen, die mit der Rechtsfähigkeit wesentlich zusammenhängen.

Die Satzung des nichtrechtsfähigen Vereins bedarf zwar keines Mindestinhalts, wie dies beim rechtsfähigen als Eintragungsvoraussetzung erforderlich ist. Der Inhalt der Satzung sowie ihre Auslegung und Ergänzung nach Maßgabe des Mitgliederwillens sind es aber, die es bewirken, daß im praktischen Ergebnis die innere Organisation und die Rechtsbeziehungen des nichtrechtsfähigen Vereins zu den Mitgliedern und nach außen denen eines rechtsfähigen Vereins weitgehend ähneln. Im übrigen kann auch die Satzung eines nichtrechtsfähigen Vereins Vorschriften enthalten, die nicht unbedingt notwendig sind, die aber als Ausfluß der Vereinsautonomie die Angelegenheiten zwischen Mitglied und Verein mit bindender Wirkung regeln können. Ist also beispielsweise in der Satzung eine Grundlage dafür vorhanden, so kann der nichtrechtsfähige Verein die Strafgewalt über seine Mitglieder ausüben (KG, JW 1920 S. 1039), wie auch der rechtsfähige Verein Strafen aussprechen kann (vgl. Seite 45, Ziff. 2f). Außerdem können zur Schlichtung von Vereinsstreitigkeiten beispielsweise Schiedsgerichte bestimmt sein u. a. m.

2. Die Mitgliederversammlung

Wie beim rechtsfähigen Verein, so ist auch beim nichtrechtsfähigen die Mitgliederversammlung das oberste Vereinsorgan und damit für alle Vereinsangelegenheiten zuständig, die nicht dem Vorstand zugewiesen sind.

Die Mitgliederversammlung ist auch beim nichtrechtsfähigen Verein vom Vorstand einzuberufen, der dabei vor allem den Verhandlungsgegenstand, d. h. die aufgeschlüsselte Tagesordnung, mitteilen muß. Sind diese Regeln nicht eingehalten, sind Beschlüsse der Mitgliederversammlung nichtig.

In welchen Fällen die Mitgliederversammlung einberufen werden muß, bestimmt auch hier in erster Linie die Satzung. Ergibt sich aus ihr nichts, kann – wie beim rechtsfähigen Verein – der zehnte Teil der Mitglieder die Berufung schriftlich unter Angabe des Zwecks und der Gründe verlangen (§ 37 Abs. 1 BGB gilt entsprechend) und in analoger Anwendung des § 37 Abs. 2 BGB die Einberufung der Mitgliederversammlung sogar beim Amtsgericht durchsetzen (LG Heidelberg, NJW 1975 S. 1661), denn dem Initiativrecht und dem Schutz einer Minderheit kommt beim nichtrechtsfähigen Verein gleichermaßen Bedeutung zu (vgl. Seiten 60 f., Ziff. 3 b).

Für die Beschlüsse der Mitgliederversammlung gelten die in der Satzung festgelegten Mehrheitsverhältnisse. Enthält die Satzung keine ausdrückliche Bestimmung, so gilt nicht etwa der Einstimmigkeitsgrundsatz des § 709 BGB. Die Mitgliederversammlung entscheidet vielmehr in entsprechender Anwendung des § 32 Abs. 1 BGB mit der absoluten Mehrheit der erschienenen, abstimmenden Mitglieder. Nach anerkanntem Gewohnheitsrecht ist jedoch zu einer Satzungsänderung ¾-Mehrheit der erschienenen und abstimmenden Mitglieder erforderlich (§ 33 BGB gilt entsprechend); das gleiche gilt für einen Beschluß über die Auflösung des Vereins (§ 41 BGB wird entsprechend angewandt). Einem Beschluß über die Änderung des Vereinszwecks müssen auch beim nichtrechtsfähigen Verein alle Mitglieder zustimmen (§ 33 Abs. 1 Satz 2 BGB wird entsprechend angewandt). Schließlich können Sonderrechte eines Mitglieds nach der auch hier analog geltenden Bestimmung des § 35 BGB nicht ohne dessen Zustimmung beeinträchtigt werden (vgl. Seite 65, Ziff. 3 c).

3. Der Vorstand

Der Vorstand führt die Geschäfte des Vereins und vertritt den Verein gerichtlich und außergerichtlich. Da seine Stellung über die eines geschäftsführenden Gesellschafters (§§ 710, 714 BGB) hinausgeht, gilt für seine Bestellung wie auch für seine Abberufung das Recht des eingetragenen Vereins.

Im Zweifel hat daher die Mitgliederversammlung den Vorstand zu bestellen (§ 27 BGB ist entsprechend anwendbar), wobei auch Nichtmitglieder bestellt werden können. Dagegen ist wohl die Bestellung eines Notvorstands durch das Registergericht nach § 29 BGB deshalb nicht möglich, weil der Verein nicht im Vereinsregister eingetragen ist.

Da der Vorstand nicht – wie beim rechtsfähigen Verein (vgl. § 26 Abs. 2 BGB) – die Stellung eines gesetzlichen Vertreters hat, sondern nur Bevollmächtigter der Mitgliedergesamtheit in Vereinsangelegenheiten ist (RGZ 91 S. 75; 135 S. 244), erstreckt sich die Vertretungsmacht des Vorstands nicht auf Geschäfte völlig ungewöhnlicher Art. Im übrigen gilt für den Umfang seiner Vertretungsmacht der ausdrückliche Satzungsinhalt.

Die Geschäftsführung steht gleichfalls dem Vorstand zu. Sie wird aber nicht – wie bei der Gesellschaft – als Gesamtgeschäftsführung ausgeübt, da § 709 BGB der körperschaftlichen Organisation und der Stellung des Vorstands in dieser Organisation widerspricht. § 28 BGB ist vielmehr entsprechend anzuwenden.

Das bedeutet, daß bei mehrgliedrigem Vorstand das Mehrheitsprinzip gilt, wonach, wenn in der Satzung nichts anderes festgelegt ist, die absolute Mehrheit der erschienenen Vorstandsmitglieder entscheidet und geschäftsführungsbefugt ist. Natürlich können auch beim nichtrechtsfähigen Verein die einzelnen Geschäfte funktionell durch Satzung der Geschäftsordnung auf die einzelnen Vorstandsmitglieder aufgeteilt werden (vgl. Seiten 74 f., Ziff. 4 d und e).

Im Innenverhältnis sind die Vorstandsmitglieder dem Verein wie Beauftragte verantwortlich (§§ 713, 664 bis 670 BGB). Dabei ist jedoch zu beachten, daß im Verhältnis des Vorstands zur Mitgliedergesamtheit § 708 BGB keine Anwendung finden kann, wonach der Gesellschafter bei Erfüllung seiner Geschäfte nur für diejenige Sorgfalt einstehen muß, die er in eigenen Angelegenheiten anzuwenden pflegt. Diese Bestimmung ist mit dem körperschaftlichen, vom Wechsel der Mitglieder unabhängigen Wesen des Vereins unvereinbar und daher im Zweifel als durch die Satzung stillschweigend ausgeschlossen anzusehen, so daß der Vorstand des nichtrechtsfähigen Vereins der Mitgliedergemeinschaft gegenüber für jedes Verschulden, also auch für leicht fahrlässiges Verhalten einstehen muß (RGZ 143 S. 214).

Da auch für die Entlastung wie für die Abberufung des Vorstands des nichtrechtsfähigen Vereins das Recht des eingetragenen Vereins und nicht etwa Gesellschaftsrecht gilt, darf insoweit auf Seiten 76 f., Ziff. 4 f. verwiesen werden.

4. Die Mitgliedschaft (Mitgliedschaftsrechte und -pflichten)

Auch beim nichtrechtsfähigen Verein wird man Mitglied durch Teilnahme an der Gründung oder durch seine Beitrittserklärung, der, falls die Satzung nichts Abweichendes enthält, die Mitgliederversammlung durch Mehrheitsbeschluß zustimmen muß. Dabei ist es möglich, daß sowohl eine natürliche Person als auch ein rechtsfähiger Verein Mitglied eines nichtrechtsfähigen Vereins werden können. Dem neuen Mitglied wächst in analoger Anwendung des § 738 BGB ein entsprechender Teil am Vereinsvermögen von selbst zu, ohne daß es einer Übertragungshandlung bedürfte.

Auch für den Verlust der Mitgliedschaft gilt im allgemeinen Vereinsrecht. Das nach § 723 BGB einem Gesellschafter zustehende Kündigungsrecht gibt es im Hinblick auf die Tatsache, daß die meisten nicht rechtsfähigen Vereine auf den Mitgliederwechsel angelegt sind, regelmäßig nicht. Statt dessen steht unter den Voraussetzungen der §§ 723, 724 BGB jedem Mitglied grundsätzlich der Austritt frei. § 39 BGB gilt allerdings nicht ausnahmslos entsprechend. Bei Vereinen mit sowohl körperschaftlichen als auch personalistischen Elementen kann sich das Austrittsrecht u. U. nach § 723 BGB richten, wenn die Vereinigung einer Gesellschaft von ihrer Organisation her sehr nahe kommt (BGH, Rpfleger 1979 S. 373). Daneben kann – wie beim rechtsfähigen Verein – auch ohne ausdrückliche Satzungsbestimmung ein Mitglied ausgeschlossen werden, wenn ein wichtiger Grund vorliegt; dies folgt aus § 737 BGB, da ja der Verein beim Ausscheiden in jedem Falle fortbestehen soll. Scheidet ein Mitglied aus, so besteht nicht etwa ein Anspruch auf ein Auseinandersetzungsguthaben; § 738 Abs. 1

Satz 2 BGB gilt vielmehr als stillschweigend abbedungen, so daß der Anteil des Ausscheidenden den verbleibenden Mitgliedern zuwächst (RGZ 113 S. 135), damit das Vereinsvermögen dem Vereinszweck auf die Dauer erhalten bleibt.

Die Rechte und Pflichten der Mitglieder gegenüber dem Verein ergeben sich aus der Satzung. Es sind im wesentlichen die gleichen wie beim rechtsfähigen Verein, also vor allem Mitverwaltungsrechte und vermögenswerte Nutzungsrechte. Auch hier hat folglich jedes Mitglied ein Stimmrecht, ein Recht auf Teilnahme an der Mitgliederversammlung, ein Recht, die Einrichtungen des Vereins zu nutzen u. a. m., wobei der Gleichbehandlungsgrundsatz beachtet werden muß. Allerdings können einem Mitglied auch beim nichtrechtsfähigen Verein Sonderrechte, wie etwa das Recht, lebenslänglich Vorstand zu sein, eingeräumt sein, für die dann § 35 BGB entsprechend gilt. Daneben hat auch das Mitglied des nichtrechtsfähigen Vereins Pflichten, deren Art und Umfang sich aus der Satzung ergeben. Als wesentlichste ist dabei die Pflicht zur Zahlung von Mitgliederbeiträgen zu nennen, die nur dem Grunde, nicht aber der Höhe nach in der Satzung verankert sein muß.

Während also das Mitglied gegenüber seinem nichtrechtsfähigen Verein Rechte und Pflichten hat, bestehen entgegen dem Gesellschaftsrecht keine vertraglichen Rechte und Pflichten zwischen den einzelnen Vereinsmitgliedern untereinander. Anders als bei der Gesellschaft kann demnach ein Mitglied nicht von einem anderen Mitglied (klagweise) verlangen, daß dieses seine Pflichten gegenüber dem Verein, etwa den Jahresbeitrag zu zahlen, erfüllt. Dieses Recht steht allein dem nichtrechtsfähigen Verein als einer korporativen Einheit zu.

V. Das Vereinsvermögen

1. Umfang des Vereinsvermögens

Zum Vereinsvermögen gehören die Mitgliederbeiträge wie auch die Forderungen auf Zahlung derselben. Daneben gehören dazu alle Sachen und Rechte, die durch irgendwelche Geschäfte, entgeltliche wie auch unentgeltliche, erworben wurden (§ 718 BGB). Alles was für den nichtrechtsfähigen Verein gekauft wurde, was er im Spendenwege geschenkt bekommen hat, aber auch, was er durch Erbeinsetzung und Vermächtnis erhalten hat, ist Vereinsvermögen. Dabei werden solche Zuwendungen von Todes wegen regelmäßig, weil der Verein mangels Rechtsfähigkeit nicht Empfänger sein kann, als den Vereinsmitgliedern zugedacht angesehen, unter der Bestimmung, daß sie zum gesamthänderischen Sondervermögen des Vereins gehören sollen. Deshalb steht, wenn ein Verein in dieser Weise bedacht wird, das Annahme- und Ausschlagungsrecht nicht etwa den Mitgliedern, sondern dem Vorstand oder der Mitgliederversammlung zu.

2. Inhaber des Vereinsvermögens

Das sogenannte Vereinsvermögen gehört beim nichtrechtsfähigen Verein weder den Mitgliedern als Einzelpersonen noch dem Verein selbst. Es gehört den Mitgliedern in ihrer gesamthänderischen Verbundenheit. Der Verein kann – im Gegensatz zum rechtsfähigen Verein – nicht Inhaber des Vermögens sein, weil ihm die Rechtsfähigkeit und damit die eigene Rechtspersönlichkeit fehlt. Aber auch das einzelne Mitglied kann nicht isoliert diese Stellung einnehmen, weil das Vereinsvermögen als Sondervermögen nach Gesellschaftsrecht den Mitgliedern zur gesamten Hand zusteht, das einzelne Mitglied also weder über seinen Anteil am Vereinsvermögen noch über einzelne Sachen und Rechte, die zum Vereinsvermögen gehören, verfügen und auch keine Aufteilung verlangen kann.

> **Beispiel:** Das Mitglied X eines aus 10 Mitgliedern bestehenden nichtrechtsfähigen Vereins kann nicht 1/10 des Vereinsvermögens veräußern oder gar Anspruch auf einen Vereinsgegenstand erheben, der wertmäßig ein Zehntel des Vereinsvermögens ausmacht.

Dennoch ist die rechtliche Behandlung des Vermögens des nichtrechtsfähigen Vereins in mancher Beziehung dem des rechtsfähigen Vereins angeglichen, um den Anteil des Mitglieds genügend von seinem Privatvermögen abzuspalten und ihn der ständigen Zweckverbindung des Vereins zu unterwerfen. So erklärt es sich, daß der aus dem Verein Ausscheidende – entgegen § 738 Abs. 1 Satz 2 BGB – keinen Anspruch auf ein Auseinandersetzungsguthaben hat (vgl. Seiten 105 f., Ziff. 4), dessen Vermögensanteil vielmehr den verbleibenden Mitgliedern anwächst, der Anteil des Mitglieds weder übertragbar noch pfändbar ist (BGHZ 50 S. 329), die Vermögensverwaltung nicht den einzelnen Vereinsmitgliedern, sondern dem Vorstand zusteht, über das Vereinsvermögen nur die Mitgliederversammlung oder im Rahmen satzungsmäßiger Zuständigkeit der Vorstand verfügen kann und schließlich für die Vollstreckung in das Vereinsvermögen ein gegen den Verein ergangenes Urteil ausreicht (§ 735 ZPO).

Die fehlende Rechtspersönlichkeit des nicht rechtsfähigen Vereins zeigt sich aber ganz deutlich beim Grundstückserwerb. Nach überwiegender Ansicht (vgl. z. B. Böhringer, BWNotZ 1985 S. 102 ff., 108) ist die **Grundbuchfähigkeit** nichtrechtsfähiger Vereine **zu verneinen**. Folglich können Grundbucheintragungen nicht auf den Namen des Vereins, sondern nur auf die Namen sämtlicher Mitglieder unter Hinzufügung des Vermerks eingetragen werden, daß das Eigentum den Eingetragenen als Mitgliedern des nichtrechtsfähigen Vereins zur gesamten Hand zusteht (§ 47 GBO). Da wohl der Zusatz, daß das Eigentum den jeweiligen Mitgliedern des Vereins zusteht, nicht zulässig ist, wird praktisch durch jeden Mitgliederwechsel das Grundbuch unrichtig. Will der nichtrechtsfähige Verein den Schwierigkeiten der Aufzählung aller Mitglieder im Grundbuch und der Gefahr ständigen Unrichtigwerdens des Grundbuchs aus dem Wege gehen, muß er auf den Erwerb eigenen Grundvermögens verzichten und den Erwerb durch einen Treuhänder, z. B. ein Vorstandsmitglied, vornehmen lassen, der dann das Eigentum für den Verein zu treuen Händen hält.

Entgegen einer vielfach anzutreffenden Ansicht ist der nichtrechtsfähige Verein wohl aber scheck- und wechselfähig. Dabei genügt zur Gültigkeit von Scheck oder Wechsel die Unterzeichnung durch den Vorstand des nichtrechtsfähigen Vereins. Dieser verpflichtet sich nach § 54 Satz 2 BGB dadurch selbst und, wenn er im Rahmen seiner Vollmacht handelt, auch die Vereinsmitglieder in ihrer Gesamtheit (vgl. S. 106).

VI. Die Haftung

Da eine Haftung des Vereins mangels eigener Rechtspersönlichkeit von vornherein ausscheidet, stellt sich die Frage, in welchem Umfang einmal die Mitglieder eines nichtrechtsfähigen Vereins und zum andern die für den Verein handelnden Personen aus für den Verein abgeschlossenen Rechtsgeschäften und aus unerlaubten Handlungen einstehen müssen.

1. Die persönliche Haftung des für den nichtrechtsfähigen Verein Handelnden

a) Die Haftung aus für den Verein abgeschlossenen Geschäften

Nach der den verstärkten Schutz der Vereinsgläubiger bezweckenden Sondervorschrift des § 54 Satz 2 BGB haftet derjenige persönlich, der im Namen eines nichtrechtsfähigen Vereins mit einem Dritten ein Rechtsgeschäft abgeschlossen hat und zwar ohne Rücksicht darauf, ob er Vorstandsmitglied, Mitglied oder Nichtmitglied ist und ohne Rücksicht darauf, ob er Vollmacht hatte oder nicht. Da diese Regelung ihren Grund im Bedürfnis nach Verkehrssicherheit hat, kann sie zwar durch eine Vereinbarung mit dem jeweiligen Gläubiger, aber niemals durch Satzung ausgeschlossen werden.

Diese persönliche rechtsgeschäftliche Haftung des für den nichtrechtsfähigen Verein Handelnden ist für jeden nichtrechtsfähigen Verein eine Belastung, weil sich vielfach keiner findet, der die durch § 54 Satz 2 BGB gebotene Verantwortung zu tragen bereit ist.

Die Haftung des § 54 Satz 2 BGB trifft im übrigen jeden, der nach außen namens des Vereins eine rechtsgeschäftliche Erklärung abgibt, also beispielsweise den Vorstand, wenn er gegenüber einem Kaufwilligen ein Angebot über den Verkauf eines Grundstücks macht. Die Haftung trifft aber nicht nur den, der nach außen in Erscheinung tritt. Handelt vielmehr ein vom Vorstand Beauftragter im Namen des Vorstands, so wird der Vorstand als Handelnder i. S. des § 54 Satz 2 BGB angesehen mit der Folge, daß er es ist, der haftet. Wenn allerdings ein Vereins- oder Vorstandsmitglied nur im Innenverhältnis einem Rechtsgeschäft zugestimmt hat, ist es nicht Handelnder und muß daher dem Gläubiger des Vereins auch nicht persönlich haften.

Für die persönliche Haftung des für den nichtrechtsfähigen Verein rechtsgeschäftlich Tätigen braucht der Vereinsgläubiger im übrigen nicht zu prüfen, ob der Geschäftspartner Vertretungsmacht besitzt oder nicht, bzw. wie weit diese geht. Die persönliche Haftung des für den Verein Handelnden tritt in jedem Falle ein. Die Frage der Vollmacht ist lediglich dafür von Bedeutung, ob neben dem Handelnden gemäß § 164 ff. BGB auch die Vereinsmitglieder in ihrer Gesamtheit verpflichtet werden (vgl. Ziff. 2 a). Hat der Betreffende aber in Vollmacht gehandelt oder wird nachträglich von den zuständigen Vereinsorganen die Genehmigung zum Abschluß eines Rechtsgeschäfts erteilt, so entfällt damit die persönliche Einzelhaftung des Handelnden nicht.

> **Beispiel:** Der Vorstandsvorsitzende verkauft schuldrechtlich wirksam das einzige Vereinsgrundstück an die Gemeinde. Hatte er dazu keine Vollmacht und genehmigt die Mitgliederversammlung den Kaufvertrag nicht, so muß er persönlich der Gemeinde Schadenersatz leisten; die Vereinsmitglieder bleiben unbehelligt. Hatte der Vorstandsvorsitzende aber im Rahmen der ihm erteilten Vollmacht gehandelt und will der Verein nachträglich doch nicht übereignen, so muß der Vorstandsvorsitzende dafür Sorge tragen, daß der Verein das Grundstück überträgt, widrigenfalls er sich schadenersatzpflichtig macht; daneben haftet die Gesamtheit der Mitglieder auf Erfüllung des abgeschlossenen Kaufvertrags.

Wurde der für den nichtrechtsfähigen Verein Handelnde vom Geschäftspartner persönlich in Anspruch genommen, so kann er, wenn er im Rahmen seiner Befugnisse tätig geworden ist, gemäß § 670 BGB Rückgriff gegen das Vereinsvermögen nehmen.

Die persönliche Haftung eines für einen nicht rechtsfähigen Verein Handelnden erlischt durch die spätere Eintragung des Vereins in das Vereinsregister. Dies gilt allerdings nur für solche Rechtsgeschäfte, bei deren Abschluß die Eintragung bereits beschlossen und in die Wege geleitet worden war (OLG Düsseldorf, MDR 1984 S. 489).

b) Die Haftung aus unerlaubter Handlung

Ein Vertretungsorgan eines nichtrechtsfähigen Vereins kann auch außerhalb rechtsgeschäftlicher Beziehungen in amtlicher Eigenschaft einem Dritten Schaden zufügen. Solchenfalls haftet der Repräsentant des Vereins – wie jeder Schädiger – dem Geschädigten nach Maßgabe des § 823 BGB aus unerlaubter Handlung, wenn ihn ein Verschulden trifft. Diese persönliche Haftung, die jeden schuldhaften Schädiger gleichmäßig trifft, ist nichts besonderes und daher beim Organ des rechtsfähigen wie des nichtrechtsfähigen Vereins gegeben. Ob neben dem Organ oder dem von ihm Beauftragten außerdem noch der „Verein" haftet, dazu unter Ziff. 2b, Seite 110.

2. Die Haftung des „Vereins"

a) Die Haftung für rechtsgeschäftliche Verbindlichkeiten (Schulden)

Für Schulden, die ein Organ oder dessen Vertreter im Rahmen seiner Vertretungsmacht begründet, würden, wollte man Gesellschaftsrecht (§§ 714, 427

BGB) anwenden, neben dem Vereinsvermögen auch alle Mitglieder persönlich als Gesamtschuldner haften. Dieser strengen Haftung will sich aber sicher kein Mitglied beim Eintritt in einen nichtrechtsfähigen Verein unterwerfen. Andererseits kann aber wegen der fehlenden Rechtspersönlichkeit der „Verein" nicht selber haften. Das wirtschaftlich gleiche Ergebnis wird aber dennoch dadurch erreicht, daß bei rechtsgeschäftlich begründeten Schulden des Vereins die Haftung der Gesamtheit der Mitglieder stillschweigend als auf das Vereinsvermögen beschränkt angesehen wird. Damit werden die nichtrechtsfähigen Vereine im Ergebnis wie die rechtsfähigen behandelt, was wegen des im wesentlichen gleichen Auftretens im Rechtsverkehr auch gerechtfertigt erscheint (vgl. Seite 21).

> Beispiel: Hat der dazu bevollmächtigte Vorstandsvorsitzende von einem Dritten ein Grundstück gekauft, dann haftet für die Bezahlung des Kaufpreises neben dem ersten (§ 54 Satz 2 BGB) nicht etwa jedes einzelne Mitglied mit seinem privaten Vermögen, sondern – wie beim rechtsfähigen Verein – die Gesamtheit der Mitglieder mit dem Vereinsvermögen, und nur mit diesem.

Diese Beschränkung der Haftung auf das Vereinsvermögen ist jedoch – anders als bei den hier im wesentlichen angesprochenen Idealvereinen – nach dem Verkehrsbedürfnis und nach den Beitrittsmotiven der Mitglieder bei wirtschaftlichen Vereinen nicht gegeben. Dort haftet jedes Mitglied gesamtschuldnerisch unbeschränkt.

b) Die Haftung für unerlaubte Handlungen

Die Haftung für Organe
Fügt ein Vertretungsorgan, d.h. der Vorstand, ein Vorstandsmitglied oder ein anderer verfassungsmäßig berufener Vertreter, außer-vertraglich, aber in amtlicher Eigenschaft einem Dritten schuldhaft einen Schaden zu, so erfordert bei der Vielzahl und der Bedeutung der nichtrechtsfähigen Vereine das Interesse eines vollen Schutzes des Geschädigten eine strenge Haftung des „Vereins". Aus diesem Grunde wird angenommen, daß die für den rechtsfähigen Verein geltende Haftungsvorschrift des § 31 BGB beim nichtrechtsfähigen Verein analoge Anwendung findet (BGHZ 42 S. 216; 50 S. 329). Der Entlastungsbeweis, daß der Verein bei der Auswahl und Aufsicht seiner Organe die im Verkehr erforderliche Sorgfalt beobachtet hat, ist daher nicht zulässig.
Allerdings ist diese Haftung wegen der fehlenden Rechtsfähigkeit des Vereins rechtlich keine echte Vereinshaftung. Dadurch, daß die einzelnen Mitglieder nicht zur Haftung herangezogen werden können, sofern sie ihre Beiträge entrichtet haben, erstreckt und beschränkt sich die Haftung bei nichtrechtsfähigen Idealvereinen auf das Vereinsvermögen, womit auch hier das gleiche Ergebnis erreicht wird, wie beim rechtsfähigen Verein.

> Beispiel: Wird dem Wirtschaftsführer des Vereins als Mitglied des Vorstands beim Abschluß eines Kaufvertrags, der im Namen des Vereins erfolgt, ein Betrug nach-

gewiesen, so muß neben dem Betrüger selbst der „Verein" mit seinem Vermögen Schadenersatz leisten.

Die Haftung für Angestellte und Gehilfen
Hat nicht ein Organ, sondern ein Angestellter oder Arbeiter des Vereins oder ein verfassungsmäßig nicht berufenes Mitglied eine zum Schadenersatz verpflichtete Handlung begangen, so haftet das Vereinsvermögen des nichtrechtsfähigen Vereins – gleich dem rechtsfähigen – für diese Personen nach § 831 BGB. In diesem Falle kann sich der Verein aber entlasten. Wenn nachgewiesen wird, daß die Vereinsorgane (meist der Vorstand, in seltenen Fällen auch die Mitgliederversammlung) bei der Auswahl und Überwachung dieser Leute die erforderliche Sorgfalt angewandt haben, so ist ein Zugriff auf das Vereinsvermögen nicht möglich.

> **Beispiel:** Wurde der Kaufvertrag im vorigen Beispielsfalle nicht von einem Vorstandsmitglied oder sonstigen Organen, sondern von einem eigens dazu entgeltlich oder unentgeltlich Beauftragten oder einem Angestellten abgeschlossen, so ist nur der Betrüger selbst, nicht aber der „Verein" mit dem Vereinsvermögen schadenersatzpflichtig, wenn der Verein – was er nachweisen muß – den Unterhändler sorgfältig ausgewählt hat.

Wenn dem Vorstand oder der Mitgliederversammlung allerdings der Vorwurf gemacht werden muß, daß man für die Erledigung der zum Schadenersatz führenden Aufgabe ein Organ oder einen Sondervertreter hätte beauftragen müssen, daß mithin die Organisation mangelhaft war, so haftet das Vereinsvermögen des nichtrechtsfähigen Vereins ohne die Möglichkeit des Entlastungsbeweises (vgl. Seite 84, Ziff. 2).

3. Die Haftung im Besteuerungsverfahren

Da die zivilrechtlichen Haftungsvorschriften sinngemäß Anwendung finden, haften die Mitglieder persönlich für die Steuerschulden des „Vereins" nicht. Die Haftung ist – wie beim rechtsfähigen Verein vielmehr auch gegenüber dem Finanzamt auf das Vereinsvermögen beschränkt.

Auch im übrigen gelten insoweit die für den rechtsfähigen Verein dargelegten Grundsätze (vgl. Seite 88, Ziff. 6).

VII. Die Stellung des nichtrechtsfähigen Vereins vor Gericht

1. Passive Parteifähigkeit

Nach § 50 Abs. 2 ZPO kann der nichtrechtsfähige Verein – genauso wie der rechtsfähige – verklagt werden. Die Klage kann demzufolge gegen die Mitgliedergesamtheit unter ihrem Vereinsnamen, vertreten durch den Vorstand, gerichtet werden. Beauftragt der nichtrechtsfähige Verein einen Prozeßvertreter, so sind Auftraggeber die Mitglieder des Vereins (OLG Düsseldorf, Rpfleger 1993 S. 507).

Muster

Klage
der
Firma X
Immobilien- und Treuhandbüro   – Klägerin –

gegen den
Sportverein A-Dorf
vertreten durch den Vorstand ...   – Beklagter –

wegen Vermittlungsgebühr

Der Verein hat dann im Prozeß die Stellung eines rechtsfähigen Vereins, d. h., er kann beispielsweise einen Vergleich abschließen, Berufung oder Revision einlegen, Widerklage erheben usw.

2. Aktive Parteifähigkeit

Das Recht, selbst unter seinem Namen klagen zu können, hat der Gesetzgeber dem nichtrechtsfähigen Verein dagegen im Zivilprozeß nicht zugestanden.

Die konsequente Folge daraus ist, daß alle Mitglieder als Gesamthänder die Klage erheben müssen und – weil die Mitglieder Partei sind – sie in einem solchen Prozeß nicht als Zeugen aussagen können. Dies schmälert den Rechtsschutz des nichtrechtsfähigen Vereins nicht unerheblich.

Die Rechtsprechung (BGHZ 42 S. 210 = NJW 1965 S. 29) hat daher unter Hinweis auf Art. 9 Abs. 3 GG die Auffassung des Gesetzgebers wenigstens teilweise als durch die Rechtsentwicklung überholt angesehen und dem „großen" nichtrechtsfähigen Verein (Klägerin war eine Gewerkschaft) die aktive Parteifähigkeit im Zivilprozeß jedenfalls insoweit zuerkannt, als der Verein wegen zivilrechtlich unerlaubter Störungen der Vereinstätigkeit und Vereinsorganisation durch außenstehende Dritte Unterlassungs- und Schadensersatzansprüche erheben will. Die Stellung und die körperschaftliche Organisation des nichtrechtsfähigen Vereins, aber auch der rechtsstaatliche Grundsatz der Gewährung von Rechtsschutz sind für die praktische Anerkennung der aktiven Parteifähigkeit bei jenen nichtrechtsfähigen Vereinen ausschlaggebend, die einen großen und wechselnden Mitgliederstand haben. Wo es dagegen leicht möglich ist, die Vereinsmitglieder als die wirkliche Prozeßpartei spätestens bis zur letzten mündlichen Verhandlung namhaft zu machen (§ 253 Abs. 2 Ziff. 1 ZPO), wo also die Zahl und die Fluktuation der Mitglieder die Aufzählung in der Klageschrift nicht faktisch unmöglich machen, müssen alle Mitglieder in der Klage auftreten. Dies wird man für die meisten nichtrechtsfähigen Vereine noch immer verlangen müssen. Dabei werden dann die Vorstandsmitglieder oder andere Personen durch die Vereinssatzung – was man im Zweifel annehmen muß – oder auf Grund eines satzungsmäßigen Beschlusses der Mitgliederversammlung zur Klageerhebung ermächtigt. Eine solche satzungsmäßige Vollmacht bedarf nicht der Schriftform. Die Prozeßvertreter sind berechtigt, alsdann im Namen der jeweiligen Mitglieder zu klagen, weil die Satzung auch neu eintretende Mitglieder bindet. In der Regel kommen sie jedoch nicht daran vorbei, die Vereinsmitglieder einzeln als Prozeßpartei aufzuführen. Dabei dürfte es nicht einmal ausreichen, wenn sich die genaue Parteibezeichnung nur aus Mitgliederlisten ermitteln läßt. Diese erheblichen Schwierigkeiten müssen zumindest die Prozeßvertreter von zahlenmäßig nicht übergroßen nichtrechtsfähigen Vereinen in Kauf nehmen (vgl. im einzelnen Schulz, Die Parteifähigkeit nicht rechtsfähiger Vereine im Zivilprozeß, Baden-Baden, 1992).

Muster

Klage der
Herren A, B, C, D, E . . .
als Mitglieder des
Sportvereins A-Dorf
– nichtrechtsfähiger Verein –
– vertreten durch den Vorstand, bestehend aus den Herren A, X und Z –
– Kläger –

gegen die
Firma X
Immobilien- und Treuhandbüro – Beklagte –

wegen Nichterfüllung

Anders als im Zivilprozeß kann dagegen jeder nichtrechtsfähige Verein vor dem Verwaltungsgericht (§ 61 Nr. 2 VwGO) und vor dem Arbeitsgericht (§ 10 ArbGG) aktiv unter seinem Namen als Kläger auftreten.

3. Zwangsvollstreckung

Während bei der Gesellschaft des bürgerlichen Rechts nach § 736 ZPO ein gegen alle Gesellschafter ergangenes Urteil notwendig, aber auch ausreichend ist, um in das Gesellschaftsvermögen vollstrecken zu können, genügt nach § 735 ZPO zur Vollstreckung in das verselbständigte Vermögen eines nichtrechtsfähigen Vereins ein vollstreckbarer Titel gegen den Verein selbst. Natürlich ist Zwangsvollstreckung ins Vereinsvermögen auch auf Grund eines Titels gegen alle Mitglieder zulässig.

4. Konkurs- und Vergleichsverfahren

Schließlich ist bei Zahlungsunfähigkeit und Überschuldung ein besonderes Konkursverfahren oder ein gerichtliches Vergleichsverfahren möglich. Rechtsgrundlagen hierfür sind die §§ 213 KO und 108 VerglO.

VIII. Das Ende des nichtrechtsfähigen Vereins

1. Beendigungsgründe

Beim nichtrechtsfähigen Verein gibt es grundsätzlich die gleichen Auflösungs- und Beendigungsgründe wie beim rechtsfähigen Verein. Als solche kommen daher in Frage:

- Selbstauflösungsbeschluß der Mitgliederversammlung, für den, sofern die Satzung nicht abweichendes bestimmt, ¾-Mehrheit genügt (§ 41 BGB gilt entsprechend)
- Zeitablauf, wenn der nichtrechtsfähige Verein nur für die Dauer einer bestimmten Zeit gegründet wurde (§ 723 BGB)
- Austritt oder Wegfall sämtlicher Mitglieder
- Fusion mit einem anderen Verein
- Auflösungsverfügung durch Staatsakt nach dem Vereinsgesetz wegen Verstoßes gegen Artikel 9 Abs. 2 GG
- Konkurs über das Vereinsvermögen (§ 213 KO)

Wegen weiterer Einzelheiten wird auf Seiten 89 f., Ziff. IV verwiesen.

Dagegen bleibt – anders als im Gesellschaftsrecht (§§ 727, 728 BGB), das insoweit keine Anwendung findet – das Schicksal des Vereins unberührt von Ereignissen, die nur einzelne Mitglieder betreffen, wie z. B. der Tod, der Austritt oder der Konkurs des Einzelmitglieds. Die Kontinuität des Vereins bleibt vielmehr gewahrt, auch wenn die Satzung hierzu nicht Stellung bezieht, da auch der nichtrechtsfähige Verein vom Mitgliederwechsel unabhängig sein will.

2. Beendigungsfolgen

Die Auflösung des Vereins hat eine Vermögensauseinandersetzung zur Folge, es sei denn, daß weder Vermögen noch Schulden vorhanden sind. Diese Auseinandersetzung richtet sich grundsätzlich nach den §§ 370ff. BGB. Sie ist Sache des Vorstands. Bis zu ihrem Abschluß ist der nichtrechtsfähige Verein als fortbestehend anzusehen, § 730 Abs. 2 BGB. Im Verlauf der Auseinandersetzung müssen die Schulden des Vereins berichtigt und das Vermögen, soweit erforderlich, versilbert werden (§ 733 BGB). Reicht das Vermögen zur Schuldentilgung nicht aus, müssen die Mitglieder für den Fehlbetrag anteilig aufkommen (§ 735 BGB). Bleibt ein Überschuß, so muß er an die Mitglieder verteilt werden.

Wenn die Satzung es vorsieht, kann sich statt des für die Gesellschaft maßgebenden Auseinandersetzungsverfahrens an die Auflösung auch ein Liquidationsabschnitt anschließen. In diesem Falle gelten die Vorschriften über das Liquidationsverfahren bei rechtsfähigen Vereinen entsprechend. Auf Seite 95, Ziff. 9 wird daher verwiesen.

D. Unterorganisationen

Viele Vereine, insbesondere die großen, vielfach über die gesamte Bundesrepublik verbreiteten Organisationen, wie etwa der ADAC oder der Deutsche Alpenverein, haben Unterorganisationen. Diese führen mannigfaltige Bezeichnungen: Zweigstelle, Zahlstelle, Geschäftsstelle, Ortsverwaltung, Sektion, Landesverband, Bezirksverband, Ortsgruppe, Ortsbezirk, Fachgruppe u. a.

Allen diesen Untergliederungen ist gemeinsam, daß sie Geschäfte des Hauptvereins erledigen, daneben aber auch gemeinsam lokale Aufgaben zu erfüllen haben.

Was die Rechtsform dieser Unterorganisationen anbelangt, so kann es sich um unselbständige Untergliederungen, um nichtrechtsfähige Vereine oder gar um rechtsfähige Vereine handeln. Für die Frage, welche dieser Möglichkeiten im Einzelfall gegeben ist, ist die Bezeichnung ohne Bedeutung.

Entscheidend ist, ob die Untergliederung selbst körperschaftlich organisiert ist, d. h., ob sie eine Satzung hat, einen Namen, der lediglich auf die Zugehörigkeit zum Hauptverein hinweist, einen eigenen Sitz und ob sie eigene Organe, insbesondere einen Vorstand, hat. Ist dies der Fall, dann liegt zumindest ein nichtrechtsfähiger Zweigverein vor. Auch wenn Untergliederungen auf Dauer Aufgaben nach außen im eigenen Namen durch eine eigene, dafür handlungsfähige Organisation wahrnehmen, können sie die Rechtsform des nichtrechtsfähigen Vereins haben, selbst wenn Zweck und Organisation der Untergliederung nicht in einer von dieser beschlossenen Satzung festgelegt sind, sondern sich aus der Satzung des Hauptvereins ergeben (BGH, NJW 1984 S. 2223). Ist die Untergliederung gar ins Vereinsregister eingetragen, dann hat sie eigene Rechtspersönlichkeit wie der Hauptverein selbst.

Beispiel: die Gaue des ADAC (vgl. § 7 Nr. 2 der Satzung des ADAC), die Sektionen des Deutschen Alpenvereins.

Daß unter Umständen die Satzung des Hauptvereins für den Zweigverein verbindlich ist und daß die Organe des Zweigvereins eine gewisse Doppelstellung einnehmen, in dem sie teils für den Zweigverein, teils in Vertretung des Hauptvereins tätig werden, ist dabei ohne rechtliche Bedeutung. Die Abhängigkeit und Bindung des Zweigvereins vom/zum Hauptverein zeigt sich vornehmlich daran, daß der Zweigverein einen Teil der Mitgliederbeiträge an den Hauptverein abführen muß.

Nur in dem Falle, daß die Satzung des Vereins so stark unter fremden Einfluß gebracht wird, daß der Verein zu einer eigenständigen Willensbildung nicht mehr in der Lage ist, sondern nur eine unselbständige Verwaltungsstelle ist, liegt ein autonomer Verein nicht mehr vor (LG Bremen, Rpfleger 1989 S. 202). Fehlt es dergestalt an einer im wesentlichen eigenen körperschaftlichen Organisation und fördert die Untergruppe (Ortsgruppe oder Sektion) nur den Gesamtverein, ohne ihre eigenen Interessen durch eigene Beschlüsse zu regeln, so handelt es sich um eine unselbständige Untergliederung. Ihr kann zwar wie dem Zweigverein eine wichtige Rolle in der Verwaltung des Gesamtvereins zukommen, wie etwa die Entscheidung über Aufnahme und Ausschluß von Mitgliedern oder die Einziehung von Mitgliedsbeiträgen, ihre „Organe" werden aber in der Regel vom Hauptverein ernannt, in dessen Namen sie alsdann im Rechtsverkehr auch auftreten. Auch die Vermögensverwaltung im Sektor der Unterorganisation erfolgt nur im Auftrag des Gesamtvereins.

2. TEIL
STEUERRECHTLICHE BEHANDLUNG DER VEREINE

A. Gemeinnützigkeit

Gemeinnützige Vereine genießen zahlreiche **steuerliche Vergünstigungen**. Von der Körperschaftsteuer und Gewerbesteuer sind sie beispielsweise weitgehend befreit. Bei der Umsatzsteuer steht ihnen für den Bereich der sogenannten Zweckbetriebe ein ermäßigter Steuersatz zu. Darüber hinaus ist auch die steuerliche **Spendenbegünstigung** der Vereine davon abhängig, daß sie den Charakter einer gemeinnützigen Körperschaft besitzen. Es lohnt sich daher für jeden Verein, sich mit den Problemen der steuerlichen Gemeinnützigkeit zu befassen und bei seinem zuständigen Finanzamt die Anerkennung als gemeinnütziger Verein zu erstreben. Dafür reicht es nicht aus, daß der Verein ideelle Ziele verfolgt. Das Steuerrecht erfordert sowohl in satzungsmäßiger als auch in tatsächlicher Hinsicht die Erfüllung ganz bestimmter Voraussetzungen. Diese bedeuten mitunter eine gewisse Beschränkung oder Einengung in der Vereinstätigkeit, sie sollten aber, wo immer sie sich erfüllen lassen, im Interesse der steuerlichen Vorzugs des Gemeinnützigkeitsstatuts in Kauf genommen werden.

Das steuerliche Gemeinnützigkeitsrecht ist in der Abgabenordnung – AO – verankert, und zwar in dem Abschnitt „Steuerbegünstigte Zwecke", der die §§ 51 bis 68 umfaßt. Wichtige Zweifels- und Auslegungsfragen des Gemeinnützigkeitsrechts regelt der **Anwendungserlaß zur AO (AEAO)** vom 15. 7. 1998 (BStBl. I S. 630 ff.) durch die darin enthaltenen Erläuterungen zu den §§ 51 bis 68. Erhebliche Änderungen der gemeinnützigkeitsrechtlichen Vorschriften sind durch das Gesetz zur Verbesserung und Vereinfachung der Vereinsbesteuerung (Vereinsförderungsgesetz) vom 18. 12. 1989 (BStBl. I 1989 S. 499) eingetreten. Die Neuregelungen durch das Vereinsförderungsgesetz sind grundsätzlich erstmals für den Veranlagungszeitraum 1990 anzuwenden. Das Recht der Gemeinnützigkeit hat für zahlreiche Steuerarten zugleich Bedeutung. Anwendbar ist das Gemeinnützigkeitsrecht auf Körperschaften, Personenvereinigungen und Vermögensmassen i.S. des Körperschaftsteuergesetzes (§ 51 AO). Es gilt daher sowohl für rechtsfähige Vereine (eingetragene Vereine) als auch für nichtrechtsfähige Vereine. Außerdem kommen als gemeinnützige Körperschaften z.B. rechtsfähige und nichtrechtsfähige Stiftungen, bestimmte gemeinnützige Einrichtungen von juristischen Personen des öffentlichen Rechts und auch Gesellschaften mit beschränkter Haftung in Betracht.

Selbständige gemeinnützige Körperschaften können auch Untergliederungen überregionaler Körperschaften sein wenn die **regionalen Untergliederungen** (z.B. Landes-, Bezirks-, Ortsverbände) den Charakter nichtrechtsfähiger Vereine besitzen. Dies ist der Fall, wenn sie

a) über eigene satzungsmäßige Organe (Vorstand, Mitgliederversammlung) verfügen und über diese auf Dauer nach außen im eigenen Namen auftreten und

b) eine eigene Kassenführung haben.

Während sich die Selbständigkeit der Untergliederung zivilrechtlich auch aus der Satzung des Hauptvereins ergeben kann (BGH-Urteil vom 19. 3. 1984, NJW 1984, S. 2223), erfordert die Anerkennung der Untergliederung als gemeinnützige Körperschaft stets eine **eigene Satzung**, die den gemeinnützigkeitsrechtlichen Anforderungen entspricht (vgl. BMF-Schreiben vom 18. 10. 1988, BStBl. I S. 443). Die Satzung der Untergliederung kann auch von der Mitgliederversammlung des Hauptvereins beschlossen werden. In diesem Zusammenhang wird auch auf das BFH-Urteil vom 19. 4. 1989 (BStBl. II 1989 S. 595) hingewiesen. Allerdings reicht es nicht aus, wenn jede Untergliederung durch autonomen Beschluß die Hauptsatzung als für sich verbindlich erklärt und diesem Beschluß die Hauptsatzung beifügt. Die Satzung des Hauptvereins kann also nicht ohne Änderung von den Untergliederungen als eigene Satzung übernommen werden, da sie auf die Belange des Hauptvereins zugeschnitten ist. Die Untergliederungen hätten ansonsten eine Satzung, die nicht ihrer tatsächlichen Struktur entspricht.

Von einer eigenen Satzung der jeweiligen Untergliederung kann deshalb nach Auffassung der Finanzverwaltung nur dann gesprochen werden, wenn

– entweder der Hauptverein eine verkürzte Satzung, die dann nur noch die für die jeweiligen Untergliederungen bedeutsamen Regelungen enthält und den gemeinnützigkeitsrechtlichen Anforderungen genügt, für alle Untergliederungen beschließt und diese Satzung als verbindlich für die in einer Anlage zur Satzung aufgeführten Untergliederungen erklärt oder

– der Hauptverein eine dem gemeinnützlichkeitsrechtlichen Anforderungen entsprechende Mustersatzung für die jeweiligen Untergliederungen ausarbeitet, die dann von den Untergliederungen übernommen und beschlossen wird.

Nach Auffassung der Finanzverwaltung können die Grundsätze für die Anerkennung von regionalen Untergliederungen von Großvereinen als selbständige Steuersubjekte auf **funktionale Untergliederungen (Abteilungen)** von Vereinen jedoch **nicht** übertragen werden. Diese Untergliederungen werden nicht als selbständige (gemeinnützige) Steuersubjekte anerkannt. Nach **§ 51 Satz 3 AO** gelten funktionale Untergliederungen (Abteilungen) von Körperschaften nicht als selbständige Steuersubjekte. Dadurch wird insbesondere klargestellt, daß ein Verein mit mehreren Abteilungen die steuerlichen Vergünstigungen wegen Gemeinnützigkeit keinesfalls mehrfach beanspruchen kann. Dies gilt selbst dann, wenn die Abteilung (z. B. Tennisabteilung des Sportvereins) durch eine eigene Satzung, eigene Organe und eine eigene Kassenführung zwar rechtlich verselbständigt wird, tatsächlich aber weiterhin im Hauptverein eingegliedert ist. Die Besteuerungsgrundlagen sind damit weiterhin beim Hauptverein zu erfassen, so daß insbesondere eine mehrfache Inanspruchnahme der Besteuerungsgrenze von 60 000 DM (vgl. Seite 186) nicht in Betracht kommt. Vgl. zum Problem dieser sog. Zellteilung auch S. 189.

Natürliche Personen und Personengesellschaften (offene Handelsgesellschaften, Kommanditgesellschaften, Gesellschaften bürgerlichen Rechts) fallen dagegen nicht unter den steuerlichen Begriff der Gemeinnützigkeit. Auch wenn sie sich tatsächlich selbstlos zum Wohle der Allgemeinheit betätigen, können sie nach den steuerlichen Vorschriften keine Anerkennung der Gemeinnützigkeit erlangen. Das gilt z. B. für private Krankenanstalten, Altenheime oder Privatschulen, wenn ihr Träger eine einzelne natürliche Person oder eine Personengesellschaft ist.

I. Voraussetzungen der Gemeinnützigkeit

Die steuerliche Anerkennung der Gemeinnützigkeit bei Vereinen hängt von folgenden Voraussetzungen ab, die nachstehend im einzelnen behandelt werden:

- Der Verein muß gemeinnützige, mildtätige oder kirchliche Zwecke verfolgen (vgl. Seiten 119 f., Ziff. II bis IV)

- diese steuerbegünstigten Zwecke müssen selbstlos, ausschließlich und unmittelbar verfolgt werden (vgl. Seiten 154 f., Ziff. V bis VIII)

- sie müssen in der Satzung klar und eindeutig verankert sein (vgl. Seiten 235 f., Ziff. XI)

- die tatsächliche Geschäftsführung muß den Satzungsbestimmungen entsprechen (vgl. Seiten 240 f., Ziff. XII).

II. Gemeinnützige Zwecke

Ein Verein verfolgt gemeinnützige Zwecke, wenn seine Tätigkeit darauf gerichtet ist, die Allgemeinheit auf materiellem, geistigem oder sittlichem Gebiet zu fördern; er muß dabei selbstlos handeln (§ 52 AO). Hiernach ist für die Gemeinnützigkeit also Voraussetzung, daß der Verein bereits eine auf die Erfüllung der gemeinnützigen Zwecke hinzielende Tätigkeit selbst entfaltet. Diese Tätigkeit muß nicht schon zur Vollendung geführt haben, auch vorbereitende Handlungen können genügen (BFH-Urteil vom 13. 12. 1978, BStBl. II 1979 S. 482).

1. Förderung der Allgemeinheit

a) Allgemeines
Eine Förderung der Allgemeinheit ist gegeben, wenn der Kreis der Personen, dem die Förderung zugute kommt, weder fest abgeschlossen ist, wie zum Beispiel durch Zugehörigkeit zu einer Familie oder zur Belegschaft eines Unternehmens, noch infolge seiner Abgrenzung, insbesondere nach räumlichen oder beruflichen Merkmalen, dauernd nur klein sein kann (§ 52 Abs. 1 AO).

Aus dieser Begriffsbestimmung folgt, daß es sich bei dem geförderten Personenkreis keineswegs um die Allgemeinheit schlechthin handeln muß. Es genügt vielmehr, wenn sich der Verein mit seiner Tätigkeit an eine nicht zu eng abgegrenzte Zahl von Personen wendet, die als ein **Ausschnitt der Allgemeinheit** angesehen werden kann. Einschränkungen in beruflicher, konfessioneller oder örtlicher Hinsicht sind dabei nicht in jedem Falle als unzulässig anzusehen. Maßgebend ist nicht die Zahl der tatsächlich bereits vorhandenen, sondern die Zahl der möglichen Geförderten. Die Förderung exklusiver Kreise oder der Bestrebungen von Außenseitern mit ausgesprochen einseitigen oder extremen Sonderinteressen kann nicht als Förderung der Allgemeinheit anerkannt werden (BFH-Urteil vom 13. 12. 1978, BStBl. II 1979 S. 482).

Grundsätzlich ist zu unterscheiden zwischen Vereinen, deren Tätigkeit insbesondere den **Vereinsmitgliedern** zugute kommt (z. B. Sportvereine), und solchen Vereinen, die sich bei der Erfüllung ihrer Aufgaben um das **Wohl von Außenstehenden** kümmern (z. B. Deutsches Rotes Kreuz, Deutsche Lebensrettungsgesellschaft und ähnliche Organisationen). Bei Vereinen, die sich eine Förderung Außenstehender zum Ziel gesetzt haben, kommt es für die Gemeinnützigkeit nicht auf die Mitgliederzahl, sondern auf die Zahl derer an, die der Verein mit seiner Tätigkeit erreichen möchte. Von Bedeutung ist hier also, ob der geförderte Personenkreis als Allgemeinheit angesehen werden kann. Die Mehrzahl der Vereine widmet sich jedoch auf Grund ihrer Zielsetzung (z. B. Förderung des Sports, Pflege der Musik und des Gesangs) nur oder hauptsächlich dem Kreis ihrer Mitglieder. Bei ihnen kommt es deshalb darauf an, daß die Mitgliederzahl weder durch etwaige einschränkende Satzungsbestimmungen noch durch die tatsächliche Handhabung dauernd klein gehalten wird.

Es fehlt an der Gemeinnützigkeit, wenn sich ein Verein **exklusiven Charakter** beilegt. Dies kann dadurch geschehen, daß die Voraussetzungen für den Beitritt sehr streng sind oder daß extrem hohe Aufnahmegebühren und Mitgliederbeiträge gefordert werden, die nur für wohlhabende Personen tragbar sind. Ob derartige Beschränkungen die Gemeinnützigkeit ausschließen, kann aber nur auf Grund der Verhältnisse des Einzelfalls beurteilt werden. Bei **Freimaurerlogen** hat der BFH eine Förderung der Allgemeinheit abgelehnt, weil die Logen das Bestreben hätten, sich von der Allgemeinheit abzusondern. Dies zeige sich auch darin, daß nur Männer Mitglieder der Logen werden können, obwohl die Ziele der Logen auch für Frauen wertvoll sein könnten (Urteil vom 26. 1. 1973, BStBl. II S. 430). Dieselbe Beurteilung wird auch bei anderen Logen (z. B. Druidenlogen) gelten müssen. Mit Urteil vom 13. 12. 1978 (BStBl. II 1979 S. 492) hat der BFH einem Orden (Loge) die Gemeinnützigkeit wegen fehlender Förderung der Allgemeinheit versagt, weil der Orden seine Lehre über geistige und sittliche Normen nur unter seinen Mitgliedern durch vertrauliches Lehrmaterial verbreitete.

Nach dem Wortlaut des § 52 Abs. 1 AO liegt eine Förderung der Allgemeinheit auch dann nicht vor, wenn z. B. bei einem **Betriebssportverein** oder **Betriebskindergarten** eines großen Unternehmens der Mitgliederkreis auf Belegschaftsangehörige beschränkt wird. Diese Rechtslage halten wir nicht für befriedigend. Denn ein solcher Verein hat oft mehr Mitglieder als ein jedermann zugänglicher Verein. Sicherheitshalber sollte in diesen Fällen aber darauf geachtet werden, daß Nichtbelegschaftsangehörigen sowohl nach der Satzung als auch in tatsächlicher Hinsicht die Möglichkeit zur Mitgliedschaft eingeräumt wird. Wird z. B. bei einem **Betriebskindergarten** in der Rechtsform eines Vereins, dessen Zweck die Bildung und Erziehung ist, den gewerblichen Mitgliedern (Unternehmen) ein ausschließliches Belegungsrecht gewährt, wäre dies keine Förderung der Allgemeinheit i.S. des § 52 Abs. 1 AO. Sofern jedoch dem Unternehmen für die Kinder seiner Arbeitnehmer **ein Belegungsrecht von weniger als 50 v. H. der Kindergartenplätze** eingeräumt wird, ist die Gemeinnützigkeit eines solchen Vereins (zumindest nach Auffassung der Finanzverwaltung in Baden-Württemberg) nicht gefährdet.

Die Gemeinnützigkeit von **Sportclubs im ADAC** ist ebenfalls zu verneinen, wenn eine enge satzungsmäßige Verklammerung der Mitgliedschaft in den Clubs mit der Mitgliedschaft im ADAC vorliegt. Denn diese Einschränkung verstößt gegen das Erfordernis der Förderung der Allgemeinheit. Ist die ordentliche Mitgliedschaft in den örtlichen Sportclubs von der Mitgliedschaft im ADAC abhängig, fehlt es am ungehinderten Zugang der Allgemeinheit zu den Clubs i.S. des § 52 AO. In diesen Fällen handelt es sich daher im Grunde um regionale Untergliederungen des nicht gemeinnützigen ADAC. Vgl. hierzu auch S. 135.

Bei großen Kirchen wird hingegen die Mitgliederzahl entsprechender Vereine auch bei Beschränkung der Mitgliedschaft auf Konfessionszugehörige nicht dauernd klein sein (vgl. BFH-Urteil vom 2. 12. 1955, BStBl. II 1956 S. 22).

b) Höchstgrenzen für Mitgliedsbeiträge und Aufnahmegebühren

Von der Finanzverwaltung wird insbesondere bei Sportvereinen (bei anderen Vereinen, deren Tätigkeit in erster Linie den Mitgliedern zugute kommt, gilt grundsätzlich dasselbe) eine Förderung der Allgemeinheit i.S.d. § 52 Abs. 1 AO nur angenommen, wenn

- die **Mitgliedsbeiträge und Mitgliedsumlagen** zusammen im Durchschnitt **2000 DM** je Mitglied und Jahr und
- die **Aufnahmegebühren** für die im Jahr aufgenommenen Mitglieder im Durchschnitt **3000 DM**

nicht übersteigen. Vom BFH wurde diese Verwaltungspraxis im Ergebnis gebilligt (Urteil vom 13. 8. 1997, BStBl 1997 II S. 794).

Die Finanzverwaltung hat im **BMF-Schreiben vom 20. 10. 1998 (BStBl 1998 I S. 1424)** zu Zweifelsfragen im Zusammenhang mit den Höchstgrenzen für Mitgliedsbeiträge und Aufnahmegebühren wie folgt Stellung genommen:

Rechnen Investitionsumlagen zu den Aufnahmegebühren?
Nach dem BMF-Schreiben vom 20. 10. 1998 (a.a.O.) ist es gemeinnützigkeitsunschädlich, wenn ein Verein neben den o. g. Aufnahmegebühren und Mitgliedsbeiträgen zusätzlich eine Investitionsumlage nach folgender Maßgabe erhebt:
Die Investitionsumlage darf **höchstens 10 000 DM innerhalb von 10 Jahren** je Mitglied betragen. Die Mitglieder müssen die Möglichkeit haben, die Zahlung der Umlage auf bis zu 10 Jahresraten zu verteilen. Die Umlage darf nur für die Finanzierung konkreter Investitionsvorhaben verlangt werden. Die Erhebung von Investitionsumlagen kann auf neu eintretende Mitglieder beschränkt werden.
Zu beachten ist allerdings, daß diese Investitionsumlagen keine steuerlich abziehbaren Spenden sind.

Sind Sonderentgelte einzubeziehen?
Sog. Spielgeldvorauszahlungen gehören nach Auffassung der Finanzverwaltung zu den Aufnahmegebühren. Sonderumlagen (z.B. Jahresplatzbenutzungsgebühren) sind bei der Durchschnittsberechnung als zusätzliche Mitgliedsbeiträge zu berücksichtigen.

Sind Mitgliederdarlehen in voller Höhe als Aufnahmegebühren zu behandeln?
Der Ansatz des vollen Darlehensbetrages bei der Berechnung dieser Höchstgrenze ist mittlerweile nicht mehr zulässig. Denn nach dem **BFH-Urteil vom 13. 11. 1996 (BStBl 1998 II S. 711)** besteht die finanzielle Belastung eines Mitglieds durch die Gewährung eines zinslosen Aufnahmedarlehens in dem **Zinsverlust** oder – falls sich das Mitglied die Darlehensmittel durch Aufnahme eines Kredits verschafft hat – in den **Refinanzierungskosten**.
Die Finanzverwaltung hat sich in der Zwischenzeit insoweit der Auffassung des BFH angeschlossen und legt in diesen Fällen nur noch den jährlichen Zinsverzicht zugrunde. Dabei wird ein üblicher Zinssatz von 5,5 v. H. angenommen.
Diese Grundsätze gelten nach dem BMF-Schreiben vom 20. 10. 1998 (a.a.O.) auch für sog. **Investitionsdarlehen**. D. h. bei einem zinslosen bzw. zinsverbilligten Investitionsdarlehen ist ebenfalls nur der jährliche Zinsverzicht – unter Zugrundelegung eines Zinssatzes von 5,5 v.H. – als zusätzlicher Mitgliedsbeitrag zu berücksichtigen; eine steuerliche Begrenzung des Darlehens auf höchstens 10 000 DM (wie bei den Investitionsumlagen) erfolgt also nicht mehr.

Dürfen hohe Sonderzahlungen einzelner Mitglieder auf andere Mitglieder „umgelegt" werden?
Die Finanzverwaltung ging bereits in der Vergangenheit bei der Ermittlung der jährlichen Höchstgrenze von einer Durchschnittsberechnung aus (durchschnittlicher Mitgliedsbeitrag von 2000 DM und durchschnittliche Aufnahmegebühr von 3000 DM ist aus dem Verhältnis aller zu berücksichtigenden Leistungen der Mitglieder zu der Zahl der zu berücksichtigenden Mitglieder zu ermitteln).

Nach Auffassung des **BFH im Urteil vom 13. 8. 1997 (BStBl 1997 II S. 794)** kann aber offen bleiben, ob eine Förderung der Allgemeinheit ausgeschlossen ist, wenn einzelne Mitglieder höhere Beiträge leisten, die umgelegt auf die Vereinsmitglieder die von der Finanzverwaltung zugelassenen Beitragsgrenzen übersteigen. Im allgemeinen besteht kein sachlicher Grund, hohe Einzahlungen (hier: z. B. 70 000 DM) auf andere Mitglieder „umzulegen". Gerade den individuellen wirtschaftlichen Verhältnissen angepaßte Zahlungsverpflichtungen gewährleisten einen Mitgliederbestand, der sich als Ausschnitt der Allgemeinheit darstellt.

Nach dem BMF-Schreiben vom 20. 10. 1998 (a.a.O.) hält die Finanzverwaltung aber gleichwohl an dieser Durchschnittsberechnung fest.

Unter welchen Voraussetzungen sind sog. erwartete Spenden aufgrund eines faktischen Zahlungszwangs den Aufnahmegebühren zuzurechnen?
Von der Finanzverwaltung wurde bereits in der Vergangenheit eine faktische Verpflichtung regelmäßig angenommen, wenn mehr als 75 v. H. der neu eingetretenen Mitglieder neben der Aufnahmegebühr eine gleich oder ähnlich hohe Sonderzahlung leisten. Diese **75-v. H.-Grenze** ist allerdings nur eine widerlegbare Vermutung für das Vorliegen von Pflichtzahlungen (Orientierungshilfe). Letzlich sind die tatsächlichen Verhältnisse des Einzelfalls maßgeblich.

Der BFH hat dementgegen im Urteil vom 13. 8. 1997 (a.a.O.) entschieden, daß sog. erwartete Spenden einem Eintrittsgeld nicht gleichzustellen sind, wenn festgestellt wird, daß keinem Bewerber die Mitgliedschaft vorenthalten oder wieder entzogen wurde, weil die Spende nicht oder nicht in der erwarteten Höhe geleistet wurde. Allein die Tatsache, daß ein Verein seine Mitglieder wiederholt und nachhaltig zur Leistung von Spenden auffordert, um die von ihm angestrebten Satzungszwecke verwirklichen zu können, macht die Spende nicht zum Pflichtbeitrag (kein faktischer Zahlungszwang).

Auch nach dem rechtskräftigen Urteil des Finanzgerichts Düsseldorf vom 13. 8. 1998 (EFG 1999 S. 115) gibt es entgegen der Ansicht der Finanzverwaltung keine tatsächliche Vermutung für das Vorliegen von Pflichtzahlungen, wenn 75 v. H. der neu eingetretenen Vereinsmitglieder eines Golfclubs eine gleich oder ähnlich hohe „Sonderzahlung" geleistet haben.

Die Finanzverwaltung hält aber im BMF-Schreiben vom 20. 10. 1998 (a.a.O.) dessen ungeachtet an der bisherigen Regelung (widerlegbare Vermutung) fest, daß eine faktische Verpflichtung zur Leistung von Sonderzahlungen durch Neumitglieder vorliegt, wenn mehr als 75 v. H. der neu eingetretenen Mitglieder neben der Aufnahmegebühr eine gleich oder ähnlich hohe Sonderzahlung leisten. Leistungen, die nach den vorstehenden Grundsätzen als Pflichtzahlungen (Aufnahmegebühren, Mitgliedsbeiträge und Umlagen) anzusehen sind, können **nicht als Spenden** abgezogen werden.

Im übrigen ist nach Auffassung der Finanzverwaltung bei Vereinen, die **Ersatzschulen** (z. B. Freie Waldorfschulen) betreiben oder unterstützen, stets eine Förderung der Allgemeinheit anzunehmen. D. h. die Grundsätze des BMF-Schreibens vom 20. 10. 1998 (BStBl I S. 1424) gelten insoweit nicht. Denn die Errichtung und der Betrieb einer Ersatzschule darf nur dann genehmigt werden, wenn keine Sonderung der Schüler nach den Besitzverhältnissen der Eltern gefördert werde.

2. Förderung auf materiellem, geistigem oder sittlichem Gebiet

Bei der Frage, ob eine Tätigkeit dem allgemeinen Besten auf materiellem, geistigem oder sittlichem Gebiet nutzt, ist in der Vergangenheit vielfach darauf abgehoben worden, wie sich die Allgemeinheit zu dem betreffenden Zweck verhält. In einer Grundsatzentscheidung, die den Fall einer **Bürgerinitiative** gegen den Bau einer Schnellbahntrasse der Bundesbahn betraf, hat sich der BFH aber dafür ausgesprochen, daß es grundsätzlich nach **objektiven Kriterien** zu beurteilen sei, ob etwas dem allgemeinen Besten nutze (Urteil vom 13. 12. 1978, BStBl. II 1979 S. 482). Die Richtigkeit dieser Betrachtung ergebe sich z. B. schon daraus, daß die Förderung der Religion oder der Kunst auch dann als gemeinnützig anzusehen sei, wenn die Meinungen über eine religiöse Lehre oder eine bestimmte Kunstrichtung in der Öffentlichkeit geteilt seien. Im Interesse einer möglichst objektiven Beurteilung müsse bei der Frage nach der Förderung der Allgemeinheit an eine Vielzahl von Werten angeknüpft werden. Diese würden bestimmt durch die demokratische und soziale Staatsverfassung, sozialethische und religiöse Prinzipien, die bestehende geistige und kulturelle Ordnung, durch den Erkenntnisstand von Forschung, Wissenschaft und Technik, die vorhandene Wirtschaftsstruktur, die wirtschaftlichen und sozialen Verhältnisse und schließlich auch durch die Wertvorstellungen und Anschauungen der Bevölkerung. Diese vielfältigen Kriterien ermöglichen nach dem Urteil des BFH eine zutreffendere Rechtsauslegung als allein das Abheben auf die Anschauungen der Bevölkerungsmehrheit. Liege jedoch eine feste, offen- oder allgemeinkundige Meinung der Bevölkerung vor, so könne sie als ein Indiz dafür zu berücksichtigen sein, ob etwas für das allgemeine Beste von Nutzen ist.

Es ist nicht auszuschließen, daß einzelne der vorgenannten Werte in Widerstreit miteinander treten. Dies trifft insbesondere bei technischen Großprojekten zu, die Gefahren für Natur-, Landschafts- und Umweltschutz heraufbeschwören, andererseits aber die Grundlage für die Lebensverhältnisse und den Wohlstand der Bevölkerung bilden. Eine Bürgerinitiative, die auf solche Projekte Einfluß zu nehmen versucht oder sie sogar ganz verhindern will, leistet einen Beitrag dazu, daß in dem bestehenden Interessenkonflikt die günstigste

Lösung gefunden wird. Dies kann z. B. bei einer Bürgerinitiative gegen die Erweiterung eines Flughafens der Fall sein. Sie dient damit dem Interesse der Allgemeinheit, verfolgt also gemeinnützige Zwecke, selbst wenn sie sich mit ihrer Tätigkeit in Gegensatz zu staatlichen Planungen stellt.

Voraussetzung ist allerdings, daß sie sich gesetzestreu verhält und ihre Ziele **im Rahmen der verfassungsmäßigen Ordnung** verfolgt. Diese Ordnung wird schon mit der Ankündigung von gewaltfreiem Widerstand gegen geplante Maßnahmen und der Nichtbefolgung von polizeilichen Anordnungen durchbrochen (BFH-Urteil vom 29. 8. 1984, BStBl. II 1985 S. 106). Verstößt also die tatsächliche Geschäftsführung eines Vereins gegen die Rechtsordnung, kann dieser nicht gemeinnützig sein. Vgl. auch BFH-Urteil vom 13. 7. 1994 (BStBl. II 1995 S. 135) und AEAO zu § 52 Tz. 11. Im Bereich der Bürgerinitiativen bedarf es auch der Prüfung, ob die jeweiligen Bestrebungen selbstlos verfolgt werden oder ob eigenwirtschaftliche Interessen der Mitglieder im Vordergrund stehen (vgl. Seiten 154f., Ziff. V). Dies wird z. B. zu bejahen sein, wenn die Anwohner einer Straße deren Ausbau bekämpfen und dafür den Ausbau eines andere Bewohner belastenden Verkehrswegs propagieren.

Politische Zwecke, wie die Beeinflussung der politischen Meinungsbildung oder die Förderung politischer Parteien, sind grundsätzlich **nicht** als gemeinnützig anzuerkennen. Die parteiergreifende Stellungnahme und aktive Beteiligung an tagespolitischen Auseinandersetzungen über umstrittene Fragen schließen folglich die Gemeinnützigkeit ebenfalls aus. Da aber grundsätzlich alle gesellschaftlichen Bereiche, sei es beispielsweise der Sport oder die Volksbildung, der Gestaltung und Einflußnahme durch die Politik unterworfen sind, ist es gerade bei Bürgerinitiativen nahezu unmöglich, die gemeinnützigen Bestrebungen von politischen Auswirkungen völlig frei zu halten. In einer grundlegenden Entscheidung zum **Umweltschutz** vertritt der BFH die Auffassung (Urteil vom 29. 8. 1984, BStBl. II S. 844), daß zumindest in diesem Bereich eine gewisse Beeinflussung der politischen Meinungsbildung der Gemeinnützigkeit nicht entgegenstehe. Vgl. hierzu auch rechtskräftiges Urteil des Finanzgerichts Köln vom 19. 5. 1998 (EFG 1998 S. 1665). Danach ist die allgemein-politische Betätigung eines Studentenverbandes auch dann gemeinnützigkeitsschädlich, wenn diese Betätigung im Verhältnis zu den anderen begünstigten Tätigkeiten des Verbandes geringfügig ist.

Nach Auffassung der Finanzverwaltung ist eine politische Tätigkeit danach unschädlich für die Gemeinnützigkeit, wenn eine gemeinnützige Tätigkeit nach den Verhältnissen im Einzelfall zwangsläufig mit einer politischen Zielsetzung verbunden ist und die unmittelbare Einwirkung auf die politischen Parteien und die staatliche Willensbildung gegenüber der Förderung des gemeinnützigen Zwecks weit in den Hintergrund tritt (vgl. AEAO zu § 52 Tz. 10).

Zur Abgrenzung zwischen gemeinnützigen und politischen Zwecken liegt mittlerweile auch ein Urteil des BFH vor, das sich mit der **Förderung des Friedens** auseinandersetzt (Urteil vom 23. 11. 1988, BStBl. II 1989 S. 391). Danach ist der Begriff „Frieden" im Begriff der „Völkerverständigung" in § 52 Abs. 2 Nr. 1 AO enthalten und Gegenstand wissenschaftlicher Forschung; der

Satzungszweck „Förderung des Friedens" ist i.d.R. gemeinnützig. Nach Auffassung des BFH fördert eine Körperschaft auch dann ausschließlich den Frieden, wenn sie gelegentlich zu tagespolitischen Themen im Rahmen ihres Satzungszweckes Stellung nimmt. Entscheidend ist danach, daß die Tagespolitik nicht Mittelpunkt der Tätigkeit der Körperschaft wird, sondern nur der Vermittlung der steuerbegünstigten Ziele der Körperschaft dient. Dagegen ist die Gemeinnützigkeit zu versagen, wenn ein politischer Zweck als alleiniger oder überwiegender Zweck in der Satzung einer Körperschaft festgelegt ist oder die Körperschaft tatsächlich ausschließlich oder überwiegend einen politischen Zweck verfolgt.

Die Förderung der **Freikörperkultur** ist vom BFH mit Rücksicht auf die Vorbehalte in der Bevölkerung nicht als gemeinnützig anerkannt worden (Urteile vom 31. 10. 1963, BStBl. III 1964 S. 83, und vom 20. 11. 1969, BStBl. II 1970 S. 133). Von den Finanzbehörden wird die Gemeinnützigkeit bejaht, wenn der Verein satzungsmäßig und tatsächlich den Charakter eines Sportvereins besitzt und sein Eintreten für die Freikörperkultur nur einen untergeordneten Nebenzweck darstellt (BB 1980, 926). In einer Entscheidung vom 30. 9. 1981 (BStBl. II 1982 S. 148) hat der BFH die Gemeinnützigkeit eines sporttreibenden FKK-Vereins deshalb verneint, weil zu seinen Satzungszwecken auch die gesunde und harmonische Freizeitgestaltung gehörte und der Verein hierfür entsprechende Einrichtungen (Liegewiese, Freizeitpark, Badebecken) unterhielt. Die Freizeitgestaltung und allgemeine Erholung des Menschen ist nach Auffassung des BFH kein gemeinnütziger Zweck.

Auch das Niedersächsische FG hat mit rechtskräftigem Urteil vom 18. 2. 1997 (EFG 1997 S. 1340) entschieden, daß FKK-Vereine nicht gemeinnützig tätig sind. Ein FKK-Verein kann deshalb – wie bisher – nur dann als gemeinnützig anerkannt werden, wenn dieser in erster Linie den Charakter eines Sportvereins hat.

Gemeinnützige Zwecke liegen nicht allein deshalb vor, weil ein Verein seine Mittel einer Körperschaft des öffentlichen Rechts zuführt (§ 52 Abs. 1 AO). Die **Aufgaben der öffentlichen Hand** wie z.B. die Müllbeseitigung als Teil des Umweltschutzes dienen zwar dem Wohle der Allgemeinheit, trotzdem können sie nicht in jedem Fall als gemeinnützig angesehen werden. So bleibt z. B. Kapitalgesellschaften, die von Hoheitsträgern zur Erfüllung der ihnen gesetzlich zugewiesenen Pflichtaufgaben der **Müll- oder Abwasserbeseitigung** errichtet werden, die Gemeinnützigkeit von der Finanzverwaltung versagt, weil es an der Selbstlosigkeit fehlt (vgl. BMF-Schreiben vom 22. 8. 1985, BStBl. I S. 583).

Nach den BFH-Urteilen vom 27. 10. 1993 (BStBl II 1994 S. 573) und vom 15. 12. 1993 (BStBl II 1994 S. 314) ist die Abfallbeseitigung durch eine von entsorgungspflichtigen öffentlich-rechtlichen Körperschaften gegründete GmbH nicht gemeinnützig; diese Tätigkeit (z. B. einer Müllverbrennungs-GmbH) ist als wirtschaftlicher Geschäftsbetrieb zu beurteilen, der kein Zweckbetrieb im Sinne des § 65 AO sein kann. Vom BFH wurde die Entsorgung des Hausmülls durch juristische Personen des öffentlichen Rechts mit Urteil vom 23. 10. 1996 (BStBl II 1997 S. 139) als hoheitliche Tätigkeit angesehen.

Vereine zur Förderung kommunaler Belange (RFH-Urteil vom 24. 9. 1937, RStBl. S. 1105) oder für die Unterhaltung kommunaler Parkhäuser gelten ebenfalls nicht als gemeinnützig. Dasselbe trifft auf sog. **Wirtschaftsförderungsgesellschaften** oder städtische Entwicklungsgesellschaften zu (vgl. FG-Urteile in EFG 1981 S. 202 und 1982 S. 214). Für Wirtschaftsförderungsgesellschaften greift aber eine eigenständige Befreiungsvorschrift in § 5 Abs. 1 Nr. 18 KStG, wenn die in dieser Vorschrift genannten Voraussetzungen erfüllt sind. Nach Auffassung der Finanzverwaltung in einem BMF-Schreiben vom 4. 1. 1996 (BStBl I S. 54) setzt die Anwendung des § 5 Abs. 1 Nr. 18 KStG voraus, daß die Wirtschaftsförderung in der Rechtsform einer Kapitalgesellschaft durchzuführen ist. Die Steuerbefreiung hat zur Folge, daß bei Wirtschaftsförderungsgesellschaften eine Anerkennung als gemeinnützig nicht in Betracht kommt. Vgl. auch BFH-Urteil vom 21. 5. 1997 (BFH/NV 1997 S. 904).

Kein Zweifel an der Gemeinnützigkeit besteht demgegenüber bei zahlreichen anderen öffentlichen Einrichtungen, wie z.B bei Kindergärten, Schulen, Krankenhäusern, Altenheimen, Drogenberatungsstellen usw. Die Abgrenzung zwischen gemeinnützigen und anderen öffentlichen Aufgaben ist deshalb besonders schwierig und nicht befriedigend zu lösen, weil es hierfür keine eindeutigen Kriterien gibt. Würde man z.b. alle hoheitlichen Pflichtaufgaben von der Gemeinnützigkeit ausnehmen, so würde das auch für Schulen gelten, die seit jeher als gemeinnützige Einrichtungen behandelt werden.

Eine **Förderung der Allgemeinheit auf materiellem Gebiet** kann überhaupt nur **in Ausnahmefällen** als gemeinnützig angesehen werden. Vielfach stehen bei materiellen Bestrebungen eigennützige Interessen im Vordergrund. Außerdem pflegt eine materielle Förderung eines Teils der Bevölkerung meist mit entsprechenden Nachteilen für andere Bevölkerungsschichten einherzugehen. Bei der Beurteilung der Gemeinnützigkeit sind deshalb in diesen Fällen strenge Maßstäbe anzulegen. Der RFH (Urteil vom 11. 3. 1930, RStBl. S. 241) hat die Pflege eines einzelnen Zweigs der Volkswirtschaft nicht als gemeinnützig anerkannt. Eine Ausnahme gilt nach seiner Entscheidung nur dann, wenn ein Wirtschaftszweig deshalb gefördert wird, weil seine Verkümmerung die Wohlfahrt der gesamten Volkswirtschaft schädigen würde.

Die Errichtung und der Betrieb eines **Regionalflughafens** ist vom BFH (Urteil vom 21. 8. 1974, BStBl. II 1975 S. 121) nicht als gemeinnütziger Zweck anerkannt worden, weil diese Tätigkeit unmittelbar nur einem kleinen Personenkreis (Luftfahrtunternehmen, Besitzern von Privatflugzeugen) zugute käme. Eine nur mittelbare Förderung der Allgemeinheit auf materiellem Gebiet durch Verbesserung der wirtschaftlichen und verkehrsmäßigen Infrastruktur des Einzugsgebiets des Flughafens reicht für die Gemeinnützigkeit nicht aus.

Da die Verbraucherberatung zu den allgemein als besonders förderungswürdig anerkannten gemeinnützigen Zwecken gehört und damit spendenbegünstigt ist (Nr. 23 der Anlage 7 zu den EStR 1998), können auch **Verbraucherschutz- und Abmahnvereine** gemeinnützig sein. Sie dürfen jedoch keine wirtschaftlichen Einzelinteressen ihrer Mitglieder verfolgen.

3. Beispiele anerkannter gemeinnütziger Zwecke

Die Vielgestaltigkeit des Lebens bringt es mit sich, daß Vereine mit den verschiedenartigsten Zielsetzungen auf das Problem der Gemeinnützigkeit stoßen. Im Vordergrund des Interesses stehen aber trotzdem die in der Praxis am häufigsten vorkommenden Vereinszwecke. Das Gesetz enthält in **§ 52 Abs. 2 AO** eine **beispielhafte Aufzählung** wichtiger gemeinnütziger Zwecke. Bei diesen kann daher grundsätzlich nicht zweifelhaft sein, daß sie zu den begünstigten Zwecken gehören. Weitere Zwecke sind von der Verwaltung im Zusammenhang mit der Spendenbegünstigung in der **Anlage 7 zu R 111 Abs. 1 EStR 1998** ausdrücklich als gemeinnützig anerkannt worden, so daß auch insoweit über die Beurteilung Klarheit besteht.

Im folgenden werden die wichtigsten dieser gemeinnützigen Zwecke dargestellt und erläutert:

a) Förderung von Wissenschaft und Forschung

Der Begriff der Wissenschaft erstreckt sich insbesondere auf die Disziplinen, die an den wissenschaftlichen Hochschulen gelehrt werden. Man unterscheidet dabei zwischen Forschung und Lehre als der reinen Wissenschaft sowie der angewandten Wissenschaft, die z. B. bei der Erstattung wissenschaftlicher Gutachten vorliegt. Gemeinnützig wegen Förderung der Wissenschaft sind vor allem Vereine und Organisationen, die Forschungsaufgaben erfüllen, wissenschaftliche Lehr- und Vortragsveranstaltungen abhalten, wissenschaftliche Werke herausbringen oder wissenschaftliche Sammlungen und Bibliotheken unterhalten. Auch Fachhochschulen dienen wissenschaftlichen Zwecken. Die Erfüllung wissenschaftlicher Aufgaben kann dagegen nicht anerkannt werden bei Schulen, die Allgemeinbildung vermitteln oder für kaufmännische, handwerkliche und gewerbliche Berufe ausbilden. Eine gemeinnützige Förderung der Wissenschaft und Forschung liegt im übrigen nur dann vor, wenn die Arbeitsergebnisse zeitnah veröffentlicht und damit den interessierten Kreisen zugänglich gemacht werden. Eine Forschungstätigkeit im wirtschaftlichen Interesse einzelner Unternehmen erfüllt nicht den Begriff der Gemeinnützigkeit.

Die Besteuerung der **Auftragsforschung** und der Forschungseinrichtungen erfolgt mittlerweile nach Maßgabe des **§ 68 Nr. 9 AO**. Danach ist die Auftragsforschung von solchen Forschungseinrichtungen ein steuerbegünstigter Zweckbetrieb, deren Träger sich überwiegend aus Zuwendungen der öffentlichen Hand oder Dritter oder aus der Vermögensverwaltung finanzieren. Zur Auslegung des § 68 Nr. 9 AO und zu den steuerlichen Besonderheiten bei der Auftragsforschung hat die Finanzverwaltung in einem BMF-Schreiben vom 22. 9. 1999 Stellung genommen (vgl. auch Seite 234).

Die Vorschrift des § 68 Nr. 9 AO gilt grundsätzlich ab dem Veranlagungszeitraum 1997 und rückwirkend für alle noch nicht bestandskräftigen Fälle (vgl. Art. 97 § 1e Einführungsgesetz zur AO).

Nach früherer Auffassung der Finanzverwaltung wurde die Auftragsforschung als Zweckbetrieb behandelt, wenn die Forschungsergebnisse veröffentlicht und dem Auftraggeber keine Exklusivrechte bei der Verwertung eingeräumt wurden; ein wirtschaftlicher Geschäftsbetrieb wurde also nur dann angenommen, wenn dem Auftraggeber Exklusivrechte übertragen wurden. An dieser Beurteilung konnte jedoch im Hinblick auf das BFH-Urteil vom 30. 11. 1995 (BStBl II 1997 S. 189) nicht mehr festgehalten werden.

b) Förderung der Bildung und Erziehung
Eine Förderung der Bildung liegt bei Vereinen vor, die nichtwissenschaftliche Ausbildungsstätten, also Schulen aller Art unterhalten sowie bei sog. Fördervereinen, die von den Eltern in Anlehnung an Schulen gegründet werden. Außerdem sind hier die Einrichtungen der **Erwachsenenbildung**, wie z. B. Volkshochschulen und ähnliche Bildungsstätten, zu erwähnen sowie die Studentenhilfe. Unter Erwachsenenbildung versteht man die Volksbildung außerhalb der allgemeinbildenden Schulen und Berufserziehung. Dabei ist die Beschränkung auf bestimmte Spezialgebiete unschädlich (vgl. BFH-Urteil vom 10. 3. 1976, BStBl. II 1976 S. 469). Problematisch hierbei ist allerdings die Abgrenzung zur nicht gemeinnützigen Freizeitgestaltung.

Die Förderung der Erziehung, z. B. durch einen Verein, der Träger eines Kindergartens ist, überschneidet sich oft mit dem ebenfalls gemeinnützigen Zweck der Jugendhilfe (vgl. Buchst. l). Eine gewisse religiöse, weltanschauliche oder allgemein politische Ausrichtung von Erziehungs- und Bildungseinrichtungen steht der Gemeinnützigkeit nicht entgegen. Vereine, die die Ziele bestimmter politischer Parteien unterstützen und die politische Meinungsbildung beeinflussen wollen, sind indessen nicht gemeinnützig (vgl. AEAO zu § 52 Tz. 10).

Ein Verein, der die **öffentliche Sicherheit und Ordnung** bzw. die **Verbrechensverhütung** in Zusammenarbeit mit den Polizeibehörden durch Aufklärung zur Verhütung und Vorbeugung von Kriminalität fördert, verfolgt ebenfalls den gemeinnützigen Zweck der Volksbildung.

c) Förderung der Kunst und Kultur
Eine Förderung der Kunst und Kultur ist möglich auf dem Gebiet der Musik, der Literatur, der Schauspielkunst und der bildenden Kunst. Zu den gemeinnützigen Körperschaften, die sich auf diesem Gebiet betätigen, zählen insbesondere die Musik- und Gesangvereine. Außerdem gehören hierher Vereine, die Kunstsammlungen anlegen, Ausstellungen veranstalten oder auch Theatervereine, die sich zur Aufgabe gemacht haben, einen größeren Bevölkerungskreis für die Schauspielkunst zu interessieren. Eine bestimmte Kunstrichtung oder ein bestimmtes Kunstniveau ist hierbei nicht erforderlich. Ebenso wie technische Museen können auch historische Eisenbahnvereine als kulturelle Einrichtungen anerkannt werden.

Die Förderung des Amateurfilmens und -fotografierens sowie die Tätigkeit von Oldtimervereinen ist nicht identisch mit den in § 52 Abs. 2 Nr. 4 AO genannten Freizeitaktivitäten. Bei Vereinen mit dieser Zweckverfolgung kann aber eine Steuerbegünstigung wegen der Förderung von Kunst oder (technischer) Kultur in Betracht kommen. Vgl. auch AEAO zu § 52 Tz. 4.

Bei Film- und Fotovereinen setzt dies jedoch voraus, daß sie sowohl nach der Satzung als auch nach der tatsächlichen Geschäftsführung Kunstförderung betreiben.

Bei Oldtimervereinen ist eine Anerkennung der Gemeinnützigkeit wegen der Förderung der (technischen) Kultur im Sinne des § 52 Abs. 2 Nr. 1 AO möglich, vorausgesetzt, daß die Oldtimer ein Oldtimerkennzeichen haben, d. h. daß sie mindestens 30 Jahre (Anlehnung an § 23 Abs. 1c StVZO) alt sind und das Ergebnis der Vereinstätigkeit der Allgemeinheit zugänglich gemacht wird.

Nach dem BFH-Urteil vom 2. 8. 1989 (BFH/NV 1990 S. 146) ist die **Zauberkunst** keine Kunst i. S. des Gemeinnützigkeitsrechts. Von der Finanzverwaltung werden die Grundsätze dieses Urteils allgemein angewandt. D. h. Vereine, die das Zaubern fördern, können nicht als gemeinnützig behandelt werden, weil die Zauberkunst nicht als Kunst i. S. d. § 52 Abs. 2 Nr. 1 AO angesehen wird.

d) Förderung der Religion

Religiöse Zwecke sind von den kirchlichen Zwecken zu unterscheiden. Nach der gesetzlichen Regelung liegen kirchliche Zwecke nur bei den Religionsgemeinschaften des öffentlichen Rechts vor (vgl. Seite 153). Der Begriff der religiösen Zwecke ist dagegen umfassender. Darunter fallen grundsätzlich alle Religionsgemeinschaften, auch nichtchristliche. Auf die Art der von der jeweiligen Religionsgemeinschaft vertretenen Lehre kommt es hierbei nicht an. Zum Begriff „religiöser Zweck", vgl. auch Urteil FG München vom 29. 2. 1996 (EFG 1996 S. 938). Gemeinnützige Zwecke werden deshalb bejaht, weil Religion an sich eine geistige und sittliche Förderung des Menschen bewirkt. Es erscheint zumindest zweifelhaft, ob bei der Zuerkennung der Gemeinnützigkeit weiterhin daran festgehalten werden muß, daß die religiösen Ziele und die Art der Religionsausübung nicht der abendländischen Kulturauffassung zuwiderlaufen dürfen (BFH-Urteil vom 6. 6. 1951, BStBl. III S. 148).

Sogenannten **Jugendreligionen und Jugendsekten** wird die Gemeinnützigkeit in aller Regel nicht zuerkannt; es wird befürchtet, daß sie jugendgefährdend wirken und mitunter nicht frei von wirtschaftlichen Eigeninteressen sind. In der **Transzendentalen Meditation**, deren Zuordnung zu den Religionen nicht eindeutig ist, erblicken die Finanzbehörden trotz des BFH-Urteils vom 20. 1. 1972 (BStBl. II S. 440) grundsätzlich ebenfalls keinen gemeinnützigen Zweck. Vom FG Düsseldorf wurde z. B. mit Urteil vom 9. 5. 1989 (EFG 1990 S. 2) bei einem Verein für Transzendentale Meditation ebenfalls die Gemeinnützigkeit verneint. Nach dem BFH-Urteil vom 26. 2. 1992 (BFH/NV 1992 S. 695) muß bei einem Verein, der die transzendentale Meditation fördert, im Einzelfall geprüft werden, ob der Verein die Verwirklichung nur gemeinnütziger Zwecke anstrebt und sich von den nicht-gemeinnützigen Zwecken distanziert, wie sie sich aus der Verbindung der transzendentalen Meditation mit den Begriffen „Jugendreligionen" und „Jugendsekten" ergeben. Im Urteilsfall wurde die Gemeinnützigkeit des Meditationsvereins aber bereits wegen fehlender formeller Satzungsmäßigkeit nach § 60 AO abgelehnt, da aus der Satzung nicht zweifelsfrei hervorging, ob der Verein ausschließlich gemeinnützige Zwecke verfolgte. Aus den Urteilsgründen läßt sich aber entnehmen, daß Vereine, die sich z. B. auf Meditation oder Yogaübungen beschränken, um insbesondere den alltäglichen Streß abzubauen, mit dieser Zielsetzung für sich genommen gemeinnützig sind (Förderung des öffentlichen Gesundheitswesens). Problematisch hierbei ist aber in der Praxis die Abgrenzung zu den nicht gemeinnützigen Sekten.

Die sog. „**Scientology-Kirche**" und die mit ihr verbundenen Organisationen und Einrichtungen werden hingegen nach den einschlägigen deutschen Rechtsvorschriften nicht als gemeinnützig anerkannt, da ihr Handeln überwiegend von eigenwirtschaftlichen Interessen bestimmt ist. Vgl. hierzu auch das FG-Urteil Münster vom 25. 5. 1994 (EFG 1994 S. 810), wonach Scientology keine Religion ist, sondern eher eine Philosophie und deshalb die Gemeinnützigkeit nicht in Betracht kommt. Hierzu ist mittlerweile das Revisionsverfahren beim BFH anhängig (Az des BFH: XI R 50/94). Die von Scientology-Organisationen gegen Entgelt abgehaltenen Kurse und Seminare sowie die Verkäufe von Druckerzeugnissen und sog. Elektrometern unterliegen danach als Einkünfte aus Gewerbebetrieb der Umsatzsteuer.

Zur Einstufung dieser Aktivitäten als Gewerbe i. S. der Gewerbeordnung, vgl. auch OVG Hamburg (Urteil vom 6. 7. 1993, DVBl 1994 S. 413) sowie Beschluß Bundesarbeitsgericht vom 22. 3. 1995 (DB 1995 S. 1714).

In einem Urteil vom 9. 7. 1986 (BFH/NV 1987 S. 632) hat der BFH einem **Verein für Yoga-Psychologie** die Anerkennung der Gemeinnützigkeit auch bereits wegen fehlender formeller Satzungsmäßigkeit versagt. Ein **esoterischer Verein** fördert nach einem rk. Urteil des FG Baden-Württemberg vom 4. 2. 1988 (EFG S. 270) nicht die Religion oder andere gemeinnützige Zwecke.

e) Förderung der Völkerverständigung

Gemeinnützig ist die Förderung internationaler Gesinnung, der Toleranz auf allen Gebieten der Kultur und des Völkerverständigungsgedankens. Diese Ziele können einmal innerhalb der deutschen Bevölkerung verwirklicht werden, wenn sich z. B. ein Verein die Aufgabe stellt, die menschlichen und kulturellen Beziehungen zu anderen Völkern zu vertiefen. Außerdem kann auch die Betreuung von Ausländern (z. B. Studenten, Gastarbeitern) diesen Zwecken dienen. Erstreckt sich die Tätigkeit eines entsprechenden Vereins auch auf das Ausland, so steht dies der Gemeinnützigkeit grundsätzlich nicht entgegen.

Zur Verwirklichung steuerbegünstigter Zwecke im Ausland, vgl. im einzelnen S. 173.

f) Förderung der Entwicklungshilfe

Unter Entwicklungshilfe versteht man alle Maßnahmen, durch die die Entwicklungsländer wirtschaftlich gefördert werden. Eine Liste der Entwicklungsländer enthält § 6 des früheren Entwicklungsländersteuergesetzes sowie § 5 KStDV. Die Entwicklungshilfe ist aber nicht auf die Länder der sog. „Dritten Welt" beschränkt. Denn über den Kreis der dort genannten Staaten hinaus dient nach einem bundeseinheitlichen Referentenbeschluß die Förderung der wirtschaftlichen und gesellschaftlichen Entwicklung in den reformorientierten Ländern Mittel-, Südost- und Osteuropas ebenfalls der Förderung der Entwicklungshilfe i. S. des § 52 Abs. 2 Nr. 1 AO. Gemeinnützige Aufgaben sind dabei insbesondere Versorgungshilfen zur Beseitigung von Ernährungsschwierigkeiten sowie technische Hilfe durch Beratung und Ausbildung.

g) Förderung des Umweltschutzes

Die Förderung des Umweltschutzes beinhaltet alle Maßnahmen zur Schaffung, Erhaltung und Verbesserung lebensgerechter Umweltbedingungen für Menschen, Tiere und Pflanzen. Dies umfaßt z. B. die Reinhaltung von Luft und Wasser, die Bekämpfung des Lärms, die Abfallbeseitigung, die Verringerung der Strahlenbelastung durch kerntechnische Anlagen sowie die Verbesserung der Sicherheit kerntechnischer Anlagen. Nach dem BFH-Urteil vom 29. 8. 1984 (BStBl. II S. 844) zählen zum Umweltschutz auch Aktivitäten einer Bürgerinitiative für den Umweltschutz im Zusammenhang mit den Vorbereitungen zum Bau einer nuklearen Entsorgungsanlage für radioaktive Abfälle, dem Bau einer solchen Anlage und deren Betrieb, auch wenn dabei eine gewisse Einwirkung auf die politische Meinungsbildung bezüglich der Energiepolitik nicht auszuschließen ist und sich die Tätigkeit gegen staatlich genehmigte Planungen richtet. Die Aktivitäten müssen sich aber auch bei einem Verein zur Förderung des Umweltschutzes im Rahmen der verfassungsmäßigen Ordnung halten (BFH-Urteil vom 29. 8. 1984, BStBl. II 1985 S. 106). Vgl. hierzu auch die Ausführungen zur Gemeinnützigkeit von Bürgerinitiativen auf S. 124. Nach Auffassung der Finanzverwaltung dient im übrigen der Kauf und die Benutzung eines **Geschirrmobils** der Abfallvermeidung und damit ebenfalls der Förderung des Umweltschutzes.

h) Förderung des Landschaftsschutzes

Maßnahmen des Landschaftsschutzes sind alle Betätigungen zur Erhaltung des ursprünglichen Landschaftsbildes sowie der Pflanzen und Tierwelt. Die Veranstaltung einer **Gartenschau** kann zur Landschaftspflege im weitesten Sinne und damit ebenfalls zu den gemeinnützigen Zwecken gehören. Die damit verbundene Erholung der Menschen, die nicht zu den gemeinnützigen Zwecken gehört (BStBl. II 1982 S. 148), ist nur Ausfluß, aber nicht eigentlicher Zweck der Gartenschau. Sie erfüllt im übrigen nicht die Voraussetzungen der Spendenbegünstigung, weil diese eine Förderung der Landschaftspflege i. S. der Naturschutzgesetze erfordern würde (Nr. 18 der Anlage 7 zu den EStR 1998), von der insoweit nicht gesprochen werden kann.

Von der Finanzverwaltung werden auch **Anglervereine** unter dem Gesichtspunkt der Förderung des Naturschutzes und der Landschaftspflege als gemeinnützig i. S. des § 52 AO anerkannt. Hierbei ist aber zu beachten, daß Wettfischveranstaltungen als nicht mit dem Tierschutzgesetz und mit der Gemeinnützigkeit vereinbar anzusehen sind. Der Verkauf von Angelkarten durch einen Anglerverein an Vereinsmitglieder ist ein steuerbegünstigter Zweckbetrieb; der Verkauf an Nichtmitglieder stellt hingegen einen steuerpflichtigen wirtschaftlichen Geschäftsbetrieb dar.

i) Förderung des Denkmalschutzes
Denkmalschutz ist die Pflege und Wiederherstellung historischer, wissenschaftlich oder künstlerisch besonders wichtiger Baudenkmale (Schlösser, Kirchen, Ruinen, Wohnhäuser, Brunnen usw.).

k) Förderung des Heimatgedankens
Heimatpflege können auch Vereine von außerhalb des Bundesgebiets beheimatet gewesenen Personen betreiben, indem sie die Erinnerung an die ehemalige Heimat wach zu halten suchen. Heimatpflege liegt sonst vor bei Heimatmuseen, historischen Theateraufführungen, traditionellen Heimatfesten oder der Pflege von Mundart und Brauchtum, z. B. durch Trachtenvereine. Nicht in erster Linie heimatbezogene Veranstaltungen (z. B. Volksfeste) sind nicht gemeinnützig, zumal sie sich auch in erheblichem Umfang der Pflege der Geselligkeit widmen.

Alemannische Narrenzünfte mit historischer Tradition und einer nur untergeordneten Pflege der Geselligkeit können dagegen wegen der Förderung des Heimatgedanken nach § 52 Abs. 2 Nr. 1 AO gemeinnützig sein; seit 1990 ist dies auch nach § 52 Abs. 2 Nr. 4 AO wegen der Förderung der Fastnacht möglich (vgl. Buchst. r). Unter die Förderung der Heimatpflege und Heimatkunde fällt im übrigen auch ein Verein, dessen Tätigkeit nach seiner Satzung und tatsächlichen Geschäftsführung auf die **postalische Heimatforschung** gerichtet ist.

l) Förderung der Jugendhilfe
Die Gemeinnützigkeit wegen Förderung der Jugendhilfe ist nicht auf die Träger der freien Jugendhilfe i. S. des Gesetzes über Jugendwohlfahrt beschränkt. Unter diesen Begriff fallen im Grunde alle Einrichtungen, die Erziehungsaufgaben wahrnehmen, wie z. B. Kindergärten, Jugendheime, Lehrlingsheime, Jugendherbergen, Ferienheime und dgl. Der Jugendhilfe dienen insbesondere die Jugendverbände und Jugendorganisationen, auch soweit sie konfessionell gebunden sind.

m) Altenhilfe
Zur Altenhilfe im Sinne des Bundessozialhilfegesetzes gehört die Förderung der Geselligkeit, der Unterhaltung und der kulturellen Bedürfnisse alter Menschen. Da hierbei nicht die Geselligkeit, sondern die Altenhilfe der Hauptzweck ist, liegen gemeinnützige Aufgaben vor (Erlaß der Finanzbehörde Hamburg vom 1. 9. 1966, DB 1966, S. 1497).

Vgl. auch AEAO zu § 68 Tz. 8. Danach sind zwar gesellige Veranstaltungen als steuerpflichtige wirtschaftliche Geschäftsbetriebe zu behandeln. Veranstaltungen, bei denen auch die Geselligkeit gepflegt wird, die aber in erster Linie zur Betreuung behinderter Personen durchgeführt werden, können jedoch unter den Voraussetzungen der §§ 65, 66 AO Zweckbetrieb sein.

Die Unterhaltung von Altenheimen, Pflegeheimen, Erholungsheimen und Mahlzeitendiensten sind nach § 68 Nr. 1 a AO ein steuerbegünstigter Zweckbetrieb, wenn sie in besonderem Maße den in § 53 AO genannten Personen dienen (vgl. S. 149).

n) Förderung des öffentlichen Gesundheitswesens

Zur Förderung des öffentlichen Gesundheitswesens gehört insbesondere die Bekämpfung von Seuchen, von Zivilisationskrankheiten, von Krebs und Aids, die Tätigkeit der Krankenanstalten sowie die Bekämpfung von Drogenmißbrauch und Suchtgefahren. Im weiteren Sinne umfaßt die Gesundheitspflege ferner die Unfallverhütung, den Arbeitsschutz und die Rettung aus Lebensgefahr. Auch ein Verein, der den Erhalt und die Förderung des bestehenden Gesundheitssystems in Deutschland zum Satzungsziel hat, verfolgt den gemeinnützigen Zweck des öffentlichen Gesundheitswesens.

o) Förderung des Wohlfahrtswesens

Unter Wohlfahrtspflege versteht man die Sorge für notleidende oder gefährdete Mitmenschen auf gesundheitlichem, sittlichem, erzieherischem oder wirtschaftlichem Gebiet (§ 66 Abs. 2 AO). Maßnahmen der Wohlfahrtspflege gehören in der Regel nicht im engeren Sinn zu den gemeinnützigen, sondern zu den mildtätigen Zwecken. Insofern wird auf § 66 AO und die Erläuterungen zu dieser Bestimmung auf S. 209 verwiesen. Mitunter können aber Wohlfahrtsaufgaben auch zu den gemeinnützigen Zwecken gehören, wie es z. B. bei Erziehungsheimen und Einrichtungen für Suchtgefährdete zutrifft. Diese Zwecke lassen sich jedoch bereits unter die Förderung der Erziehung oder des öffentlichen Gesundheitswesens einordnen.

Das Vorliegen mildtätiger Zwecke setzt nach § 53 AO voraus, daß der geförderte Personenkreis wirtschaftlich, körperlich, geistig oder seelisch hilfsbedürftig ist, während bei gemeinnützigen Zwecken diese Voraussetzung regelmäßig nicht erfüllt zu sein braucht.

p) Förderung des Sports

Nach Auffassung der Finanzverwaltung im AEAO zu § 52 Tz. 2 ist ein wesentliches Element des Sports die körperliche Ertüchtigung. Motorsport- und Ballonfahren fällt danach unter den Begriff des Sports.

Zur **Auslegung des Begriffs** Sport und zur Abgrenzung des Sports i. S. d. § 52 Abs. 2 Nr. 2 AO zur Förderung von Freizeitaktivitäten i. S. d. § 52 Abs. 2 Nr. 4 AO, vgl. auch das **BFH-Urteil vom 29. 10. 1997 (BStBl II 1998 S. 9)**. Danach ist Motorsport (hier: Automobilsport) Sport im Sinne des § 52 Abs. 2 Nr. 2 AO. Das entscheidende Kriterium hierfür ist die Eignung des Motorsports zur körperlichen Ertüchtigung.

Darüber hinaus hat der BFH in dieser Entscheidung zwei wichtige Aussagen zur Förderung des Sports im Sinne des Gemeinnützigkeitsrechts getroffen:

– Sport im Sinne des § 52 Abs. 2 Nr. 2 AO setzt keine körperliche Ertüchtigung durch Leibesübungen voraus (Änderung der Rechtsprechung).

– Die Gemeinnützigkeit der Förderung des Sports setzt nicht voraus, daß die geförderte Sportart weder unfallträchtig noch umweltbelastend ist.

Motorsportclubs im ADAC werden hingegen von der Finanzverwaltung nicht als gemeinnützig anerkannt, wenn eine enge satzungsmäßige Verklammerung der Mitgliedschaft in den Clubs mit der Mitgliedschaft im ADAC vorliegt (keine Förderung der Allgemeinheit). Vgl. auch BFH-Urteil vom 5. 8. 1992 (BStBl II 1992 S. 1048) zur fehlenden formellen Satzungsmäßigkeit bei einem ADAC-Ortsclub. Die Gemeinnützigkeit kann nur dann anerkannt werden, wenn die Voraussetzungen der §§ 51 ff. AO erfüllt sind und die Clubs keine regionalen Untergliederungen des nicht gemeinnützigen ADAC darstellen. Sowohl nach der Satzung als auch nach der tatsächlichen Geschäftsführung muß eine Abgrenzung des Ortsvereins vom ADAC getroffen worden sein. Es dürfen keine finanziellen oder personellen Abhängigkeiten bestehen. Vgl. hierzu z.b. Erlaß FinMin Baden-Württemberg vom 15. 4. 1993 (KSt-Kartei zu § 5 Abs. 1 Nr. 9 KStG Nr. 28) sowie gleichlautende Verfügung der OFD Münster vom 28. 9. 1993 (DB 1993 S. 2363).

Die Finanzverwaltung hält aber – ungeachtet des BFH-Urteils vom 29. 10. 1997 (BStBl II 1998 S. 9) – auch im neuen AEAO vom 15. 7. 1998 zu § 52 Tz. 2 daran fest, daß die **körperliche Ertüchtigung** ein wesentliches Element des Sports ist. Betätigungen wie **Skat-, Bridge- und Gospiel, Denksport, Tischfußball und Tippkick** (BFH-Urteil vom 12. 11. 1986, BFH/NV 1987 S. 705), und dergl., bei denen der Begriff des Sports in einem übertragenen Sinne verwandt wird, können daher nach wie vor **nicht** als Förderung des Sports anerkannt werden. Dasselbe gilt für **Hundesport** (vgl. BFH-Urteil vom 13. 12. 1978, BStBl. II 1979 S. 495), **Modellflug** und **Amateurfunken;** diese werden jedoch nach § 52 Abs. 2 Nr. 4 AO als eigenständige gemeinnützige Zwecke angesehen (vgl. S. 136f.).

Pferderennvereine können zwar nicht wegen Förderung des Sports, aber wegen ausschließlicher, unmittelbarer und selbstloser Förderung der Pferdezucht gemeinnützig sein (Urteil des Niedersächsischen FG vom 18. 9. 1981, EFG 1982 S. 320). Hiergegen bestehen u.E. aber aus gemeinnützigkeitsrechtlicher Sicht erhebliche Bedenken, da diese Vereine in erster Linie eigenwirtschaftliche Zwecke verfolgen und damit nicht selbstlos tätig sind. Die Finanzverwaltung hat jedoch mittlerweile auf Bundesebene beschlossen, daß Pferderennvereine grundsätzlich weiterhin wegen der Förderung der Tierzucht als gemeinnützig behandelt werden können.

Turniermäßig betriebener **Tanzsport** ist dagegen als sportlicher Zweck anzusehen.

Billardvereine (einschl. des sog. Pool-Billard) sind gemeinnützige Sportvereine, wenn sie das Billardspiel auch turnier- und wettkampfmäßig betreiben und die Pflege der Geselligkeit nicht im Vordergrund steht.

Dasselbe gilt für **Wandervereine.** Allerdings ist bei Wandervereinen z. B. die Durchführung wettkampfmäßig betriebener Volksmärsche nicht generell Voraussetzung für die Anerkennung der Gemeinnützigkeit.

Dart-Vereine sind ebenfalls gemeinnützige Sportvereine i. S. des § 52 Abs. 2 Nr. 2 AO, wenn Dart nach den Regeln des Deutschen Dartverbandes wettkampfmäßig betrieben wird. Die überwiegende Austragung der Wettkämpfe in Gaststätten ist, wie bei Billard und Sportkegeln, für die Sporteigenschaft unschädlich.

Drachenflug-Vereine, d. h. Vereine, die insbesondere mit Modellen Drachen steigen lassen, werden mittlerweile von der Finanzverwaltung ebenfalls als gemeinnützig anerkannt, wenn sich die Tätigkeit der Vereine auf die Förderung des Baus der Drachenmodelle erstreckt; diese Tätigkeit wird als identisch mit der Förderung des Modellflugs angesehen (vgl. AEAO zu § 52 Tz. 4).

Das **Schachspiel** ist hingegen durch ausdrückliche gesetzliche Regelung in § 52 Abs. 2 Nr. 2 S. 2 AO dem Sport gleichgestellt.

Die **Unterhaltung eines Schwimmbades** kann ebenfalls als Förderung des Sports angesehen werden, obgleich der BFH (Urteil vom 30. 9. 1981, BStBl. II 1982 S. 148) das bloße Baden als nicht gemeinnützig bezeichnet hat.

Wird der Sport nicht als Hauptzweck, sondern nur im Interesse geselliger Veranstaltungen betrieben, so ist er steuerlich nicht begünstigt. Außerdem ist nur der Amateursport gemeinnützig. Die Förderung des bezahlten Sports ist kein gemeinnütziger Zweck, weil dadurch eigenwirtschaftliche Interessen der bezahlten Sportler gefördert werden. Nach § 58 Nr. 9 AO ist es jedoch für die Gemeinnützigkeit eines Sportvereins unschädlich, wenn dieser neben dem unbezahlten auch den bezahlten Sport fördert.

q) Förderung des demokratischen Staatswesens

Als weiteres Beispiel für gemeinnützige Zwecke wurde in § 52 Abs. 2 Nr. 3 AO die Förderung des demokratischen Staatswesens (Förderung staatsbürgerlicher Zwecke) im Geltungsbereich des Grundgesetzes aufgenommen. Hierzu gehören nicht Bestrebungen, die nur bestimmte Einzelinteressen staatsbürgerlicher Art verfolgen oder die auf den kommunalpolitischen Bereich beschränkt sind. Die allgemeine Förderung des demokratischen Staatswesens liegt vielmehr vor, wenn sich eine Körperschaft umfassend mit den demokratischen Grundprinzipien befaßt und diese objektiv und neutral würdigt; die Förderung **politischer Zwecke** durch die Beeinflussung der politischen Meinungsbildung und durch die Unterstützung bestimmter parteipolitischer Interessen ist hingegen kein gemeinnütziger Zwecke (vgl. auch AEAO zu § 52 Tz. 10). Durch die Förderung staatsbürgerlicher Zwecke werden regelmäßig zugleich auch andere gemeinnützige – und spendenbegünstigte – Zwecke (insbesondere Volksbildung) verwirklicht. Die Regelung des § 52 Abs. 2 Nr. 3 AO hat deshalb auch keine große praktische Bedeutung.

r) Förderung von bestimmten Freizeitaktivitäten (§ 52 Abs. 2 Nr. 4 AO)

Die in § 52 Abs. 2 AO genannten gemeinnützigen Zwecke wurden durch das seit 1990 geltende Vereinsförderungsgesetz ausdrücklich um folgende Betätigungen ergänzt, die überwiegend im **Freizeitbereich** angesiedelt sind:

„die Förderung der Tierzucht, der Pflanzenzucht, der Kleingärtnerei, des traditionellen Brauchtums einschließlich des Karnevals, der Fastnacht und des Faschings, der Soldaten- und Reservistenbetreuung, des Amateurfunkens, des Modellflugs und des Hundesports".

Nach dem BFH-Urteil vom 14. 9. 1994 (BStBl 1995 II S. 499) ist die Aufzählung der gemeinnützigen Zwecke in § 52 Abs. 2 Nr. 4 AO nicht abschließend, sondern beispielhaft. Allerdings reicht es für die Anerkennung der Gemeinnützigkeit auch nicht aus, daß die Freizeitgestaltung sinnvoll und einer der in § 52 Abs. 2 Nr. 4 AO genannten Zwecke ähnlich ist. Die Förderung von Freizeitaktivitäten außerhalb des Bereichs des Sports ist vielmehr nur dann als Förderung der Allgemeinheit anzuerkennen, wenn die Freizeitaktivitäten hinsichtlich der Merkmale, die ihre steuerrechtliche Förderung rechtfertigen, mit den im Katalog des § 52 Abs. 2 Nr. 4 genannten Freizeitgestaltungen **identisch** sind. Vgl. hierzu auch AEAO zu § 52 Tz. 4.

Nach Auffassung der Finanzverwaltung ist die Förderung des Baus und Betriebs von Schiffs-, Auto-, Eisenbahn- und Drachenflugmodellen identisch mit der Förderung des Modellflugs, die Förderung des CB-Funkens mit der Förderung des Amateurfunkens. Ob diese Zwecke auch **spendenbegünstigt** sind (vgl. Nr. 21 der Anlage 7 zu den EStR), ist bislang umstritten; von der Finanzverwaltung wird dies bisher mit der Begründung abgelehnt, daß die Aufzählung in der Nr. 21 der Anlage 7 im Gegensatz zu der Aufzählung in § 52 Abs. 2 Nr. 4 AO abschließend sei.

Nicht identisch in diesem Sinn mit den in § 52 Abs. 2 Nr. 4 AO genannten Freizeitaktivitäten und deshalb nicht als eigenständige gemeinnützige Zwecke anerkannt werden z. B. die Förderung des Amateurfilmens und -fotografierens sowie die Tätigkeit von Oldtimervereinen. Bei Vereinen mit dieser Zweckverfolgung kann aber eine Steuerbegünstigung wegen der Förderung von Kunst oder (technischer) Kultur in Betracht kommen. Vgl. hierzu die Ausführungen auf S. 129 f.

Die Förderung nachstehender Betätigungen wird hingegen von der Finanzverwaltung als **nicht** mit einem der in § 52 Abs. 2 Nr. 4 AO genannten Zwecke identisch angesehen:

- Sammeltätigkeiten (z. B. Sammeln von Briefmarken, Münzen oder Autogrammkarten)
- Karten- und Brettspiele (z. B. Skat, Bridge, Go)
- Kochen, Bierbrauen und Zaubern, Wettrauchen und -spucken
- Die Tätigkeit der Reise- und Touristikvereine, Saunavereine und Geselligkeitsvereine.

Nach den AEAO zu § 52 Tz. 6 und 7 können hingegen wegen der Förderung der gemeinnützigen Brauchtumspflege im Sinne des § 52 Abs. 2 Nr. 4 AO insbesondere als gemeinnützig angesehen werden:

- Historische Schützenbrüderschaften
- Freizeitwinzervereine
- Junggesellen- und Burschenvereine (z. B. Setzen von Maibäumen).

Außerdem gelten nach Auffassung der Finanzverwaltung bei bestimmten gemeinnützigen Zwecken i. S. des § 52 Abs. 2 Nr. 4 AO folgende Besonderheiten: **Obst- und Gartenbauvereine** fördern in der Regel die Pflanzenzucht i. S. des § 52 Abs. 2 Nr. 4 AO. Die Förderung der Bonsaikunst ist Pflanzenzucht, die Förderung der Aquarien- und Terrarienkunde Tierzucht i. S. d. Vorschrift. Allerdings ist bei Tier- und Pflanzenzuchtvereinen, Freizeitwinzervereinen sowie Junggesellen- oder Burschenvereinen besonders auf die Selbstlosigkeit (§ 55 AO) und die Ausschließlichkeit nach § 56 AO zu achten. Eine Körperschaft ist z. B. nicht selbstlos tätig, wenn sie in erster Linie eigenwirtschaftliche Zwecke ihrer Mitglieder (z. B. bei gewerblichen Tierzüchtern) fördert. Sie verstößt z. b. gegen das Gebot der Ausschließlichkeit, wenn die Durchführung von Festveranstaltungen (z. B. Winzerfest, Maiball) Satzungszweck des Vereins ist.

Im Zusammenhang mit der Anerkennung der Gemeinnützigkeit von Karneval, Fastnacht und Fasching hat die Finanzverwaltung auch in einem bundeseinheitlichen Beschluß zur **Besteuerung der Karnevalsvereine** Stellung genommen. Danach sind **Karnevalssitzungen** grundsätzlich als steuerbegünstigte Zweckbetriebe „kulturelle Veranstaltungen" zu behandeln. Bei gemischten Veranstaltungen (Karnevalssitzung mit anschließendem Tanz) kommt es jedoch darauf an, ob die Veranstaltung überwiegend den Charakter einer Karnevalssitzung (Zweckbetrieb) oder einer Tanzveranstaltung (steuerpflichtiger wirtschaftlicher Geschäftsbetrieb) hat. Außerdem stellt der **Verkauf von Speisen und Getränken** bei Karnevalssitzungen durch den Verein immer einen steuerpflichtigen wirtschaftlichen Geschäftsbetrieb dar. Ebenfalls als steuerpflichtiger wirtschaftlicher Geschäftsbetrieb werden **Maskenbälle und Tanzveranstaltungen** angesehen. Die Durchführung des **Rosenmontagszugs** wird hingegen als steuerbegünstigter Zweckbetrieb beurteilt; Einnahmen aus der Vermietung von Tribünenplätzen an Zuschauer sowie aus dem Verkauf von Zugplaketten werden diesem Zweckbetrieb zugeordnet.

Die Anerkennung von Karneval, Fastnacht und Fasching als Brauchtumspflege bedeutet aber keine allgemeine Ausweitung der Brauchtumspflege im Sinne des Gemeinnützigkeitsrechts. Deshalb sind **studentische Verbindungen**, z. B. Burschenschaften und ähnliche Vereinigungen, z. B. Landjugendvereine, Country- und Westernvereine und Vereine, deren Hauptzweck die Veranstaltung von örtlichen Volksfesten (z. B. Kirmes, Schützenfest) ist, i. d. R. nach wie vor nicht gemeinnützig.

Soldaten- und Reservistenvereine verfolgen in der Regel gemeinnützige Zwecke i. S. des § 52 Abs. 2 Nr. 4 AO, wenn sie aktive und ehemalige Wehrdienstleistende, Zeit- und Berufssoldaten betreuen, z. B. über mit dem Soldatsein zusammenhängende Fragen beraten, Möglichkeiten zu sinnvoller Freizeitgestaltung bieten oder beim Übergang in das Zivilleben helfen. Die Pflege der Tradition durch Soldaten- und Reservistenvereine ist weder steuerbegünstigte Brauchtumspflege noch Betreuung von Soldaten und Reservisten i. S. des § 52 Abs. 2 Nr. 4 AO; ebenso ist die Pflege der Kameradschaft kein gemeinnütziger Zweck (vgl. AEAO zu § 52 Tz. 8).

Bei **Geselligkeitsvereinen**, die vorwiegend geselligen oder gesellschaftlichen Charakter haben, fehlt es also auch künftig an der Gemeinnützigkeit. Reine Geselligkeitsvereine können deshalb auch nach der Erweiterung der gemeinnützigen Zwecke in § 52 Abs. 2 Nr. 4 AO nicht als steuerbegünstigt anerkannt werden (vgl. auch § 58 Nr. 8 AO).

s) ABC der gemeinnützigen Zwecke
Nachfolgend werden in alphabetischer Reihenfolge praktische Beispielsfälle aus dem Bereich der Gemeinnützigkeit angesprochen. Weitere gemeinnützige Zwecke ergeben sich aus der vorstehenden Darstellung der wichtigsten gemeinnützigen Zwecke (vgl. S. 128 f.) und aus dem Verzeichnis in der Anlage 7 zu den EStR über die besonders förderungswürdig anerkannten gemeinnützigen Zwecke (vgl. S. 265 f.).

Abfallbeseitigung: gemeinnützig als Teil des Umweltschutzes und spendenbegünstigt (Nr. 24 der Anlage 7). Nicht gemeinnützig sind jedoch Kapitalgesellschaften, die von öffentlich-rechtlichen Körperschaften zur Durchführung der Abfallbeseitigung errichtet werden (vgl. BFH-Urteile vom 27. 10. 1993 und vom 15. 12. 1993, BStBl II 1994 S. 314 und S. 573). Vgl. hierzu auch StEd 1995 S. 618.

Bekämpfung jeglichen **Alkoholkonsums:** nach dem RFH-Urteil vom 10. 7. 1934 (RStBl. 1935 S. 324) nicht gemeinnützig.

Bekämpfung des **Alkoholmißbrauchs:** gemeinnützig und spendenbegünstigt (BFH-Urteil vom 6. 6. 1951, BStBl. III S. 148 und Nr. 1 der Anlage 7).

Altershilfe: gemeinnützig und spendenbegünstigt (Nr. 10 der Anlage 7); Alters- und Pflegeheime können nach § 68 Nr. 1a AO Zweckbetrieb sein.

Altherrrenvereine: werden von der Finanzverwaltung nicht als gemeinnützig anerkannt, da die Pflege der Geselligkeit und der Kameradschaft kein gemeinnütziger Zweck ist.

Amateurfilmen und -photographieren; gemeinnützig, wenn Kunst und Kultur gefördert werden, vgl. S. 129.

Amateurfunkvereine: nach § 52 Abs. 2 Nr. 4 AO gemeinnützig und spendenbegünstigt (Nr. 21 der Anlage 7). Nach Auffassung der Finanzverwaltung ist das CB-Funken ebenfalls ein gemeinnütziger Zweck i. S. dieser Vorschrift.

Anglervereine: können unter dem Gesichtspunkt der Förderung des Naturschutzes und der Landschaftspflege als gemeinnützig und spendenbegünstigt (Nr. 18 der Anlage 7) anerkannt werden. Zur steuerlichen Behandlung des Verkaufs von Angelkarten, vgl. S. 132.

Arbeitslosenhilfevereine: können gemeinnützig (Förderung der Berufsbildung) oder mildtätig (Hilfe bei seelischen oder wirtschaftlichen Notlagen) sein, sofern nicht in erster Linie Dienstleistungen auf dem Markt angeboten werden (vgl. Urteil FG Niedersachsen vom 2. 6. 1983, EFG 1984 S. 45). Beide Zwecke sind auch spendenbegünstigt.

Astrologievereine: nicht gemeinnützig (Urteil FG Schleswig-Holstein vom 22. 3. 1996, EFG 1996 S. 940).

Atomkraftgegner: können nach dem BFH-Urteil vom 29. 8. 1984 (BStBl. II

S. 844) wegen der Förderung des Umweltschutzes gemeinnützig und spendenbegünstigt sein (Nr. 24 der Anlage 7).

Ballonsportverein: kann wegen der Förderung des Sports als gemeinnützig und spendenbegünstigt (Nr. 3 der Anlage 7) anerkannt werden; Ballonfahrten mit Nichtmitgliedern gegen Entgelt sowie Ballonwerbung stellen jedoch einen steuerpflichtigen wirtschaftlichen Geschäftsbetrieb dar. Vgl. auch AEAO zu § 52 Tz. 2.

Beschäftigungsgesellschaften: nur gemeinnützig, wenn das Schwergewicht ihrer Tätigkeiten auf der beruflichen Qualifizierung, der Umschulung oder der sozialen Betreuung liegt, nicht aber bei der Durchführung oder Förderung von Arbeitsbeschaffungsmaßnahmen. Die Spendenbegünstigung kann sich aus der Nr. 5 der Anlage 7 ergeben. Vgl. hierzu im einzelnen BMF-Schreiben vom 11. 3. 1992 (BStBl. I 1993 S. 214). Zu dieser Problematik hat jedoch auch der BFH mit Urteil vom 26. 4. 1995 (BStBl II 1995 S. 767) Stellung genommen. Vom BFH wurde dabei entschieden, daß bei einer Beschäftigungsgesellschaft auch die Übernahme und Ausführung von Lohnaufträgen, die einer sinnvollen Arbeitstherapie dienen, als Zweckbetrieb i.s. des § 65 AO anzusehen sind. Dies gelte auch unter Berücksichtigung der Wettbewerbsklausel im § 65 Nr. 3 AO.

Betriebskindergarten: kann unter bestimmten Voraussetzungen wegen der Förderung der Bildung und Erziehung gemeinnützig und spendenbegünstigt sein, vgl. S. 121.

Billardverein: wegen der Förderung des Sports gemeinnützig und spendenbegünstigt (Nr. 3 der Anlage 7), wenn das Billardspiel auch turnier- und wettkampfmäßig betrieben wird.

Bridgespiel: nicht gemeinnützig.

Briefmarkensammelvereine: auch nach der Erweiterung der gemeinnützigen Zwecke durch § 52 Abs. 2 Nr. 4 AO nicht gemeinnützig. Die postalische Heimatforschung kann aber wegen der Förderung der Heimatpflege gemeinnützig sein (vgl. S. 133).

Bürgerinitiativen: können grundsätzlich als gemeinnützig anerkannt werden, vgl. S. 124.

Campingverein: nicht gemeinnützig (BFH-Urteil vom 22. 10. 1971, BStBl. II 1972 S. 204).

Car-Sharing: Wegen fehlender Selbstlosigkeit nach § 55 AO nicht gemeinnützig.

CB-Funken: gemeinnützig (identisch mit der Förderung des Amateurfunkens), aber bislang nicht spendenbegünstigt (vgl. S. 137).

Computerclub: nicht gemeinnützig.

Country- u. Westernvereine: nicht gemeinnützig (vgl. AEAO zu § 52 Tz. 6).

Dartclub: Wegen der Förderung des Sports gemeinnützig und spendenbegünstigt (Nr. 3 der Anlage 7), wenn Dart wettkampfmäßig betrieben wird (vgl. S. 135).

Dialyse-Vereine: In der Regel gemeinnützig; die Tätigkeit ist als steuerbegünstigter Zweckbetrieb i.S. des § 65 AO zu behandeln. Vgl. Erlaß FinMin

Baden-Württemberg vom 16. 3. 1993 (KSt-Kartei zu § 5 Abs. 1 Nr. 9 KStG Nr. 26).

Drachenflug-Vereine: gemeinnützig, wenn sich die Tätigkeit des Vereins auf die Förderung des Baus der Drachenmodelle erstreckt (identisch i. S. d. § 52 Abs. 2 Nr. 4 AO mit der Förderung des Modellflugs), aber nicht spendenbegünstigt (vgl. S. 137).

Dritte-Welt-Laden: ein Verein, der nur einen Dritte-Welt-Laden (steuerpflichtiger wirtschaftlicher Geschäftsbetrieb) unterhält, ist nicht gemeinnützig.

Bekämpfung des **Drogenmißbrauchs:** als Förderung der öffentlichen Gesundheitspflege gemeinnützig und spendenbegünstigt (Nr. 1 der Anlage 7).

Eheanbahnung und Ehevermittlung: nicht gemeinnützig (BFH-Urteil vom 28. 8. 1968, BStBl. II 1969 S. 145).

Einkaufsvereinigung: nicht gemeinnützig, da eigenwirtschaftliche Zwecke gefördert werden.

Eisenbahnmodellbauverein: nach dem BFH-Urteil vom 14. 9. 1994 (BStBl 1995 II S. 499) gemeinnützig, vgl. auch S. 137.

Erholungsheim: grundsätzlich nicht gemeinnützig. Die Erholung kann aber dann begünstigt sein, wenn sie einem besonders schutzbedürftigen Personenkreis (z. B. Kranke, Jugendliche) zugute kommt oder in einer bestimmten Art und Weise (z. B. auf sportlicher Grundlage) durchgeführt wird (BFH-Urteil vom 22. 11. 1972, BStBl. II 1973 S. 251 und vom 30. 9 1981, BStBl. II 1982 S. 148). Vgl. auch AEAO zu § 52 Tz. 9.

Esoterischer Verein: nicht gemeinnützig (vgl. Urteil FG Baden-Württemberg vom 4. 2. 1988, EFG 1988 S. 270).

Feuerbestattungsverein: nach dem BFH-Urteil vom 14. 12. 1978 (BStBl. II 1979 S. 492) gemeinnützig. Nach Auffassung der Finanzverwaltung kann jedoch ein Feuerbestattungsverein, zu dessen Satzungszwecken der Betrieb eines Krematoriums gehört, wegen fehlender Selbstlosigkeit nicht als gemeinnützig behandelt werden. Der Verein kann auch nach einer etwaigen Streichung seiner wirtschaftlichen Tätigkeit aus der Satzung nur dann gemeinnützig sein, wenn seine steuerbegünstigte Tätigkeit (insbesondere Aufklärungs- und Beratungsleistungen) bei der tatsächlichen Geschäftsführung die wirtschaftliche Tätigkeit (Durchführung von Feuerbestattungen gegen Entgelt) überwiegt.

Feuerwehrförderverein: wegen der Förderung des Feuerschutzes gemeinnützig und spendenbegünstigt (Nr. 13 der Anlage 7), wenn die Pflege der Kameradschaft nicht im Vordergrund steht. Die Feuerwehrkameradschaft kann deshalb nicht als gemeinnützig anerkannt werden.

Film- und Fotoclubs: gemeinnützig, wenn das Amateurfilmen und -fotografieren Kunst und Kultur fördert (vgl. S. 129).

Flugrettungsdienste: können gemeinnützig und spendenbegünstigt sein (Nr. 11 der Anlage 7). Primärflüge (Notfalleinsätze) und Sekundärflüge (z. B. Rückholung von Kranken aus dem Ausland) sind als Zweckbetrieb i. S. des § 65 AO zu behandeln.

Flugsportverein: gemeinnützig und spendenbegünstigt (Nr. 3 der Anlage 7).

Fördervereine: Vereine, die Mittel für die steuerbegünstigten Zwecke einer anderen Körperschaft beschaffen (z. B. Schulförderverein), sind gemeinnützig und spendenbegünstigt. Ein Förderverein, der z. B. Mittel für eine Stadthalle (Mehrzweckhalle) sammelt, ist hingegen – im Gegensatz zu einem Förderverein, der Mittel z. B. für den Bau einer Sporthalle durch einen Sportverein beschafft – nicht gemeinnützig, vgl. S. 170.

Forschungseinrichtungen: können gemeinnützig sein. Die Auftragsforschung ist unter den Voraussetzungen des § 68 Nr. 9 AO ein steuerbegünstigter Zweckbetrieb.

Frauenhäuser: zum Schutz mißhandelter Frauen sind wegen der Förderung mildtätiger Zwecke steuer- und spendenbegünstigt.

Freikörperkultur: nur gemeinnützig, wenn der FKK-Verein in erster Linie den Charakter eines Sportvereins hat.

Freimaurerlogen: nicht gemeinnützig (BFH-Urteil vom 26. 1. 1973, BStBl. II S. 430).

Freizeitgestaltung: die Freizeitgestaltung und allgemeine Erholung des Menschen ist grundsätzlich kein gemeinnütziger Zweck (BFH-Urteile vom 22. 11. 1972, BStBl. II 1973 S. 251 und vom 30. 9. 1981, BStBl. II 1982 S. 148). Etwas anderes gilt aber dann, wenn die Freizeitgestaltung Teil der Jugend- oder Altenhilfe ist oder in einer bestimmten Art und Weise (z.b. auf sportlicher Grundlage) vorgenommen wird. Vgl. AEAO zu § 52 Tz. 9. Z.B. werden „Selbsthilfegruppen alleinstehender Menschen", die auch die gemeinsame Freizeitgestaltung der Alleinstehenden fördern, von der Finanzverwaltung nicht als gemeinnützig anerkannt. Nach dem Grundsatz der Ausschließlichkeit gilt dies auch dann, wenn solche Vereine daneben noch gemeinnützigen Zwecken dienen.

Freizeitwinzervereine: können wegen der Förderung der Heimatpflege als gemeinnützig behandelt werden. Allerdings ist bei diesen Vereinen auf die Selbstlosigkeit nach § 55 AO und die Ausschließlichkeit nach § 56 AO zu achten (vgl. AEAO zu § 52 Tz. 7).

Fremdenverkehrsverein: Nach Auffassung der Finanzverwaltung können auch überregional tätige Fremdenverkehrsvereine nicht mehr als gemeinnützigen Zwecken dienend anerkannt werden. Die Förderung des örtlichen Fremdenverkehrs wurde bereits in der Vergangenheit nicht als gemeinnütziger Zweck angesehen (vgl. DB 1995 S. 2500).

Förderung des **Friedens:** ist grundsätzlich ein gemeinnütziger Zweck und im Begriff der Völkerverständigung enthalten (BFH-Urteil vom 23. 11. 1988, BStBl. II 1989 S. 391). Die Spendenbegünstigung ergibt sich aus der Nr. 12 der Anlage 7. Vgl. auch S. 125.

Fußballbundesligavereine: können wie andere Sportvereine gemeinnützig und spendenbegünstigt sein, vgl. S. 213.

Gartenschau: die Veranstaltung einer Gartenschau kann als Förderung der Landschaftspflege zwar gemeinnützig, nicht aber spendenbegünstigt sein (vgl. S. 132).

Gesangvereine: sind wegen der Förderung von Kunst und Kultur gemeinnützig und spendenbegünstigt (Nr. 4 der Anlage 7).
Geselligkeitsvereine: die überwiegend geselligen oder gesellschaftlichen Charakter haben, sind nicht gemeinnützig, vgl. § 58 Nr. 8 AO.
Golfclubs: können wegen der Förderung des Sports gemeinnützig und spendenbegünstigt sein (Nr. 3 der Anlage 7). Zur gemeinnützigkeitsrechtlichen Problematik bei hohen Aufnahmegebühren und Mitgliedsbeiträgen, vgl. S. 121 f.
Hallenbauvereine: die den Zweck verfolgen, eine Halle zu errichten und diese steuerbegünstigten Körperschaften zur Benutzung zu überlassen, sind nicht gemeinnützig und spendenbegünstigt. Vgl. S. 177.
Heimatvereine: gemeinnützig und spendenbegünstigt (Nr. 7 der Anlage 7).
Hobby- und Freizeitvereine: Gemeinnützigkeit und Spendenbegünstigung liegt nur bei Förderung der in § 52 Abs. 2 AO aufgeführten Zwecke vor. Dies gilt z. B. für die Förderung des Sports und der Kunst und Kultur sowie bei den in § 52 Abs. 2 Nr. 4 AO genannten Zwecken.
Homosexuellenvereine: können nur gemeinnützig sein, wenn ausschließlich steuerbegünstigte Zwecke verfolgt werden, nicht aber, wenn die Förderung gleichgeschlechtlicher Beziehungen (kein gemeinnütziger Zweck) im Vordergrund steht (vgl. auch Urteil FG Berlin vom 25. 6. 1984, EFG 1985 S. 146).
Hundesportverein: die Förderung des Hundesports ist ein eigenständiger gemeinnütziger Zweck nach § 52 Abs. 2 Nr. 4 AO; Spendenbegünstigung nach der Nr. 21 der Anlage 7.
Internetvereine: i. d. R. wegen fehlender Selbstlosigkeit nicht gemeinnützig (vgl. Verfügung OFD Münster vom 6. 2. 1996, DB 1996 S. 656).
Jagdvereine: können nur gemeinnützig sein, wenn dadurch im Einzelfall der Naturschutz und die Landschaftspflege gefördert werden.
Jugendpflege: gemeinnützig und spendenbegünstigt (Nr. 2 der Anlage 7); die Unterhaltung von Jugendheimen und Jugendherbergen ist ein steuerbegünstigter Zweckbetrieb nach § 68 Nr. 1 b AO.
Jugendreligionen und Jugendsekten: in der Regel nicht gemeinnützig, vgl. S. 130.
Kameradschaftsverein: nicht gemeinnützig, da die Pflege der Kameradschaft kein gemeinnütziger Zweck ist (BFH-Urteil vom 31. 10. 1963, BStBl. III 1964 S. 20). Dies gilt z. B. auch für einen nichtrechtsfähigen Verein „Feuerwehrkameradschaft."
Karnevalsvereine: nach § 52 Abs. 2 Nr. 4 AO gemeinnützig und spendenbegünstigt (Nr. 21 der Anlage 7). Dasselbe gilt für Fasnacht- und Faschingsvereine.
Kinderbetreuung: Vereine, deren Zweck die Förderung von Kinderbetreuung durch Babysitter oder Tagesmütter ist, können nur dann als steuerbegünstigte Körperschaft anerkannt werden, wenn die Betreuungsleistungen durch den Verein selbst erbracht werden. Die Vermittlung von Babysittern und Tagesmüttern stellt keine unmittelbare Zweckverwirklichung (§ 57

AO) dar und darf daher kein Satzungszweck sein. Ist die Vermittlungstätigkeit im Verhältnis zur gesamten Vereinsarbeit lediglich von untergeordneter Bedeutung, z.B. bei Vereinen, deren Satzungszweck die Fortbildung und Beratung von Babysittern und Tagesmüttern ist, kommt die Gemeinnützigkeit in Betracht. Erfolgt die Vermittlung entgeltlich, liegt insoweit ein steuerpflichtiger wirtschaftlicher Geschäftsbetrieb vor (vgl. DB 1998 S. 2245).

Kindergärten, Kinderheime: steuerbegünstigte Zweckbetriebe nach § 68 Nr. 1b AO, die dem gemeinnützigen Zweck der Jugendhilfe oder mildtätigen Zwecken dienen. Beide Zwecke sind auch spendenbegünstigt.

Kleingärtnervereine: gemeinnützig und auch spendenbegünstigt (Nr. 21 der Anlage 7).

Kleintierzuchtvereine: gemeinnützig und spendenbegünstigt (Nr. 21 der Anlage 7).

Kommunales Kino: gemeinnützig, wenn sich das Programm inhaltlich und konzeptionell von gewerblichen Kinos unterscheidet und öffentliche Zuschüsse gewährt werden; Spendenbegünstigung nach der Nr. 4 der Anlage 7.

Krankenhäuser: können gemeinnützig und spendenbegünstigt sein (Nr. 1 der Anlage 7); der Betrieb eines Krankenhauses ist unter den Voraussetzungen des § 67 AO Zweckbetrieb. Krankenhausapotheken und Krankenhauswäschereien, die auch Leistungen an andere Krankenhäuser erbringen, sind hingegen ein steuerpflichtiger wirtschaftlicher Geschäftsbetrieb (vgl. S. 212).

Krankenpflegevereine: können wegen der Förderung mildtätiger Zwecke steuer- und spendenbegünstigt sein, vgl. S. 150.

Lehrwerkstätte: kann als überbetriebliche Einrichtung der Jugendhilfe und Berufsbildung gemeinnützig sein, wenn keine eigenwirtschaftlichen Zwecke des Trägers verfolgt werden. Eigenwirtschaftliche Zwecke liegen vor, wenn mehr als die Hälfte der Lehrlinge aus Unternehmen stammt, die Mitglieder des die Lehrwerkstätte betreibenden Vereins sind.

Lions-Club: nicht gemeinnützig, da wegen Aufnahmebeschränkungen keine Förderung der Allgemeinheit gegeben ist. Sog. Lions-Clubhilfswerke können aber wegen der Förderung gemeinnütziger und mildtätiger Zwecke steuerbegünstigt sein.

Mehrzweckhalle: ein Förderverein, dessen Zweck darin besteht, Mittel für eine Mehrzweckhalle (Stadthalle) zu sammeln, kann nicht als gemeinnützig und spendenbegünstigt anerkannt werden, da solche Hallen auch anderen als gemeinnützigen Zwecken dienen (BFH-Urteil vom 19. 6. 1974, BStBl. II S. 664).

Meditationsgemeinschaften: werden nicht als gemeinnützig anerkannt, vgl. S. 130.

Minicar-Club: nach dem rechtskräftigen Urteil des FG Baden-Württemberg vom 10. 11. 1994 (EFG 1995 S. 337) ist ein Minicar-Club, der den Modellautosport (Modellautofahren) fördert, gemeinnützig. Vgl. auch BFH-Urteil vom 14. 9. 1994 (BStBl II 1995 S. 499).

Minigolfverein: gemeinnützig und spendenbegünstigt (Nr. 3 der Anlage 7), wenn die Betätigung auch turnier- und wettkampfmäßig betrieben wird und die Pflege der Geselligkeit nicht im Vordergrund steht.
Modellbauverein: z. B. Eisenbahnmodellbau und Modellschiffbau sind nach dem BFH-Urteil vom 14. 9. 1994 (BStBl II 1995 S. 499) gemeinnützig. Vgl. hierzu auch AEAO zu § 52 Tz. 4.
Modellflugverein: nach § 52 Abs. 2 Nr. 4 AO eigenständiger gemeinnütziger und spendenbegünstigter Zweck (Nr. 21 der Anlage 7).
Moscheebauverein: kann wegen der Förderung der Religion gemeinnützig und spendenbegünstigt sein.
Motorsportverein: Motorsport fällt nach dem BFH-Urteil vom 29. 10. 1997 (BStBl II 1998 S. 9) unter den Begriff des Sports und ist gemeinnützig und spendenbegünstigt (Nr. 3 der Anlage 7). Motorsportclubs in ADAC können nur unter bestimmten Voraussetzungen als gemeinnützig anerkannt werden (vgl. S. 135).
Müllbeseitigung: vgl. „Abfallbeseitigung".
Museumsverein: gemeinnützig und nach Nr. 4 der Anlage 7 spendenbegünstigt.
Musikschulen: können gemeinnützig und spendenbegünstigt sein (Nr. 4 der Anlage 7); die Erteilung von Musikunterricht gegen Entgelt ist ein steuerbegünstigter Zweckbetrieb im Sinne des § 65 AO.
Narrenzünfte: wegen der Förderung der Heimatpflege (bei historischer Tradition) oder als eigenständiger Zweck nach § 52 Abs. 2 Nr. 4 AO (Fastnacht) gemeinnützig und spendenbegünstigt (Nr. 7 und 21 der Anlage 7).
Obst- und Gartenbauvereine: wegen der Förderung der Pflanzenzucht gemeinnützig und spendenbegünstigt (Nr. 21 der Anlage 7); die überwiegende Förderung eigenwirtschaftlicher Zwecke der Vereinsmitglieder (z. B. bei gewerblichen Obstbauern) wäre jedoch als Verstoß gegen die Selbstlosigkeit gemeinnützigkeitsschädlich.
Oldtimervereine: eine Anerkennung der Gemeinnützigkeit ist wegen der Förderung der (technischen) Kultur im Sinne des § 52 Abs. 2 Nr. 1 AO möglich, vorausgesetzt, daß die Oldtimer ein Oldtimerkennzeichen haben, d. h. daß sie mindestens 30 Jahre (Anlehnung an § 23 Abs. 1 c StVZO) alt sind und das Ergebnis der Vereinstätigkeit auch der Allgemeinheit zugänglich gemacht wird.
Orden: der nur seine Mitglieder fördert, ist nicht gemeinnützig (BFH-Urteil vom 13. 12. 1978, BStBl. II 1979 S. 492).
Paintballspiel: Ein Verein, der nach seiner Satzung die Förderung des Schießsports insbesondere durch Veranstaltung schießsportlicher Übungen und Leistungen bezweckt, tatsächlich aber Mannschaftsspiele mit Farbmarkierungswaffen (sog. Paintballspiele) veranstaltet, verfolgt keine gemeinnützigen Zwecke (vgl. Niedersächsisches FG, rkr. Urteil vom 8. 9. 1998, EFG 1998 S. 1667).
Pferderennvereine: werden von der Finanzverwaltung grundsätzlich weiterhin wegen der Förderung der Pferdezucht als gemeinnützig und spendenbegün-

stigt (Nr. 21 der Anlage 7) anerkannt. U.E. bestehen hiergegen aber erhebliche Bedenken, da es bei diesen Vereinen aufgrund eigenwirtschaftlicher Zwecke der Züchter oftmals an der Selbstlosigkeit fehlen wird. Zur steuerlichen Behandlung von Pferderennvereinen, vgl. auch die Verfügung der OFD Frankfurt vom 7. 9. 1995 (StEd 1995 S. 780).

Pflanzenzuchtvereine: aufgrund der Erweiterung der gemeinnützigen Zwecke in § 52 Abs. 2 Nr. 4 AO gemeinnützig und spendenbegünstigt (Nr. 21 der Anlage 7).

Politische Parteien: nicht gemeinnützig, da die Förderung politischer Zwecke nicht zu den gemeinnützigen Zwecken zählt, aber Steuerbefreiung nach § 5 Abs. 1 Nr. 7 KStG. Mitgliedsbeiträge und Spenden an politische Parteien sind bei der Einkommensteuer nach § 10b Abs. 2 EStG und § 34g Nr. 1 EStG begünstigt.

Politische Vereine: nicht gemeinnützig und auch nicht steuerbefreit. Vgl. auch AEAO zu § 52 Tz. 10. Danach gehören politische Zwecke nicht zu den gemeinnützigen Zwecken; die Tagespolitik darf nicht Mittelpunkt der Tätigkeit der Körperschaft sein: Vgl. aber auch rechtskräftiges Urteil des FG Köln vom 22. 5. 1996 (Az.: 12 K 4882/95), wonach ein Verein (Satzungszweck „Stärkung der Demokratie"), der im Anschluß an eine Bundestagswahl in Anzeigenkampagnen unter dem Titel „Du sollst nicht lügen" auf die Einhaltung von Wahlversprechen hingewiesen hatte, gleichwohl gemeinnützig sein kann.

Pool-Billard: gemeinnützig und spendenbegünstigt (Nr. 3 der Anlage 7), wenn das Billardspiel auch turnier- und wettkampfmäßig betrieben wird.

Regionalflughafen: nach dem BFH-Urteil vom 21. 8. 1974 (BStBl. II 1975 S. 121) nicht gemeinnützig, da durch die Errichtung und den Betrieb eines Flughafens die Allgemeinheit nur mittelbar gefördert wird.

Reit- und Fahrvereine: gemeinnützig und spendenbegünstigt (Nr. 3 der Anlage 7), wenn Amateurreitsport gefördert wird. Ein etwaiger Pferdepensionsbetrieb stellt jedoch einen steuerpflichtigen wirtschaftlichen Geschäftsbetrieb dar (vgl. BFH-Urteil vom 2. 10. 1968, BStBl. II 1969 S. 43). Die Erteilung von Reitunterricht kann hingegen steuerbegünstigter Zweckbetrieb im Sinne des § 67 a AO sein.

Rundfunkvereine: können unter bestimmten Voraussetzungen gemeinnützig sein, vgl. FR 1987 S. 283.

Schachclub: gemeinnützig und spendenbegünstigt (Nr. 3 der Anlage 7), da Schach als Sport gilt.

Schiffsmodellbauverein: nach dem BFH-Urteil vom 14. 9. 1994 (BStBl II 1995 S. 499) gemeinnützig.

Schuldnerberatung: i. d. R. als Verbraucherberatung gemeinnützig und nach Nr. 23 der Anlage 7 auch spendenbegünstigt.

Schülerbetreuung: Vereine zur Betreuung von Schülern z. B. in Grund- und Sonderschulen vor und nach dem Unterricht können wegen der Förderung der Erziehung und Jugendhilfe als gemeinnützig und spendenbegünstigt anerkannt werden (vgl. DB 1996 S. 2364).

Schwimmverein: kann wegen der Förderung des Sports gemeinnützig und spendenbegünstigt sein (Nr. 3 der Anlage 7); die Unterhaltung eines Schwimmbades stellt einen Zweckbetrieb im Sinne des § 65 AO dar (vgl. FG-Urteil Baden-Württemberg vom 30. 6. 1983, EFG 1984 S. 627).
Scientology: nicht gemeinnützig (vgl. OLG Düsseldorf vom 12. 8. 1983, NJW 1983 S. 2574, FG Hamburg vom 13. 12. 1984, EFG 1985 S. 525) sowie FG Münster vom 25. 5. 1994 (EFG 1994 S. 810), vgl. auch S. 131.
Segelflugsportverein: gemeinnützig und spendenbegünstigt (Nr. 3 der Anlage 7).
Segelsportverein: gemeinnützig und spendenbegünstigt (Nr. 3 der Anlage 7).
Sekten: werden grundsätzlich nicht als gemeinnützig anerkannt, vgl. S. 130.
Skatclub: die Förderung des Skatspiels wird von der Finanzverwaltung nicht als gemeinnütziger Zweck anerkannt (vgl. AEAO zu § 52 Tz. 4). Das Finanzgericht Schleswig-Holstein hat mit Urteil vom 23. 10. 1998 (EFG 1999 S. 50) ebenfalls entschieden, daß ein Verein zur Pflege des Skatspiels nicht die Voraussetzungen der Gemeinnützigkeit erfüllt. Hiergegen wurde jedoch Revision eingelegt (Az. des BFH: I R 108/98).
Skiverein: kann gemeinnützig und spendenbegünstigt sein (Nr. 3 der Anlage 7). Zur steuerlichen Behandlung von Skiausfahrten eines Skivereins gegen Entgelt, vgl. S. 215; zur steuerlichen Beurteilung des Betriebs eines Skilifts, vgl. S. 209.
Sportfischereivereine: sind bei Durchführung von Wettfischveranstaltungen nicht gemeinnützig, da dies als nicht mit dem Tierschutzgesetz und mit der Gemeinnützigkeit vereinbar anzusehen ist (vgl. auch „Anglervereine").
Sportvereine: gemeinnützig und spendenbegünstigt (Nr. 3 der Anlage 7). Die Mitgliedschaft im Deutschen Sportbund oder in einem Landessportbund ist nicht Voraussetzung für die Anerkennung der Gemeinnützigkeit. Zum Begriff „Förderung des Sports", vgl. im einzelnen S. 134f.
Studentenverbindungen: nicht gemeinnützig.
Studentenheimvereine: Anerkennung der Gemeinnützigkeit wegen der Förderung der Studentenhilfe ist möglich, wenn die Aufnahme in das Heim nicht von der Zugehörigkeit zu einer Verbindung abhängig ist; Spendenbegünstigung nach Nr. 5 der Anlage 7. Das Studentenheim ist nach § 68 Nr. 1b AO ein steuerbegünstigter Zweckbetrieb.
Studentenwerke: können wegen der Förderung der Studentenhilfe als gemeinnützig und spendenbegünstigt (Nr. 5 der Anlage 7) anerkannt werden. Der Betrieb einer Mensa und Cafeteria stellt einen Zweckbetrieb im Sinne des § 66 AO dar (BFH-Urteil vom 11. 5. 1988, BStBl. II S. 908 und S. 210).
Tanzsportverein: gemeinnützig und spendenbegünstigt (Nr. 3 der Anlage 7), wenn der Tanzsport auch turniermäßig betrieben wird.
Technologiezentren: i.d.R. nicht gemeinnützig, weil vorrangig einzelwirtschaftliche Interessen der beteiligten Unternehmen gefördert werden; vgl. auch § 68 Nr. 9 AO.
Telefonseelsorge: mildtätig nach § 53 AO und spendenbegünstigt.
Tennisclub: gemeinnützig und spendenbegünstigt (Nr. 3 der Anlage 7).

Theaterverein: gemeinnützig und spendenbegünstigt wegen der Förderung der Kunst und Kultur (Nr. 4 der Anlage 7).

THW-Helfervereinigung: wegen der Förderung des Zivilschutzes gemeinnützig und spendenbegünstigt (Nr. 13 der Anlage 7).

Tischfußball und Tippkick: nicht gemeinnützig (vgl. BFH-Urteil vom 12. 11. 1986, BFH/NV 1987 S. 705).

Transzendentale Meditation: nicht gemeinnützig (vgl. S. 130).

Tierzuchtvereine: die Tierzucht aller Tierarten ist nach § 52 Abs. 2 Nr. 4 AO gemeinnützig und spendenbegünstigt (Nr. 21 der Anlage 7), wenn nicht in erster Linie eigenwirtschaftliche Zwecke der Mitglieder (z. B. bei gewerblichen Tierzüchtern) gefördert werden.

Umweltschutz: gemeinnützig und spendenbegünstigt (Nr. 24 der Anlage 7).

Vegetarierverein: kann nach Auffassung des FG Baden-Württemberg (Urteil vom 24. 9. 1981) gemeinnützig sein.

Verbraucherschutzverein: gemeinnützig und spendenbegünstigt (Nr. 23 der Anlage 7); es dürfen jedoch keine wirtschaftlichen Einzelinteressen der Mitglieder verfolgt werden.

Verbrechensverhütung: Ein Verein, der die **öffentliche Sicherheit und Ordnung** bzw. die **Verbrechensverhütung** in Zusammenarbeit mit den Polizeibehörden durch Aufklärung zur Verhütung und Vorbeugung von Kriminalität fördert, verfolgt den gemeinnützigen und spendenbegünstigten Zweck der Volksbildung.

Versicherungsverein: wegen fehlender Selbstlosigkeit nicht gemeinnützig.

Video-Clubs: siehe Film- und Fotoclubs.

Völkerverständigung: gemeinnützig und spendenbegünstigt (Nr. 12 der Anlage 7).

Volkshochschulen: gemeinnützig und spendenbegünstigt (Nr. 5 der Anlage 7); Kurse und Veranstaltungen können nach § 68 Nr. 8 AO Zweckbetrieb sein.

Wählergemeinschaften: nicht gemeinnützig und in der Vergangenheit auch nicht steuerbefreit. Mitgliedsbeiträge und Spenden an unabhängige Wählervereinigungen sind bei der Einkommensteuer nur im Rahmen des § 34 g Nr. 2 EStG abziehbar. Nach dem Beschluß des Bundesverfassungsgerichts vom 29. 9. 1998 (BStBl II 1999 S. 110) ist die Vorschrift des § 5 Abs. 1 Nr. 7 Satz 1 KStG mit dem Grundgesetz insoweit unvereinbar und nichtig, als kommunalen Wählervereinigungen und ihren Dachverbänden im Gegensatz zu politischen Parteien und deren Gebietsverbänden keine gesetzliche Befreiung von der Körperschaftsteuer gewährt wird. Die Finanzverwaltung wendet deshalb mittlerweile im Vorgriff auf eine gesetzliche Regelung in § 5 Abs. 1 Nr. 7 KStG diese Vorschrift auch auf kommunale Wählervereinigungen und ihre Dachverbände an. Nach dem BMF-Schreiben vom 29. 1. 1999 (BStBl I 1999 S. 215) gilt dies in allen noch nicht bestandskräftig entschiedenen Fällen.

Wandervereine: können wegen der Förderung des Sports als gemeinnützig und spendenbegünstigt anerkannt werden (Nr. 3 der Anlage 7).

Wirtschaftsförderungsgesellschaften: grundsätzlich nicht gemeinnützig, da keine unmittelbare Förderung der Allgemeinheit vorliegt (vgl. BFH-Urteil vom 21. 8. 1974, BStBl. II 1975 S. 121; Urteile FG Niedersachsen vom 24. 9. 1980, EFG 1981 S. 202 und FG Saarland vom 21. 8. 1981, EFG 1982 S. 214); BFH-Urteil vom 21. 5. 1997 (BFH/NV 1997 S. 904). Seit 1993 unter den Voraussetzungen des § 5 Abs. 1 Nr. 18 KStG steuerbefreit. Vgl. zur Steuerbefreiung von Wirtschaftsförderungsgesellschaften auch das BMF-Schreiben vom 4. 1. 1996, BStBl I 1996 S. 54.

Yoga-Psychologie: nicht gemeinnützig (BFH-Urteil vom 9. 7. 1986, BFH/NV 1987 S. 632).

Zauberkunst: nach dem BFH-Urteil vom 2. 8. 1989 (BFH/NV 1990 S. 146) ist die Zauberkunst keine Kunst im Sinne des Gemeinnützigkeitsrechts. Die entsprechenden Vereine können deshalb nicht als gemeinnützig behandelt werden.

Zoologischer Garten: Zum Begriff, vgl. BFH-Urteil vom 20. 4. 1988 (BStBl. II 1988 S. 796). Gemeinnützig z.b. wegen der Förderung der Volksbildung, Natur- und Tierschutz sowie spendenbegünstigt.

III. Mildtätige Zwecke

Mildtätig sind solche Zwecke, die ausschließlich und unmittelbar darauf gerichtet sind, **bedürftige Personen** selbstlos zu unterstützen (§ 53 AO).

Bei der Bedürftigkeit unterscheidet man zwischen Personen, die wegen ihres körperlichen, geistigen oder seelischen Zustands (§ 53 Nr. 1 AO), und Personen, die wegen ihrer wirtschaftlichen Lage (§ 53 Nr. 2 AO) auf die Hilfe anderer angewiesen sind.

Bei bestimmten gemeinnützigen Zwecken (z. B. Altenhilfe) werden oftmals gleichzeitig auch mildtätige Zwecke mitverfolgt. Im Hinblick auf den höheren Spendenabzug bei mildtätigen Zwecken (10 v.H. des Gesamtbetrags der Einkünfte) hat jedoch die Abgrenzung zwischen mildtätigen und gemeinnützigen Zwecken besondere Bedeutung erlangt. Zur Spendenproblematik bei gleichzeitiger gemeinnütziger und mildtätiger Betätigung, vgl. S. 270. Die Anerkennung wegen Mildtätigkeit setzt aber voraus, daß sowohl nach der Satzung als auch nach der tatsächlichen Geschäftsführung mildtätige Zwecke i.S. des § 53 AO verfolgt werden; ggf. muß deshalb zunächst die Satzung entsprechend ergänzt werden.

1. Körperliche, geistige oder seelische Hilfsbedürftigkeit

Körperliche oder geistige Hilfsbedürftigkeit liegt z. B. vor bei Patienten von Heil- und Pflegeanstalten oder bei gebrechlichen alten Menschen. Bei Personen, die das 75. Lebensjahr vollendet haben, kann nach Auffassung der Finanzverwaltung körperliche Hilfsbedürftigkeit ohne weitere Nachprüfung angenommen werden. Dasselbe gilt auch bei Kleinkindern. Vgl. AEAO zu § 53 Tz. 3.

Ein Fall der seelischen Hilfsbedürftigkeit ist bei der **Telefonseelsorge** gegeben. Ebenso bei Einrichtungen zur Hilfe und zum Schutz mißhandelter Personen (z. B. **Frauenhäuser**). Hilfen nach § 53 Nr. 1 AO (Unterstützung wegen persönlicher Hilfsbedürftigkeit) können ohne Rücksicht auf die wirtschaftliche Unterstützungsbedürftigkeit gewährt werden. Die Hilfeleistung muß aber auf eine **unmittelbare** Verbesserung des Zustands der hilfsbedürftigen Person gerichtet sein. Eine bloße finanzielle Unterstützung einer z. B. seelisch hilfsbedürftigen Person, die nicht unter § 53 Nr. 2 AO fällt, reicht deshalb nicht aus. Für die Beurteilung der Bedürftigkeit kommt es nicht darauf an, daß die Hilfsbedürftigkeit dauernd oder für längere Zeit besteht. Hilfeleistungen wie beispielsweise „Essen auf Rädern" können daher steuerbegünstigt durchgeführt werden. Bei mildtätigen Zuwendungen wird völlige Unentgeltlichkeit nicht verlangt. Die mildtätige Zuwendung darf nur nicht des Entgelts wegen erfolgen.

Krankenpflegevereine können ebenfalls als mildtätige Einrichtungen angesehen werden. Soweit sie ihre Tätigkeit entgeltlich ausüben, liegt zwar ein wirtschaftlicher Geschäftsbetrieb vor, er erfüllt aber die Voraussetzungen eines steuerfreien Zweckbetriebs nach § 65 AO. In den Fällen der Zusammenarbeit von Sozialstationen und Krankenpflegevereinen hat die Finanzverwaltung in Baden-Württemberg in einem Erlaß vom 8. 8. 1988 (KSt-Kartei zu § 5 Abs. 1 Nr. 9 KStG Nr. 17) zu der Frage Stellung genommen, wie Nachlässe der Sozialstationen auf die Behandlungskosten und Ausgleichsleistungen von Krankenpflegevereinen steuerlich zu beurteilen sind. Danach wird die Steuerbegünstigung von Krankenpflegevereinen nicht beeinträchtigt, wenn Sozialstationen bei der Behandlung von Mitgliedern der Krankenpflegevereine **Nachlässe bis zu max. 25 v. H. der Behandlungskosten** gewähren und andererseits von den Krankenpflegevereinen ein Pauschalentgelt erhalten, das in etwa der Summe der finanziellen Nachlässe entspricht. Werden die Pflegeleistungen hingegen von einem Krankenpflegeverein **selbst** erbracht, kann dieser nach Auffassung der Finanzverwaltung seinen Mitgliedern auch künftig höhere Nachlässe oder sogar unentgeltliche Pflegeleistungen gewähren, ohne dadurch seine Steuerbegünstigung zu gefährden. Mitgliederbeiträge von Krankenpflegevereinen stellen grundsätzlich kein Entgelt für eine konkrete Gegenleistung dar; sie haben vielmehr Spendencharakter (vgl. Seite 254).

Auch Vereine und Einrichtungen, deren Tätigkeit darauf gerichtet ist, **Kinder in der Dritten Welt** zu unterstützen, z. B. durch Kinderpatenschaften, können mildtätigen Zwecken i. S. des § 53 AO dienen und spendenbegünstigt sein. Bestehen im Einzelfall Zweifel an der Seriosität eines solchen Vereins, können ggf. beim Deutschen Zentralinstitut für soziale Fragen (DZI) in 14195 Berlin, Bernadottestr. 94, Auskünfte eingeholt werden. Dieses Institut befaßt sich mit der Dokumentation und Beurteilung spendensammelnder Organisationen im humanitär-karitativen Bereich.

Auf die Vermögens- oder Einkommensverhältnisse der betroffenen Personen, d. h. auf die wirtschaftliche Lage, kommt es bei körperlicher, geistiger oder seelischer Hilfsbedürftigkeit nicht an. Altenpflegeheime sind deshalb stets als mildtätige Einrichtungen anzusehen, während bei Altenheimen gefordert wird, daß die aufgenommenen Personen, sofern sie noch nicht 75 Jahre alt sind, wirtschaftlich hilfsbedürftig sind.

2. Wirtschaftliche Hilfsbedürftigkeit

Materiell bedürftig sind nach § 53 Nr. 2 AO Personen, deren Bezüge nicht höher sind als das Vierfache des Regelsatzes der Sozialhilfe i. S. des § 22 des Bundessozialhilfegesetzes; beim Alleinstehenden oder Haushaltsvorstand tritt an die Stelle des Vierfachen das Fünffache des Regelsatzes. Etwaige Mehrbedarfszuschläge zum Regelsatz sind nicht zu berücksichtigen. Auch Leistungen für die Unterkunft werden nicht gesondert berücksichtigt. In Baden-Württemberg z. B. wurden die monatlichen Regelsätze für 1998 wie folgt festgesetzt:

Für den Haushaltsvorstand und den Alleinstehenden	541 DM,
für Haushaltsangehörige	
– bis zur Vollendung des siebten Lebensjahres beim Zusammenleben mit einer Person,	271 DM,
die allein für die Pflege und Erziehung des Kindes sorgt	298 DM,
– vom Beginn des achten bis zur Vollendung des 14. Lebensjahres	352 DM,
– vom Beginn des 15. bis zur Vollendung des 18. Lebensjahres	487 DM,
– vom Beginn des 19. Lebensjahres an	433 DM.

In den übrigen Bundesländern weichen die Regelsätze von diesem Betrag unwesentlich ab. Die Voraussetzungen des § 53 Nr. 2 AO müssen im übrigen während der gesamten Dauer der Unterstützung vorliegen.

Wirtschaftlich und materiell hilfsbedürftig wäre danach z. B. eine Familie mit 2 Kindern unter 7 Jahren, deren Bezüge unter Zugrundelegung der Regelsätze in Baden-Württemberg für 1998 den nachfolgend errechneten Gesamtbetrag nicht übersteigen:

Haushaltsvorstand	5 × 541 DM	= 2705 DM
weitere erwachsene Person	4 × 433 DM	= 1732 DM
Kind 1	4 × 271 DM	= 1084 DM
Kind 2	4 × 271 DM	= 1084 DM
insgesamt		6605 DM

Dieses Beispiel zeigt, daß die Unschädlichkeitsgrenze i. S. des § 53 Nr. 2 AO relativ hoch ist.

Als Bezüge i. S. des § 53 Nr. 2 AO sind außer den Einkünften i. S. des Einkommensteuergesetzes auch alle anderen für die Bestreitung des Unterhalts bestimmten oder geeigneten Bezüge aller Haushaltsangehörigen anzusetzen. Hierunter fallen demnach auch solche Einnahmen, die im Rahmen der steuerlichen Einkunftsermittlung nicht erfaßt werden, also sowohl nicht steuerbare als auch für steuerfrei erklärte Einnahmen (BFH-Urteil vom 2. 8. 1974, BStBl. II 1975 S. 139). Dazu gehören z. B. das Kindergeld nach dem Kindergeldgesetz. Steuerfreie Versorgungsbezüge i. S. des § 19 Abs. 2 EStG sowie die auf Grund des Sparer-Freibetrags (§ 20 Abs. 4 EStG) steuerfrei bleibenden Einkünfte werden vom BFH hingegen nicht als Bezüge angesehen (Urteil vom 5. 8. 1977, BStBl. II S. 832). Bei Leibrenten zählt nicht nur der steuerpflichtige Ertragsanteil, sondern der gesamte Rentenbetrag zu den Bezügen i. S. des § 53 Nr. 2b AO. Aus Vereinfachungsgründen läßt es die Finanzverwaltung zu, daß bei der Feststellung der Bezüge insgesamt 360 DM im Kalenderjahr abgezogen werden, wenn nicht höhere Aufwendungen, die in wirtschaftlichem Zusammenhang mit den entsprechenden Einnahmen stehen, nachgewiesen oder glaubhaft gemacht werden (vgl. AEAO zu § 53 Tz. 7). Für die Begriffe „Einkünfte" und „Bezüge" sind die Ausführungen in H 190 (Anrechnung eigener Einkünfte und Bezüge) EStH, R 180e und in R190 Abs. 5 EStR maßgebend.

Unterhaltsbezüge und Unterhaltsansprüche sind ebenfalls als Bezüge zu berücksichtigen. Bei Kindern kommt es deshalb auch auf die wirtschaftlichen Verhältnisse der Eltern an (RFH-Urteil vom 14. 6. 1940, RStBl. S. 626). Bei Studenten wird hingegen nach Auffassung der Finanzverwaltung hinsichtlich der steuerlichen Behandlung der Speisen- und Getränkelieferungen in Mensa- und Cafeteria-Betrieben von Studentenwerken davon ausgegangen, daß sie zum Kreis der von § 53 Nr. 2 AO erfaßten Personen gehören; dies kann aber nicht auf sämtliche Jugendliche übertragen werden (vgl. BFH-Urteil vom 11. 4. 1990, BStBl. II S. 724 und S. 211). Zu den Bezügen zählen nicht Leistungen der Sozialhilfe und bis zur Höhe der Leistungen der Sozialhilfe Unterhaltsleistungen an Personen, die ohne die Unterhaltsleistungen sozialhilfeberechtigt wären.

Das **Vermögen** spielt für die Beurteilung der Bedürftigkeit nur eine Rolle, wenn der betreffenden Person nach den gegebenen Umständen zugemutet werden kann, ihr Vermögen zum Lebensunterhalt zu verwenden, und dieses Vermögen ausreicht, um ihre Lebenshaltung nachhaltig zu bessern (§ 53 Nr. 2 Satz 2 AO). Im allgemeinen wird hierbei aber nicht kleinlich verfahren. So wird beispielsweise niemandem zugemutet werden, ein selbstbewohntes Haus oder eine Eigentumswohnung zur Bestreitung des Lebensunterhalts zu veräußern.

Besteht auf Grund der Einkünfte oder der Vermögensverhältnisse an sich keine wirtschaftliche Bedürftigkeit, so können besondere Umstände, die zu einer Notlage geführt haben, es ausnahmsweise doch rechtfertigen, eine Person als bedürftig anzuerkennen. Das gilt insbesondere für **Katastrophenfälle**, die ohne Rücksicht auf die gewöhnliche finanzielle Situation der Geschädigten sofortige Hilfsmaßnahmen erfordern.

3. Sonstige Voraussetzungen

Die Anerkennung eines Vereins als mildtätige Körperschaft erfordert, daß er seine Tätigkeit **ausnahmslos** auf Personen beschränkt, die als bedürftig anzuerkennen sind. Insbesondere bei der wirtschaftlichen Bedürftigkeit muß sich der

Verein daher durch Prüfung der Einkommens- und Vermögenslage der zu unterstützenden Person vergewissern, ob diese tatsächlich die Voraussetzungen des § 53 Nr. 2 AO erfüllen; dies kann z. b. durch schriftliche Erklärungen der zu unterstützenden Personen oder durch entsprechende Nachweise über ihre Einkommens- und Vermögensverhältnisse geschehen. Erleichterungen gelten jedoch für Einrichtungen der **Wohlfahrtspflege** wie z. B. Altenheime, Pflegeheime und Mahlzeitendienste. Nach **§§ 66 Abs. 3, 68 Nr. 1a AO** genügt es in diesen Fällen, wenn die Leistungen nicht ausschließlich, sondern nur zu **mindestens zwei Dritteln** den in § 53 AO genannten Personen zugute kommen.

Ferner setzt der Begriff der Mildtätigkeit voraus, daß die pflegerische oder finanzielle Hilfe **selbstlos** geleistet wird. Gemeinnützige Organisationen sind in vielen Fällen nicht in der Lage, auf ein Entgelt für die Hilfeleistung (z. B. bei Kinderheimen oder Altenheimen) völlig zu verzichten. Dies ist auch gar nicht notwendig. Die Hilfeleistung darf nur nicht mit einem Gewinnstreben verbunden sein und des Entgelts wegen erfolgen, sondern sie muß um ihrer selbst willen geschehen.

Anders als bei der Gemeinnützigkeit verlangt das Gesetz bei der Mildtätigkeit **keine Förderung der Allgemeinheit,** d. h., eines größeren, nicht zu sehr begrenzten Personenkreises. Mildtätige Einrichtungen können sich mit ihren Leistungen auf wenige Personen beschränken. So kann z. B. ein Altenheim, das für ehemalige Belegschaftsangehörige eines Unternehmens eingerichtet wurde, durchaus die Voraussetzungen für eine Steuerbegünstigung wegen Mildtätigkeit erfüllen. Wesentlich ist aber wiederum, daß die Hilfeleistung uneigennützig ist und nicht aus einem Gewinnstreben erfolgt.

IV. Kirchliche Zwecke

Eine Körperschaft verfolgt kirchliche Zwecke, wenn ihre Tätigkeit darauf gerichtet ist, eine Religionsgesellschaft des öffentlichen Rechts selbstlos zu fördern (**§ 54 Abs. 1 AO**). Außer von den Kirchen selbst können kirchliche Zwecke auch von Vereinen, Ordensgemeinschaften und Genossenschaften verfolgt werden, die mit den Kirchen in enger Verbindung stehen. Bei Religionsgemeinschaften, die nicht den Status einer öffentlich-rechtlichen Körperschaft besitzen, liegen keine kirchlichen, sondern religiöse Zwecke vor (vgl. S. 130).

Zu den kirchlichen Zwecken gehören insbesondere die Errichtung, Ausschmückung und Unterhaltung von Gotteshäusern und kirchlichen Gemeindehäusern, die Abhaltung des Gottesdienstes, die Ausbildung von Geistlichen, die Erteilung von Religionsunterricht, die Beerdigung und Pflege des Andenkens der Toten, ferner die Verwaltung des Kirchenvermögens, die Besoldung der Geistlichen und anderer Kirchenbediensteter. Zur Steuerbefreiung einer GmbH, die kirchliches Vermögen verwaltet und Wohnungen an Hilfsbedürftige vermietet, vgl. BFH-Urteil vom 24. 7. 1996 (BStBl II 1996 S. 583).

Eine kirchliche Tätigkeit kann auch in ausländischen Staaten (z. B. bei der Mission) ausgeübt werden.

V. Selbstlosigkeit

1. Allgemeines

Zum Wesen der Gemeinnützigkeit gehört notwendigerweise die Selbstlosigkeit. Sie ist in § 55 AO für alle Arten steuerbegünstigter Zwecke vorgeschrieben, also auch für mildtätige und kirchliche Zwecke. An der Selbstlosigkeit fehlt es, wenn **in erster Linie eigenwirtschaftliche Zwecke** (z. B. gewerbliche oder sonstige Erwerbszwecke) verfolgt werden. Dabei kann es sich entweder um Erwerbszwecke der Körperschaft selbst oder aber um Erwerbszwecke der Mitglieder handeln. Für die Beurteilung des Verhältnisses der Förderung ideeller Zwecke und der wirtschaftlichen Betätigung ist aber nicht allein auf das Verhältnis der Einnahmen aus den beiden Bereichen abzustellen, sondern insbesondere darauf, welche Tätigkeit dem Verein das **Gepräge** gibt.

Vgl. hierzu auch **BFH-Urteil vom 15. 7. 1998 (BB 1998 S. 2295).** Danach verfolgt eine Körperschaft nicht allein deswegen in erster Linie eigenwirtschaftliche Zwecke i. S. des § 55 Abs. 1 AO, weil sie einen wirtschaftlichen Geschäftsbetrieb unterhält und die unternehmerischen Aktivitäten die gemeinnützigen übersteigen. Sie darf die im Rahmen eines wirtschaftlichen Geschäftsbetriebs verfolgten eigenwirtschaftlichen Zwecke nur nicht „in erster Linie" verfolgen. Selbstloses Handeln ist zu verneinen, wenn die ihm eigene Opferwilligkeit zugunsten anderer wegfällt oder in den Hintergrund gedrängt wird und an deren Stelle in erster Linie Eigennutz tritt.

Eine Körperschaft handelt z. B. auch dann **nicht selbstlos** i. S. des § 55 Abs. 1 Satz 1 AO, wenn ihre Tätigkeit **in erster Linie auf Mehrung ihres eigenen Vermögens** gerichtet ist. Danach verfolgt eine Körperschaft in erster Linie eigenwirtschaftliche Zwecke, wenn ihr gesamtes Vermögen durch Darlehen ihrer Gründungsmitglieder fremdfinanziert und deshalb ihre gesamte Tätigkeit darauf ausgerichtet ist, dieses Fremdkapital aus Gewinnen zu tilgen (BFH-Urteile vom 26. 4. 1989, BStBl. II S. 670 und vom 28. 6. 1989, BStBl. II 1990 S. 550). Nach Auffassung des BFH bedeutet dies, daß eine ausschließlich fremdfinanzierte, kapitalintensive Körperschaft nur schwer die Voraussetzungen selbstlosen Handelns erfüllen kann. Bei einer teils durch Einlagen und Spenden, teils durch Fremdkapital finanzierten Körperschaft handelt es sich hingegen – je nach dem Grad der Fremdfinanzierung – in der Regel nicht um eine „in erster Linie" eigenwirtschaftliche, das eigene Vermögen mehrende Tätigkeit. Eine selbstlose materielle Förderung der Allgemeinheit liegt im übrigen nicht schon dann vor, wenn eine Körperschaft gegen angemessenes Entgelt für die Allgemeinheit nützliche Leistungen erbringt. Die Selbstlosigkeit setzt ein uneigennütziges Opfer für die Allgemeinheit voraus.

Fremdenverkehrsvereine können nicht als gemeinnützig anerkannt werden, weil sie nicht ausschließlich dem Nutzen der Allgemeinheit dienen, sondern auch privatwirtschaftliche Erwerbstätigkeit fördern. Von der Finanzverwaltung wurden aber in der Vergangenheit Vereine, die den Fremdenverkehr auf überregionalem Gebiet fördern, als gemeinnützig anerkannt. Die Finanzverwaltung hält hieran aber nicht mehr fest. Mittlerweile können auch überregional tätige Fremdenverkehrsvereine nicht mehr als gemeinnützigen Zwecken dienend anerkannt werden. Die Förderung des örtlichen Fremdenverkehrs wurde bereits bislang nicht als gemeinnütziger Zweck angesehen (vgl. auch Vfg. OFD Cottbus vom 10. 9. 1996, FR 1996 S. 763).

Eine privatrechtliche Gesellschaft (z. B. Kapitalgesellschaft), die ein Hoheitsträger zur Erfüllung der ihm gesetzlich zugewiesenen **Pflichtaufgaben der Müll- oder Abwasserbeseitigung** eingeschaltet hat, ist dagegen wegen fehlender Selbstlosigkeit nicht gemeinnützig tätig (BMF-Schreiben vom 22. 8. 1985, BStBl. I S. 583). Vgl. hierzu auch BFH-Urteil vom 15. 12. 1993 (BStBl. II 1994 S. 314). **Private Musikschulen** in der Rechtsform des Vereins werden auch dann als selbstlos tätige, gemeinnützige Einrichtungen (Zweckbetriebe gem. § 65 AO) angesehen, wenn die Vereinsmitglieder an der Schule als Lehrer tätig sind. Sie dürfen aber keine höheren Vergütungen als vergleichbares fremdes Lehrpersonal erhalten (DB 1979, S. 1439). **Überbetriebliche Lehrwerkstätten** werden ebenso beurteilt, es sei denn, daß mehr als die Hälfte der Lehrlinge aus Unternehmen stammt, die Mitglieder des die Lehrwerkstätte betreibenden Vereins sind.

2. Verwendung der Mittel einer gemeinnützigen Körperschaft

Sämtliche einer gemeinnützigen Körperschaft zufließenden Mittel dürfen nach § 55 Abs. 1 Nr. 1 AO nur für die satzungsmäßigen Zwecke verwendet werden. Unter Mittel sind sämtliche Vermögenswerte der Körperschaft zu verstehen, nicht nur Einnahmen aller Art wie z. B. Mitgliederbeiträge, Spenden, Vermögenserträge, Gewinne aus Zweckbetrieben und aus wirtschaftlichen Geschäftsbetrieben (vgl. BFH-Urteil vom 23. 10. 1991, BStBl. II 1992 S. 62).

Die Verwendung dieser Mittel zum Ausgleich von Verlusten eines steuerbegünstigten Zweckbetriebes (z. B. aus kulturellen oder sportlichen Veranstaltungen) oder im ideellen Bereich (z. B. Sportveranstaltungen im Jugendbereich, bei denen keine Einnahmen erhoben werden) ist gemeinnützigkeitsrechtlich uneingeschränkt möglich. Für den Ausgleich von Verlusten des wirtschaftlichen Geschäftsbetriebes gelten jedoch Besonderheiten, die nachstehend im einzelnen erläutert werden:

Ausgleich von Verlusten des steuerpflichtigen wirtschaftlichen Geschäftsbetriebs mit Mitteln aus den übrigen Bereichen; neue Rechtslage
Nach § 55 AO ist es grundsätzlich nicht zulässig, Mittel des steuerbegünstigten Bereichs (insbesondere Mitgliedsbeiträge, Spenden, Zuschüsse, Gewinne aus Zweckbetrieben, Rücklagen), Erträge aus der Vermögensverwaltung und das entsprechende Vermögen zum Ausgleich eines Verlustes des steuerpflichtigen wirtschaftlichen Geschäftsbetriebs zu verwenden.

Nach bisheriger Auffassung der Finanzverwaltung (vgl. AEAO a.F. zu § 55 Tz. 8) wurde diese Problematik in der Vergangenheit relativ großzügig gehandhabt. Geschah nämlich ein derartiger Verlustausgleich nur gelegentlich und wurde der Ausgleich von Verlusten auf andere Weise ernsthaft versucht, so blieben die Selbstlosigkeit und damit die Gemeinnützigkeit unberührt.

Die Finanzverwaltung z.B. in Baden-Württemberg ging hierbei bislang davon aus, daß die angefallenen Verluste im steuerpflichtigen wirtschaftlichen Geschäftsbetrieb spätestens innerhalb eines **Zeitraums von 5 bis 7 Jahren** ausgeglichen werden müssen.

Nur dann wenn Dauerverluste im steuerpflichtigen wirtschaftlichen Geschäftsbetrieb über einen längeren Zeitraum hinweg in erster Linie mittels Spendengeldern ausgeglichen wurden, ohne daß eine andere Ausgleichsmöglichkeit gesucht wurde, vertrat teilweise auch die Finanzverwaltung die Auffassung, daß die Unschädlichkeitsgrenze von bis zu 7 Jahren für den Verlustausgleich nicht gilt und dem Verein die Gemeinnützigkeit für den betreffenden Zeitraum entzogen werden muß.

An dieser großzügigen Regelung kann künftig jedoch nicht mehr festgehalten werden. Denn der BFH hat mit **Urteil vom 13. 11. 1996 (BStBl II 1998 S. 711)** seine bisherige Rechtsprechung geändert und entschieden, daß ein Ausgleich eines Verlustes eines Nicht-Zweckbetriebes mit Mitteln des ideellen Tätigkeitsbereichs nur dann kein Verstoß gegen das Mittelverwendungsgebot des § 55 Abs. 1 Nr. 1 Satz 1 AO ist, wenn der Verlust auf einer Fehlkalkulation beruht und die Körperschaft bis zum Ende des dem Verlustentstehungsjahr folgenden Wirtschaftsjahrs dem ideellen Tätigkeitsbereich wieder Mittel in entsprechender Höhe zuführt. Diese Mittel dürfen nicht aus dem steuerbegünstigten Bereich einschließlich der Vermögensverwaltung stammen.

Von der Finanzverwaltung wurde auf Bundesebene beschlossen, daß künftig allgemein nach den Grundsätzen des BFH-Urteils vom 13. 11. 1996 (a.a.O.) zu verfahren ist. Außerdem wurden in einem **BMF-Schreiben vom 19. 10. 1998 (BStBl I 1998 S. 1423)** ergänzende Anwendungsregeln festgelegt. Folgende Prüfungsreihenfolge kommt dabei zur Anwendung:

a) **Zugrundelegung des einheitlichen steuerpflichtigen wirtschaftlichen Geschäftsbetriebs**

Maßgeblich ist zunächst das Ergebnis des **einheitlichen** steuerpflichtigen wirtschaftlichen Geschäftsbetriebs (§ 64 Abs. 2 AO). Eine Verwendung von Mitteln des ideellen Bereichs für den Ausgleich des Verlustes eines einzelnen wirtschaftlichen Geschäftsbetriebs liegt deshalb nicht vor, soweit der Verlust bereits im Entstehungsjahr mit Gewinnen anderer steuerpflichtiger wirtschaftlicher Geschäftsbetriebe verrechnet werden kann.

b) **Berücksichtigung von Gewinnen im wirtschaftlichen Geschäftsbetrieb in den sechs vorangegangenen Jahren**

Verbleibt im einheitlichen steuerpflichtigen wirtschaftlichen Geschäftsbetrieb ein Verlust, ist keine Verwendung von Mitteln des ideellen Bereichs für dessen Ausgleich anzunehmen, wenn dem ideellen Bereich **in den sechs vorangegangenen Jahren** Gewinne des einheitlichen steuerpflichtigen wirtschaftlichen Geschäftsbetriebs in mindestens gleicher Höhe zugeführt worden sind. Insoweit wird der Verlustausgleich im Entstehungsjahr als Rückgabe früherer, durch das Gemeinnützigkeitsrecht vorgeschriebener Gewinnabführungen angesehen.

c) **Verluste aufgrund der Berücksichtigung von AfA auf gemischt genutzte Wirtschaftsgüter sind unschädlich**
Bleibt danach immer noch ein Verlust im steuerpflichtigen wirtschaftlichen Geschäftsbetrieb (der nach ertragsteuerlichen Grundsätzen ermittelt wurde), ist dieser unschädlich für die Gemeinnützigkeit der Körperschaft, soweit er **ausschließlich durch die Berücksichtigung von anteiligen Abschreibungen auf gemischt genutzte Wirtschaftsgüter** entstanden ist.

Voraussetzung hierfür ist jedoch, daß das Wirtschaftsgut für den ideellen Bereich angeschafft oder hergestellt wurde und nur zur besseren Kapazitätsauslastung und Mittelbeschaffung teil- oder zeitweise für den steuerpflichtigen wirtschaftlichen Geschäftsbetrieb genutzt wird. Die Körperschaft darf also nicht schon im Hinblick auf eine zeit- oder teilweise Nutzung für den steuerpflichtigen wirtschaftlichen Geschäftsbetrieb ein größeres Wirtschaftsgut angeschafft oder hergestellt haben, als es für die ideelle Tätigkeit notwendig war. Außerdem muß die Körperschaft für die Leistungen des steuerpflichtigen wirtschaftlichen Geschäftsbetriebs marktübliche Preise verlangen und der steuerpflichtige wirtschaftliche Geschäftsbetrieb darf keinen eigenständigen Sektor eines Gebäudes (z. B. Gaststättenbetrieb in einer Sporthalle) bilden.

Beispiel: Ein Sportverein nutzt seine Sporthalle vorrangig im Rahmen des Zweckbetriebs „sportliche Veranstaltungen". Vereinzelt werden dort auch Festveranstaltungen durchgeführt. In diesem Fall wären etwaige Verluste im wirtschaftlichen Geschäftsbetrieb „Festveranstaltungen" aufgrund der Berücksichtigung anteiliger Abschreibungen für die gewerbliche Nutzung der Sporthalle nicht gemeinnützigkeitsschädlich, weil die Sporthalle für die gewerblichen Zwecke nur mitbenutzt wird.

D. h. aber für andere Wirtschaftsgüter (keine gemischt genutzten Wirtschaftsgüter) ist nach den Grundsätzen des BMF-Schreibens vom 19. 10. 1998 (aaO) eine Mittelzuführung zum ideellen Bereich auch insoweit erforderlich, soweit sich nur ein **rechnerischer Verlust** aufgrund der Berücksichtigung von AfA ergeben hat.

Vgl. hierzu auch den Erlaß des Finanzministeriums Baden-Württemberg vom 9. 2. 1996 (DStR 1996 S. 427). Danach ist seit dem Veranlagungszeitraum 1997 die Abdeckung von Verlusten auch insoweit grundsätzlich gemeinnützigkeitsschädlich, als sie auf **Abschreibungen** beruhen, wenn die Wirtschaftsgüter **ausschließlich** dem steuerpflichtigen wirtschaftlichen Geschäftsbetrieb dienen. Nur bei gemischt genutzten Wirtschaftsgütern sind Verluste des wirtschaftlichen Geschäftsbetriebs aufgrund der Berücksichtigung von anteiligen Abschreibungen bereits bislang unter den o. g. Voraussetzungen gemeinnützigkeitsunschädlich.

Diese Grundsätze gelten entsprechend für die Berücksichtigung anderer gemischter Aufwendungen (z.B. zeitweiser Einsatz von Personal des ideellen

Bereichs in einem steuerpflichtigen wirtschaftlichen Geschäftsbetrieb) bei der gemeinnützigkeitsrechtlichen Beurteilung von Verlusten aus steuerpflichtigen wirtschaftlichen Geschäftsbetrieben.

d) Verlustausgleich in der Zukunft nur innerhalb von 12 Monaten bzw. – bei neuen Betrieben – 3 Jahren möglich
Ergibt sich unter Berücksichtigung aller dieser Grundsätze gleichwohl noch ein Verlust im einheitlichen steuerpflichtigen wirtschaftlichen Geschäftsbetrieb, ist ein Ausgleich dieses Verlustes mit Mitteln des ideellen Bereichs nach den Grundsätzen des BFH-Urteils vom 13. 11. 1996 (a.a.O.) nur noch dann gemeinnützigkeitsunschädlich, wenn

- der Verlust auf eine Fehlkalkulation beruht (bei Betrieben, die schon längere Zeit bestehen, wird dies von der Finanzverwaltung unterstellt),
- die Körperschaft **innerhalb von 12 Monaten** nach Ende des Wirtschaftsjahres, in dem der Verlust entstanden ist, dem ideellen Tätigkeitsbereich wieder Mittel in entsprechender Höhe zuführt und
- die zugeführten Mittel nicht aus Zweckbetrieben, aus dem Bereich der steuerbegünstigten Vermögensverwaltung, aus Beiträgen oder aus anderen Zuwendungen stammen, die zur Förderung der steuerbegünstigten Zwecke der Körperschaft bestimmt sind.

Die Zuführungen zu dem ideellen Bereich können demnach aus folgenden Mitteln vorgenommen werden:

- aus dem Gewinn des einheitlichen steuerpflichtigen wirtschaftlichen Geschäftsbetriebs, der in dem Jahr nach der Entstehung des Verlustes erzielt wird;
- aus für den Ausgleich des Verlustes bestimmten Umlagen der Mitglieder (die aber nicht als Spenden abziehbar sind).

Nach Auffassung z.B. der Finanzverwaltung in Baden-Württemberg ist eine Zuführung zum ideellen Bereich auch aus Mitteln zulässig, die aus einem Bankdarlehen stammen, das der Verein für seinen wirtschaftlichen Geschäftsbetrieb aufnimmt.

Anstelle des Zeitraums von 12 Monaten ist bei dem **Aufbau eines neuen Betriebs** eine Verwendung von Mitteln des ideellen Bereichs für den Ausgleich von Verlusten auch dann unschädlich für die Gemeinnützigkeit, wenn mit Anlaufverlusten zu rechnen war. Auch in diesem Fall muß die Körperschaft aber **in der Regel innerhalb von 3 Jahren** nach dem Ende des Entstehungsjahres des Verlustes dem ideellen Bereich wieder Mittel zuführen, die gemeinnützigkeitsunschädlich dafür verwendet werden dürfen.

> **Hinweis:** Die Finanzverwaltung in Baden-Württemberg wendet diese gegenüber der bisherigen Praxis verschärfende BFH-Rechtsprechung mit den daraus resultierenden Folgen **erstmals für Verluste im Veranlagungszeitraum 1999** an.
> Nach Auffassung der Finanzverwaltung können **Verluste aus dem Bereich der steuerfreien Vermögensverwaltung** (z.B. aus einer verpachteten Vereinsgaststätte)

grundsätzlich **gemeinnützigkeitsunschädlich** ausgeglichen werden, da auch die von einer steuerbegünstigten Körperschaft im Rahmen der Vermögensverwaltung genutzten Wirtschaftsgüter der Förderung steuerbegünstigter Zwecke dienen.

Problematisch ist, in welchem Veranlagungszeitraum die Gemeinnützigkeit zu versagen ist, wenn ein Verlustausgleich innerhalb der erforderlichen Frist von 12 Monaten entsprechend den Grundsätzen des BMF-Schreibens vom 19. 10. 1998 (a.a.O.) tatsächlich nicht erfolgt (z. b. ein Verlust im steuerpflichtigen wirtschaftlichen Geschäftsbetrieb in 1999, der bis zum 31. 12. 2000 hätte ausgeglichen werden müssen). Nach Auffassung der Finanzverwaltung z. B. in Baden-Württemberg kann in diesem Fall die Gemeinnützigkeit nicht bereits im Verlustentstehungsjahr 1999, sondern erst im Veranlagungszeitraum 2000 versagt werden.

3. Grundsatz der zeitnahen Mittelverwendung

Eine gemeinnützige Körperschaft muß ihre Mittel ansonsten **zeitnah** den steuerbegünstigten Satzungszwecken zuführen (vgl. auch BFH-Urteil vom 13. 9. 1989, BStBl. II 1990 S. 28). Eine zeitnahe Mittelverwendung liegt nach dem AEAO zu § 55 Tz. 9 vor, wenn die in einem Jahr erzielten Mittel spätestens bis zum Ablauf des darauffolgenden Jahres tatsächlich für steuerbegünstigte satzungsmäßige Zwecke verwendet werden. Eine Ausnahme von diesem Erfordernis der zeitnahen Mittelverwendung gilt nur in den Fällen der zulässigen Rücklagenbildung nach § 58 Nr. 6 und 7 AO (vgl. hierzu S. 178f.).

Nach Auffassung der Finanzverwaltung ist es z. B. auch schädlich für die Gemeinnützigkeit einer Körperschaft, wenn sie Mittel, die sie nach § 55 Abs. 1 Nr. 1 AO zeitnah für ihre steuerbegünstigten Zwecke zu verwenden hat, für die Vermögensausstattung einer steuerbegünstigten Stiftung verwendet. Denn die Zuführung von zeitnah zu verwendenden Mitteln zum Vermögen einer anderen Körperschaft kann im Ergebnis nicht anders beurteilt werden als die Zuführung zum eigenen Vermögen.

Eine unzulässige Mittelansammlung kann deshalb grundsätzlich zum Verlust der Steuerbegünstigung führen. Nach **§ 63 Abs. 4 AO** kann jedoch in diesen Fällen das Finanzamt der Körperschaft **eine Frist für die Verwendung der Mittel** setzen. Werden die Mittel von der steuerbegünstigten Körperschaft innerhalb dieser Frist (u. E. längstens ca. 5 Jahre) für steuerbegünstigte Zwecke verwendet, gilt die tatsächliche Geschäftsführung als ordnungsgemäß. Die Fristsetzung steht im pflichtgemäßen Ermessen des Finanzamts. Dadurch wird im Ergebnis die frühere Praxis der Finanzverwaltung gesetzlich verankert.

Nicht dem Gebot der zeitnahen Mittelverwendung unterliegt nach dem AEAO zu § 55 Tz. 10 das Vermögen der Körperschaft auch soweit, als es durch **Vermögensumschichtung** entstanden ist (z. Verkauf von Wertpapieren, vom Erlös wird ein Grundstück erworben). Außerdem kann eine Körperschaft folgende **Zuwendungen** ohne für die Gemeinnützigkeit schädliche Folgen ihrem **Vermögen zuführen:**

- Zuwendungen von Todes wegen; sie sind grundsätzlich als Zuwendungen zum Vermögen der steuerbegünstigten Körperschaft anzusehen, wenn der Erblasser eine Verwendung für den laufenden Aufwand nicht besonders vorschreibt;
- Zuwendungen aufgrund eines Spendenaufrufs, wenn aus dem Spendenaufruf ersichtlich ist, daß Beträge zur Aufstockung des Vermögens erbeten werden;
- Zustiftungen und Einzelzuwendungen, bei denen der Zuwendende ausdrücklich erklärt, daß sie zur Ausstattung der Körperschaft mit Vermögen oder zur Erhöhung des Vermögens bestimmt sind;
- Sachzuwendungen, die ihrer Art nach der Vermögensbildung dienen, z.B. Schenkung eines Mietwohngrundstücks.

Zur Vergabe von Darlehen durch eine gemeinnützige Körperschaft vertritt die Finanzverwaltung im AEAO zu § 55 Tz. 11–13 folgende Auffassung:

- Darlehen aus zeitnah zu verwendenden Mitteln sind dann unschädlich für die Gemeinnützigkeit, wenn die Körperschaft damit selbst unmittelbar ihre steuerbegünstigten satzungsmäßige Zwecke verwirklicht (z.b. Stipendien für wissenschaftliche Ausbildung als Darlehen oder Darlehen an Nachwuchskünstler für die Anschaffung von Instrumenten). Dieses Darlehen müssen aber zinslos oder zinsverbilligt erfolgen.
- Darlehen aus nicht zeitnah zu verwendenden Mitteln (z.b. Vermögen, zulässigen Rücklagen) sind zulässig, wenn sich die Zinsen grundsätzlich in dem auf dem Kapitalmarkt üblichen Rahmen halten.

4. Zuwendungen an Vereinsmitglieder

Die Mitglieder einer gemeinnützigen Körperschaft dürfen keinerlei Gewinnanteile und in ihrer Eigenschaft als Mitglieder auch keine sonstigen Zuwendungen aus Mitteln der Körperschaft erhalten (**§ 55 Abs. 1 Nr. 1 Satz 2 AO**). Eine Zuwendung i.S. des § 55 Abs. 1 Nr. 1 S. 2 AO ist ein wirtschaftlicher Vorteil, den die Körperschaft bewußt unentgeltlich oder gegen ein zu geringes Entgelt einem Dritten zukommen läßt. Die Zuwendung erhält der Dritte aus Mitteln der Körperschaft, wenn deren Vermögenswerte eingesetzt werden, um den wirtschaftlichen Vorteil dem Dritten zukommen zu lassen (vgl. BFH-Urteil vom 23. 10. 1991, BStBl. II 1992 S. 62).

So verstößt bspw. ein Verein, der im Wege des sog. **Car-Sharings** eigene Kraftfahrzeuge verbilligt an seine Mitglieder vermietet, gegen den Grundsatz der Selbstlosigkeit, was gemeinnützigkeitsschädlich ist. Denn dadurch werden in erster Linie eigenwirtschaftliche Zwecke der Mitglieder gefördert und schädliche Zuwendungen an Vereinsmitglieder nach § 55 Abs. 1 Nr. 1 Satz 2 AO bewirkt.

Außerdem verstößt nach dem BFH-Beschluß vom 20. 12. 1995 (BFH/NV 1996 S. 383) die unentgeltliche Überlassung von Räumen des Vereins an ein Vereinsmitglied nur dann nicht gegen § 55 Abs. 1 Nr. 1 und 3 AO, wenn sie den satzungsmäßigen Zwecken des Vereins dient und die Räume dem Mitglied nicht in seiner Eigenschaft als Mitglied unentgeltlich überlassen werden.

Darüber hinaus sind gemeinnützige Körperschaften auch in ihrem Ausgabengebaren Beschränkungen unterworfen. Sie dürfen zwar die im Zusammenhang mit der Einnahmeerzielung entstehenden angemessenen Aufwendungen bestreiten (RFH-Urteil vom 26. 4. 1938, RStBl. S. 573). Es ist ihnen aber nach § 55 Abs. 1 Nr. 3 AO verwehrt, Mitglieder oder dritte Personen durch Ausgaben, die dem Zweck der Körperschaft fremd sind, oder durch unverhältnismäßig hohe Vergütungen zu begünstigen. § 55 Abs. 1 Nr. 1 Satz 2 und Nr. 3 AO gilt im übrigen auch für den steuerpflichtigen wirtschaftlichen Geschäftsbetrieb (vgl. AEAO zu § 64 Tz. 6). Dies bedeutet, daß Verluste und Gewinnminderungen im steuerpflichtigen wirtschaftlichen Geschäftsbetrieb nicht durch Zuwendungen an Mitglieder oder durch unverhältnismäßig hohe Vergütungen entstanden sein dürfen. In den Grenzen des Üblichen und Angemessenen kann aber auch eine gemeinnützige Körperschaft Unkosten und Vergütungen zahlen. Beschäftigt z. B. ein Fußballverein einen Trainer, ein Gesangverein einen Dirigenten oder ein gemeinnütziger Krankenpflegeverein einen Geschäftsführer, so können deren Leistungen angemessen entlohnt werden.

Nach dem BFH-Urteil vom 3. 12. 1996 (BStBl II 1997 S. 474) verstößt ein Sportverein nicht gegen das Mittelverwendungsgebot des § 55 Abs. 1 Nr. 1 AO, soweit er in Erfüllung eines Anspruchs nachgewiesenen, angemessenen Aufwand eines Mitglieds für den Verein ersetzt. Dies gilt auch dann, wenn das Mitglied unmittelbar vor der Erfüllung des Anspruchs eine Durchlaufspende in derselben Höhe geleistet hat.

Fraglich ist, ob ein Verstoß gegen das Gebot der Selbstlosigkeit nach § 55 AO vorliegt, wenn z. B. ein Vereinsfunktionär **Vereinsvermögen unterschlägt** und Betrügereien am Vereinsvermögen begeht. Schädigt er den Verein durch strafbare Handlungen und fällt sein Verhalten erkennbar aus dem Rahmen seiner Obliegenheiten als Vereinsorgan heraus, so kann dieses Verhalten u. E. gemeinnützigkeitsrechtlich nicht dem Verein zugerechnet werden. Denn insoweit handelt er nicht im Rahmen der tatsächlichen Geschäftsführung für den Verein. Sobald die Schädigung des Vereinsvermögens erkannt wird, muß der Verein jedoch den Vorstand oder Kassier zur Rechenschaft ziehen und entsprechende **Schadensersatzansprüche** geltend machen. In diesem Fall könnte die Annahme einer schädlichen Mittelzuwendung i. S. des § 55 AO vermieden werden.

Provisionszahlungen für eine **Mitgliederwerbung** können nur in eng begrenztem Rahmen als zulässig angesehen werden, weil das Mitglied zu Recht erwartet, daß sein finanzieller Beitrag in erster Linie den gemeinnützigen Aufgaben zugute kommt. Die Finanzverwaltung beanstandete es in der Vergangenheit nicht, wenn der Verein im Jahr **nicht mehr als 10 v. H. der Mitgliedsbeiträge für die Werbung neuer Mitglieder verwendet**. Nach dem rechtskräftigen Urteil des FG Baden-Württemberg vom 6. 12. 1990 (AZ 10 K 236/86) fehlt es an der Selbstlosigkeit, wenn ein Verein von seinen Mitgliederbeiträgen ca. 70 v.H. für Werbeaufwand und interne Verwaltungskosten ausgibt. Nach Auffassung des FG ist bei 50 v.H. die Grenze in jedem Fall überschritten.

Vom BFH wurde in einem **Beschluß von 23. 9. 1998 (BB 1998 S. 2241)** entschieden, daß ein Verstoß gegen den Grundsatz der Selbstlosigkeit vorliegen kann, wenn Mittel überwiegend zur Deckung der Verwaltungskosten und für die Spendenwerbung verwendet werden. Hierbei sei auch zu berücksichtigen, ob sich die Körperschaft noch in der Aufbauphase befindet. Nach Auffassung des BFH dürfen grundsätzlich höchstens 50 v. H. der Einnahmen aus Geldspenden für die Kosten der Verwaltung und die Spendenwerbung verwendet werden.

Darüber hinaus hat der BFH in dieser Entscheidung auch seine bisherige Rechtsprechung geändert und ausdrücklich klargestellt, daß die vorläufige Anerkennung der Gemeinnützigkeit durch eine **einstweilige Anordnung** erreicht werden kann, wenn der Antragsteller zur Erfüllung seiner gemeinnützigen Zwecke auf den Erhalt steuerbegünstigter Spenden angewiesen und seine wirtschaftliche Existenz ohne eine derartige Regelungsanordnung bedroht ist.

Im Hinblick auf § 55 Abs. 1 Nr. 1 AO dürfen Mitglieder keine Zuwendungen aus Mitteln der Körperschaft erhalten. Dies gilt aber nicht, soweit es sich um **Annehmlichkeiten** handelt, wie sie im Rahmen der Betreuung von Mitgliedern allgemein üblich und nach allgemeiner Verkehrsauffassung als angemessen anzusehen sind (vgl. AEAO zu § 55 Tz. 3). Da aber diese allgemeine Regelung für die Praxis wenig hilfreich ist, hat z. B. die Finanzverwaltung in Baden-Württemberg hierzu folgende Auslegungsgrundsätze beschlossen, nach denen bis auf weiteres verfahren wird:

- Aufmerksamkeiten sind gemeinnützigkeitsunschädlich. Hierunter fallen Sachzuwendungen (z. B. Blumen, Geschenkkorb, Buch oder Schallplatte) bis zu einem Wert von **jeweils 60 DM**, die dem Vereinsmitglied aus Anlaß **persönlicher Ereignisse** wie z. B. Geburtstag, Hochzeit oder persönliches Vereinsjubiläum zugewendet werden. In begründeten Ausnahmefällen darf die einzelne Sachzuwendung den Wert von 60 DM übersteigen. Aufwendungen für Kranz- und Grabgebinde, unter anderem für verstorbene Vereinsmitglieder, sind auch über 60 DM hinaus in angemessener Höhe unschädlich.
- Außerdem können den Vereinsmitgliedern auch Aufmerksamkeiten, die im Rahmen **besonderer Vereinsanlässe** gewährt werden, gemeinnützigkeitsunschädlich eingeräumt werden. Hierunter ist z. B. die unentgeltliche oder verbilligte Bewirtung der Vereinsmitglieder bei der Weihnachtsfeier und der Hauptversammlung oder die Bezuschussung des Vereinsausflugs (z. B. Übernahme Buskosten) bis zu einer Obergrenze von **insgesamt höchstens 60 DM** je teilnehmendem Vereinsmitglied im Jahr zu verstehen.

Beispiel: Der Vereinskassierer eines Sportvereins vollendet 1999 sein 50. Lebensjahr. Außerdem wird er 1999 für 25 Jahre Vereinszugehörigkeit geehrt. Am Vereinsausflug, der Hauptversammlung und der Weihnachtsfeier nimmt er ebenfalls teil. Dem Vereinsmitglied können vom Verein in 1999 aus Anlaß seiner persönlichen Ereignisse Sachzuwendungen bis zu einem Wert von grundsätzlich insgesamt 120 DM (2 × 60 DM) und für seine Teilnahme an den besonderen Vereinsanlässen zusätzlich eine unentgeltliche Bewirtung im Wert von insgesamt höchstens 60 DM gemeinnützigkeitsunschädlich zugewendet werden.

Bei **Vereinsausflügen** gilt diese finanzielle Begrenzung von 60 DM aber dann **nicht**, wenn in Verbindung mit dem Vereinsausflug am Zielort eine mit den eigentlichen **steuerbegünstigten satzungsmäßigen Zwecken in Zusammenhang stehende Tätigkeit ausgeübt wird** (Zielveranstaltung z. B. im Rahmen von kulturellen oder sportlichen Veranstaltungen). Dies kann z. B. auch die Teilnahme eines Gesangvereins an einem Sängerwettstreit im Ausland sein. Es werden insoweit unmittelbar satzungsmäßige Zwecke erfüllt. In diesem Fall liegt für die an der Zielveranstaltung mitwirkenden Mitglieder hinsichtlich der von der Körperschaft getragenen Kosten grundsätzlich ohne Begrenzung eine gemeinnützigkeitsunschädliche Mittelverwendung i.S. von § 55 Abs. 1 Nr. 1 Satz 1 AO vor.

Die Abgrenzung zwischen einem Vereinsausflug, bei dem die 60-DM-Grenze gilt, und einer sog. Zielveranstaltung, bei der diese Begrenzung für die Kostenübernahme nicht zum Tragen kommt, erfolgt danach, ob die Reise (z. B. Konzertreise ins Ausland) **zumindest weitaus überwiegend im Interesse des Vereins zur Erfüllung seiner satzungsmäßigen Aufgaben** unternommen wird und die Verfolgung privater Interessen wie z. B. Erholung und Bildung nach dem Anlaß der Reise, dem vorgelegten Programm und der tatsächlichen Durchführung so gut wie ausgeschlossen ist.

Dabei sind für die Abgrenzung **folgende Beurteilungskriterien** heranzuziehen:
- dargebotene Information,
- Teilnehmerkreis,
- Reiseroute,
- Charakter der aufgesuchten Orte als beliebte Ziele des Tourismus,
- fachliche Organisation,
- Gestaltung der Wochenenden,
- frei verfügbare Zeitabschnitte.

Verstöße gegen diese Regelungen über die Zuwendungen an Vereinsmitglieder durch einen gemeinnützigen Verein führen jedoch in der Praxis grundsätzlich nicht zum sofortigen Entzug der Gemeinnützigkeit. Die Vereine, die gemeinnützigkeitsrechtlich gebundene Mittel über den zulässigen Rahmen hinaus an Vereinsmitglieder auskehren, werden vom Finanzamt vielmehr auf die Rechtslage hingewiesen. Werden aber Mittel trotz eines Hinweises weiterhin über den zulässigen Rahmen hinaus an Vereinsmitglieder ausgekehrt, muß dem Verein die Gemeinnützigkeit entzogen werden.

In der **verbilligten Überlassung von Eintrittskarten** an Mitglieder von Sportvereinen ist nach Auffassung der Finanzverwaltung aus Billigkeitsgründen ebenfalls weder eine verdeckte Gewinnausschüttung noch ein Verstoß gegen die Selbstlosigkeit i.S. des § 55 AO anzunehmen, wenn im Kalenderjahr der Ermäßigungsbetrag bei Eintrittskarten den Mitgliedsbeitrag nicht übersteigt. Diese Regelung gilt insbesondere für Vereine der Fußballbundesliga, aber auch für alle anderen Amateursportvereine oder z. B. auch für Musikvereine.

5. Verwendung des Vermögens

Die Verwendung von Vereinsvermögen im ideellen Bereich oder in einem Zweckbetrieb (z. B. Errichtung einer Sportanlage) steht natürlich mit dem Gebot der Selbstlosigkeit im Einklang. Wird das Vermögen hingegen in einem steuerpflichtigen wirtschaftlichen Geschäftsbetrieb eingesetzt (z. B. ein Sportverein errichtet aus Vereinsmitteln eine selbstbewirtschaftete Vereinsgaststätte), ist dies im Hinblick auf die Vorschrift des § 55 Abs. 1 Nr. 1 AO aus gemeinnützigkeitsrechtlicher Sicht problematisch. Strenggenommen müßten solche Vorhaben im Wege der Fremdfinanzierung oder zum Beispiel über die Erhebung von Umlagen der Mitglieder (keine Spenden) erfolgen.

Soweit das Vermögen nicht unmittelbar dem gemeinnützigen Bereich des Vereins dient (wie z. B. die Sportplatzanlage eines Sportvereins), muß es so verwendet werden, daß es wenigstens mittelbar den gemeinnützigen Belangen zugute kommt, und zwar vornehmlich durch die Erzielung von Erträgen. Im Vordergrund muß immer die Absicht stehen, mit Hilfe der anfallenden Erträge auf lange Sicht die gemeinnützigen Aufgaben verwirklichen zu können. Daher muß bei der Vermögensanlage sowohl dem **Sicherheitsbedürfnis** Rechnung getragen als auch auf eine **angemessene Rendite** Wert gelegt werden. Das Gebot der Selbstlosigkeit wäre z. B. verletzt, wenn der Verein ein Wohnhaus erwirbt, um die Wohnungen unentgeltlich oder verbilligt an Mitglieder zu vermieten, es sei denn, die Verbilligung wäre ein angemessenes Entgelt für eine Tätigkeit des Mitglieds im Verein (z. B. bei einem Platzwart). Ebensowenig darf der Verein bei der Anlage von Vermögen im Interesse von Mitgliedern ungewöhnliche oder vermeidbare Risiken auf sich nehmen (z. B. Gewährung ungesicherter Darlehen an Mitglieder, bei denen die Rückzahlung gefährdet erscheint).

6. Grundsatz der Vermögensbindung

Das Vermögen einer gemeinnützigen Körperschaft muß im übrigen nicht nur zeitweilig, etwa während der Inanspruchnahme der steuerlichen Vergünstigungen als gemeinnützige Körperschaft, sondern schlechthin auf die **Dauer** einer Verwendung zu gemeinnützigen Zwecken vorbehalten bleiben. Man nennt dies den Grundsatz der Vermögensbindung. Die AO ordnet demgemäß in § 55 Abs. 1 Nr. 4 und in § 61 an, daß bei der Auflösung oder Aufhebung der Körperschaft und sogar bei Wegfall ihres gemeinnützigen Zwecks das Vermögen für steuerbegünstigte Zwecke zu verwenden ist. Das geschieht in der Regel durch Übertragung des Vermögens auf eine andere steuerbegünstigte Körperschaft oder eine Körperschaft des öffentlichen Rechts; der Übernehmer hat das Vermögen dabei wiederum für steuerbegünstigte Zwecke zu verwenden (vgl. hierzu auch S. 239).

Nach Auffassung der Finanzverwaltung ist eine Vermögensbindung auf ausländische Vereine oder ausländische Körperschaften des öffentlichen Rechts zu Recht nicht zulässig. D. h. bei einer Vermögensübertragung i. S. des § 55 Abs. 1 Nr. 4 Satz 2 AO muß der Vermögensempfänger entweder eine andere inländische steuerbegünstigte Körperschaft sein, die nach deutschem Gemeinnützigkeitsrecht die entsprechenden Steuervergünstigungen in Anspruch nimmt oder aber eine inländische Körperschaft des öffentlichen Rechts. Denn durch die Vermögensbindung soll verhindert werden, daß Vermögen, das sich aufgrund der Steuervergünstigungen gebildet hat, später zu nichtbegünstigten Zwecken verwendet wird; bei einer Vermögensübertragung auf ausländische Körperschaften kann dies jedoch nicht in geeigneter Weise überprüft werden.

Die Finanzverwaltung vertritt im übrigen die Auffassung, daß auch das Vermögen einer gemeinnützigen Körperschaft, das sich **vor dem Eintritt in die Steuerbegünstigung angesammelt hat**, ebenso der Vermögensbindung nach § 55 Abs. 1 Nr. 4 AO unterliegt wie das Vermögen, welches seit dem Eintritt in die Steuerbegünstigung gebildet wurde.

Bei der **erfolgsneutralen Verschmelzung** von gemeinnützigen Vereinen, die nach Maßgabe der §§ 11ff. UmwStG möglich ist (vgl. Seite 327), muß aus gemeinnützigkeitsrechtlicher Sicht im Hinblick auf den Grundsatz der Vermögensbindung nach § 55 Abs. 1 Nr. 4 AO i.V.m. § 61 Abs. 1 AO auch folgendes beachtet werden:

Der übertragende Verein muß vor der Verschmelzung die satzungsmäßigen Voraussetzungen hierfür schaffen, d. h. er muß in seiner Satzung ausdrücklich regeln, daß das vorhandene Vermögen auf den namentlich zu benennenden Verein übergehen soll und daß dieser es zu gemeinnützigen Zwecken zu verwenden hat. In der Vergangenheit hat die Finanzverwaltung im übrigen die erfolgsneutrale Fusion von Idealvereinen durch entsprechende Anwendung der **§ 58 Nr. 1 AO** i.V.m. **§ 7 Abs. 1 EStDV** gemeinnützigkeitsunschädlich zugelassen. Diese Möglichkeit kommt u. E. nach wie vor in Betracht. Zu den zivilrechtlichen Voraussetzungen der Verschmelzung von Vereinen, vgl. Seite 87.

Eine **Rückgewähr von eingezahlten Kapitalanteilen** oder von Sacheinlagen an die Mitglieder (vgl. § 55 Abs. 1 Nr. 2 AO) ist nur bei gemeinnützigen Kapitalgesellschaften oder Stiftungen, nicht aber bei Vereinen zulässig. In diesem Fall ist aber zu beachten, daß für Kapitalanteile und Sacheinlagen, die von der Vermögensbindung ausgenommen werden, vom Gesellschafter **die Spendenbegünstigung nach § 10b EStG nicht in Anspruch** genommen werden kann (vgl. AEAO zu § 55 Tz. 14).

Bei Stiftungen ist es ebenfalls zulässig, das **Stiftungskapital** und **Zustiftungen** von der Vermögensbindung nach § 55 Abs. 1 Nr. 4 AO **auszunehmen** und im Falle des Erlöschens der Stiftung an den Stifter oder seine Erben zurückfallen zu lassen. Hierbei ist aber auch zu beachten, daß für solche Stiftungen und Zustiftungen vom Stifter **nicht die Spendenvergünstigung nach § 10b EStG in Anspruch genommen werden kann** (vgl. AEAO zu § 55 Tz. 17, Sätze 2 und 3).

Sofern jedoch das Stiftungskapital und die Zustiftungen **nicht von der Vermögensbindung ausgenommen werden**, sind solche Zuwendungen an eine inländische steuerbegünstigte Stiftung im Rahmen des § 10b EStG – ggfs. über eine Durchlaufstelle – steuerlich **als Spenden abziehbar**. Vgl. BFH-Urteil vom 5. 2. 1992 (BStBl 1992 II S. 748). Außerdem sind auch solche Zustiftungen als

Spende abzugsfähig, bei denen der Zuwendende erklärt, daß sie zur Erhöhung des Stiftungsvermögens bestimmt sind (vgl. AEAO zu § 55 Tz. 10).

Nach § 55 Abs. 2 AO bleiben aber bei einer Rückgewähr von eingezahlten Kapitalanteilen und dem gemeinen Wert von geleisteten Sacheinlagen eingetretene Wertsteigerungen und stille Reserven für steuerbegünstigte Zwecke gebunden. Bei der Rückgabe des Wirtschaftsguts selbst hat der Empfänger die Differenz in Geld auszugleichen.

VI. Ausschließlichkeit

Die Ausschließlichkeit ist eine der Grundvoraussetzungen der Gemeinnützigkeit. Sie liegt nach § 56 AO vor, wenn sowohl nach der Satzung als auch nach der tatsächlichen Geschäftsführung **keine anderen als steuerbegünstigte Zwecke** verfolgt werden. In die Satzung dürfen deshalb nur gemeinnützige Zwecke aufgenommen werden. Bei der Beurteilung, ob dies der Fall ist, gelten strenge Grundsätze. Verfolgt ein Verein neben begünstigten auch nicht begünstigte Zwecke, so ist er nicht ausschließlich gemeinnützig tätig. Wenn z. B. eine mildtätige Einrichtung unter anderem einige Personen betreut, die nicht bedürftig i. S. des § 53 AO sind, führt dies bereits zum Verlust der Steuerbegünstigung. Die Verwendung des Vereinsnamens als Werbeträger (z. B. bei Sportvereinen) wird im allgemeinen nicht als Verstoß gegen das Prinzip der Ausschließlichkeit beurteilt. Die Werbeeinnahmen sind aber als Einnahmen eines steuerpflichtigen wirtschaftlichen Geschäftsbetriebs zu behandeln. Vor allem erfordert der Grundsatz der Ausschließlichkeit auch, daß bei der Erfüllung gemeinnütziger Aufgaben keine eigenwirtschaftlichen Interessen mitwirken.

Ein Verein kann aber nebeneinander verschiedene gemeinnützige Aufgaben oder zugleich gemeinnützige, mildtätige und kirchliche Aufgaben wahrnehmen, ohne daß dadurch die Ausschließlichkeit verletzt wird. Die steuerbegünstigten Zwecke müssen jedoch **sämtlich satzungsmäßige Zwecke** sein. Will demnach eine Körperschaft steuerbegünstigte Zwecke, die nicht in die Satzung aufgenommen sind, fördern, so ist eine Satzungsänderung erforderlich, die den Erfordernissen des § 60 AO entsprechen muß.

Das Gebot der Ausschließlichkeit bezieht sich auf die eigentliche Zielsetzung des gemeinnützigen Vereins. Es bedeutet nicht, daß sich die Tätigkeit des Vereins effektiv im gemeinnützigen Wirken erschöpfen muß. Es ist ihm vielmehr gestattet, auch solche Tätigkeiten auszuüben, die als ein bloßes Mittel zum Zweck angesehen werden können, durch die also der gemeinnützige Zweck erst ermöglicht oder wenigstens gefördert wird. Dies gilt beispielsweise für die **Unterhaltung wirtschaftlicher Geschäftsbetriebe**, wie etwa einer Vereinsgaststätte, sofern der Geschäftsbetrieb nicht satzungsmäßiger Zweck ist oder zum Selbstzweck des Vereins wird. Im Hinblick auf die Vorschrift des § 56 AO muß aber darauf geachtet werden, daß die Unterhaltung wirtschaftlicher Geschäftsbetriebe, die keine Zweckbetriebe sind, und auch die Vermögensverwaltung **nicht zum Satzungszweck erhoben werden** (vgl. AEAO zu § 59 Tz. 1). Z. B. ein

Verein, dessen satzungsmäßiger Zweck unter anderem die jährliche Durchführung eines Stadtfestes (wirtschaftlicher Geschäftsbetrieb) ist, kann bereits wegen fehlender Ausschließlichkeit nach § 56 AO nicht als gemeinnützig anerkannt werden.

Außerdem gehören zu den zulässigen Hilfstätigkeiten auch:

a) Verwaltung des Vereinsvermögens
Die zweckentsprechende Anlage und Verwaltung des Vermögens, aus dem Erträge zur Verwendung für die gemeinnützigen Zwecke erzielt werden, ist kein selbständiger Zweck. Die Ausschließlichkeit wird dadurch nicht beeinträchtigt (vgl. BFH-Urteil vom 23. 10. 1991, BStBl. II 1992 S. 62).

b) Pflege der Geselligkeit
Gesellige Veranstaltungen sind bei Vereinen praktisch nicht vermeidbar. Von ihnen geht häufig sogar eine Werbewirkung aus, die dem Vereinsleben und damit den gemeinnützigen Zwecken zugute kommt. Soweit die Pflege der Geselligkeit demnach nur Mittel zum Zweck darstellt und nicht zum eigentlichen Satzungszweck erhoben wird, kann sie noch als unschädlich angesehen werden. In § 58 Nr. 8 AO ist deshalb ausdrücklich bestimmt, daß eine Körperschaft ihre Steuervergünstigung nicht deshalb verliert, weil sie gesellige Zusammenkünfte veranstaltet, sofern diese im Vergleich zu ihrer steuerbegünstigten Tätigkeit von untergeordneter Bedeutung sind. Danach kann u.e. auch ein satzungsmäßiger Hinweis auf die **Pflege der Geselligkeit** noch als gemeinnützigkeitsunschädlich angesehen werden, wenn in der Satzung gleichzeitig bestimmt ist, daß gesellige Veranstaltungen nach § 58 Nr. 8 AO nur von untergeordneter Bedeutung sein dürfen.

Dasselbe gilt nach dem BFH-Urteil vom 11. 3. 1999 (BStBl II 1999 S. 331) für den Vereinszweck „**Förderung der Kameradschaft**" wenn sich aus der Satzung ergibt, daß damit lediglich eine Verbundenheit der Vereinsmitglieder angestrebt wird, die aus der gemeinnützigen Vereinstätigkeit folgt (d. h. die Kameradschaft nur eine mittelbare Folge ist).

Erhebt ein Verein jedoch z. B. die **Pflege der Kameradschaft** zum eigentlichen Satzungsziel, fördert er dadurch nicht ausschließlich die Allgemeinheit. Denn die Pflege der Kameradschaft als Hauptziel ist ebenfalls kein gemeinnütziger Zweck.

Bei **Geselligkeitsvereinen**, die vorwiegend geselligen oder gesellschaftlichen Charakter haben, fehlt es jedoch an der Gemeinnützigkeit. Reine Geselligkeitsvereine können deshalb auch nach der Erweiterung der gemeinnützigen Zwecke durch das Vereinsförderungsgesetz nicht als steuerbegünstigt anerkannt werden. Dasselbe gilt für Studentenverbindungen und Altherrenvereine, da sie sich überwiegend der Entwicklung und Pflege freundschaftlicher Beziehungen zwischen ihren Mitgliedern widmen (Urteil des Niedersächsischen FG vom 6. 2. 1973, EFG S. 287).

VII. Unmittelbarkeit

Die steuerbegünstigten Zwecke müssen vom Verein grundsätzlich unmittelbar verwirklicht werden. Das ist nach § 57 Abs. 1 AO dann der Fall, wenn er einen oder mehrere steuerbegünstigte satzungsmäßige Zwecke **selbst verwirklicht**. Umgekehrt bedeutet dies, daß eine nur mittelbare Zweckerfüllung nicht genügt. Eine Stiftung, die dem Gemeinwohl lediglich dadurch diente, daß sie ihr Haus der Unterbringung gemeinnütziger Vereine widmete, ist deshalb von der Rechtsprechung (RFH-Urteil vom 29. 1. 1931, RStBl. S. 550) nicht als steuerbegünstigt angesehen worden. Dasselbe gilt für eine GmbH, die die Sportanlagen eines gemeinnützigen Verbandes reinigt und instandhält sowie Lehrgangsteilnehmern Unterkunft und Verpflegung gewährt (BFH-Urteil vom 25. 2. 1981, BStBl. II S. 478).

Zur Unmittelbarkeit und zur Abgrenzung zur teilweisen Weitergabe von Mitteln nach § 58 Nr. 2 AO, vgl. auch das BFH-Urteil vom 15. 7. 1998 (BB 1998 S. 2295) sowie die Ausführungen auf S. 175.

Als unmittelbar gemeinnützig tätig wird dagegen eine Stiftung angesehen, die durch **Preisverleihungen** einen Anreiz gibt, auf dem Gebiet ihrer gemeinnützigen Satzungszwecke tätig zu werden, wobei es gleichgültig ist, ob die Preise im voraus versprochen oder als Belohnung für bereits erbrachte Leistungen verliehen werden (DB 1978, S. 518). Dies gilt auch dann, wenn sich eine Stiftung im wesentlichen darauf beschränkt, Preise zu verleihen. Selbstverständlich muß die Stiftung aber selbstlos wirken; die mit der Preisverleihung geförderte Tätigkeit darf deshalb nicht nur dem Stifter oder einem eng begrenzten Personenkreis zugute kommen. Auf die Höhe der Preise kommt es im übrigen nicht an. Die Ergebnisse der durch den Preis ausgezeichneten Tätigkeit müssen aber der Allgemeinheit zur Verfügung gestellt werden. Vgl. auch KSt-Kartei zu § 5 Abs. 1 Nr. 9 KStG Nr. 9.

Das Sammeln und Weiterleiten von Geld an andere Institutionen ist – von den in § 58 Nr. 1 und 2 AO genannten Ausnahmen abgesehen (vgl. S. 169f.) – grundsätzlich ebenfalls keine unmittelbare Zweckerfüllung. Die Voraussetzung der Unmittelbarkeit ist aber insofern wesentlich gelockert, als die Verwirklichung der gemeinnützigen Zwecke auch **Hilfspersonen** (natürlichen Personen oder anderen Körperschaften) übertragen werden kann. Dabei muß allerdings nach den Umständen des Falles, insbesondere nach den rechtlichen und tatsächlichen Beziehungen, die zu der Hilfsperson bestehen, deren Wirken wie eigenes Wirken des Vereins angesehen werden können. D. h. die Hilfsperson muß nach den Weisungen des Vereins einen konkreten Auftrag im Namen und für Rechnung des Vereins ausführen.

Ein Verstoß gegen das Prinzip der Unmittelbarkeit liegt hiernach also nur dann vor, wenn die gemeinnützige Tätigkeit auch durch den Verein selbst ausgeübt werden könnte. Bei der Einschaltung von **Hilfspersonen** kommt es aber darauf an, daß ihnen die Gelder nicht zur freien Verwendung überlassen werden, sondern daß ausreichend enge Beziehungen hergestellt werden, die die Hilfsperson gewissermaßen **als verlängerten Arm** des gemeinnützigen Vereins erscheinen lassen. Der BFH hat in einem Urteil vom 31. 10. 1957 (BStBl. III 1958 S. 170) Unmittelbarkeit auch dann noch bejaht, wenn die gesamte Führung eines Kurheimes einer anderen Person übertragen wird, gleichzeitig aber gefordert, daß die gemeinnützige Körperschaft unmittelbar auf die betreffende Person einwirken müsse. Dieser dürfe nicht völlig freie Hand gelassen werden.

Dachverbände, in denen steuerbegünstigte Vereine zusammengefaßt sind, sind nach § 57 Abs. 2 AO einer Körperschaft gleichgestellt, die unmittelbar steuerbegünstigte Zwecke verfolgt. Voraussetzung ist aber, daß **sämtliche** in dem Dachverband zusammengeschlossenen Vereine und Körperschaften ihrerseits die Voraussetzungen für die Anerkennung als steuerbegünstigte Körperschaften erfüllen (vgl. AEAO zu § 57 Tz. 2). Sind einzelne Mitgliedsvereine nicht steuerbegünstigt, so steht dies der Gemeinnützigkeit des Dachverbands nicht entgegen, wenn er selbst unmittelbar steuerbegünstigte Zwecke verfolgt und für diese Mitgliedervereine keine Leistungen (z.B. Zuweisung von Mitteln, Rechtsberatung) erbringt. Aber auch in diesem Fall müssen in dem Dachverband überwiegend, d.h. zu mehr als 50 v.H. gemeinnützige Vereine als Mitglieder vertreten sein. Die Regelung des § 57 Abs. 2 AO hat somit für Dachverbände, die eine gemeinnützige Tätigkeit selbst unmittelbar ausüben, keine Bedeutung.

VIII. Steuerlich unschädliche Betätigungen

In § 58 AO hat der Gesetzgeber eine Reihe von **Ausnahmeregelungen** geschaffen, durch die die Grundsätze der Ausschließlichkeit und Unmittelbarkeit bei der Erfüllung der steuerbegünstigten Zwecke gelockert werden. Im einzelnen handelt es sich um folgende Vorschriften:

1. Fördervereine, Spendensammelvereine

a) Allgemeines

Eine gemeinnützige Körperschaft kann ihrer Pflicht, sämtliche Mittel für ihre steuerbegünstigten satzungsmäßigen Zwecke zu verwenden (§ 55 Abs. 1 Nr. 1 AO), auf folgende Arten nachkommen:

– Die Körperschaft muß ihre steuerbegünstigten Zwecke grundsätzlich selbst verwirklichen, also ihre Mittel unmittelbar zeitnah dafür verwenden (§ 57 AO).

– Die Körperschaft darf ihre Mittel (in vollem Umfang) an eine andere Körperschaft für die Verwirklichung der steuerbegünstigten Zwecke dieser Körperschaft oder an eine juristische Person des öffentlichen Rechts zur Verwirklichung steuerbegünstigter Zwecke weitergeben, wenn die Beschaffung von Mitteln für die andere Körperschaft ihr Satzungszweck ist (§ 58 Nr. 1 AO – sog. **Förderverein**).

– Wenn die Beschaffung von Mitteln für andere Körperschaften nicht Satzungszweck ist, darf die Körperschaft ihre Mittel teilweise (höchstens zur

Hälfte) an eine andere gemeinnützige Körperschaft oder an eine juristische Person des öffentlichen Rechts zur Verwendung für steuerbegünstigte Zwecke weitergeben *(§ 58 Nr. 2 AO).*

Hat ein Förderverein oder Spendensammelverein die satzungsmäßige Aufgabe für die Verwirklichung steuerbegünstigter Zwecke durch eine andere privatrechtliche Körperschaft (Verein, Stiftung usw.) oder eine juristische Person des öffentlichen Rechts lediglich finanzielle Mittel zu beschaffen, so kann er nach der Ausnahmevorschrift des § 58 Nr. 1 AO als steuerbegünstigt anerkannt werden, obwohl er nicht selbst die begünstigten Zwecke verwirklicht und es somit an der sonst vorgeschriebenen Unmittelbarkeit fehlt. Diese Regelung kommt insbesondere den Fördervereinen an Schulen oder Fördervereinen von Schwimmbädern, Sporthallen, Theaterneubauten zugute. Dasselbe gilt auch für Feuerwehrfördervereine. Die **Beschaffung von Mitteln muß aber als Satzungszweck festgelegt werden.** Ein gemeinnütziger Förder- oder Spendensammelverein muß sich aber nicht darauf beschränken, Spenden zu sammeln und weiterzuleiten, er kann auch unmittelbar Aktivitäten der von ihm geförderten Körperschaft unterstützen (z. B. durch die Durchführung einer kulturellen Veranstaltung für die von ihm geförderte Körperschaft).

Bei einem Förderverein muß also nach dem AEAO zu § 58 Nr. 1 die Beschaffung von Mitteln als Satzungszweck festgelegt werden. Allerdings braucht nach Auffassung der Finanzverwaltung ein Förderverein im Sinne des § 58 Nr. 1 AO **die Körperschaft, für die er Mittel beschafft, nicht namentlich in seiner Satzung zu nennen.** Die Angabe des Zwecks, für dessen Verwirklichung (durch andere Körperschaften) die Mittel beschafft werden, reicht aus. Wenn die unterstützte Körperschaft in der Satzung angegeben ist, darf der Förderverein seine Mittel aber erst nach einer entsprechenden Satzungsänderung an eine andere oder weitere Körperschaft weitergeben. Vgl. hierzu auch FR 1997 S. 745.

Darüber hinaus muß nach Auffassung der Finanzverwaltung die Körperschaft, für die Mittel beschafft werden, selbst **nicht** steuerbegünstigt sein. Die Verwendung der Mittel für die steuerbegünstigten Zwecke muß jedoch ausreichend nachgewiesen werden (vgl. AEAO zu § 58 Nr. 1). Die Mittel können deshalb – im Gegensatz zu der Vorschrift des § 58 Nr. 2 AO – grundsätzlich auch einer ausländischen Körperschaft des privaten oder öffentlichen Rechts überlassen werden. Die unmittelbare Weitergabe von Mitteln an eine natürliche Person ist hingegen nicht zulässig, da in § 58 Nr. 1 AO nur Körperschaften des privaten und öffentlichen Rechts angesprochen sind.

Bei einer **Stadthalle (Mehrzweckhalle)** liegen beispielsweise **nicht ausschließlich** gemeinnützige Zwecke vor, da dort außer kulturellen oder sportlichen Veranstaltungen häufig gesellige, politische oder Veranstaltungen des Wirtschaftslebens abgehalten zu werden pflegen (BFH-Urteil vom 19. 6. 1974, BStBl. II S. 664). Ein Förderverein, dessen Zweck darin besteht, Mittel für eine Mehrzweckhalle zu sammeln, kann somit – im Gegensatz zu einem Förderverein, der Mittel z. B. für den Bau einer Sporthalle durch einen Sportverein beschafft – nicht als gemeinnützig und spendenbegünstigt anerkannt werden.

Wegen der Steuerbegünstigung von Hallenbauvereinen wird auf die nachstehenden Ausführungen unter Ziffer 4 verweisen.

Bei einem **Förderverein für eine Mehrzweckhalle** kommt die Gemeinnützigkeit aber dann in Betracht, wenn sein Satzungszweck ausschließlich auf **eindeutig abgrenzbare steuerbegünstigte Maßnahmen** gerichtet ist, wie z.b. das Sammeln von Mitteln zur Ausstattung einer Mehrzweckhalle mit Sportgeräten und Sportinventar zur Ausübung des Schul- und Vereinsports. Dasselbe gilt z.b. für einen **Förderverein für ein Bürgerzentrum**, wenn dessen Mittel ausschließlich für eindeutig abgrenzbar steuerbegünstigte Zwecke verwendet werden (z.B. Ausstattung der Ortsbücherei, des Kindergartens oder eines Jugend- und Altentreffs im Bürgerzentrum).

Die geförderten Projekte müssen auch **innerhalb einer angemessenen Zeitspanne verwirklicht werden.** Wird die Ausführung unabsehbar lange hinausgeschoben, so ist der Förderverein nicht als gemeinnützig anzuerkennen. Der Zeitraum für die Verwirklichung der Projekte sollte deshalb regelmäßig ca. 3–5 Jahre nicht überschreiten (vgl. BFH-Urteil vom 13. 9. 1989, BStBl. II 1990 S. 28). Danach kann auch ein Spendensammel- oder Förderverein eine Rücklage nach § 58 Nr. 6 AO bilden, wenn der Verein wegen Verzögerung der von ihm zu finanzierenden gemeinnützigen Zwecke gezwungen ist, die beschafften Mittel zunächst zu thesaurieren.

b) Gemeinnützigkeit von Fördervereinen bei wirtschaftlicher Betätigung

Sofern sich **ein Förderverein auch wirtschaftlich betätigt** (z. B. Durchführung von Festveranstaltungen), vertritt z. B. die Finanzverwaltung in Baden-Württemberg zur Frage der Gemeinnützigkeit folgende Auffassung:

- Sind bei einem Förderverein die Einnahmen aus steuerbegünstigten Tätigkeiten (z. B. Spenden, Mitgliedsbeiträge und Aufnahmegebühren) **höher als die Einnahmen aus wirtschaftlichen Geschäftsbetrieben**, bestehen gegen die Anerkennung der Gemeinnützigkeit grundsätzlich keine Bedenken.
- Betragen die steuerbegünstigten Einnahmen **mehr als 10 v. H. der Einnahmen im wirtschaftlichen Geschäftsbetrieb**, ist die Anerkennung der Gemeinnützigkeit möglich, wenn der Förderverein **glaubhaft macht**, daß die steuerbegünstigten Tätigkeiten die wirtschaftliche Betätigung **zeitlich** bei weitem überwiegen und dem Förderverein das **Gepräge** geben. Für die Anwendung dieser 10-v.H.-Grenze kann ein mehrjähriger Zeitraum (längstens ca. 3 Jahre) zugrunde gelegt werden.
- In beiden Fällen kommt die Vorschrift des § 64 Abs. 4 AO grundsätzlich nicht in Betracht (vgl. hierzu S. 188). Denn die Gründung eines Fördervereins stellt **keine Aufteilung** einer Körperschaft dar.
- Betragen die steuerbegünstigten Einnahmen **nicht mehr als 10 v.H. der Einnahmen im wirtschaftlichen Geschäftsbetrieb**, ist hingegen im allgemeinen davon auszugehen, daß der wirtschaftliche Geschäftsbetrieb den Förderverein in gemeinnützigkeitsschädlicher Weise prägt.

Erzielt somit z. B. ein Förderverein jährlich Einnahmen aus einem Vereinsfest von 55 000 DM, müßten im Hinblick auf die o.g. 10 v.h.-Grenze seine Einnahmen aus steuerbegünstigten Tätigkeiten (z. B. Spenden und Mitgliedsbeiträge) über 5500 DM jährlich liegen. Die Anerkennung der Gemeinnützigkeit ist für den Förderverein deshalb so wichtig, da nur ein gemeinnütziger Förderverein die Besteuerungsgrenze von 60 000 DM in § 64 Abs. 3 AO beanspruchen kann.

c) Mustersatzung

**Mustersatzung
für einen Förderverein**
(nur die aus steuerlichen Gründen notwendigen Bestimmungen)

§ 1 Name und Sitz
(1) Der Verein führt den Namen
Förderverein ....

§ 2 Zweck
(1) Zweck des Vereins ist z. B. die Förderung des Sports/Kunst und Kultur insbesondere durch die ideelle und finanzielle Unterstützung des – der – von ....
....
(z. B. des Sportvereins X, Musikvereins Y, der Fußball-Abteilung des TSV Z, von steuerbegünstigten caritativen Einrichtungen, der Errichtung einer Schule oder eines Hallenbades der Stadt Y).

(2) Der Satzungszweck wird insbesondere verwirklicht durch Beschaffung von Mitteln durch Beiträge, Spenden sowie durch Veranstaltungen, die der Werbung für den geförderten Zweck dienen (bei der Förderung von Baumaßnahmen kann auch die unentgeltliche Hilfe und Unterstützung Satzungszweck sein).

(3) Der Verein ist selbstlos tätig, er verfolgt nicht in erster Linie eigenwirtschaftliche Zwecke.

(4) Mittel des Vereins dürfen nur für den satzungsgemäßen Zweck verwendet werden. Die Mitglieder erhalten keine Gewinnanteile und in ihrer Eigenschaft als Mitglieder auch keine sonstigen Zuwendungen aus Mitteln des Vereins. Sie erhalten bei ihrem Ausscheiden oder bei Auflösung des Vereins für ihre Mitgliedschaft keinerlei Entschädigung.

Es darf keine Person durch Ausgaben, die dem Zweck des Vereins fremd sind, oder durch unverhältnismäßig hohe Vergütung begünstigt werden.

Alternative zu § 2:
Für den Fall, daß sich der Förderverein nicht an eine bestimmte Körperschaft binden will, besteht die Möglichkeit, den Satzungszweck abweichend von § 2 (1) und (2) der Mustersatzung wie folgt festzulegen:

„Der Verein fördert ... (steuerbegünstigter Zweck ist anzugeben, z. B. Sport) durch die Beschaffung von Mitteln durch Beiträge/Spenden und deren Weiterleitung an Körperschaften, welche diese Mittel unmittelbar für diesen (steuerbegünstigten) Zweck verwenden."

In diesem Fall ist außerdem anstelle von § 4 dieser Mustersatzung der Wortlaut des § 5 der Mustersatzung für einen gemeinnützigen Verein (vgl. S. 238 und AEAO Anlage 1 zu § 60) in die Satzung des Fördervereins aufzunehmen.

§ 3 Steuerbegünstigung (Gemeinnützigkeit)
Der Verein verfolgt ausschließlich gemeinnützige/mildtätige Zwecke i. S. des Abschnitts „Steuerbegünstigte Zwecke" der Abgabenordnung (§ 51 ff. AO). Er ist ein Förderverein i. S. von § 58 Nr. 1 AO, der seine Mittel ausschließlich zur Förderung der in § 2 Abs. 1 der Satzung genannten steuerbegünstigten Einrichtung(en)/des steuerbegünstigten Zwecks der in § 2 Abs. 1 genannten Körperschaft(en) verwendet.

§ 4 Auflösung des Vereins/Wegfall des bisherigen steuerbegünstigten Zweckes
Bei Auflösung des Vereins/Wegfall steuerbegünstigter Zwecke ist das verbleibende Vermögen ausschließlich der (den) in § 2 Abs. 1 der Satzung genannten (steuerbegünstigten) Einrichtung(en) zu überweisen. Besteht diese Einrichtung nicht mehr, kann der Verein das Vermögen an andere steuerbegünstigte Einrichtungen oder eine Körperschaft des öffentlichen Rechts zur Verwirklichung steuerbegünstigter Zwecke überweisen (Alternative in diesem Fall: Beschlüsse über die künftige Verwendung des Vermögens dürfen erst nach Einwilligung des Finanzamts ausgeführt werden).

Eine weitere Mustersatzung für einen gemeinnützigen Verein ist auf S. 237 abgedruckt.

d) Verwirklichung steuerbegünstigter Zwecke im Ausland
Je nachdem ob die steuerbegünstigten Zwecke im Ausland vom Verein unmittelbar selbst, durch eine Hilfsperson oder aber im Rahmen des § 58 Nr. 1 AO verwirklicht werden, kommen folgende Grundsätze zur Anwendung:

Grundsätzlich kann jeder steuerbegünstigte Zweck auch im Ausland verwirklicht werden, es sei denn, die Fördermaßnahmen sind nur auf das Inland beschränkt (z. B. Förderung des Naturschutzes und der Landschaftspflege i. S. des Bundesnaturschutzgesetzes und der Naturschutzgesetze der Länder, vgl. Nr. 18 der Anlage 7 zu R 111 Abs. 1 EStR).

Die Zweckverwirklichung im Ausland ist dem Grunde nach weder für die Steuerbefreiung noch für den Spendenabzug schädlich. Eine Förderung der Allgemeinheit i. S. von § 52 AO setzt nicht voraus, daß die Fördermaßnahmen Bewohnern oder Staatsangehörigen Deutschlands zugute kommen. Erforderlich ist nur, daß die Verwirklichung im Ausland der Förderung staatspolitischer Ziele Deutschlands dient oder sich zumindest nicht zum Nachteil für Deutschland auswirkt. In jedem Fall muß aber die Förderung durch eine **inländische Körperschaft** vorgenommen werden.

Die inländischen Finanzbehörden müssen die zweckentsprechende Verwendung der Spenden prüfen können. Bei den in R 111 Abs. 7 EStR ausdrücklich genannten – inländischen – Spendenempfängern kann allgemein davon ausgegangen werden, daß die Mittel auch tatsächlich für satzungsmäßige Zwecke Verwendung finden. In allen anderen Fällen inländischer Körperschaften ist die korrekte Verwendung von Mitteln im Ausland zu prüfen.

Förderung steuerbegünstigter Zwecke und Mittelverwendung im Ausland unmittelbar durch die steuerbegünstigte Körperschaft
Die Verwirklichung steuerbegünstigter Zwecke im Ausland ist von der steuerbegünstigten Körperschaft u. a. durch ordnungsgemäße Aufzeichnungen ihrer Ausgaben nach § 63 Abs. 3 AO im Rahmen des **Nachweises** ihrer tatsächlichen Geschäftsführung zu belegen. Dabei besteht nach § 90 Abs. 2 AO bei Auslandssachverhalten eine erhöhte Mitwirkungs- und Beweisvorsorgepflicht.

Je nach Lage und Größenordnung des Falles entscheidet das Finanzamt unter Berücksichtigung des Grundsatzes der Verhältnismäßigkeit, welche Nachweise erbracht werden müssen. Hierzu können folgende – erforderlichenfalls ins Deutsche übersetzte – **Unterlagen** dienen:

- im Zusammenhang mit der ausländischen Mittelverwendung abgeschlossene Verträge und entsprechende Vorgänge;
- Belege über den Abfluß der Mittel ins Ausland und Quittungen des Zahlungsempfängers über den Erhalt der Mittel;
- ausführliche Tätigkeitsbeschreibungen der im Ausland entfalteten Aktivitäten;
- Material über die getätigten Projekte (Prospekte, Presseveröffentlichungen);
- Gutachten (z. B. eines örtlichen Wirtschaftsprüfers) bei großen oder andauernden Projekten;
- Zuwendungsbescheide ausländischer Behörden, wenn die Maßnahmen dort öffentlich (z. B. durch Zuschüsse) gefördert werden;
- Bestätigung einer deutschen Auslandsvertretung, daß die behaupteten Projekte durchgeführt werden.

Eine Körperschaft kann ihre steuerbegünstigten Zwecke auch im Ausland durch eine *Hilfsperson* i. S. des § 57 Abs. 1 Satz 2 AO unmittelbar verwirklichen. Dabei kann es sich auch um eine ausländische natürliche oder juristische Person handeln. Zur Beweissicherung empfiehlt es sich hier insbesondere der Abschluß eines schriftlichen Vertrags zwischen der inländischen Körperschaft und der ausländischen Hilfsperson, der Inhalt und Umfang der Tätigkeit sowie die Rechenschaftspflichten der Hilfsperson festlegt. Abrechnungs- und Buchführungsunterlagen sind im Inland aufzubewahren (§ 146 Abs. 2 AO).

Weitergabe von Mitteln an ausländische Körperschaften nach § 58 Nr. 1 AO
Durch die Ausnahmeregelung des § 58 Nr. 1 AO ist es zulässig, steuerbegünstigte Zwecke nur dadurch zu verfolgen, Mittel für die Verwirklichung steuerbegünstigter Zwecke anderen Körperschaften zu beschaffen. Es ist dabei auch zulässig, Mittel an ausländische Körperschaften zu geben, wenn die Mittel durch die aus-

ländische Körperschaft für der Art nach gemeinnützige, mildtätige oder kirchliche Zwecke verwendet werden (vgl. AEAO Tz. 1 Satz 3 zu § 58). Die Beschaffung von Mitteln muß in der Satzung als Zweck festgelegt sein (AEAO Tz. 1 Satz 2 zu § 58).

Weitergabe von Mitteln an ausländische Körperschaften nach § 58 Nr. 2 AO?
Bezüglich der Weitergabe von Mitteln an Körperschaften, die im Inland weder ihre Geschäftsleitung noch ihren Sitz haben, ist § 58 Nr. 2 AO nicht einschlägig, da diese Vorschrift nach ihrem Wortlaut voraussetzt, daß die Mittel einer steuerbegünstigten Körperschaft, also einer inländischen Körperschaft i. S. der §§ 51 ff. AO zugewendet werden. Die Weitergabe an ausländische Organisationen ist danach **nicht zulässig**. Hiervon unberührt bleibt allerdings die oben genannten Möglichkeit der Einschaltung einer **ausländischen Hilfsperson**.

Durchlaufspenden und Spendenbestätigungen
Nach § 48 Abs. 3 Nr. 2 Satz 2 EStDV ist in den Fällen der Durchlaufspende für Zwecke, die im Ausland verwirklicht werden, das Bundesministerium, in dessen Aufgabenbereich der jeweilige Zweck fällt, zur Spendenannahme verpflichtet. Damit können Körperschaften, die ihre Zwecke im Ausland verwirklichen und nicht zum unmittelbaren Empfang von Spenden berechtigt sind, ihren Spendern das zuständige Ressort der Bundesregierung benennen (z. B. das Bundesministerium für wirtschaftliche Zusammenarbeit für Spenden zur Förderung der Entwicklungshilfe – Nr. 22 der Anlage 7 zu R 111 Abs. 1 EStR).

Zu beachten ist, daß in den Spendenbestätigungen eine Verwendung im Ausland besonders zu vermerken ist (vgl. Muster für Spendenbestätigungen, Anlage 4 zu R 111 Abs. 4 EStR, außerdem Verfügung der OFD Hannover vom 25. 9. 1998, FR 1998 S. 1101).

2. Teilweise Weitergabe von Mitteln

Eine steuerbegünstigte Körperschaft darf ihre Mittel, ohne daß dies in der Satzung vorgesehen zu sein braucht, **teilweise** auch anderen steuerbegünstigten Körperschaften oder öffentlich-rechtlichen Körperschaften zur Verwendung für steuerbegünstigte Zwecke zuwenden (§ 58 Nr. 2 AO). Hierbei muß es sich aber um inländische Körperschaften handeln. Bei den Mitteln darf es sich auch um Sachmittel handeln. Diese Ausnahmeregelung bezieht sich im Gegensatz zu der Sonderregelung für Fördervereine und Spendensammelvereine, die üblicherweise nach ihrer Satzung keine eigene steuerbegünstigte Aufgabe haben, auf solche Körperschaften, die selbst einen oder mehrere gemeinnützige Zwecke verwirklichen. Unschädlich ist nur die **teilweise (nicht überwiegende, d. h. höchstens 50 v. H.)** Weitergabe eigener Mittel (vgl. AEAO zu § 58 Nr. 2). Außerdem muß es sich bei der Weitergabe von Mitteln an eine „andere Körperschaft" im Gegensatz zu der Vorschrift des § 58 Nr. 1 AO ebenfalls um eine **steuerbegünstigte** Körperschaft handeln (vgl. auch **BFH-Urteil vom 15. 7. 1998, BB 1998 S. 2295**). Danach ist es steuerlich unschädlich, wenn eine Körperschaft in einzelnen Veranlagungszeiträumen ausschließlich anderen, ebenfalls steuerbegünstigten Körperschaften Mittel zuwendet (§ 58 Nr. 2 AO), sie aber in anderen Veranlagungszeiträumen auch selbst oder durch eine Hilfsperson (unmittelbar nach § 57 AO) ihre steuerbegünstigten satzungsmäßigen Zwecke verfolgt. D. h. für die Prüfung, ob die Körperschaft ihre gemeinnützigen Zwecke selbst verwirklicht und nur eine teilweise (nicht überwiegende) Weitergabe eigener Mittel i. S. des § 58 Nr. 2 AO vorliegt, kann also nicht isoliert auf die einzelnen Veranlagungszeiträume abgestellt werden; maßgebend ist vielmehr eine Gesamtbetrachtung. Der BFH-Entscheidung lag im Streitfall die Mittelweitergabe für ein gemeinnütziges „Großprojekt" (Errichtung eines Therapiezentrums) zugrunde. Für diese Gesamtbetrachtung kann unseres Erachtens ein Zeitraum von ca. längstens 3–5 Jahre berücksichtigt werden.

3. Überlassung von Arbeitskräften und Arbeitsmitteln

Die Gemeinnützigkeit wird nicht dadurch ausgeschlossen, daß ein Verein seine Arbeitskräfte (z. B. Krankenschwestern) anderen Personen, Unternehmen oder Einrichtungen für steuerbegünstigte Zwecke zur Verfügung stellt (**§ 58 Nr. 3 AO**). Dasselbe gilt für die Überlassung von Arbeitsmitteln (z. B. Krankenwagen). Die „anderen Personen, Unternehmen oder Einrichtungen" müssen selbst nicht steuerbegünstigt sein; lediglich die Arbeitskräfte und Arbeitsmittel müssen für steuerbegünstigte Zwecke eingesetzt werden. Vgl. auch AEAO zu § 58 Nr. 3.

Nach § 58 Nr. 3 AO ist also die Zurverfügungstellung von Arbeitskräften für steuerbegünstigte Zwecke an andere Körperschaften als Ausnahme vom Grundsatz der Unmittelbarkeit gemeinnützigkeitsunschädlich. Sofern dies entgeltlich geschieht, wird jedoch durch die Vorschrift des § 58 Nr. 3 AO nicht gleichzeitig auch die Zweckbetriebseigenschaft im Sinne der §§ 65 ff. AO begründet; ob eine Überlassung von Arbeitskräften gegen Entgelt als Zweckbetrieb oder aber als steuerpflichtiger wirtschaftlicher Geschäftsbetrieb zu beurteilen ist, richtet sich vielmehr nach allgemeinen Grundsätzen.

Die entgeltliche Gestellung von Personal ist u. E. zumindest dann als steuerpflichtiger wirtschaftlicher Geschäftsbetrieb im Sinne des § 64 AO einzustufen, wenn die übernehmende Einrichtung mit dem gestellten Personal **eigenwirtschaftliche Zwecke** verfolgt. Denn in diesem Fall kann die Überlassung bereits dem Grunde nach nicht als Verfolgung steuerbegünstigter Zwecke angesehen werden, was jedoch Voraussetzung für die Annahme eines Zweckbetriebs im Sinne des § 65 AO wäre. Z. B. die Gestellung von Personal an eine zentrale Gehaltsabrechnungsstelle oder an eine Beschaffungsstelle, die jeweils steuerpflichtige wirtschaftliche Geschäftsbetriebe sind. Dasselbe würde auch für die Personalgestellung an eine zentrale Geschäftsstelle gelten.

Sofern die entgeltliche Personalgestellung hingegen für den unmittelbaren Einsatz für steuerbegünstigte Zwecke erfolgt (z. B. Krankenschwestern, Pflegepersonal oder Ordensschwestern), kann dies u. E. noch als Zweckbetrieb im Sinne des § 65 AO beurteilt werden. Denn im Ergebnis werden dadurch steuerbegünstigte Zwecke im Sinne des § 65 Nr. 1 AO verwirklicht; die Wettbewerbsklausel nach § 65 Nr. 3 AO wäre bei der Überlassung von Personal an andere steuerbegünstigte Körperschaften für steuerbegünstigte Zwecke ebenfalls erfüllt.

4. Überlassung von Räumen

Eine steuerbegünstigte Körperschaft darf ihr gehörende Räume auch einer anderen steuerbegünstigten Körperschaft zur Benutzung für deren steuerbegünstigte Zwecke überlassen (§ 58 Nr. 4 AO). Dasselbe gilt auch für die Überlassung von Sportstätten, Sportanlagen und Freibädern (vgl. AEAO zu § 58 Nr. 4). Der Sinn dieser Regelung besteht darin, daß auch eine unentgeltliche oder verbilligte Nutzungsüberlassung nicht zum Verlust der Gemeinnützigkeit führt. Ob eine Nutzungsüberlassung gegen angemessenes Entgelt zum gemeinnützigkeitsunschädlichen Bereich der Vermögensverwaltung gehört oder als Zweckbetrieb oder steuerpflichtiger wirtschaftlicher Geschäftsbetrieb zu beurteilen ist, richtet sich nach allgemeinen Grundsätzen.

Sog. **Hallenbauvereine**, die nach ihrer Satzung und ihrer tatsächlichen Geschäftsführung ausschließlich und unmittelbar den Zweck verfolgen, eine Halle zu errichten und diese steuerbegünstigten Körperschaften zur Benutzung zu überlassen, werden von der Finanzverwaltung **nicht** als gemeinnützig und spendenbegünstigt anerkannt. Nur ein Verein, der satzungsgemäß einen gemeinnützigen Zweck (z. B. Sport) fördert, kann also nach § 58 Nr. 4 AO diesen Zweck teilweise mittelbar durch den Bau einer Sporthalle und ihre Überlassung an andere gemeinnützige Vereine verwirklichen.

Zur Anwendung der Grundsätze zur Betriebsaufspaltung bei gemeinnützigen Vereinen, vgl. die Ausführungen auf S. 194.

5. Stiftungen

Nach § 58 Nr. 5 AO ist es für die Gemeinnützigkeit einer Stiftung unschädlich, wenn sie einen Teil ihres Einkommens, höchstens jedoch **ein Drittel**, dazu verwendet, um in angemessener Weise den **Stifter und seine nächsten Angehörigen** zu unterhalten, ihre Gräber zu pflegen und ihr Andenken zu ehren. Die Ein-Drittel-Grenze bezieht sich auf den Veranlagungszeitraum.

Der Begriff des nächsten Angehörigen ist enger als der Begriff des Angehörigen nach § 15 AO. Nach dem AEAO zu § 58 Tz. 6 umfaßt er Ehegatten, Eltern, Großeltern, Kinder, Enkel (auch falls durch Adoption verbunden), Geschwister, Pflegeeltern und Pflegekinder.

Zur Erfüllung von Ansprüchen, die auf gestiftetem Vermögen lasten, gilt Folgendes:
Sofern das zugewendete Vermögen z. B. mit einem Nießbrauch oder einem Vermächtnis belastet ist, ist die Erfüllung dieser übernommenen Ansprüche aus dem zugewendeten Vermögen keine schädliche Mittelverwendung i.S.d. § 55 Abs. 1 Nr. 1 AO (vgl. hierzu AEAO zu § 55 Tz. 5 bis 7).

Nach dem **BFH-Urteil vom 21. 1. 1998 (BStBl II 1998 S. 758)** mindern Verbindlichkeiten, die in Ausführung des Stiftungsgeschäftes auf die Stiftung übergehen, von vornherein das der Stiftung zugewendete Vermögen; der zur Erfüllung derartiger Ansprüche notwendige Teil des Stiftungsvermögens steht den satzungsmäßigen Zwecken der Stiftung von Anfang an nicht zur Verfügung. Die Erfüllung derartiger Ansprüche stellt keinen Verstoß gegen die Gebote der Selbstlosigkeit und Ausschließlichkeit dar; für die Anwendung des § 58 Nr. 5 AO ist insoweit kein Raum.

Die Finanzverwaltung hält allerdings im **BMF-Schreiben vom 6. 11. 1998 (BStBl 1998 I S. 1446)** an den Verwaltungsanweisungen im AEAO zu § 55 Tz. 5 bis 7 fest und wendet die Urteilsgrundsätze nicht allgemein an, soweit sie dazu im Widerspruch stehen.

6. Rücklagenbildung

a) Rücklage nach § 58 Nr. 6 AO

Nach § 58 Nr. 6 AO ist es zulässig, daß eine Körperschaft ihre Mittel ganz oder teilweise einer Rücklage zuführt, soweit dies erforderlich ist, um ihre steuerbegünstigten satzungsmäßigen Zwecke nachhaltig erfüllen zu können. Diese Rücklagenzuführung bildet eine **Ausnahme** von dem Grundsatz, daß gemeinnützige Körperschaften ihre Mittel fortlaufend für ihre steuerbegünstigten Zwecke verwenden müssen. Bei der Rücklagenbildung nach § 58 Nr. 6 AO kommt es nicht auf die Herkunft der Mittel an. Dieser Rücklage können deshalb auch Spendenmittel zugeführt werden.

Voraussetzung für die Bildung einer Rücklage nach § 58 Nr. 6 AO ist, daß ohne sie die steuerbegünstigten satzungsmäßigen Zwecke nachhaltig nicht erfüllt werden können. Das Bestreben, ganz allgemein die Leistungsfähigkeit der Körperschaft zu erhalten, reicht hierfür nicht aus. Vielmehr müssen die Mittel für bestimmte steuerbegünstigte satzungsmäßige Vorhaben (z. B. Bau oder Erweiterung einer Sportplatzanlage oder Durchführung einer großen Musik- oder Sportveranstaltung) angesammelt werden. Diese Rücklage wird deshalb auch als **Zweckerfüllungs- oder Projektrücklage** bezeichnet. Dabei müssen für die Verwirklichung des Projektes bereits **konkrete Zeitvorstellungen** bestehen; es darf also nicht unabsehbar lange hinausgeschoben werden. Besteht noch keine konkrete Zeitvorstellung, so ist eine Rücklagenbildung zulässig, wenn die Durchführung des Vorhabens glaubhaft und bei den finanziellen Verhältnissen der steuerbegünstigten Körperschaft in einem angemessenen Zeitraum (u. E. **ca. 3–5 Jahre**, bei einem Großprojekt auch länger) möglich ist.

Darüber hinaus ist es nach Auffassung der Finanzverwaltung auch zulässig, für periodisch wiederkehrende Ausgaben (z.B. Löhne, Gehälter und Mieten) in Höhe des Mittelbedarfs für eine angemessene Zeitperiode eine Rücklage (sog. **Betriebsmittelrücklage**) i. S. des § 58 Nr. 6 AO zu bilden. Als angemessene Zeitperiode kann ein Zeitraum von mehreren Monaten bis zu einem Jahr berücksichtigt werden (vgl. auch AEAO zu § 55 Tz. 8 und 9).

Die Grundsätze zur Rücklagenbildung nach § 58 Nr. 6 AO gelten im übrigen auch für **Förder- und Spendensammelvereine** i. S. des § 58 Nr. 1 AO (BFH-Urteil vom 13. 9. 1989, BStBl. II 1990 S. 28). Voraussetzung ist jedoch, daß die Rücklagenbildung dem Zweck der Beschaffung von Mitteln für die steuerbegünstigten Zwecke eines anderen Vereins entspricht. Diese Voraussetzung ist z. B. erfüllt, wenn der Mittelbeschaffungsverein wegen Verzögerung der von ihm zu finanzierenden steuerbegünstigten Maßnahmen gezwungen ist, die beschafften Mittel zunächst zu thesaurieren (vgl. AEAO zu § 58 Tz. 10).

b) Rücklage im wirtschaftlichen Geschäftsbetrieb
Die Bildung einer **freien Rücklage in einem wirtschaftlichen Geschäftsbetrieb** ist nach Auffassung der Finanzverwaltung zulässig, wenn dies bei vernünftiger kaufmännischer Beurteilung wirtschaftlich begründet ist. Hierfür muß ein konkreter Anlaß gegeben sein, der auch aus objektiver unternehmerischer Sicht die Bildung der Rücklage rechtfertigt, wie z. B. eine geplante Erweiterung oder Erneuerung der Vereinsgaststätte (vgl. AEAO zu § 55 Tz. 2).

Vom BFH wurde im **Urteil vom 15. 7. 1998 (BB 1998 S. 2295)** zur Selbstlosigkeit bei eigenwirtschaftlichen Zwecken und zur Zulässigkeit von Rücklagen im wirtschaftlichen Geschäftsbetrieb folgendes entschieden:

- Eine Körperschaft verfolgt nicht allein deswegen in erster Linie eigenwirtschaftliche Zwecke i. S. des § 55 Abs. 1 AO, weil sie einen wirtschaftlichen Geschäftsbetrieb unterhält und die unternehmerischen Aktivitäten die gemeinnützigen übersteigen.
- Dem Gebot, daß Mittel der Körperschaft nur zu steuerbegünstigten Zwecken verwendet werden dürfen (§ 55 Abs. 1 Nr. 1 AO), unterliegen grundsätzlich auch die Gewinne aus einem wirtschaftlichen Geschäftsbetrieb.
- Das Gebot der steuerbegünstigten Mittelverwendung erfaßt aber nur solche Mittel des wirtschaftlichen Geschäftsbetriebs, die bei vernünftiger kaufmännischer Beurteilung nicht zur Sicherung des wirtschaftlichen Erfolgs des wirtschaftlichen Geschäftsbetriebs benötigt werden. Die Körperschaft hat nachzuweisen, daß die betriebliche Mittelverwendung zur Sicherung ihrer Existenz geboten war.
- Dem Gebot zeitnaher steuerbegünstigter Mittelverwendung stehen notwendige Planungsphasen nicht entgegen.

Der BFH sieht also eine beinahe vollständige Thesaurierung des Gewinns des steuerpflichtigen wirtschaftlichen Geschäftsbetriebs über einen längeren Zeitraum hinweg als unschädlich für die Gemeinnützigkeit an, wenn die Mittel zur Sicherung des wirtschaftlichen Erfolgs des Betriebs (z. B. durch eine Betriebserweiterung) benötigt werden. Allerdings muß nachgewiesen werden, daß der Umfang der vorgenommenen Gewinnthesaurierung zur Sicherung der Existenz der Körperschaft betriebswirtschaftlich geboten war.

Bei der freien Rücklage im wirtschaftlichen Geschäftsbetrieb handelt es sich aber um eine Ausnahme vom Gebot der zeitnahen Mittelverwendung nach § 55 Abs. 1 Nr. 1 AO und nicht um einen Fall des § 58 Nr. 6 AO. Die Erträge aus einem steuerpflichtigen wirtschaftlichen Geschäftsbetrieb können jedoch sowohl der freien Rücklage im wirtschaftlichen Geschäftsbetrieb als auch der Zweckerfüllungsrücklage i.S. des § 58 Nr. 6 AO erst **nach deren Versteuerung** zugeführt werden. Es ist also nicht zulässig, den steuerpflichtigen Überschuß aus einem wirtschaftlichen Geschäftsbetrieb durch die Bildung einer Rücklage zu schmälern.

c) **Freie Rücklage nach § 58 Nr. 7 a AO**
Nach § 58 Nr. 7 a AO ist auch die Bildung einer freien Rücklage zulässig. Ihr darf jährlich höchstens **ein Viertel des Überschusses der Einnahmen über die Unkosten aus der Vermögensverwaltung** zugeführt werden. Erzielt eine Körperschaft Einnahmen aus verschiedenen Bereichen der Vermögensverwaltung (z. B. Zinseinnahmen und Einnahmen aus langfristiger Vermietung), so ist für die Rücklagenbildung vom **gesamten** Überschuß nach Saldierung der positiven und negativen Ergebnisse aus den einzelnen Bereichen der Vermögensverwaltung auszugehen. Die freie Rücklage kann außerdem unabhängig davon gebildet werden, ob diese Möglichkeit in der Satzung der steuerbegünstigten Körperschaft erwähnt ist oder nicht.

Aus anderen Mitteln (Mitgliederbeiträge, Spenden, Überschüsse aus wirtschaftlichen Geschäftsbetrieben und Zweckbetrieben) ist eine Rücklagenzuführung insoweit also nicht zulässig. Die Gesamthöhe der freien Rücklage ist aber nicht begrenzt. Wird die zulässige Höchstgrenze in einem Jahr nicht voll ausgeschöpft, so ist eine Nachholung in späteren Jahren nicht zulässig. Im übrigen braucht die steuerbegünstigte Körperschaft die freie Rücklage während der Dauer ihres Bestehens nicht aufzulösen (vgl. AEAO zu § 58 Tz. 12).

In welchen Vermögenswerten die Rücklagenbeträge angelegt werden, bleibt der Entscheidung der gemeinnützigen Körperschaft im Rahmen einer ordnungsgemäßen – auf Sicherheit und Rendite bedachten – Vermögensverwaltung überlassen. Sie kann die Beträge auch zur Entschuldung von Grundbesitz einsetzen. Die Rücklagenbeträge dürfen aber keinesfalls im Rahmen eines wirtschaftlichen Geschäftsbetriebes verwendet werden.

Im Bereich der Vermögensverwaltung dürfen außerhalb der Regelung des § 58 Nr. 7 AO (d. h. zusätzlich) **Rücklagen nur für die Durchführung konkreter Reparatur- oder Erhaltungsmaßnahmen an Vermögensgegenständen im Sinne des § 21 EStG** gebildet werden. Die Maßnahmen, für deren Durchführung die Rücklage gebildet wird, müssen notwendig sein, um den ordnungsgemäßen Zustand des Vermögensgegenstandes zu erhalten oder wiederherzustellen und müssen in einem angemessenen Zeitraum durchgeführt werden können (vgl. hierzu AEAO zu § 55 Tz. 2).

d) **Kapitalbeteiligungsrücklage nach § 58 Nr. 7 b AO**
Nach § 58 Nr. 7 b AO wird durch die Ansammlung und Verwendung von Mitteln zum Erwerb von Gesellschaftsrechten **zur Erhaltung** der prozentualen Beteiligung an Kapitalgesellschaften die Steuerbegünstigung ebenfalls nicht ausgeschlossen. Dies gilt im übrigen auch dann, wenn dadurch eine bereits **bestehende 100 v.H.-Beteiligung erhalten werden soll**, d. h. § 58 Nr. 7 b AO kommt

auch bei einer 100 v.H.-Beteiligung zur Anwendung. Im Gegensatz zu der freien Rücklage nach § 58 Nr. 7a AO ist bei einer Kapitalbeteiligungsrücklage die Herkunft der Mittel ohne Bedeutung und deshalb nicht auf bestimmte Einnahmen oder Überschüsse beschränkt.

Voraussetzung für die Rücklagenbildung ist eine in absehbarer Zeit anstehende Kapitalerhöhung. Die für die Kapitalerhöhung erforderlichen Mittel können sowohl in den vorhergehenden Jahren angesammelt als auch im Jahr des Zuflusses für die Kapitalerhöhung verwendet werden. Im letzteren Fall ist eine Rücklagenbildung naturgemäß nicht mehr erforderlich.

Ist z. B. ein gemeinnütziger Verein an einer GmbH beteiligt und erhält er von dieser eine Gewinnausschüttung, die anschließend bei der GmbH in eine Kapitalrücklage eingestellt werden soll (sog. Schütt-aus-hol-zurück-Verfahren), liegt aber **kein Fall des § 58 Nr. 7b AO** vor. Eine Ausnahme vom Grundsatz der zeitnahen Mittelverwendung nach § 55 Abs. 1 AO könnte – unter dem Gesichtspunkt der Sicherung und Erhaltung der Vermögensanlage – insoweit allenfalls dann bejaht werden, wenn die Einstellung dieser Beträge in eine Kapitalrücklage bei vernünftiger kaufmännischer Beurteilung wirtschaftlich begründet ist. Hierfür muß aber ein konkreter Anlaß gegeben sein, der auch aus objektiver unternehmerischer Sicht die Bildung einer Rücklage rechtfertigt (vgl. auch AEAO zu § 55 Tz. 2).

Die Zuführungen zu der Kapitalbeteiligungsrücklage sind zwar grundsätzlich der Höhe nach nicht begrenzt. Allerdings müssen diese Beträge auf die in demselben Jahr oder künftig zulässigen freien Rücklagen nach § 58 Nr. 7a AO **angerechnet** werden. Dies bedeutet, daß diese Beträge die Höchstgrenze für die Zuführung zu der freien Rücklage mindern. Diese Anrechnung gilt zwangsläufig auch im Falle einer Stammkapitalerhöhung einer 100%igen Tochtergesellschaft.

Sofern der für die Erhaltung der Beteiligungsquote verwendete oder angesammelte Betrag (Rücklage nach § 58 Nr. 7b AO) ein Viertel des Überschusses aus der Vermögensverwaltung des laufenden Jahres übersteigt, ist auch in den Folgejahren eine Zuführung zu der freien Rücklage nach § 58 Nr. 7a AO erst wieder möglich, wenn die für eine freie Rücklage verwendbaren Teile der Überschüsse aus der Vermögensverwaltung insgesamt die für die Erhaltung der Beteiligungsquote verwendeten oder angesammelten Mittel übersteigen (vgl. hierzu auch ein Beispiel in AEAO zu § 58 Tz. 14). Durch die Zuführung von Mitteln zu der Rücklage nach § 58 Nr. 6 AO wird die Höchstgrenze für die Bildung einer freien Rücklage nach § 58 Nr. 7a AO hingegen nicht berührt.

e) Form der Rücklagen

Alle Rücklagen müssen von der steuerbegünstigten Körperschaft in ihrer Rechnungslegung (z.B. Vermögensübersicht) – ggf. in einer Nebenrechnung – in einer solch klaren Form gesondert ausgewiesen werden, daß eine Kontrolle jederzeit und ohne besonderen Aufwand möglich ist (BFH-Urteil vom 20. 12. 1978, BStBl. II 1979 S. 496). Soweit Mittel nicht schon im Jahr des Zuflusses für die steuerbegünstigten Zwecke verwendet oder zulässigerweise dem Vermögen

(Rücklagen) zugeführt werden, muß nach dem BMF-Schreiben vom 14. 12. 1994 (BStBl. I 1995 S. 40) ihre zeitnahe Verwendung durch eine Nebenrechnung (Mittelverwendungsrechnung) nachgewiesen werden. Vgl. auch AEAO zu § 58 Tz. 15.

f) Gemeinnützigkeitsunschädliche Auflösung unzulässiger Rücklagenbildung

Die Bildung eines **Vermögensstocks** ist somit strenggenommen nur im Rahmen des § 58 Nr. 6 und 7 AO – ggf. zeitlich befristet – sowie bei solchen Zuwendungen möglich, die von Todes wegen, auf Wunsch des Spenders oder aufgrund eines Spendenaufrufs der steuerbegünstigten Körperschaft ihrem Vermögen zugeführt werden (vgl. S. 159 und AEAO zu § 55 Tz. 10). Ansonsten müssen die Mittel grundsätzlich zeitnah für steuerbegünstigte satzungsmäßige Zwecke verwendet werden (vgl. auch BFH-Urteil vom 13. 9. 1989, BStBl. II 1990 S. 28). Dieser Problematik ist jedoch in der Praxis durch die Vorschrift des § 63 Abs. 4 AO die Schärfe genommen worden. Danach kann das Finanzamt der Körperschaft **eine Frist für die Verwendung der Mittel** setzen, wenn Mittel angesammelt wurden, ohne daß die Voraussetzungen des § 58 Nr. 6 und 7 AO vorliegen. Werden die Mittel von der steuerbegünstigten Körperschaft innerhalb dieser Frist (**u. E. längstens ca. 5 Jahre**) für steuerbegünstigte Zwecke verwendet, gilt die tatsächliche Geschäftsführung als ordnungsgemäß. Die Fristsetzung steht im pflichtgemäßen Ermessen des Finanzamts.

7. Veranstaltung geselliger Zusammenkünfte

Veranstaltet ein Verein gesellige Zusammenkünfte, die im Vergleich zu der steuerbegünstigten Tätigkeit von untergeordneter Bedeutung sind, so schließt dies die Gemeinnützigkeit nicht aus (**§ 58 Nr. 8 AO**). Dies bedeutet umgekehrt, daß Vereine, bei denen gesellige Veranstaltungen oder die Pflege der Geselligkeit im Verhältnis zur steuerbegünstigten Tätigkeit nicht mehr untergeordnet sind, die Gemeinnützigkeit verlieren. Ein satzungsmäßiger Hinweis auf die **Pflege der Geselligkeit** kann u. E. noch als gemeinnützigkeitsunschädlich angesehen werden, wenn in der Satzung gleichzeitig bestimmt ist, daß gesellige Veranstaltungen nach § 58 Nr. 8 AO nur von untergeordneter Bedeutung sein dürfen. Dasselbe gilt nach dem BFH-Urteil vom 11. 3. 1999 (BStBl. II 1999 S. 331), wenn nach der Satzung (lediglich) als mittelbares Ziel die **Förderung der Kameradschaft** verfolgt wird. Erhebt ein Verein jedoch z. B. die **Pflege der Kameradschaft** zum eigentlichen Satzungsziel, fördert er dadurch nicht ausschließlich die Allgemeinheit. Zur möglichen Zuschußgewährung durch den Verein bei geselligen Veranstaltungen (z. B. Vereinsausflug), vgl. S. 162.

Gesellige Veranstaltungen (insbesondere Vereinsfeste) gehören immer zu den wirtschaftlichen Geschäftsbetrieben; die Einnahmen hieraus müssen deshalb in die Besteuerungsgrenze nach § 64 Abs. 3 AO von 60 000 DM einbezogen werden. Die Regelung des § 58 Nr. 8 AO kann somit nur als Untermauerung des allgemeinen Grundsatzes verstanden werden, wonach ein wirtschaftlicher

Geschäftsbetrieb nicht zum Selbstzweck werden oder in den Vordergrund rücken darf.

8. Förderung des bezahlten Sports

Nach § 58 Nr. 9 AO ist es für die Gemeinnützigkeit eines Sportvereins unschädlich, wenn dieser **neben** dem unbezahlten auch den bezahlten Sport fördert. Die Förderung des Amateursports muß somit im Vordergrund stehen. Diese Regelung steht mit der Zweckbetriebsgrenze in § 67a Abs. 1 AO im Zusammenhang. Danach sind sportliche Veranstaltungen eines Sportvereins (seit 1990) als steuerbegünstigter Zweckbetrieb zu behandeln, wenn die Einnahmen insgesamt 60000 DM im Jahr nicht übersteigen. Diese Zweckbetriebsgrenze gilt unabhängig davon, ob an den Veranstaltungen bezahlte oder unbezahlte Sportler teilnehmen.

Dabei ist die Herkunft der Mittel, mit denen die Sportler bezahlt werden, ohne Bedeutung. Die Vorschrift des § 58 Nr. 9 AO stellt deshalb klar, daß die teilweise Förderung des bezahlten Sports für die Gemeinnützigkeit eines Sportvereins unschädlich ist. Hierbei handelt es sich um eine Ausnahme von dem Grundsatz der Selbstlosigkeit nach § 55 AO.

9. Zulässigkeit von Zuschüssen an Wirtschaftsunternehmen

Nach § 58 Nr. 10 AO ist die Steuerbegünstigung für eine von einer Gebietskörperschaft errichteten Stiftung nicht deswegen ausgeschlossen, wenn die Stiftung zur Erfüllung ihrer steuerbegünstigten Zwecke Zuschüsse an Wirtschaftsunternehmen vergibt. Diese mittelbare Zweckverwirklichung muß in der Satzung festgelegt sein. Außerdem muß die Verwendung der Zuschüsse für steuerbegünstigte Satzungszwecke nachgewiesen werden (vgl. AEAO zu § 58 Tz. 17).

Diese Vorschrift stellt eine Durchbrechung des Grundsatzes der Unmittelbarkeit nach § 57 AO dar. Dadurch wird erreicht, daß Zuschüsse der von einer Gebietskörperschaft errichteten Stiftung an Wirtschaftsunternehmen, z.B. für die Forschung und Entwicklung, die zur Erfüllung der steuerbegünstigten Satzungszwecke vergeben werden, auch dann die Gemeinnützigkeit nicht gefährden, wenn die geförderten Unternehmen nicht Hilfspersonen der Stiftung nach § 57 Abs. 1 Satz 2 AO sind.

IX. Wirtschaftliche Geschäftsbetriebe

1. Allgemeines

Schließen die einzelnen Steuergesetze die Steuervergünstigung insoweit aus, als ein wirtschaftlicher Geschäftsbetrieb unterhalten wird, so verliert eine Körperschaft die Steuervergünstigung für die dem Geschäftsbetrieb zuzuordnenden

Besteuerungsgrundlagen (Einkünfte, Umsätze, Vermögen), soweit der wirtschaftliche Geschäftsbetrieb kein Zweckbetrieb nach §§ 65 bis 68 AO ist (§ 64 Abs. 1 AO).

Diese Regelung stellt die wichtigste Ausnahme von der sonst erforderlichen Ausschließlichkeit der gemeinnützigen Betätigung dar. Sie ermöglicht es den gemeinnützigen Vereinen, sich auf wirtschaftlichem Gebiet zu betätigen, ohne dadurch voll steuerpflichtig zu werden. Es tritt vielmehr nach § 5 Abs. 1 Nr. 9 S. 2 KStG nur **partielle Steuerpflicht** der dem wirtschaftlichen Geschäftsbetrieb dienenden Vermögenswerte und der daraus erzielten Einkünfte ein. Dabei wird vorausgesetzt, daß durch den wirtschaftlichen Geschäftsbetrieb, sei es durch die erzielten Überschüsse oder auf andere Weise, mittelbar die gemeinnützigen Satzungszwecke gefördert werden.

Sobald der Geschäftsbetrieb zum **Selbstzweck** wird oder unter Vernachlässigung der eigentlichen gemeinnützigen Aufgaben in den **Vordergrund** gerückt ist, **geht die Gemeinnützigkeit insgesamt verloren.** Hierfür kann aber nicht allein auf das Verhältnis der Einnahmen aus dem ideellen Bereich und dem wirtschaftlichen Geschäftsbetrieb abgestellt werden, sondern vor allem darauf, welche Tätigkeit dem Verein das **Gepräge** gibt. Vom BFH wurde diese Auffassung im Urteil vom 15. 7. 1998 (BB 1998 S. 2295) im Ergebnis bestätigt. Danach verfolgt eine Körperschaft nicht allein deswegen in erster Linie eigenwirtschaftliche Zwecke i.S. des § 55 Abs. 1 AO, weil sie einen wirtschaftlichen Geschäftsbetrieb unterhält und die unternehmerischen Aktivitäten die gemeinnützigen Leistungen übersteigen.

Überschüsse aus einem wirtschaftlichen Geschäftsbetrieb müssen grundsätzlich ebenfalls für die steuerbegünstigten Satzungszwecke verwendet werden. Wegen einer etwaigen Rücklagenbildung im wirtschaftlichen Geschäftsbetrieb, vgl. Seite 179.

Zur **Konkurrentenklage** gegen die Steuerbefreiung eines wirtschaftlichen Geschäftsbetriebs einer gemeinnützigen Körperschaft, vgl. **BFH-Urteil vom 15. 10. 1997 (BStBl II 1998 S. 63)**. Danach ist § 5 Abs. 1 Nr. 9 Satz 2 KStG (in der die partielle Steuerpflicht für wirtschaftliche Geschäftsbetriebe geregelt ist) eine drittschützende Norm. Die Entscheidung des BFH betraf die Klage eines niedergelassenen Dialysearztes gegen das zuständige Finanzamt auf Besteuerung eines gemeinnützigen Vereins, der im Einzugsbereich des Klägers mehrere Dialysezentren unterhielt. Nach Auffassung des BFH hat ein Wettbewerber einen Anspruch gegenüber der für die Besteuerung der Körperschaft zuständigen Finanzbehörde, die Körperschaft hinsichtlich des wirtschaftlichen Geschäftsbetriebs zu besteuern, falls der Betrieb nicht die Voraussetzungen eines Zweckbetriebs nach §§ 65–68 AO erfüllt und sich die Nichtbesteuerung zum Nachteil des Wettbewerbers auswirkt. Dies setzt jedoch nach Auffassung des BFH voraus, daß der Kläger substanziell geltend macht, die rechtswidrige Nichtbesteuerung oder zu geringe Besteuerung des mit ihm in Wettbewerb stehenden Steuerpflichtigen beeinträchtige seine Rechte auf Teilnahme an einer steuerrechtlich nicht zu seinem Nachteil verfälschten Wettbewerb. Im Urteilsfall wurde vom BFH die Beeinträchtigung wirtschaftlicher Interessen des Klägers jedoch verneint.

Im übrigen haben nach Auffassung des BFH die Vorschriften in §§ 51–63 AO (in der die allgemeinen Voraussetzungen über die Gemeinnützigkeit geregelt sind) keine drittschützende Wirkung. Hieraus können Dritte also keine eigenen Rechte herleiten; diese Vorschriften schützen etwaige Wettbewerber nicht.

Offengelassen hat der BFH jedoch die Frage, inwieweit dem Konkurrenten ein Auskunftsanspruch zusteht oder ob die Offenbarung der Verhältnisse eines Steuerpflichtigen an einen Dritten im Rahmen einer Konkurrentenklage dem Steuergeheimnis nach § 30 AO entgegensteht.

2. Verrechnung von Überschüssen und Verlusten

Überschüsse aus einem wirtschaftlichen Geschäftsbetrieb (z. B. selbstbewirtschaftete Vereinsgaststätte) können zum Ausgleich von Verlusten aus einem anderen wirtschaftlichen Geschäftsbetrieb (z. B. sportliche Veranstaltungen mit bezahlten Sportlern) verwendet werden. Denn nach **§ 64 Abs. 2 AO** werden mehrere wirtschaftliche Geschäftsbetriebe, die von einer Körperschaft unterhalten werden und die keine Zweckbetriebe sind, als **ein einziger wirtschaftlicher Geschäftsbetrieb** behandelt. Dadurch wird eine **Verrechnung** der Überschüsse und der Verluste der einzelnen wirtschaftlichen Geschäftsbetriebe untereinander – nicht nur **steuerlich**, sondern auch **gemeinnützigkeitsunschädlich** – ermöglicht. Die Gemeinnützigkeit einer Körperschaft ist deshalb nach den AEAO zu § 64 Tz. 7 insoweit nur dann gefährdet, wenn die wirtschaftlichen Geschäftsbetriebe **insgesamt** Verluste erwirtschaften.

Zum **Ausgleich von Verlusten des steuerpflichtigen wirtschaftlichen Geschäftsbetriebes**, vgl. das BFH-Urteil vom 13. 11. 1996 (BStBl II 1998 S. 711), die Anwendungsregeln im BMF-Schreiben vom 19. 10. 1998 (BStBl I 1998 S. 1423) sowie die ausführlichen Erläuterungen dieser Anwendungsregeln auf S. 155 f.

Verluste aus einem steuerbegünstigten Zweckbetrieb (z. B. sportliche Veranstaltungen nach § 67 a AO) können zwar **gemeinnützigkeitsunschädlich** uneingeschränkt mit sonstigen Mitteln des Vereins ausgeglichen werden; **steuerlich** dürfen die Verluste aus einem Zweckbetrieb (dasselbe gilt natürlich erst recht für **Verluste des ideellen Bereichs** und für **Verluste aus steuerfreier Vermögensverwaltung**) aber **nicht** mit positiven Einkünften aus einem steuerpflichtigen wirtschaftlichen Geschäftsbetrieb (z. B. aus Trikotwerbung) saldiert werden. Vgl. auch BFH-Urteil vom 5. 2. 1992 (BFH/NV 1993 S. 341).

Beispiel: Ein als gemeinnützig anerkannter Sportverein erzielt aus einem steuerpflichtigen wirtschaftlichen Geschäftsbetrieb „selbstbewirtschaftete Vereinsgaststätte" einen durchschnittlichen Jahresüberschuß von 30 000 DM. Aus einem weiteren steuerpflichtigen wirtschaftlichen Geschäftsbetrieb „sportliche Veranstaltungen" (Teilnahme bezahlter Sportler) fallen seit Jahren Verluste von jeweils 20 000 DM an.

Da im vorliegenden Fall die steuerpflichtigen wirtschaftlichen Geschäftsbetriebe **insgesamt** einen Überschuß von 10 000 DM erwirtschaften, ist nach § 64

Abs. 2 AO die Gemeinnützigkeit des Sportvereins aufgrund der Dauerverluste des wirtschaftlichen Geschäftsbetriebes „sportliche Veranstaltungen" nicht gefährdet. Denn maßgebend für die steuerliche Beurteilung ist das Ergebnis des einheitlichen steuerpflichtigen wirtschaftlichen Geschäftsbetriebs.

Dieses Mitteltransferverbot muß im übrigen unabhängig davon beachtet werden, ob bei einem wirtschaftlichen Geschäftsbetrieb die Besteuerungsgrenze in § 64 Abs. 3 AO von 60 000 DM überschritten wird oder nicht. Ist nämlich die Besteuerungsgrenze nicht überschritten, liegt nach § 64 Abs. 3 AO trotzdem ein wirtschaftlicher Geschäftsbetrieb vor, der allerdings nicht zur Körperschaftsteuer und Gewerbesteuer herangezogen wird. Ein (fiktiver) Zweckbetrieb, der in diesem Fall Voraussetzung für einen uneingeschränkten Verlustausgleich mit Mitteln des ideellen Bereichs wäre, kann also nicht angenommen werden. Allerdings braucht nach Auffassung der Finanzverwaltung bei **Unterschreiten der Besteuerungsgrenze** der Frage der Mittelverwendung nicht nachgegangen zu werden, wenn bei **überschlägiger Prüfung** der Aufzeichnungen erkennbar ist, daß in den steuerpflichtigen wirtschaftlichen Geschäftsbetrieben keine Dauerverluste entstanden sind (vgl. AEAO zu § 64 Tz. 16).

3. Besteuerungsgrenze nach § 64 Abs. 3 AO

Die Vorschrift des § 64 Abs. 3 AO enthält eine Besteuerungsgrenze (Freigrenze, kein Freibetrag!) für wirtschaftliche Geschäftsbetriebe. Danach müssen gemeinnützige Körperschaften (seit 1990) keine Körperschaftsteuer und Gewerbesteuer bezahlen, wenn ihre Bruttoeinnahmen (Einnahmen einschließlich Umsatzsteuer) aus wirtschaftlichen Geschäftsbetrieben, die keine Zweckbetriebe sind, **den Betrag von insgesamt 60 000 DM im Jahr nicht übersteigen.** Überschreiten die Einnahmen **sämtlicher** wirtschaftlicher Geschäftsbetriebe hingegen diese 60 000 DM-Grenze, d. h. die Besteuerungsgrenze, unterliegen die betreffenden wirtschaftlichen Geschäftsbetriebe in vollem Umfang der Körperschaftsteuer und Gewerbesteuer (sog. partielle Steuerpflicht).

Wird diese Besteuerungsgrenze von 60 000 DM im Jahr **nicht überschritten,** liegt dem Grunde nach weiterhin ein wirtschaftlicher Geschäftsbetrieb vor. Dieser wird jedoch **nicht** zur **Körperschaftsteuer** und **Gewerbesteuer** herangezogen. Bei der **Umsatzsteuer** kommt dagegen der Regelsteuersatz zur Anwendung (§ 12 Abs. 2 Nr. 8a Satz 2 UStG). Die Besteuerungsgrenze hat also für die Umsatzsteuer keine Bedeutung.

Zu den steuerpflichtigen wirtschaftlichen Geschäftsbetrieben gehören vor allem die selbstbewirtschaftete Vereinsgaststätte, Vereinsfeste, das Inseratengeschäft in Vereinszeitschriften, die Trikot- und Bandenwerbung, die kurzfristige Vermietung von Sportstätten an Nichtmitglieder sowie sportliche Veranstaltungen eines Sportvereins, die nach § 67 a AO kein Zweckbetrieb sind. D. h. alle Einnahmen hieraus werden auf die Freigrenze angerechnet.

Gesellige Veranstaltungen eines Vereins (insbesondere Vereinsfeste) sind also stets als wirtschaftlicher Geschäftsbetrieb zu behandeln; die Einnahmen hieraus müssen deshalb ebenfalls in die Besteuerungsgrenze von 60 000 DM nach § 64 Abs. 3 AO einbezogen werden.

Kulturelle Einrichtungen (z. B. Museen und Theater) und kulturelle Veranstaltungen (z. B. Konzerte und Kunstausstellungen) sind nach § 68 **Nr. 7 AO** hingegen **steuerbegünstigte Zweckbetriebe**. Auf die Höhe der Überschüsse kommt es dabei nicht an. Die Einnahmen aus einem steuerbegünstigten Zweckbetrieb „kulturelle Veranstaltungen" (z. B. Eintrittsgelder) werden deshalb bei der Ermittlung der Besteuerungsgrenze **nicht** berücksichtigt.

Zu den Einnahmen aus dem Zweckbetrieb „kulturelle Einrichtungen und Veranstaltungen" gehört nach § 68 Nr. 7 AO aber **nicht der Verkauf von Speisen und Getränken**. Insoweit liegt immer ein wirtschaftlicher Geschäftsbetrieb vor. Dasselbe gilt für die **Werbung** bei kulturellen Veranstaltungen. Vgl. hierzu auch die Regelung in AEAO zu § 68 Tz. 10.

Die Besteuerungsgrenze gilt im übrigen nur für solche Körperschaften, die steuerbegünstigte Zwecke (gemeinnützige, mildtätige oder kirchliche Zwecke) verfolgen, und nur für die Körperschaftsteuer und Gewerbesteuer.

Bei Überschreiten der Besteuerungsgrenze wird bei der Körperschaftsteuer im Rahmen der Einkommensermittlung für den steuerpflichtigen wirtschaftlichen Geschäftsbetrieb ein **Freibetrag** nach § 24 KStG in Höhe von **7500 DM** abgezogen; der Körperschaftsteuersatz beträgt bis einschließlich Veranlagungszeitraum 1998 **42** v. H., ab dem Veranlagungszeitraum 1999 beläuft sich der Steuersatz bei der Körperschaftsteuer auf **40 v. H.** Bei der Gewerbesteuer ist der Freibetrag von 7500 DM im Rahmen der Gewerbeertragsermittlung ebenfalls zu berücksichtigen.

Außerdem ist bei Anwendung der Besteuerungsgrenze auch folgendes zu beachten:

– Ein gemeinnütziger Verein muß unabhängig von der Besteuerungsfreigrenze **ordnungsmäßige Aufzeichnungen** über Einnahmen und Ausgaben führen (§ 63 Abs. 3 AO). Zur Frage der Mittelverwendung bei Unterschreiten der Besteuerungsgrenze, vgl. jedoch AEAO zu § 64 Tz. 16. Danach braucht bei Unterschreiten der Besteuerungsgrenze der Frage der Mittelverwendung nicht nachgegangen zu werden, wenn bei überschlägiger Prüfung der Aufzeichnungen erkennbar ist, daß in den steuerpflichtigen wirtschaftlichen Geschäftsbetrieben keine Dauerverluste entstanden sind.

– Für den körperschaftsteuerlichen und gewerbesteuerlichen **Verlustabzug** bleiben Verluste und Gewinne aus Jahren, in denen die maßgeblichen Einnahmen die Besteuerungsgrenze **nicht übersteigen, außer Ansatz**. Ein rück- und vortragbarer Verlust kann danach nur in Jahren entstehen, in denen die Einnahmen die Besteuerungsgrenze übersteigen. Dieser Verlust wird nicht für Jahre verbraucht, in denen die Einnahmen die Besteuerungsgrenze von 60 000 DM nicht übersteigen. Erzielt ein Verein z. B. in 1999 einen Verlust von 10 000 DM und ist die Besteuerungsgrenze nicht überschritten, kann dieser Verlust weder im Wege des Verlustrücktrags noch im Wege des Verlustvortrags berücksichtigt werden.

Bei Überschreiten der Besteuerungsgrenze wird dieser Verlust aber nur für solche Gewinnjahre verbraucht, in denen gleichzeitig die Besteuerungsgrenze überschritten ist (vgl. AEAO zu § 64 Tz. 17).

Beispiel 1: Die Bruttoeinnahmen eines Gesangvereins aus zwei Vereinsfesten betragen 1999 insgesamt 55 000 DM; der hierbei erzielte Überschuß beläuft sich auf 16 000 DM. Der Verein entfaltet ansonsten keine weiteren wirtschaftlichen Aktivitäten.

Die Vorschrift des § 64 Abs. 3 AO führt dazu, daß der Überschuß von 16 000 DM wegen Nichtüberschreitens der Besteuerungsgrenze nicht der Körperschaftsteuer und Gewerbesteuer unterliegt, obwohl die geselligen Veranstaltungen ein wirtschaftlicher Geschäftsbetrieb sind. Bei der Umsatzsteuer kommt jedoch der Regelsteuersatz zur Anwendung.

Beispiel 2: Im Jahr 1999 betragen die Einnahmen eines Vereins aus der selbstbewirtschafteten Vereinsgaststätte 55 000 DM. Aus geselligen Veranstaltungen (Vereinsfeste) werden Einnahmen in Höhe von 20 000 DM erzielt. Der Überschuß aus der Vereinsgaststätte beträgt 12 000 DM, der Überschuß aus den Veranstaltungen 8000 DM.

Die Überschüsse aus den wirtschaftlichen Geschäftsbetrieben „Vereinsgaststätte und Vereinsfeste" sind im VZ 1999 wegen Überschreitens der Besteuerungsgrenze der Körperschaftsteuer und Gewerbesteuer zu unterwerfen. Der Gesamtüberschuß (Einkommen) beläuft sich auf 20 000 DM. Nach Abzug des Freibetrags von 7500 DM, ergibt sich ein zu versteuerndes Einkommen 1999 von 12 500 DM; hierauf entfällt eine Körperschaftsteuer in Höhe von 40 v.H. = 5000 DM. Der Solidaritätszuschlag beläuft sich auf 5,5 v.H. von 5000 DM = 275 DM. Bei der Umsatzsteuer unterliegen die gesamten Einnahmen dem Regelsteuersatz von 15 v.H.

Im Zusammenhang mit der Besteuerungsgrenze liegt die Frage nahe, ob bei der **Auslagerung einer Festveranstaltung auf eine Festgemeinschaft,** bei den jeweils als gemeinnützigen Zwecken dienend anerkannten beteiligten Vereinen nur der anteilige Gewinn oder aber der anteilige Umsatz (die anteiligen Einnahmen) in deren eigene 60 000 DM-Grenze einzubeziehen ist. Die Finanzverwaltung vertritt hierzu die Auffassung, daß für die Beurteilung, ob die Besteuerungsgrenze überschritten wird, die **anteiligen Einnahmen** aus der Beteiligung – nicht aber der Gewinnanteil – maßgeblich sind (vgl. AEAO zu § 64 Tz. 9).

Die **nichtgemeinnützige BGB-Gesellschaft „Festgemeinschaft"** unterliegt mit ihren Einkünften aus Gewerbebetrieb im übrigen aber selbst der **Gewerbesteuer** und als Unternehmer i.S. des UStG auch der **Umsatzsteuer** zum Regelsteuersatz.

4. Mißbrauchsklausel nach § 64 Abs. 4 AO

Nach § 64 Abs. 4 AO gilt die Aufteilung einer Körperschaft in mehrere selbständige Körperschaften **zum Zweck der mehrfachen Inanspruchnahme der Besteuerungsgrenze** als Mißbrauch von rechtlichen Gestaltungsmöglichkeiten

i. S. des § 42 AO. Dadurch soll die Möglichkeit, durch bestimmte Gestaltungen die Besteuerungsgrenze von 60 000 DM mehrfach in Anspruch zu nehmen, verhindert werden. Man spricht insoweit auch von der sog. **Zellteilung.** Darunter ist die Aufteilung eines Vereins oder die Verselbständigung einer Abteilung eines Vereins zu verstehen. Die Anwendung dieser Mißbrauchsklausel führt im Ergebnis dazu, daß alle Einnahmen aus wirtschaftlichen Geschäftsbetrieben „der aufgeteilten Körperschaft" **zusammengerechnet** und die Besteuerungsgrenze von 60 000 DM insgesamt nur **einmal** gewährt werden kann.

Wird z. B. bei einem Sportverein die bisherige Tennisabteilung mit allen Konsequenzen rechtlich verselbständigt (eigene Satzung, eigene satzungsmäßige Organe und eigene Kassenführung), entsteht dadurch zivilrechtlich ein neuer Verein. Sofern eine vermögensrechtliche Trennung des Vereinsvermögens erfolgt und der neue Verein vom Hauptverein wirtschaftlich nicht mehr abhängig und auch nicht mehr weisungsgebunden ist, (also auch kein Fall des § 51 S. 3 AO vorliegt), wird man den Nachweis zulassen müssen, daß die Ausgliederung keinesfalls nur formal zum Zwecke der mehrfachen Inanspruchnahme der Besteuerungsgrenze geschah, sondern daß es vernünftige außersteuerliche Gründe für die Spaltung gegeben hat. Die rechtliche Verselbständigung der Abteilung darf also **nicht nur aus steuerlichen Gründen** (Vervielfältigung der Besteuerungsgrenze), sondern muß z. B. wegen „Interessenkollision" mit den übrigen Abteilungen oder wegen „anderer Zielsetzung" erfolgen.

Im Ergebnis bedeutet dies, daß von der Finanzverwaltung ein Mißbrauch i. S. des § 64 Abs. 4 AO nur dann angenommen werden kann, wenn neben dem Vorteil der mehrfachen Inanspruchnahme der Besteuerungsgrenze **keine anderen Gründe** für die Aufteilung vorliegen. Die Vorschrift des § 64 Abs. 4 AO greift auch dann nicht, wenn bei der verselbständigten Abteilung die Besteuerungsgrenze von 60 000 DM überschritten oder die ausgegliederte Abteilung selbst gar nicht gemeinnützig ist. Denn in diesen Fällen liegt **keine mehrfache Inanspruchnahme** der Besteuerungsgrenze vor.

Außerdem stellt die Gründung eines gemeinnützigen **Fördervereins** (vgl. S. 169 f.) keine Aufteilung einer Körperschaft dar, so daß die Vorschrift des § 64 Abs. 4 AO in diesem Fall grundsätzlich nicht in Betracht kommt. Dies gilt natürlich erst recht bei einem nicht gemeinnützigen (gewerblichen) Förderverein, da hier keine mehrfache Inanspruchnahme der Besteuerungsgrenze möglich ist. Darüber hinaus gilt die Vorschrift des § 64 Abs. 4 AO nicht für **regionale Untergliederungen** (Landes-, Bezirks- und Ortsverbände) steuerbegünstigter Körperschaften (vgl. BMF-Schreiben vom 18. 10. 1988, BStBl. I S. 443 und AEAO zu § 64 Tz. 18). **Funktionale Untergliederungen** (Abteilungen) von Körperschaften werden jedoch nach **§ 51 Satz 3 AO** nicht als selbständige Körperschaften angesehen. Ein Verein mit mehreren Abteilungen kann deshalb die Besteuerungsgrenze auch nicht mehrfach in Anspruch nehmen.

5. Reingewinnschätzung bei Altmaterialsammlungen (§ 64 Abs. 5 AO)

Bei Altmaterialsammlungen sind die Besteuerungsgrenze des § 64 Abs. 3 AO und die Regelung in § 64 Abs. 5 AO zu beachten. Einnahmen aus Altmaterialsammlungen müssen danach zunächst in die Besteuerungsgrenze einbezogen werden. Wird die Besteuerungsgrenze (unter Berücksichtigung evtl. Einnahmen aus anderen wirtschaftlichen Geschäftsbetrieben) **nicht überschritten**, fällt keine Körperschaftsteuer und Gewerbesteuer an. Ist die Besteuerungsgrenze aber überschritten, dann unterliegen die Überschüsse aus sämtlichen steuerpflichtigen wirtschaftlichen Geschäftsbetrieben (einschließlich der Überschüsse aus dem wirtschaftlichen Geschäftsbetrieb „Altmaterialsammlungen") der partiellen Steuerpflicht.

Für die Ermittlung der Überschüsse aus der Verwertung unentgeltlich erworbenen Altmaterials außerhalb einer ständig dafür vorgehaltenen Verkaufsstelle besteht jedoch **nach der Sonderregelung in § 64 Abs. 5 AO ein Wahlrecht**. Diese Überschüsse können nach allgemeinen Grundsätzen ermittelt werden, d.h. in der Regel nach § 4 Abs. 3 EStG. Die Vorschrift des § 64 Abs. 5 AO läßt aber auf Antrag auch **eine Schätzung der Überschüsse in Höhe des branchenüblichen Reingewinns** zu. Der Sinn und Zweck dieser Regelung besteht darin, die Überschüsse unter Berücksichtigung fiktiver Lohnaufwendungen niedriger zu schätzen, als sie ohne die Lohnaufwendungen tatsächlich sind. Den Vereinen sind dadurch erspart, den Helfern Löhne auszubezahlen, die diese ggf. wieder zurückspenden.

Von der Finanzverwaltung wurde der **branchenübliche Reingewinn** bei der Verwertung von **Altpapier mit 5 v.H.** und bei der Verwertung von **anderem Altmaterial (z.B. Altkleider, -glas und Schrott) mit 20 v.H. der Einnahmen** festgelegt. Zu den Einnahmen gehört nicht die im Bruttopreis enthaltene Umsatzsteuer (vgl. AEAO zu § 64 Tz. 23).

Der BFH hat mit Urteil vom 26. 2. 1992 (BStBl. II 1992 S. 693) ausdrücklich bestätigt, daß Altkleidersammlungen eines gemeinnützigen Vereins, bei denen das Sammelgut zur Mittelbeschaffung weiterveräußert wird, steuerpflichtige wirtschaftliche Geschäftsbetriebe darstellen.

Die Einnahmen aus der Verwertung unentgeltlich erworbenen Altmaterials gehören im übrigen auch dann zu den Einnahmen i.S. des § 64 Abs. 3 AO, wenn der Überschuß nach § 64 Abs. 5 AO in Höhe des branchenüblichen Reingewinns geschätzt wird. Sofern der Überschuß nach § 64 Abs. 5 AO geschätzt wird, sind dadurch auch die tatsächlichen Aufwendungen der Körperschaft für die Altmaterialsammlung und -verwertung abgegolten; sie können nicht zusätzlich – auch nicht bei den anderen steuerpflichtigen wirtschaftlichen Geschäftsbetrieben – abgezogen werden. Die mit der Altmaterialsammlung zusammenhängenden Einnahmen und Ausgaben müssen deshalb **gesondert aufgezeichnet** werden (vgl. AEAO zu § 64 Tz. 21 und 22).

Die Vorschrift des § 64 Abs. 5 AO findet jedoch keine Anwendung, wenn Altmaterial in einer ständig dafür vorgehaltenen Verkaufsstelle verwertet wird,

z. B. wenn ein Verein einen Second-Hand-Shop unterhält. Außerdem gilt die Regelung nur für Altmaterialsammlungen, nicht aber für den Einzelverkauf gebrauchter Sachen. **Weihnachts-, Wohltätigkeits- und Pfennigbasare sind demnach nicht begünstigt** (vgl. AEAO zu § 64 Tz. 19). Dies hat außerdem zur Folge, daß bei Spenden (insbesondere Sachspenden) für Basare und ähnliche Einrichtungen nach § 48 Abs. 3 Nr. 2 EStDV **ein steuerlicher Spendenabzug nicht möglich ist.** Denn die gespendeten Gegenstände werden **nicht unmittelbar** für steuerbegünstigte satzungsmäßige Zwecke verwendet, da diese zunächst in den wirtschaftlichen Geschäftsbetrieb eingehen und nur die Erlöse hieraus gemeinnützigen Zwecken zugeführt werden.

Eine partielle Steuerpflicht im wirtschaftlichen Geschäftsbetrieb „Basare" kann aber z. B. dadurch vermieden werden, daß die Vereinsmitglieder die Gegenstände an den Verein nicht mehr spenden, sondern zu einem angemessenen Preis verkaufen. Im Fall einer anschließenden Rückspende des tatsächlich ausbezahlten Entgelts, kann das Vereinsmitglied hierfür sogar den Spendenabzug erreichen. Eine Steuerpflicht könnte auch dadurch vermieden werden, daß der Basar von mehreren gemeinnützigen Vereinen als (Mit-) Veranstalter durchgeführt und dabei jeweils die Besteuerungsgrenze nicht überschritten wird.

Bei **Altkleidersammlungen mittels Containern**, die von gewerblichen Altkleiderhändlern dem gemeinnützigen Verein zur Verfügung gestellt werden, wird von der Finanzverwaltung – u. E. zu Unrecht – die Auffassung vertreten, daß der daraus erzielte Überschuß **nicht** nach § 64 Abs. 5 AO in Höhe des branchenüblichen Reingewinns geschätzt werden kann. Containersammlungen sind deshalb als steuerpflichtiger wirtschaftlicher Geschäftsbetrieb zu behandeln, bei dem ein pauschaler Betriebsausgabenabzug nicht möglich ist. Vgl. hierzu auch Verfügung der OFD Frankfurt vom 30. 10. 1995 (DB 1995 S. 2449).

Bei Altmaterialsammlungen durch eine **BGB-Gesellschaft**, an der gemeinnützige Vereine beteiligt sind, wird hingegen die Regelung des § 64 Abs. 5 AO auf die BGB-Gesellschaft übertragen, **soweit** es sich bei den Gesellschaftern um steuerbegünstigte Vereine handelt. D.h. die Anwendung des § 64 Abs. 5 AO auf gemeinnützige Vereine ist in diesen Fällen auch dann möglich, wenn an der BGB-Gesellschaft nicht nur gemeinnützige Vereine beteiligt sind (vgl. KSt-Kartei zu § 5 Abs. 1 Nr. 9 KStG Nr. 27).

Kleiderkammern oder Katastrophenlager sind nach dem **BMF-Schreiben vom 25. 9. 1995 (BStBl 1995 I S. 630)** kein Zweckbetrieb, wenn sie auch der Mittelbeschaffung durch Veräußerung der gesammelten Kleidungsstücke dienen. Vgl. BFH-Urteil vom 26. 2. 1992 (BStBl II 1992 S. 693).

Die Verwertung gesammelter Kleidungsstücke durch Verkäufe, die nicht unmittelbar der Verwirklichung der steuerbegünstigten Zwecke dienen, ist deshalb als steuerpflichtiger wirtschaftlicher Geschäftsbetrieb zu behandeln. Der Überschuß kann jedoch unter den Voraussetzungen des § 64 Abs. 5 AO in Höhe des branchenüblichen Reingewinns (20 v. H. der Einnahmen ohne die Umsatzsteuer) angesetzt werden.

Eine Ausnahme gilt nach dem BMF-Schreiben vom 25. 9. 1995 (a.a.O.) dann, wenn der Einzelverkauf gesammelter Kleidungsstücke in einer Kleiderkammer oder einer ähnlichen Einrichtung ein **Zweckbetrieb im Sinne des § 66 AO** (Einrichtung der Wohlfahrtspflege) ist. Dies setzt aber voraus, daß mindestens zwei Drittel der Leistungen der Einrichtung hilfsbedürftigen Personen im Sinne des § 53 AO zugute kommen.

Beispiele zur Anwendung des § 64 Abs. 5 AO:
1. Ein gemeinnütziger Verein erzielt in 1999 Einnahmen (einschl. Umsatzsteuer) aus wirtschaftlichen Geschäftsbetrieben von insgesamt 58 000 DM. Hierin sind 12 000 DM Einnahmen aus der Sammlung und Verwertung von Altpapier enthalten.
    Die Sonderregelung des § 64 Abs. 5 AO hat im vorliegenden Fall keine Bedeutung, weil wegen Nichtüberschreitens der Besteuerungsgrenze von 60 000 DM insgesamt keine partielle Körperschaftsteuer- und Gewerbesteuerpflicht besteht.
2. Der gemeinnützige Verein erzielt in 1999 Einnahmen (einschl. Umsatzsteuer) aus wirtschaftlichen Geschäftsbetrieben von insgesamt 68 000 DM. Hierin sind 12 000 DM Einnahmen (netto) aus einer Altpapiersammlung enthalten. Aufgrund des Einsatzes ehrenamtlicher Helfer sind hierbei jedoch keine Kosten angefallen.

Gesamtüberschuß des Vereins aus allen steuerpflichtigen wirtschaftlichen Geschäftsbetrieben (einschl. 12 000 DM aus Altpapierverwertung)	30 000 DM
./. tats. Überschuß aus Altpapierverwertung	./. 12 000 DM
	18 000 DM
+ pauschalierter Überschuß aus Altpapierverwertung 5% aus 12 000 DM	+ 600 DM
berichtigter Überschuß	18 600 DM
./. Freibetrag	./. 7 500 DM
Bemessungsgrundlage für die Ertragsbesteuerung	11 100 DM
Körperschaftsteuer 40 v.H.	= 4 440 DM
Solidaritätszuschlag 5,5 v.H.	= 244 DM
Gewerbesteuer ca. 15 v.H.	= 1 665 DM
Ertragssteuerbelastung insgesamt	6 349 DM

Hätte der Verein die Vorschrift des § 64 Abs. 5 AO hingegen nicht in Anspruch genommen, so hätte sich aus einem zu versteuernden Einkommen von 22 500 DM (30 000 DM ./. Freibetrag von 7 500 DM) eine Körperschaftsteuer- und Gewerbesteuerbelastung von insgesamt ca. 12 750 DM ergeben. Bei der Umsatzsteuer unterliegen die Umsätze in jedem Fall dem Regelsteuersatz.

6. Begriff des wirtschaftlichen Geschäftsbetriebs

Unter einem wirtschaftlichen Geschäftsbetrieb versteht man jede selbständige nachhaltige Tätigkeit, durch die Einnahmen oder andere wirtschaftliche Vorteile erzielt werden und die über den Rahmen einer Vermögensverwaltung hinausgeht (§ 14 AO).

Der Begriff des wirtschaftlichen Geschäftsbetriebs umfaßt den land- und forstwirtschaftlichen Betrieb und den Gewerbebetrieb i. S. des Einkommensteuerrechts, sowie sonstige wirtschaftliche Betätigungen, wobei Gewinnerzielungsabsicht nicht erforderlich ist. Im einzelnen ist hierzu folgendes zu bemerken:

a) Selbständige nachhaltige Tätigkeit

Mit **Selbständigkeit** ist im vorliegenden Zusammenhang weniger die persönliche Selbständigkeit des Vereins, die in der Regel außer Zweifel steht, sondern die sachliche Selbständigkeit der Betätigung gemeint. Es kommt darauf an, daß sich die betreffende Tätigkeit vom gemeinnützigen Wirkungsbereich oder auch von anderen, daneben unterhaltenen Geschäftsbetrieben genügend abhebt.

Nach dem Urteil des BFH vom 28. 11. 1961 (BStBl. III 1962 S. 73) bildet das **Anzeigen- und Inseratengeschäft** (Werbeanzeigen) im Rahmen einer gemeinnützigen Zwecken dienenden Vereinszeitung in der Regel einen eigenständigen wirtschaftlichen Geschäftsbetrieb. Hierbei ist aber zu beachten, daß die Aufwendungen für die Vereinszeitung, soweit sie auf den ideellen Bereich entfallen (Vereinsmitteilungen), bei der Gewinnermittlung des wirtschaftlichen Geschäftsbetriebes nicht berücksichtigt werden dürfen. Die Aufwendungen müssen deshalb durch sachgerechte Schätzung auf den steuerfreien Bereich und den wirtschaftlichen Geschäftsbetrieb aufgeteilt werden. Aus Vereinfachungsgründen wird aber von der Finanzverwaltung anerkannt, wenn die abziehbaren Aufwendungen im wirtschaftlichen Geschäftsbetrieb „Werbung" pauschal mit **25 v.H. der Werbeeinnahmen** angesetzt werden. Die Pauschale deckt auch die unmittelbar durch die Werbung selbst verursachten Kosten ab. Diese können deshalb nicht noch einmal von den Werbeeinnahmen abgezogen werden. Vgl. hierzu AEAO zu § 64 Tz. 4.

Nachhaltig ist eine Tätigkeit dann, wenn sie nicht nur einmal oder gelegentlich ausgeübt wird, sondern auf Wiederholung angelegt ist und sich dann auch tatsächlich wiederholt (BFH-Urteil vom 21. 8. 1985, BStBl. II 1986 S. 88). Es reicht dabei aus, wenn der allgemeine Wille besteht, gleichartige oder ähnliche Handlungen bei sich bietender Gelegenheit zu wiederholen. Auf die Wiederholungsabsicht kommt es nicht an, wenn unter Ausnutzung derselben Gelegenheit tatsächlich mehrere aufeinanderfolgende gleichartige Handlungen vorgenommen werden. Beruht der Grund zum Tätigwerden auf einem einmaligen Entschluß, erfordert die Erledigung aber eine Mehrzahl von Handlungen, so liegt ebenfalls eine wiederholte, nachhaltige Tätigkeit vor.

b) Erzielung von Einnahmen oder anderen wirtschaftlichen Vorteilen

Ein wirtschaftlicher Geschäftsbetrieb ist auch gegeben, wenn eine Tätigkeit **ohne Gewinnerzielungsabsicht** ausgeübt wird. Unterhält ein Verein eine Gaststätte, in der Speisen und Getränke auf Selbstkostenbasis abgegeben werden, so besteht insoweit grundsätzlich Steuerpflicht.

c) Abgrenzung von der Vermögensverwaltung

Die Abgrenzung des wirtschaftlichen Geschäftsbetriebs von der bloßen Vermögensverwaltung hat deshalb besondere Bedeutung, weil gemeinnützige Körperschaften mit den Erträgen aus der Vermögensverwaltung nicht körperschaftsteuer- und gewerbesteuerpflichtig sind.

Nach § 14 AO liegt Vermögensverwaltung in der Regel vor, wenn Vermögen genutzt, z.B. Kapitalvermögen verzinslich angelegt oder unbewegliches Vermögen vermietet oder verpachtet wird. Darunter fallen also insbesondere die Zinsen aus Bank- und Sparguthaben, Einnahmen aus der langfristigen Vermietung von Grundbesitz sowie die Einnahmen aus der Verpachtung einer Vereinsgaststätte oder der Werberechte.

Bei den **Einkünften aus Kapitalvermögen** taucht die Frage, ob der Bereich der Vermögensverwaltung verlassen sein könnte, kaum auf. Erträge aus Bankkonten, Sparkonten, Wertpapieren und dgl. bleiben deshalb stets steuerfrei. Wegen der Vermeidung des Zinsabschlags von 30 v.H. der Zinserträge des gemeinnützigen Vereins und der Kapitalertragsteuererstattung, wenn von den Dividendenerträgen Kapitalertragsteuer in Höhe von 25 v.H. der Dividende einbehalten worden ist, vgl. S. 307 und 340f.

Auch der **Besitz sämtlicher Anteile an einer Kapitalgesellschaft** (AG, GmbH) kann als Vermögensverwaltung angesehen werden, wenn sich die gemeinnützige Körperschaft darauf beschränkt, ihre Rechte als Gesellschafterin wahrzunehmen. Eines entscheidenden Einflusses auf die laufende Geschäftsführung der Kapitalgesellschaft sollte sich die gemeinnützige Körperschaft jedoch enthalten, da sonst in dem Anteilsbesitz und der dabei entfalteten Tätigkeit ein wirtschaftlicher Geschäftsbetrieb erblickt werden könnte (vgl. Abschn. 8 Abs. 5 Satz 4 KStR und AEAO zu § 64 Tz. 3). Eine solche Einflußnahme würde z.B. auch bei Personalunion zwischen Vereinsvorstand und Geschäftsführung der Kapitalgesellschaft vorliegen.

Besteht die Beteiligung an einer Kapitalgesellschaft, die selbst ausschließlich der Vermögensverwaltung dient, so liegt nach Auffassung der Finanzverwaltung im AEAO zu § 64 Tz. 3 auch bei Einflußnahme auf die Geschäftsführung kein wirtschaftlicher Geschäftsbetrieb vor. Dasselbe gilt auch im Falle der Beteiligung eines gemeinnützigen Vereins an einer steuerbegünstigten Kapitalgesellschaft (z.B. gemeinnütziger Krankenhaus-GmbH).

d) Anwendung der Grundsätze der Betriebsaufspaltung bei gemeinnützigen Körperschaften

Die Grundsätze zur Betriebsaufspaltung (aufgrund personeller und sachlicher Verflechtung) gelten auch bei gemeinnützigen Körperschaften, d.h. wenn sowohl das Besitz- als auch das Betriebsunternehmen eine gemeinnützige Einrichtung ist. Dies hatte in der Vergangenheit immer zur Folge, daß die Mieteinnahmen aufgrund der mietweisen Überlassung einer wesentlichen Betriebsgrundlage nicht steuerfreie Einkünfte aus Vermögensverwaltung, sondern Einkünfte aus einem steuerpflichtigen wirtschaftlichen Geschäftsbetrieb waren. Auch eine Steuerbefreiung der Betriebsgesellschaft nach § 5 Abs. 1 Nr. 9 KStG konnte nicht auf die Vermietungstätigkeit des Besitzunternehmens durchschlagen. Vgl. BFH-Urteil vom 13. 10. 1983 (BStBl. II 1984 S. 115). Die Vermietungstätigkeit konnte auch nicht über die Vorschrift des § 58 Nr. 4 AO als Zweckbetrieb behandelt werden.

Verpachtet z. B. ein gemeinnütziger Sportverein Werberechte in seiner Sportstätte an eine von ihm beherrschte GmbH und sind die Werberechte wesentliche Betriebsgrundlagen der GmbH, so fallen die Pachteinnahmen beim Verein (Besitzunternehmen) im Rahmen eines durch Betriebsaufspaltung begründeten steuerpflichtigen wirtschaftlichen Geschäftsbetriebes an (BFH-Urteil vom 21. 5. 1997, HFR 1997 S. 927).

Mittlerweile vertritt die Finanzverwaltung jedoch die Auffassung, daß die Grundsätze der Betriebsaufspaltung **nicht** anzuwenden sind, wenn **sowohl das Besitz- als auch das Betriebsunternehmen steuerbegünstigt sind**. Vgl. AEAO zu § 64 Tz. 3.

Allerdings kann das Besitzunternehmen nur dann gemeinnützig sein, wenn es auch nach der Ausgliederung z. B. eines Zweckbetriebes eine eigene gemeinnützige Tätigkeit entfaltet oder das Betriebsunternehmen Hilfsperson i.S.d. § 57 Abs. 1 S. 2 AO ist (vgl. auch Verfügung der OFD Frankfurt vom 22. 2. 1999, DStR 1999 S. 1111).

Beispiel: Ein gemeinnütziger Verein errichtet als Alleingesellschafter eine gemeinnützige GmbH (personelle Verflechtung). Anschließend verpachtet er einen Zweckbetrieb im Sinne des § 68 Nr. 3 AO (Behindertenwerkstatt) an die GmbH (sachliche Verflechtung aufgrund wesentlicher Betriebsgrundlage). Die Nichtanwendung der Grundsätze zur Betriebsaufspaltung hat bei dem Verein zur Folge, daß die GmbH-Beteiligung zum Bereich der Vermögensverwaltung gehört und die Pachteinnahmen steuerfreie Einkünfte aus Vermögensverwaltung darstellen.

e) Vermietung von Grundbesitz

Die Vermietung von Grundbesitz stellt in aller Regel ebenfalls Vermögensverwaltung dar. Nur wenn zur Vermietung besondere Umstände hinzutreten, kann sie den Charakter eines wirtschaftlichen Geschäftsbetriebs annehmen. Das wäre z. B. der Fall, wenn kurzfristig an ständig wechselnde Personen vermietet wird und der Verein dabei geschäftlich nach außen hervortritt oder wenn im Zusammenhang mit der Vermietung weitere Tätigkeiten und nicht übliche Nebenleistungen übernommen werden.

Ein wirtschaftlicher Geschäftsbetrieb ist deshalb z. B. bei der kurzfristigen Vermietung von Tennisplätzen und Kegelbahnen durch einen Sportverein anzunehmen; die kurzfristige Überlassung an Vereinsmitglieder wird jedoch noch dem steuerbegünstigten Zweckbetriebsbereich zugeordnet (vgl. S. 219). Vermögensverwaltung liegt somit insbesondere im Falle der Dauervermietung vor. Z.B. ein Sportverein vermietet einen nicht mehr genutzten Platz langfristig als Lagerplatz an einen Unternehmer. Der BFH hat allerdings mit Urteil vom 17. 12. 1957 (BStBl. III 1958 S. 96) auch die **kurzfristige** Vermietung eines Saales an wechselnde Mieter durch einen gemeinnützigen Verein zur besseren Ausnutzung und Auslastung als steuerfreie Vermögensverwaltung angesehen.

Ein Verein, der einen **Campingplatz** mit allen zugehörigen Einrichtungen unterhält und diesen durch beauftragte Personen verwaltet und betreut, beschränkt sich daher nicht mehr auf die Vermögensverwaltung, sondern betätigt sich gewerblich. Nach dem Urteil des RFH vom 6. 5. 1941 (RStBl. S. 473), liegt Vermögensverwaltung auch dann noch vor, wenn anläßlich eines Schützenfestes der ganze **Festplatz** einheitlich an einen Veranstalter vermietet wird, nicht aber, wenn der Verein selbst die zahlreichen Standplätze an Schausteller und andere Gewerbetreibende einzeln vermietet (vgl. auch Urteil des Niedersächsischen FG vom 25. 8. 1980, EFG 1981 S. 259). Betreibt ein gemeinnütziger Verein eine Gaststätte und vermietet er im Zusammenhang damit Nebenzimmer oder einen Saal, so sind die erzielten Mieteinnahmen in jedem Falle der Gastwirtschaft zuzurechnen.

f) selbstbewirtschaftete Forstbetriebe
Nach der Regelung in § 5 Abs. 1 Nr. 9 Satz 3 KStG sind **selbstbewirtschaftete Forstbetriebe** einer steuerbegünstigten Körperschaft zwar wirtschaftliche Geschäftsbetriebe, die aber nicht der Körperschaftsteuer unterliegen. Diese Qualifikation wirft die Frage auf, ob Verluste eines Forstbetriebs gemeinnützigkeitsunschädlich aus Mitteln des steuerbegünstigten Bereichs abgedeckt werden dürfen. U. E. muß dies verneint werden, da trotz der Regelung in § 5 Abs. 1 Nr. 9 Satz 3 KStG dem Grunde nach ein wirtschaftlicher Geschäftsbetrieb vorliegt und nach dem BFH-Urteil vom 13. 11. 1996 (BStBl II 1998 S. 711) ein Ausgleich eines Verlustes eines Nicht-Zweckbetriebes (wirtschaftlicher Geschäftsbetrieb; also auch eines selbstbewirtschafteten Forstbetriebs) mit Mitteln des ideellen Bereichs grundsätzlich nicht möglich ist. Vgl. hierzu BMF-Schreiben vom 19. 10. 1998 (BStBl I S. 1423). Anderenfalls würde das Mittelverwendungsgebot nach § 55 Abs. 1 Nr. 1 AO, das auch der Wahrung der Wettbewerbsneutralität des Steuerrechts dient, verletzt werden, wenn gemeinnützige Körperschaften ihre Nicht-Zweckbetriebe mit Mitteln des steuerbegünstigten Bereichs alimentieren könnten. Ein Verlustausgleich mit Überschüssen aus anderen (steuerpflichtigen) wirtschaftlichen Geschäftsbetrieben wäre aber nach § 64 Abs. 2 AO aus gemeinnützigkeitsrechtlicher Sicht zulässig (wegen eines steuerlichen Verlustausgleichs, vgl. S. 309).

g) Verpachtung der Vereinsgaststätte
Verpachtung von Anfang an
Die Verpachtung einer Vereinsgaststätte fällt ebenfalls noch unter den Begriff der Vermögensverwaltung, wenn diese zuvor vom Verein **nicht** selbst bewirt-

schaftet wurde. Will ein Verein die Körperschaftsteuer- und Gewerbesteuerpflicht aus dem Betrieb einer Vereinsgaststätte vermeiden, so hat er die Möglichkeit, sie einem selbständigen Pächter **von Anfang an** zur Bewirtschaftung auf eigene Rechnung zu überlassen, der die damit verbundenen Steuern dann selbst zu tragen hat. Die verpachteten Vermögenswerte und die Pachteinkünfte werden beim Verein nicht besteuert; die Pachtzahlungen fallen als Erträge aus der steuerfreien Vermögensverwaltung auch nicht unter die Besteuerungsgrenze von 60000 DM.

Die Pachtzahlungen müssen in ihrer Höhe selbstverständlich angemessen sein, also dem entsprechen, was unter Fremden üblich ist. Bei **Abführung des ganzen oder nahezu ganzen Gewinns (mehr als 90 v.H. des Überschusses vor Pachtzahlungen)** an den Verpächterverein würde der Betrieb im Ergebnis auf dessen Rechnung geführt; er wäre dann als steuerpflichtiger wirtschaftlicher Geschäftsbetrieb des Verpächtervereins zu behandeln. Weitere Voraussetzung für die Anerkennung des Pachtverhältnisses ist auch, daß in **personeller Hinsicht** eine Trennung zwischen Vereinsvorstand und der Geschäftsführung beim Pächter besteht.

Verpachtung erst später ohne Betriebsaufgabeerklärung

Bei Beginn der Verpachtung einer **zuvor selbst bewirtschafteten Vereinsgaststätte** hat der Verein das **Wahlrecht**, ob er gegenüber dem Finanzamt die Betriebsaufgabe erklären will oder ob die Verpachtung weiterhin wie ein selbst unterhaltener Geschäftsbetrieb besteuert werden soll (vgl. R 139 Abs. 5 EStR 1998). Wird eine eindeutige Betriebsaufgabeerklärung **nicht** abgegeben, entsteht zwar kein steuerpflichtiger Betriebsaufgabegewinn. Die Pachteinnahmen müssen auch weiterhin als wirtschaftlicher Geschäftsbetrieb „verpachtete Vereinsgaststätte" erfaßt und in die 60000 DM-Besteuerungsgrenze einbezogen werden. Die Höhe der Pachteinnahmen ist aber regelmäßig geringer als die in der Vereinsgaststätte erzielten Umsätze. Bei Überschreiten der Besteuerungsgrenze besteht insoweit zwar Körperschaftsteuer-, aber keine Gewerbesteuerpflicht. Bei der Umsatzsteuer greift im Falle der Option nach § 9 UStG der Regelsteuersatz.

Im Hinblick darauf, daß aber mittlerweile nach einer Betriebsaufgabeerklärung zu Buchwerten zur steuerfreien Vermögensverwaltung übergegangen werden kann (vgl. nachstehende Ausführungen), ist die Verpachtung ohne Betriebsaufgabeerklärung im Regelfall steuerlich nicht zu empfehlen.

Verpachtung erst später nach Betriebsaufgabeerklärung; Anwendung des Buchwertprivilegs nach § 13 Abs. 4 S. 1 KStG

Die Finanzverwaltung hat jetzt – entgegen Abschn. 47 Abs. 12 S. 1 und 2 KStR – **die Anwendung des § 13 Abs. 4 und 5 KStG bejaht** und dabei folgende Grundsätze beschlossen:

Die Vorschrift des § 13 Abs. 4 i.V.m. Abs. 5 KStG erfaßt die Überführung von größeren Einheiten (Organismen), wie z.B. eines Teilbetriebes. Danach ist die Überführung des einem Betrieb oder Teilbetrieb dienenden Vermögens **(nicht** aber die **Überführung einzelner Wirtschaftsgüter**) aus dem steuerpflichtigen in den steuerbefreiten Bereich der Körperschaft ein unter **§ 13 Abs. 5 KStG** fallender teilweiser Beginn der Steuerbefreiung. Unter den Voraussetzungen des **§ 13 Abs. 4 KStG ist die Überführung der betreffenden Wirtschaftsgüter zum Buchwert möglich.** Das gilt auch, wenn z. b. vor der Überführung in den steuerbefreiten Bereich die Aufgabe eines wirtschaftlichen Geschäftsbetriebs erklärt wird und der Vorgang gleichzeitig eine Betriebsaufgabe i.S. des § 16 EStG darstellt. Das Buchwertprivileg nach § 13 Abs. 4 Satz 1 KStG ist in den Fällen der Betriebsaufgabe nur **insoweit** ausgeschlossen, als Wirtschaftsgüter vor der Überführung in den steuerbefreiten Bereich veräußert werden.

Die Finanzverwaltung geht bei dieser steuerlichen Beurteilung davon aus, daß die von einer steuerbefreiten Körperschaft im Rahmen der Vermögensverwaltung genutzten Wirtschaftsgüter der Förderung steuerbegünstigter Zwecke im Sinne des § 9 Abs. 1 Nr. 2 KStG dienen. In diesen Fällen kommt also eine **Buchwertfortführung** und damit der Verzicht auf eine Schlußbesteuerung etwaiger stiller Reserven unabhängig davon in Betracht, ob in dem betreffenden Jahr die Besteuerungsgrenze überschritten ist.

Dadurch scheidet der verpachtete Geschäftsbetrieb aus der Körperschaftsteuer- und Gewerbesteuerpflicht aus und die künftigen Pachtzahlungen werden als Erträge aus der steuerfreien Vermögensverwaltung **nicht** mehr in die Besteuerungsgrenze von 60000 DM in § 64 Abs. 3 AO für wirtschaftliche Aktivitäten einbezogen. Die Besteuerungsgrenze kann vielmehr für sonstige wirtschaftliche Aktivitäten (z.B. Vereinsfeste und Werbung) ausgeschöpft werden.

h) Verpachtung des Bewirtschaftungs- und des Veranstaltungsrechtes bei Vereinsfesten

Ein gemeinnütziger Verein kann entweder die Bewirtung oder aber die gesamte Festveranstaltung auf einen anderen übertragen. Denkbar ist z.B., daß der Hauptverein ein Fest veranstaltet und **die Bewirtung** durch einen anderen (z.B. Förderverein oder eine Fest-GbR) erfolgt. Tritt dabei der andere **tatsächlich** als Wirt auf (Merkmale z.B. Erwerb der Ausschankkonzession, Abschluß von Versicherungen, Einkauf und Vereinnahmung der Erlöse) und ist dies auch für die Teilnehmer erkennbar (z.B. durch Vermerk auf Festankündigung), stellt die Bewirtung einen **wirtschaftlichen Geschäftsbetrieb** dar; die Einnahmen müssen z.B. bei einem gemeinnützigen Förderverein in seine Besteuerungsgrenze von 60000 DM einbezogen werden. Auch die nichtgemeinnützige Fest-GbR unterliegt mit ihren Einkünften aus Gewerbebetrieb dem Grunde nach selbst der Gewerbesteuer.

Darüber hinaus setzt die für die steuerliche Anerkennung der Verpachtung des Bewirtschaftungsrechts erforderliche wirtschaftliche und rechtliche Trennung von Hauptverein und Wirt (Förderverein oder Fest-GbR) auch eine personelle Trennung zwischen Vereinsvorstand und Geschäftsführung beim Pächter voraus. Dies bedeutet, daß die Vorstandschaft des Hauptvereins und des Fördervereins bzw. die Gesellschafter der GbR **zumindest mehrheitlich nicht personenidentisch sein dürfen.** Dabei ist auf den Vorstand im Sinne des § 26 BGB

(Eintragung im Vereinsregister) und nicht auf den (ggf. davon abweichenden) erweiterten Vorstand im Sinne der Satzung abzustellen. Z. B. der 3-köpfige Vorstand des Fördervereins (oder die 3 Gesellschafter einer Fest-GbR) ist mit einer Person besetzt, die gleichzeitig auch Vorstand des verpachtenden Hauptvereins ist; in diesem Fall ist die untergeordnete teilweise Personenidentität steuerlich nicht zu beanstanden.

Pachtzahlungen an den Hauptverein sind jeweils als **Betriebsausgaben** abzugsfähig, soweit sie mit dem Hauptverein im voraus vertraglich eindeutig und in angemessener Höhe vereinbart wurden; dem Förderverein oder der Fest-GbR muß jedoch nach überschlägiger Vorkalkulation ein **angemessener Gewinn** verbleiben (mindestens 10 v. H. des Überschusses vor Pachtzahlungen).

Der **Hauptverein** vereinnahmt die Pachtzahlungen ebenfalls im Rahmen eines **wirtschaftlichen Geschäftsbetriebs** und muß diese deshalb in seine Besteuerungsgrenze einbeziehen. Der Annahme einer steuerfreien Vermögensverwaltung steht insoweit entgegen, daß der Hauptverein mit der Veranstaltung selbst einen wesentlichen Beitrag (Zuleistung) zum Erfolg der Bewirtungsumsätze leistet.

Wird hingegen eine Festveranstaltung z. b. durch einen Förderverein durchgeführt, unterhält dieser damit einen steuerpflichtigen wirtschaftlichen Geschäftsbetrieb. Eine entgeltliche **„Verpachtung des Veranstaltungsrechtes"** vom Hauptverein an den Förderverein wird jedoch von der Finanzverwaltung **steuerlich nicht anerkannt.** Hierauf geleistete Zahlungen des Fördervereins an den Hauptverein sind deshalb **nicht als Betriebsausgaben** abzugsfähig (Spendenabzug nach § 9 Abs. 1 Nr. 2 KStG nur bei Zahlungen **ohne vertragliche Verpflichtung,** d. h. kein Abschluß eines Pachtvertrages); beim Hauptverein gehören die Einnahmen zum ideellen Bereich.

i) Verpachtung von Werberechten

Betreibt ein gemeinnütziger Verein das Werbegeschäft selbst, unterhält er damit einen steuerpflichtigen wirtschaftlichen Geschäftsbetrieb. Die Einnahmen hieraus müssen deshalb in die Besteuerungsgrenze von 60 000 DM einbezogen werden. Zu den typischen Werbeleistungen gehören z. B. das Anzeigen- und Inseratengeschäft in der Vereinszeitschrift sowie die Werbung eines Sportvereins, z. B. auf der Sportplatzbande oder auf der Sportkleidung. Wegen der Berücksichtigung von Betriebsausgaben beim Anzeigengeschäft und bei der Werbung anläßlich sportlicher Veranstaltungen, in Höhe von **pauschal 25 v. H. der Werbeeinnahmen,** vgl. AEAO zu § 64 Tz. 4 und zu § 67a I Tz. 8 sowie S. 216.

Die Steuerpflicht für den wirtschaftlichen Geschäftsbetrieb „Werbung" kann jedoch nach bisheriger Auffassung der Finanzverwaltung im AEAO zu § 67a I Tz. 9 durch die **Verpachtung der Werberechte** grundsätzlich vermieden werden. In diesem Fall liegen Einnahmen aus **steuerfreier Vermögensverwaltung** vor. Verpachtet werden können insbesondere das Anzeigen- und Inseratengeschäft in der Vereinszeitung sowie das Recht zur Nutzung von Werbeflächen in Sportstätten (z. B. Sportplatzbande) und von Lautsprecheranlagen. Nach dem BFH-Urteil vom 8. 3. 1967 (BStBl. III S. 373) erzielt ein Verein, der das

Verlagsrecht mit Anzeigenteil an einen Verlag entgeltlich überträgt und sich dabei einer aktiven Mitwirkung am Anzeigengeschäft enthält, insoweit Einnahmen aus steuerfreier Vermögensverwaltung.

Die entgeltliche Übertragung des Rechts zur Nutzung von Werbeflächen auf der Sportkleidung (**verpachtete Trikotwerbung**) und auf Sportgeräten ist jedoch nach Auffassung der Finanzverwaltung – **wie die selbstbetriebene Trikotwerbung** – als **steuerpflichtiger wirtschaftlicher Geschäftsbetrieb** zu behandeln (vgl. AEAO zu § 67 a I Tz. 9). Insoweit kommt nach AEAO zu § 64 Tz. 4 ebenfalls ein pauschaler Betriebsausgabenabzug in Höhe von 25 v. H. der Werbeeinnahmen in Betracht.

Vom **BFH** wurde hingegen mit **Urteil vom 2. 7. 1997 (I R 67/96**, Vorinstanz FG München, Urteil vom 30. 7. 1996, EFG 1996 S. 1180) die verpachtete Bandenwerbung wegen des engen Zusammenhangs mit den Sportveranstaltungen der Trikotwerbung gleichgestellt und deshalb ebenfalls als steuerpflichtiger wirtschaftlicher Geschäftsbetrieb angesehen; diese Grundsätze sollen jedoch nach Auffassung der Finanzverwaltung bis auf weiteres nicht angewandt werden.

Bei der **Pkw-Werbung** durch einen gemeinnützigen Verein (Zuwendung eines mit Werbeaufschriften versehenes Fahrzeug an den Verein mit der Verpflichtung, hiermit Werbung zu betreiben), stellt sich ebenfalls die Frage, ob steuerfreie Vermögensverwaltung oder – wie bei der verpachteten Trikotwerbung – ein steuerpflichtiger wirtschaftlicher Geschäftsbetrieb vorliegt.

Nach Auffassung der Finanzverwaltung wird in diesen Fällen ein steuerpflichtiger wirtschaftlicher Geschäftsbetrieb jedoch nur dann angenommen, wenn die steuerbegünstigte Körperschaft **vertraglich verpflichtet** ist, das Fahrzeug über den zu eigenen Zwecken notwendigen Umfang hinaus einzusetzen oder es werbewirksam abzustellen.

Voraussetzung für die steuerliche Anerkennung der Werberechte als steuerfreie Vermögensverwaltung ist aber, daß der Verein an der Durchführung der Werbegeschäfte **nicht aktiv mitwirkt** (also auch keine Personalunion zwischen Vereinsvorstand und Geschäftsführung beim Pächter besteht) und dem Pächter (Werbeunternehmer) ein **angemessener Gewinn** verbleibt. Letzteres wird von der Finanzverwaltung bejaht, wenn dem Pächter mindestens 10 v.H. des Überschusses der Betriebseinnahmen über die Betriebsausgaben (ohne Pachtzahlungen) aus der Werbetätigkeit verbleiben. Anderenfalls liegt beim überlassenden Verein (Verpächter) wegen der Annahme eines Gefälligkeitsvertrages ein steuerpflichtiger wirtschaftlicher Geschäftsbetrieb vor.

Die Annahme einer steuerfreien Vermögensverwaltung ist bereits durch das BFH-Urteil vom 13. 3. 1991 (BStBl. II 1992 S. 101) fraglich geworden. Danach unterhält ein gemeinnütziger Verein mit der entgeltlichen Gestattung von Bandenwerbung in seinen Sportstätten einen steuerschädlichen wirtschaftlichen Geschäftsbetrieb. In dem vom BFH entschiedenen Fall wurden die Werberechte zwar nicht als ganzes an einen Werbeunternehmer verpachtet. Die Begründung des BFH für die Ablehnung einer Vermögensverwaltung – enger Zusammenhang der Werbemaßnahmen mit den sportlichen Veranstaltungen – kann aber auch auf den Fall der Verpachtung übertragen werden. Die Finanzverwaltung hält aber im AEAO zu § 67a I Tz. 9 – auch ungeachtet des BFH-Urteils vom 2. 7. 1997 (I R 67/96) – bis auf weiteres daran fest, daß die Verpachtung von Werberechten an unabhängige Werbeunternehmer, d.h. insbesondere die verpachtete Bandenwerbung und das verpachtete Anzeigengeschäft, als steuerfreie Vermögensverwaltung angesehen werden kann.

> **Beispiel:** Ein Sportverein hat seine Werberechte (Bandenwerbung und Inseratengeschäft in der Vereinszeitschrift) an eine selbständige Werbefirma verpachtet. Die Werbeeinnahmen der Firma betragen 20 000 DM; die Betriebsausgaben (ohne Pachtzahlungen) 3 000 DM. Maßgeblicher Überschuß somit 17 000 DM.
>
> Der Sportverein darf höchstens 90 v.H. des Überschusses = 15 300 DM als Pacht erhalten. Die Vereinbarung einer Umsatzpacht von 90 v.H. der Werbeeinnahmen könnte demnach nur anerkannt werden, wenn keine Aufwendungen anfallen; dies dürfte aber praktisch nicht möglich sein.

j) **Zahlung von Aushilfslöhnen im steuerpflichtigen wirtschaftlichen Geschäftsbetrieb**

Sofern bei einem gemeinnützigen Verein die Besteuerungsgrenze von 60 000 DM überschritten ist, empfiehlt es sich zur Vermeidung einer partiellen Steuerpflicht durch entsprechende Aufwendungen den Überschuß im wirtschaftlichen Geschäftsbetrieb soweit zu verringern, daß unter Berücksichtigung des Freibetrags von jeweils 7 500 DM keine Körperschaftsteuer- und Gewerbesteuerpflicht eintritt. Sinnvoll ist hierbei insbesondere die **Zahlung von Aushilfslöhnen** an Vereinsmitglieder, wenn diese in einem steuerpflichtigen wirtschaftlichen Geschäftsbetrieb, wie z. B. der selbstbewirtschafteten Vereinsgaststätte oder bei Vereinsfesten tatsächlich tätig sind.

Voraussetzung für den Betriebsausgabenabzug im wirtschaftlichen Geschäftsbetrieb ist aber, daß die Vereinsmitglieder nicht von vornherein auf den vereinbarten Arbeitslohn verzichten. Erforderlich war in der Vergangenheit auch, daß die Arbeitslöhne tatsächlich ausbezahlt und nicht unmittelbar danach dem Verein wieder als Spende zur Verfügung gestellt werden. Denn nach dem BFH-Urteil vom 5. 12. 1990 (BStBl. II 1991 S. 308) entstehen einem gemeinnützigen Verein keine als Betriebsausgaben eines wirtschaftlichen Geschäftsbetriebs abzugsfähigen Aufwendungen, wenn Vereinsmitglieder auf die ihnen gegen den Verein zustehenden Ansprüche auf Zahlung von Aushilfslöhnen im engsten zeitlichen Zusammenhang mit der vorgesehenen Lohnzahlung bedingungslos verzichten. Nach den Urteilsgründen gilt dies auch dann, wenn ausbezahlte Löhne sofort wieder an den Vereinskassierer zurückgegeben werden.

Die Finanzverwaltung hat aber mittlerweile zur Abzugsfähigkeit von Aufwandsspenden geregelt, daß auch im **Durchlaufspendenverfahren** (z.B. Sport-, Musikvereine) eine **Auszahlung des Aufwandsersatzes** (z.B. **Aushilfslöhne im wirtschaftlichen Geschäftsbetrieb**) **nicht mehr erforderlich ist**. Ausreichend ist, wenn das Vereinsmitglied auf seinen Anspruch **verzichtet und verfügt,** daß z. B. sein Aushilfslohn vom laufenden Vereinskonto auf das Spendensammelkonto umgebucht und anschließend mit den übrigen Spenden im Wege des Listenverfahrens an die Durchlaufstelle überwiesen wird. Vgl. hierzu im einzelnen die Ausführungen zum Spendenabzug auf Seite 259 f.

Bei dieser Fallgestaltung geht die Finanzverwaltung davon aus, daß beim Vereinsmitglied und Spender eine Verwendung steuerlich bereits zugeflossenen Einkommens vorliegt; dieser (lohnsteuerpflichtige) Zufluß sei aber zwingend mit einem entsprechenden Abfluß beim Verein verbunden. Dies hat zur Folge, daß nicht nur eine Spende beim Vereinsmitglied, sondern beim erstattungspflichtigen Verein insoweit auch **Betriebsausgaben im wirtschaftlichen Geschäftsbetrieb** anzunehmen sind. Gegen diese Regelung bestehen zwar im Hinblick auf das oben genannte BFH-Urteil vom 5. 12. 1990 rechtliche Bedenken; gleichwohl halten wir diesen Weg für eine sinnvolle Vereinfachungsregelung in der Besteuerungspraxis der Vereine.

Die Zahlung von Aushilfslöhnen bzw. der nachträgliche Verzicht des Vereinsmitglieds hierauf hat zur Folge, daß das einzelne Vereinsmitglied den Helferlohn grundsätzlich als Einkünfte aus nichtselbständiger Arbeit nach § 19 EStG versteuern muß. Übt der Arbeitnehmer eine geringfügige Beschäftigung i. S. d. § 8 Abs. 1 Nr. 1 SGB IV aus (sog. „630-DM-Jobs"), für die der Arbeitgeber einen pauschalen Arbeitgeber-Beitrag von 12% zur Rentenversicherung entrichtet (ggfs. zuzüglich 10% zur Krankenversicherung), bleibt der Arbeitslohn (seit 1. 4. 1999) nach § 3 Nr. 39 EStG steuerfrei, wenn der Arbeitnehmer keine anderen positiven Einkünfte im Kalenderjahr erzielt. Vom Steuerabzug darf der Verein allerdings nur dann absehen, wenn der Arbeitnehmer eine Freistellungsbescheinigung des Finanzamts vorlegt. Sind die Voraussetzungen für die Steuerbefreiung nicht erfüllt, ist eine Pauschalierung der Lohnsteuer in den Grenzen des § 40a EStG zulässig. Der Vorteil dieser Gestaltung kann darin bestehen, daß der Verein in diesem Fall zwar mindestens die pauschalen Sozialbeiträge (vgl. hierzu S. 409f.) und ggfs. daneben die pauschale Lohnsteuer zahlen muß. Dem steht aber aufgrund der dadurch eintretenden Gewinnminderung eine Körperschaftsteuer-Ersparnis von 40 v.H. und eine Gewerbesteuer-Ersparnis von ca. 15 v.H. gegenüber. Außerdem muß das Vereinsmitglied in diesen Fällen den Arbeitslohn nicht mehr selbst versteuern, kann aber bei einer (freiwilligen!) Rückspende des ausbezahlten Betrages oder bei einem nachträglichen Verzicht auf seinen Aufwandsersatzanspruch noch den Spendenabzug geltend machen.

k) Betriebsausgabenabzug gemischt veranlaßter Aufwendungen im wirtschaftlichen Geschäftsbetrieb z.B. bei gemeinnützigen Musik- und Gesangvereinen oder Narrenzünften

Fraglich ist, ob z.B. gemeinnützige Musikvereine Aufwendungen, die zu einem Teil mit Auftritten ihrer Musikgruppen **bei eigenen steuerpflichtigen Festveranstaltungen** zusammenhängen, anteilig als Betriebsausgaben des steuerpflichtigen wirtschaftlichen Geschäftsbetriebs abziehen dürfen. Derartige Aufwendungen sind z. B. die **Kosten für Notenmaterial, Uniformen und Verstärkeranlagen,** die sowohl bei Auftritten, die unentgeltlich erfolgen oder Zweckbetriebe sind, als auch bei Auftritten im Rahmen eines eigenen steuerpflichtigen

Betriebs eingesetzt werden. Außerdem ist fraglich, ob auch Kosten für die Errichtung und Unterhaltung von Vereinsheimen und für die allgemeine Verwaltung teilweise im wirtschaftlichen Geschäftsbetrieb berücksichtigt werden können.

Nach Auffassung der Finanzverwaltung ist ein anteiliger Abzug der Aufwendungen (ggf. der anteiligen AfA) als Betriebsausgaben des steuerpflichtigen wirtschaftlichen Geschäftsbetriebs immer dann möglich, wenn ein **objektiver Maßstab** für die Aufteilung der Aufwendungen auf den ideellen Bereich einschließlich der Zweckbetriebe und den steuerpflichtigen wirtschaftlichen Geschäftsbetrieb besteht.

Als Maßstab für die Aufteilung bei Aufwendungen für Notenmaterial, Uniformen und Verstärkeranlagen kommt **die Zahl der Stunden**, die einschließlich der Proben auf die jeweiligen Bereiche entfallen, in Betracht. Auch die Personal- und Sachkosten für die allgemeine Verwaltung können grundsätzlich im wirtschaftlichen Geschäftsbetrieb abgezogen werden, soweit sie bei einer Aufteilung nach objektiven Maßstäben teilweise darauf entfallen. Bei Kosten für die Errichtung und Unterhaltung von Vereinsheimen gibt es in der Regel aber keinen objektiven Aufteilungsmaßstab.

Diese Verwaltungsauffassung ist auch durch das BFH-Urteil vom 17. 12. 1997 (BStBl 1998 II S. 357) im Ergebnis bestätigt worden. Vom BFH wurden in dieser Entscheidung Unterhaltsaufwendungen für Ordensangehörige, die ihre Arbeitskraft teils im steuerbegünstigten Bereich und teils im nicht steuerbegünstigten wirtschaftlichen Geschäftsbetrieb erbringen, insoweit als Betriebsausgaben anerkannt, soweit eine Beschäftigung im steuerpflichtigen Bereich erfolgte.

Beispiel: Ein Musikverein tritt bei seinem Vereinsfest mit eigenen musikalischen Darbietungen auf. In diesem Fall stellt die eigene Darbietung keinen Zweckbetrieb im Sinne des § 68 Nr. 7 AO dar; sie ist vielmehr Bestandteil des steuerpflichtigen wirtschaftlichen Geschäftsbetriebs „Vereinsfestes". Dies bedeutet, daß die mit dem eigenen musikalischen Vortrag zusammenhängenden Aufwendungen anteilig als Betriebsausgaben abziehbar sind. Dies gilt insbesondere für die unmittelbar mit dem Auftritt zusammenhängenden Aufwendungen (z. B. Erstattung von Fahrtkosten, Aufwandsentschädigungen für Musiker und Dirigenten).
Darüber hinaus können auch anteilige Ausgaben (z. B. für Notenmaterial, Uniformen, AfA auf Musikinstrumente) bei der steuerlichen Gewinnermittlung des steuerpflichtigen wirtschaftlichen Geschäftsbetriebs „Vereinsfest" berücksichtigt werden, wenn ein objektiver Aufteilungsmaßstab dies zuläßt (z. B. nach der Zahl der Stunden, die einschließlich der Probestunden auf die jeweiligen Bereiche entfallen).

l) Beispiele steuerpflichtiger wirtschaftlicher Geschäftsbetriebe

Als steuerpflichtige wirtschaftliche Geschäftsbetriebe (Einbeziehung der Einnahmen in die Besteuerungsgrenze von 60 000 DM nach § 64 Abs. 3 AO) sind insbesondere anzusehen:

- Altmaterialsammlungen (vgl. S. 190)

- Angelkartenverkauf durch Anglervereine an Nichtmitglieder (vgl. S. 132)
- Anzeigen- und Inseratengeschäft in der Vereinszeitschrift (vgl. S. 193)
- Auftragsforschung (vgl. BFH-Urteil vom 30. 11. 1995, BStBl II 1997 S. 189, § 68 Nr. 9 AO sowie S. 234)
- Bandenwerbung in Sportstätten
- Beschaffungsstellen steuerbegünstigter Körperschaften (vgl. BFH-Urteil vom 15. 10. 1997, II R 94/94 sowie Vfg. OFD Münster vom 5. 1. 1998, FR 1998 S. 291)
- Bewirtung bei kulturellen, geselligen und sportlichen Veranstaltungen
- Café oder Teestube (vgl. BFH-Urteil vom 11. 4. 1990, BStBl. II S. 724)
- Dritte-Welt-Laden
- Gesellige Veranstaltungen (Vereinsfeste, bei denen Eintrittsgelder erhoben oder Bewirtungsentgelte erzielt werden)
- Krankenhausapotheken und -wäschereien, die Leistungen an andere Krankenhäuser erbringen (vgl. S. 212)
- Maskenbälle und Tanzveranstaltungen von Karnevalsvereinen (vgl. S. 138)
- Pferdepensionsbetrieb durch einen gemeinnützigen Reitverein (BFH-Urteil vom 2. 10. 1968, BStBl II 1969 S. 43)
- Selbstbewirtschaftete Vereinsgaststätte
- Trikotwerbung
- Verkauf von Munition durch Schützenvereine; der Verkauf von Munition bei Wettbewerben stellt hingegen einen steuerbegünstigten Zweckbetrieb dar.
- Verkauf von Speisen und Getränken bei kulturellen, geselligen und sportlichen Veranstaltungen
- Vermietung von Grundbesitz auf kurze Dauer an ständig wechselnde Personen (vgl. S. 195)
- Vermietung von Sportanlagen durch einen Sportverein (z. B. Tennisplatz) auf kurze Dauer an Nichtmitglieder
- Abschluß und Vermittlung von Versicherungen (vgl. BFH-Urteil vom 15. 10. 1997, BStBl II 1998 S. 175)
- Verwaltung einer fremden Sporthalle, die auch von Dritten genutzt wird, durch einen gemeinnützigen Sportverein; erfolgt die Verwaltung hingegen ausschließlich zum Zwecke der Eigennutzung der Sportstätte, liegt ein Zweckbetrieb vor
- Weihnachts-, Wohltätigkeits- und Pfennigbasare (vgl. S. 191)
- Werbung (z. B. auch Standgelder der Pharmaindustrie für die Werbung bei ärztlichen Kongressen).

X. Zweckbetriebe

1. Begriff und Voraussetzungen

Wirtschaftliche Geschäftsbetriebe gemeinnütziger Körperschaften gelten unter bestimmten Voraussetzungen als sog. Zweckbetriebe. Zweckbetriebe sind also dem Grunde nach wirtschaftliche Geschäftsbetriebe i.S. des § 14 AO. Liegen die Voraussetzungen eines Zweckbetriebs vor, so behält die Körperschaft nicht nur ihre grundsätzliche Steuerbegünstigung, sondern sie wird auch mit dem Zweckbetrieb nicht der Körperschaftsteuer und Gewerbesteuer unterworfen. Die erzielten Einnahmen unterliegen allerdings der Umsatzsteuer, aber nur zu einem **ermäßigten Satz von 7 v. H.** (§ 12 Abs. 2 Nr. 8 a UStG). Im Ausnahmefall kann sich die Steuerfreiheit von Zweckbetrieben auch einmal **nachteilig** auswirken. Sind nämlich aus dem Zweckbetrieb (z.B. sportliche Veranstaltungen) Verluste entstanden, so ist es **steuerlich** nicht möglich, diese mit Gewinnen aus steuerpflichtigen wirtschaftlichen Geschäftsbetrieben (z.B. selbstbewirtschaftete Vereinsgaststätte) zu verrechnen. Gemeinnützigkeitsrechtlich können aber Verluste des Zweckbetriebs uneingeschränkt mit anderen Mitteln ausgeglichen werden. Auf die Steuerfreiheit des Zweckbetriebs kann in solchen Fällen nicht verzichtet werden; sie ist vom Finanzamt von Amts wegen zu beachten (BFH-Urteil vom 28. 11. 1961, BStBl. III 1962 S. 73).

Die Voraussetzungen, die ein Zweckbetrieb nach § 65 AO erfüllen muß, sind folgende:

a) Der wirtschaftliche Geschäftsbetrieb muß in seiner Gesamtrichtung dazu dienen, die steuerbegünstigten satzungsmäßigen Zwecke der Körperschaft zu verwirklichen;

b) die steuerbegünstigten satzungsmäßigen Zwecke können nur durch den wirtschaftlichen Geschäftsbetrieb erreicht werden;

c) der wirtschaftliche Geschäftsbetrieb darf zu nicht begünstigten Betrieben derselben oder ähnlichen Art nicht in größerem Umfang in Wettbewerb treten, als es bei der Erfüllung der steuerbegünstigten Zwecke unvermeidbar ist.

Es ist auch denkbar, daß eine Körperschaft, um ihre steuerbegünstigten Zwecke zu erreichen, nur einen Zweckbetrieb unterhält und daneben keine andere Tätigkeit ausübt. Ein solcher Geschäftsbetrieb kann ebenfalls steuerunschädlich sein, wenn die vorgenannten Voraussetzungen erfüllt sind.

Im einzelnen wird zu diesen Voraussetzungen folgendes bemerkt:

Zu a) und b)
Ein Zweckbetrieb muß tatsächlich und unmittelbar **satzungsmäßige Zwecke** der Körperschaft verwirklichen, die ihn betreibt. Es genügt nicht, wenn er begünstigte Zwecke verfolgt, die nicht satzungsmäßige Zwecke der ihn tragenden Körperschaft sind. Dient der Geschäftsbetrieb nur mittelbar den steuerbe-

günstigten Satzungszwecken, z. B. durch Abführung seiner Erträge oder weil dadurch für die Satzungszwecke geworben wird, so handelt es sich nicht um einen Zweckbetrieb (BFH-Urteile vom 10. 5. 1955, BStBl. III S. 177, und 21. 8. 1985, BStBl. II 1986 S. 88). Außerdem wird gefordert, daß der Geschäftsbetrieb praktisch **unentbehrlich** ist, weil sich die gemeinnützigen Zwecke ohne ihn nicht erfüllen lassen. Die Körperschaft muß den Zweckbetrieb zur Verwirklichung ihrer satzungsmäßigen Zwecke unbedingt und unmittelbar benötigen (vgl. AEAO zu § 65 Tz. 3). Der BFH hat dies z. b. mit Urteil vom 23. 11. 1988 (BStBl. II 1989 S. 391) für die Herausgabe von Druckschriften durch einen Friedensverein bejaht.

Dient ein wirtschaftlicher Geschäftsbetrieb aber teils der Verwirklichung gemeinnütziger Zwecke, teils eigennützigen Zwecken der Vereinsmitglieder, so ist es in der Regel nicht möglich, den einheitlichen Betrieb in einen steuerunschädlichen und in einen partiell steuerpflichtigen Teil aufzuspalten. Der RFH (Urteil vom 26. 4. 1938, RStBl. S. 582) hat aus diesem Grund bei einem Verein, dessen Zweck die Verbreitung religiösen Schrifttums war und der daneben seine Mitglieder auch mit anderen Büchern belieferte, eine teilweise Anerkennung eines Zweckbetriebes abgelehnt. Die einheitliche Behandlung braucht sich indessen nicht immer zum Nachteil des Vereins auszuwirken. Sie ermöglicht unter Umständen den Ausgleich von Gewinnen und Verlusten aus den verschiedenen Geschäften, während sonst Verluste aus einem Zweckbetrieb nicht mit Überschüssen aus steuerpflichtigen Betrieben steuerlich verrechnet werden dürfen.

Zu c)
Zu den Erfordernissen eines Zweckbetriebs gehört auch die sog. **Wettbewerbsklausel nach § 65 Nr. 3 AO**. Der Wettbewerb eines Zweckbetriebes zu steuerlich nicht begünstigten Betrieben derselben oder ähnlicher Art muß auf das zur Erfüllung der steuerbegünstigten Zwecke **unvermeidbare Maß** begrenzt sein (BFH-Urteil vom 13. 8. 1986, BStBl. II S. 831). Unschädlich ist dagegen der uneingeschränkte Wettbewerb zwischen Zweckbetrieben, die demselben steuerbegünstigten Zweck dienen und ihn in der gleichen oder in ähnlicher Form verwirklichen. Es muß deshalb abgewogen werden, ob die Förderung der Allgemeinheit schwerer wiegt als die Beeinträchtigung anderer Personen in ihrer Wettbewerbsfähigkeit. Konkrete Maßstäbe gibt es hierfür nicht. Es ist aber generell davon auszugehen, daß der Wettbewerb nur dann unschädlich ist, wenn der Geschäftsbetrieb keine oder nur geringe Überschüsse abwirft oder wenn er in besonderem Maße bedürftigen Personen dient.

Z. B. ein **Fahrdienst für den ärztlichen Notfalldienst**, der von Organisationen der freien Wohlfahrtspflege unterhalten wird, ist ein steuerpflichtiger wirtschaftlicher Geschäftsbetrieb. Nach Auffassung der Finanzverwaltung liegen die Voraussetzungen für einen steuerbegünstigten Zweckbetrieb nach § 65 AO wegen des vermeidbaren Wettbewerbs zu Taxiunternehmen nicht vor. Es handelt sich auch nicht um Einrichtungen der Wohlfahrtspflege nach § 66 AO, weil die Leistungen nicht unmittelbar den hilfsbedürftigen Personen zugute kommen.

Vom BFH wurde z. B. mit Urteil vom 11. 4. 1990 (BStBl. II S. 724) entschieden, daß ein Kommunikationszentrum in Form eines **Cafés (Teestube)** eines wegen der Förderung der Jugendhilfe gemeinnützigen Vereins kein Zweckbetrieb ist. Der Annahme eines Zweckbetriebs steht insbesondere entgegen, daß das Café zu nichtbegünstigten Betrieben derselben oder ähnlicher Art in größerem Umfange in Wettbewerb tritt, als dies bei Erfüllung der steuerbegünstigten Zwecke unvermeidbar ist (§ 65 Nr. 3 AO). Es liegt somit ein wirtschaftlicher Geschäftsbetrieb vor, dessen Einnahmen in die Besteuerungsgrenze von 60 000 DM einbezogen werden müssen.

Zur Auslegung der Zweckbetriebseigenschaft i.S. des § 65 AO, vgl. auch BFH-Urteil vom 15. 12. 1993 (BStBl. II 1994 S. 314). Danach ist die **Abfallbeseitigung** durch eine von entsorgungspflichtigen öffentlich rechtlichen Körperschaften gegründete GmbH kein Zweckbetrieb i.S. des § 65 AO. In einem weiteren Urteil vom 27. 10. 1993 (BStBl. II 1994 S. 573) hat der BFH entschieden, daß der **Betrieb eines Müllheizkraftwerkes**, das der umweltfreundlichen Beseitigung von Müll dienen soll, ebenfalls kein Zweckbetrieb nach § 65 AO darstellt.

Als Zweckbetrieb i. S. des § 65 AO wurde aber z. b. vom BFH mit Urteil vom 26. 4. 1995 (BStBl II 1995 S. 767) die **Übernahme und Ausführung von Lohnaufträgen durch eine Beschäftigungsgesellschaft** angesehen. Denn die Lohnaufträge wurden nach Auffassung des BFH nur ausgeführt, um Klienten mit sinnvoller Arbeit zu beschäftigen (sinnvolle Arbeitstherapie) und dadurch den steuerbegünstigten satzungsmäßigen Zweck – die Eingliederung von schwer vermittelbaren Arbeitslosen in den normalen Arbeitsprozeß – verwirklichen zu können. Nach Ansicht des BFH erfüllt ein derartiger Betrieb auch die Voraussetzungen des § 65 Nr. 3 AO. In der Vorinstanz beurteilte das FG Baden-Württemberg mit Urteil vom 21. 1. 1993 (EFG 1993 S. 462) die Lohnaufträge als Zweckbetrieb i.S. des § 66 AO. Zur gemeinnützigkeitsrechtlichen Behandlung von Beschäftigungsgesellschaften hat die Finanzverwaltung auch in dem BMF-Schreiben vom 11. 3. 1992 (BStBl. I 1993 S. 214) Stellung genommen.

Das Niedersächsische FG hat mit rechtskräftigem Urteil vom 19. 8. 1997 (EFG 1998 S. 407) einen **Kiosk** als Zweckbetrieb i. S. d. § 65 AO eines gemeinnützigen Vereins angesehen. Danach unterhält ein Verein, dessen satzungsmäßige Aufgabe im wesentlichen darauf gerichtet ist, für psychisch Kranke tagesstrukturierende Angebote zu schaffen, um dadurch für diesen Personenkreis die Grundlagen für eine Eingliederung in den normalen Arbeitsprozeß zu legen, einen steuerbegünstigten Zweckbetrieb, wenn der Betrieb des Unternehmens (hier: Kiosk) in seiner Gesamtausrichtung zur Verwirklichung der satzungsgemäßen Zwecke dient.

2. Beispiele für Zweckbetriebe

Angelkartenverkauf durch Anglervereine an Vereinsmitglieder; der Verkauf von Angelkarten an Nichtmitglieder stellt einen steuerpflichtigen wirtschaftlichen Geschäftsbetrieb dar.

Auftragsforschung kann unter den Voraussetzungen des § 68 Nr. 9 AO Zweckbetrieb sein (vgl. S. 234).

Die Beförderung behinderter Personen ist als Einrichtung der Wohlfahrtspflege nach § 66 AO auch dann ein Zweckbetrieb, wenn dafür keine Spezialfahrzeuge erforderlich sind. Voraussetzung ist aber, daß die Beförderung wegen der Hilfsbedürftigkeit der Personen geschieht.

Druckschriftenverkauf durch einen Friedensverein (BFH-Urteil vom 23. 11. 1988, BStBl. II 1989 S. 391).

Flugrettungsdienste, die sowohl Primärflüge (Notfalleinsätze) als auch Sekundärflüge (z. B. Rückholung von Kranken aus dem Ausland) gegen Entgelt durchführen, unterhalten insoweit einen Zweckbetrieb.

Handwerksbetriebe und landwirtschaftliche Betriebe, die von einer gemeinnützigen Fürsorgeanstalt zur Durchführung von Erziehungsaufgaben unterhalten werden (RFH-Urteil vom 4. 10. 1938, RStBl. 1939 S. 92).

Heilbäder, wenn sich diese auf die Verabreichung von ärztlich verordneten Bädern und Massagen sowie den notwendigen Nebenleistungen beschränken.

Jugendreisen, an denen nur Jugendliche bis zu 18 Jahren teilnehmen, weil mit der Reise auch eine erzieherische Betreuung verbunden ist. Bei Reisen mit Jugendlichen über 18 Jahren hängt nach Auffassung der Finanzverwaltung die Anerkennung als Zweckbetrieb von der Ausgestaltung ab. Dient die Reise lediglich der Erholung oder kann der Urlaub von den Teilnehmern frei gestaltet werden, so liegt kein Zweckbetrieb vor.

Karnevalssitzungen und Rosenmontagszüge von Karnevalsvereinen (vgl. S. 138).

Kulturelle Einrichtungen und Veranstaltungen (vgl. S. 232).

Krankentransporte mit Krankenwagen durch Sanitätsorganisationen. Werden jedoch Krankenfahrten für solche Personen durchgeführt, bei denen der Arzt eine Beförderung mit einem Pkw, Taxi oder Mietwagen verordnet hat, liegt nach Auffassung der Finanzverwaltung ein für die Annahme eines Zweckbetriebes schädlicher Wettbewerb vor.

Der Betrieb einer Kunsteisbahn ist nach dem rechtskräftigen Urteil des FG Baden-Württemberg vom 30. 6. 1983, (EFG 1984 S. 627) ein Zweckbetrieb, und zwar auch insoweit, als sie Nichtmitgliedern offensteht. Das FG Baden-Württemberg hat aber mit rechtskräftigem Urteil vom 17. 2. 1993 (EFG 1993 S. 694) auch entschieden, daß die Überlassung einer Eisbahn von einem gemeinnützigen Eissportverein im Rahmen des Publikumseislaufs gegen Entgelt an Vereinsmitglieder und von nicht nur untergeordneter Bedeutung an Nichtvereinsmitglieder zu jeweils gleichen Bedingungen, **insgesamt** einen steuerpflichtigen wirtschaftlichen Geschäftsbetrieb darstellt. Die Finanzverwaltung hält demgegenüber an der Regelung im AEAO zu § 67 a I Tz. 11 fest, wonach die kurzfristige Vermietung an Vereinsmitglieder als Zweckbetrieb i. S. des § 65 AO und die kurzfristige Vermietung an Nichtmitglieder als steuerpflichtiger wirtschaftlicher Geschäftsbetrieb behandelt wird.

Mensa- und Cafeteria-Betriebe von Studentenwerken (vgl. S. 210).
Der Betrieb eines Skilifts ist nach dem rechtskräftigem Urteil des FG Münster vom 28. 6. 1974 (EFG 1974 S. 593) ein Zweckbetrieb. U.E. kann jedoch im Hinblick auf die Regelung im AEAO zu § 67 a I Tz. 11 nur die entgeltliche Überlassung eines Skilifts an Vereinsmitglieder ein Zweckbetrieb sein; die Überlassung an Vereinsfremde ist hingegen ein steuerpflichtiger wirtschaftlicher Geschäftsbetrieb.
Speiseanstalt zur Versorgung Minderbemittelter mit billiger Verpflegung (RFH-Urteil vom 24. 9. 1937, RStBl. 1938 S. 1104).
Sportliche Veranstaltungen nach § 67 a AO.
Sportunterricht durch einen Sportverein an Mitglieder und Nichtmitglieder kann als sportliche Veranstaltung Zweckbetrieb i. S. des § 67a AO sein (vgl. AEAO zu § 67 a I Tz. 5 und IV Tz. 3).
Studienreisen der Volkshochschulen, wenn die Reise Bestandteil von Vortragsveranstaltungen und Seminaren ist (vgl. § 68 Nr. 8 AO).
Verkauf von Wohlfahrtsbriefmarken durch Wohlfahrtsvereine wird von der Finanzverwaltung aus sachlichen Billigkeitsgründen nicht als steuerpflichtiger wirtschaftlicher Geschäftsbetrieb, sondern als Zweckbetrieb beurteilt.
Vermietung von Sportstätten (z. B. Tennisplatz) auf kurze Dauer an Vereinsmitglieder ist ein Zweckbetrieb i. S. des § 65 AO; die kurzfristige Vermietung an Nichtmitglieder stellt einen steuerpflichtigen wirtschaftlichen Geschäftsbetrieb dar (vgl. AEAO zu § 67a I Tz. 11).
Die vorübergehende Unterbringung von Aus- und Übersiedlern sowie Asylbewerbern, Obdachlosen und Bürgerkriegsflüchtlingen in Einrichtungen steuerbegünstigter Körperschaften wird bis einschl. 31. 12. 1998 aus Billigkeitsgründen als Zweckbetrieb i.S. des § 65 AO behandelt (BMF-Schreiben vom 1. 7. 1991, BStBl. I S. 744, vom 19. 12. 1994, BStBl. I 1995 S. 41 und vom 11. 12. 1996, BStBl. I 1997 S. 112).

3. Einrichtungen der Wohlfahrtspflege (§ 66 AO)

In den §§ 66 bis 68 AO sind die wichtigsten Fälle von Zweckbetrieben im Gesetz selbst angesprochen. Diese werden nachstehend im einzelnen erörtert. Hierbei handelt es sich aber nicht um eine abschließende Aufzählung. Außerdem braucht in den Fällen der §§ 66 bis 68 AO das Vorliegen der allgemeinen Voraussetzungen des § 65 AO **nicht** mehr besonders geprüft zu werden; **dies gilt insbesondere für die Wettbewerbsklausel in § 65 Nr. 3 AO.**

Nach **§ 66 Abs. 1 AO** ist eine Einrichtung der Wohlfahrtspflege ein **Zweckbetrieb**, wenn sie in besonderem Maße den in § 53 AO genannten Personen dient. Wohlfahrtspflege ist die planmäßige, zum Wohle der Allgemeinheit und nicht des Erwerbs wegen ausgeübte Sorge für notleidende oder gefährdete Mitmenschen. Die Sorge kann sich auf das gesundheitliche, sittliche, erzieherische oder wirtschaftliche Wohl erstrecken und Vorbeugung oder Abhilfe bezwecken (vgl. § 66 Abs. 2 AO). Notleidend bzw. gefährdet sind Menschen, die eine oder beide der in § 53 Nrn. 1 und 2 AO genannten Voraussetzungen erfüllen. Es ist nicht erforderlich, daß die gesamte Tätigkeit auf die Förderung notleidender bzw. gefährdeter Menschen gerichtet ist. Es genügt nach § 66 Abs. 3 AO, wenn **zwei Drittel der Leistungen** einer Einrichtung notleidenden bzw. gefährdeten Menschen zugute kommen. Die Wohlfahrtspflege darf nicht des Erwerbs wegen ausgeübt werden; sie muß also wie alle steuerbegünstigten Zwecke selbstlos sein.

Bei Einrichtungen der Wohlfahrtspflege müssen die Leistungen i. S. des § 66 AO den notleidenden oder gefährdeten Mitmenschen **unmittelbar** zugute kommen. Nach dem BFH-Urteil vom 7. 11. 1996 (BStBl. II 1997 S. 366) sind Leistungen einer Einrichtung der Wohlfahrtspflege an andere steuerbegünstigte Körperschaften oder Behörden nicht nach § 4 Nr. 18 UStG steuerfrei, wenn sie nicht unmittelbar, sondern allenfalls mittelbar hilfsbedürftigen Personen i. S. der §§ 53, 66 AO zugute kommen.

Zu den Einrichtungen der Wohlfahrtspflege gehören insbesondere Alten-, Altenwohn- und Pflegeheime, Erholungsheime und Mahlzeitendienste **(vgl. § 68 Nr. 1 a AO)**, wenn mindestens zwei Drittel ihrer Leistungen den in § 53 AO genannten Personen zugute kommen. Hierzu gehören sowohl Personen, die wegen ihres körperlichen, geistigen oder seelischen Zustands auf die Hilfe anderer angewiesen sind, als auch Personen, die wegen ihrer wirtschaftlichen Lage hilfsbedürftig sind (vgl. im einzelnen S. 149 f.).

Soweit eine steuerbegünstigte Körperschaft Leistungen nach dem Pflege-Versicherungsgesetz im Rahmen der häuslichen Pflege erbringt, liegt in der Regel ein Zweckbetrieb nach § 66 AO vor. Dabei entspricht ein etwaiger Wettbewerbsvorteil von steuerbegünstigten Körperschaften der gesetzgeberischen Wertung.

Unter Alten-, Altenwohn- und Pflegeheimen sind nach § 1 des Heimgesetzes vom 7. 8. 1974 (BGBl. I S. 1873) Einrichtungen zu verstehen, die alte Menschen sowie pflegebedürftige oder behinderte Volljährige nicht nur vorübergehend aufnehmen und betreuen, soweit es sich nicht um Krankenhäuser, Tageseinrichtungen oder Einrichtungen der beruflichen Rehabilitation handelt. Pflegeheime sind also auch Anstalten für körperlich oder geistig behinderte Erwachsene.

Bei **Mensa- und Cafeteriabetrieben von Studentenwerken** kann nach dem BFH-Urteil vom 11. 5. 1988 (BStBl. II S. 908) eine **Einrichtung der Wohlfahrtspflege** vorliegen. Die Finanzverwaltung hat hierzu beschlossen, daß sich die Zweckbetriebseigenschaft der Mensa- und Cafeteriabetriebe nach **§ 66 AO** richtet. Dabei sind Studenten als wirtschaftlich hilfsbedürftig i. S. des § 53 Nr. 2 AO anzusehen. Auf sie entfallen in aller Regel zwei Drittel der Leistungen der Betriebe. Die Abgabe von Speisen und Getränken an Studenten und Nichtstudenten führt deshalb nach § 66 AO bei der Körperschaftsteuer und Gewerbesteuer zu einem steuerbegünstigten Zweckbetrieb. Für Verkäufe von Waren, die nicht der Grundversorgung der Studenten mit Speisen und Getränken dienen, wie z. B. der Verkauf von alkoholischen Getränken und von Tabak- und Schreibwaren, besteht eine Unschädlichkeitsgrenze von 5 v. H. des Jahresumsatzes, bis zu der die Zweckbetriebseigenschaft nicht verloren geht (vgl. auch DB 1995 S. 2398). Bei der Umsatzsteuer greift für die Abgabe an Studenten die Steuerfrei-

heit nach § 4 Nr. 18 UStG; die Abgabe an Nichtstudenten unterliegt dem ermäßigten Steuersatz nach § 12 Abs. 2 Nr. 8a UStG (vgl. auch BMF-Schreiben vom 8. 4. 1991, BStBl. I S. 485).
Die Feststellung, daß Studenten zu dem in § 53 Nr. 2 AO genannten Personenkreis gehören, kann aber nicht ohne weiteres auf sämtliche Jugendliche übertragen werden. Denn nach dem BFH-Urteil vom 11. 4. 1990 (BStBl. II S. 724) ist ein **Café (Teestube)** eines wegen Förderung der Jugendhilfe gemeinnützigen Vereins **kein Zweckbetrieb,** sondern ein steuerpflichtiger wirtschaftlicher Geschäftsbetrieb. Die Einnahmen hieraus müssen deshalb in die Besteuerungsgrenze von 60 000 DM des Vereins einbezogen werden. Vom BFH wird dabei insbesondere die Anwendung des § 66 AO verneint, weil der Verein nicht nachgewiesen hat, daß zwei Drittel der Leistungen des Café's den in § 53 AO genannten Personen zugute kommen.

4. Krankenhäuser (§ 67 AO)

Krankenhäuser sind Einrichtungen, in denen durch ärztliche Hilfeleistung Krankheiten, Leiden oder Körperschäden festgestellt, geheilt oder gelindert werden sollen oder Geburtshilfe geleistet wird und in denen die zu versorgenden Personen untergebracht und verpflegt werden können. Die ärztliche Hilfeleistung muß dabei gegenüber natürlichen Heilfaktoren (Klima, Höhenlage, Heilquellen usw.) im Vordergrund stehen. Erholungs- oder Kurheime, bei denen eine solche ärztliche Betreuung nicht stattfindet oder nicht erforderlich wäre, sind keine Krankenhäuser.
In § 67 AO ist geregelt, unter welchen Voraussetzungen ein Krankenhaus als steuerbegünstigter Zweckbetrieb zu behandeln ist. Die Anwendung der Vorschrift setzt also das Vorhandensein eines Krankenhauses voraus. Ob eine Einrichtung ein Krankenhaus ist, richtet sich nach § 2 Nr. 1 des Krankenhausfinanzierungsgesetzes und – aus steuerlicher Sicht – nach R 82 Abs. 1 und 2 EStR. Danach kann eine Einrichtung auch teilweise als Krankenhaus anzusehen sein. Dies ist der Fall, wenn ein Krankenhausteil räumlich oder nach seiner Versorgungsaufgabe als Einheit, z. B. als Abteilung oder besondere Einrichtung, von den anderen Bereichen der Einrichtung abgrenzbar ist (vgl. hierzu auch Verfügung der OFD Frankfurt vom 6. 7. 1998, DB 1998 S. 1493).
Nach der Bestimmung des § 67 Abs. 1 AO ist ein Krankenhaus, das in den Anwendungsbereich der Bundespflegesatzordnung fällt, ein Zweckbetrieb, wenn mindestens 40 v. H. der jährlichen Pflegetage auf Patienten entfallen, bei denen nur Entgelte für allgemeine Krankenhausleistungen (§§ 5, 6 und 21 der Bundespflegesatzverordnung) berechnet werden.
Nicht unter die Bundespflegesatzverordnung fallende Krankenhäuser sind nach § 67 Abs. 2 AO Zweckbetriebe, wenn mindestens 40 v. H. der jährlichen Pflegetage auf Patienten entfallen, bei denen für die Krankenhausleistungen kein entsprechend höheres Entgelt berechnet wird. Zur Auslegung des § 67 Abs. 2 AO und zur Anwendung dieser Vorschrift auf (reine) Belegkrankenhäuser, vgl. das BFH-Urteil vom 25. 11. 1993 (BStBl. II 1994 S. 212).

Krankenhausapotheken und -wäschereien, die auch entgeltliche Leistungen an andere Krankenhäuser erbringen, sind jedoch steuerpflichtige wirtschaftliche Geschäftsbetriebe; die Annahme eines steuerbegünstigten Zweckbetriebes i.S. der §§ 65 bis 67 AO ist nach Auffassung der Finanzverwaltung insoweit nicht möglich. Bei einer Krankenhauswäscherei kann jedoch als Selbstversorgungseinrichtung unter den Voraussetzungen des § 68 Nr. 2 AO ein Zweckbetrieb vorliegen. Eine Krankenhausapotheke ist hingegen ein Handelsbetrieb und kann deshalb auch **nicht** nach dieser Vorschrift steuerbegünstigt sein (vgl. S. 230 und BFH-Urteile vom 18. 10. 1990, BStBl. II 1991 S. 157 und S. 268 sowie BFH-Urteil vom 19. 7. 1995, BStBl. II 1996 S. 28).

5. Sportliche Veranstaltungen (§ 67a AO)

Die Vorschrift des § 67a AO hat folgenden Wortlaut:

„(1) Sportliche Veranstaltungen eines Sportvereins sind ein Zweckbetrieb, wenn die Einnahmen einschließlich Umsatzsteuer insgesamt 60000 DM im Jahr nicht übersteigen. Der Verkauf von Speisen und Getränken sowie die Werbung gehören nicht zu den sportlichen Veranstaltungen.

(2) Der Sportverein kann dem Finanzamt bis zur Unanfechtbarkeit des Körperschaftsteuerbescheids erklären, daß er auf die Anwendung des Absatzes 1 Satz 1 verzichtet. Die Erklärung bindet den Sportverein für mindestens fünf Veranlagungszeiträume.

(3) Wird auf die Anwendung des Absatzes 1 Satz 1 verzichtet, sind sportliche Veranstaltungen eines Sportvereins ein Zweckbetrieb, wenn

1. kein Sportler des Vereins teilnimmt, der für seine sportliche Betätigung oder für die Benutzung seiner Person, seines Namens, seines Bildes oder seiner sportlichen Betätigung zu Werbezwecken von dem Verein oder einem Dritten über eine Aufwandsentschädigung hinaus Vergütungen oder andere Vorteile erhält und
2. kein anderer Sportler teilnimmt, der für die Teilnahme an der Veranstaltung von dem Verein oder einem Dritten im Zusammenwirken mit dem Verein über eine Aufwandsentschädigung hinaus Vergütungen oder andere Vorteile erhält.

Andere sportliche Veranstaltungen sind ein steuerpflichtiger wirtschaftlicher Geschäftsbetrieb. Dieser schließt die Steuervergünstigung nicht aus, wenn die Vergütungen oder andere Vorteile ausschließlich aus wirtschaftlichen Geschäftsbetrieben, die nicht Zweckbetriebe sind, oder von Dritten geleistet werden."

a) Anwendungsbereich des § 67a AO

Der Anwendungsbereich des § 67a AO erstreckt sich subjektiv auf sämtliche gemeinnützigen Vereine, bei denen die **Förderung des Sports** zu den **Satzungszwecken** gehört. Dies gilt auch für Sportverbände. In objektiver Hinsicht fallen

Zweckbetriebe

unter die Vorschrift nur **solche Sportveranstaltungen, bei denen Einnahmen** oder andere wirtschaftliche Vorteile erzielt werden. Die Einnahmeerzielung ist ein begriffsnotwendiges Wesensmerkmal aller wirtschaftlichen Geschäftsbetriebe einschließlich des Sonderfalls des Zweckbetriebes. Derartige sportliche Veranstaltungen liegen insbesondere vor, wenn von Zuschauern Eintrittsgelder oder von Sportlern Startgelder und Teilnahmegebühren erhoben werden. Da sich § 67a AO nur mit wirtschaftlichen Geschäftsbetrieben und Zweckbetrieben befaßt, sind **Sportveranstaltungen ohne Entgelt** (z.B. im Jugendbereich) von vornherein dem **ideellen Tätigkeitsbereich** zuzuordnen.

Bei **Fußballbundesligavereinen**, die Fußballveranstaltungen unter Einsatz ihrer Lizenzspieler nach dem Lizenzspielerstatut des Deutschen Fußballbundes e.V. durchführen, ist ebenfalls die Vorschrift des § 67a AO anzuwenden. Danach sind entgeltliche sportliche Veranstaltungen bei Überschreiten der Zweckbetriebsgrenze von 60 000 DM zwar grundsätzlich als steuerpflichtiger wirtschaftlicher Geschäftsbetrieb anzusehen. Gleichwohl besteht aber auch für diese Vereine die Möglichkeit, das **Wahlrecht** des § 67a Abs. 2 und 3 AO auszuüben; in diesem Fall sind auch bei Fußballbundesligavereinen **sportliche Veranstaltungen mit unbezahlten Sportlern** (z.B. im Amateurbereich) ein steuerbegünstigter Zweckbetrieb.

b) **Zweckbetriebsgrenze nach § 67 a Abs. 1 AO**

Nach § 67a Abs. 1 AO sind sportliche Veranstaltungen eines Sportvereins als **Zweckbetrieb** zu behandeln, wenn die **Einnahmen (einschl. Umsatzsteuer) die Zweckbetriebsgrenze von insgesamt 60 000 DM im Jahr nicht übersteigen.** Neben der Ertragsteuerbefreiung hat dies bei der Umsatzsteuer den ermäßigten Steuersatz zur Folge. Diese Zweckbetriebsgrenze gilt unabhängig davon, ob an den Veranstaltungen bezahlte oder unbezahlte Sportler (vgl. S. 224) teilnehmen. Dabei ist die Herkunft der Mittel, mit denen die Sportler bezahlt werden, ohne Bedeutung. Durch die Vorschrift des § 58 Nr. 9 AO wird deshalb gleichzeitig klargestellt, daß die teilweise Förderung des bezahlten Sports für die Gemeinnützigkeit eines Sportvereins unschädlich ist.

Außerdem können Verluste aus einem Zweckbetrieb „sportliche Veranstaltungen" i.S. des § 67a Abs. 1 AO uneingeschränkt mit Mitteln des ideellen Bereichs (oder auch mit Mitteln aus anderen Zweckbetrieben, aus wirtschaftlichen Geschäftsbetrieben und aus der Vermögensverwaltung) **gemeinnützigkeitsunschädlich** abgedeckt werden. **Steuerlich** dürfen Verluste aus einem Zweckbetrieb „sportliche Veranstaltungen" aber **nicht** mit Gewinnen aus einem steuerpflichtigen wirtschaftlichen Geschäftsbetrieb (z.B. Vereinsfeste) verrechnet werden.

Wird hingegen diese **Zweckbetriebsgrenze von 60 000 DM** in einem Veranlagungszeitraum **überschritten**, so liegt in diesem Jahr für alle entgeltlichen sportlichen Veranstaltungen des Vereins ein **steuerpflichtiger wirtschaftlicher Geschäftsbetrieb** vor. Denn in diesem Fall ist gleichzeitig auch die Besteuerungsgrenze nach § 64 Abs. 3 AO überschritten.

Zur Wechselwirkung zwischen der Besteuerungs- und Zweckbetriebsgrenze, vgl. die Ausführungen auf S. 227.

Bei der Anwendung der Zweckbetriebsgrenze von 60 000 DM sind alle Einnahmen der Veranstaltungen zusammenzurechnen, die in dem maßgeblichen Jahr als sportliche Veranstaltungen anzusehen sind. Zu diesen Einnahmen gehören insbesondere Eintrittsgelder, Startgelder, Zahlungen für die Übertragung sportlicher Veranstaltungen im Rundfunk und Fernsehen, Lehrgangsgebühren und Ablösezahlungen.

Eintrittsgelder bei Jugendsportveranstaltungen werden als Einnahmen anerkannt, wenn sie **angemessen** sind. Bei Überschreiten der Zweckbetriebsgrenze können dadurch etwaige Verluste aus dem Jugendbereich steuerlich im wirtschaftlichen Geschäftsbetrieb „sportliche Veranstaltungen" mit Überschüssen aus anderen wirtschaftlichen Geschäftsbetrieben verrechnet werden. Eintrittsgelder im Jugendbereich sind u.E. angemessen, wenn die Eintrittspreise bei Jugendspielen die Hälfte der Eintrittspreise von Spielen der 1. Amateurmannschaft betragen.

Darüber hinaus gelten im Zusammenhang mit der Einführung der **Zweckbetriebsgrenze in § 67a Abs. 1 AO** bei sportlichen Veranstaltungen noch folgende Besonderheiten:

Begriff der sportlichen Veranstaltung
Nach früherer Verwaltungsauffassung wurden nur die von einem Sportverein **selbst** organisierten Veranstaltungen als sportliche Veranstaltungen i.S. des § 67 a AO angesehen. **Gast- oder Fremdauftritte** bei einer nichtsportlichen Veranstaltung einer anderen Person oder eines anderen Vereins wurden in der Vergangenheit als steuerpflichtiger wirtschaftlicher Geschäftsbetrieb behandelt.

Der BFH hat jedoch mit Urteil vom 4. 5. 1994 (BStBl. II 1994 S. 886) ausdrücklich entschieden, daß eine sportliche Veranstaltung i.S. des § 67a AO auch dann vorliegen kann, wenn ein Sportverein **im Rahmen einer anderen Veranstaltung eine sportliche Darbietung erbringt.** Die andere Veranstaltung braucht nicht notwendigerweise die sportliche Veranstaltung eines Sportvereins zu sein. Erbringt z.B. ein Tanzsportverein gegen Entgelt einen Schauauftritt bei einer Festveranstaltung, können die Erlöse hieraus als solche aus einer sportlichen Veranstaltung im Zweckbetrieb vereinnahmt werden. Bei Nichtüberschreiten der Zweckbetriebsgrenze von insgesamt 60 000 DM im Jahr, liegt ein steuerbegünstigter Zweckbetrieb i. S. des § 67a Abs. 1 AO vor. Vgl. auch BMF-Schreiben vom 10. 7. 1995 (DStR 1995 S. 1228).

Nach dem BFH-Urteil vom 25. 7. 1996 (BStBl. II 1997 S. 154) ist sportliche Veranstaltung die **organisatorische Maßnahme** eines Sportvereins, die es aktiven Sportlern (nicht nur Mitgliedern des Vereins) ermöglicht, Sport zu treiben. Eine bestimmte Organisationsform oder -struktur schreibt das Gesetz nicht vor. Anwesenheit von Publikum ist nicht vorausgesetzt. Auch ein Training kann sportliche Veranstaltung sein.

Die untere Grenze der sportlichen Veranstaltung ist erst unterschritten, wenn sich die organisatorische Maßnahme auf Sonderleistungen für einzelne

Personen beschränkt. Dies liegt vor, wenn die Maßnahme nur eine Nutzungsüberlassung von Sportgegenständen bzw. -anlagen oder bloß eine konkrete Dienstleistung, wie z. B. die Beförderung zum Ort der sportlichen Betätigung oder ein spezielles Training für einzelne Sportler, zum Gegenstand hat.

Zur steuerlichen Beurteilung der kurzfristigen Vermietung von Sportstätten an Mitglieder (Zweckbetrieb nach § 65 AO) und Nichtmitglieder (wirtschaftlichen Geschäftsbetrieb), vgl. AEAO zu § 67a I Tz. 11.

Sportreisen

Sportreisen sind als sportliche Veranstaltungen anzusehen, wenn die sportliche Betätigung wesentlicher und notwendiger Bestandteil der Reise ist (z. B. Reise zum Wettkampfort). **Touristikreisen,** bei denen die Erholung der Teilnehmer im Vordergrund steht, zählen dagegen nicht zu den sportlichen Veranstaltungen, selbst wenn anläßlich der Reise auch Sport getrieben wird (vgl. AEAO zu § 67a I Tz. 4). Sofern deshalb Touristikreisen der Vereinsmitglieder aus Mitteln des Vereins bezahlt werden, führt dies nach § 55 Abs. 1 Nr. 1 AO zu einem Verstoß gegen den Grundsatz der Selbstlosigkeit, der grundsätzlich auch gemeinnützigkeitsschädlich ist. Zur Unschädlichkeitsgrenze bei Zuwendungen bis höchstens 60 DM, vgl. S. 162.

Skiausfahrten von Skivereinen gegen Entgelt werden von der Finanzverwaltung sowohl bei der Teilnahme von Mitgliedern als auch von Nichtmitgliedern grundsätzlich als wirtschaftlicher Geschäftsbetrieb (Touristikreise) behandelt. Wird die Skiausfahrt vor Ort aber in erster Linie mit einem Skikurs oder einem Wettkampf (z. B. Vereinsmeisterschaft) verbunden, kann die Veranstaltung auch dem Zweckbetriebsbereich „sportliche Veranstaltungen" zugeordnet werden. Skiausfahrten mit Jugendlichen unter 18 Jahren gehören in jedem Fall zum steuerbegünstigten Zweckbetriebsbereich. Vgl. hierzu auch KSt-Kartei zu § 5 Abs. 1 Nr. 9 KStG Nr. 11.

Sportunterricht

Sportunterricht für Mitglieder und Nichtmitglieder von Sportvereinen ist als sportliche Veranstaltung zu beurteilen. Dabei ist die Konkurrenz zu gewerblichen Sportlehrern unschädlich. Außerdem kommt es hierbei auch nicht darauf an, ob der Unterricht durch Beiträge, Sonderbeiträge oder Sonderentgelte abgegolten wird (vgl. AEAO zu § 67a I Tz. 5). Im Falle der Anwendung der Zweckbetriebsgrenze von 60000 DM müssen deshalb die Einnahmen aus dem Sportunterricht in die Grenze einbezogen werden.

Unterhaltung einer Vereinsgaststätte

Nicht zu den sportlichen Veranstaltungen gehören die Unterhaltung von Vereinsgaststätten, Vereinsheimen oder Klubhäusern. Die Einnahmen hieraus werden deshalb auch nicht bei der Zweckbetriebsgrenze berücksichtigt. Hierbei handelt es sich vielmehr um einen wirtschaftlichen Geschäftsbetrieb, so daß die Einnahmen in die Besteuerungsgrenze von 60000 DM für wirtschaftliche Aktivitäten einbezogen werden müssen. Dies gilt auch dann, wenn diese Einrichtungen ihr Angebot nur an Mitglieder richten.

Verkauf von Speisen und Getränken sowie Werbung
Nach § 67a Abs. 1 Satz 2 AO gehören ebenfalls nicht zu den sportlichen Veranstaltungen die Einnahmen aus dem Verkauf von Speisen und Getränken sowie aus der Werbung; diese zählen zu einem wirtschaftlichen Geschäftsbetrieb und müssen ebenfalls in die Besteuerungsgrenze von 60 000 DM einbezogen werden. Dies gilt auch für den Verkauf von Speisen und Getränken an Wettkampfteilnehmer und sonstige Aktive.

Nach § 64 Abs. 2 AO ist es jedoch möglich, Überschüsse aus einem wirtschaftlichen Geschäftsbetrieb „Verkauf von Speisen und Getränken sowie Werbung" mit Verlusten aus einem anderen wirtschaftlichen Geschäftsbetrieb „sportliche Veranstaltungen" sowohl gemeinnützigkeitsunschädlich als auch steuerlich zu verrechnen (vgl. AEAO zu § 67a I Tz. 6).

Wird für den Besuch einer sportlichen Veranstaltung, die Zweckbetrieb ist, **mit Bewirtung** ein **einheitlicher Eintrittspreis** bezahlt, so ist dieser – ggf. im Wege der Schätzung – in einen Entgeltanteil für den Besuch der sportlichen Veranstaltung (Einbeziehung in Zweckbetriebsgrenze) und in einen Entgeltanteil für die Bewirtungsleistungen (Einbeziehung in die Besteuerungsgrenze für wirtschaftliche Geschäftsbetriebe) aufzuteilen.

Sportliche und gesellige Veranstaltung als „gemischte" Veranstaltung
Erfolgen z. B. bei einem **Sportlerball** sowohl sportliche Darbietungen (Zweckbetrieb „sportliche Veranstaltung") als auch Tanzunterhaltung (wirtschaftlicher Geschäftsbetrieb „gesellige Veranstaltung"), kommt es für die steuerliche Beurteilung dieser „gemischten" Veranstaltung darauf an, welche Betätigung dem Sportlerball unter Berücksichtigung der jeweiligen Zeitdauer das **Gepräge** gibt. Wird der Sportlerball zeitlich durch die Tanzveranstaltung geprägt, müssen die Eintrittsgelder insgesamt als wirtschaftlicher Geschäftsbetrieb in die Besteuerungsgrenze von 60 000 DM einbezogen werden; wird der Sportlerball hingegen durch die sportlichen Darbietungen geprägt, sind die Eintrittsgelder in die Zweckbetriebsgrenze nach § 67a Abs. 1 AO einzubeziehen. Die Bewirtung ist jedoch in jedem Fall als wirtschaftlicher Geschäftsbetrieb zu werten.

Wird ein Sportlerball hingegen von einem **Sport- und Musikverein** durchgeführt, bei dem auch die Förderung der Kultur zum Satzungszweck gehört, und sorgt dieser Verein **selbst** für die musikalische Umrahmung der Tanzveranstaltung (kulturelle Darbietung), gelten die Ausführungen zu den „gemischten Eigenveranstaltungen" bei Musik- oder Gesangvereine auf S. 233 entsprechend. D. h. insoweit würde insgesamt ein steuerbegünstigter Zweckbetrieb (kulturelle und sportliche Veranstaltung) vorliegen.

Berücksichtigung von Betriebsausgaben bei Werbung
Bei der Werbung eines Sportvereins anläßlich einer sportlichen Veranstaltung handelt es sich um einen wirtschaftlichen Geschäftsbetrieb, dessen Einnahmen

in die Besteuerungsgrenze von 60 000 DM einzubeziehen sind. Hierbei ist auch ein Teil der Veranstaltungskosten als Betriebsausgaben im wirtschaftlichen Geschäftsbetrieb abzugsfähig. Da sich aber die unmittelbar mit den sportlichen Veranstaltungen zusammenhängenden Kosten praktisch nicht ermitteln lassen, können nach Auffassung der Finanzverwaltung beim selbstbetriebenen Werbegeschäft 25 v. H. der Werbeeinnahmen (ohne Umsatzsteuer) **pauschal als Betriebsausgaben** im steuerpflichtigen wirtschaftlichen Geschäftsbetrieb „Werbung" berücksichtigt werden. Die Pauschale deckt auch die unmittelbar durch die Werbung selbst verursachten Kosten ab; diese dürfen deshalb nicht zusätzlich von den Werbeeinnahmen abgezogen werden. Außerdem dürfen die mit der Werbung zusammenhängenden Ausgaben auch nicht das Ergebnis anderer steuerpflichtiger wirtschaftlicher Geschäftsbetriebe mindern; diese Ausgaben müssen deshalb gesondert aufgezeichnet werden (vgl. AEAO zu § 67a I Tz. 8 und zu § 64 Tz. 4).

Die Frage, ob darüber hinaus auch die Kosten für den steuerbegünstigten sportlichen Bereich (z. B. Aufwendungen für Trainer, Fahrtkosten und Hallenmiete) anteilig als Betriebsausgaben im wirtschaftlichen Geschäftsbetrieb „Werbung" berücksichtigt werden können, hat der BFH mit Urteil vom 27. 3. 1991 (BStBl. II 1992 S. 103) verneint. Danach können nur die Aufwendungen in einem steuerpflichtigen wirtschaftlichen Geschäftsbetrieb berücksichtigt werden, die unmittelbar zu ihm gehören, nicht aber die Ausgaben des steuerbegünstigten Bereichs (einschl. Zweckbetrieb). Zur Zulässigkeit der 25 v.H.-Kostenpauschale hat der BFH lediglich ausgeführt, daß diese Schätzung keinesfalls zu niedrig sei; vom BFH wurde aber für die Berechnung der Steuerschuld ebenfalls diese Regelung zugrunde gelegt. Die Finanzverwaltung hält deshalb weiterhin an dieser praktikablen Regelung fest.

Diese Vereinfachungsregelung kann deshalb auch künftig zur Berücksichtigung der unmittelbar durch die Werbung selbst verursachten Kosten beibehalten werden.

Die Betriebsausgabenpauschale in Höhe von 25 v. H. der Werbeeinnahmen wird nach Auffassung der Finanzverwaltung im übrigen auch dann angewandt, wenn bei den sportlichen Veranstaltungen, bei denen geworben wird, **keine Einnahmen erzielt werden** und deshalb die sportliche Veranstaltung wegen fehlender Einnahmen auch keinen Zweckbetrieb oder wirtschaftlichen Geschäftsbetrieb darstellt.

Verpachtung der Werberechte (insbesondere verpachtete Bandenwerbung)
Die Steuerpflicht für den wirtschaftlichen Geschäftsbetrieb „Werbung" kann jedoch durch die Verpachtung der Werberechte vermieden werden. Verpachtet ein Sportverein das Recht zur Nutzung von Werbeflächen in vereinseigenen oder gemieteten Sportstätten (z. B. an der Bande) sowie von Lautsprecheranlagen an Dritte (z. B. an Werbeunternehmer), gehören die Pachteinnahmen **zur steuerfreien Vermögensverwaltung** und sind weder in die Zweckbetriebsgrenze noch in die Besteuerungsgrenze von jeweils 60 000 DM einzubeziehen. Voraussetzung für die Anerkennung des Pachtverhältnisses ist jedoch, daß dem

Pächter ein **angemessener Gewinn** verbleibt (vgl. AEAO zu § 67a I Tz. 9). Dies wird von der Finanzverwaltung bejaht, wenn dem Pächter mindestens 10 v. H. des Überschusses der Betriebseinnahmen über die Betriebsausgaben (ohne Pachtzahlungen) aus der Werbetätigkeit verbleiben (vgl. hierzu auch S. 200). Nach dem BFH-Urteil vom 13. 3. 1991 (BStBl. II 1992 S. 101) unterhält jedoch ein gemeinnütziger Verein mit der entgeltlichen Gestattung von Bandenwerbung in seinen Sportstätten einen steuerschädlichen wirtschaftlichen Geschäftsbetrieb. In dem entschiedenen Fall wurden die Werberechte zwar nicht als Ganzes an einen Werbeunternehmer verpachtet. Die Begründung des BFH für die Ablehnung einer Vermögensverwaltung – enger Zusammenhang der Werbemaßnahmen mit den sportlichen Veranstaltungen – könnte aber auch auf den Fall der Verpachtung übertragen werden. Dies folgt aus dem **BFH-Urteil vom 2. 7. 1997** (I R 67/96), wonach die verpachtete Bandenwerbung wegen des engen Zusammenhangs mit den Sportveranstaltungen der Trikotwerbung gleichgestellt und deshalb ebenfalls als steuerpflichtiger wirtschaftlicher Geschäftsbetrieb behandelt werden muß. Nichtsdestoweniger kann nach Auffassung der Finanzverwaltung die Verpachtung von Werberechten an unabhängige Werbeunternehmer, d. h. insbesondere auch die verpachtete Bandenwerbung weiterhin als steuerfreie Vermögensverwaltung angesehen werden.

Soweit teilweise hierzu die Auffassung vertreten wird, eine steuerfreie Vermögensverwaltung sei nur anzunehmen, wenn die Werberechte als Ganzes an **einen** Werbeunternehmer verpachtet werden, halten wir dies nicht für zutreffend. Dies steht auch nicht mit dem Wortlaut des AO-Anwendungserlasses (zu § 67a I Tz. 9) – entgeltliche Übertragung ... an **Werbeunternehmer** – im Einklang. D.h. auch die z.B. abteilungsbezogene Verpachtung der Werberechte an **verschiedene Werbeunternehmer** oder z. B. die Verpachtung der Bandenwerbung an die Gemeinde einerseits und die Verpachtung des Inseratengeschäftes in der Vereinszeitschrift an eine Werbeagentur andererseits stellen eine vermögensverwaltende Tätigkeit dar. Voraussetzung hierfür ist lediglich, daß der Verein an der Durchführung der Werbegeschäfte **nicht aktiv mitwirkt** (also auch keine Personalunion zwischen Vereinsvorstand und Geschäftsführung beim Pächter besteht) und dem Pächter (Werbeunternehmer) ein **angemessener Gewinn** (mindestens 10 v. H. des Überschusses der Betriebseinnahmen über die Betriebsausgaben ohne Pachtzahlungen) aus der Werbetätigkeit verbleibt.

Trikotwerbung
Die entgeltliche Übertragung des Rechts zur Nutzung von Werbeflächen auf der Sportkleidung **(verpachtete Trikotwerbung)** und auf Sportgeräten ist hingegen – wie die **selbstbetriebene Trikotwerbung** – als wirtschaftlicher Geschäftsbetrieb zu behandeln; die Einnahmen hieraus müssen deshalb in die Besteuerungsgrenze von 60000 DM für wirtschaftliche Geschäftsbetriebe einbezogen werden (vgl. AEAO zu § 67a I Tz. 9).

Zu den Einnahmen im steuerpflichtigen wirtschaftlichen Geschäftsbetrieb „Trikotwerbung" gehört im übrigen auch die **Entgegennahme von Trikots mit Werbeaufdruck** durch einen Sportverein von einem Unternehmer. Allerdings kann u.E. bei der Höhe des Wertansatzes im wirtschaftlichen Geschäftsbetrieb zugunsten des Vereins berücksichtigt werden, daß durch den Werbeaufdruck die Trikots eine Wertminderung erfahren.

Vermietung von Sportanlagen an Mitglieder und Nichtmitglieder
Die Vermietung von Sportstätten einschließlich der Betriebsvorrichtungen für sportliche Zwecke (z. B. Tennisplätze) auf **längere Dauer** (mindestens 6 Monate) gehört zum steuerfreien Bereich der Vermögensverwaltung.

Eine Vermietung auf **kurze Dauer** (z. B. stundenweise Vermietung, auch wenn dies für einen längeren Zeitraum im voraus festgelegt wird) an **Mitglieder des Vereins** ist nach Auffassung der Finanzverwaltung im AEAO zu § 67a I Tz. 11 als **Zweckbetrieb i.S.** des § 65 AO anzusehen; die Einnahmen hieraus werden deshalb weder in die Zweckbetriebsgrenze für sportliche Veranstaltungen noch in die Besteuerungsgrenze für wirtschaftliche Geschäftsbetriebe von jeweils 60 000 DM einbezogen. Die **kurzfristige** Vermietung an **Nichtmitglieder** wird hingegen als **wirtschaftlicher Geschäftsbetrieb** behandelt. Dies hat zur Folge, daß die Einnahmen hieraus bei der Besteuerungsgrenze von 60 000 DM berücksichtigt werden müssen. Vgl. auch BFH-Urteil vom 9. 4. 1987 (BStBl. II 1987 S. 659).

Dies gilt z. B. auch für das sog. Greenfee (Vermietung der Golfanlage an Nichtmitglieder) eines Golfclubs. Bei einem Ballonsportverein werden z. B. entgeltliche Ballonfahrten mit Nichtmitgliedern steuerlich ebenfalls wie eine kurzfristige Vermietung von Sportgeräten gewertet und stellen deshalb einen steuerpflichtigen wirtschaftlichen Geschäftsbetrieb dar.

Zwar hat der BFH in seinen Urteilen vom 2. 3. 1990 (BStBl. II 1990 S. 750 und S. 1012) sowie vom 10. 1. 1992 (BStBl. II 1992 S. 684) zur Investitionszulage entschieden, daß auch die stundenweise Vermietung an Mitglieder als steuerpflichtiger wirtschaftlicher Geschäftsbetrieb anzusehen sei, wenn die stundenweise Vermietung einer Tennishalle an Mitglieder und Nichtmitglieder zu gleichen Bedingungen erfolgt. Nur ausnahmsweise, wenn die Vermietung an Nichtmitglieder von ganz untergeordneter Bedeutung ist, kommt danach statt der Annahme eines einheitlichen wirtschaftlichen Geschäftsbetriebs ein einheitlicher Zweckbetrieb in Betracht. Nur wenn die Tennisanlage zu unterschiedlichen Bedingungen an Mitglieder und Nichtmitglieder überlassen wird, erfolgt auch nach Auffassung des BFH eine Aufteilung in Zweckbetrieb (bei Überlassung an Mitglieder) und steuerpflichtigen wirtschaftlichen Geschäftsbetrieb (bei Überlassung an Nichtmitglieder).

Die Finanzverwaltung hält aber dessen ungeachtet weiterhin an den o.g. Unterscheidungen fest (vgl. AEAO zu § 67 a I Tz. 11). Allerdings wendet die Finanzverwaltung diese Rechtsprechung im Einzelfall offenbar dann an, wenn ein Sportverein sich zu seinen Gunsten hierauf beruft.

Bei der Vermietung von Sportanlagen an Mitglieder und Nichtmitglieder stellt sich auch die Frage der **steuerlichen Anerkennung sog. Kurzzeitmitgliedschaften**, z. B. bei Sportvereinen mit einem Fitness-Studio, wenn die Abonnenten für das Fitness-Studio Kurzzeitmitglieder des Vereins werden sollen (z.B.

für 3 Monate), um die kurzfristige Vermietung der Sportstätte und der Betriebsvorrichtungen als kurzfristige Vermietung an Vereinsmitglieder dem steuerbegünstigten Zweckbetrieb i.S. des § 65 AO zuordnen zu können.

Der Erwerb einer Kurzzeitmitgliedschaft für die Abonnenten des Fitness-Studios wird von der Finanzverwaltung steuerlich nur dann anerkannt, wenn eine Kurzzeitmitgliedschaft in sämtlichen Abteilungen des Sportvereins möglich ist, hierfür ebenfalls entsprechende Mitgliedsbeiträge sowie Aufnahmegebühren (wie bei den übrigen Vereinsmitgliedern) erhoben werden und die Kurzzeitmitglieder auch mit allen für ordentliche Mitglieder geltenden satzungsmäßigen Rechten ausgestattet werden. Außerdem muß dies durch eine Satzungsänderung in der Vereinssatzung ausdrücklich geregelt und die Satzungsänderung durch das zuständige Registergericht ins Vereinsregister eingetragen werden.

Sofern jedoch die Kurzzeitmitgliedschaft z.B. auf eine Woche oder einen Monat beschränkt wird und sich die tatsächliche Nutzung des Fitness-Studios **planmäßig** mit der Kurzzeitmitgliedschaft deckt, wird die entgeltliche Überlassung regelmäßig als steuerpflichtiger wirtschaftlicher Geschäftsbetrieb zu beurteilen sein. Denn in diesem Fall kann die Überlassung zumindest steuerlich nicht als Ausfluß des Mitgliedschaftsverhältnisses angesehen werden.

Ablösezahlungen

Bei der Anwendung der Zweckbetriebsgrenze von 60 000 DM nach § 67 a Abs. 1 AO gehören **erhaltene Ablösezahlungen** zu den Einnahmen aus sportlichen Veranstaltungen. Wird danach die Zweckbetriebsgrenze von 60 000 DM im Jahr nicht überschritten, sind die sportlichen Veranstaltungen ein steuerbegünstigter Zweckbetrieb; übersteigen die Einnahmen aus sportlichen Veranstaltungen (einschließlich erhaltener Ablösezahlungen) jedoch die Zweckbetriebsgrenze, liegt ein steuerpflichtiger wirtschaftlicher Geschäftsbetrieb vor.

Die **Zahlung von Ablösesummen** für die Übernahme eines Spielers an einen anderen (abgebenden) Verein ist aber in einem Zweckbetrieb – und natürlich erst recht in einem steuerpflichtigen wirtschaftlichen Geschäftsbetrieb – i.S. des § 67 a Abs. 1 AO uneingeschränkt zulässig; der Höchstbetrag von 5 000 DM, der im Falle des § 67 a Abs. 3 AO bei unbezahlten Sportlern zur Anwendung kommt (vgl. Seite 226), gilt hier also nicht (vgl. AEAO zu § 67 a Abs. 1 Tz. 1 und 3).

Fraglich ist, ob Ablösezahlungen (**sog. Transferentschädigungen**) als sofort abzugsfähige Betriebsausgaben berücksichtigt werden können oder ob sie Anschaffungskosten für ein entgeltlich erworbenes, abschreibungsfähiges immaterielles Wirtschaftsgut darstellen. Die Frage ist insbesondere für Fußballbundesliga-Vereine von Bedeutung. Nach Auffassung der Finanzverwaltung müssen bei Fußballbundesliga-Vereinen die Ablösezahlungen als **Anschaffungskosten** für ein (abschreibungsfähiges) immaterielles Wirtschaftsgut aktiviert werden (vgl. DB 1974 S. 2085). Dementgegen hat das FG Düsseldorf mit Urteil vom 28. 11. 1990 (EFG 1991 S. 521) entschieden, daß es sich bei den Transferentschädigungen eines Bundesligavereins an einen anderen Verein um sofort abzugsfähige Betriebsausgaben handele. Vom BFH wurde aber mit Urteil vom 26. 8. 1992 (BStBl. II 1992 S.977) bestätigt, daß Transferentschädigungen, die nach den Vorschriften des Lizenzspielerstatuts des Deutschen Fußballbundes bei dem Wechsel eines Spielers von einem Verein der Fußball-Bundesliga zu einem anderen Verein gezahlt werden, Anschaffungskosten der Spielerlaubnis sind. Die Spielerlaubnis ist als immaterieller Vermögensgegenstand ein abnutzbares Wirtschaftsgut und auf die Dauer des Arbeitsvertrags abzuschreiben.

Spielgemeinschaften von Sportvereinen
Nach dem AEAO zu § 67a Abs. 1 Tz. 4 ist bei Spielgemeinschaften von Sportvereinen – unabhängig von der Qualifizierung der Einkünfte im Feststellungsbescheid für die Gemeinschaft – bei der Körperschaftsteuerveranlagung der beteiligten Sportvereine zu entscheiden, ob ein Zweckbetrieb oder ein steuerpflichtiger wirtschaftlicher Geschäftsbetrieb gegeben ist. Dabei ist für die Beurteilung der Frage, ob die Zweckbetriebsgrenze des § 67a Abs. 1 Satz 1 AO überschritten wird, **die Höhe der anteiligen Einnahmen (nicht des anteiligen Gewinns)** maßgeblich.

Mit ihren Einkünften aus Gewerbebetrieb unterliegt die nicht gemeinnützige BGB-Gesellschaft dem Grunde nach aber selbst der **Gewerbesteuer**. Bei der **Umsatzsteuer** kann die BGB-Gesellschaft für die Einnahmen aus den sportlichen Veranstaltungen unter den Voraussetzungen des § 12 Abs. 2 Nr. 8b UStG (vgl. Seite 389) den ermäßigten Steuersatz in Anspruch nehmen.

Schlußbesteuerung
Werden sportliche Veranstaltungen, die im vorangegangenen Veranlagungszeitraum Zweckbetrieb waren, zu einem steuerpflichtigen wirtschaftlichen Geschäftsbetrieb oder umgekehrt, ist grundsätzlich § 13 Abs. 5 KStG anzuwenden (AEAO zu § 67a I Tz. 13). Dies bedeutet, daß im Falle des Übergangs vom steuerpflichtigen wirtschaftlichen Geschäftsbetrieb zum steuerbegünstigten Zweckbetrieb (z.B. wegen Unterschreitens der Zweckbetriebsgrenze) insoweit eine Schlußbesteuerung unter Aufdeckung der während der Steuerpflicht entstandenen stillen Reserven durchzuführen ist. Da sich aber gerade bei Anwendung der Zweckbetriebsgrenze nach § 67a Abs. 1 AO oftmals ein Wechsel zwischen einem steuerbegünstigten Zweckbetrieb und steuerpflichtigen wirtschaftlichen Geschäftsbetrieb ergeben kann, sollte insoweit dieser unpraktikablen Lösung u.E. keine große praktische Bedeutung beigemessen werden. Hierfür spricht auch die Aussage im AEAO, wonach in diesen Fällen die Vorschrift des § 13 Abs. 5 KStG nur „grundsätzlich" anzuwenden ist.

c) **Verzicht auf die Anwendung der Zweckbetriebsgrenze (§ 67a Abs. 2 und 3 AO)**
Nach § 67a Abs. 2 AO kann ein Sportverein dem Finanzamt bis zur Unanfechtbarkeit des Körperschaftsteuerbescheids **erklären, daß er auf die Anwendung der Zweckbetriebsgrenze verzichtet.** Die Erklärung bindet für mindestens fünf Veranlagungszeiträume.

Ein Verzicht auf die Anwendung der Zweckbetriebsgrenze nach § 67a Abs. 1 AO ist im übrigen auch dann möglich, wenn die Einnahmen aus sportlichen Veranstaltungen die Zweckbetriebsgrenze von 60000 DM **nicht übersteigt-**

gen. Sofern an diesen sportlichen Veranstaltungen keine bezahlten Sportler teilnehmen, würde sich im Ergebnis jedoch keine Auswirkung ergeben, da solche Veranstaltungen auch bei Anwendung des § 67a Abs. 3 AO als steuerbegünstigter Zweckbetrieb angesehen werden; ein andere steuerliche Beurteilung würde insoweit also nur bei sportlichen Veranstaltungen mit bezahlten Sportlern (wirtschaftlicher Geschäftsbetrieb) greifen.

Verzichtet ein Sportverein auf die Anwendung der Zweckbetriebsgrenze, sind sportliche Veranstaltungen nach **§ 67a Abs. 3 AO ein steuerbegünstigter Zweckbetrieb**, wenn an ihnen **kein bezahlter Sportler** teilnimmt. Dabei kommt es für die steuerliche Beurteilung als Zweckbetrieb weder auf die Höhe der Einnahmen, noch auf die Höhe der Überschüsse aus den sportlichen Veranstaltungen an.

Sportliche Veranstaltungen, an denen hingegen **ein oder mehrere Sportler** teilnehmen, die nach § 67a Abs. 3 AO als **bezahlte Sportler** anzusehen sind, sind **steuerpflichtige wirtschaftliche Geschäftsbetriebe**; die Einnahmen hieraus müssen deshalb in die Besteuerungsgrenze von 60 000 DM einbezogen werden. Dabei kommt es nicht darauf an, ob ein Sportler die Merkmale des bezahlten Sportlers erst nach Beendigung der sportlichen Veranstaltung erfüllt (vgl. AEAO zu § 67a Abs. 3 Tz. 4). Ein Vereinssportler ist für die Beurteilung der Zweckbetriebseigenschaft nicht als bezahlter Spieler anzusehen, wenn er Zahlungen bis zu 700 DM im Monat erhält. Vgl. AEAO zu § 67a Abs. 3 Tz. 8.

Schematische Darstellung

a) **Bruttoeinnahmen aus sportlichen Veranstaltungen nicht mehr als 60 000 DM**
Einsatz **unbezahlter** Sportler
- Kein Verzicht (keine Option):
 Behandlung als Zweckbetrieb i.S. des § 67a Abs. 1 AO
- Verzicht (Option):
 Behandlung als Zweckbetrieb i.S. des § 67a Abs. 3 AO

Einsatz **bezahlter** Sportler
- Kein Verzicht (keine Option):
 Behandlung als Zweckbetrieb i.S. des § 67a Abs. 1 AO
- Verzicht (Option):
 Behandlung als wirtschaftlicher Geschäftsbetrieb i.S. des § 67a Abs. 3 AO
 (Einbeziehung der Einnahmen in die Besteuerungsgrenze von 60 000 DM)

b) **Bruttoeinnahmen aus sportlichen Veranstaltungen mehr als 60 000 DM**
Einsatz **unbezahlter** Sportler
- Kein Verzicht (keine Option):
 Behandlung als steuerpflichtiger wirtschaftlicher Geschäftsbetrieb i.S. des § 67a Abs. 1 AO, da gleichzeitig die Besteuerungsgrenze überschritten ist

- Verzicht (Option):
  Behandlung als Zweckbetrieb i. S. des § 67a Abs. 3 AO

Einsatz **bezahlter** Sportler
- Kein Verzicht (keine Option):
  Behandlung als steuerpflichtiger wirtschaftlicher Geschäftsbetrieb i. S. des § 67a Abs. 1 AO, da gleichzeitig Besteuerungsgrenze überschritten ist
- Verzicht (Option):
  Behandlung als steuerpflichtiger wirtschaftlicher Geschäftsbetrieb i. S. des § 67a Abs. 3 AO, da gleichzeitig Besteuerungsgrenze überschritten ist.

Bei Anwendung des § 67a Abs. 3 AO sind außerdem folgende Besonderheiten zu beachten:

Begriff der sportlichen Veranstaltung
Unter Veranstaltungen i. S. des § 67a Abs. 3 AO sind bei allen Sportarten grundsätzlich **die einzelnen Wettbewerbe** zu verstehen, die in engem zeitlichen und örtlichen Zusammenhang durchgeführt werden. Bei einer Mannschaftssportart ist also nicht die gesamte Meisterschaftsrunde, sondern jedes einzelne Meisterschaftsspiel die zu beurteilende sportliche Veranstaltung. Ob bei einem Turnier das gesamte Turnier oder jedes einzelne Spiel als sportliche Veranstaltung anzusehen ist, hängt im wesentlichen davon ab, ob für jedes Spiel gesondert Eintritt erhoben wird und ob die Einnahmen und Ausgaben für jedes Spiel gesondert ermittelt werden (vgl. AEAO zu § 67a Abs. 3 Tz. 2).

Sportliche Veranstaltung ist nach dem BFH-Urteil vom 25. 7. 1996 (BStBl. II 1997 S. 154) die organisatorische Maßnahme eines Sportvereins, die es Sportlern ermöglicht, Sport zu treiben.

Nach dem BFH-Urteil vom 4. 5. 1994 (BStBl. II 1994 S. 886) kann eine sportliche Veranstaltung i. S. des § 67a AO auch dann vorliegen, wenn ein Sportverein **im Rahmen einer Fremdveranstaltung eine sportliche Darbietung erbringt**. Die andere Veranstaltung braucht nicht notwendigerweise die sportliche Veranstaltung eines Sportvereins zu sein. Ein Zweckbetrieb i. S. des § 67a Abs. 3 AO liegt danach vor, wenn bei der sportlichen Darbietung (z. B. Schauauftritt eines Tanzsportvereins bei einer Festveranstaltung gegen Entgelt) kein bezahlter Sportler teilnimmt.

Zu beachten ist, daß sportliche Veranstaltungen eines Sportvereins keinen wirtschaftlichen Geschäftsbetrieb i. S. des § 14 AO darstellen, wenn durch den Spielbetrieb **keine Einnahmen erzielt werden** und somit die Voraussetzungen für die Anwendung des § 67a AO nicht erfüllt sind. Z. B. ein Sportverein beschäftigt bezahlte Spieler, erhebt jedoch von den Zuschauern bei den sportlichen Veranstaltungen keine Eintrittsgelder, weil die Finanzierung der Sportler durch Werbeeinnahmen (Bandenwerbung) erfolgt. In diesem Fall fehlt die Grundvoraussetzung der Einnahmeerzielung für die Annahme eines wirtschaftlichen Geschäftsbetriebs nach § 67a Abs. 3 AO; die im Rahmen dieser sportlichen Veranstaltungen entstandenen Aufwendungen können also nicht steuermindernd mit dem Überschuß aus dem wirtschaftlichen Geschäftsbetrieb „Werbung" verrechnet werden. Als Betriebsausgaben des wirtschaftlichen Geschäftsbetriebs „Werbung" können vielmehr nur pauschal 25 v. H. der Werbeeinnahmen abgezogen werden. Vgl. hierzu auch Urteil Hessisches FG vom 23. 8. 1995 (EFG 1996 S. 250).

Sportunterricht

Sportkurse und Sportlehrgänge für Mitglieder und Nichtmitglieder von Sportvereinen (Sportunterricht) sind bei Anwendung des § 67 a Abs. 3 AO als **Zweckbetrieb** zu behandeln, wenn kein Sportler als Auszubildender teilnimmt, der wegen seiner Betätigung in dieser Sportart als bezahlter Sportler i. s. des § 67 a Abs. 3 AO anzusehen ist. Die Bezahlung von Ausbildern berührt die Zweckbetriebseigenschaft hingegen nicht.

Abgrenzung unbezahlter und bezahlter Sportler

Bei der Prüfung der Frage, ob eine sportliche Veranstaltung i. S. des § 67 a Abs. 3 AO als steuerbegünstigter Zweckbetrieb (ohne Teilnahme bezahlter Sportler) oder als steuerpflichtiger wirtschaftlicher Geschäftsbetrieb (unter Teilnahme eines oder mehrerer bezahlter Sportler) zu behandeln ist, muß zwischen Zahlungen an Sportler des Vereins und Vergütungen an vereinsfremde Sportler unterschieden werden.

Ein **Vereinssportler** ist nach § 67 a Abs. 3 Satz 1 Nr. 1 AO für die Beurteilung der Zweckbetriebseigenschaft der sportlichen Veranstaltungen **nicht als bezahlter Sportler** anzusehen, wenn er für seine gesamte sportliche Betätigung (im Verein oder anderweitig) oder als Werbeträger – vom Verein oder einem Dritten – Zahlungen **bis 700 DM je Monat** im Jahresdurchschnitt erhält. Dies wird als pauschale Aufwandsentschädigung in Höhe von jährlich 8400 DM bezeichnet. Dasselbe gilt für die Erstattung höherer Aufwendungen, sofern die gesamten Aufwendungen im einzelnen nachgewiesen werden.

Die Aufwandsentschädigung hat jedoch keine Bedeutung für die Besteuerung des Sportlers; in jedem Einzelfall ist nach den lohnsteuerlichen Kriterien zu prüfen, ob die Vergütungen aufgrund der Arbeitnehmereigenschaft des Sportlers als Arbeitslohn der Lohnsteuer unterliegen (vgl. AEAO zu § 67 a Abs. 3 Tz. 8). Zur Lohnsteuerpflicht von Vergütungen an Amateurspieler aufgrund der Annahme von Arbeitslohn, vgl. das BFH-Urteil vom 23. 10. 1992 (BStBl. II 1993 S. 303) und die Ausführungen auf Seite 406.

Zu den Vergütungen des Vereinssportlers gehören auch Start- und Preisgelder sowie andere Vorteile. Als Sportler des Vereins sind hierbei nicht nur Mitglieder, sondern alle Sportler anzusehen, die für den Verein auftreten, z.B. in einer Mannschaft des Vereins mitwirken. Bei einem Vereinssportler, der gleichzeitig Trainer ist (**Spielertrainer**), ist zu unterscheiden, ob er für seine Trainertätigkeit oder für seine sportliche Betätigung Vergütungen erhält. Dabei ist die auf die Trainertätigkeit entfallende Bezahlung unschädlich für die Zweckbetriebseigenschaft der sportlichen Veranstaltungen, an denen der Spielertrainer teilnimmt; für seine Tätigkeit als Spieler darf er hingegen nicht mehr als einen zulässigen Aufwandsersatz erhalten.

Ein **anderer Sportler (vereinsfremder Sportler)** ist nach § 67a Abs. 3 Satz 1 Nr. 2 AO ebenfalls **kein bezahlter Sportler**, wenn ihm für die Teilnahme an der sportlichen Veranstaltung – vom Verein oder einem Dritten im Zusammenwirken mit dem Verein – lediglich sein **tatsächlicher Aufwand** erstattet wird. Die Regelung über die Unschädlichkeit der Zahlung pauschaler Aufwandsentschädigungen bis zu 700 DM je Monat gilt hier aber nicht. Auch bei einem vereinsfremden Sportler gehören zu den Vergütungen Start- und Preisgelder sowie andere Vorteile. Im Ergebnis bedeutet dies, daß bei einem anderen Sportler jede Zahlung, die über eine Erstattung des tatsächlichen Aufwands hinausgeht, zum Verlust der Zweckbetriebseigenschaft derjenigen sportlichen Veranstaltungen führt, an denen dieser Sportler teilgenommen hat (AEAO zu § 67a Abs. 3 Tz. 9).

Die Tatsache, daß ein vereinsfremder Sportler ansonsten als bezahlter Sportler gilt, ist hierbei im übrigen unerheblich. Entscheidend ist nur, daß der vereinsfremde Sportler vom veranstaltenden Verein oder von einem Dritten (z. B. Sponsor) **im (konkreten) Zusammenwirken mit dem Verein** für seine Teilnahme an der jeweiligen sportlichen Veranstaltung nicht mehr als eine Aufwandsentschädigung erhält. Im Gegensatz zu einem Vereinssportler wird bei einem anderen Sportler also nicht gefordert, daß er für seine gesamte sportliche Betätigung nur eine Aufwandsentschädigung erhält. Demnach ist es nicht dem veranstaltenden Verein zuzurechnen, wenn bei einem Freundschafts-, Pokal- oder Meisterschaftsspiel die Spieler des gegnerischen Vereins ohne Mitwirkung des ausrichtenden Vereins schädliche Vergütungen erhalten.

Abgrenzung der Kosten zwischen steuerbegünstigten und steuerpflichtigen sportlichen Veranstaltungen
Sofern im Laufe eines Kalenderjahrs ein Sportler (Vereinssportler oder anderer Sportler) als bezahlter Sportler anzusehen ist, hat dies bei Ausübung des Wahlrechts nach § 67a Abs. 2 und 3 AO zur Folge, daß in dem betreffenden Jahr alle sportlichen Veranstaltungen des Sportvereins, an denen dieser Sportler teilgenommen hat, ein **wirtschaftlicher Geschäftsbetrieb** sind. Die Einnahmen hieraus müssen deshalb in die Besteuerungsgrenze für wirtschaftliche Aktivitäten in Höhe von 60 000 DM einbezogen werden (vgl. AEAO zu § 67a Abs. 3 Tz. 4).

Dieser wirtschaftliche Geschäftsbetrieb schließt die Steuervergünstigung, d. h. die Anerkennung der Gemeinnützigkeit nach § 67a Abs. 3 Satz 3 AO dann nicht aus, wenn die **Vergütungen oder andere Vorteile** ausschließlich aus wirtschaftlichen Geschäftsbetrieben, die nicht Zweckbetriebe sind, oder von Dritten geleistet werden. Eine Aufteilung der Vergütungen ist nicht zulässig. Es ist deshalb z. B. steuerlich auch nicht zulässig, Vergütungen an bezahlte Sportler bis zu 700 DM im Monat als Ausgaben des steuerbegünstigten Bereichs und nur die 700 DM übersteigenden Vergütungen als Ausgaben des steuerpflichtigen wirtschaftlichen Geschäftsbetriebs „sportliche Veranstaltungen" zu behandeln.

Aber auch die anderen Kosten müssen aus dem steuerpflichtigen wirtschaftlichen Geschäftsbetrieb „sportliche Veranstaltungen", anderen steuerpflichtigen wirtschaftlichen Geschäftsbetrieben oder von Dritten geleistet werden. Denn Mittel des ideellen Bereichs, Erträge aus Vermögensverwaltung und Überschüsse aus Zweckbetrieben dürfen auch nicht zum Ausgleich von Verlusten aus einem wirtschaftlichen Geschäftsbetrieb „sportliche Veranstaltungen" verwendet werden.

Die Vorschrift des § 67a AO erfordert deshalb eine **sachgerechte Abgrenzung** der Einnahmen und Ausgaben zwischen steuerbegünstigten und steuerpflichtigen sportlichen Veranstaltungen. Dies kann insbesondere bei der Kostenzuordnung zu Schwierigkeiten führen. Die Finanzverwaltung hat hierzu folgende Regelungen getroffen:

Nehmen z. B. an einer steuerpflichtigen sportlichen Veranstaltung mit bezahlten Sportlern auch unbezahlte Sportler teil, ist ein **Aufwandsersatz an die unbezahlten Sportler** dem wirtschaftlichen Geschäftsbetrieb „sportliche Veranstaltungen" zuzurechnen. Aus Vereinfachungsgründen wird es aber nicht beanstandet, wenn die Aufwandspauschale an unbezahlte Sportler nicht als Betriebsausgabe des wirtschaftlichen Geschäftsbetriebs behandelt, sondern aus Mitteln des ideellen Bereichs abgedeckt wird (vgl. AEAO zu § 67a Abs. 3 Tz. 5).

Trainings- und Trainerkosten, die sowohl unbezahlte als auch bezahlte Sportler betreffen, sind – ggf. durch Schätzung z. B. unter Berücksichtigung des jeweiligen Zeitaufwands oder der Zahl der trainierten Sportler – auf den wirtschaftlichen Geschäftsbetrieb „sportliche Veranstaltungen" und auf den steuerbegünstigten Vereinsbereich (ideeller Bereich und Zweckbetrieb „sportliche Veranstaltungen") aufzuteilen. Werden bezahlte und unbezahlte Sportler einer Mannschaft gleichzeitig für eine Veranstaltung trainiert, die ein wirtschaftlicher Geschäftsbetrieb ist, sind die gesamten Trainingskosten hierfür Ausgaben des wirtschaftlichen Geschäftsbetriebes. Aus Vereinfachungsgründen können die Trainingskosten für die unbezahlten Sportler aber auch aus Mitteln des ideellen Bereichs ausgeglichen werden (vgl. AEAO zu § 67a Abs. 3 Tz. 6). Unbezahlte Sportler werden im übrigen wegen der Teilnahme an Veranstaltungen mit bezahlten Sportlern nicht selbst zu bezahlten Sportlern.

Ablösezahlungen

Ablösezahlungen, die einem gemeinnützigen Sportverein für die Freigabe von Sportlern **zufließen**, zählen bei Anwendung des § 67a Abs. 3 AO zu den **Einnahmen aus dem steuerpflichtigen wirtschaftlichen Geschäftsbetrieb „sportliche Veranstaltungen"**, wenn der den Verein wechselnde Sportler in den letzten 12 Monaten vor seiner Freigabe **bezahlter Sportler** war. War der Vereinssportler hingegen als **unbezahlter Sportler** anzusehen, gehören die Ablösezahlungen zu den **Einnahmen aus dem Zweckbetrieb „sportliche Veranstaltungen"** i. S. des § 67a Abs. 3 AO.

Zahlungen eines Sportvereins an einen anderen (abgebenden) Verein für die Übernahme eines **bezahlten Sportlers** sind bei Anwendung des § 67a Abs. 3 AO unschädlich für die Gemeinnützigkeit des zahlenden Vereins, wenn sie aus steuerpflichtigen wirtschaftlichen Geschäftsbetrieben geleistet werden und der Sportler beim aufnehmenden Verein in den ersten 12 Monaten nach dem Vereinswechsel als bezahlter Sportler anzusehen ist.

Zahlungen für einen Sportler, der beim aufnehmenden Verein **nicht als bezahlter Sportler** anzusehen ist, sind bei Anwendung des § 67a Abs. 3 AO für den zahlenden Verein nur dann gemeinnützigkeitsunschädlich, wenn es sich dabei lediglich um eine **Erstattung von Ausbildungskosten** handelt. Bei einem Betrag bis zur Höhe von **5 000 DM** je Sportler wird dies allgemein unterstellt; bei höheren Kostenerstattungen müssen hingegen sämtliche Ausbildungskosten im einzelnen nachgewiesen werden. Diese Zahlungen dürfen aber nicht den Überschuß des steuerpflichtigen wirtschaftlichen Geschäftsbetriebs „sportliche Veranstaltungen" mindern (vgl. AEAO zu § 67a Abs. 3 Tz. 15).

d) Wechselwirkung zwischen der Besteuerungs- und Zweckbetriebsgrenze
Darüber hinaus ist bei Sportvereinen auch noch folgendes zu beachten:
Zwischen der Besteuerungsgrenze von 60 000 DM in § 64 Abs. 3 AO und der Zweckbetriebsgrenze in § 67a Abs. 1 AO von ebenfalls 60 000 DM besteht eine echte Wechselwirkung. **Übersteigen nämlich die Einnahmen aus sportlichen Veranstaltungen die Zweckbetriebsgrenze, liegt ein steuerpflichtiger wirtschaftlicher Geschäftsbetrieb vor, da gleichzeitig die Besteuerungsgrenze überschritten ist.** Sonstige wirtschaftliche Aktivitäten (z. B. Vereinsfeste) führen deshalb – unabhängig von der Höhe dieser Einnahmen – zwangsläufig ebenfalls zu einem steuerpflichtigen wirtschaftlichen Geschäftsbetrieb.

Bei Anwendung des § 67a Abs. 3 AO müssen die **Einnahmen aus sportlichen Veranstaltungen mit bezahlten Sportlern** und die **Einnahmen aus sonstigen wirtschaftlichen Geschäftsbetrieben** ebenfalls für die Berechnung der Besteuerungsgrenze **zusammengefaßt** werden; wird dadurch die Besteuerungsgrenze überschritten, unterliegen sämtliche wirtschaftlichen Geschäftsbetriebe der partiellen Steuerpflicht.

Beispiel 1: Ein Sportverein erzielt Einnahmen aus sportlichen Veranstaltungen in Höhe von 68 000 DM. Eine Erklärung, daß auf die Anwendung der Zweckbetriebsgrenze verzichtet wird, erfolgt nicht. Außerdem belaufen sich die Einnahmen aus einem Vereinsfest auf 25 000 DM.
Da die sportlichen Veranstaltungen nach § 67a Abs. 1 AO ein steuerpflichtiger wirtschaftlicher Geschäftsbetrieb sind, hat dies **gleichzeitig** zur Folge, daß der Überschuß aus dem Vereinsfest wegen Überschreitens der Besteuerungsgrenze von insgesamt 60 000 DM ebenfalls als steuerpflichtiger wirtschaftlicher Geschäftsbetrieb der partiellen Körperschaftsteuer- und Gewerbesteuerpflicht unterliegt. Ein eventueller Verlust aus diesen sportlichen Veranstaltungen könnte aber mit einem Überschuß aus dem Vereinsfest nach § 64 Abs. 2 AO soweit gemeinnützigkeitsunschädlich als auch steuerlich verrechnet werden.

Beispiel 2: Ein Sportverein erzielt Einnahmen aus sportlichen Veranstaltungen (ohne Teilnahme bezahlter Sportler) in Höhe von 70 000 DM. Er optiert nach § 67a Abs. 2 AO zur Anwendung des § 67a Abs. 3 AO, d. h. er verzichtet auf die Anwendung der Zweckbetriebsgrenze. Außerdem werden aus einem Vereinsfest Einnahmen in Höhe von 50 000 DM erzielt. Weitere wirtschaftliche Aktivitäten liegen nicht vor.

Da an den sportlichen Veranstaltungen des Vereins keine bezahlten Sportler teilgenommen haben, handelt es sich hierbei um einen steuerbegünstigten Zweckbetrieb nach § 67 a Abs. 3 AO; die Einnahmen hieraus sind deshalb **nicht** in die Besteuerungsgrenze einzubeziehen. Das Vereinsfest ist zwar ein wirtschaftlicher Geschäftsbetrieb, die Besteuerungsgrenze von 60 000 DM ist jedoch nicht überschritten; deshalb entsteht keine Körperschaftsteuer- und Gewerbesteuerpflicht. Bei der Umsatzsteuer unterliegen die Einnahmen aus dem Zweckbetrieb „sportliche Veranstaltungen" dem ermäßigten Steuersatz; die Einnahmen aus dem wirtschaftlichen Geschäftsbetrieb „Vereinsfest" sind dem Regelsteuersatz zu unterwerfen.

Beispiel 3: Ein Sportverein, der nach § 67 a Abs. 2 AO auf die Anwendung der Zweckbetriebsgrenze nach § 67 a Abs. 1 AO verzichtet hat, erzielt folgende Einnahmen:

Sportliche Veranstaltungen mit bezahlten Sportlern	30 000 DM
sportliche Veranstaltungen mit unbezahlten Sportlern	75 000 DM
Verkauf von Speisen und Getränken bei sportlichen Veranstaltungen	8 000 DM
Vereinsfeste	32 000 DM

Aufgrund der **Anwendung des § 67 a Abs. 3 AO** belaufen sich die Einnahmen aus wirtschaftlichen Geschäftsbetrieben auf insgesamt 70 000 DM (30 000 DM + 8000 DM + 32 000 DM). Da die Besteuerungsgrenze überschritten ist, unterliegen die drei wirtschaftlichen Geschäftsbetriebe auch der partiellen Steuerpflicht. Ein Verlustausgleich zwischen den wirtschaftlichen Geschäftsbetrieben wäre jedoch nach § 64 Abs. 2 AO sowohl gemeinnützigkeitsunschädlich als auch steuerlich möglich. Die sportlichen Veranstaltungen mit unbezahlten Sportlern stellen hingegen – unabhängig von der Zweckbetriebsgrenze in § 67 a Abs. 1 AO – einen steuerbegünstigten Zweckbetrieb dar.

Im Falle des **§ 67 a Abs. 1 AO** wäre hingegen sowohl die Zweckbetriebsgrenze als auch gleichzeitig die Besteuerungsgrenze von jeweils 60 000 DM überschritten. Etwaige Überschüsse aus allen vier wirtschaftlichen Geschäftsbetrieben würden somit der partiellen Körperschaftsteuer- und Gewerbesteuerpflicht unterliegen.

Beispiel 4: Ein Sportverein erzielt folgende Einnahmen:

Vereinsfeste	50 000 DM
sportliche Veranstaltungen mit bezahlten Sportlern	15 000 DM
sportliche Veranstaltungen mit unbezahlten Sportlern	40 000 DM

Bei **Anwendung der Zweckbetriebsgrenze nach § 67 a Abs. 1 AO** wären die sportlichen Veranstaltungen ein steuerbegünstigter Zweckbetrieb, da die Zweckbetriebsgrenze von 60 000 DM nicht überschritten ist. Der wirtschaftliche Geschäftsbetrieb „Vereinsfeste" würde ebenfalls nicht zur partiellen Körperschaftsteuer- und Gewerbesteuerpflicht führen, da auch die Besteuerungsgrenze von 60 000 DM nicht überschritten wird.

Im Falle der **Option nach § 67 a Abs. 2 und 3 AO (Verzicht auf Anwendung der Zweckbetriebsgrenze)** müßten hingegen die Einnahmen aus den sportlichen Veranstaltungen mit bezahlten Sportlern in die Besteuerungsgrenze einbezogen werden. Die Besteuerungsgrenze von 60 000 DM wäre damit überschritten (50 000 DM + 15 000 DM), mit der Folge der partiellen Steuerpflicht der wirtschaftlichen Geschäftsbetriebe „Vereinsfeste und sportliche Veranstaltungen mit bezahlten Sportlern". Allerdings wäre insoweit ein Verlustausgleich möglich. Die Einnahmen und Überschüsse aus den sportlichen Veranstaltungen mit unbezahlten Sportlern würden jedoch weiterhin im steuerbegünstigten Zweckbetriebsbereich verbleiben.

6. Alten- und Pflegeheime (§ 68 Nr. 1 a AO)

§ 68 AO geht als die **speziellere Vorschrift** dem § 65 AO vor. Bei einem Zweckbetrieb i. S. des § 68 AO kommt es also – wie auch bei den Zweckbetrieben nach §§ 66, 67 und 67 a AO – nicht auf die Voraussetzungen des § 65 AO an (auch nicht auf die Wettbewerbsklausel nach § 65 Nr. 3 AO).

Alten-, Altenwohn- und Pflegeheime, Erholungsheime und Mahlzeitendienste sind als Einrichtungen der Wohlfahrtspflege Zweckbetriebe, wenn mindestens zwei Drittel ihrer Leistungen den in § 53 AO genannten Personen zugute kommen. Hierzu gehören Personen, die wegen ihres körperlichen, geistigen oder seelischen Zustands, und Personen, die wegen ihrer wirtschaftlichen Lage auf die Hilfe anderer angewiesen sind (vgl. auch Seite 149).

7. Einrichtungen für Kinder und Jugendliche (§ 68 Nr. 1 b AO)

Kindergärten, Kinder-, Jugend- und Studentenheime, Schullandheime und Jugendherbergen sind nach § 68 Nr. 1 b AO ebenfalls als Zweckbetriebe anzusehen. Bei diesen Einrichtungen wird nicht verlangt, daß die geförderten Personen nach § 53 AO körperlich, geistig, seelisch oder wirtschaftlich hilfsbedürftig sind.

Jugendherbergen erbringen in der Regel auch Übernachtungsleistungen an alleinreisende Erwachsene. Nach dem **BFH-Urteil vom 18. 1. 1995 (BStBl. II 1995 S. 446)** kann die Beherbergung alleinreisender Erwachsener ein selbständiger wirtschaftlicher Geschäftsbetrieb sein, wenn sie sich aus tatsächlichen Gründen von den satzungsgemäßen Leistungen an Jugendliche und Familien abgrenzen läßt. **Fehlt die Abgrenzbarkeit,** verlieren Jugendherbergen ihre Zweckbetriebseigenschaft nicht dadurch, daß sie außerhalb des satzungsgemäßen Zwecks in geringem Umfang alleinreisende Erwachsene (zu gleichen Bedingungen wie andere Gäste) beherbergen. Die Grenze, bis zu der solche Beherbergungen unschädlich sind, ist nach Auffassung des BFH mit 10 v. H. zu veranschlagen. Sofern aber diese Unschädlichkeitsgrenze überschritten ist, wäre danach jedoch der gesamte Herbergsbetrieb als einheitlicher steuerpflichtiger wirtschaftlicher Geschäftsbetrieb einzustufen.

8. Selbstversorgungseinrichtungen (§ 68 Nr. 2 AO)

Darunter sind landwirtschaftliche Betriebe und Gärtnereien zu verstehen, die der Selbstversorgung von Körperschaften dienen, wenn dadurch die sachgemäße Ernährung und ausreichende Versorgung von Anstaltsangehörigen gesichert wird. Dasselbe gilt für andere Einrichtungen, die für die Selbstversorgung von Körperschaften erforderlich sind (z. B. Tischlereien, Schlossereien). Hierunter fallen Handwerks- oder Dienstleistungsbetriebe, nicht aber Handelsbetriebe. Aus diesem Grund können z. b. Krankenhauswäschereien, nicht aber Krankenhausapotheken, die auch andere Krankenhäuser beliefern, als Zweckbetriebe i. S. des § 68 Nr. 2 AO angesehen werden; bei Krankenhausapotheken wird dadurch vielmehr ein steuerpflichtiger wirtschaftlicher Geschäftsbetrieb begründet (vgl. Seite 212).

Eine GmbH, die ausschließlich Krankenhauswäsche reinigt, ist aber nach dem BFH-Urteil vom 19. 7. 1995 (BStBl. II 1996 S. 28) ebenfalls nicht gemeinnützig, da auch insoweit die Vorschrift des § 68 Nr. 2 b AO keine Anwendung findet. Denn aus dem Wortlaut der Vorschrift ergibt sich, daß damit nur Selbstversorgungsbetriebe gemeint sind, die Teil der steuerbegünstigten Körperschaft sind. Eine GmbH ist aber im Verhältnis zu ihren Gesellschaftern ein rechtlich selbständiger Betrieb, der seine Leistungen an seine Gesellschafter als Außenstehende erbringt.

Bei den Selbstversorgungseinrichtungen werden Lieferungen und Leistungen an Außenstehende, die dem Wert nach 20 v. H. der gesamten Lieferungen und sonstige Leistungen – einschließlich derjenigen an die Körperschaft selbst – nicht übersteigen, als steuerlich unschädlich behandelt. Bei Überschreiten dieser 20 v. H.-Grenze liegt jedoch bezüglich der gesamten Leistungen an Außenstehende ein steuerpflichtiger wirtschaftlicher Geschäftsbetrieb vor.

9. Arbeitstherapeutische Betriebe und Fürsorgeeinrichtungen (§ 68 Nrn. 3 bis 5 AO)

Nach § 68 Nr. 3 AO zählen zu den Zweckbetrieben Werkstätten für Behinderte, die nach den Vorschriften des Arbeitsförderungsgesetzes förderungsfähig sind und Personen Arbeitsplätze bieten, die wegen ihrer Behinderung nicht auf dem allgemeinen Arbeitsmarkt tätig sein können, sowie Einrichtungen für Beschäftigungs- und Arbeitstherapie, die der Eingliederung von Behinderten dienen. Ist die Voraussetzung des § 68 Nr. 3 AO erfüllt, müssen die Voraussetzungen des § 65 AO – auch die sog. Wettbewerbsklausel nach § 65 Nr. 3 AO – **nicht** mehr zusätzlich geprüft werden, da die Vorschrift des § 68 AO gegenüber § 65 AO die **Spezialnorm** darstellt.

Nach Auffassung der Finanzverwaltung kann eine **Verkaufsstelle von Werkstätten für Behinderte** (Läden) auch dann als Zweckbetrieb i. S. des § 68 Nr. 3 AO behandelt werden, wenn in ihr neben Waren, die von der eigenen oder von anderen Werkstätten für Behinderte hergestellt worden sind, auch zugekaufte Waren veräußert werden. Der Verkauf der zugekauften Ware ist in diesem

Fall als gesonderter steuerpflichtiger wirtschaftlicher Geschäftsbetrieb zu behandeln (vgl. DB 1998 S. 905).

Die von solchen Einrichtungen betriebenen Kantinen gehören ebenfalls zu den Zweckbetrieben, weil die besondere Situation der Behinderten auch während der Mahlzeiten eine Betreuung erfordert (vgl. AEAO zu § 68 Tz. 5). Vgl. hierzu auch das BMF-Schreiben vom 11. 3. 1992 (BStBl. I 1993 S. 214) zur gemeinnützigkeitsrechtlichen Behandlung von Beschäftigungsgesellschaften.

In § 68 Nr. 4 und 5 AO werden als weitere Beispielsfälle für Zweckbetriebe Fürsorgeeinrichtungen für Blinde und Körperbehinderte sowie Einrichtungen der Fürsorgeerziehung und freiwilligen Erziehungshilfe aufgeführt.

Die arbeitstherapeutischen Betriebe und Fürsorgeeinrichtungen für Blinde und Körperbehinderte dürfen – im Gegensatz zu Selbstversorgungseinrichtungen – ihre Erzeugnisse unbeschränkt auch an Dritte verkaufen. Die unterhaltenen Einrichtungen dürfen nur nicht größer sein, als es zur Erfüllung des gemeinnützigen Zwecks, d. h. zur Beschäftigung der in Frage kommenden Personen, notwendig ist.

10. Lotterien und Ausspielungen (§ 68 Nr. 6 AO)

Öffentliche Lotterien und Ausspielungen, die eine steuerbegünstigte Körperschaft höchstens **zweimal im Jahr** veranstaltet und die von den zuständigen Behörden genehmigt wurden, sind nach § 68 Nr. 6 AO als Zweckbetrieb anzusehen. Die Überschüsse aus den Lotterien und Ausspielungen (z. B. einer Tombola) müssen ausschließlich für gemeinnützige, mildtätige oder kirchliche Zwecke verwendet werden. Sofern jedoch die jährliche Höchstgrenze von zwei öffentlichen und genehmigten Lotterien und Ausspielungen überschritten wird, sind **alle Veranstaltungen** insgesamt als steuerpflichtiger wirtschaftlicher Geschäftsbetrieb zu behandeln. **Nichtöffentliche** Veranstaltungen (z. B. Tombola anläßlich der vereinsinternen Weihnachtsfeier) sind hingegen nicht genehmigungspflichtig und werden deshalb auch nicht auf die Obergrenze von zwei Veranstaltungen im Jahr angerechnet; etwaige Einnahmen und Überschüsse hieraus sind vielmehr der eigentlichen Hauptveranstaltung (z. B. gesellige Veranstaltung) zuzurechnen.

In Baden-Württemberg besteht z. B. für gemeinnützige Vereine unter bestimmten Voraussetzungen eine **allgemeine Erlaubnis** für die Veranstaltung von öffentlichen Lotterien und Ausspielungen auf örtlicher Ebene. Voraussetzung ist u. a., daß der Gesamtpreis der Lose den Wert von 30 000 DM nicht übersteigt und der Reinertrag **ausschließlich** und **unmittelbar** zu gemeinnützigen, mildtätigen oder kirchlichen Zwecken verwendet wird. Lotteriesteuer fällt dann nicht an, wenn bei einer von der zuständigen Behörde erlaubten Lotterie oder Ausspielung, die ausschließlich gemeinnützigen, mildtätigen oder kirchlichen Zwecken dient, der Gesamtpreis der Lose 75000 DM nicht übersteigt. Zu den Voraussetzungen für eine Befreiung von der Lotteriesteuer, vgl. auch Seite 433.

Das Gesetz läßt es offen, in welchem Umfang Lotterien veranstaltet werden dürfen. Deshalb ist auch eine umfangreiche Tätigkeit so lange unschädlich, als kein übermäßiger Wettbewerb zu steuerpflichtigen Lotterieunternehmen ausgeübt wird und die Körperschaft durch den Umfang der Lotterieveranstaltungen nicht ihr Gepräge als begünstigte Einrichtung verliert.

Unter Veranstaltung i. S. des § 68 Nr. 6 AO sind die innerhalb einer angemessenen Zeitdauer abgewickelten öffentlichen Lotterien und Ausspielungen zu verstehen. Lotterieveranstaltungen in Form von Dauerveranstaltungen sind demnach keine Zweckbetriebe.

Wird mit einer Lotterie eine **Werbung** verbunden, z. B. durch Werbeaufdrucke auf den Losen (kein Fall des Sponsorings, vgl. hierzu Seite 248 f.), so handelt es sich insoweit um einen wirtschaftlichen Geschäftsbetrieb; die Einnahmen hieraus müssen deshalb bei der Besteuerungsgrenze von 60000 DM berücksichtigt werden. Bei der Ermittlung des Gewinns wird – wie bei der Werbung anläßlich sportlicher Veranstaltungen – ein pauschaler Betriebsausgabenabzug in Höhe von 25 v. H. der Werbeeinnahmen zugelassen.

Bei **Sachspenden** an einen gemeinnützigen Verein anläßlich einer steuerbegünstigten Tombola i. S. des § 68 Nr. 6 AO gilt nach Auffassung der Finanzverwaltung die Verwendung der Spenden im Rahmen der Tombola als Verwendung für die steuerbegünstigten Zwecke des veranstaltenden Vereins. Dies bedeutet, daß für Tombola-Sachspenden Spendenbescheinigungen erteilt werden können und beim Spender nach § 10b EStG ein Sonderausgabenabzug in Betracht kommt, obwohl die Tombola als solche keinen eigenen gemeinnützigen Zweck erfüllt.

11. Kulturelle Einrichtungen und Veranstaltungen (§ 68 Nr. 7 AO)

Allgemeines

Gesellige Veranstaltungen eines Vereins (insbesondere Vereinsfeste) gehören nicht zu den Zweckbetrieben nach § 68 Nr. 7 AO, sondern sind stets als **wirtschaftlicher Geschäftsbetrieb** zu behandeln; die Einnahmen hieraus müssen deshalb in die Besteuerungsgrenze von 60000 DM einbezogen werden.

Nach Auffassung der Finanzverwaltung können jedoch Veranstaltungen, bei denen zwar auch die Geselligkeit gepflegt wird, die aber **in erster Linie zur Betreuung behinderter Pesonen** durchgeführt werden, unter den Voraussetzungen der §§ 65, 66 AO Zweckbetrieb sein. Danach müssen den behinderten Personen mindestens zwei Drittel der Leistungen aus der Veranstaltung zugute kommen. Dies kann z. B. ein Altennachmittag oder ein Sommerfest einer Behindertenorganisation sein, an dem überwiegend Behinderte teilnehmen (vgl. AEAO zu § 68 Tz. 8).

Kulturelle Einrichtungen (z. B. Museen und Theater) und kulturelle Veranstaltungen (z. B. Konzerte, Kunstausstellungen und Theateraufführungen) sind hingegen stets als steuerbegünstigte Zweckbetriebe nach § 68 Nr. 7 AO zu behandeln. Auf die Höhe der Überschüsse kommt es dabei nicht an. Die Einnahmen aus einem steuerbegünstigten Zweckbetrieb „kulturelle Veranstaltungen" (z. B. Eintrittsgelder) werden deshalb bei der Ermittlung der Besteuerungsgrenze **nicht** berücksichtigt.

Zu den Einnahmen aus dem Zweckbetrieb „kulturelle Einrichtungen und Veranstaltungen" gehört nach dem Wortlaut des § 68 Nr. 7 AO aber **nicht der Verkauf von Speisen und Getränken.** Insoweit liegt immer ein wirtschaftlicher Geschäftsbetrieb vor. Dasselbe gilt für die **Werbung** bei kulturellen Veranstaltungen. Wird deshalb z. B. für eine steuerbegünstigte kulturelle Veranstaltung mit Bewirtung ein **einheitlicher Eintrittspreis** erhoben, muß der auf die Speisen und Getränke entfallende Anteil – ggf. im Wege der Schätzung – als Einnahme aus einem wirtschaftlichen Geschäftsbetrieb bei der Besteuerungsgrenze des Vereins berücksichtigt werden (vgl. AEAO zu § 68 Tz. 10).

Kulturelle Einrichtungen und Veranstaltungen i. S. des § 68 Nr. 7 AO können im übrigen nur vorliegen, wenn die **Förderung der Kultur Satzungszweck** des Vereins ist. Sofern deshalb z. B. ein Sportverein eine kulturelle Veranstaltung (z. B. „Theateraufführung") im Rahmen eines steuerbegünstigten Zweckbetriebs durchführen will, ist ggf. eine vorherige Satzungsänderung erforderlich.

Gast- und Fremdauftritte bei Musik- oder Gesangvereinen

Der BFH hat mit Urteil vom 4. 5. 1994 (BStBl. II 1994 S. 886) zum Begriff der sportlichen Veranstaltung entschieden, daß eine sportliche Veranstaltung auch dann vorliegen kann, wenn ein Sportverein im Rahmen einer anderen Veranstaltung eine sportliche Darbietung erbringt (vgl. hierzu auch Seite 214). Die Ausführungen dieses Urteils gelten nach dem BMF-Schreiben vom 10. 7. 1995 (DStR 1995 S. 1228) sinngemäß auch für die steuerliche Beurteilung von kulturellen Veranstaltungen. D. h. eine **steuerbegünstigte kulturelle Veranstaltung** i. S. des § 68 Nr. 7 AO kann auch dann vorliegen, wenn ein Musik- oder Gesangverein in Erfüllung seiner Satzungszwecke im Rahmen einer Veranstaltung einer anderen Person oder eines anderen Vereins eine **kulturelle Darbietung** erbringt. Die Veranstaltung, bei der die kulturelle Darbietung präsentiert wird, braucht **keine steuerbegünstigte Veranstaltung** zu sein (z. B. ein Musikverein macht gegen Entgelt Gast- und Fremdauftritte bei einem Stadtfest oder bei einem Vereinsfest eines anderen Vereins; von einem Gesangverein wird die Eröffnung eines Autohauses gegen Entgelt musikalisch umrahmt). Die Einnahmen aus derartigen Fremdauftritten sind im steuerbegünstigten Zweckbetrieb i. S. des § 68 Nr. 7 AO des Musik- und Gesangvereins zu erfassen, da die kulturelle Darbietung dem Grunde nach eine kulturelle Veranstaltung ist. Die Veranstaltereigenschaft des Musik- oder Gesangvereins ist für die Einstufung als Zweckbetrieb also **nicht** erforderlich.

„Gemischte Eigenveranstaltungen" bei Musik- oder Gesangvereinen

Z. B. ein Musik- oder Gesangverein führt einen Heimatabend durch (Konzert oder Theateraufführung mit anschließendem Tanzabend), bei dem Eintrittsgelder erhoben werden. In der Vergangenheit wurde in diesen Fällen als Abgrenzungskriterium zwischen einer steuerpflichtigen geselligen Veranstaltung (Tanzabend) und einer steuerbegünstigten kulturellen Veranstaltung (Konzert) auf das Gepräge solcher Veranstaltungen unter Berücksichtigung der jeweiligen Zeitdauer abgestellt.

Sofern bei der gemischten Veranstaltung (Konzert mit anschließendem Tanz) z.B. der ausrichtende Musikverein **selbst** für die musikalische Umrahmung der Tanzveranstaltung sorgt und dadurch nach den Grundsätzen des BFH-Urteils vom 4. 5. 1994 (BStBl. II 1994 S. 886) eine **kulturelle Darbietung** erbringt, kann u.E. insoweit nicht mehr von einer gemischten Veranstaltung ausgegangen werden. Die **gesamte Veranstaltung** ist vielmehr eine **steuerbegünstigte kulturelle Veranstaltung** im Sinne des § 68 Nr. 7 AO, da die kulturelle Darbietung des Vereins im Rahmen des Tanzabends (durch die musikalische Umrahmung) steuerbegünstigt ist. Die **Eintrittsgelder** sind deshalb u.E. insgesamt dem steuerbegünstigten Zweckbetrieb „kulturelle Veranstaltung" zuzuordnen. Die Geprägegrundsätze der früheren Rechtslage haben deshalb nur noch dann Bedeutung, wenn der ausrichtende Verein **nicht selbst** zum Tanz aufspielt. Die **Bewirtung** ist aber auch in diesem Fall immer ein wirtschaftlicher Geschäftsbetrieb.

Zum Betriebsausgabenabzug gemischt veranlaßter Aufwendungen im wirtschaftlichen Geschäftsbetrieb z.B. bei Musik- und Gesangvereinen, vgl. die Ausführungen auf Seite 202.

12. Veranstaltungen wissenschaftlicher oder belehrender Art (§ 68 Nr. 8 AO)

Nach der Regelung des § 68 Nr. 8 AO zählen zu den Zweckbetrieben auch Vorträge, Kurse und andere Veranstaltungen wissenschaftlicher oder belehrender Art, die von Volkshochschulen oder anderen gemeinnützigen Einrichtungen (z.B. Musikschulen, gemeinnützige Fortbildungseinrichtungen von öffentlich-rechtlichen Kammern) durchgeführt werden. Vgl. auch rechtskräftiges Urteil FG Nürnberg vom 24. 1. 1995 (EFG 1995 S. 652). Danach ist eine Ausbildungsstätte, die von öffentlich-rechtlichen Körperschaften betrieben wird, ein Zweckbetrieb nach § 68 Nr. 8 AO.

Besonders bemerkenswert ist dabei, daß auch die **Gewährung von Unterkunft und Verpflegung** an die Veranstaltungsteilnehmer als Bestandteil des Zweckbetriebs anerkannt wird. Dabei ist aber zu beachten, daß ein von einer Einrichtung i.S. des § 68 Nr. 8 AO unterhaltener gastronomischer Betrieb, der nicht nur Leistungen an die Teilnehmer derartiger Veranstaltungen erbringt, kein Zweckbetrieb ist. Voraussetzung für die Annahme eines Zweckbetriebes ist also, daß von der Einrichtung **ausschließlich** die Teilnehmer dieser Veranstaltungen beherbergt und beköstigt werden (vgl. BFH-Urteil vom 11. 4. 1990, BStBl. II S. 724).

13. Forschungstätigkeiten gemeinnütziger Forschungseinrichtungen (§ 68 Nr. 9 AO)

Die Besteuerung der Auftragsforschung und der Forschungseinrichtungen erfolgt mittlerweile nach Maßgabe des **§ 68 Nr. 9 AO**. Danach ist die Auftragsforschung von solchen Forschungseinrichtungen ein steuerbegünstigter Zweckbetrieb, deren Träger sich überwiegend aus Zuwendungen der öffentlichen Hand oder Dritter oder aus der Vermögensverwaltung finanzieren. Das Schwergewicht der Tätigkeit muß also in der Eigen- und Grundlagenforschung liegen. Ohne diese Begrenzung wären sonst auch Forschungseinrichtungen gemeinnützig, die ausschließlich Auftragsforschung für gewerbliche Unternehmen betreiben. Zur Auslegung des § 68 Nr. 9 AO und zu den steuerlichen Besonderheiten bei der Auftragsforschung hat die Finanzverwaltung in einem BMF-Schreiben vom 22. 9. 1999 Stellung genommen.

Die Vorschrift des § 68 Nr. 9 AO gilt grundsätzlich ab dem Veranlagungszeitraum 1997 und rückwirkend für alle noch nicht bestandskräftigen Fälle (vgl. Art. 97 § 1e Einführungsgesetz zur AO).

Nach früherer Auffassung der Finanzverwaltung wurde die Auftragsforschung als Zweckbetrieb behandelt, wenn die Forschungsergebnisse veröffentlicht und dem Auftraggeber keine Exklusivrechte bei der Verwertung eingeräumt wurden; ein wirtschaftlicher Geschäftsbetrieb wurde also nur dann angenommen, wenn dem Auftraggeber Exklusivrechte übertragen wurden. Von dieser Beurteilung mußte sie jedoch im Hinblick auf das BFH-Urteil vom 30. 11. 1995 (BStBl. II 1997 S. 189) abrücken, so daß jetzt die Tätigkeit als Projektträger und aus der Durchführung von Auftragsforschung nur noch unter den Voraussetzungen des § 68 Nr. 9 AO steuerbegünstigt ist.

Nach § 68 Nr. 9 S. 3 AO werden jedoch nicht in die Zweckbetriebsfiktion einbezogen die Tätigkeiten der Forschungseinrichtungen, die für die Erfüllung des gemeinnützigen Zwecks nicht notwendig sind oder die in erster Linie der Beschaffung von (zusätzlichen) Mitteln für den steuerbegünstigten Bereich dienen. Dazu gehören neben wirtschaftlichen Geschäftsbetrieben ohne Forschungsbezug (z. B. Kantinen) auch Dienstleistungen wie Projektträgerschaften, Materialprüfungen, Verwaltungstätigkeiten für andere Forschungseinrichtungen und Blutalkoholuntersuchungen im Auftrag von Strafverfolgungsbehörden. Diese Tätigkeiten bleiben steuerpflichtige wirtschaftliche Geschäftsbetriebe.

XI. Satzung

1. Allgemeines

Eine Körperschaft ist nicht schon dann gemeinnützig, wenn sie tatsächlich gemeinnützige Zwecke verfolgt, sondern es ist zwingend erforderlich, daß sie eine **Satzung** aufstellt, in der der steuerbegünstigte Zweck, die Selbstlosigkeit und die ausschließliche und unmittelbare Zweckverfolgung verankert sind (§ 59 AO). Eine weitere satzungsmäßige Voraussetzung ist die in § 61 AO geforderte Vermögensbindung (vgl. Seite 239). Außerdem dürfen die Unterhaltung wirtschaftlicher Geschäftsbetriebe, die keine Zweckbetriebe sind, und die Vermögensverwaltung nicht zum Satzungszweck erhoben werden (vgl. AEAO zu § 59 Tz. 1).

Der BFH hat beispielsweise durch Urteil vom 31. 10. 1984 (BStBl. II S. 162) entschieden, daß ein Krankenhaus eines Landkreises (Betrieb gewerblicher Art) nur dann als gemeinnützige Einrichtung behandelt werden kann, wenn nicht nur die tatsächliche Geschäftsführung den Vorschriften über die Gemeinnützigkeit entspricht, sondern auch eine entsprechende Satzung vorhanden ist. Bei mehreren Betrieben gewerblicher Art einer juristischen Person des öffentlichen Rechts ist für jeden Betrieb eine eigene Satzung erforderlich.

Die Satzungszwecke und die Art ihrer Verwirklichung müssen so genau bestimmt sein, daß auf Grund der Satzung geprüft werden kann, ob die satzungsmäßigen Voraussetzungen für steuerliche Vergünstigungen gegeben sind (§ 60 Abs. 1 AO). Diese Anforderungen werden auch als sog. **formelle Satzungsmäßigkeit** umschrieben. Es reicht jedoch nach dem AEAO zu § 60 Tz. 1 aus, wenn sich die satzungsmäßigen Voraussetzungen aufgrund einer Auslegung aller Satzungsbestimmungen ergeben (BFH-Urteil vom 13. 12. 1978, BStBl. II 1979 S. 482 und vom 13. 8. 1997, BStBl. II 1997 S. 794). Der BFH hat aber in seinen Urteilen vom 19. 4. 1989 (BStBl. II S. 595) und vom 5. 8. 1992 (BStBl. II 1992 S. 1048) entschieden, daß die bloße Bezugnahme in einer Satzung auf andere Regelungen oder Satzungen Dritter nicht genügt, um prüfen zu können, ob die satzungsmäßigen Voraussetzungen für die Steuervergünstigung gegeben sind.

Die Satzung muß diesen Erfordernissen nach § 60 Abs. 2 AO bei der Körperschaftsteuer und Gewerbesteuer während des ganzen Kalenderjahres, bei den anderen Steuern im Zeitpunkt der Entstehung der Steuer entsprechen. Dies bedeutet für die Grundsteuer, daß die satzungsmäßigen Voraussetzungen für die Steuerbegünstigung zu Jahresbeginn vorliegen müssen. Für die Vergünstigungen bei der Umsatzsteuer sind die Verhältnisse am Ende des Voranmeldungszeitraums maßgebend, bei der Erbschaftsteuer kommt es auf den Zeitpunkt der Zuwendung an (vgl. AEAO zu § 60 Tz. 6).

Die Gemeinnützigkeit spielt zwar bei manchen Vereinen praktisch deswegen keine Rolle, weil eine Steuerpflicht mangels nennenswerten Vermögens oder nennenswerter Einkünfte ohnehin nicht in Betracht kommt. Auf die Erstellung einer den §§ 51 bis 68 AO entsprechenden Satzung könnte deshalb verzichtet werden. Die Vereine sollten indessen beachten, daß auch die **steuerliche Spendenbegünstigung** Gemeinnützigkeit des Empfängers voraussetzt. Fehlt es an der Gemeinnützigkeit, so können in keinem Falle Spendenbescheinigungen ausgestellt werden.

Um nachträgliche Satzungsänderungen und zusätzliche Unkosten zu vermeiden, ist es stets zweckmäßig, den Entwurf der Satzung noch vor der Beschlußfassung durch die Mitgliederversammlung und ggf. vor der Eintragung im Vereinsregister dem Finanzamt zur Prüfung vorzulegen. Das gleiche gilt für Satzungsänderungen, die für die Gemeinnützigkeit von Bedeutung sind.

In der Satzung eines gemeinnützigen Vereins muß vor allem festgelegt sein

– daß der Verein ausschließlich und unmittelbar gemeinnützige, mildtätige oder kirchliche Zwecke verfolgt, wobei diese im einzelnen auszuführen sind;

- daß der Verein selbstlos tätig ist, also nicht in erster Linie eigenwirtschaftliche Zwecke verfolgt;
- daß etwaige Mittel des Vereins nur für satzungsmäßige Zwecke verwendet werden und die Mitglieder keine Gewinnanteile und in ihrer Eigenschaft als Mitglieder auch keine sonstigen Zuwendungen aus Mitteln des Vereins erhalten;
- daß der Verein keine Person durch Ausgaben, die dem Zweck des Vereins fremd sind, oder durch unverhältnismäßig hohe Vergütungen begünstigt;
- daß bei Auflösung des Vereins oder bei Wegfall seines bisherigen Zwecks das Vermögen nur für steuerbegünstigte Zwecke verwendet werden darf (Grundsatz der Vermögensbindung).

2. Mustersatzung

Es empfiehlt sich, die für die Gemeinnützigkeit bedeutsamen Vorschriften der Satzung in Anlehnung an die amtliche Mustersatzung (vgl. AEAO zu § 60 Anlage 1) für Vereine wie folgt abzufassen:

Mustersatzung

für einen Verein
(nur aus steuerlichen Gründen notwendige Bestimmungen ohne Berücksichtigung der vereinsrechtlichen Vorschriften des BGB)

§ 1

Der .... (e. V.)
mit Sitz in ....
verfolgt ausschließlich und unmittelbar – gemeinnützige – mildtätige – kirchliche – Zwecke (nicht verfolgte Zwecke streichen) im Sinne des Abschnitts „Steuerbegünstigte Zwecke" der Abgabenordnung.
Zweck des Vereins ist ....
....
(z. B. die Förderung von Wissenschaft und Forschung, Bildung und Erziehung, Kunst und Kultur, des Umwelt-, Landschafts- und Denkmalschutzes, der Jugend- und Altenhilfe, des öffentlichen Gesundheitswesens, des Sports, des Hundesports, der Tierzucht, der Pflanzenzucht, der Kleingärtnerei, des traditionellen Brauchtums, die Unterstützung hilfsbedürftiger Personen).
Der Satzungszweck wird verwirklicht insbesondere durch ....
....
(z. B. Durchführung wissenschaftlicher Veranstaltungen und Forschungsvorhaben, Vergabe von Forschungsaufträgen, Unterhaltung einer Schule, einer Erziehungsberatungsstelle, Pflege von Kunstsammlungen, Pflege des Liedgutes und des Chorgesanges, Errichtung von Naturschutzgebieten, Unterhaltung eines Kindergartens, Kinder-, Jugendheimes, Unterhaltung eines Altenheimes, eines Erholungsheimes, Bekämpfung des Drogenmißbrauchs, des Lärms, Errichtung von Sportanlagen,

Förderung sportlicher Übungen und Leistungen, Förderung der Geflügel- und Kaninchenzucht, Pflege des Brauchtums durch Karneval, Fastnacht und Fasching).

§ 2

Der Verein ist selbstlos tätig; er verfolgt nicht in erster Linie eigenwirtschaftliche Zwecke.

§ 3

Mittel des Vereins dürfen nur für die satzungsmäßigen Zwecke verwendet werden. Die Mitglieder erhalten keine Zuwendungen aus Mitteln des Vereins.

§ 4

Es darf keine Person durch Ausgaben, die dem Zweck der Körperschaft fremd sind, oder durch unverhältnismäßig hohe Vergütungen begünstigt werden.

§ 5

Bei Auflösung des Vereins oder bei Wegfall steuerbegünstigter Zwecke fällt das Vermögen des Vereins
a) an – den – die – das – ....
....
(Bezeichnung einer Körperschaft des öffentlichen Rechts oder einer anderen steuerbegünstigten Körperschaft)
– der – die – das – es unmittelbar und ausschließlich für gemeinnützige, mildtätige oder kirchliche Zwecke zu verwenden hat,
oder
b) an eine Körperschaft des öffentlichen Rechts oder eine andere steuerbegünstigte Körperschaft zwecks Verwendung für ....
....
(Angabe eines bestimmten gemeinnützigen, mildtätigen oder kirchlichen Zwecks, z. B. Förderung von Wissenschaft und Forschung, Bildung und Erziehung, der Unterstützung von Personen, die im Sinne von § 53 AO wegen .... bedürftig sind, Unterhaltung des Gotteshauses in ....
....).

Alternative zu § 5

Kann aus zwingenden Gründen der künftige Verwendungszweck jetzt noch nicht angegeben werden (§ 61 Abs. 2 AO), so kommt folgende Bestimmung über die Vermögensbindung in Betracht:
„Bei Auflösung des Vereins oder bei Wegfall steuerbegünstigter Zwecke ist das Vermögen zu steuerbegünstigten Zwecken zu verwenden.
Beschlüsse über die künftige Verwendung des Vermögens dürfen erst nach Einwilligung des Finanzamts ausgeführt werden."

Wichtig sind auch die Satzungsbestimmungen über die Beitrittsmöglichkeiten zum Verein und die Höhe der Vereinsbeiträge. Hiernach beurteilt sich meist, ob eine Förderung der Allgemeinheit und damit ein gemeinnütziger Zweck vorliegt (vgl. Seite 121).
Zur Mustersatzung für einen Förderverein, vgl. Seite 172.
Die weiteren Satzungsbestimmungen, z. B. über die Organe des Vereins, die Rechte und Pflichten der Mitglieder usw., sind für steuerliche Zwecke – abgesehen von der Regelung der Mitgliedsbeiträge – im allgemeinen ohne Bedeutung.

Im einzelnen wird zu den Satzungsbestimmungen noch folgendes bemerkt: Der Satzungszweck eines Vereins muß im Hinblick auf die formelle Satzungsmäßigkeit genau präzisiert sein. Die Angabe, der Verein verfolge gemeinnützige Zwecke, reicht für die Anerkennung der Gemeinnützigkeit nicht aus. Dabei muß auch die Selbstlosigkeit, Ausschließlichkeit und Unmittelbarkeit der Zwecksetzung verankert werden.

3. Grundsatz der Vermögensbindung (§ 61 AO)

Besondere Bedeutung kommt der Vorschrift über den Grundsatz der Vermögensbindung zu. Es besteht die Möglichkeit, in der Satzung entweder die öffentlich-rechtliche oder steuerbegünstigte Körperschaft, auf das Vermögen übergehen soll, namentlich zu benennen und den steuerbegünstigten Verwendungszweck nur allgemein (gemeinnützig, mildtätig, kirchlich) zu bezeichnen, oder umgekehrt den Verwendungszweck konkret festzulegen und die Übernehmerin nur allgemein als öffentlich-rechtliche oder steuerbegünstigte Körperschaft anzuführen. In jedem Fall müssen aber zwei Voraussetzungen erfüllt sein:

– Das Vermögen darf nur auf eine öffentlich-rechtliche oder eine andere steuerbegünstigte (inländische) Körperschaft übergehen,
– die Übernehmerin muß es zu steuerbegünstigten Zwecken verwenden.

Eine steuerlich ausreichende Vermögensbindung liegt deshalb nach **§ 61 Abs. 1 AO nicht** vor, wenn die Satzung sich auf die allgemeine Bestimmung beschränkt, daß das Vermögen bei Auflösung oder Aufhebung der Körperschaft oder bei Wegfall ihres bisherigen Zwecks zu steuerbegünstigten Zwecken zu verwenden ist. Nur wenn **aus zwingenden Gründen** der künftige Verwendungszweck des Vermögens bei Aufstellung der Satzung noch nicht genau angegeben werden kann, genügt eine allgemeine Vermögensbindungsklausel, sofern in der Satzung außerdem festgelegt wird, daß Beschlüsse des Vereins über die künftige Verwendung des Vermögens erst **nach Einwilligung des Finanzamts** ausgeführt werden dürfen (§ 61 Abs. 2 AO). Das Finanzamt hat die Einwilligung zu erteilen, wenn der beschlossene Verwendungszweck steuerbegünstigt ist.

Wird die satzungsmäßige Vermögensbindung aufgehoben oder so geändert, daß sie den Anforderungen des § 55 Abs. 1 Nr. 4 AO nicht mehr entspricht, so gilt sie nach § 61 Abs. 3 AO **von Anfang an** als steuerlich nicht ausreichend. Das Finanzamt kann in diesem Fall für **Steuern**, die **innerhalb der letzten zehn Kalenderjahre** vor der Änderung der Bestimmung über die Vermögensbindung entstanden sind, nachträglich noch Steuerbescheide erlassen oder ergangene Steuerbescheide ändern (§ 175 Abs. 1 Nr. 2 AO). Dies gilt auch dann, wenn die Bestimmung über die Vermögensbindung erst zu einem Zeitpunkt geändert wird, in dem die Körperschaft bereits nicht mehr als steuerbegünstigt anerkannt ist. Die sonst geltenden Fristen für die Festsetzungsverjährung sind hier also nicht maßgebend (vgl. AEAO zu § 61 Tz. 4 und 5).

> **Beispiel:** Eine gemeinnützige Körperschaft hat in den Jahren 1988 bis 1998 steuerfreie Einnahmen aus einem Zweckbetrieb bezogen und diese teils für gemeinnützige Zwecke ausgegeben und zum Teil in eine Rücklage eingestellt. Eine 1998 vollzogene Satzungsänderung sieht jetzt vor, daß bei Auflösung des Vereins das Vermögen an die Mitglieder ausgekehrt wird. In diesem Fall muß das Finanzamt für die Veranlagungszeiträume 1988 ff. Steuerbescheide erlassen, welche die Nachversteuerung aller genannten Einnahmen vorsehen, wobei es unerheblich ist, ob die Einnahmen noch im Vereinsvermögen vorhanden sind.

Die Nachversteuerung setzt jedoch bezüglich der Ertragsteuerpflicht voraus, daß eine der Einkunftsarten des § 2 Abs. 1 EStG angesprochen ist (vgl. Urteil FG Rheinland-Pfalz vom 23. 5. 1996, EFG 1996 S. 937).

Diese Nachversteuerung tritt auch dann ein, wenn ohne Änderung oder Aufhebung der satzungsmäßigen Vermögensbindung nach der **tatsächlichen Geschäftsführung** gegen die vorgeschriebene Vermögensbindung verstoßen wird (§ 63 Abs. 2 AO). Dies wäre z. B. der Fall, wenn eine gemeinnützige Körperschaft bei ihrer Auflösung ihr Vermögen entgegen der satzungsmäßigen Bestimmung über die Vermögensbindung tatsächlich nicht für begünstigte Zwecke verwendet.

Andere Verstöße gegen die Vorschriften der AO über die Steuerbegünstigung wegen gemeinnütziger, mildtätiger oder kirchlicher Zwecke ermöglichen nur eine Nachversteuerung im Rahmen der Fristen über die Festsetzungsverjährung. Die Nachversteuerung beschränkt sich bei der Körperschaftsteuer und Gewerbesteuer auf das Jahr des Verstoßes. Dies gilt z. B. dann, wenn die Mittel des Vereins nicht zweckentsprechend verwendet wurden oder wenn unangemessen hohe Vergütungen an Mitglieder oder andere Personen gezahlt wurden. Nach Auffassung der Finanzverwaltung können aber auch Verstöße der tatsächlichen Geschäftsführung gegen die Vorschrift des § 55 Abs. 1 Nr. 1 bis 3 AO so schwerwiegend sein, daß sie einer Verwendung des gesamten Vermögens für satzungsfremde Zwecke gleichkommen. Dies bedeutet, daß auch in diesen Fällen eine Nachversteuerung nach § 61 Abs. 3 AO möglich ist (vgl. AEAO zu § 61 Tz. 6 und 8).

XII. Tatsächliche Geschäftsführung

Die tatsächliche Geschäftsführung muß nach **§ 63 Abs. 1 AO** mit der Satzung im Einklang stehen. Sie muß daher auf die selbstlose, ausschließliche und unmittelbare Erfüllung der satzungsmäßigen steuerbegünstigten Zwecke gerichtet sein. Hierbei gelten strenge Grundsätze. Die notwendige Übereinstimmung mit der Satzung ist z. B. nicht gegeben, wenn Zwecke verfolgt werden, die in der Satzung nicht vorgesehen sind, selbst wenn es sich dabei um andere steuerbegünstigte Zwecke handelt, oder wenn die satzungsmäßigen Aufgaben in Wirklichkeit überhaupt nicht erfüllt werden. Bei einem Wechsel oder einer Erweiterung der steuerbegünstigten Zwecke muß deshalb zur Vermeidung steuerlicher Nachteile rechtzeitig für eine Anpassung der Satzung gesorgt werden, da alle steuerbegünstigten Zwecke gleichzeitig auch satzungsmäßige Zwecke sein müssen.

Noch viel weniger genügt für die Gemeinnützigkeit natürlich eine „frisierte" Satzung, die formal den Voraussetzungen entspricht, aber die wirkliche Tätigkeit ganz oder teilweise verschleiert. Die tatsächliche Geschäftsführung kann nach dem BFH-Urteil vom 11. 12. 1974 (BStBl. II 1975 S. 458) jedoch auch dann noch auf die Erfüllung eines gemeinnützigen Zwecks gerichtet sein, wenn die Erfüllung längere Zeit durch außergewöhnliche, von der Körperschaft nicht zu beeinflussende Umstände verhindert wird.

Außerdem kann eine Körperschaft nur dann als gemeinnützig anerkannt werden, wenn sich ihre tatsächliche Geschäftsführung im Rahmen der verfassungsmäßigen Ordnung bewegt (vgl. BFH-Urteil vom 29. 8. 1984, BStBl. II 1985 S. 106; vgl. hierzu auch Seite 125). Nach dem BFH-Urteil vom 13. 7. 1994 (BStBl. II 1995 S. 134) ist ein Verein, dessen tatsächliche Geschäftsführung gegen die Rechtsordnung verstößt, nicht gemeinnützig (keine Förderung der Allgemeinheit). Dasselbe gilt, wenn z. B. ein Verein in eklatanter Weise gegen Steuergesetze (z. B. im Lohnsteuer- und Umsatzsteuerbereich) verstößt und sich dadurch nicht als gesetzestreu erweist. In diesem Fall muß die Gemeinnützigkeit des Vereins wegen fehlender Förderung der Allgemeinheit im betreffenden Zeitraum versagt werden. Ggf. hat dies auch eine rückwirkende Nachversteuerung nach §§ 63 Abs. 2 i.V.m. 61 Abs. 3 AO zur Folge (vgl. auch AEAO zu § 61 Tz. 8).

Die tatsächliche Geschäftsführung umfaßt nach Auffassung der Finanzverwaltung auch die Ausstellung steuerlicher Spendenbescheinigungen. Mißbräuche auf diesem Gebiet, z. B. durch die Ausstellung von Gefälligkeitsbescheinigungen, können einen Verstoß gegen die Gemeinnützigkeit darstellen (vgl. AEAO zu § 63 Tz. 2). Der BFH hat dies mit **Urteil vom 3. 12. 1996 (BStBl. II 1997 S. 474)** bestätigt und ausgeführt, daß Mißbräuche in bezug auf Spenden sich im Einzelfall gemeinnützigkeitsschädlich auswirken können.

Die Übereinstimmung von Satzung und Geschäftsführung muß für Zwecke der Körperschaftsteuer- und Gewerbesteuerbefreiung während des ganzen Kalenderjahres vorgelegen haben. Wegen der anderen Steuerarten wird auf die Ausführungen im AEAO zu § 60 Tz. 6 hingewiesen; die dort genannten zeitlichen Anforderungen gelten außer für die Satzung auch für die tatsächliche Geschäftsführung.

Besonders streng ist nach § **63 Abs. 2 AO** auch darauf zu achten, daß **nicht** gegen die Bestimmungen über die **Vermögensbindung** verstoßen wird. Die langjährige steuerliche Begünstigung gemeinnütziger Körperschaften macht es erforderlich, daß deren Vermögen auf die Dauer steuerbegünstigten Zwecken vorbehalten bleibt. Bei Verstößen der tatsächlichen Geschäftsführung gegen die Vermögensbindung entfallen deshalb die gewährten Steuervergünstigungen ebenfalls mit rückwirkender Kraft (vgl. hierzu die vorstehenden Ausführungen auf Seite 239 f.).

Den Nachweis, daß die tatsächliche Geschäftsführung auf die ausschließliche und unmittelbare Erfüllung der satzungsmäßigen steuerbegünstigten Zwecke gerichtet ist, hat der gemeinnützige Verein durch **ordnungsmäßige Aufzeichnungen über seine Einnahmen und Ausgaben** zu führen (§ 63 Abs. 3 AO). Dabei muß es sich in aller Regel nicht um eine kaufmännische Buchführung mit Bilanzen handeln. Es genügt, wenn die Einnahmen und Ausgaben fortlaufend und übersichtlich unter Angabe der Herkunft bzw. des Verwendungszwecks und des Zahlungsempfängers aufgezeichnet werden. Die Vorschriften der AO über die Führung von Büchern und Aufzeichnungen (§ 140 ff.) sind aber zu beachten. Handelsrechtliche Vorschriften einschließlich der entsprechenden Buchführungsvorschriften gelten nur, wenn sich dies aus der Rechtsform der Körperschaft oder aus ihrer wirtschaftlichen Tätigkeit ergibt.

Nach Auffassung der Finanzverwaltung kann bei einem gemeinnützigen Verein mit einem **abweichenden Wirtschaftsjahr** der Nachweis i. S. des § 63 Abs. 3 AO durch Vorlage der Unterlagen für zwei abweichende Wirtschaftsjahre, die den jeweiligen Veranlagungszeitraum abdecken, erbracht werden. Dies gilt auch, wenn der Verein **keinen wirtschaftlichen Geschäftsbetrieb** unterhält. Hat ein Verein **mit einem wirtschaftlichen Geschäftsbetrieb** ein abweichendes Wirtschaftsjahr, führt er ordnungsgemäß Bücher und macht er regelmäßig Abschlüsse, kann er in entsprechender Anwendung des § 7 Abs. 4 KStG auf Antrag das Wirtschaftsjahr der Besteuerung des wirtschaftlichen Geschäftsbetriebs zugrundelegen (vgl. KSt-Kartei zu § 5 Abs. 1 Nr. 9 KStG Nr. 31).

Die Verpflichtung einer steuerbegünstigten Körperschaft zur Führung entsprechender Aufzeichnungen über ihre Einnahmen und Ausgaben, gilt nach § 63 Abs. 3 AO im übrigen unabhängig davon, ob die Besteuerungsgrenze in Höhe von 60000 DM für wirtschaftliche Geschäftsbetriebe überschritten ist oder nicht. Zur Frage der Mittelverwendung bei Unterschreiten der Besteuerungsgrenze, vgl. AEAO zu § 64 Tz. 16.

Nach **§ 63 Abs. 4 AO** gilt im Falle einer unzulässigen Mittelansammlung die tatsächliche Geschäftsführung als ordnungsgemäß, wenn die Körperschaft die Mittel innerhalb einer vom Finanzamt gesetzten Frist für steuerbegünstigte Zwecke verwendet. Vgl. hierzu im einzelnen Seite 182.

XIII. Anerkennungsverfahren

Ein besonderes Anerkennungsverfahren ist für die Gemeinnützigkeit einer Körperschaft nicht vorgesehen. Ob eine Körperschaft steuerbegünstigt ist, entscheidet das Finanzamt im Veranlagungsverfahren für die jeweilige Steuer und den jeweiligen Veranlagungszeitraum durch einen **Steuerbescheid** oder einen **Freistellungsbescheid** (BFH-Urteil vom 19. 4. 1989, BStBl. II S. 595). Vom BFH wurde dies im Urteil vom 11. 3. 1999 (BStBl II 1999 S. 331) nochmals bestätigt. Wird in einem Steuerbescheid die Anerkennung als gemeinnützige Körperschaft versagt, so kann der Verein, auch wenn der Bescheid auf eine **Körperschaftsteuer von 0 DM** lauten sollte, dagegen **Einspruch einlegen** und bei einer ablehnenden Einspruchsentscheidung anschließend im **Klagewege** eine Entscheidung des Finanzgerichts herbeiführen. Anderenfalls könnten Vereine, denen das Finanzamt die Gemeinnützigkeit abspricht und deren Einkommen den Freibetrag nach § 24 KStG nicht überschreitet, nie gerichtlich klären lassen, ob sie gemeinnützigen Zwecken dienen oder nicht (vgl. auch BFH-Urteil vom 13. 7. 1994, BStBl. II 1995 S. 134 und vom 13. 11. 1996, BStBl. II 1998 S. 711).

Bei neugegründeten Vereinen oder erst gemeinnützig gewordenen Vereinen erteilen die Finanzämter auf Antrag eine **vorläufige Bescheinigung** darüber, ob die Satzung den Voraussetzungen für die Gemeinnützigkeit entspricht und ob der Verein zum unmittelbaren oder mittelbaren (über juristische Personen des öffentlichen Rechts) Empfang von Spenden berechtigt ist. Für die Erteilung der vorläufigen Bescheinigung verwendet die Finanzverwaltung den bundeseinheitlichen **Vordruck Gem 5**. Die Bedeutung dieser Bescheinigung liegt darin, daß bei den betreffenden Vereinen eine Überprüfung der Gemeinnützigkeit nur an Hand der Satzung und noch nicht auf Grund der tatsächlichen Geschäftsführung erfolgen kann, daß aber gleichwohl eine wenigstens vorläufige Klarheit darüber geschaffen wird, daß der Verein steuerlich abziehbare Spenden entgegennehmen kann.

Die vorläufige Bescheinigung wird nur **befristet (18 Monate)** erteilt und ist frei widerruflich. Sie ist nicht verlängerbar und darf erst ausgestellt werden, wenn eine Satzung vorliegt, die den gemeinnützigkeitsrechtlichen Vorschriften entspricht. Ein Verein kann deshalb auch nicht mehrmals eine solche Bescheinigung erhalten. Besteht keine Spendenbegünstigung (z. B. weil die verfolgten gemeinnützigen Zwecke nicht als besonders förderungswürdig anerkannt sind), so hat die vorläufige Bescheinigung keine praktische Bedeutung. Sie wird dann von den Finanzämtern gewöhnlich auch nicht erteilt.

Die auf Grund der Satzung ausgestellte **vorläufige Bescheinigung** über die Gemeinnützigkeit und die Spendenbegünstigung stellt **keinen Verwaltungsakt** dar, sondern hat lediglich den **Charakter einer Auskunft**. Vgl. AEAO zu § 59 Tz. 5 und BFH-Entscheidung vom 20. 5. 1992 (BFH/NV 1993 S. 150). Danach sind die vorläufige Anerkennung der Gemeinnützigkeit aufgrund der Satzung und ihr Widerruf kein Verwaltungsakt i. S. des § 118 AO. Die vorläufige Bescheinigung sagt noch nichts darüber aus, ob auch die tatsächliche Geschäftsführung mit der Satzung übereinstimmt. Deshalb kann auch kein Rechtsbehelf dagegen erhoben werden, wenn das Finanzamt die Erteilung der vorläufigen Bescheinigung ablehnt.

Allerdings kann neuerdings nach der BFH-Rechtsprechung eine vorläufige Bescheinigung im Wege einer einstweiligen Anordnung erreicht werden. Denn der BFH hat mit Beschluß vom 23. 9. 1998 (BB 1998 S. 2241, BFH/NV 1999 S. 105) seine bisherige Rechtsprechung geändert und ausdrücklich klargestellt, daß die vorläufige Anerkennung der Gemeinnützigkeit durch eine **einstweilige**

Anordnung erreicht werden kann, wenn der Antragsteller zur Erfüllung seiner gemeinnützigen Zwecke auf den Erhalt steuerbegünstigter Spenden angewiesen und seine wirtschaftliche Existenz ohne eine derartige Regelungsanordnung bedroht ist.

Spätestens nach Ablauf der 18 Monate, auf die die Geltungsdauer der vorläufigen Bescheinigung über die Gemeinnützigkeit befristet ist, überprüft das Finanzamt anhand des **Erklärungsvordrucks Gem 1** sowie einer Zusammenstellung über Einnahmen und Ausgaben (z. B. Kassenbericht) die tatsächliche Geschäftsführung des Vereins. Anschließend wird das Finanzamt einen **Körperschaftsteuer-Freistellungsbescheid** oder – bei **partieller Steuerpflicht** aufgrund eines steuerpflichtigen wirtschaftlichen Geschäftsbetriebes – einen die Gemeinnützigkeit grundsätzlich bejahenden **Körperschaftsteuerbescheid** erteilen. Die Finanzverwaltung verwendet hierfür die Vordrucke **Gem 2 und 4a**. Die ausgestellte vorläufige Bescheinigung verliert damit ihre Gültigkeit. Sofern der Freistellungsbescheid (Gem 2) auch Hinweise zur Ausstellung von Spendenbestätigungen enthält, liegt ebenfalls kein Verwaltungsakt, sondern eine Rechtsauskunft vor (vgl. BFH-Urteil vom 10. 6. 1992, BFH/NV 1993 S. 13).

Ansonsten überprüfen die Finanzämter bei gemeinnützigen Vereinen, die nicht laufend steuerlich erfaßt werden (z. B. aufgrund eines steuerpflichtigen wirtschaftlichen Geschäftsbetriebes), in der Regel nur **alle 3 Jahre**, ob die Voraussetzungen der Gemeinnützigkeit noch erfüllt sind.

Man spricht insoweit von der **turnusmäßigen Überprüfung**. Zu diesem Zweck werden die Vereine ebenfalls aufgefordert, den Erklärungsvordruck **Gem 1** auszufüllen und Angaben über ihre Tätigkeit zu machen. Dabei wird soweit wie möglich auf die bei den Vereinen in der Regel schon **vorhandenen Unterlagen**, wie z. B. auf Einnahmeüberschußrechnungen, Kassenberichte oder Protokolle der Mitgliederversammlungen zurückgegriffen. Die Gegenüberstellung der Einnahmen und Ausgaben bei einem gemeinnützigen Verein kann auch anhand eines Vordrucks „Überschußermittlung" vorgenommen werden, der beim Finanzamt erhältlich ist. Vgl. hierzu das Schema auf Seite 316f. Aufgrund dieser turnusmäßigen Überprüfung entscheidet dann das Finanzamt durch Körperschaftsteuer-Freistellungsbescheid oder – bei partieller Steuerpflicht – Körperschaftsteuerbescheid über die Gemeinnützigkeit.

Nach Auffassung der Finanzverwaltung in Baden-Württemberg umfaßt **die turnusmäßige Prüfung** alle 3 Jahre, wobei aber der Schwerpunkt auf dem letzten Jahr des dreijährigen Prüfungszeitraums liegt. Im Rahmen der turnusmäßigen Überprüfung muß deshalb die **Erklärung Gem 1** grundsätzlich zunächst nur für das **letzte Jahr** des dreijährigen Prüfungszeitraums abgegeben werden; **Unterlagen** sind hingegen für **jedes Jahr** des Prüfungszeitraums einzureichen. Die Abgabe einer Körperschaftsteuer- oder Gewerbesteuer-Erklärung ist auch im Falle der partiellen Steuerpflicht grundsätzlich **nicht** erforderlich. Ein Körperschaftsteuer-Freistellungsbescheid bzw. ein Körperschaftsteuerbescheid wird für **jedes Jahr** des Prüfungszeitraums erteilt. Ergeben sich aus den eingereichten Unterlagen konkrete Anhaltspunkte für eine partielle Steuerpflicht in den Vorjahren, werden auch für die beiden Vorjahre vom Finanzamt die Erklärungen

Gem 1 angefordert; die Abgabe einer Körperschaftsteuer- und Gewerbesteuer-Erklärung für die Vorjahre ist in der Regel ebenfalls entbehrlich.

Ergibt die Nachprüfung der tatsächlichen Geschäftsprüfung, daß einem Verein die Gemeinnützigkeit zu versagen ist, so erhält er einen entsprechenden Steuerbescheid, gegen den er **Einspruch** einlegen kann. Das Finanzamt wird zur **Ermöglichung eines Rechtsbehelfsverfahrens** einen Steuerbescheid (z. B. Körperschaftsteuer-Vorauszahlungsbescheid) auf Antrag auch dann erteilen, wenn die Steuer trotz Ablehnung der Gemeinnützigkeit 0 DM beträgt. Der BFH hat dies mit Urteilen vom 13. 7. 1994 (BStBl. II 1995 S. 134) und vom 13. 11. 1996 (BStBl. II 1998 S. 711) ausdrücklich bestätigt. Danach beschwert auch ein auf 0 DM lautender Körperschaftsteuerbescheid einen Verein, durch den das Finanzamt diesem die Gemeinnützigkeit abspricht und kann deshalb vom Verein zulässigerweise mit Rechtsbehelfen angefochten werden.

Im Veranlagungsverfahren hat das Finanzamt im übrigen **von Amts wegen** die tatsächlichen und rechtlichen Verhältnisse zu ermitteln, die für die Steuerpflicht und für die Bemessung der Steuer wesentlich sind. Eine Körperschaft, bei der nach dem Ergebnis dieser Prüfung die gesetzlichen Voraussetzungen für die steuerliche Behandlung als steuerbegünstigte Körperschaft vorliegen, muß deshalb auch als solche behandelt werden, und zwar ohne Rücksicht darauf, ob ein entsprechender Antrag gestellt worden ist oder nicht. Ein Verzicht auf die Behandlung als steuerbegünstigte Körperschaft ist somit für das Steuerrecht unbeachtlich (vgl. AEAO zu § 59 Tz. 3).

B. Steuerliche Abzugsfähigkeit von Spenden

I. Begriff der steuerbegünstigten Ausgaben

1. Allgemeines

Die steuerliche Abzugsfähigkeit von Spenden und Mitgliedsbeiträgen setzt in jedem Fall voraus, daß der empfangende Verein wegen Verfolgung gemeinnütziger, mildtätiger oder kirchlicher Zwecke von der Körperschaftsteuer befreit ist. Dies gilt auch für Spenden und Mitgliedsbeiträge an Fördervereine. Trotzdem ist aber nicht jeder steuerbefreite Verein auch spendenbegünstigt. Spenden für bestimmte gemeinnützige Zwecke können nach den bislang geltenden Vorschriften nur dann abgezogen werden, wenn die Zwecke von der Bundesregierung durch Verwaltungsanordnung (veröffentlicht in **Anlage 7 zu den EStR**) allgemein als **besonders förderungswürdig** anerkannt worden sind. Vgl. hierzu nachstehend Seite 265. Diese Anerkennung ist bei einer ganzen Reihe begünstigter Zwecke an die Voraussetzung geknüpft, daß der Spendenempfänger eine juristische Person des öffentlichen Rechts oder eine öffentliche Dienststelle sein muß. Vereine können in diesen Fällen abziehbare Spenden nur auf dem Umweg über eine juristische Person des öffentlichen Rechts oder eine öffentliche Dienststelle (Durchlaufstelle) in Empfang nehmen. Außerdem müssen für eine Spendenbegünstigung noch eine ganze Reihe anderer materiell-rechtlicher und formeller Voraussetzungen erfüllt sein.

Da gemeinnützige Vereine bei der Erfüllung ihrer Aufgaben meist auf die tatkräftige finanzielle Unterstützung durch Mitglieder und Förderer angewiesen sind, ist es für sie von erheblichem Interesse, die Vorschriften und Grundsätze zu kennen, nach denen sich die steuerliche Abzugsfähigkeit der Zuwendungen an den Verein beim Spender richtet. Wie die Erfahrung lehrt, wird die Spendenfreudigkeit entscheidend dadurch beeinflußt, ob die Zuwendungen beim Spender steuerlich abzugsfähig sind oder nicht.

Ausnahmsweise wird es auch vorkommen, daß ein Verein im Rahmen eines steuerpflichtigen wirtschaftlichen Geschäftsbetriebs selbst Spenden an eine andere spendenbegünstigte Körperschaft hingibt und insofern nicht als Spendenempfänger, sondern als Spender Wert auf die steuerliche Abzugsfähigkeit der gespendeten Beträge legt. Dabei können aber nur solche Spenden berücksichtigt werden, die **aus Mitteln stammen, die im wirtschaftlichen Geschäftsbetrieb erwirtschaftet wurden.** Werden die Spenden hingegen aus Mitteln der steuerbefreiten Bereiche geleistet, kommt ein Spendenabzug im wirtschaftlichen Geschäftsbetrieb nicht in Betracht (vgl. BFH-Urteil vom 13. 3. 1991, BStBl. II

1991 S. 645). Darüber hinaus dürfen Zuwendungen, die ein wirtschaftlicher Geschäftsbetrieb an den gemeinnützigen Bereich des Vereins zur Förderung des gemeinnützigen Vereinszwecks gibt, die steuerpflichtigen Einkünfte aus dem wirtschaftlichen Geschäftsbetrieb **nicht** mindern. Denn der wirtschaftliche Geschäftsbetrieb ist kein selbständiges Steuersubjekt (vgl. Abschn. 42 Abs. 8 KStR).

Die Rechtsgrundlagen für den Spendenabzug sind die folgenden: § 10b EStG, §§ 48 und 50 EStDV, R 111 bis 113 EStR 1998; § 9 Abs. 1 Nr. 2 KStG, Abschn. 42 KStR; §§ 8 Nr. 9 und 9 Nr. 5 GewStG.

Der Spendenabzug erstreckt sich danach bei der **Einkommensteuer** und **Körperschaftsteuer** auf Ausgaben zur Förderung mildtätiger, kirchlicher, religiöser, wissenschaftlicher und der als besonders förderungswürdig anerkannten gemeinnützigen Zwecke. Bei der **Gewerbesteuer** gilt dasselbe. Voraussetzung für den Spendenabzug bei der Gewerbesteuer ist aber, daß der Spender die Ausgaben aus Mitteln des Gewerbebetriebs bestreitet.

2. Abgrenzung von den Betriebsausgaben; ertragsteuerliche Behandlung des Sponsorings

Die Finanzverwaltung hat im **BMF-Schreiben vom 18. 2. 1998 (BStBl I 1998 S. 212)** zur ertragsteuerlichen Behandlung des Sponsorings Stellung genommen. Danach können **beim Sponsor** die im Zusammenhang mit dem Sponsoring gemachten Aufwendungen

– Betriebsausgaben i.S.d. § 4 Abs. 4 EStG,
– Spenden, die unter den Voraussetzungen des § 10b EStG abgezogen werden dürfen, oder
– steuerlich nicht abzugsfähige Kosten der Lebensführung (§ 12 Nr. 1 EStG), bei Kapitalgesellschaften verdeckte Gewinnausschüttungen (§ 8 Abs. 3 Satz 2 KStG)

sein.

Aufwendungen des Sponsors sind **Betriebsausgaben**, wenn der Sponsor wirtschaftliche Vorteile, die insbesondere in der Sicherung oder Erhöhung seines unternehmerischen Ansehens liegen können, für sein Unternehmen erstrebt oder für Produkte seines Unternehmens **werben** will. Das ist insbesondere der Fall, wenn der Empfänger der Leistungen auf Plakaten, Veranstaltungshinweisen, in Ausstellungskatalogen, auf den von ihm benutzten Fahrzeugen oder anderen Gegenständen auf das Unternehmen oder auf die Produkte des Sponsors werbewirksam hinweist.

Wirtschaftliche Vorteile für das Unternehmen des Sponsors können nach dem o. g. BMF-Schreiben vom 18. 2. 1998 auch dadurch erreicht werden, daß der Sponsor durch Verwendung des Namens, von Emblemen oder Logos des Empfängers oder in anderer Weise öffentlichkeitswirksam auf seine Leistungen aufmerksam macht.

Für die Berücksichtigung der Aufwendungen als Betriebsausgaben kommt es nicht darauf an, ob die Leistungen notwendig, üblich oder zweckmäßig sind; die Aufwendungen dürfen auch dann als Betriebsausgaben abgezogen werden, wenn die Geld- oder Sachleistungen des Sponsors und die erstrebten Werbeziele für das Unternehmen **nicht gleichwertig** sind. Bei einem **krassen Mißverhältnis** zwischen den Leistungen des Sponsors und dem erstrebten wirtschaftlichen Vorteil ist der Betriebsausgabenabzug allerdings zu versagen (§ 4 Abs. 5 Satz 1 Nr. 7 EStG).

Zuwendungen des Sponsors, die keine Betriebsausgaben sind, sind als **Spenden** zu behandeln, wenn sie zur Förderung steuerbegünstigter Zwecke freiwillig oder aufgrund einer freiwillig eingegangenen Rechtspflicht erbracht werden, kein Entgelt für eine bestimmte Leistung des Empfängers sind und nicht in einem tatsächlichen wirtschaftlichen Zusammenhang mit dessen Leistungen stehen. Vgl. auch BFH in BStBl. 1988 II S. 220 und BStBl. 1991 II S. 258. Danach ist entscheidend für die Abgrenzung der Betriebsausgaben von den Spenden die **Motivation** des Zuwendenden (vgl. auch Hessisches FG, Urteil vom 23. 11. 1998, EFG 1999 S. 496).

Als Sponsoringaufwendungen bezeichnete Aufwendungen, die keine Betriebsausgaben und keine Spenden sind, sind nicht abzugsfähige Kosten der privaten Lebensführung. Bei Zuwendungen einer Kapitalgesellschaft können verdeckte Gewinnausschüttungen vorliegen, wenn der Gesellschafter durch die Zuwendungen begünstigt wird (z. B. eigene Aufwendungen als Mäzen erspart).

Beim **steuerbegünstigten Empfänger** können die im Zusammenhang mit dem Sponsoring erhaltenen Leistungen steuerfreie Einnahmen im ideellen Bereich, steuerfreie Einnahmen aus der Vermögensverwaltung oder steuerpflichtige Einnahmen eines wirtschaftlichen Geschäftsbetriebs sein. Die steuerliche Behandlung der Leistungen beim Empfänger hängt grundsätzlich **nicht** davon ab, wie die entsprechenden Aufwendungen beim leistenden Unternehmen behandelt werden.

Für die Abgrenzung gelten vielmehr die allgemeinen Grundsätze (vgl. insbesondere AEAO zu § 67a I Tz. 9). Danach liegt kein wirtschaftlicher Geschäftsbetrieb, sondern **steuerfreie Vermögensverwaltung** vor, wenn die steuerbegünstigte Körperschaft dem Sponsor nur die Nutzung ihres Namens zu Werbezwecken in der Weise gestattet, daß der Sponsor selbst zu Werbezwecken oder zur Imagepflege auf seine Leistungen an die Körperschaft hinweist. Ein wirtschaftlicher Geschäftsbetrieb liegt auch dann **nicht** vor, wenn der **Empfänger der Leistungen** z. B. **auf Plakaten, Veranstaltungshinweisen, in Ausstellungskatalogen oder in anderer Weise auf die Unterstützung durch einen Sponsor lediglich hinweist.** Dieser Hinweis kann unter Verwendung des Namens, Emblems oder Logos des Sponsors, jedoch **ohne besondere Hervorhebung** erfolgen. In diesem Fall sind die Erlöse nach Auffassung der Finanzverwaltung ebenfalls wie solche aus steuerfreier Vermögensverwaltung zu behandeln. Ein wirtschaftlicher Geschäftsbetrieb liegt dagegen vor, wenn die Körperschaft an den Werbemaßnahmen mitwirkt.

Beispiel 1: Ein Museumsverein erhält von verschiedenen Unternehmen jeweils Beträge zwischen 5000 DM und 10 000 DM für die Durchführung einer Kunstausstellung. Entsprechend den Vereinbarungen druckt der Verein in der unteren Zeile seiner Plakate für die Kunstausstellung die Namen der Firmen mit dem jeweiligen Firmenlogo ab. Auf der Rückseite des Ausstellungskatalogs finden sich unter der Zeile „Wir danken den Sponsoren, die uns die Ausstellung ermöglicht haben" ebenfalls die Namen der Firmen (mit Logo).

Steuerliche Beurteilung:
bei den Unternehmen: Betriebsausgaben
beim Verein: steuerfreie Vermögensverwaltung; Umsatzsteuer 7 v. H.

Beispiel 2: Ein Autohersteller (X) zahlt einem gemeinnützigen Konzertverein einen Betrag in Höhe von 200 000 DM. Dafür verpflichtet sich der Verein, mehrmals ganzseitige Werbeanzeigen des X in seine Vereinszeitschrift aufzunehmen und zusätzlich auf die Eintrittskarten, die Programmhefte für die einzelnen Konzertveranstaltungen, die Jahresprogramme und Plakate (zusammen mit dem Markenzeichen des X) den Hinweis zu drucken: „Diese Veranstaltung wurde gefördert von X."

Steuerliche Beurteilung:
beim Autohersteller: Betriebsausgaben
beim Verein: steuerpflichtiger wirtschaftlicher Geschäftsbetrieb „Werbung" (aufgrund Anzeigengeschäft wird unschädlicher Rahmen überschritten, da in diesen Fällen i.d.R. eine einheitliche Werbeleistung vorliegt, die nicht aufgeteilt werden kann). Betriebsausgaben pauschal in Höhe von 25 v. H. der Werbeeinnahmen (vgl. AEAO zu § 64 Tz. 4); Umsatzsteuer Regelsteuersatz

Beispiel 3: Eine Immobilienfirma „spendet" an einen Sportverein Trainingsanzüge und Trikots mit Werbeaufdruck (z. B. auch Firmenlogo) für alle aktiven Vereinsmitglieder. Der Verein verpflichtet sich, daß diese Sportkleidung von den Spielern anläßlich ihrer öffentlichen Auftritte getragen werden müssen.

Steuerliche Beurteilung:
beim Unternehmen: Betriebsausgaben
beim Verein: steuerpflichtiger wirtschaftlicher Geschäftsbetrieb „Werbung", Einbeziehung des Werts der Trikots in Besteuerungsgrenze von 60 000 DM, pauschaler Betriebsausgabenabzug von 25 v. H.; Umsatzsteuer Regelsteuersatz

3. Spenden und Mitgliedsbeiträge

Zu den Ausgaben für steuerbegünstigte Zwecke gehören Spenden und Mitgliedsbeiträge (einschließlich Aufnahmegebühren). Sie müssen **freiwillig** und **unentgeltlich** geleistet werden. Spenden und Mitgliedsbeiträge gehören beim Verein zu den Erträgen im steuerfreien ideellen Bereich; dies gilt unabhängig davon, ob die Spender die Zuwendungen bei sich steuerlich als Sonderausgaben absetzen können.

a) Freiwilligkeit

Freiwillig ist eine Leistung, wenn dazu keine Verpflichtung besteht oder wenn die Verpflichtung freiwillig eingegangen worden ist. Mitgliedsbeiträge erfüllen deshalb ebenfalls das Merkmal der Freiwilligkeit. Das Vereinsmitglied nimmt die Pflicht zur Zahlung der Beiträge durch den Eintritt in den Verein freiwillig auf sich. Die Abzugsfähigkeit von Mitgliedsbeiträgen läßt sich außerdem auch damit begründen, daß in § 10b EStG, der Vorschrift über den Spendenabzug, gar nicht von Spenden, sondern schlechthin von „Ausgaben" für steuerbegünstigte Zwecke die Rede ist.

Mitgliedsbeiträge werden aufgrund der Satzung dem Verein unmittelbar geschuldet. Es besteht somit keine Möglichkeit, diese Beiträge mit steuerlicher Wirkung über einen Dritten zu entrichten. **Für Mitgliedsbeiträge (einschließlich Aufnahmegebühren) kommt deshalb ein Abzug als Spende nur dann in Betracht, wenn die den Beitrag erhebende Einrichtung selbst zum unmittelbaren Empfang steuerbegünstigter Spenden und zur Ausstellung von Spendenbescheinigungen berechtigt ist** (BFH-Urteil vom 28. 4. 1987, BStBl. II S. 814). In diesem Fall spricht man bisher auch von **Direktspenden**. Dies gilt bei Ausgaben zur Förderung mildtätiger, kirchlicher, religiöser und wissenschaftlicher Zwecke. Bei Ausgaben zur Förderung der nach der **Anlage 7** zu R 111 Abs. 1 EStR 1998 als besonders förderungswürdig anerkannten gemeinnützigen Zwecke trifft dies nur zu, wenn Spendenempfänger **nicht** eine juristische Person des öffentlichen Rechts oder eine öffentliche Dienststelle sein muß.

Von **Durchlaufspenden** spricht man bislang hingegen bei Zuwendungen an solche Vereine, die **nicht selbst** zum unmittelbaren Empfang steuerbegünstigter Spenden (Ausnahme: Listenverfahren, vgl. Seite 272) und auch nicht zur Ausstellung von Spendenbescheinigungen berechtigt sind. Hierbei handelt es sich um Spenden für diejenigen **gemeinnützigen Zwecke**, die nach der **Anlage 7** nur unter dem Vorbehalt als besonders förderungswürdig anerkannt werden, daß Spendenempfänger eine juristische Person des öffentlichen Rechts oder eine öffentliche Dienststelle ist. Dies gilt z.B. für Sport-, Musik- und Gesangvereine. In den Fällen der Durchlaufspenden sind Mitgliedsbeiträge (einschließlich Aufnahmegebühren) also vom Spendenabzug ausgeschlossen.

Nach dem **BFH-Urteil vom 11. 6. 1997 (BStBl II 1997 S. 612)** bestehen gegen die Anerkennung von Durchlaufspenden erhebliche Bedenken. Nach Auffassung des BFH kann die Anerkennung von Durchlaufspenden nicht mehr aufrechterhalten werden.

Hinweis zur Neuordnung des Spendenrechts:
Es ist zu erwarten, daß künftig (voraussichtlich ab 1. 1. 2000) alle Vereine, die spendenbegünstigte Zwecke verfolgen, zum unmittelbaren Empfang steuerbegünstigter Spenden und zur Ausstellung von Spendenbestätigungen berechtigt sind (Gesetzentwurf liegt vor). Das Durchlaufspendenverfahren würde dadurch nahezu bedeutungslos werden.

Im Einzelnen soll ab dem Jahr 2000 nach einer Neuregelung der §§ 48–50 EStDV Folgendes gelten:

–   Alle gemeinnützigen Vereine, die steuerbegünstigte Zwecke i.S.d. § 10 b Abs. 1 EStG fördern, sollen künftig zum unmittelbaren Empfang steuerbegünstigter Spenden berechtigt sein und damit auch selbst Spendenbestätigungen ausstellen können.

–   Der Kreis der Zwecke, bei denen Mitgliederbeiträge begünstigt sind, soll neu geordnet werden. Vom Abzug ausgeschlossen sollen jedoch auch künftig Mitgliederbeiträge sein, die in erster Linie im Hinblick auf die eigene Freizeitgestaltung geleistet werden (z.B. bei Sportvereinen).

–   Das Durchlaufspendenverfahren soll zwar aufgehoben werden. Allerdings soll es auch zukünftig möglich sein, einem gemeinnützigen Verein steuerbegünstigte Spenden über eine juristische Person des öffentlichen Rechts (Durchlaufstelle) zuzuwenden. Das bei Durchlaufspenden bislang praktizierte Listenverfahren würde durch die Neuregelung im Ergebnis überflüssig werden.

Mitgliederbeiträge und Aufnahmegebühren sollen jedoch auch künftig nur eingeschränkt als Spende abziehbar sein; ein allgemeiner Abzug von Mitgliederbeiträgen und Aufnahmegebühren (z.B. bei Sport- und Musikvereinen) ist also nicht zu erwarten.

Geldbeträge, die auf Grund eines Strafverfahrens als Bewährungsauflage oder Sühnezahlung geleistet werden, sind dagegen **keine freiwillig** hingegebenen Spenden (BFH-Urteil vom 8. 4. 1964, BStBl. III S. 333). Die Tatsache, daß sich jemand moralisch oder wegen seines Ansehens zur Spendengewährung verpflichtet fühlt, ist hingegen unerheblich. Es liegen trotzdem freiwillige Spenden vor.

Nach dem BFH-Urteil vom 22. 9. 1993 (BStBl. II 1993 S. 874) sind Aufwendungen zur Erfüllung von Vermächtniszuwendungen an gemeinnützige Einrichtungen **beim Erben** ebenfalls **nicht als Spenden** nach § 10b EStG abziehbar. Denn in diesem Fall handelt der Erbe **nicht freiwillig** i. S. des § 10b Abs. 1 Satz 1 EStG, sondern aufgrund einer rechtlichen Verpflichtung aus dem ererbten Vermögen. Diese Aufwendungen des Erben sind aber auch **beim Erblasser nicht als Spenden** abziehbar (vgl. BFH-Urteil vom 23. 10. 1996, BStBl. II 1997 S. 239). Denn der spätere Zahlungsvorgang durch den Erben kann nicht dem Erblasser zugerechnet werden.

Bei der Abgrenzung zwischen freiwilligen Spenden und verdeckten Mitgliedsbeiträgen/Aufnahmegebühren vertritt die Finanzverwaltung im BMF-

Schreiben vom 20. 10. 1998 (BStBl. I 1998 S. 1424) zur Frage der **Freiwilligkeit** von Spenden folgende Auffassung:

- „Sind die Sonderzahlungen **satzungsmäßig festgelegt** oder liegt ein **Beschluß der Mitgliederversammlung** über die Sonderzahlungen vor, handelt es sich bei den Sonderzahlungen auch dann um eine Umlage und **nicht um eine abzugsfähige Spende,** wenn einzelne Mitglieder die Sonderzahlung nicht leisten. Gleiches gilt, wenn auf andere Weise eine Sonderzahlung verlangt wird, zu deren Leistung die Mitglieder **rechtlich verpflichtet sind** und auf die der Verein einen Rechtsanspruch hat.

- Liegt keine rechtliche Zahlungsverpflichtung der Mitglieder vor, ist die **Leistung gleich oder ähnlich hoher Sonderzahlungen** ein wesentliches Indiz dafür, daß die Mitgliedschaft im Verein oder die Aufnahme in den Verein **faktisch von der Leistung der Sonderzahlung abhängt.** Von dieser (widerlegbaren) Vermutung ist z. B. regelmäßig dann auszugehen, wenn **mehr als 75 v. H. der neu eintretenden Mitglieder eine gleich oder ähnlich hohe Sonderzahlung** neben der Aufnahmegebühr leisten. Die Sonderzahlung würde dann eine verdeckte Aufnahmegebühr darstellen, die bei der Prüfung der gemeinnützigkeitsrechtlich zulässigen Höchstgrenze für Aufnahmegebühren (durchschnittlich 3000 DM) zu berücksichtigen und steuerlich nicht als Spende abziehbar wäre.

- Die vorgenannte 75 v. H.-Grenze kann nur als **Orientierungshilfe** dienen. Maßgebend ist die Bejahung der „Freiwilligkeit" der Sonderzahlungen nach den **tatsächlichen Verhältnissen des Einzelfalls,** so daß auch gleich oder ähnlich hohe Sonderzahlungen von deutlich weniger als 75 v. H. der neu eintretenden Mitglieder zur Annahme verdeckter Aufnahmegebühren führen können. Leisten mehr als 75 v. H. der Neumitglieder Sonderzahlungen, trifft den Verein eine erhöhte Nachweispflicht, daß es sich bei den Sonderzahlungen nicht um „Pflichtleistungen" handelt."

b) Unentgeltlichkeit

Unentgeltlich ist eine Leistung, wenn ihr keine Gegenleistung des Empfängers gegenübersteht oder wenn zwischen Leistung und Gegenleistung kein unmittelbarer Zusammenhang besteht. Entscheidend ist, ob der Spender aufgrund seiner Zuwendungen einen **konkreten, individuellen Vorteil** erhält, der gezielt ihm allein und keinem anderen zugute kommt.

Nach dem BFH-Urteil vom 19. 12. 1990 (BStBl. II 1991 S. 234) sind z. B. Zahlungen an eine gemeinnützige Einrichtung zur Erfüllung einer Auflage nach § 153a Abs. 1 Nr. 2 StPO **nicht als Spende** abziehbar. Denn in diesem Fall erfolgt die Zahlung zur Erlangung einer Gegenleistung, nämlich der Einstellung des Verfahrens.

Ein den Spendenabzug ausschließender Zusammenhang wird vom BFH ebenfalls angenommen, wenn Eltern einer von ihren Kindern besuchten gemeinnützigen Schule Zuwendungen gewähren (BFH-Urteil vom 25. 8. 1987,

BStBl. II S. 850). Danach ist ein **Schulgeld**, das Eltern für die Unterrichtung ihrer Kinder an einer Privatschule zahlen, **nicht – auch nicht teilweise – als Spende abziehbar**. Nach Auffassung der Finanzverwaltung ist deshalb bei Steuerpflichtigen, deren Kinder eine **Privatschule** (z. B. Waldorfschule) besuchen, eine Aufteilung der Elternbeiträge in einen steuerlich abziehbaren Spendenanteil und in ein nicht als Spenden abziehbares Leistungsentgelt nicht mehr möglich.

Als Spenden kommen somit nur noch **freiwillige Elternspenden** in Betracht, die **über das Schulgeld (Elternbeitrag) hinausgehen und nicht mit dem normalen Schulbetrieb zusammenhängen**. Hierzu gehören z. B. die Übernahme von Patenschaften, Einzelspenden für besondere Veranstaltungen (z. B. öffentliche Konzertveranstaltungen oder Theateraufführungen) oder Anschaffungen außerhalb des normalen Schulbetriebs (z. B. Spenden für den Erwerb eines Mikroskops). Dasselbe gilt bei Zuwendungen für die Lehrerausbildung und für die Schulbaukosten, wenn hierfür allgemein zu Spenden aufgerufen wird. Voraussetzung für den Spendenabzug ist aber, daß die festgesetzten Elternbeiträge – auch bei Zwischenschaltung eines Fördervereins – zusammen mit etwaigen Zuschüssen die voraussichtlichen Kosten des normalen Schulbetriebs decken. Diese Grundsätze gelten im übrigen bei anderen Bildungseinrichtungen, z. B. **Kindergärten**, entsprechend (vgl. BMF-Schreiben vom 4. 1. 1991, BStBl. I 1992 S. 266).

Für **Schulgeldzahlungen an Privatschulen** kommt aber nach § 10 Abs. 1 Nr. 9 EStG teilweise ein **Sonderausgabenabzug** in Betracht. Danach können 30 v. H. des **Entgelts** für den Besuch einer Ersatz- oder Ergänzungsschule als Sonderausgaben abgezogen werden. Die Ersatzschule muß staatlich genehmigt oder nach Landesrecht erlaubt sein (z. B. Waldorfschule); die Ergänzungsschule muß nach Landesrecht als allgemeinbildende Einrichtung anerkannt sein. Die Vergünstigung wird für Kinder gewährt, für die der Steuerpflichtige einen Kinderfreibetrag oder Kindergeld erhält. Das Entgelt für die Beherbergung, Betreuung und Verpflegung (Internatsleistungen) ist jedoch nicht begünstigt; ggf. muß deshalb dieser Entgeltsanteil aus der Bemessungsgrundlage für die 30 v. H.-Regelung herausgerechnet werden. Die Regelung in § 10 Abs. 1 Nr. 9 EStG kann aber nur auf die dort genannten Schulen, nicht dagegen auf Kindergärten angewandt werden.

Echte Mitgliedsbeiträge, die erhoben werden, um die in der Vereinssatzung festgelegten Gemeinschaftsleistungen zu erfüllen, können nicht als Gegenleistung dafür angesehen werden, daß das einzelne Mitglied von diesen Gemeinschaftsleistungen, z. B. den Einrichtungen einer Jugendorganisation oder der Tennisanlage eines Sportvereins, einen persönlichen Nutzen hat. Der Zusammenhang zwischen Beitrag und Inanspruchnahme des Vereins durch das Mitglied ist nicht so eng, daß hier von einem Leistungsaustausch gesprochen werden könnte. Dies gilt selbst dann, wenn die Beiträge für aktive und passive Mitglieder eines Vereins der Höhe nach gestaffelt sind.

Bei **Krankenpflegevereinen** wird grundsätzlich davon ausgegangen, daß der Mitgliedsbeitrag kein konkretes Entgelt für eine etwaige spätere Inanspruchnahme von Leistungen des Vereins darstellt. Der Beitrag kann deshalb als Spende abgezogen werden. Erbringt der Verein aber für einzelne Mitglieder **Son-**

derleistungen gegen besonderes Entgelt, sei es, daß dieses eigens in Rechnung gestellt oder daß ein zusätzlicher oder erhöhter Beitrag verlangt wird, so handelt es sich insofern um Leistungsentgelte (unechte Mitgliedsbeiträge), die nicht als Spenden abgezogen werden können (vgl. BFH-Urteil vom 9. 5. 1974, BStBl. II S. 530).

Der Begriff der Unentgeltlichkeit darf nicht verwechselt werden mit Uneigennützigkeit. Bei vielen Spenden werden **eigennützige Motive** hereinspielen, wie etwa, wenn sich ein Geschäftsmann eine Förderung seines Ansehens oder gar zusätzliche Kunden aus den Kreisen der Vereinsmitglieder verspricht. Dies ist indessen unschädlich, da der Spende keine konkrete Gegenleistung gegenübersteht. Nach der Rechtsprechung (BFH-Urteil vom 21. 5. 1963, BStBl. III S. 210) setzt die Steuerbegünstigung von Ausgaben zur Förderung gemeinnütziger Zwecke uneigennützige Beweggründe nicht voraus.

Bei Vorliegen eines **Leistungsaustausches** ist es also nach dem o.g. BFH-Urteil vom 25. 8. 1987 (BStBl. II S. 850) zur Aufteilung von Schulgeldern nicht zulässig, die an den Verein geleisteten Zahlungen in Entgelt und Spende aufzuteilen. Das gilt z. B. für den **Kauf von Losen** bei einer Lotterie zu gemeinnützigen Zwecken. Bei **Wohltätigkeits(Benefiz-)veranstaltungen** können nach diesem Schulgeldurteil Eintrittsgelder ebenfalls nicht mehr in einen Entgelt- und Spendenanteil aufgeteilt werden. Dies gilt auch für die Aufteilung von Zahlungen bei dem Verkauf von Sachen (z. B. Kunstplakate oder Speisen und Getränke). Es kommt dabei nicht darauf an, ob der empfangene Gegenwert den geleisteten Zahlungen entspricht oder ob zugunsten des Vereins mehr bezahlt wird. Die gesamten Zahlungen sind vielmehr als entgeltlich anzusehen.

In diesen Fällen sind deshalb steuerbegünstigte Spenden nur noch dann möglich, wenn **neben** einem festen Eintrittsgeld oder einem bestimmten Kaufpreis (Entgelt) freiwillige Zuwendungen erfolgen. Dabei bleibt es einem gemeinnützigen Verein unbenommen, neben einem bestimmten Entgelt die Zahlung einer freiwilligen Spende in das Ermessen der Besucher oder Käufer zu stellen. Die für den Spendenabzug erforderlichen Merkmale der Freiwilligkeit und der Unentgeltlichkeit erfordern aber, daß der Besuch einer Veranstaltung oder der Kauf einer Sache auch ohne Spende möglich ist.

Beispiel: Ein steuerbegünstigter Verein veranstaltet ein Festessen. Der Erlös der Veranstaltung soll für mildtätige Zwecke verwendet werden.
Um den Teilnehmern einen steuerlichen Spendenabzug zu ermöglichen, könnte hierbei wie folgt verfahren werden:
– als Eintrittspreis wird ein dem Wert des Essens entsprechender Betrag erhoben;
– darüber hinaus wird es den Gästen anheimgestellt, zusätzlich eine Spende zu leisten. Hierbei ist es u. E. unschädlich, wenn der Veranstalter seine Spendenerwartung in bestimmter Höhe beziffert.

Auch beim Kauf von **Wohlfahrtsbriefmarken** scheidet ein Spendenabzug aus, da die Wohlfahrtsmarken in der Regel einen ihren Kosten entsprechenden Markt- oder Sammlerwert besitzen (BFH-Urteil vom 13. 6. 1969, BStBl. II

S. 701). Werden die Wohlfahrtsbriefmarken aber für betriebliche Zwecke verwendet, so liegen nicht nur hinsichtlich des Portos, sondern auch hinsichtlich des Zuschlags Betriebsausgaben vor. Eine Aufteilung von Zahlungen in Entgelt und Spende wird von der Finanzverwaltung immer noch bei **UNICEF-Grußkarten** zugelassen. Dies kann aber nur als Billigkeitsregelung verstanden werden. Plaketten, Abzeichen oder Bausteine, die bei Sammlungen ausgegeben werden, sind dagegen mehr eine Art Quittung ohne eigenen Marktwert. Ein Spendenabzug ist daher wie bisher möglich. Gleiches kann auch bei Broschüren zutreffen, wenn sie keinen Marktwert aufweisen, sondern mehr für die Ziele des gemeinnützigen Vereins werben sollen.

c) Geld- und Sachspenden

Eine Spende setzt eine **Wertabgabe** aus dem geldwerten Vermögen des Spenders voraus, die bei ihm zu einer endgültigen wirtschaftlichen Belastung führt. Hieran fehlt es z. B., wenn ein Steuerpflichtiger Zahlungen zur Erhaltung des unter Denkmalschutz stehenden Einfamilienhauses seiner Ehefrau über eine Körperschaft des öffentlichen Rechts leistet. Denn in diesem Fall steht der Wertabgabe bei dem einen Ehegatten ein entsprechender Zufluß bei dem anderen gegenüber (vgl. BFH-Urteil vom 20. 2. 1991, BStBl. II S. 690).

Bei **Gutscheinspenden** (z. B. Warengutscheine eines Unternehmers) für einen steuerbegünstigten Zweckbetrieb „Tombola" kommt ein Spendenabzug grundsätzlich in Betracht, da die Verwendung des Gutscheins im Rahmen der Tombola als Verwendung für die steuerbegünstigten Zwecke des Vereins gilt (vgl. Seite 232). Eine Spende i. S. des § 10b EStG liegt steuerlich aber nicht bereits im **Zeitpunkt** der Hingabe des Gutscheins vor, sondern erst dann, wenn dieser **tatsächlich eingelöst** wird. Denn erst zu diesem Zeitpunkt kann eine Wertabgabe aus dem Vermögen des Spenders und damit bei ihm eine endgültige wirtschaftliche Belastung angenommen werden. Zur Höhe des Spendenabzugs in diesen Fällen (Entnahme aus dem Betriebsvermögen), vgl. die Ausführungen auf Seite 258.

Ein Spendenabzug für das sog. **Kirchenopfer (Kirchenkollekte)** kann dadurch erreicht werden, daß der Spender zunächst einen bestimmten Betrag an die Kirche überweist. Hierfür erhält er von der Kirchengemeinde eine Spendenbescheinigung. Gleichzeitig bekommt er in Höhe seiner Spende **Gutscheine** (sog. Kollektenbons) ausgehändigt, die z. B. in 10- und 20 DM-Beträge gestückelt sind. Diese Gutscheine kann er nun nach Gutdünken in den Opferkasten werfen. Der entsprechende Betrag wird anschließend vom Spendenkonto für die jeweilige Kollektenaktion abgebucht.

Sachspenden aus dem Privatvermögen

Außer Geldspenden sind auch Sachspenden abzugsfähig. Sie sind nach § 10b Abs. 3 Satz 3 EStG mit dem **gemeinen Wert**, d.h. mit dem im gewöhnlichen Geschäftsverkehr erzielbaren Veräußerungspreis (Verkehrswert), anzusetzen. Darunter ist der Bruttopreis einschließlich der Umsatzsteuer zu verstehen. Der Spendenabzug ist also nicht auf die früheren Anschaffungskosten des Spenders für den betreffenden Gegenstand beschränkt. Bei der Bewertung von Sachspenden (z. B. einem Gemälde, Büchern oder Münzen) wird man häufig nicht ohne ein Gutachten eines Sachverständigen auskommen. Sachspenden sind nur abzugsfähig, wenn ihr Wert in der Spendenbescheinigung durch den Spendenempfänger bescheinigt wird (BFH-Urteil vom 22. 10. 1971, BStBl. II 1972 S. 55). An den Nachweis des Werts der Sachspende werden dabei strenge Anforderungen gestellt.

Bei der Ausstellung einer Spendenbescheinigung über eine Sachspende muß außerdem beachtet werden, daß nach § 10b Abs. 4 EStG ein **Haftungstatbestand** für unrichtige Bestätigungen gilt. Dieser Haftungstatbestand greift z. B., wenn bei Sachspenden vorsätzlich ein überhöhter Wert bescheinigt wird. Vgl. hierzu im einzelnen Seite 280. Werden z. B. gebrauchte Gegenstände des Privatvermögens gespendet (Möbel, Kleidung), dann kommt – wenn überhaupt – zumeist nur ein geringer Spendenabzug in Betracht, weil derartige Gegenstände regelmäßig nicht oder nur zu einem niedrigen Preis verkauft werden können.

Nach dem BFH-Urteil vom 23. 5. 1989 (BStBl. II S. 879) können gebrauchte Wirtschaftsgüter zwar Gegenstand einer Sachspende sein, deren Höhe sich nach dem gemeinen Wert des zugewendeten Wirtschaftsguts richtet. Im entschiedenen Fall ging es um **Kleiderspenden** an das DRK. Der BFH hat dabei aber ausdrücklich betont, daß, soweit gebrauchte Kleidung überhaupt einen gemeinen Wert (Marktwert) hat, die für eine Schätzung des Wertes maßgeblichen Faktoren wie Neupreis, Zeitraum zwischen Anschaffung und Weggabe sowie der tatsächliche Erhaltungszustand im einzelnen durch den Steuerpflichtigen nachzuweisen sind. Können diese Feststellungen nicht mehr getroffen werden, so kommt ein Spendenabzug **nicht** in Betracht.

Ein Spendenabzug ist bei **Altkleidersammlungen** im übrigen nur dann möglich, wenn die Kleiderspende in einen **steuerbegünstigten Zweckbetrieb** „Kleiderkammer" i.S.d. § 66 AO erbracht und damit unmittelbar für steuerbegünstigte Zwecke verwendet wird (vgl. BMF-Schreiben vom 25. 9. 1995, BStBl. I 1995 S. 630). Handelt es sich bei einer Altkleidersammlung hingegen um einen wirtschaftlichen Geschäftsbetrieb (z. B. nach § 64 Abs. 5 AO), ist ein Spendenabzug nach § 48 Abs. 3 Nr. 2 EStDV ausgeschlossen, da die gespendeten Gegenstände **nicht unmittelbar** steuerbegünstigten satzungsmäßigen Zwecken zugute kommen. Denn die gespendeten Gegenstände gehen zunächst in den wirtschaftlichen Geschäftsbetrieb ein und nur die Erlöse hieraus werden gemeinnützigen Zwecken zugeführt. Dasselbe gilt bei Sachspenden für **Weihnachts-, Wohltätigkeits-, und Pfennigbasare**, die ebenfalls als steuerpflichtige wirtschaftliche Geschäftsbetriebe anzusehen sind.

Voraussetzung für den Spendenabzug nach § 48 Abs. 3 Nr. 2 EStDV ist deshalb, daß die Zuwendungen **unmittelbar für steuerbegünstigte satzungsmäßige Zwecke verwendet werden.** Dies bedeutet, daß die Verwendung im **ideellen Bereich** (z. B. Jugendarbeit) oder im **Zweckbetriebsbereich** (z. B. sportliche Veranstaltungen) erfolgen muß, **nicht aber im steuerpflichtigen wirtschaftlichen Geschäftsbetrieb** (z. B. selbstbewirtschaftete Vereinsgaststätte) geschieht.

Die Verwendung von Spenden im **Vermögensverwaltungsbereich** (z. B. verpachtete Vereinsgaststätte) ist grundsätzlich nicht möglich, da Spenden nach § 48 Abs. 3 Nr. 2 EStDV nur für satzungsmäßige Zwecke verwendet werden dürfen und die Vermögensverwaltung nicht Satzungszweck sein darf (vgl. AEAO zu § 59 Tz. 1). Die Finanzverwaltung läßt aber in bestimmten Fällen auch insoweit einen Spendenabzug zu. Dies gilt z. B. für Zuwendungen für die Kapitalausstattung einer Stiftung in Form von Stiftungskapital und Zustiftungen oder Zuwendungen, die auf Wunsch des Spenders oder aufgrund eines Spendenaufrufs eines Vereins seinem Vermögen zugeführt werden. Vgl. auch AEAO zu § 55 Tz. 10 und Seite 159.

Beim gutgläubigen Spender bleibt in diesen Fällen der Spendenabzug aus Gründen des Vertrauensschutzes nach § 10b Abs. 4 EStG aber auch dann bestehen, wenn der Verein die Zuwendung nicht für steuerbegünstigte Zwecke verwendet, sondern z. b. in einem wirtschaftlichen Geschäftsbetrieb (auch zur Abdeckung von Verlusten); beim Verein kann dies jedoch zur sog. Veranlasserhaftung führen (vgl. Seite 280).

Blutspenden gelten nach Auffassung der Finanzverwaltung im übrigen nicht als Sachspenden; ein Spendenabzug ist daher nicht möglich. Sofern der Blutspender aber für die Hingabe seines Blutes einen Geldbetrag beanspruchen kann (Rechtsanspruch) und er hierauf nachträglich verzichtet, kann für diese Geldspende eine Spendenbestätigung erteilt werden.

Sachspenden aus dem Betriebsvermögen

Rechtsfolgen bei Teilwertansatz: Wenn der Vermögensgegenstand beim Spender zu einem **Betriebsvermögen** gehört hat, muß er im Zeitpunkt der Spende zum **Teilwert** oder wahlweise zum **Buchwert** (siehe nachstehende Ausführungen) entnommen werden (§ 6 Abs. 1 Nr. 4 S. 1 und 4 EStG). Der Teilwert ist der Wert, den ein Käufer des Betriebs im Rahmen des Gesamtkaufpreises für den Gegenstand bezahlen würde. Bei **Waren** entspricht der Teilwert den Wiederbeschaffungskosten, also in der Regel dem **Einkaufspreis** und nicht dem Verkaufspreis. Die Entnahme führt aus diesem Grund insoweit in der Regel nicht zu einer Gewinnverwirklichung. Bei **Anlagegütern** (Grundstücke, Maschinen, Einrichtungsgegenstände) wird der Buchwert vielfach niedriger sein als der Teilwert, so daß in Höhe der Differenz durch die Entnahme ein steuerpflichtiger Gewinn entsteht. Die darauf entfallende Steuerbelastung mindert im Ergebnis die Steuerersparnis auf Grund des Spendenabzugs. Als Spende ist bei solchen Wirtschaftsgütern, die unmittelbar vor der Spendenhingabe aus einem Betriebsvermögen entnommen worden sind, nach **§ 10b Abs. 3 Satz 2 EStG höchstens der bei der Entnahme angesetzte Wert** und nicht der evtl. höhere gemeine Wert (erzielbarer Veräußerungspreis) zugrunde zu legen.

Ist die Sachspende aus dem Betriebsvermögen nach § 3 Abs. 1 Nr. 1 UStG umsatzsteuerpflichtig, ist nach Auffassung der Finanzverwaltung die bei der Entnahme des Wirtschaftsguts entstehende **Umsatzsteuer** dem einkommensteuerlichen **Entnahmewert** (Teilwert oder Buchwert, vgl. nachstehend) **zuzurechnen und der Gesamtbetrag** im Rahmen des § 10b EStG **als Spende** zu berücksichtigen (vgl. R 111 Abs. 1 S. 5 EStR).

Rechtsfolgen bei Buchwertansatz (sog. **Buchwertprivileg**): Für Sachspenden aus einem Betriebsvermögen heraus hat der Gesetzgeber umfassende Erleichterungen geschaffen. Nach § 6 Abs. 1 Nr. 4 Satz 4 EStG kann die Entnahme eines Wirtschaftsguts aus einem Betriebsvermögen zum **Buchwert** erfolgen, wenn das Wirtschaftsgut anschließend als Sachspende einer nach § 5 Abs. 1 Nr. 9 KStG steuerbefreiten Körperschaft oder einer Körperschaft des öffentlichen Rechts zur Verwendung für steuerbegünstigte Zwecke i. S. des § 10b Abs. 1 EStG unentgeltlich überlassen wird. Nach R 139 Abs. 2 S. 7 EStR 1998 kann mittlerweile auch **im Rahmen einer Betriebsaufgabe** das Buchwertprivileg nach § 6 Abs. 1 Nr. 4 S. 4 EStG in Anspruch genommen werden.

Bei Inspruchnahme des Buchwertprivilegs ist aber zu beachten, daß die Spenden nur in Höhe des Buchwerts (ggfs. einschließlich Umsatzsteuer) abzugsfähig sind (§ 10b Abs. 3 Satz 2 EStG). Diese Regelung ist trotzdem von Vorteil, weil wertvollere Sachspenden wegen der geltenden Spendenhöchstbeträge oft nur teilweise abgezogen werden können und ein bei der Entnahme zu realisierender Gewinn deshalb durch den Spendenabzug nicht ausgeglichen wird.

d) Aufwandsspenden

Der Spendenabzug setzt voraus, daß der Spender tatsächlich Ausgaben in Geld- und Sachwerten hat. Nutzungen und unentgeltliche Leistungen (insbesondere Dienstleistungen) sind darum vom Spendenabzug gesetzlich ausgeschlossen (§ 10b Abs. 3 Satz 1 EStG). Wer also **von vornherein** auf mögliche Nutzungsentgelte (z. B. Miet-, Pacht- oder Darlehenszinsen) verzichtet oder unentgeltliche Dienstleistungen ausführt, erzielt infolgedessen auch keine Einkünfte, die ihm zur Versteuerung zugerechnet werden könnten. Insofern wirkt sich der geleistete Verzicht steuerlich trotzdem als Vorteil aus.

Andere Grundsätze gelten für die Fälle, in denen ein Anspruch auf ein Nutzungsentgelt oder eine Dienstleistungsvergütung bereits entstanden ist und der Berechtigte erst **nachträglich** darauf verzichtet. Bei Vereinen, die nur durchlaufspendenbegünstigt sind, war darüber hinaus in der Vergangenheit eine tatsächliche Auszahlung der Vergütung erforderlich (vgl. nachstehende Ausführungen).

> **Beispiel:** Ein Vereinsmitglied gibt seinem spendenbegünstigten Verein ein verzinsliches Darlehen und entschließt sich erst bei der Zurückzahlung des Darlehens, auf die Zinsen zu verzichten.
> Bei dieser Sachlage muß das Vereinsmitglied die Zinsen als Einkünfte aus Kapitalvermögen versteuern, kann aber, wenn die übrigen gesetzlichen Voraussetzungen erfüllt sind, den Spendenabzug vornehmen.

Aufwendungen (z. B. Pkw-Benutzung, Reisekosten, Porto- und Telefonkosten) die z. B. einem Vereinsfunktionär (Vorstandsmitglied, Übungsleiter) oder einem Vereinsmitglied bei seiner Tätigkeit für den Verein erwachsen, können deshalb – wie auch **Vergütungen**, z. B. die steuerfreie Aufwandsentschädigung nach § 3 Nr. 26 EStG in Höhe von 2400 DM oder Aushilfslöhne in einem wirtschaftlichen Geschäftsbetrieb – nur unter folgenden Voraussetzungen als Spenden anerkannt werden:

a) Der Spender muß gegenüber dem gemeinnützigen Verein einen **Rechtsanspruch** auf Auslagenersatz haben, so daß er die Auszahlung der entsprechenden Beträge tatsächlich verlangen kann;

b) er muß auf diesen Anspruch zeitnah **nachträglich verzichten;**

c) der betreffende Verein muß selbst zum unmittelbaren Empfang steuerbegünstigter Spenden und zur Ausstellung von Spendenbescheinigungen berechtigt sein (sog. Direktspenden). Bei sog. Durchlaufspenden mußten derartige Aufwendungen in der Vergangenheit hingegen tatsächlich ausbezahlt und anschließend vom Spender im Wege der Durchlaufspende dem Verein wieder zur Verfügung gestellt werden. Zur geänderten Verwaltungsauffassung in Bezug auf das Erfordernis der Auszahlung bei Durchlaufspenden, vgl. die nachstehenden Ausführungen.

Nach § 10b Abs. 3 S. 4 und 5 EStG sind nämlich Aufwendungen zugunsten einer zum Empfang steuerlich abzugsfähiger Zuwendungen berechtigten Körperschaft nur abzugsfähig, wenn ein Anspruch auf die Erstattung der Aufwendungen durch **Vertrag** oder **Satzung** eingeräumt und auf die Erstattung **nachträglich verzichtet** worden ist. Dies gilt unter den Voraussetzungen des **BMF-Schreibens vom 7.6. 1999 (BStBl I 1999 S. 591)** auch bei Erstattungsansprüchen nach § 670 BGB, die Grundlage von Aufwandsspenden sein können. Dabei darf der Anspruch nicht unter der Bedingung des Verzichts eingeräumt worden sein, d. h. der Verein muß das finanzielle Risiko einer möglichen Auszahlung des Anspruchs tragen. Ausreichend ist danach auch, wenn sich der Rechtsanspruch aus einem rechtsgültigen Beschluß des Vorstands ergibt, und dieser Beschluß den Mitgliedern in geeigneter Weise bekanntgemacht wird.

Die Finanzverwaltung geht aber mittlerweile davon aus, daß (wie in den Fällen der Direktspenden) auch **bei Durchlaufspenden eine Auszahlung des Aufwandsersatzes nicht mehr erforderlich ist** (vgl. BB 1996 S. 993). Es reicht deshalb in diesen Fällen aus, wenn

– der Spender auf seinen (durch Vertrag, z.B. Dienstvertrag, oder Satzung) rechtswirksam entstandenen Anspruch auf Vergütungs- oder Auslagenersatz bedingungslos **verzichtet** (dieser Verzicht muß zeitnah nachträglich an die Leistung erfolgen), **und verfügt,** daß

– der Verein bei Teilnahme am Listenverfahren den entsprechenden Betrag – ohne vorherige Auszahlung – **vom laufenden Vereinskonto auf das Spendensammelkonto umbucht** oder dort einzahlt und anschließend – wie bisher – mit den übrigen Spenden samt Spenderliste tatsächlich an die Durchlaufstelle überweist, die dann auch für die Aufwandsspenden eine Spendenbestätigung ausstellt. Zu den Einzelheiten des Listenverfahrens, vgl. Seite 272.

– Oder (wenn der Verein beispielsweise das Listenverfahren nicht praktiziert) ein Geldbetrag in Höhe der Aufwandsspende **auf Weisung des Spenders** – ohne vorherige Auszahlung – unmittelbar durch den Vereinskassierer bei der Durchlaufstelle als Spende eingezahlt wird.

Diese Vorgehensweise muß grundsätzlich durch ausdrückliche **schriftliche Erklärung** des Spenders über den Verzicht und die Verfügung dokumentiert werden.

Beispiel 1: Die Vereinsmitglieder eines Musikvereins haben aufgrund eines Dienstvertrags Anspruch auf Aushilfslöhne für ihre Tätigkeit bei einem Vereinsfest. Im Anschluß an diese Festveranstaltung verzichten die Vereinsmitglieder zeitnah auf ihre Aushilfslöhne und verfügen, daß sie die Löhne an den Verein spenden wollen. Dies wird durch entsprechende schriftliche Erklärungen der Vereinsmitglieder ausdrücklich dokumentiert. Eine Auszahlung der Aushilfslöhne erfolgt also nicht.

In diesem Fall verwenden die Vereinsmitglieder steuerlich bereits zugeflossenes Einkommen mit der Folge, daß – je nach persönlicher Verhältnisse – ggfs. die Voraussetzungen für die pauschale Sozialversicherungspflicht (vgl. § 3 Nr. 39 EStG) und ggfs. zusätzlich den Lohnsteuerabzug nach § 40a EStG im Rahmen des „630 DM-Gesetzes" sowie für den Spendenabzug vorliegen. Die Höhe der Spende bemißt sich nach dem Helferlohn. Beim erstattungspflichtigen Verein liegen in Höhe der Aushilfslöhne auch Betriebsausgaben im steuerpflichtigen wirtschaftlichen Geschäftsbetrieb „Vereinsfest" vor.

Beispiel 2: Ein Vereinsmitglied eines Sportvereins fährt mit seinem Privat-Pkw die Jugendmannschaft an den Wochenenden zu Auswärtsspielen. Er macht dies ehrenamtlich. Unter welchen Voraussetzungen kann er eine Spendenbestätigung erhalten? Die Erteilung einer Spendenbestätigung ist möglich, wenn
- er nach der Vereinssatzung oder aufgrund eines Vertrags einen Rechtsanspruch auf Auslagenersatz hat, der nicht unter der Bedingung des Verzichts eingeräumt wurde und
- der Aufwandsatz der Höhe nach angemessen ist (vgl. § 55 AO und BFH-Urteil vom 3. 12. 1996, BStBl. II 1997 S. 474). **Bei Fahrtkostenersatz für die Pkw-Nutzung** bietet es sich z. B. an, die lohnsteuerlichen Höchstbeträge für Reisekosten in Höhe von **0,52 DM** pro gefahrenen Kilometer zu vereinbaren.
- Außerdem muß er auf diesen Erstattungsanspruch nachträglich zugunsten des Vereins verzichten und verfügen, daß dieser Betrag vom Verein an die Durchlaufstelle überwiesen wird. Dies sollte durch ausdrückliche schriftliche Erklärung des Spenders dokumentiert werden.
Eine Auszahlung ist nicht mehr erforderlich. Es reicht vielmehr aus, wenn der Vereinskassierer nach erfolgter Verzichtserklärung den Anspruch auf Auslagenersatz vom normalen Vereinskonto auf das besondere Sammelkonto „Listenverfahren" umbucht und mit den übrigen Spenden an die Durchlaufstelle (z. B. Gemeinde) überweist, die dann auch für die Aufwandsspende eine Spendenbestätigung ausstellt.

Bei dem nachträglichen Verzicht auf die Erstattung von Aufwendungen, auf die das Vereinsmitglied einen Rechtsanspruch haben muß, handelt es sich nach Auffassung der Finanzverwaltung nicht um eine Spende des Aufwands, sondern um eine **(abgekürzte) Geldspende.** In der Spendenbestätigung muß deshalb nicht angegeben werden, welcher Aufwand dem Erstattungsanspruch zugrunde liegt. Der Verein muß dies aber in seinen **Unterlagen** festhalten. D. h. aus den Unterlagen muß hervorgehen, was der Spender für den Verein getan hat und welche Kosten ihm hierfür entstanden sind. Bei Fahrten mit dem eigenen Pkw sind die jeweiligen Fahrten mit Datum, Ziel, Entfernung und Zweck anzugeben.

Für die Höhe der Zuwendung ist der vereinbarte Ersatzanspruch maßgeblich; allerdings kann nach dem BMF-Schreiben vom 7. 6. 1999 (BStBl I 1999 S. 591) ein unangemessen hoher Ersatzanspruch zum Verlust der Gemeinnützigkeit des Vereins führen (§ 55 Abs. 1 Nr. 3 AO).

Der Verein muß grundsätzlich auch die **wirtschaftliche Leistungsfähigkeit** haben, den vereinbarten Kostenerstattungsanspruch zu erfüllen. Nach dem **BFH-Urteil vom 3. 12. 1996 (BStBl. II 1997 S. 474)** ist es hingegen ohne Verstoß gegen das Mittelverwendungsgebot nach § 55 Abs. 1 Nr. 1 AO zulässig, wenn ein Sportverein in Erfüllung eines Anspruchs nachgewiesenen, angemessenen Aufwand eines Mitglieds für den Verein ersetzt. Dies gilt auch dann, wenn das Mitglied unmittelbar vor der Erfüllung des Anspruchs eine Durchlaufspende in derselben Höhe geleistet hat. Nach dem BMF-Schreiben vom 7. 6. 1999 (aaO) sind die Grundsätze dieses BFH-Urteils insoweit jedoch nicht anzuwenden.

Unter den vorgenannten Voraussetzungen kommen als Spenden z. B. in Betracht:

- steuerfreier Fahrtkostenersatz für die Pkw-Benutzung bis zu 0,52 DM pro gefahrenen Kilometer nach § 3 Nr. 16 EStG z. B. des Chorleiters eines Musikvereins.

- steuerfreie Aufwandsentschädigung nach § 3 Nr. 26 EStG in Höhe von 2 400 DM z. B. des Trainers eines Sportvereins.

- steuerpflichtiger Aufwandsersatz, der nicht unter die Vorschrift des § 3 Nr. 26 EStG fällt.

- Helferlöhne an Vereinsmitglieder z. B. für Tätigkeiten im wirtschaftlichen Geschäftsbetrieb „Vereinsfeste".

II. Steuerbegünstigte Zwecke

Spendenbegünstigt sind Ausgaben für mildtätige, kirchliche, religiöse, wissenschaftliche und die als besonders förderungswürdig anerkannten gemeinnützigen Zwecke. Für die Auslegung dieser einzelnen Begriffe ist das Gemeinnützigkeitsrecht, d. h. die §§ 51 bis 68 AO, maßgebend.

1. Mildtätige Zwecke

Mildtätig sind solche Zwecke, die darauf gerichtet sind, bedürftige Personen zu unterstützen (§ 53 AO). Bei der Bedürftigkeit unterscheidet man zwischen Personen, die wegen ihres körperlichen, geistigen oder seelischen Zustandes, und

Personen, die wegen ihrer wirtschaftlichen Lage hilfsbedürftig sind (vgl. Seite 149).

Der erhöhte Sonderausgabenabzug von **10 v. H.** des Gesamtbetrags der Einkünfte kommt auch bei Spenden und Mitgliedsbeiträgen zur Förderung mildtätiger Zwecke zur Anwendung. Verfolgt der Spendenempfänger mildtätige Zwecke, so ist er **selbst** zum unmittelbaren Empfang steuerbegünstigter Zuwendungen und auch zur Ausstellung von Spendenbestätigungen berechtigt. Spenden für mildtätige Zwecke erfolgen mithin als Direktspenden. Hierbei ist allerdings zu beachten, daß eine steuerbegünstigte Körperschaft nur dann Spenden für mildtätige Zwecke bestätigen darf, wenn sie nach ihrer Satzung und nach ihrer tatsächlichen Geschäftsführung mildtätige Zwecke i. S. des § 53 AO fördert. Dies bedeutet, daß ggf. die **Satzung entsprechend ergänzt** werden muß.

Werden **mildtätige und gemeinnützige Zwecke gefördert,** müssen die Betätigungen nach Satzung und tatsächlicher Geschäftsführung **getrennt** sein. Die Förderung mildtätiger Zwecke darf in diesen Fällen nur bestätigt werden, soweit die Spenden tatsächlich für diesen Zweckbereich verwendet werden. Dies muß auch **nachprüfbar sein,** d. h. der Bereich der mildtätigen Zwecke muß in den Aufzeichnungen und in der tatsächlichen Geschäftsführung von den anderen Zwecken einwandfrei abgegrenzt sein. Dieser Nachweis sollte üblicherweise durch die Einrichtung eines **besonderen Spendenkontos** für Spenden für mildtätige Zwecke erbracht werden. Spenden zur Förderung mildtätiger Zwecke liegen deshalb dann nicht vor, wenn bei der Verfolgung eines gemeinnützigen Zwecks (z. B. Altenhilfe) gleichzeitig mildtätige Zwecke mitverfolgt werden.

2. Kirchliche Zwecke

Kirchlich sind nach § 54 AO solche Zwecke, durch deren Erfüllung eine Religionsgemeinschaft mit dem Status einer Körperschaft des öffentlichen Rechts unmittelbar gefördert wird (vgl. Seite 153).

Der Abzug ist in diesem Fall nach § 10b Abs. 1 EStG auf **5 v. H.** des Gesamtbetrags der Einkünfte bzw. **2 v.T.** der Summe der gesamten Umsätze und der im Kalenderjahr aufgewendeten Löhne und Gehälter beschränkt. Dies gilt im übrigen auch dann, wenn die kirchliche Körperschaft oder Einrichtung die Zuwendungen zur Förderung wissenschaftlicher oder als besonders förderungswürdig anerkannter kultureller Zwecke (Ausnahme Denkmalpflege) verwendet (BFH-Urteil vom 18. 11. 1966, BStBl. III 1967 S. 365). Werden die Zuwendungen hingegen zur Förderung mildtätiger Zwecke oder zur Förderung der Denkmalpflege verwendet und sind diese von den kirchlichen Zwecken abgrenzbar, gilt insoweit der erhöhte Abzugssatz von 10 v. H. Vgl. BMF-Schreiben vom 24. 1. 1994 (BStBl. I 1994 S. 139).

Körperschaften, die kirchliche Zwecke verfolgen, können ebenfalls unmittelbar steuerbegünstigte Zuwendungen empfangen und auch **selbst** Spendenbestätigungen ausstellen (sog. Direktspendenbegünstigung).

3. Religiöse Zwecke

Zu den religiösen Zwecken gehört die Förderung aller Religionsgemeinschaften des privaten Rechts und der sonstigen religiösen Vereine. Die Steuerbegünstigung ist hierbei nicht auf die christlichen Religionen beschränkt (vgl. Seite 130). Für Ausgaben zur Förderung religiöser Zwecke ist der Abzug ebenfalls nur in Höhe von 5 v. H. bzw. 2 v. T. möglich. Auch bei Verfolgung religiöser Zwecke (Direktspenden) ist die Körperschaft **selbst** zum unmittelbaren Empfang steuerbegünstigter Zuwendungen und zur Ausstellung von Spendenbestätigungen berechtigt.

Beitragszahlungen (Mitgliedsbeiträge) an Religionsgemeinschaften des privaten Rechts sind, auch wenn sie laufend geleistet werden, keine Kirchensteuern, sondern Spenden. Sie können deshalb grundsätzlich nur im Rahmen der Spendenbegünstigung abgezogen werden (BFH-Urteil vom 7. 10. 1960, DStZ/B 1961 S. 46).

Bei Religionsgemeinschaften, die mindestens in einem Bundesland den Status einer Körperschaft des öffentlichen Rechts besitzen, können aber freiwillige Beitragszahlungen, die an Stelle von Kirchensteuer geleistet werden, auf Grund von Verwaltungserlassen unter gewissen Voraussetzungen bis zur Höhe der von der evangelischen oder katholischen Kirche erhobenen Kirchensteuer ebenfalls **wie Kirchensteuer** behandelt werden. Der Abzug als Sonderausgaben ist in diesem Fall nicht auf die Spendenhöchstbeträge des § 10b EStG beschränkt (vgl. R 101 EStR 1998).

4. Wissenschaftliche Zwecke

Unter Wissenschaft versteht man die Forschung und Lehre auf den Gebieten der Geistes- und Naturwissenschaften sowie die angewandte Wissenschaft. Eine Volkshochschule z. B. ist keine wissenschaftliche Einrichtung, sondern eine Einrichtung zur Förderung der (gemeinnützigen) Volksbildung. Fachhochschulen werden dagegen als wissenschaftliche Einrichtungen anerkannt (vgl. Seite 128).

Bei Spenden für wissenschaftliche Zwecke kommt neben den mildtätigen und als besonders förderungswürdig anerkannten kulturellen Zwecken ebenfalls der erhöhte Sonderausgabenabzug von **10 v. H.** des Gesamtbetrags der Einkünfte in Betracht. Bei den wissenschaftlichen und mildtätigen Zwecken gilt der erhöhte Abzugssatz auch für Mitgliedsbeiträge und Aufnahmegebühren; bei den kulturellen Zwecken (Durchlaufspenden) kommt für Mitgliedsbeiträge und Aufnahmegebühren bislang ein Sonderausgabenabzug hingegen nicht in Betracht.

Verfolgt ein Verein wissenschaftliche Zwecke kann er im Rahmen der Direktspendenbegünstigung unmittelbar steuerbegünstigte Zuwendungen empfangen und auch **selbst** Spendenbestätigungen ausstellen.

5. Besonders förderungswürdige gemeinnützige Zwecke

Außer den religiösen und wissenschaftlichen Zwecken, die zu den gemeinnützigen Zwecken im weiteren Sinne zählen, sind nur diejenigen gemeinnützigen Zwecke steuerbegünstigt, die durch Anordnung der Bundesregierung mit Zustimmung des Bundesrats allgemein als besonders förderungswürdig anerkannt worden sind (§ 48 Abs. 2 EStDV). Bei diesen Zwecken spricht man von den gemeinnützigen Zwecken im engeren Sinne; ein Sonderausgabenabzug ist grundsätzlich nur in Höhe von **5 v. H.** bzw. **2 v. T.** möglich. Lediglich bei Spenden zur Förderung kultureller Zwecke gilt der erhöhte Abzugssatz von **10 v. H.**

Der BFH hat zwar mit Urteil vom 24. 11. 1993 (BStBl. II 1994 S. 683) verfassungsrechtliche Zweifel zu § 48 Abs. 2 EStDV geäußert. Nach Auffassung der Finanzverwaltung gelten die bisherigen Regelungen des § 48 EStDV sowie die R 111 EStR 1998 mit Anlage 7 unverändert bis zu einer gesetzlichen Neuregelung des Spendenrechts weiter (vgl. BMF-Schreiben vom 17. 8. 1994, BStBl. I 1994 S. 710 sowie Ausführung auf S. 252).

Das Finanzgericht Berlin hat mit Urteil vom 26. 1. 1998 (EFG 1998, S. 1193 nrk; AZ des BFH: X R 58/98) entschieden. daß die im BFH-Urteil vom 24. 11. 1993 (a.a.O.) dem Verordnungsgeber gesetzte Übergangsfrist zur Bestimmung der besonders förderungswürdigen gemeinnützigen Zwecke in einer Rechtsverordnung mittlerweile abgelaufen sei mit der Folge, daß von R 111 EStR und hierbei insbesondere von der Anlage 7 zu R 111 Abs. 1 EStR keine Rechtswirkungen mehr ausgingen. Die besonders förderungswürdigen gemeinnützigen Zwecke seien nunmehr unmittelbar aus § 10b Abs. 1 Satz 1 EStG i.V.m. § 52 Abs. 2 AO zu entnehmen.

Diese Anerkennung ist in der **Anlage 7** zu R 111 Abs. 1 EStR für folgende Zwecke ausgesprochen worden:

1. Die Förderung der öffentlichen Gesundheitspflege, insbesondere die Bekämpfung von Seuchen und seuchenähnlichen Krankheiten; dies gilt auch für Krankenhäuser i. S. des § 67 AO;
2. die Förderung der Jugendpflege und Jugendfürsorge;
3. die Förderung des Sports, wenn der Empfänger der Zuwendung eine juristische Person des öffentlichen Rechts oder eine öffentliche Dienststelle ist;
4. die Förderung kultureller Zwecke, wenn der Empfänger der Zuwendung eine juristische Person des öffentlichen Rechts oder eine öffentliche Dienststelle ist.
   Förderung kultureller Zwecke ist die ausschließliche und unmittelbare Förderung der Kunst, die Förderung der Pflege und Erhaltung von Kulturwerten sowie die Förderung der Denkmalpflege.
   a) Die Förderung der Kunst umfaßt die Bereiche der Musik, der Literatur, der darstellenden und bildenden Kunst und schließt die Förderung von kulturellen Einrichtungen, wie Theater und Museen, sowie von kulturellen Veranstaltungen, wie Konzerte und Kunstausstellungen, mit ein.
   b) Kulturwerte sind Gegenstände von künstlerischer und sonstiger kultureller Bedeutung, Kunstsammlungen und künstlerische Nachlässe, Bibliotheken, Museen, Archive sowie andere vergleichbare Einrichtungen.

c) Die Förderung der Denkmalpflege bezieht sich auf die Erhaltung und Wiederherstellung von nach den jeweiligen landesrechtlichen Vorschriften anerkannten Baudenkmälern. Die Anerkennung ist durch eine Bescheinigung der nach Landesrecht zuständigen oder von der Landesregierung bestimmten Stelle nachzuweisen;
5. die Förderung der Erziehung, Volks- und Berufsbildung einschließlich der Studentenhilfe;
6. die Förderung des Küstenschutzes, wenn Empfänger der Zuwendung eine juristische Person des öffentlichen Rechts oder eine öffentliche Dienststelle ist;
7. die Förderung der Heimatpflege und Heimatkunde, wenn der Empfänger der Zuwendungen eine juristische Person des öffentlichen Rechts oder eine öffentliche Dienststelle oder eine Vereinigung von außerhalb des Bundesgebiets beheimatet gewesenen Personen ist;
8. die Zwecke der Spitzenverbände der freien Wohlfahrtspflege (Arbeiterwohlfahrt, Diakonisches Werk der Evangelischen Kirche in Deutschland, Deutscher Caritasverband, Der Paritätische Wohlfahrtsverband, Deutsches Rotes Kreuz, Zentralwohlfahrtsstelle der Juden in Deutschland), ihrer Unterverbände und der diesen Verbänden angeschlossenen Einrichtungen und Anstalten;
9. unbesetzt;
10. die Förderung der Fürsorge für politisch, rassisch oder religiös Verfolgte, für Flüchtlinge, Vertriebene, Kriegsopfer, Kriegshinterbliebene, Kriegs- und Körperbeschädigte und Blinde, für Kriegsgefangene, ehemalige Kriegsgefangene, die sich noch im Ausland befinden, und Heimkehrer, ferner die Förderung der Kriegsgräberfürsorge, des Suchdienstes für Vermißte und der Altersfürsorge;
11. die Förderung der Rettung aus Lebensgefahr (Rettung Ertrinkender und Schiffbrüchiger, Bergwacht und ähnliches);
12. die Förderung internationaler Gesinnung, der Toleranz auf allen Gebieten der Kultur und des Völkerverständigungsgedankens;
13. Feuerschutz, Arbeitsschutz, Katastrophenschutz, Zivilschutz und Unfallverhütung;
14. die Errichtung von Ehrenmalen für Kriegsopfer, Gedenkstätten für Katastrophenopfer und Gedenkstätten für ehemalige KZ-Häftlinge;
15. unbesetzt;
16. die Förderung des Tierschutzes;
17. die Bekämpfung der Tierseuchen;
18. die Förderung des Naturschutzes und der Landschaftspflege i. S. des Bundesnaturschutzgesetzes und der Naturschutzgesetze der Länder, wenn der Empfänger der Zuwendungen eine juristische Person des öffentlichen Rechts oder eine öffentliche Dienststelle ist;
19. die Förderung der Verbundenheit der Bevölkerung von Berlin (West) mit der Bevölkerung im übrigen Bundesgebiet, wenn der Empfänger der Zuwendungen eine juristische Person des öffentlichen Rechts oder eine öffentliche Dienststelle ist;

20. die Förderung der Wiedervereinigung in Frieden und Freiheit, wenn der Empfänger der Zuwendungen eine juristische Person des öffentlichen Rechts oder eine öffentliche Dienststelle ist;
21. die Förderung der Tierzucht, der Pflanzenzucht, der Kleingärtnerei, des traditionellen Brauchtums einschließlich des Karnevals, der Fastnacht und des Faschings, der Soldaten- und Reservistenbetreuung, des Amateurfunkens, des Modellflugs und des Hundesports, wenn der Empfänger der Zuwendung eine juristische Person des öffentlichen Rechts oder eine öffentliche Dienststelle ist;

> **Hinweis:** Nach Auffassung der Finanzverwaltung ist z. B. die Förderung des Baus und Betriebs von Schiffs-, Auto-, Eisenbahn- und Drachenflugmodellen identisch mit der Förderung des Modellflugs, die Förderung des CB-Funkens mit der Förderung des Amateurfunkens. Ob diese Zwecke auch spendenbegünstigt sind (vgl. o. g. Nr. 21 der Anlage 7 zu den EStR), ist umstritten; von der Finanzverwaltung wird dies bisher mit der Begründung abgelehnt, daß die Aufzählung in der Nr. 21 der Anlage 7 im Gegensatz zu der Aufzählung in § 52 Abs. 2 Nr. 4 AO abschließend sei. Ggfs. erfolgt Spendenbegünstigung durch Neuregelung Spendenrecht.

22. die Förderung der Entwicklungshilfe, wenn der Empfänger der Zuwendungen eine juristische Person des öffentlichen Rechts oder eine öffentliche Dienststelle ist.
23. Verbraucherberatung;
24. der Umweltschutz, soweit die Reinhaltung von Luft und Wasser, die Bekämpfung des Lärms, die Abfallbeseitigung, die Verringerung der Strahlenbelastung durch kerntechnische Anlagen und die Verbesserung der Sicherheit kerntechnischer Anlagen gefördert werden, wenn der Empfänger der Zuwendung eine juristische Person des öffentlichen Rechts oder eine öffentliche Dienststelle ist;
25. die Förderung der Fürsorge für Strafgefangene und ehemalige Strafgefangene;
26. die Förderung der Gleichberechtigung von Männern und Frauen, wenn der Empfänger der Zuwendung eine juristische Person des öffentlichen Rechts oder eine öffentliche Dienststelle ist.

Sofern die in der Anlage 7 aufgeführten besonders förderungswürdigen gemeinnützigen Zwecke nur unter der Voraussetzung abzugsfähig sind, daß der Empfänger der Zuwendungen eine juristische Person des öffentlichen Rechts oder eine öffentliche Dienststelle ist, handelt es sich also um **Durchlaufspenden**. Dies gilt z. B. für Sport-, Musik- und Gesangvereine. Bei Durchlaufspenden ist der Verein grundsätzlich nicht selbst zum unmittelbaren Empfang steuerbegünstigter Spenden (Ausnahme: Listenverfahren, vgl. Seite 272) und auch **nicht** zur Ausstellung von Spendenbescheinigungen berechtigt; diese müssen vielmehr von einer Durchlaufstelle ausgestellt werden. Außerdem sind Mitgliedsbeiträge und Aufnahmegebühren in den Fällen der Durchlaufspenden beim Zahler vom Sonderausgabenabzug ausgeschlossen.

Muß bei den besonders förderungswürdigen gemeinnützigen Zwecken der Spendenempfänger hingegen **nicht** eine juristische Person des öffentlichen Rechts oder eine öffentliche Dienststelle sein (z. B. Jugendfürsorge, Volks- und Berufsbildung), sind **Direktspenden** möglich. Bei Direktspenden ist der Verein **selbst** zum unmittelbaren Empfang steuerbegünstigter Spenden und zur Ausstellung von Spendenbescheinigungen berechtigt. Die Direktspendenbegünstigung erstreckt sich auch auf Mitgliedsbeiträge und Aufnahmegebühren.

6. Mitgliedsbeiträge und Spenden an politische Parteien

Für Mitgliedsbeiträge und Spenden an politische Parteien i. S. des § 2 Parteiengesetz ist bei der Einkommensteuer ein Sonderausgabenabzug nur möglich, soweit die Zuwendungen die nach **§ 34g Nr.** 1 EStG berücksichtigungsfähigen Aufwendungen (50 v. H. der Ausgaben, **Steuerermäßigung höchstens 1500 DM** bzw. **3000 DM** im Fall der Zusammenveranlagung von Ehegatten) übersteigen. Der Sonderausgabenabzug nach § **10b Abs.** 2 EStG für Zuwendungen an politische Parteien beträgt höchstens **3000 DM** und im Fall der Zusammenveranlagung von Ehegatten höchstens **6000 DM** im Kalenderjahr. Ein Wahlrecht zwischen dem Abzug der Zuwendungen von der Steuer nach § 34g Nr. 1 EStG (Steuerermäßigung) und dem Sonderausgabenabzug nach § 10b Abs. 2 EStG besteht also nicht. Mitgliedsbeiträge und Spenden an politische Parteien können jedoch auch dann als Sonderausgaben abgezogen werden, wen sie sich nicht nach § 34g EStG auswirken (vgl. R 112 Abs. 2 EStR).

D. h. Zuwendungen bis zur Höhe von 3000 DM bzw. 6000 DM werden zunächst nach § 34g EStG berücksichtigt (Steuerermäßigung in Höhe von 50 v. H. der Zuwendung, höchsten 1500 DM bzw. 3000 DM). Soweit sie den Betrag von 3000 DM bzw. 6000 DM übersteigen, können sie bis zur Höhe von weiteren 3000 DM bzw. 6000 DM nach § 10b Abs. 2 EStG steuerlich geltend gemacht werden. Zuwendungen an politische Parteien sind also bis zur Höhe von insgesamt 6000 DM bzw. 12 000 DM im Kalenderjahr steuerlich berücksichtigungsfähig.

Aufwendungen (z. B. Reise- und Telefonkosten eines Abgeordneten) zugunsten einer politischen Partei können ebenfalls als Spenden nach §§ 34g Nr. 1, 10b Abs. 2 EStG steuerlich abziehbar sein. Voraussetzung hierfür ist jedoch, daß ein Anspruch auf die Erstattung der Aufwendungen durch Vertrag oder Satzung eingeräumt und auf die Erstattung nachträglich verzichtet worden ist. Dabei darf der Anspruch nicht von vornherein unter der Bedingung des Verzichts eingeräumt worden sein (§ 10b Abs. 3 S. 4 und 5 EStG).

Darüber hinaus sind politische Parteien **selbst** zum Empfang steuerlich abzugsfähiger Zuwendungen und auch zur Ausstellung von Spendenbestätigungen berechtigt. Nach R 112 Abs. 1 EStR muß der Steuerpflichtige durch eine besondere Spendenbestätigung der politischen Partei nachweisen, daß die Voraussetzungen für den Abzug der Spende erfüllt sind. Ein Muster für die Gestaltung der Spendenbestätigung ergibt sich aus der Anlage 5 zu R 112 EStR 1998.

7. Mitgliedsbeiträge und Spenden an unabhängige Wählervereinigungen

Wie für Zuwendungen an politische Parteien wird nach § 34g Nr. 2 EStG auch für Mitgliedsbeiträge und Spenden an unabhängige Wählervereinigungen in der Rechtsform des eingetragenen oder des nichtrechtsfähigen Vereins eine **Tarifermäßigung von 50 v. H. der Ausgaben, höchstens jedoch 1500 DM** bzw. **3000 DM** im Falle der Zusammenveranlagung von Ehegatten, gewährt. Die unabhängige Wählervereinigung muß ausschließlich politische Zwecke verfolgen und mit eigenen Wahlvorschlägen auf Bundes-, Landes- oder Kommunalebene an Wahlen teilnehmen.

Die Höchstbeträge von 1500 DM und 3000 DM im Falle der Zusammenveranlagung von Ehegatten gelten für Zuwendungen an politische Parteien nach § 34g Nr. 1 EStG und für Zuwendungen an unabhängige Wählervereinigungen nach § 34g Nr. 2 EStG **gesondert und nebeneinander**. Im Gegensatz zu den Zuwendungen an politische Parteien ist allerdings für Mitgliedsbeiträge und Spenden an unabhängige Wählervereinigungen ein weiterer Sonderausgabenabzug nach § 10b Abs. 2 EStG **nicht** möglich. Die Finanzverwaltung hat in einem Erlaß vom 16. 6. 1989 (BStBl. I S. 239) zur Anwendung der Tarifermäßigung nach § 34g Nr. 2 EStG ausführlich Stellung genommen. Ein Muster für die Gestaltung der Spendenbestätigung für Zuwendungen an unabhängige Wählervereinigungen enthält die Anlage 6 zu § 34g EStG; diese Spendenbestätigung wird von der unabhängigen Wählervereinigung selbst ausgestellt.

8. Zusammentreffen verschiedener Zwecke

Bei gemeinnützigen Vereinen kann es vorkommen, daß sie nebeneinander verschiedene Zwecke verfolgen. Befinden sich darunter gemeinnützige Zwecke, die mangels besonderer Förderungswürdigkeit **nicht als spendenbegünstigt** anerkannt sind, so muß dies bei der Verwendung empfangener Spenden beachtet werden. Ein Spendenabzug ist nur insoweit zulässig, als die Beiträge beim Spendenempfänger **eindeutig** dem besonders förderungswürdigen spendenbegünstigten Aufgabenbereich dienen. Dienen deshalb Spenden zugleich spendenbegünstigten und nicht spendenbegünstigten gemeinnützigen Zwecken, ohne daß eine **Trennung** durchführbar wäre, so scheidet der Spendenabzug insgesamt aus.

Dasselbe gilt erst recht, wenn eine Spende zugleich auch **nicht gemeinnützigen Zwecken** dient, wie z. B. eine Spende für eine Stadthalle, in der außer kulturellen Veranstaltungen auch Tagungen von Berufs- und Wirtschaftsorganisationen stattfinden (BFH-Urteil vom 19. 6. 1974, BStBl. II S. 664). Eine Spendenbescheinigung darf in diesen Fällen nicht ausgestellt werden. Im Hinblick auf die **Haftungsregelung nach § 10b Abs. 4 EStG** bei der Ausstellung von unrichtigen Spendenbestätigungen (vgl. Seite 278 f.) muß deshalb hierauf besonders geachtet werden.

Sind sämtliche Vereinszwecke spendenbegünstigt, so treten im allgemeinen keine Schwierigkeiten auf. Die **erhöhte Spendenbegünstigung** für mildtätige, wissenschaftliche und kulturelle Zwecke kann aber wiederum nur dann in Anspruch genommen werden, wenn diese Zwecke von anderen spendenbegünstigten Zwecken **einwandfrei abgrenzbar** sind. Z. B. ein Verein verfolgt mildtätige Zwecke (10 v. H.) und die Förderung der Jugendpflege (5 v. H.). Außerdem muß der Verein durch **besondere Aufzeichnungen** sowie üblicherweise durch die Einrichtung von **besonderen Spendenkonten** einen nachprüfbaren Nachweis darüber führen, daß die für unterschiedliche Zwecke bestimmten Spenden auch entsprechend verwendet werden. Wird dieser Nachweis nicht geführt oder können die unterschiedlichen Zwecke nicht eindeutig voneinander abgegrenzt werden, darf der Verein nur Spendenbestätigungen mit einem Abzugssatz von 5 v. H. ausstellen.

In manchen Fällen lassen sich Spenden zugleich unter verschiedene steuerbegünstigte Zwecke einordnen. Bei derartigen Überschneidungen kommt es auf den **übergeordneten Zweck** an. Bei Kunstvereinen z. B. ist die Spendenbegünstigung aufgrund der Förderung kultureller Zwecke gegenüber der Förderung der Volksbildung als vorrangig anzusehen; Spendenempfänger und Aussteller der Spendenbescheinigungen muß deshalb eine juristische Person des öffentlichen Rechts sein, die die Spenden an den Kunstverein weiterleitet. Der Vorteil besteht jedoch darin, daß für die Spenden der erhöhte Abzugssatz von 10 v. H. zum Ansatz kommt.

Dienen Spenden an einen Verein **zugleich direktspendenbegünstigten als auch nur durchlaufspendenbegünstigten Zwecken**, so ist der Verein bislang nur **insoweit selbst** zur unmittelbaren Entgegennahme von Spenden und zur Ausstellung von Spendenbescheinigungen berechtigt, als er Direktspenden erhält und diese von den Durchlaufspenden **eindeutig trennbar** sind. Außerdem muß der Verein durch **besondere Aufzeichnungen** sowie üblicherweise durch die Einrichtung von **besonderen Spendenkonten** nachweisen, daß die Direktspenden auch tatsächlich für direktspendenbegünstigte Zwecke verwendet werden. Dies gilt z. B. für einen Verein, der sowohl kulturelle Zwecke (Durchlaufspenden) als auch die Förderung der Volks- und Berufsbildung (Direktspenden) verfolgt. Wird dieser Nachweis nicht geführt oder können die unterschiedlichen spendenbegünstigten Zwecke nicht eindeutig abgegrenzt werden, darf der Verein insgesamt keine Spendenbestätigungen erteilen.

Mitgliederbeiträge und Aufnahmegebühren sind steuerlich nur dann abziehbar, wenn der Empfänger **ausschließlich direktspendenbegünstigte Zwecke** verfolgt (vgl. R 111 Abs. 1 S. 2 EStR 1998).

Ist ein Verein nur **bei einem Teil** der von ihm verfolgten Satzungszwecke selbst zur Ausstellung von Spendenbescheinigungen berechtigt, so sind die **Mitgliedsbeiträge (einschließlich Aufnahmegebühren) insgesamt nicht als Sonderausgaben abziehbar**. Es kommt auch **keine Aufteilung** der Mitgliedsbeiträge in Betracht. Danach sind z. B. bei einem Verein, der die Förderung des Sports (Durchlaufspenden) und der Jugendhilfe (Direktspenden) verfolgt, Mitgliedsbeiträge insgesamt steuerlich nicht abziehbar.

Führen die verfolgten direktspendenbegünstigten Zwecke zu **unterschiedlichen Abzugssätzen** (z. B. mildtätige Zwecke mit 10 v. H. und Förderung der Erziehung mit 5 v. H.), so gilt dementsprechend für die Mitgliedsbeiträge (einschließlich Aufnahmegebühren) **insgesamt** nur der Abzugssatz von 5 v. H.

III. Spendenempfänger

Der Kreis der begünstigten Spendenempfänger ist gesetzlich genau festgelegt. Er umfaßt:

1. Juristische Personen des öffentlichen Rechts und öffentliche Dienststellen

a) Begriff der juristischen Person des öffentlichen Rechts
Als Spendenempfänger kommen nach § 48 Abs. 3 Nr. 1 EStDV grundsätzlich alle **inländischen** juristischen Personen des öffentlichen Rechts oder öffentliche Dienststellen in Betracht. Dazu gehören außer den Gebietskörperschaften (Bund, Länder, Gemeinden und Gemeindeverbände) und deren Dienststellen beispielsweise die Kirchen, soweit sie den Status einer juristischen Person des öffentlichen Rechts besitzen, die Universitäten, die öffentlich-rechtlichen Rundfunk- und Fernsehanstalten und die öffentlich-rechtlichen Sparkassen. **Ausländische** juristische Personen des öffentlichen Rechts sind dagegen von der Begünstigung als Spendenempfänger ausgeschlossen (BFH-Urteil vom 11. 11. 1966, BStBl. III 1967 S. 116). Soll der Verwendungszweck der Spende im Ausland verwirklicht werden, besteht jedoch die Möglichkeit, Spenden über eine **inländische** juristische Person des öffentlichen Rechts zu leiten (vgl. R 111 Abs. 7 S. 2 EStR 1998).

b) Verwendung der Spenden
Die juristischen Personen des öffentlichen Rechts sind verpflichtet, die empfangenen Spenden zu steuerbegünstigten Zwecken zu verwenden. Dies muß haushaltsmäßig oder buchmäßig nachgewiesen werden. Die Verwendung kann aber auch durch Hilfspersonen geschehen, wenn das Wirken der Hilfsperson wie eigenes Wirken der Körperschaft anzusehen ist. Es ist aber nicht unbedingt erforderlich, daß die juristische Person des öffentlichen Rechts die steuerbegünstigten Zwecke selbst verwirklicht. Sie kann die empfangenen Spenden auch an eine andere steuerbegünstigte Körperschaft zur vorgesehenen Verwendung weiterleiten (BFH-Urteil vom 5. 6. 1962, BStBl. III S. 355).

Wird die Spende indessen an einen nicht steuerbegünstigten Verein weitergegeben oder an einen Verein, der zwar steuerbegünstigte, aber keine spendenbegünstigten Zwecke verfolgt, so ist sie grundsätzlich **nicht abzugsfähig** (BFH-Urteil vom 18. 7. 1980, BStBl. II 1981 S. 52 und vom 12. 9. 1990, BStBl. II 1991 S. 258). Der **Letztempfänger** muß also für den Veranlagungszeitraum, in dem die Zuwendung beim Spender steuerlich begünstigt werden soll, wegen der Förderung steuerbegünstigter Zwecke nach § 5 Abs. 1 Nr. 9 KStG **von der Körperschaftsteuer befreit sein** und darüber hinaus auch **spendenbegünstigte Zwecke** verfolgen. Wird also die Körperschaftsteuerbefreiung des (Letzt-)Empfängers rückgängig gemacht und steht danach fest, daß der Empfänger nicht gemeinnützig ist, kommt deshalb grundsätzlich die Änderung des Einkommensteuerbescheides des Spenders in Betracht. Hierbei sind aber nach der Rechtsprechung (vgl. insbesondere BFH-Urteil vom 11. 6. 1997, BStBl. II 1997 S. 612) bei Durchlaufspenden die Grundsätze von Treu und Glauben zu beachten; der Vertrauensschutz kann gebieten, es bei dem einmal gewährten Sonderausgabenabzug zu belassen.

Diese Rechtsprechung hat jedoch nur bis 1989 uneingeschränkte Bedeutung; seit 1990 ergibt sich der Vertrauensschutz aus § 10b Abs. 4 EStG.

Etwas anderes gilt in diesen Fällen seit dem Veranlagungszeitraum 1990 also auch dann, wenn der **gutgläubige Spender** auf die Richtigkeit der Spendenbestätigung vertrauen kann, d. h. nach § 10b Abs. 4 EStG ein Vertrauenstatbestand geschaffen wird; bei der Durchlaufstelle kann dies aber die sog. Ausstellerhaftung auslösen (vgl. hierzu im einzelnen Seite 279).

Die Weitergabe von Spenden erfolgt insbesondere bei Zuwendungen für diejenigen gemeinnützigen Zwecke, die nach der Anlage 7 nur unter dem Vorbehalt als besonders förderungswürdig anerkannt sind, daß Spendenempfänger eine juristische Person des öffentlichen Rechts oder eine öffentliche Dienststelle sein muß **(Durchlaufspenden)**. Danach sind gerade die zahlenmäßig häufigsten Vereine, nämlich Sport-, Musik- und Gesangvereine, also nicht selbständig spendenbegünstigt. Werden Spenden für deren Zwecke an eine juristische Person des öffentlichen Rechts gegeben, so ist an sich Voraussetzung für die Abzugsfähigkeit, daß der Empfänger selbständig darüber verfügen kann. Es wird aber steuerlich nicht beanstandet, wenn die Hingabe an eine juristische Person des öffentlichen Rechts oder eine öffentliche Dienststelle **(Durchlaufstelle)** unter der **Auflage** geschieht, daß die Spende an einen **bestimmten gemeinnützigen Verein**, der die begünstigten Zwecke verfolgt, weitergeleitet werden soll. Eine steuerlich abzugsfähige Durchlaufspende liegt dagegen nicht vor, wenn die Zuwendung unmittelbar an den gemeinnützigen Verein erfolgt, die juristische Person des öffentlichen Rechts (z. B. Gemeindeverwaltung) nur Kenntnis von der Zuwendung erhält und daraufhin eine Spendenbestätigung erteilt. Außerdem sind Spenden, die mit der Auflage geleistet werden, sie an eine bestimmte natürliche Person weiterzugeben, steuerlich nicht abziehbar (vgl. R 111 Abs. 1 S. 3 EStR 1998).

c) **Listenverfahren bei Durchlaufspenden**
Die Finanzverwaltung hat in einem Erlaß vom 3. 1. 1986 (BStBl. I S. 52) bei Durchlaufspenden an gemeinnützige Körperschaften, die bisher nicht selbst zum unmittelbaren Empfang steuerbegünstigter Spenden berechtigt sind (z. B. Sport- und Musikvereine), das sog. Listenverfahren zugelassen. Danach kann wie folgt verfahren werden:

- Die Spenden werden auf ein **besonderes Sammelkonto** des Vereins oder eines beauftragten Vereinsmitglieds (Treuhänder) gezahlt, das nur für diese Spendeneinnahmen eingerichtet wird.
- Die angesammelten Beträge werden von Zeit zu Zeit an die Durchlaufstelle (z. B. Stadt oder Gemeinde) mit einer **Liste** überwiesen, aus der die Spender und die Höhe der Spenden hervorgehen.
- Nachdem die Durchlaufstelle geprüft hat, ob der Verein als steuerbegünstigt anerkannt (z. B. durch Vorlage eines Freistellungsbescheids, der nicht älter als **5 Jahre** bzw. einer vorläufigen Bescheinigung, die nicht älter als **3 Jahre** ist; vgl. BMF-Schreiben vom 15. 12. 1994, BStBl. I 1994 S. 884) und ob die Verwendung der Spenden für steuerbegünstigte Zwecke sichergestellt ist (z. B. durch ausdrückliche schriftliche Bestätigung des Vereins), stellt **die Durchlaufstelle** den Spendern entsprechende **Spendenbescheinigungen** aus und leitet die Spenden an den Verein weiter.

Auch bei der Anwendung des Listenverfahrens kann aber nicht darauf verzichtet werden, daß **die Durchlaufstelle** über die Spendenmittel die **tatsächliche Verfügungsmacht** erlangt.

Der **Verzicht auf Vergütungs- oder Aufwandsentschädigungsansprüche** gegen gemeinnützige Körperschaften, die nicht zum unmittelbaren Empfang steuerbegünstigter Spenden berechtigt sind, war in der Vergangenheit keine Spende. Der Aufwandsersatz mußte früher vielmehr tatsächlich vom Verein an den Spender ausbezahlt werden (vgl. hierzu die Ausführungen im Erlaß vom 3. 1. 1986 (a.a.O.) und in der 8. Auflage auf S. 246).

Mittlerweile ist jedoch nach Auffassung der Finanzverwaltung eine **Auszahlung des Aufwandsersatzes an den Spender bei einem bedingungslosen Verzicht nicht mehr erforderlich**. Es reicht vielmehr aus, daß der Spender zeitnah nachträglich auf seinen rechtswirksam entstandenen Anspruch (durch Vertrag, Satzung oder einen rechtsgültigen Vorstandsbeschluß) auf Vergütungs- und Auslagenersatz **verzichtet und verfügt**, daß z. B. sein Anspruch – ohne vorherige Auszahlung – vom allgemeinen Vereinskonto auf das Spendensammelkonto umgebucht und anschließend – wie bisher – im Wege des Listenverfahrens tatsächlich an die Gemeinde überwiesen wird. Die Gemeinde stellt sodann entsprechende Spendenbescheinigungen aus und leitet die Spenden an den Verein zurück (vgl. auch Erlaß FinMin Nordrhein-Westfalen vom 22. 1. 1996, BB 1996 S. 993).

Dies gilt z. B. für den Verzicht und die entsprechende Verfügung des Jugendtrainers eines Sportvereins auf seine ihm zustehende (und bei ihm nach § 3 Nr. 26 EStG) steuerfreie Aufwandsentschädigung von 2 400 DM oder den Verzicht und die Verfügung des Chorleiters eines Musikvereins auf seinen Anspruch auf Fahrtkostenersatz.

Beim sog. Listenverfahren ist der **maßgebliche Zeitpunkt der Spendenzahlung** nicht bereits der Zeitpunkt, zu dem der Spender beim Verein auf seinen Anspruch verzichtet, sondern erst der Zeitpunkt des tatsächlichen Eingangs der Spendenzahlung bei der **Durchlaufstelle**.

Mitgliederbeiträge, Mitgliederumlagen, Aufnahmegebühren und andere Leistungen, auf die der Verein einen Anspruch hat, können nicht über eine Durchlaufstelle gezahlt werden. Sie sind deshalb auch bei der Anwendung des Listenverfahrens steuerlich **nicht** abziehbar. Diese Beträge dürfen deshalb auch nicht auf das für Spenden eingerichtete Sammelkonto des Vereins gezahlt werden; der Verein muß dies in der Spendenliste ausdrücklich versichern.

d) Sachspenden

Bei Sachspenden müssen aus der Spendenbestätigung der Wert und die genaue Bezeichnung der gespendeten Sache im Sinne des § 10b Abs. 3 EStG ersichtlich sein (vgl. auch BB 1998 S. 628). Bei gebrauchter Kleidung stellt sich die Frage, ob sie überhaupt noch einen gemeinen Wert (Marktwert) hat. Wird ein solcher geltend gemacht, müssen die für eine Schätzung maßgeblichen Faktoren wie Neupreis, Zeitraum zwischen Anschaffung und Weggabe und der tatsächliche Erhaltungszustand nachgewiesen werden (vgl. BFH-Urteil vom 23. 5. 1989, BStBl. II 1989 S. 879).

Auf Sachspenden ist das Listenverfahren ebenfalls **nicht** anwendbar. Diese können jedoch, wenn der Verein nicht selbst zur Ausstellung von Spendenbescheinigungen berechtigt ist, als Durchlaufspende an eine juristische Person des öffentlichen Rechts gegeben werden, die sie dann an den begünstigten Verein weiterleitet. Die Verfügungsmacht über die gespendete Sache muß also grundsätzlich zunächst der Durchlaufstelle verschafft werden. Dies geschieht bei beweglichen Sachen durch Einigung und Übergabe.

Die **körperliche Übergabe** an die Durchlaufstelle ist jedoch **nicht zwingend** erforderlich. Ist nämlich wegen der Art des gespendeten Gegenstandes (z. B. sperrige Gegenstände oder verderbliche Sachen) eine körperliche Übergabe an die Durchlaufstelle nicht oder nur unter Schwierigkeiten möglich, kann die Sache auch **an den Verein direkt, d. h. zum unmittelbaren Besitz übergeben werden**, wenn das Eigentum nach § 930 BGB zunächst auf die Durchlaufstelle durch Verschaffung des mittelbaren Besitzes übertragen und die anschließende Verschaffung des Eigentums beim Verein durch Erklärung über den Übergang des Eigentums (§ 929 S. 2 BGB) oder durch Abtretung des Herausgabeanspruchs gegenüber dem Spender (§ 931 BGB) bewirkt wird. Die zivilrechtlich erforderliche Übertragung des Eigentums an die Durchlaufstelle und von dieser an den Verein ist **nicht formbedürftig**.

Selbstverständlich muß auch bei unmittelbarer Besitzübergabe an den Verein die Spendenbestätigung von der Durchlaufstelle (z. B. Gemeinde) ausgestellt werden. Dabei müssen ihr vom Verein folgende Unterlagen zur Verfügung gestellt werden, die als Beleg bei den Akten der Durchlaufstelle verbleiben:

Eine schriftliche **Bestätigung des Spenders** über
– den Zeitpunkt der Sachspende,
– die genaue Bezeichnung des gespendeten Gegenstands
– und den Wert des gespendeten Gegenstands (z. B. anhand der Einkaufsrechnung).

Eine **Bestätigung des Vereins** über
- den Empfang der Sachspende
- und über die ausschließliche Verwendung der Spenden zu den spendenbegünstigten Zwecken des Vereins.

Um eine zutreffende Bewertung der **Sachspenden von Unternehmern** sicherzustellen, muß in diesen Fällen verlangt werden, daß der Spender in der von ihm auszustellenden Bestätigung ergänzend angibt, ob die Spende aus dem Privatvermögen stammt und als Wert der Spende deshalb der gemeine Wert angesetzt wurde oder ob sie aus dem Betriebsvermögen stammt und mit dem Teilwert oder bei Inanspruchnahme des Buchwertprivilegs nach § 6 Abs. 1 Nr. 4 S. 4 EStG mit dem Buchwert bewertet wurde; im letzteren Fall ist der Buchwertansatz (ggfs. einschließlich Umsatzsteuer) auch für den Spendenabzug maßgebend.

Beim **Verfahren der Durchlaufspende** werden von der Finanzverwaltung nur **Gebietskörperschaften** (Bund, Länder, Gemeinden und Gemeindeverbände) sowie deren Dienststellen und **kirchliche** juristische Personen des öffentlichen Rechts als Spendenempfänger zugelassen (vgl. R 111 Abs. 3 S. 1 EStR). Dies wird damit begründet, daß mit der Anerkennung der Durchlaufspende eine gewisse haushalts- und aufsichtsrechtliche Nachprüfung verbunden sei (BFH-Urteil vom 4. 4. 1963, HFR 1963 S. 299), die nur bei diesen Körperschaften vorliege.

Auch inländische juristische Personen des öffentlichen Rechts können empfangene Spenden im Ausland für steuerbegünstigte Zwecke verwenden. Dies kann auch durch Hilfspersonen geschehen (vgl. § 57 Abs. 1 AO). Die Steuerbegünstigung wird dadurch nicht ausgeschlossen (BFH-Urteil vom 11. 11. 1966, BStBl. III 1967 S. 116). Ein zweckentsprechender Einsatz der Mittel muß aber gewährleistet sein.

2. Steuerbegünstigte Körperschaften des privaten Rechts

a) Begriff der steuerbegünstigten Körperschaft

Zu diesem Kreis von Spendenempfängern zählen nach § 48 Abs. 3 Nr. 2 EStDV **inländische** Vereine und andere Körperschaften, die ausschließlich und unmittelbar kirchlichen, gemeinnützigen oder mildtätigen Zwecken dienen und deshalb gemäß § 5 Abs. 1 Nr. 9 KStG steuerbefreit sind. Dies gilt aber nicht für Körperschaften mit Sitz und Geschäftsleitung im Ausland, da die Anerkennung der Steuerbefreiung eine unbeschränkte Steuerpflicht voraussetzt (§ 5 Abs. 2 Nr. 3 KStG).

Aus diesem Grund sind z. B. auch Spenden an ein Kloster des Heiligen Berges Athos in Griechenland nicht nach § 10b EStG i.V.m. § 48 EStDV abziehbar (vgl. FG-Urteil Berlin vom 4. 8. 1995, EFG 1995 S. 1066).

Zuwendungen für die **Kapitalausstattung** einer **inländischen steuerbegünstigten Stiftung** (Stiftungskapital und Zustiftungen) sind im Rahmen des § 10b EStG – ggfs. über eine Durchlaufstelle – ebenfalls steuerlich abziehbar. Das Merkmal der Freiwilligkeit wird durch die im Stiftungsgeschäft freiwillig begründete Rechtspflicht des Stifters auf Übertragung des Stiftungsvermögens nach § 82 BGB nicht beeinträchtigt. Voraussetzung hierfür ist aber, daß das gestiftete Vermögen **nicht von der Vermögensbindung ausgenommen wird** (vgl. AEAO zu § 55 Tz. 17). Der BFH hat dies mit Urteil vom 5. 2. 1992 (BStBl. II 1992 S. 748) auch ausdrücklich bestätigt.

Zu den Voraussetzungen des Spendenabzugs bei der Erstausstattung einer Stiftung mit Grundstücksvermögen im Wege einer Durchlaufspende, vgl. Vereinfachungsregelung der Finanzverwaltung vom 28. 11. 1997 (BB 1998 S. 143). Danach kann die Zuwendung von Grundstücken und Gesellschaftsanteilen unter folgenden erleichterten Voraussetzungen als Spende behandelt werden:

– Die Stifterin/der Stifter überträgt die Vermögenswerte unmittelbar auf die Stiftung gegen Empfangsbescheinigung.

– In dieser Empfangsbescheinigung hat die Stiftung zu erklären, daß sie die im einzelnen – auch wertmäßig – zu bezeichnenden Vermögenswerte als die ihr zugesagte Stiftungsausstattung vorbehaltlos erhalten hat.

– Die an sich als Durchlaufstelle vorgesehene öffentlich-rechtliche Körperschaft hat den gesamten Vorgang anhand der vorgelegten Unterlagen zu überprüfen und die Richtigkeit der Empfangsbescheinigung – auch in bezug auf den Spendenwert – zu bestätigen.

Die Kapitalausstattung einer **ausländischen** Stiftung ist nach Auffassung der Finanzverwaltung hingegen keine nach § 10b EStG steuerlich abziehbare Spende, da insoweit nicht überpüft werden kann, ob eine zweckgerechte Verwendung der Mittel erfolgt.

Sofern bei steuerbegünstigten Kapitalgesellschaften Kapitalanteile und Sacheinlagen von der Vermögensbindung ausgenommen werden, kann von den Gesellschaftern die Spendenbegünstigung nach § 10b EStG ebenfalls **nicht** in Anspruch genommen werden (vgl. AEAO zu § 55 Tz. 14).

Zuwendungen, die auf Wunsch des Spenders dem **Vermögen** einer steuerbegünstigten Körperschaft (z. B. Verein oder Stiftung) zugeführt werden, sind ebenfalls als Spende abzugsfähig. Dasselbe gilt, wenn die Zuwendungen auf Grund eines Spendenaufrufs der Körperschaft geleistet werden, in dem sie um Zuwendungen zur Aufstockung ihres Vermögens bittet. Zuwendungen von Todes wegen kann eine gemeinnützige Körperschaft grundsätzlich ebenfalls ihrem Vermögen zuführen. Dasselbe gilt für Sachzuwendungen, die ihrer Natur nach der Vermögensbildung dienen (z. B. Schenkung eines Mietwohngrundstücks). Insoweit gilt nicht das Gebot der zeitnahen Mittelverwendung (vgl. AEAO zu § 55 Tz. 10).

b) Anerkennung der Spendenbegünstigung

Die Frage, ob Spenden steuerlich abzugsfähig sind, wird mit rechtsverbindlicher Wirkung erst bei der Einkommensteuerveranlagung des Spenders entschieden (BFH-Urteil vom 11. 9. 1956, BStBl. III S. 309). Eine abstrakte Anerkennung der Spendenbegünstigung des einzelnen Vereins ist rechtlich nicht vorgesehen. Die Finanzämter erteilen neu gegründeten Vereinen jedoch auf Antrag vorläufige

Bescheinigungen über die Gemeinnützigkeit und Spendenbegünstigung, deren Geltungsdauer auf 18 Monate befristet ist.

Die vorläufige Bescheinigung enthält lediglich Hinweise zur Ausstellung von Spendenbescheinigungen. Sie stellt **keinen Verwaltungsakt** dar, sondern lediglich eine Auskunft über den Spendenabzug, welche die Finanzämter nicht bindet (vgl. BFH-Beschluß vom 7. 5. 1986, BStBl. II S. 677 und AEAO zu § 59 Tz. 5). Nach dem BFH-Beschluß vom 23. 9. 1998 (BB 1998 S. 2241) kann jedoch die vorläufige Anerkennung der Gemeinnützigkeit durch eine **einstweilige Anordnung** erreicht werden, wenn der Antragsteller zur Erfüllung seiner gemeinnützigen Zwecke auf den Erhalt steuerbegünstigter Spenden angewiesen und seine wirtschaftliche Existenz ohne eine derartige Regelungsanordnung bedroht ist.

Stellt sich im nachhinein heraus, daß die vorläufige Bescheinigung zu Unrecht erteilt wurde, weil der Verein die Voraussetzungen für die Steuerbegünstigung nicht erfüllt, kommt es darauf an, ob der Spender gutgläubig gehandelt hat. In diesem Fall ist ihm nach § 10b Abs. 4 EStG aus Gründen des Vertrauensschutzes der Spendenabzug zu belassen; beim Verein kann dies aber ggf. einen Haftungstatbestand auslösen.

Für die Richtigkeit der Spendenbescheinigung trägt also allein der Spendenempfänger gegenüber dem Spender die Verantwortung. Soweit es beim Spendenabzug aber um die Voraussetzung geht, ob der spendenempfangende Verein zu den steuerbegünstigten Körperschaften i. S. von § 5 Abs. 1 Nr. 9 KStG gehört, ist das für den Spender zuständige Finanzamt an die Entscheidung des für den Verein zuständigen Finanzamts gebunden (BFH-Urteil vom 15. 6. 1973, BStBl. II S. 850). Die übrigen Voraussetzungen des Spendenabzugs muß das Finanzamt des Spenders unabhängig vom Finanzamt des Vereins prüfen und entscheiden.

3. Spendenempfänger bei Verwendung von Spenden im Ausland

Eine Verwendung von Spenden im Ausland ist ebenfalls unschädlich. Der **inländische** Verein oder die **inländische** Körperschaft des öffentlichen Rechts muß die Spenden aber auch in diesem Fall entweder selbst oder durch Hilfspersonen den steuerbegünstigten Zwecken zuführen. Außerdem muß durch Aufzeichnungen im Inland, die vom Finanzamt nachgeprüft werden können, der Nachweis über die zweckentsprechende Verwendung der Mittel erbracht werden (§ 63 Abs. 3 AO). Vgl. hierzu auch die Ausführungen auf Seite 173 f. und in IStR 1997 S. 469 zur Verwirklichung steuerbegünstigter Zwecke im Ausland. Die unmittelbare Spendenhingabe an **ausländische** Körperschaften des öffentlichen oder privaten Rechts ist hingegen steuerlich nicht abzugsfähig (vgl. § 48 Abs. 3 Nr. 1 und 2 EStDV).

Bei der Verwendung von Spenden im Ausland sieht die Vorschrift des **§ 48 Abs. 3 Nr. 2 S. 2 EStDV** vor, daß in den Fällen der Durchlaufspende für Zwecke, die im Ausland verwirklicht werden, das Bundesministerium, in dessen Aufgabenbereich der jeweilige Zweck fällt, **zur Spendenannahme verpflichtet** ist.

Dadurch kann ein Verein, der bei der Förderung von Zwecken, die er im Ausland verwirklicht und für die er Durchlaufspenden erhält, dem Spender das jeweilige Minsterium benennen, wenn ihm keine andere Durchlaufstelle zur Verfügung steht. Für Entwicklungshilfeprojekte wäre dies z. B. das Bundesministerium für wirtschaftliche Zusammenarbeit, für andere Projekte regelmäßig das Auswärtige Amt. Dabei ist in der Spendenbescheinigung eine Verwendung im Ausland besonders zu vermerken.

4. Einzeln anerkannte Spendenempfänger

Nach § 48 Abs. 4 EStDV kann die Bundesregierung mit Zustimmung des Bundesrats durch allgemeine Verwaltungsvorschrift die Spendenbegünstigung bejahen, ohne daß der verfolgte gemeinnützige Zweck allgemein als besonders förderungswürdig anerkannt worden ist oder der Empfänger die Voraussetzungen des § 48 Abs. 3 EStDV erfüllt. Die Bedeutung dieser besonderen Anerkennung der Spendenbegünstigung liegt hauptsächlich darin, daß die betreffenden Körperschaften Spenden und Mitgliedsbeiträge **unmittelbar selbst** entgegennehmen können und nicht auf Durchlaufspenden über entsprechende Durchlaufstellen angewiesen sind. Die Anerkennung nach § 48 Abs. 4 EStDV setzt aber nach Auffassung der Finanzverwaltung voraus, daß die Körperschaften, die in R 111 Abs. 2 EStR namentlich aufgeführt sind, nach Maßgabe der §§ 51 bis 68 AO steuerbegünstigt sind und nach Art und Umfang ihrer Tätigkeit und finanziellen Ausstattung als Dach- oder Spitzenorganisation überregionale Bedeutung haben.

Die bisher nach § 48 Abs. 4 EStDV anerkannten Dach- und Spitzenorganisationen sind also unmittelbar zum Empfang steuerbegünstigter Spenden und Mitgliedsbeiträge berechtigt. Die Direktspendenbegünstigung nach § 48 Abs. 4 EStDV erstreckt sich aber nicht auf etwaige Untergliederungen, es sei denn, diese würden selbst direktspendenbegünstigte Zwecke verfolgen. Für ihre durchlaufspendenbegünstigten Untergliederungen kommen die Dachorganisationen aber auch als Empfänger von Durchlaufspenden in Betracht. Voraussetzung für die Abziehbarkeit derartiger Durchlaufspenden ist jedoch, daß der Letztempfänger (Untergliederung) die Voraussetzungen des § 5 Abs. 1 Nr. 9 KStG erfüllt. Dabei ist auch das Listenverfahren anwendbar. Mitgliedsbeiträge und Umlagen für die Untergliederungen der Dachorganisation sind jedoch auch im Wege der Durchlaufspende nicht begünstigt (vgl. R 111 Abs. 2 S. 2–4 EStR).

IV. Vertrauensschutz und Haftung beim Spendenabzug

Nach **§ 10b Abs. 4 EStG** besteht bei der Einkommensteuer eine **Vertrauensschutzregelung**, die gleichzeitig mit einem **Haftungstatbestand** verknüpft ist. Danach darf der Steuerpflichtige auf die Richtigkeit der Bestätigung über Spenden und Mitgliedsbeiträge vertrauen, es sei denn, daß er die Bestätigung durch unlautere Mittel oder falsche Angaben erwirkt hat oder daß ihm die Unrichtigkeit der Bestätigung bekannt oder infolge grober Fahrlässigkeit nicht bekannt ist. Wer vorsätzlich oder grob fahrlässig eine unrichtige Bestätigung ausstellt oder wer veranlaßt, daß Zuwendungen nicht zu den in der Bestätigung angegebenen steuerbegünstigten Zwecken verwendet werden, haftet für die entgangene Steuer. Diese ist mit 40 v. H. des zugewendeten Betrages anzusetzen.

Der **gute Glaube** des Spenders an die Richtigkeit einer Spendenbescheinigung wird also auch dann gesetzlich geschützt, wenn das Finanzamt keine Vertrauensgrundlage in Gestalt eines Freistellungsbescheides geschaffen hat, sondern z. B. erst eine vorläufige Bescheinigung erteilt hat. Der Vertrauensschutz des gutgläubigen Spenders gilt selbst dann, wenn die Spende zweckwidrig verwendet wird. Ist der Spender hingegen **bösgläubig**, muß ihm der Spendenabzug versagt werden.

Für den Fall, daß der Spender **gutgläubig** ist und ihm deshalb ein Vertrauensschutz gewährt wird, muß die **Haftungsregelung** des § 10b Abs. 4 Satz 2 EStG geprüft werden. Hierdurch soll die dem Staat infolge des Vertrauensschutzes beim Spender entgehende Steuer ausgeglichen werden. Die entgangene Steuer wird **bei der Einkommensteuer pauschal mit 40 v. H. des zugewendeten Betrags** angesetzt. Bei der **Gewerbesteuer** greift nach § 9 Nr. 5 GewStG zusätzlich ein eigenständiger Haftungsbetrag von **10 v. H.** der Spenden und Mitgliedsbeiträge. Nicht abschließend geklärt ist die Frage, ob die Haftungsregelung nur dann greift, wenn sich die Spende beim Spender tatsächlich steuermindernd ausgewirkt hat. Nach dem Wortlaut des § 10b Abs. 4 S. 2 EStG („haftet für die entgangene Steuer") kann aber u. E. der Haftungstatbestand durch einen Haftungsbescheid (§ 191 Abs. 1 AO) nur dann Anwendung finden, wenn beim Spender durch den Spendenabzug **tatsächlich ein Steuerausfall** eintritt. Bei der Haftungsregelung sind folgende 2 Fälle zu unterscheiden:

Ausstellerhaftung

Hierunter fällt, wer **vorsätzlich** oder **grob fahrlässig** eine unrichtige Bescheinigung ausstellt. Haftender ist bei Vereinen, die selbst zum Empfang steuerbegünstigter Spenden und zur Ausstellung von Spendenbescheinigungen berechtigt sind (Direktspenden), grundsätzlich der Verein selbst. Die Frage, ob als Haftungsschuldner nur der Verein oder daneben auch seine Organe (Vorstand, Vereinskassierer) heranzuziehen sind, ist zwar nicht eindeutig geklärt. Die Finanzverwaltung z.B. in Baden-Württemberg neigt aber dazu, im Hinblick auf § 31 BGB grundsätzlich von einer **Haftung des Vereins** auszugehen und nur in Ausnahmefällen eine persönliche Haftung der handelnden Personen anzunehmen. Vgl. hierzu auch die Ausführungen im zivilrechtlichen Teil auf Seite 86).

Das FG Baden-Württemberg hat jedoch mit (rechtskräftigem) Urteil vom 14. 7. 1998 (DStR E 1999 S. 295) entschieden, daß im Falle der gemeinnützigkeitsschädlichen Verwendung von Spendengeldern durch die Verwendung von Spenden zur Bezahlung von Sportlern und Trainern über die sog. Amateurgrenze von 700 DM monatlich hinaus und die Zahlung von Ablösesummen von mehr als 5000 DM, es regelmäßig ermessensgerecht sei, die geschäftsführenden Vorstandsmitglieder in Haftung zu nehmen, auch wenn keine Inanspruchnahme der Verwaltungsratsmitglieder, die mitverantwortlich für die Fehlverwendung der Spendengelder sind, erfolgt.

Eine vorrangige Haftungsinanspruchnahme des Vereins ist nach Auffassung des FG jedenfalls dann nicht geboten, wenn aufgrund erheblicher Steuernachforderungen dessen Leistungsfähigkeit zweifelhaft ist.

In den Fällen der Durchlaufspenden ist Spendenempfänger und Aussteller der Spendenbescheinigungen – auch bei Anwendung des Listenverfahrens – hingegen eine öffentliche Durchlaufstelle; in diesen Fällen trägt nach Artikel 34 GG die **Durchlaufstelle** (z.B. Gemeinde) das Haftungsrisiko. Prüft die Durchlaufstelle jedoch entsprechend den Grundsätzen des Listenverfahrens (BStBl. I 1986 S. 52), ob der Verein aufgrund eines zeitnahen Freistellungsbescheides oder einer zeitnahen vorläufigen Bescheinigung von der Körperschaftsteuer befreit ist (Freistellungsbescheid nicht älter als **5 Jahre**, vorläufige Bescheinigung nicht älter als **3 Jahre**, vgl. BMF-Schreiben vom 15. 12. 1994, BStBl. I 1994 S. 884) und ob die Verwendung der Spenden für steuerbegünstigte Zwecke sichergestellt ist (z.B. durch ausdrückliche schriftliche Bestätigung des Vereins), dürfte ein Verschulden der Durchlaufstelle und damit die Anwendung der Ausstellerhaftung nicht in Betracht kommen.

Die Ausstellerhaftung kann aber auch bei Durchlaufspenden **den Verein selbst** treffen, und zwar dann, wenn dieser wider besseren Wissens Spendenbestätigungen ausstellt, obwohl er dazu nicht berechtigt ist. Z.B. ein durchlaufspendenbegünstiger Sport- oder Musikverein stellt wider besseren Wissens selbst Bestätigungen aus. Dasselbe gilt natürlich erst recht, wenn dies ein nicht gemeinnütziger Verein macht.

Die Ausstellerhaftung greift auch dann, wenn in der Spendenbestätigung vorsätzlich oder grob fahrlässig **der Höhe nach** ein unzutreffender Wert der Zuwendung ausgewiesen wird. Dies ist vor allem bei Sachspenden von Bedeutung, wenn z.B. ein offenkundig überhöhter Wert bescheinigt wird. Bei Sachspenden muß deshalb besonders auf den zutreffenden Wertansatz geachtet werden. Erfolgt die Sachspende aus dem Privatvermögen, ist dies der gemeine Wert, bei Sachzuwendungen aus dem Betriebsvermögen der Teilwert oder Buchwert; vgl. hierzu Seite 258.

Zu den Voraussetzungen einer Ausstellerhaftung bei einer unrichtigen Steuerbescheinigung, vgl. auch Schleswig-Holsteinisches FG (Urteil vom 19. 3. 1998, EFG 1998 S. 1197).

Veranlasserhaftung
Unter diesen Haftungstatbestand fällt, wer veranlaßt, daß Zuwendungen nicht zu den in der Bestätigung angegebenen steuerbegünstigten Zwecken verwendet werden. Dies ist zum einen der Fall, wenn Spenden, für die eine Spendenbestätigung erteilt wurde, **nicht für steuerbegünstigte Zwecke**, d.h. insbesondere nicht für den ideellen Bereich oder den Zweckbetriebsbereich verwendet werden (eine Spende für die Jugendabteilung eines Sportvereins wird z.B. für den wirtschaftlichen Geschäftsbetrieb „selbstbewirtschaftete Vereinsgaststätte" ver-

wendet oder eine Sachspende wird im wirtschaftlichen Geschäftsbetrieb „Vereinsfest" verwendet). Die Verwendung von Sachspenden im steuerbegünstigten Zweckbetrieb „genehmigte Tombola" ist hingegen möglich (vgl. Seite 232).

Zum anderen greift die Veranlasserhaftung aber auch dann, wenn Spenden zwar für steuerbegünstigte Zwecke, nicht aber zu den **in der Bestätigung angegebenen Zwecken** verwendet werden und sich dies beim Spender steuerlich ausgewirkt hat. (z. B. in der Spendenbestätigung werden wissenschaftliche Zwecke mit der Folge des Sonderausgabenabzugs in Höhe von 10 v. H. bescheinigt, die Spende wird aber zur Förderung der Berufsbildung – Spendenabzug 5 v. H. – verwendet).

Im Gegensatz zur Ausstellerhaftung setzt dieser Haftungstatbestand ein **Verschulden nicht voraus.** Haftender ist bei Direktspenden wiederum grundsätzlich der Verein selbst. In den Fällen der Durchlaufspenden dürfte eine Durchlaufstelle im Regelfall aber nicht unter den Tatbestand der Veranlasserhaftung fallen. Hierunter fällt vielmehr ebenfalls der durchlaufspendenbegünstigte Verein, an den die Spenden weitergeleitet und von diesem nicht zweckgerecht verwendet worden sind.

Die o. g. Regelung über den Vertrauensschutz und die Haftung gilt nach § 9 Abs. 3 KStG auch bei der **Körperschaftsteuer.** Bei der **Gewerbesteuer** findet die Vertrauensschutzregelung ebenfalls Anwendung. Außerdem greift bei der Gewerbesteuer nach § 9 Nr. 5 GewStG für die Fälle der Aussteller- und Veranlasserhaftung ein eigenständiger **Haftungsbetrag von 10 v. H.** der Spenden und Mitgliedsbeiträge.

Die Haftungssteuer wird der für den Spendenempfänger zuständigen Gemeinde zugewiesen. Sie wird durch Haftungsbescheid des Finanzamts festgesetzt.

V. Spendenbescheinigung

Der Spendenempfänger muß dem Spender schriftlich bestätigen, daß er zu den begünstigten Körperschaften gehört und die erhaltenen Zuwendungen nur für steuerbegünstigte satzungsmäßige Zwecke verwendet (**§ 48 Abs. 3 EStDV**). Ohne Spendenbescheinigung ist ein Spendenabzug gesetzlich ausgeschlossen; die Spendenbescheinigung ist nicht nur ein Beweismittel, sondern eine **materiell-rechtliche Voraussetzung** für den Spendenabzug. Es genügt daher nicht, wenn der Spender die Zahlung durch anderweitige Belege nachweist oder glaubhaft macht. Aus diesem Grunde können Spenden bei Tellersammlungen oder anläßlich des Kirchenbesuchs steuerlich nicht abgesetzt werden (Ausnahme Gutscheinspenden, vgl. Seite 256).

Nach Auffassung der Finanzverwaltung (BMF-Schreiben vom 15. 12. 1994, BStBl. I 1994 S. 884) können Spenden nur abgezogen werden, wenn die Steuerbegünstigung des Vereins **zeitnah überprüft** worden ist. Dies gilt unabhängig davon, ob Spenden unmittelbar oder im Durchlaufspendenverfahren an einen steuerbegünstigten Verein geleistet werden. Hierbei ist wie folgt zu verfahren:

- Bei Zuwendungen an **unmittelbar spendenempfangsberechtigte steuerbegünstigte Vereine** i. S. des § 5 Abs. 1 Nr. 9 KStG können Spendenbestätigungen, in denen das angegebene Datum des **Körperschaftsteuer-Freistellungsbescheids** länger als **5 Jahre** bzw. das Datum der **vorläufigen Bescheinigung** länger als **3 Jahre** zurückliegt, grundsätzlich nicht mehr als ausreichender Nachweis für den Spendenabzug anerkannt werden.
  Sie können jedoch im Hinblick auf die Vertrauensschutzregelung nach § 10b Abs. 4 EStG **letztmalig** noch bei der Veranlagung für das Kalenderjahr, für das sie vorgelegt worden sind, berücksichtigt werden, es sei denn, das Finanzamt hat Spendenbestätigungen mit längere Zeit zurückliegendem Datum eines Freistellungsbescheids oder einer vorläufigen Bescheinigung bereits in der Vergangenheit beanstandet und den Steuerpflichtigen entsprechend unterrichtet.

- Bei **Durchlaufspenden** über eine juristische Person des öffentlichen Rechts oder eine öffentliche Dienststelle darf die Durchlaufstelle keine Spendenbestätigung ausstellen, wenn das Datum des **Freistellungbescheids**, mit dem der Empfängerverein nach § 5 Abs. 1 Nr. 9 KStG von der Körperschaftsteuer befreit ist, länger als **5 Jahre** bzw. das Datum der **vorläufigen Bescheinigung** länger als **3 Jahre** seit dem Tag der Ausstellung der Spendenbestätigung zurückliegt. Eine gleichwohl ausgestellte Spendenbestätigung kann vom Finanzamt nicht als ausreichender Nachweis für den Spendenabzug anerkannt werde.

Für Spenden an **Vereine**, die selbst zur Ausstellung von Spendenbestätigungen berechtigt sind (Direktspendenbegünstigung), ist bisher nach der **Anlage 4** (Muster 2) zu den EStR folgendes amtliche Muster vorgesehen:

Aussteller (Bezeichnung der Körperschaft o.ä.)

Bestätigung

über Zuwendungen an eine der in § 5 Abs. 1 Nr. 9 des Körperschaftsteuergesetzes bezeichneten Körperschaften, Personenvereinigungen oder Vermögensmassen

Name und Wohnort des Zuwendenden		
Betrag/Wert der Zuwendung in Ziffern	in Buchstaben	Tag der Zuwendung
Bei Sachzuwendungen: genaue Bezeichnung des Gegenstandes		

Wir sind wegen Förderung der (genaue Angabe der Zwecke)

☐ nach dem letzten uns zugegangenen Steuerbescheid/Freistellungsbescheid des Finanzamts für die Jahre _____ [1]

als _____ Zwecken dienend anerkannt und nach § 5 Abs. 1 Nr. 9 des Körperschaftsteuergesetzes von der Körperschaftsteuer befreit.

☐ durch Bescheinigung des Finanzamts vorläufig ab _____ [1]

als _____ Zwecken dienend und zu den in § 5 Abs. 1 Nr. 9 des Körperschaftsteuergesetzes bezeichneten Körperschaften, Pesonenvereinigungen oder Vermögensmassen gehörig anerkannt worden.

Bezeichnung des Finanzamts	Steuernummer	Datum des Bescheids/der Bescheinigung[1]

Es wird bestätigt, daß die Zuwendung nur zu folgenden – angekreuzten – Zwecken verwendet wird, und zwar zu

---

1 Diese Bestätigung wird nicht als Nachweis für den Spendenabzug anerkannt, wenn das Datum des Steuerbescheides/Freistellungsbescheides länger als fünf Jahre bzw. das Datum der vorläufigen Bescheinigung länger als drei Jahre seit Ausstellung dieser Spendenbestätigung zurückliegt (vgl. BMF-Schreiben vom 15. 12. 1994, BStBl. I 1994 S. 884).

- ☐ mildtätigen Zwecken (§ 53 Abgabenordnung).
- ☐ kirchlichen oder religiösen Zwecken (§§ 52, 54 Abgabenordnung).
- ☐ wissenschaftlichen Zwecken (§ 52 Abgabenordnung).
- ☐ kulturellen Zwecken im Sinne der Nummer 4 (nur bei nach § 48 Abs. 4 EStDV anerkannten Körperschaften)
- ☐ als besonders förderungswürdig anerkannten gemeinnützigen Zwecken im Sinne der Nummer ___

  der Anlage 7 Einkommensteuer-Richtlinien [2]
- ☐ Der Verwendungszweck liegt im Ausland.

Der zugewendete Betrag wird entsprechend den Angaben des Zuwendenden an die folgende Körperschaft, Personenvereinigung oder Vermögensmasse im Sinne des § 5 Abs. 1 Nr. 9 des Körperschaftsteuergesetzes weitergeleitet, die vom Finanzamt als begünstigte Empfängerin anerkannt ist:

Ort, Datum und Unterschrift

Die Spendenbestätigung muß grundsätzlich von mindestens einer durch Satzung oder Auftrag zur Entgegennahme von Zahlungen berechtigten Person **unterschrieben** sein. Nach Auffassung der Finanzverwaltung reicht jedoch als Nachweis eine **maschinell erstellte Spendenbestätigung** ohne eigenhändige Unterschrift einer zeichnungsberechtigten Person aus, wenn das zuständige Finanzamt dies der Empfängerkörperschaft nach Prüfung des angewandten Verfahrens genehmigt hat. Für die Erteilung dieser Genehmigung sind bestimmte Voraussetzungen erforderlich, die im einzelnen in R 111 Abs. 5 EStR aufgeführt sind.

An Stelle der Spendenbescheinigung wird nach R. 111 Abs. 6 Nr. 1 und 2 EStR der Bareinzahlungsbeleg oder die Buchungsbestätigung (z. B. Kontoauszug oder Lastschrifteinzugsbeleg) eines Kreditinstituts als Nachweis anerkannt, wenn

- die Zuwendung zur Linderung der Not in **Katastrophenfällen** innerhalb eines von den obersten Finanzbehörden des Bundes und der Länder zu bestimmenden Zeitraums auf ein für den Katastrophenfall eingerichtetes Sonderkonto einer juristischen Person des öffentlichen Rechts, einer öffentlichen Dienststelle oder eines Spitzenverbandes der freien Wohlfahrtspflege einschließlich seiner Mitgliedsorganisationen eingezahlt worden ist oder

---

[2] Die anerkannten Zwecke sind auf Seite 265 f. aufgeführt.

- die Zuwendung den Betrag von **100 DM** nicht übersteigt und
  a) der Empfänger eine juristische Person des öffentlichen Rechts, eine öffentliche Dienststelle, eine Religionsgemeinschaft, ein Spitzenverband der freien Wohlfahrtspflege einschließlich seiner Mitgliedsorganisationen, der Deutsche Sportbund einschließlich der Landessportbünde oder die Stiftung Deutsche Sporthilfe ist,
  oder
  b) der Empfänger eine andere steuerbegünstigte Körperschaft ist, die selbst steuerlich wirksame Spendenbestätigungen ausstellen darf, und der Verwendungszweck der Zuwendung und die Angaben über die Freistellung der Körperschaft von der Körperschaftsteuer nach § 5 Abs. 1 Nr. 9 KStG auf dem vom Empfänger hergestellten Einzahlungsbeleg aufgedruckt sind.

Die oben genannte Regelung in R 111 Abs. 6 Nr. 2a EStR, wonach anstelle einer Spendenbescheinigung für den Spendennachweis der Zahlungsbeleg der Post oder eines Kreditinstituts genügt, wenn die Zuwendung den Betrag von 100 DM nicht übersteigt und der Empfänger z.B. zunächst eine juristische Person des öffentlichen Rechts ist, gilt auch für Durchlaufspenden.

Ein Muster einer Spendenbestätigung für Durchlaufspenden, die nicht vom Verein selbst, sondern von einer **Durchlaufstelle** (z.B. Gemeinde) ausgestellt werden müssen, enthält ebenfalls der **Anlage 4** (Muster 1) zu den EStR.

Wegen der von **politischen Parteien** zu verwendenden Spendenbescheinigung wird auf das in der **Anlage 5** zu den EStR abgedruckte Muster hingewiesen. Ein Muster für die Gestaltung von Spendenbescheinigungen bei **unabhängigen Wählervereinigungen** ergibt sich aus der **Anlage 6** zu den EStR.

Bei Zweifeln an der Seriosität einer spendenempfangenden Organisation besteht auch die Möglichkeit, sich an das „**Deutsche Zentralinstitut für soziale Fragen**", Bernadottestraße 94, 14195 Berlin, zu wenden. Dieses Institut befaßt sich mit der Dokumentation und Beurteilung spendensammelnder Organisationen im humanitär-karitativen Bereich und verleiht förderungswürdigen Körperschaften bei einem seriösen Umgang mit Spenden ein sog. **Spendensiegel**.

VI. Höchstbeträge der abzugsfähigen Spenden

1. Allgemeines

Der Spendenabzug ist beim Spender auf bestimmte jährliche Höchstbeträge beschränkt. Bei deren Anwendung kommt es stets auf die im Kalenderjahr tatsächlich hingegebenen Spenden an. Eine rechtsverbindlich eingegangene Verpflichtung zu einer künftigen Spendenleistung berechtigt noch nicht zum Spendenabzug. Umgekehrt kann eine bereits hingegebene Spende wegen der Höchstbeträge grundsätzlich nicht auf künftige Jahre verteilt werden. Es ist allerdings möglich, eine Spende zur Ausnutzung der Höchstbeträge effektiv in verschiedenen Jahresraten zu leisten. Außerdem können bestimmte Großspenden steuerlich über mehrere Jahre verteilt werden (vgl. nachstehend).

Die Spenden werden bei natürlichen Personen als Sonderausgaben, bei Körperschaften wie Betriebsausgaben abgezogen. Für bestimmte Sonderausgaben nach § 10 EStG sowie für abzugsfähige Spenden nach § 10b EStG erhalten einkommensteuerpflichtige Personen einen jährlichen Sonderausgaben-Pauschbetrag nach § 10 c Abs. 1 EStG von 108 DM bzw. bei zusammenveranlagten Ehegatten einen solchen von 216 DM, wenn der Steuerpflichtige nicht höhere Aufwendungen nachweist. Spenden können sich deshalb steuerlich nur dann auswirken, wenn diese zusammen mit den bestimmten Sonderausgaben nach § 10 EStG höher sind als der Pauschbetrag.

2. Höchstbeträge

Bei der **Einkommensteuer** können nach § 10b Abs. 1 EStG Spenden zur Förderung kirchlicher, religiöser und der als besonders förderungswürdig anerkannten gemeinnützigen Zwecke bis zur Höhe von **5 v. H.** des Gesamtbetrags der Einkünfte als Sonderausgaben steuerlich abgezogen werden. Mitgliedsbeiträge und Aufnahmegebühren sind jedoch nur in den Fällen der Direktspendenbegünstigung steuerlich abziehbar.

Bei Ausgaben zur Förderung mildtätiger, wissenschaftlicher und der als besonders förderungswürdig anerkannten kulturellen Zwecke erhöht sich der Höchstbetrag auf **10 v. H.** Bei den mildtätigen und wissenschaftlichen Zwecken gilt der erhöhte Abzugssatz auch für Mitgliedsbeiträge und Aufnahmegebühren.

Zu den besonders förderungswürdigen kulturellen Zwecken gehört die Förderung der Kunst, die Förderung der Pflege und Erhaltung von Kulturwerten sowie die Förderung der Denkmalspflege. Bei Spenden zur Förderung kultureller Zwecke sind nur juristische Personen des öffentlichen Rechts oder öffentliche Dienststellen (Durchlaufstellen) spendenempfangsberechtigt. Diese können jedoch – auch im Wege des Listenverfahrens – Durchlaufspenden für Vereine mit den begünstigten Zwecken entgegennehmen. Dies gilt beispielsweise auch für **Musik- und Gesangvereine**, da deren Zwecke ebenfalls die Voraussetzungen für den auf 10 v. H. des Gesamtbetrags der Einkünfte erhöhten Spendenabzug erfüllen.

Treffen erhöht begünstigte und normal begünstigte Spenden zusammen, so ist wie folgt zu verfahren: Zunächst werden die Spenden für mildtätige, wissenschaftliche und besonders förderungswürdige kulturelle Zwecke bis zur Höhe von 5 v. H. des Gesamtbetrags der Einkünfte abgezogen. Soweit die Spenden für diese Zwecke höher sind, kann der übersteigende Betrag zusammen mit den übrigen steuerbegünstigten Zwecken nochmals bis zur Höhe von 5 v. H. Berücksichtigung finden.

Anstelle des nach den Einkünften berechneten Höchstbetrags kann der Steuerpflichtige, wenn es für ihn günstiger ist, den Satz von **2 v. T.** der Summe seiner gesamten Umsätze und der im Kalenderjahr aufgewendeten Löhne und Gehälter als Höchstbetrag wählen. Bei Personengesellschaften werden diese

Berechnungsgrundlagen nach dem Gewinnverteilungsschlüssel auf die Gesellschafter aufgeteilt. Zu den Umsätzen zählen auch steuerfreie und nichtsteuerbare Umsätze, z. B. solche im Ausland (vgl. auch BFH-Urteil vom 4. 12. 1996, BStBl. II 1997 S. 327).

Bei der **Gewerbesteuer** können nach § 9 Nr. 5 GewStG **alle Spenden** abgezogen werden, die nach § 10b Abs. 1 EStG bei der Einkommensteuer bzw. nach § 9 Abs. 1 Nr. 2 KStG bei der Körperschaftsteuer abzugsfähig sind. Vom Spendenabzug bei der Gewerbesteuer ausgeschlossen sind damit lediglich (wie bei der Körperschaftsteuer) Zuwendungen an politische Parteien und an unabhängige Wählervereinigungen. Voraussetzung für den Spendenabzug ist aber, daß die Ausgaben **aus Mitteln des Gewerbebetriebs** geleistet wurden. Außerdem ist bei der Gewerbesteuer für den Spendenabzug nach § 9 Nr. 5 S. 1 und 2 GewStG eine eigenständige Höchstbetragsberechnung durchzuführen.

Für bestimmte Zuwendungen greift auch eine sog. **Großspendenregelung.** Bei der **Einkommensteuer** ist nach § 10b Abs. 1 S. 3 EStG zusätzlich zum Abzug im Veranlagungszeitraum der Zuwendung ein **einjähriger Spendenrücktrag** und **ein fünfjähriger Spendenvortrag** zu beachten, wenn eine **Einzelzuwendung von mindestens 50 000 DM** zur Förderung **wissenschaftlicher, mildtätiger** oder als besonders förderungswürdig anerkannter **kultureller** Zwecke die zulässigen Höchstsätze (10 v. H. des Gesamtbetrags der Einkünfte bzw. 2 v.T. der gesamten Umsätze und der im Kalenderjahr aufgewendeten Löhne und Gehälter) überschreitet. Dabei muß die Einzelzuwendung für sich genommen die Höchstsätze überschreiten. Der Spendenrück- und -vortrag ist aber ebenfalls nur im Rahmen der Höchstsätze möglich.

Dabei gilt folgende Reihenfolge:
- Abzug der „normalen" Spenden des laufenden Veranlagungszeitraums.
- Noch nicht verbrauchte Großspenden aus den Vorjahren (beginnend mit dem ältesten Jahr der Großspende).
- Großspenden des laufenden Veranlagungszeitraums.

Bei einer von einer Personengesellschaft geleisteten Einzelzuwendung zur Förderung wissenschaftlicher, mildtätiger oder kultureller Zwecke muß nach Auffassung der Finanzverwaltung auf den einzelnen Gesellschafter ein Spendenanteil von mindestens 50 000 DM entfallen, damit bei seiner Einkommensteuer- oder Körperschaftsteuer-Veranlagung die Großspendenregelung zur Anwendung kommen kann. Gewerbesteuerlich kommt es dagegen nur auf den Gesamtbetrag der von der Personengesellschaft geleisteten Einzelspende von mindestens 50 000 DM an.

Bei der **Körperschaftsteuer** werden diese Großspenden nach § 9 Abs. 1 Nr. 2 S. 3 KStG im Rahmen der Höchstsätze im Jahr der Zuwendung und in den folgenden sechs Veranlagungszeiträumen berücksichtigt.

Auch bei der **Gewerbesteuer** wurde die Großspendenregelung grundsätzlich übernommen. Der einkommensteuerliche Spendenrücktrag ist hier aber ebenfalls ausgeschlossen, damit die hebeberechtigten Gemeinden schon vereinnahmte Steuerbeträge nicht zurückzahlen müssen. Nach § 9 Nr. 5 S. 3

GewStG wird deshalb wie bei den der Körperschaftsteuer unterliegenden Gewerbebetrieben die Kürzung im Rahmen der Höchstsätze im Jahr der Zuwendung und in den folgenden sechs Erhebungszeiträumen (Spendenvortrag) vorgenommen.

C. Körperschaftsteuer

Die Körperschaftsteuer ist die der Einkommensteuer entsprechende Steuer, die vom Einkommen der juristischen Personen, Personenvereinigungen, die nicht Mitunternehmerschaften sind, und von Vermögensmassen erhoben wird. Der Körperschaftsteuer unterliegen danach rechtsfähige (eingetragene) Vereine und nichtrechtsfähige Vereine. Wie die Einkommensteuer ist die Körperschaftsteuer also eine Personensteuer und eine direkte Steuer, die bei demjenigen erhoben wird, den sie wirtschaftlich treffen soll. Von Vereinen wird gerade die Körperschaftsteuer wegen der Höhe des Steuersatzes als besonders hart empfunden.

Die Rechtsgrundlagen für die Körperschaftsteuer sind das Körperschaftsteuergesetz (KStG), die Körperschaftsteuer-Durchführungsverordnung (KStDV) und die Körperschaftsteuer-Richtlinien (KStR). Daneben sind anzuwenden das Einkommensteuergesetz (EStG), die Einkommensteuer-Durchführungsverordnung (EStDV), die Einkommensteuer-Richtlinien (EStR) und die Hinweise im amtlichen Einkommensteuer-Handbuch (EStH).

I. Steuerpflicht

1. Unbeschränkte Steuerpflicht

Rechtsfähige und nichtrechtsfähige Vereine sind dann unbeschränkt körperschaftsteuerpflichtig, wenn sie ihre Geschäftsleitung oder ihren Sitz im Inland haben (§ 1 Abs. 1 Nr. 4 und 5 KStG). Der Sitz eines Vereins ist in der Regel in seiner Satzung bestimmt (vgl. dazu § 11 AO). Fehlt eine solche Bestimmung, so gilt als Sitz der Ort, an dem sich die Geschäftsleitung befindet oder die Verwaltung geführt wird. Die unbeschränkte Steuerpflicht erstreckt sich auf sämtliche Einkünfte (§ 1 Abs. 2 KStG) und beginnt mit der Feststellung der Satzung oder der Aufnahme einer geschäftlichen Tätigkeit.

Für die Besteuerung der Vereine ist das Finanzamt **örtlich zuständig**, in dessen Bezirk sich die Geschäftsleitung befindet (§ 20 Abs. 1 AO). Die AO definiert in § 10 den Begriff „Geschäftsleitung" als den „Mittelpunkt der geschäftlichen Oberleitung" (vgl. dazu das BFH-Urteil vom 7. 12. 1994, BStBl. II 1995 S. 175). Die Geschäfte eines Vereins leitet der Vorstand, so daß der Ort maßgebend ist, an dem üblicherweise die Vorstandssitzungen stattfinden. Dieser Ort wird meist mit dem Sitz des Vereins identisch sein. Auseinanderfallen können Sitz des Vereins und Ort der Geschäftsleitung, wenn z. B. ein Verein seinen Sitz in der Gemeinde A, der 1. Vorsitzende seinen Wohnsitz in der Gemeinde B hat und der

1. Vorsitzende die Vorstandssitzungen regelmäßig in seiner Wohnung durchführt.

2. Beschränkte Steuerpflicht

Vereine, die weder ihre Geschäftsleitung noch ihren Sitz im Inland haben, sind beschränkt körperschaftsteuerpflichtig (§ 2 Nr. 1 KStG). Die beschränkte Steuerpflicht erstreckt sich nicht wie die unbeschränkte Steuerpflicht auf alle Einkünfte, sondern nur auf die in § 49 EStG aufgeführten inländischen Einkünfte. Dabei können Ausgaben nur insoweit abgezogen werden, als sie mit inländischen Einkünften im Zusammenhang stehen (§ 50 EStG). Beschränkt steuerpflichtige Vereine genießen keine Steuerbefreiung wegen gemeinnütziger, mildtätiger oder kirchlicher Tätigkeit (§ 5 Abs. 2 Nr. 3 KStG).

II. Einkommensermittlung

Vorbemerkung

Unter II. werden zunächst die Grundsätze der Einkommensermittlung bei voll steuerpflichtigen Körperschaften, dazu gehören z. B. die **nicht** gemeinnützigen Vereine dargestellt. **Die Besonderheiten, die bei gemeinnützigen, mildtätigen usw. Vereinen gelten, finden Sie unter III.** (ab Seite 305).

1. Allgemeines

Die Körperschaftsteuer bemißt sich nach dem zu versteuernden Einkommen, das der Verein innerhalb eines Kalenderjahres bezogen hat (§ 7 Abs. 1 und 3 KStG). Was als Einkommen gilt und wie das Einkommen zu ermitteln ist, bestimmt sich nach den Vorschriften des EStG und des KStG (§ 8 Abs. 1 KStG). Insbesondere gelten bei der Körperschaftsteuer die einkommensteuerlichen Vorschriften über das Einkommen, den Gewinn, die Gewinnermittlungsvorschriften und die Vorschriften über die Ermittlung des Überschusses der Einnahmen über die Werbungskosten. Darüber hinaus sind noch besondere körperschaftsteuerliche Vorschriften zu beachten. Das Einkommen eines Vereins besteht aus dem Gesamtbetrag der Einkünfte nach Abzug von Ausgaben i. S. des § 9 KStG und der Berücksichtigung von Verlusten nach Maßgabe des § 10 d EStG. Vgl. dazu Abschn. 24 KStR. Bei der Ermittlung der Einkünfte muß aber beachtet werden, daß verschiedene auf natürliche Personen zugeschnittene Vorschriften des EStG für Vereine nicht anwendbar sind.

Körperschaften, die nicht nach den Vorschriften des HGB zur Führung von Büchern verpflichtet sind, das sind in erster Linie rechtsfähige und nichtrechtsfähige Vereine, können Einkünfte im Rahmen der sieben Einkunftsarten des § 2 EStG beziehen. Daher erhalten diese Körperschaften von den Finanzämtern besondere Körperschaftsteuer-Erklärungsvordrucke, die sämtliche Einkunftsarten umfassen. Bei Vereinen sind die folgenden Einkunftsarten von Bedeutung:

- Einkünfte aus Land- und Forstwirtschaft
- Einkünfte aus Gewerbebetrieb
- Einkünfte aus Kapitalvermögen
- Einkünfte aus Vermietung und Verpachtung
- Sonstige Einkünfte

Einkünfte aus nichtselbständiger Arbeit und aus selbständiger Arbeit sind bei Vereinen nur in Ausnahmefällen denkbar.

Fallen Einnahmen eines Vereins unter keine der genannten Einkunftsarten, so sind sie nicht körperschaftsteuerpflichtig. Das gilt insbesondere für Erbanfälle, Spenden und Lotto- und Totogewinne.

2. Die einzelnen Einkunftsarten

a) Allgemeines

Bei Körperschaften, die nach den Vorschriften des HGB zur Führung von Büchern verpflichtet sind, gelten alle Einkünfte als Einkünfte aus Gewerbebetrieb (§ 8 Abs. 2 KStG). Diese Vorschrift gilt für Vereine grundsätzlich nicht (Ausnahme: wirtschaftliche Vereine im Sinne des § 22 BGB). Selbst wenn ein Verein ein gewerbliches Unternehmen unterhält, das im Handelsregister eingetragen und daher buchführungspflichtig ist, gilt § 8 Abs. 2 KStG nur für dieses Unternehmen, nicht für den Verein insgesamt.

Bei Einkünften aus Land- und Forstwirtschaft und aus Gewerbebetrieb ist der Gewinn anzusetzen. Bei den Einkunftsarten Kapitalvermögen, Vermietung und Verpachtung sowie bei den sonstigen Einkünften entsprechen die Einkünfte den Einnahmen nach Abzug der Werbungskosten.

b) Einkünfte aus Land- und Forstwirtschaft

Einkünfte aus Land- und Forstwirtschaft sind insbesondere die Einkünfte aus Landwirtschaft, Forstwirtschaft, Weinbau, Gartenbau, Obstbau, Gemüsebau, Baumschulen, Tierzucht und Tierhaltung, Fischerei, Imkerei usw. (§ 13 EStG). Bei den Einkünften aus Land- und Forstwirtschaft bleiben bis einschl. 1998 2000 DM und ab 1999 1300 DM jährlich steuerfrei (§ 13 Abs. 3 EStG). Zu den Einkünften aus Land- und Forstwirtschaft gehören auch die Einkünfte aus der Veräußerung oder Aufgabe eines land- und forstwirtschaftlichen Betriebs (§§ 14, 14a EStG). Einkünfte aus Land- und Forstwirtschaft liegen bei Vereinen vor, wenn sie selbst einen land- und forstwirtschaftlichen Betrieb bewirtschaften. Der Betrieb kann in einem solchen Fall auch ein einzelnes Grundstück sein, durch das ein nennenswerter Gewinn erwirtschaftet wird. Die Verpachtung land- und forstwirtschaftlichen Grundbesitzes ist steuerlich wie die Verpachtung eines Gewerbebetriebs zu behandeln (Stichwort: Verpächterwahlrecht – siehe Seite 293).

Bei der Gewinnermittlung ist zu unterscheiden zwischen buchführungspflichtigen und nichtbuchführungspflichtigen Betrieben. **Buchführungspflicht** besteht bei einem Jahresumsatz von mehr als 500 000 DM, bei einem sog. Wirtschaftswert (§ 46 BewG) von mehr als 40 000 DM oder bei Gewinnen aus Land- und Forstwirtschaft von mehr als 48 000 DM im Kalenderjahr (§ 141 AO). Wird eine dieser Grenzen erstmals überschritten, so tritt die Buchführungspflicht erst ein, wenn das Finanzamt den Beginn der Buchführungspflicht mitgeteilt hat (§ 141 Abs. 2 AO). Bei buchführungspflichtigen land- und forstwirtschaftlichen Betrieben ist der Gewinn durch Betriebsvermögensvergleich zu ermitteln; wie bei den nichtbuchführungspflichtigen Betrieben ist dabei beim normalen landwirtschaftlichen Betrieb von einem Wirtschaftsjahr vom 1. 7. bis 30. 6. auszugehen (§ 4a Abs. 1 Nr. 1 EStG). Bei nichtbuchführungspflichtigen landwirtschaftlichen Betrieben wird der Gewinn regelmäßig nach Durchschnittssätzen (§ 13a EStG) ermittelt.

c) Einkünfte aus Gewerbebetrieb

Einkünfte aus Gewerbebetrieb sind die Einkünfte aus von einem Verein betriebenen gewerblichen Unternehmen (z. B. einer Gastwirtschaft) und die Gewinnanteile aus der Beteiligung an gewerblichen Personengesellschaften (§ 15 EStG). Zu den Einkünften aus Gewerbebetrieb gehören auch die Gewinne, die bei der Veräußerung (Aufgabe) eines Gewerbebetriebs und des Anteils an einer Personengesellschaft entstehen (§ 16 EStG). Auch die Veräußerung des Anteils an einer Kapitalgesellschaft ist im Rahmen der Einkünfte aus Gewerbebetrieb zu erfassen, wenn eine Beteiligung von mindestens 10 v. H. (bis 31. 12. 1998: von mehr als 25 v. H.) besteht (§ 17 EStG).

Das EStG kennt zwei verschiedene **Gewinnermittlungsarten**, nämlich die Gewinnermittlung durch Betriebsvermögensvergleich (§§ 5 und 4 Abs. 1 EStG) und die Gewinnermittlung durch Gegenüberstellung der Betriebseinnahmen und Betriebsausgaben (§ 4 Abs. 3 EStG). Vereine müssen den Gewinn durch Betriebsvermögensvergleich ermitteln, wenn sie handelsrechtlich dazu verpflichtet sind, weil sie ein im Handelsregister eingetragenes Unternehmen betreiben, oder aber, wenn sie steuerrechtlich wegen Überschreitung der Wertgrenzen des § 141 AO dazu verpflichtet sind. Das ist der Fall, wenn sie bei der letzten Veranlagung entweder Umsätze von mehr als 500 000 DM oder einen Gewinn aus Gewerbebetrieb von mehr als 48 000 DM erzielt haben. Vereine, die danach neu buchführungspflichtig werden, müssen darauf vom Finanzamt aufmerksam gemacht werden (§ 141 Abs. 2 AO). Für die Frage der **Buchführungspflicht** wird nicht auf den gesamten Verein, sondern auf den einzelnen Betrieb des Vereins abgehoben. Vereine können selbstverständlich auch freiwillig den Gewinn durch Betriebsvermögensvergleich ermitteln.

Der Betriebsvermögensvergleich ist nach den §§ 4 bis 7 EStG durchzuführen. Da diese Gewinnermittlungsmethode bei Vereinen kaum vorkommen dürfte, wird hier nur auf das umfangreiche Schrifttum über Buchführung und Bilanzierung hingewiesen. Dagegen wird nachfolgend unter d) die Gewinnermittlung durch Gegenüberstellung der Betriebseinnahmen und Betriebsausgaben nach § 4 Abs. 3 EStG besprochen, da diese Gewinnermittlungsform für die überwiegende Mehrheit der Vereine in Betracht kommt.

Wird ein **Betrieb im ganzen verpachtet**, hat der **Verpächter** das **Wahlrecht**, ob er ohne Realisierung der stillen Reserven weiter Unternehmer (mit

Einkünften aus Gewerbebetrieb, die aber nicht mehr der Gewerbesteuer unterliegen) bleiben oder ob er die stillen Reserven realisieren und in Zukunft privater Verpächter (mit Einkünften aus Vermietung und Verpachtung) sein will. Voraussetzung für dieses Wahlrecht ist, daß der Betrieb zuvor von dem Verpächter oder – im Fall des unentgeltlichen Erwerbs (z. B. durch Schenkung oder Erbschaft) – von seinem Rechtsvorgänger selbst bewirtschaftet worden ist, und daß der Betrieb vom Verpächter oder seinem Rechtsnachfolger bei Beendigung der Verpachtung wieder aufgenommen und fortgesetzt werden könnte. Ausgeübt wird das Wahlrecht dadurch, daß entweder weiterhin Einkünfte aus (verpachtetem) Gewerbebetrieb erklärt werden oder eine ausdrückliche Betriebsaufgabe erklärt wird. Vgl. dazu R 139 Abs. 5 EStR.

Wird die Betriebsaufgabe erklärt, so ist der Unterschiedsbetrag zwischen den Buchwerten und dem gemeinen Wert des Betriebsvermögens zu versteuern (§ 16 Abs. 3 EStG). Bis 31. 12. 1995 blieb ein sich dabei – oder bei einer Veräußerung des Betriebs – ergebender Aufgabe- oder Veräußerungsgewinn, der den Betrag von 100 000 DM nicht überstieg, bis zu einem Betrag von 30 000 DM nach § 16 Abs. 4 EStG steuerfrei (BFH-Urteil vom 16. 12. 1975, BStBl. II 1976 S. 360). Mit Wirkung ab 1. 1. 1996 wurde § 16 Abs. 4 EStG geändert. Er gilt seither nicht mehr für Vereine.

Beispiel: Die bisher selbst bewirtschaftete Gaststätte eines nicht gemeinnützigen Vereins wird ab 1. 7. 1998 verpachtet. Der Verein erklärt zum 30. 6. 1998 die Betriebsaufgabe. Zu diesem Zeitpunkt beträgt der Buchwert des Gebäudes und des dazugehörenden Grund und Bodens 20 000 DM, der gemeine Wert 100 000 DM. Sofern bei allen anderen Wirtschaftsgütern der Buchwert dem gemeinen Wert entspricht, würde hier ein der Körperschaftsteuer unterliegender Aufgabegewinn von 80 000 DM entstehen. Der Aufgabegewinn unterliegt nicht der Gewerbesteuer.

Zu den Einkünften aus Gewerbebetrieb gehören – wie oben erwähnt – auch Gewinnanteile aus der **Beteiligung an gewerblichen Personengesellschaften** (OHG, KG und GbR). Eine derartige Beteiligung liegt z. B. vor, wenn mehrere Vereine gemeinsam gesellige Veranstaltungen durchführen. Der Zusammenschluß zur Verfolgung eines gemeinsamen Zwecks stellt eine Gesellschaft nach § 705 BGB dar, für die das zuständige Finanzamt eine gesonderte Feststellung des Gewinns (§§ 179 Abs. 2 und 180 AO) durchführt. Auch in diesen Fällen gilt der dem einzelnen Verein zustehende Gewinnanteil als von diesem unmittelbar bezogen. Nach § 15 Abs. 1 Satz 1 Nr. 2 EStG muß davon ausgegangen werden, daß der einzelne Verein die von der GbR durchgeführten Veranstaltungen in dem seinem Anteil entsprechenden Umfang als eigenen wirtschaftlichen Geschäftsbetrieb betreibt (vgl. RFH-Urteil vom 8. 11. 1938, RStBl. 1939 S. 301, BFH-Urteil vom 4. 3. 1976, BStBl. II S. 472 sowie grundlegend zur steuerlichen Behandlung von Personengesellschaften: Beschluß des Großen Senats des BFH vom 25. 6. 1984, BStBl. II S. 751).

d) Gewinnermittlung durch Einnahmen-Überschußrechnung

Die vereinfachte Gewinnermittlungsart nach § 4 Abs. 3 EStG, bei der sich der Gewinn aus dem Unterschied zwischen Betriebseinnahmen und Betriebsausgaben ergibt, ist nur anwendbar, wenn keine Buchführungspflicht besteht. Bei der Überschußrechnung ist Gewinnermittlungszeitraum grundsätzlich das Kalenderjahr. Da nur die Betriebseinnahmen und Betriebsausgaben aufgezeichnet werden, spielen Schwankungen des Betriebsvermögens für die Gewinnermittlung keine Rolle. Das kann insoweit vorteilhaft sein, als beispielsweise durch gezielte Betriebsausgaben am Jahresende (z. B. größere Ausgaben für Wareneinkauf) eine gewisse Gewinnverlagerung möglich ist. Bei der Gewinnermittlung nach § 4 Abs. 3 EStG sind nämlich Betriebseinnahmen grundsätzlich in dem Kalenderjahr anzusetzen, in dem sie zugeflossen sind, und Betriebsausgaben in dem Kalenderjahr abzusetzen, in dem sie geleistet worden sind (vgl. § 11 EStG).

Betriebseinnahmen sind alle Einnahmen in Geld oder Geldeswert (Sacheinnahmen), die im Rahmen der gewerblichen Tätigkeit zufließen. Eine Betriebseinnahme liegt aber nur vor, wenn ein sachlicher Zusammenhang zwischen den Einnahmen und dem Betrieb besteht, dabei genügt aber ein mittelbarer Zusammenhang. Nicht zu den Betriebseinnahmen gehören die Einnahmen, die sich unter keine der sieben Einkunftsarten einordnen lassen (z. B. Lotteriegewinne, Spenden, Erbschaften usw.). Zu den Betriebseinnahmen gehören im übrigen nicht nur die Einnahmen aus der Veräußerung von Umlaufgütern (z. B. Waren), sondern auch aus der Veräußerung von nicht abnutzbaren (z. B. Genossenschaftsanteile) und abnutzbaren (z. B. Inventar) Anlagegütern.

Zu den **Betriebsausgaben** gehören alle Aufwendungen, die unmittelbar durch den Gewerbebetrieb veranlaßt sind, z. B. Ausgaben für Waren, Löhne, Betriebssteuern (Gewerbesteuer, Vergnügungsteuer, Umsatzsteuer), Mieten, Zinsen, Bürokosten usw. Nach § 4 Abs. 3 Satz 4 EStG sind die Betriebsausgaben für nichtabnutzbare Wirtschaftsgüter des Anlagevermögens (z. B. Kauf eines Genossenschaftsanteils oder von Grund und Boden) allerdings erst in dem Kalenderjahr abzugsfähig, in dem durch Veräußerung dieses Wirtschaftsguts eine Betriebseinnahme entsteht.

Aufwendungen für abnutzbare Wirtschaftsgüter des Anlagevermögens (z. B. Gebäude, Einrichtungsgegenstände usw.), deren Nutzungsdauer mehr als ein Jahr beträgt, dürfen nicht im Jahr der Anschaffung oder Herstellung in vollem Umfang als Betriebsausgaben abgesetzt werden, die Ausgaben sind vielmehr auf die Gesamtdauer der Nutzung zu verteilen (§ 7 EStG). Diese Methode bezeichnet man als **Absetzung für Abnutzung (AfA)**. Anschaffungskosten sind alle Aufwendungen, die im Zusammenhang mit dem Erwerb und der Inbetriebnahme des Wirtschaftsguts entstehen (also z. B. auch Montagekosten); unter **Herstellungskosten** versteht man die Aufwendungen durch den Verbrauch von Gütern und die Inanspruchnahme von Diensten für die Herstellung eines Wirtschaftsguts. Für Vereine ist beim Begriff der Herstellungskosten von besonderer Bedeutung, daß der Wert unentgeltlicher Arbeitsleistungen nicht zu den Herstellungskosten z. B. eines Vereinsheims gehört (BFH-Urteil vom 10. 5. 1995 (BStBl. II S. 713). Wegen der Herstellungskosten bei Gebäuden wird im übrigen auf H 33a EStH verwiesen. Danach gehören nicht zu den Herstellungskosten eines Gebäudes, sondern zu den nicht der AfA unterliegenden Anschaffungskosten des Grund und Bodens beispielsweise Straßenanliegerbeiträge usw. Bei beweglichen Wirtschaftsgütern ist entweder eine gleichmäßige Verteilung der Anschaffungskosten auf die Nutzungsdauer (lineare AfA) oder eine Absetzung in fallenden Jahresraten nach einem unveränderlichen Vomhundertsatz vom jeweiligen Buchwert (degressive AfA) möglich (§ 7 Abs. 1 und 2 EStG). Die betriebsgewöhnliche Nutzungsdauer ist regelmäßig zu schätzen. Für gängige Wirtschaftsgüter (auch branchenbezogen) hat die Finanzverwaltung die betriebsgewöhnliche Nutzungsdauer in amtlichen AfA-Tabellen festgelegt.

Beispiel: Ein Verein kauft für seine Gastwirtschaft einen Einrichtungsgegenstand für 2000 DM. Bei linearer AfA betragen bei einer Nutzungsdauer von 10 Jahren die jährlichen AfA-Beträge 200 DM, bei degressiver AfA 30 v. H. des jeweils letzten Buchwerts.

	lineare AfA-Methode	degressive AfA-Methode
Anschaffungskosten	2 000 DM	2 000 DM
AfA	200 DM	600 DM
Restwert Erstjahr	1 800 DM	1 400 DM
AfA	200 DM	420 DM
Restwert Zweitjahr	1 600 DM	980 DM
usw.		

Bei neuen beweglichen Wirtschaftsgütern des Anlagevermögens, die mindestens ein Jahr im Betrieb verbleiben und ausschließlich oder zu mindestens 90 v. H. eigenbetrieblichen Zwecken dienen (z. B. in der Vereinsgaststätte), kann im Jahr der Anschaffung oder Herstellung neben der linearen oder degressiven AfA eine **Sonderabschreibung** in Höhe von insgesamt 20 v. H. vorgenommen werden (§ 7g EStG, R 83 EStR).

Die Inanspruchnahme dieser Sonderabschreibung setzte bis 31. 12. 1996 voraus, daß der Einheitswert des Betriebs nicht mehr als 240 000 DM und das Gewerbekapital nicht mehr als 500 000 DM betrug. Für nach dem 31. 12. 1996 angeschaffte oder hergestellte Wirtschaftsgüter ist Voraussetzung für die Sonderabschreibung, daß das Betriebsvermögen nicht mehr als 400 000 DM beträgt. Diese Voraussetzung gilt bei Betrieben, die den Gewinn nach § 4 Abs. 3 EStG ermitteln, stets als erfüllt.

Im **Anschaffungsjahr** könnte die AfA eigentlich nur zeitanteilig entsprechend der Zugehörigkeitsdauer des Wirtschaftsguts zum Betriebsvermögen vorgenommen werden. Zur Vereinfachung kann aber bei beweglichen Anlagegegenständen bei Anschaffung im ersten Halbjahr der volle AfA-Betrag und im zweiten Halbjahr der halbe AfA-Betrag angesetzt werden (R 44 Abs. 2 EStR). Bei Veräußerung abnutzbarer Anlagegüter ist das Veräußerungsentgelt in voller Höhe Betriebseinnahme, andererseits sind die bis zur Veräußerung noch nicht als AfA abgesetzten Anschaffungskosten als Betriebsausgaben abzusetzen (BFH-Urteile vom 22. 9. 1960, BStBl. III 1961 S. 499 und vom 7. 10. 1971, BStBl. II 1972 S. 271).

Bei **Gebäuden** sind bis zur vollen Abschreibung bei Fertigstellung vor dem 1. 1. 1925 ein AfA-Satz von 2,5 v. H. und bei Fertigstellung nach dem 31. 12. 1924 ein AfA-Satz von 2 v. H. anzusetzen; auch wenn die Nutzungsdauer noch mehr als 40 bzw. 50 Jahre beträgt. Bei einer kürzeren Nutzungsdauer (beispielsweise bei Behelfsbauten) ist aber ein höherer AfA-Satz möglich. Bei Betriebsgebäuden oder betrieblich genutzten Gebäudeteilen (z. B. Gaststättenteil eines Vereinsheims) beträgt der AfA-Satz (ab 1985) 4 v. H., wenn der Antrag auf Baugenehmigung nach dem 31. 3. 1985 gestellt worden ist. Statt dieser linearen Gebäude-AfA kann der Bauherr oder Erwerber im Fertigstellungsjahr degressive Absetzungen für Gebäude nach § 7 Abs. 5 EStG in Anspruch nehmen (vgl. dazu Anhang 0 zu R 44 EStR).

Das Einkommensteuerrecht enthält darüber hinaus mittlerweile eine Fülle von Sonderabschreibungen (insbesondere hinsichtlich von Gebäuden). Insoweit wird auf die einschlägige Fachliteratur verwiesen.

Anschaffungskosten für sogenannte **geringwertige Wirtschaftsgüter** können nur dann voll im Anschaffungsjahr als Betriebsausgaben abgezogen werden, wenn die Wirtschaftsgüter unter Angabe des Tags der Anschaffung und der Anschaffungskosten in ein für diesen Zweck gesondert zu führendes Verzeichnis aufgenommen werden. Geringwertige Wirtschaftsgüter sind abnutzbare Anlagegegenstände, die einer selbständigen Nutzung und Bewertung fähig sind und deren tatsächliche Anschaffungskosten ohne einen im Kaufpreis enthaltenen Umsatzsteuerbetrag (Vorsteuerbetrag) 800 DM nicht übersteigen (§ 6 Abs. 2 EStG).

Geldbeträge, die dem Betrieb durch die Aufnahme von **Darlehen** zugeflossen sind, stellen keine Betriebseinnahmen dar. Andererseits sind die zur Darlehenstilgung geleisteten Beträge auch keine Betriebsausgaben (wohl aber die Darlehenszinsen). Auch scheiden Einnahmen und Ausgaben aus, die im Namen und für Rechnung eines anderen vereinnahmt und verausgabt werden **(durchlaufende Posten)**. Nicht zu den durchlaufenden Posten gehört aber die **Umsatzsteuer**, weil sie in eigenem Namen und für eigene Rechnung vereinnahmt und verausgabt wird. Vereinnahmte Umsatzsteuerbeträge (für den Umsatz geschuldete Umsatzsteuer und vom Finanzamt erstattete Vorsteuer) gehören deshalb zu den Betriebseinnahmen und gezahlte Umsatzsteuerbeträge (gezahlte Vorsteuer und an das Finanzamt abgeführte Umsatzsteuer) grundsätzlich zu den Betriebsausgaben. Dabei ist es gleichgültig, ob der Unternehmer zum Vorsteuerabzug berechtigt ist oder nicht, oder die Umsatzsteuer nach § 19 Abs. 1 UStG überhaupt nicht erhoben wird. Vgl. dazu H 86 EStH.

Bei Ausgaben für **Gebäude** ist stets zu untersuchen, ob es sich dabei um Erhaltungsaufwand oder um Herstellungsaufwand handelt. Erhaltungsaufwand kann in dem Jahr, in dem er bezahlt wird, in voller Höhe als Betriebsausgabe abgezogen werden, während Herstellungsaufwand den Anschaffungskosten zugerechnet werden muß und sich nur im Wege der AfA als Betriebsausgabe abziehen läßt. **Erhaltungsaufwand** liegt vor, wenn die Aufwendungen die Wesensart des Gebäudes nicht verändern und dieses in ordnungsmäßigem Zustand erhalten sollen. Aufwendungen für die Erneuerung von bereits vorhandenen Teilen, Einrichtungen oder Anlagen sind regelmäßig Erhaltungsaufwand des Grundstücks. Dagegen ist **Herstellungsaufwand** anzunehmen, wenn ein Gebäude in seiner Substanz vermehrt, in seiner Wesensart verändert oder in seinem Zustand erheblich verbessert wird. Das trifft beispielsweise bei einer Erweiterung (z. B. Anbau) und bei einer Änderung eines Gebäudes (Umbau) zu. Bei jährlichen Aufwendungen bis 4000 DM (Rechnungsbetrag ohne Umsatzsteuer) je Gebäude kann regelmäßig Erhaltungsaufwand angenommen werden (R 157 Abs. 3 EStR).

Gewinne aus der **Veräußerung eines Gewerbebetriebs** gehören ebenfalls zu den Einkünften aus Gewerbebetrieb (§ 16 EStG). Veräußerungsgewinn ist der Unterschied zwischen dem Wert des Betriebsvermögens und dem Veräußerungserlös nach Abzug der Veräußerungskosten (§ 16 Abs. 2 EStG). Da bei der Gewinnermittlung durch Einnahme-Überschußrechnung ein Buchwert fehlt, muß davon ausgegangen werden, daß der Veräußerer im Augenblick der Veräußerung zum Betriebsvermögensvergleich übergegangen ist. Dabei sind auch die Korrekturen, die beim Übergang von der Einnahme-Überschußrechnung zum Vermögensvergleich vorgenommen werden müssen, zu beachten. Wegen der beim Wechsel der Gewinnermittlungsart vorzunehmenden Korrekturen wird auf R 17 EStR verwiesen. Der für natürliche Personen bei Geschäftsveräußerung geltende ermäßigte Steuersatz ist bei Geschäftsveräußerungen von Körperschaften, also auch von Vereinen, nicht anwendbar. Auch für Veräußerungsgewinne beträgt der Körperschaftsteuersatz somit bis 1998 42 v. H. und ab 1999 40 v. H. Seit 1995 wird dazu noch ein Solidaritätszuschlag erhoben. Der Solidaritätszuschlag beträgt bis 1997 7,5 v. H. und ab 1998 5,5 v. H. der festgesetzten Körperschaftsteuer. Der Freibetrag von 30 000 DM bei Veräußerungsgewinnen bis zu 100 000 DM (§ 16 Abs. 4 EStG) wurde bis 31. 12. 1995 als sachliche Steuerbefreiung auch Vereinen gewährt (BFH-Urteil vom 16. 12. 1975, BStBl. II 1976 S. 360 und Abschn. 27 Abs. 3 KStR).

Für die Inanspruchnahme von Steuervergünstigungen ist eine ordnungsmäßige Buchführung nicht erforderlich. Auch für die Vornahme eines **Verlustabzugs nach § 10d EStG** ist die Einnahme-Überschußrechnung nach § 4 Abs. 3 EStG ausreichend. Ein Verlust, der im Jahr der Entstehung nicht durch Zusammenrechnung aller positiven und negativen Einkünfte aus allen Einkunftsarten ausgeglichen werden kann, ist zunächst vom Gesamtbetrag der Einkünfte des zweiten dem Veranlagungszeitraum vorangegangenen Jahres und danach dem des Vorjahres abzusetzen. Soweit ein Verlustrücktrag wegen eines zu niedrigen Gesamtbetrags der Einkünfte in den dem Verlustjahr vorangegangenen beiden Jahren nicht möglich ist, wird der noch nicht ausgeglichene Verlust auf den auf das Verlustjahr folgenden Veranlagungszeitraum und – soweit er sich dort nicht auswirkt – auf die darauf folgenden Veranlagungszeiträume vorgetragen und abgezogen. Im Zuge der Aufhebung der bis 1989 geltenden Zeitbeschränkung für den Verlustvortrag hat der Gesetzgeber bestimmt, daß ab 1990 der am Schluß eines Veranlagungszeitraums (= Kalenderjahrs) verbleibende Verlustabzug gesondert festzustellen ist. Für nicht ausgeglichene Verluste des Veranlagungszeitraums 1994 räumt der Gesetzgeber darüber hinaus erstmals ein Wahlrecht zwischen Verlustrücktrag und Verlustvortrag ein. Das Finanzamt nimmt den Verlustabzug zwar grundsätzlich von Amts wegen vor. Das Wahlrecht zwischen Verlustrücktrag und Verlustvortrag muß aber der Steuerpflichtige (also hier der Verein) ausüben. Ab 1. 1. 1999 wurde der Verlustabzug nach § 10d EStG grundlegend neu geregelt. Vgl. dazu Kraeusel in DStZ 1999 S. 401.

Die **Einnahmen-Überschußrechnung** erscheint, wenn keine Buchführungspflicht besteht, wegen ihrer auch für den Nichtfachmann leichten Verständlichkeit und wegen des geringen Aufwands gerade **für kleine Vereine empfehlenswert**. Bei fehlender Buchführungspflicht muß aber dringend geraten werden, mindestens eine Gewinnermittlung durch Einnahme-Überschußrechnung vorzunehmen **und sich nicht einer Schätzung des Gewinns**, die das Finanzamt pflichtgemäß bei fehlender Gewinnermittlung vornehmen müßte, **auszusetzen**. Das Finanzamt muß dabei zwar auch Umstände, die für den Verein günstig sind, berücksichtigen, trotzdem wären aber Nachteile für den Verein nicht auszuschließen.

e) Einkünfte aus Kapitalvermögen

Einkünfte aus Kapitalvermögen sind Gewinnanteile (Dividenden), Ausbeuten und sonstige Bezüge aus Aktien, Kuxen, Genußrechten, GmbH-Anteilen und aus Anteilen an Erwerbs- und Wirtschaftsgenossenschaften, die Einkünfte als stiller Gesellschafter, Zinsen aus Hypotheken und Grundschulden und aus anderen Kapitalforderungen jeder Art (z. B. aus Guthaben bei Kreditinstituten) sowie die Diskonterträge aus Wechseln (§ 20 EStG). Zu den Einkünften aus Kapitalvermögen gehören auch besondere Entgelte und Vorteile, die neben den aufgeführten Einnahmen oder an deren Stelle gewährt werden. Soweit sie zu den Einkünften aus Land- und Forstwirtschaft, aus Gewerbebetrieb oder Vermietung und Verpachtung gehören, sind sie diesen Einkunftsarten zuzurechnen (§ 20 Abs. 3 EStG).

Die Ermittlung der Einkünfte erfolgt durch Gegenüberstellung der Einnahmen und der Werbungskosten. Zu den Werbungskosten gehören insbesondere die für die Verwaltung des Kapitalvermögens angefallenen Kosten. Steuerpflichtig sind nur die Erträge aus dem Kapitalvermögen, nicht z. B. der Rückfluß eines früher hingegebenen Darlehens. Bei der Ermittlung der Einkünfte aus Kapitalvermögen von Vereinen sind die Werbungskosten mit dem Werbungskostenpauschbetrag von 100 DM (§ 9a Satz 1 Nr. 1 Buchst. b EStG) zu berücksichtigen, wenn nicht höhere Werbungskosten vorliegen. Außerdem ist noch ein Sparerfreibetrag abzuziehen (§ 20 Abs. 4 EStG), der seit 1. 1. 1993 6000 DM beträgt, der aber ab 1. 1. 2000 auf 3000 DM herabgesetzt wird. Der Sparerfreibetrag darf nicht höher sein, als die um die Werbungskosten geminderten Kapitalerträge.

Bei **Dividendeneinkünften** kann ein steuerpflichtiger Verein die von der ausschüttenden Körperschaft entrichtete Körperschaftsteuer in Höhe von $3/7$ der Dividende auf seine eigene Körperschaftsteuerschuld anrechnen (§ 36 Abs. 2 Nr. 3 EStG). Diese **Körperschaftsteuergutschrift** gehört andererseits als geldwerter Vorteil mit zu seinen steuerpflichtigen Einnahmen (§ 20 Abs. 1 Nr. 3

EStG). Auch eine bei Auszahlung der Kapitalerträge einbehaltene **Kapitalertragsteuer** wird auf die Körperschaftsteuerschuld des die Kapitalerträge empfangenden Vereins angerechnet.

Die sogenannte **Zinsabschlagsteuer** ist eine besondere Form der Kapitalertragsteuer. Durch das Gesetz zur Neuregelung der Zinsbesteuerung (Zinsabschlaggesetz) vom 9. 11. 1992 (BGBl. I S. 1853, BStBl. I S. 682) wurde die Besteuerung der Kapitalerträge neu geregelt. Danach unterliegen Kapitalerträge seit 1. 1. 1993 grundsätzlich einem **Zinsabschlag von 30 v. H.** Der Zinsabschlag wird von der auszahlenden Stelle (d. h. von der Bank oder Sparkasse, bei der Gelder angelegt sind) vorgenommen. Die Bank oder Sparkasse behält den Zinsabschlag ein und führt ihn an das zuständige Finanzamt ab. Nicht unter den Zinsabschlag fallen niedrig verzinsliche Guthaben (bis zu einer Verzinsung von 1 v. H.). Außerdem gilt eine kontenbezogene Bagatellgrenze von 20 DM, so daß der Zinsabschlag unterbleibt, wenn auf einem Konto des Vereins keine höheren Kapitalerträge anfallen.

Darüber hinaus kann der Zinsabschlag unter den nachstehenden Voraussetzungen vermieden werden: **Nicht steuerbefreite Vereine**, die Einkünfte aus Kapitalvermögen nach § 20 EStG erzielen, erhalten – wie bereits oben ausgeführt den Sparerfreibetrag von 6000 DM (ab 2000 von 3000 DM) und den Werbungskostenpauschbetrag von 100 DM. Sie können deshalb auf demselben Vordruck wie natürliche Personen einen **Freistellungsauftrag** nach § 44 a Abs. 2 Nr. 1 EStG bis zu 6100 DM (ab 2000 bis zu 3100 DM) erteilen. Entsprechende Vordrucke sind bei jeder Bank oder Sparkasse vorrätig. Vgl. zur Ausstellung von Freistellungsaufträgen durch nicht steuerbefreite Vereine auch das BMF-Schreiben vom 26. 12. 1992 (BStBl. I S. 693). Nicht steuerbefreiten Vereinen steht neben dem Betrag von 6100 DM bzw. 3100 DM noch der Freibetrag nach § 24 KStG in Höhe von 7 500 DM zu. Überschreiten die Kapitalerträge zwar die Höhe von 6100 DM (3100 DM), aber nicht den Betrag von 13 600 DM (6100 DM + 7500 DM) bzw. 10 600 DM (3100 DM + 7500 DM) und liegen keine anderen steuerpflichtigen Einkünfte vor, dann haben diese Vereine Anspruch auf Erteilung einer sogenannten **Nichtveranlagungs(NV)-Bescheinigung** nach § 44 a Abs. 2 Nr. 2 EStG (Vordruck NV 3 B), die vom zuständigen Finanzamt für höchstens drei Kalenderjahre erteilt wird. Die Erteilung einer NV-Bescheinigung muß beim Finanzamt beantragt werden (Vordruck NV 3 A). Die vom Finanzamt ausgestellte NV-Bescheinigung ist der Bank oder Sparkasse zu überlassen.

Wegen der Behandlung der Kapitalertragsteuer (und dabei insbesondere der Zinsabschlagsteuer) bei **steuerbefreiten Vereinen** vgl. die Seiten 306 und 340 f.

f) Einkünfte aus Vermietung und Verpachtung

Darunter fallen insbesondere die Vermietung und Verpachtung von Grundstücken und Gebäuden, Gebäudeteilen, von Schiffen und von beweglichem Betriebsvermögen sowie von Urheberrechten (§ 21 EStG). Die Einkünfte sind jedoch anderen Einkunftsarten zuzurechnen, soweit sie wirtschaftlich zu diesen gehören (§ 21 Abs. 3 EStG). Die Einkünfte aus Vermietung und Verpachtung werden als Überschuß der Einnahmen über die Werbungskosten ermittelt. Bei der Veräußerung eines Grundstücks entsteht hier kein steuerpflichtiger Veräußerungsgewinn, wie das bei den Gewinneinkünften (insbesondere Land- und Forstwirtschaft und Gewerbebetrieb) der Fall ist, es sei denn, es liegt ein sog. Spekulationsgeschäft vor (siehe unten g).

Einnahmen sind insbesondere die Miet- und Pachtzinsen, daneben aber auch alle Nebenleistungen (z. B. Wassergeld, Umlage für Müllabfuhr, Heizungskosten usw.). **Werbungskosten** sind alle Aufwendungen, die der Erwerbung, Sicherung und Erhaltung der Einnahmen dienen. Voraussetzung ist allerdings, daß ein wirtschaftlicher Zusammenhang der Ausgaben mit der Einkunftsart vorliegt. Aufwendungen, die durch den Besitz eines durch Vermietung und Verpachtung genutzten Gegenstandes anfallen, sind deshalb regelmäßig Werbungskosten bei den Einkünften aus Vermietung und Verpachtung. Als Werbungskosten bei den Einkünften aus Vermietung und Verpachtung fallen die folgenden Aufwendungen an: AfA (vgl. Seiten 295 f.), Erhaltungsaufwand (vgl. Seite 297), Zinsen, Geldbeschaffungskosten, Müllabfuhr, Versicherungen, Beiträge, Hausverwaltung usw.

Fiel bei überwiegend zu Wohnzwecken genutzten Gebäuden, die nicht zu einem Betriebsvermögen gehörten, **größerer Erhaltungsaufwand** an, so konnte er, wenn dies günstiger war, bis 31. 12. 1998 auf zwei bis fünf Jahre gleichmäßig verteilt werden (vgl. § 82b EStDV).

Bei Gebäuden, die Wohnzwecken dienen, konnten von 1996 bis 1998 die Werbungskosten mit einem Pauschbetrag von 42 DM pro m² Wohnfläche berücksichtigt werden. Daneben durften nur noch Schuldzinsen und AfA abgezogen werden.

Wenn ein **Verein Miteigentümer** an einem Grundstück ist, hat er nur den auf ihn entfallenden anteiligen Überschuß zu versteuern. Die Anteile an den Einkünften werden dann in einem besonderen Verfahren einheitlich für alle Beteiligten festgestellt (§§ 179 Abs. 2 und 180 AO).

g) Sonstige Einkünfte

Unter die sonstigen Einkünfte fallen nicht etwa alle weiteren denkbaren Vermögenszuflüsse, sondern nur die in § 22 EStG abschließend aufgezählten Einkünfte aus wiederkehrenden Bezügen und Renten, Einkünfte aus Spekulationsgeschäften und Einkünfte aus bestimmten Leistungen, die keiner anderen Einkunftsart zugerechnet werden können. Von Bedeutung für Vereine können insbesondere Spekulationsgewinne sein. **Spekulationsgeschäfte** liegen vor, wenn zwischen Erwerb und Veräußerung von Grundstücken nicht mehr als 2 Jahre und von anderen Wirtschaftsgütern, insbesondere von Wertpapieren, nicht mehr als 6 Monate liegen oder wenn die Veräußerung vor dem Erwerb erfolgt (§ 23 EStG). Diese sog. Spekulationsfristen wurden mit Wirkung ab 1. 1. 1999 auf 10 Jahre bei bestimmten Gundstücken und 12 Monate bei Wertpapieren verlängert. Eine Spekulationsabsicht ist nicht erforderlich. Zu beachten ist, daß bei der Veräußerung von Wirtschaftsgütern, die zu einem Betrieb gehören, die Veräußerungsgewinne ohnehin zu der betreffenden Einkunftsart gehören und eine zeitliche Begrenzung für die Steuerpflicht solcher Veräußerungsgewinne dort nicht besteht.

3. Ermittlung des Einkommens

a) Gesamtbetrag der Einkünfte

Der Gesamtbetrag der Einkünfte stellt die für einen Veranlagungszeitraum zusammengerechneten Einkünfte der verschiedenen Einkunftsarten dar. Dabei werden (mit wenigen Ausnahmen, z. B. §§ 2a oder 15 Abs. 4 EStG) negative Einkünfte mit positiven Einkünften verrechnet (Verlustausgleich, § 2 EStG).

Beispiel: Ein nicht gemeinnütziger Geselligkeitsverein hat im Jahr 1998 folgende Einnahmen erzielt und Ausgaben getätigt:
Betriebseinnahmen aus der selbstbewirtschafteten Gaststätte 11 000 DM, Betriebsausgaben 6000 DM (Gewinnermittlung durch Einnahmen-Überschußrechnung).
Einnahmen aus verschiedenen Festveranstaltungen 24 000 DM, Betriebsausgaben 10 000 DM (ebenfalls Einnahmen-Überschußrechnung).
Einnahmen aus Vermietung 2000 DM, Werbungskosten 2300 DM (wegen hohen Erhaltungsaufwands). Das vor fünfzehn Jahren um 40 000 DM erworbene Grundstück wurde in 1998 für 50 000 DM veräußert.
Zinseinnahmen aus Wertpapieren 6800 DM, Werbungskosten 50 DM.
Der Verein hat – wenn nicht noch abzugsfähige oder nichtabzugsfähige Ausgaben zu berücksichtigen sind [vgl. unten b) oder c)] – folgende Einkünfte zu versteuern:

Gewinn aus Gewerbebetrieb, d. h. aus der selbstbewirtschafteten Gaststätte und aus den Festveranstaltungen (35 000 ⁄. 16 000) =	19 000 DM
Einkünfte aus Kapitalvermögen (Einnahmen 6 800 DM ⁄. Werbungskostenpauschbetrag 100 DM ⁄. Sparerfreibetrag 6 000 DM) =	700 DM
Überschuß der Werbungskosten bei Vermietung und Verpachtung (2 000 ⁄. 2 300) = ⁄.	300 DM
Gesamtbetrag der Einkünfte	19 400 DM

Der Erlös aus dem Grundstücksverkauf fällt unter keine Einkunftsart, da wegen Zeitablauf kein Spekulationsgeschäft vorliegt. Wenn der Verein Mitgliederbeiträge erhebt, bleiben diese unter den Voraussetzungen des § 8 Abs. 6 KStG ebenfalls unbesteuert (vgl. Seite 338).

Mitunter erstellen nichtbuchführungspflichtige Vereine eine **Gesamtbilanz**, die sämtliche Einkunftsarten und ggf. darüber hinaus auch den nichtsteuerpflichtigen Bereich (z. B. bei gemeinnützigen Vereinen) umfaßt. Eine derartige Buchführung ist für die Besteuerung unbrauchbar. Es muß vielmehr zwischen den einzelnen Einkunftsarten nach § 2 EStG unterschieden werden, weil unterschiedliche steuerliche Vorschriften für verschiedene Einkunftsarten gelten.

b) Abzugsfähige Ausgaben

Das Körperschaftsteuerrecht läßt bei der Einkommensermittlung nach § 9 KStG weitere abzugsfähige Ausgaben zu. Für Vereine sind hier nur **Spenden** (§ 9 Abs. 1 Nr. 2 KStG) von Bedeutung. Abzugsfähig sind Spenden eines Vereins für die in § 9 Abs. 1 Nr. 2 KStG aufgeführten Zwecke, wegen des Spendenabzugs und der zu beachtenden Höchstbeträge wird auf die Seiten 285 f. verwiesen. Wurden einem buchführenden Verein von dessen Gläubigern Schulden zum Zwecke der Sanierung erlassen, so blieb bis 31. 12. 1997 der dadurch entstehende **Sanierungsgewinn** steuerfrei (§ 3 Nr. 66 EStG).

Verluste i. S. des § 10 d EStG können vom Gesamtbetrag der Einkünfte abgezogen werden, wenn im Entstehungsjahr ein Ausgleich mit positiven Einkünften nicht möglich war. Der Verlustabzug muß im erstmöglichen Jahr vorgenommen werden. Für ab 1994 entstandene Verluste besteht ein antragsbedingtes Wahlrecht zwischen Verlustrück- und -vortrag. Seit 1. 1. 1999 ist ein Verlustabzug nur noch eingeschränkt möglich.

c) Nichtabziehbare Ausgaben

Die folgenden Ausgaben dürfen bei der Ermittlung des Einkommens **nicht** abgezogen werden:

- Aufwendungen, die durch Stiftung, Satzung oder sonstige Verfassung vorgeschrieben sind (§ 10 Nr. 1 KStG).
- Steuern vom Einkommen und sonstige Personensteuern sowie die Umsatzsteuer für den Eigenverbrauch und die auf diese Steuern entfallenden Nebenleistungen, wie z. B. Säumniszuschläge, Verspätungszuschläge und Erzwingungsgelder. Abzugsfähig waren allerdings bis 1998 Nachforderungszinsen, Stundungszinsen und Aussetzungszinsen (§ 10 Nr. 2 KStG).
- Aufwendungen für Geldstrafen, die gegen den Verein festgesetzt werden (§ 10 Nr. 3 KStG). Bei Geldbußen, Ordnungsgeldern und Verwarnungsgeldern ergibt sich die Nichtabziehbarkeit aus § 4 Abs. 5 Nr. 8 EStG i.V.m. § 8 Abs. 1 KStG.
- Die Hälfte der Vergütungen an Mitglieder eines Aufsichtsrats oder andere mit der Überwachung der Geschäftsführung betraute Personen (§ 10 Nr. 4 KStG).

Die Vorschrift des § 10 Nr. 1 KStG bedeutet für Vereine praktisch, daß bei der Einkommensermittlung nur Betriebsausgaben und Werbungskosten abgezogen werden können. Bei der Ermittlung des Gewinns aus einem von einem Verein unterhaltenen Gewerbebetrieb sind daher nur die im Gewerbebetrieb selbst entstehenden Betriebsausgaben abzugsfähig, nicht dagegen allgemeine Verwaltungsausgaben des Vereins (vgl. BFH-Urteil vom 16. 3. 1977, BStBl. II S. 493). Hierbei ist auch zu beachten, daß Mitgliederbeiträge nach § 8 Abs. 6 KStG steuerfrei sind und daß die mit steuerfreien Einnahmen zusammenhängenden Ausgaben ohnehin nicht abgezogen werden können (§ 3 c EStG).

Verdeckte Gewinnausschüttungen dürfen das Einkommen ebenfalls nicht mindern (§ 8 Abs. 3 KStG). Verdeckte Gewinnausschüttungen liegen vor, wenn ein Verein einem Mitglied einen Vorteil zuwendet, der einem fremden Dritten nicht zugewendet worden wäre. Der BFH spricht von Vermögensminderung oder verhinderter Vermögensmehrung, die durch das Gesellschaftsverhältnis (bei Vereinen: Mitgliedschaftsverhältnis) veranlaßt sind (BFH-Urteil vom 22. 2. 1989, BStBl. II S. 475). Eine solche verhinderte Vermögensmehrung würde beispielsweise dann vorliegen, wenn ein Grundstück an ein Vereinsmitglied zu einem unangemessen niedrigen Verkaufspreis veräußert wird. Mit Urteil vom 9. 8. 1989 (BStBl. II 1990 S. 237) hat der BFH klargestellt, daß verdeckte Gewinnausschüttungen auch bei einer Körperschaft, die nicht Kapitalgesellschaft ist, möglich sind. Deshalb muß jede Leistung zwischen Verein und Mitglied auf ihre Angemessenheit hin geprüft werden. Der oben genannten Grundstücksveräußerung hätte daher unbedingt eine gutachtliche Schätzung des Werts vorausgehen müssen.

Die verdeckte Gewinnausschüttung führt beim Verein regelmäßig nur zur Einkommenskorrektur, nicht zur Herstellung der Ausschüttungsbelastung. Beim Mitglied, das die Zuwendung erhält, dürfte in solchen Fällen eine Schenkung anzunehmen sein. In dem seltenen Ausnahmefall, daß das Mitglied eine gesellschafterähnliche Stellung inne hat, werden allerdings Folgen wie z. B. bei einer unbeschränkt steuerpflichtigen Kapitalgesellschaft gezogen (vgl. dazu Abschn. 96 KStR).

Nichtabziehbare Ausgaben sind auch alle **Personensteuern**; nichtabzugsfähig sind daher die Körperschaftsteuer, die Kapitalertragsteuer und die Vermögensteuer. Erhält ein steuerpflichtiger Verein Körperschaftsteuer angerechnet (vgl. Seite 299), so gehört der Anrechnungsbetrag ebenfalls zum Einkommen des Vereins (§ 20 Abs. 1 Nr. 3 EStG). Nicht abgezogen werden kann auch eine von einem Verein erhobene Erbschaftsteuer. Wenn solche Steuern bei der Gewinnermittlung abgezogen wurden, müssen sie zur Ermittlung des Einkommens wieder zugerechnet werden. Abzugsfähig sind dagegen die **betrieblich veranlaßten Steuern** wie die Gewerbesteuer, die Umsatzsteuer – außer auf den Eigenverbrauch –, die Lohnsteuer für Arbeitnehmer, Grundsteuer, Kraftfahrzeugsteuer und die Vergnügungssteuer. **Säumniszuschläge, Verspätungszuschläge** und **Erzwingungsgelder** sind nur abzugsfähig, wenn sie mit abzugsfähigen Steuern in Zusammenhang stehen (vgl. Abschn. 43 KStR und H 121 EStH).

Das Abzugsverbot für **Aufsichtsratsvergütungen** usw. hat bei Vereinen keine Bedeutung.

III. Steuerbefreiungstatbestände

1. Gemeinnützige, mildtätige und kirchliche Vereine

a) Tätigkeitsbereiche der Vereine

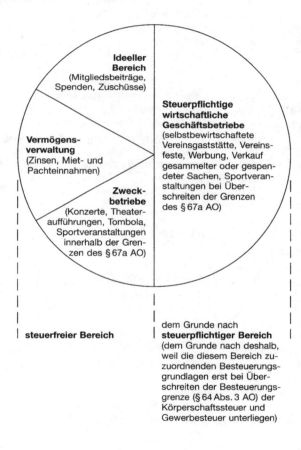

b) Persönliche Befreiung von der Körperschaftsteuer

Vereine, die ausschließlich und unmittelbar gemeinnützige, mildtätige oder kirchliche Zwecke verfolgen, sind von der Körperschaftsteuer befreit, soweit kein wirtschaftlicher Geschäftsbetrieb unterhalten wird (§ 5 **Abs. 1 Nr. 9 KStG**). Da die meisten nach § 5 Abs. 1 Nr. 9 KStG steuerbegünstigten Vereine gemeinnützig sind, wird hier allgemein von **Gemeinnützigkeit** gesprochen. Die Ausführungen betreffen aber auch die wegen Verfolgung mildtätiger und kirchlicher Zwecke steuerbefreiten Vereine. Ob ein Verein die für die Steuerbefreiung geforderten Voraussetzungen erfüllt, richtet sich nach den §§ 51 bis 68 AO. Insoweit wird in vollem Umfang auf die Ausführungen in Abschn. A (Seiten 119 f.) verwiesen.

Die **Voraussetzungen** der Gemeinnützigkeit müssen für die Befreiung von der Körperschaftsteuer **für den ganzen Veranlagungszeitraum** bestehen; entsprechen die Satzung oder die tatsächliche Geschäftsführung auch nur für einen Teil des Veranlagungszeitraums nicht den Vorschriften über die Gemeinnützigkeit, so ist der Verein mit dem Einkommen des ganzen Veranlagungszeitraums steuerpflichtig (§§ 60 Abs. 2 und 63 Abs. 2 AO).

Die Steuerbefreiung für gemeinnützige Vereine bedeutet die Freistellung der Erträge im ideellen Tätigkeitsbereich, aus Vermögensverwaltung und aus Zweckbetrieben von der Körperschaftsteuer (und von der Gewerbesteuer; die Umsatzsteuer geht eigene Wege).

Erträge im ideellen Tätigkeitsbereich

Steuerfrei sind insbesondere

- echte Mitgliederbeiträge;
  (Voraussetzung ist aber, daß die Satzung entweder die Art und Höhe der Mitgliederbeiträge bestimmt oder einen bestimmten Berechnungsmaßstab für die Beiträge vorsieht oder ein Organ bezeichnet, das die Beiträge der Höhe nach erkennbar festsetzt);
- Spenden;
- Zuschüsse der öffentlichen Hand, z. B. aus Lotto- und Totomitteln;
- Schenkungen, Erbschaften und Vermächtnisse.

Erträge aus Vermögensverwaltung

Steuerfrei sind folgende Erträge aus der Verwaltung des Vereinsvermögens, soweit sie nicht ausnahmsweise in einem wirtschaftlichen Geschäftsbetrieb anfallen:

- **Zinsen** aus Sparguthaben, festverzinslichen Wertpapieren, Darlehen, Hypotheken usw.
  Durch das Gesetz zur Neuregelung der Zinsbesteuerung (Zinsabschlaggesetz) vom 9. 11. 1992 (BGBl. I S. 1853, BStBl. I S. 682) wurde die Besteuerung der **Zinsen** aus Sparguthaben, festverzinslichen Wertpapieren usw. neu geregelt. Danach unterliegen diese Zinsen **seit 1. 1. 1993** grundsätzlich einem **Zinsabschlag von 30 v. H.** (sog. Zinsabschlagsteuer). Der Zinsab-

schlag wird von der auszahlenden Stelle (d. h. von der Bank oder Sparkasse bei der Gelder angelegt sind) vorgenommen. Die Bank oder Sparkasse behält den Zinsabschlag ein und führt ihn an das für die Besteuerung der Bank oder Sparkasse zuständige Finanzamt anonym (d. h. ohne Benennung der Empfänger der Zinsen) ab.
Die **Möglichkeiten**, diesen **Zinsabschlag zu vermeiden**, sind auf den Seiten 340 f. dargestellt.

- **Dividenden** aus Aktien, Investmentanteilen, GmbH-Anteilen und Genossenschaftsanteilen
Von diesen Wertpapiererträgen wird bei der Ausschüttung ein **Kapitalertragsteuerabzug in Höhe von 25 v. H. des Dividendenbetrags** vorgenommen. Damit soll die Körperschaftsteuerpflicht solcher Dividenden, die an sich auch bei sonst steuerfreien Körperschaften besteht (§ 5 Abs. 2 Nr. 1 KStG), abgegolten werden (§ 50 Abs. 1 Nr. 1 KStG). In § 44 c Abs. 1 EStG wird jedoch bestimmt, daß den nach § 5 Abs. 1 Nr. 9 KStG steuerbefreiten (gemeinnützigen) Vereinen die Kapitalertragsteuer wieder voll erstattet werden kann. Danach fließen die Dividendenerträge gemeinnützigen Vereinen im Ergebnis steuerfrei zu. Allerdings erhalten steuerfreie Vereine keine Anrechnung oder Vergütung der Körperschaftsteuer, die von der ausschüttenden Körperschaft (Aktiengesellschaft usw.) in Höhe von 3/7 der Dividenden bezahlt worden ist (§ 51 KStG). Die Dividenden bleiben deshalb mit der auf Rechnung der ausschüttenden Körperschaft entrichteten Körperschaftsteuer belastet. Nach dem BFH-Urteil vom 12. 12. 1990 (BStBl. II 1991 S. 427) verstößt der Ausschluß gemeinnütziger Vereine von der Anrechnung und Vergütung anrechenbarer Körperschaftsteuer gem. § 51 KStG nicht gegen das Grundgesetz.
Die **Kapitalertragsteuererstattung** erfolgt auf Antrag durch das Bundesamt für Finanzen in Bonn-Bad Godesberg. Dem Antrag ist eine Bescheinigung des für den Verein zuständigen Finanzamts über die Gemeinnützigkeit (§ 44 c Abs. 1 EStG) und eine Bescheinigung über die einbehaltene Kapitalertragsteuer (§ 45 a Abs. 2 und 3 EStG) beizufügen. Die Bescheinigung über die Gemeinnützigkeit nach § 44 c Abs. 1 EStG wird vom Finanzamt nur auf besonderen Antrag für höchstens drei Jahre ausgestellt. Es empfiehlt sich, den Antrag beim Bundesamt für Finanzen von dem Kreditinstitut stellen zu lassen, das die Anteile in Depotverwahrung hat. Eine Erstattung von Kapitalertragsteuer kommt nicht in Betracht, wenn die Beteiligungserträge in einem wirtschaftlichen Geschäftsbetrieb anfallen. Die Kapitalertragsteuer wird in diesem Fall im Rahmen der Veranlagung zur Körperschaftsteuer auf die Steuerschuld angerechnet.
Die **Veräußerung von Anteilen** an Kapitalgesellschaften bei wesentlicher Beteiligung i. S. des § 17 EStG ist bei gemeinnützigen Vereinen nicht körperschaftsteuerpflichtig, wenn die Beteiligung im Rahmen der Vermögensverwaltung (und nicht in einem wirtschaftlichen Geschäftsbetrieb) gehalten wird (vgl. dazu DStR 1982 S. 685). Dagegen ist die Veräußerung von sog.

einbringungsgeborenen und gemäß § 21 UmwStG steuerverstrickten Anteilen gemäß § 21 Abs. 3 Nr. 2 UmwStG unter Berücksichtigung der Besteuerungsgrenze körperschaftsteuerpflichtig. Einbringungsgeborene Anteile können zwar auch im Rahmen der Vermögensverwaltung gehalten werden (ohne Einflußnahme auf die laufende Geschäftsführung der Kapitalgesellschaft, an der die Beteiligung besteht). Die Veräußerung ist aber im Zusammenhang zu sehen mit der früheren Einbringung oder Umwandlung eines Betriebs, Teilbetriebs oder Mitunternehmeranteils (und damit eines wirtschaftlichen Geschäftsbetriebs), bei der aufgrund § 20 UmwStG ganz oder teilweise auf die Besteuerung des Veräußerungsgewinns verzichtet wurde.

- **Mieten** aus Grundbesitz des Vereins und **Erträge aus dem Verkauf von Grundstücken** und anderen Vermögensgegenständen
  Die Vermietung und Verpachtung von Grundbesitz muß sich aber in den Grenzen der Vermögensverwaltung bewegen. Ein Verein sollte daher möglichst nur an Dauermieter vermieten und keine Nebenleistungen übernehmen, die über die bloße Überlassung des Grundbesitzes hinausgehen. Vgl. dazu auch R 137 Abs. 2 der EStR.

Nicht körperschaftsteuerpflichtig sind danach beispielsweise die Mieteinnahmen in den nachstehenden Fällen:

Beispiele: Ein Fußballverein vermietet einen Trainingsplatz an einen Nachbarverein.
Ein Verein überläßt ein Vereinsgrundstück der Gemeinde gegen Entgelt als Campingplatz.
Ein Turnverein überläßt einen dem Verein gehörenden Platz einem Festwirt zur Aufstellung eines von diesem betriebenen Festzelts.
Verpachtung von Werberechten unter bestimmten Voraussetzungen (siehe dazu Seiten 199 f.).

Ein **wirtschaftlicher Geschäftsbetrieb**, der unter Berücksichtigung der Besteuerungsgrenze des § 64 Abs. 3 AO körperschaftsteuer- und gewerbesteuerpflichtig ist, liegt dagegen vor, wenn kurzfristig an ständig wechselnde Mieter vermietet wird und/oder bei einer Vermietung sonst nicht übliche Nebenleistungen (z.B. Reinigen der Räume, Wechsel der Bettwäsche, Gewährung von Mahlzeiten, Betreuung der Mieter hinsichtlich der Freizeitgestaltung usw.) übernommen werden.

Beim **Verkauf von Grundstücken** kommt es für einen Verein ebenfalls darauf an, die Grenze der Vermögensverwaltung möglichst nicht zu überschreiten. Die Finanzverwaltung hat die Grundsätze zur Abgrenzung zwischen privater Vermögensverwaltung und gewerblichem Grundstückshandel in einem BMF-Schreiben vom 20. 12. 1990 IV B 2 – S 2240 – 61/90 zusammengefaßt und im BStBl. I 1990 S. 884 veröffentlicht. Diese Verwaltungsregelung ist auch zur Beurteilung der Grundstücksgeschäfte eines Vereins heranzuziehen. Die für einen Verein wichtigsten Grundsätze sind:

- die Veräußerung von Grundbesitz, der während eines langen Zeitraums (mindestens 10 Jahre) im Rahmen der Vermögensverwaltung genutzt wurde, führt unabhängig von der Zahl der veräußerten Objekte nicht zur Annahme eines wirtschaftlichen Geschäftsbetriebs. Im Zusammenhang mit der Veräußerung darf allerdings nicht erheblich modernisiert werden;
- im übrigen gilt die sog. „Drei-Objekt-Grenze", d. h. die Veräußerung von bis zu drei Objekten ist bei einem Verein grundsätzlich nicht als wirtschaftlicher Geschäftsbetrieb zu werten.
- **Pachtzinsen** aus der Verpachtung wirtschaftlicher Geschäftsbetriebe, wie z. B. Gastwirtschaften
Bewirtschaftet ein Verein seine Vereinsgaststätte selbst, dann erzielt er Einkünfte aus einem wirtschaftlichen Geschäftsbetrieb. Wird die Bewirtschaftung dagegen von vornherein einem Pächter überlassen, so liegt bloße Vermögensverwaltung des Vereins vor und die Pachteinnahmen sind körperschaftsteuer- und gewerbesteuerfrei. Es ist deshalb aus steuerlichen Gründen empfehlenswert, eine Vereinsgaststätte von Anfang an zu verpachten.
Hat ein Verein bisher die Vereinsgaststätte selbst bewirtschaftet, so stellt die Verpachtung eine Betriebsaufgabe dar, wenn der Verein eine dahingehende ausdrückliche Erklärung abgibt. Die in Buchwerten der Gaststätte enthaltenen stillen Reserven müssen aber nicht versteuert werden, sofern unter den Voraussetzungen des § 13 Abs. 4 KStG die Überführung der betreffenden Wirtschaftsgüter in den steuerbefreiten Bereich möglich ist. Zur Anwendung des § 13 KStG auf diesen und andere Fälle siehe Seiten 198 und 326. Die künftigen Pachteinnahmen sind körperschaftsteuer- und gewerbesteuerfrei. Gibt der Verein dem Finanzamt dagegen keine ausdrückliche Erklärung ab, daß er den Betrieb aufgibt, gelten die künftigen Pachteinnahmen nicht als Erträge aus steuerfreier Vermögensverwaltung, sondern weiterhin als Erträge aus einem wirtschaftlichen Geschäftsbetrieb. Beim Überschreiten der Besteuerungsgrenze (siehe unten b) sind sie körperschaftsteuer- und gewerbesteuerpflichtig.

Selbstbewirtschaftete Forstbetriebe von steuerbegünstigten Körperschaften sind nach § 5 Abs. 1 Nr. 9 **Satz 3** KStG als nichtsteuerpflichtige wirtschaftliche Geschäftsbetriebe zu behandeln. Diese Steuerbefreiung wirkt sich allerdings dann nachteilig für den betreffenden Verein aus, wenn sich ein Verlust aus dem selbstbewirtschafteten Forstbetrieb ergibt. Der Verlust ist weder ausgleichsfähig mit Gewinnen aus steuerpflichtigen wirtschaftlichen Geschäftsbetrieben noch abzugsfähig nach § 8 Abs. 1 KStG i.V.m. § 10d EStG. Diese Folge ergibt sich aus der analogen Anwendung (oder anders ausgedrückt: aus dem Rechtsgedanken) des § 3c EStG, der den Abzug von Ausgaben verbietet, die in unmittelbarem wirtschaftlichem Zusammenhang mit steuerfreien Einnahmen stehen. Zur gemeinnützigkeitsrechtlichen Problematik (Verlustausgleich im Rahmen des § 64 Abs. 2 AO) vgl. Seiten 185 und 196.

Erträge aus Zweckbetrieben
Zweckbetriebe sind wirtschaftliche Geschäftsbetriebe, die aber von der Körperschaftsteuer und Gewerbesteuer freigestellt sind, weil sie zur Verwirklichung der gemeinnützigen, mildtätigen oder kirchlichen Zwecke unentbehrlich sind und unmittelbar diese Zwecke verwirklichen. Der Verein darf aber mit ihnen nicht in größerem Umfang in Wettbewerb zu steuerpflichtigen Betrieben derselben oder ähnlicher Art treten, als unbedingt notwendig ist. Rechtsgrundlage für die Steuerbefreiung der Zweckbetriebe ist nicht das KStG oder GewStG, sondern § 64 Abs. 1 AO.

Als Zweckbetriebe werden z. B. angesehen:

- Kulturelle Einrichtungen (Museen, Theater) und kulturelle Veranstaltungen (Konzerte, Kunstausstellungen)
- Sportliche Veranstaltungen eines Sportvereins, wenn die Zweckbetriebsgrenze des § 67a AO nicht überschritten ist oder bei Option, wenn und soweit an den Veranstaltungen keine bezahlten Sportler teilnehmen
- Genehmigte Lotterien und Ausspielungen (z. B. Tombola) – aber höchstens zweimal im Jahr
- Einrichtungen der Wohlfahrtspflege, Krankenhäuser, Kindergärten, Werkstätten für Behinderte usw.

Die allgemeinen Voraussetzungen für die Annahme von Zweckbetrieben und die bei den einzelnen Betrieben geltenden Besonderheiten sind ausführlich dargestellt auf den Seiten 205 f.

Zweckbetriebe sind von der Körperschaftsteuer und der Gewerbesteuer freigestellt. Die Befreiung gilt nicht für die Umsatzsteuer. Der umsatzsteuerliche Unternehmensbereich umfaßt auch Zweckbetriebe (siehe dazu Seite 359).

Die Zuordnung der Zweckbetriebe zum (ertragsteuerlich) begünstigten Bereich eines gemeinnützigen Vereins bedeutet im übrigen auch, daß etwaige Verluste mit Mitteln des ideellen Bereichs (also auch mit Spenden) abgedeckt werden dürfen.

c) Partielle Steuerpflicht bei Überschreiten der Besteuerungsgrenze
Gemeinnützige Vereine sind partiell körperschaftsteuerpflichtig, soweit sie bestimmte wirtschaftliche Geschäftsbetriebe unterhalten.

Unter einem wirtschaftlichen Geschäftsbetrieb versteht man nach § 14 AO jede selbständige nachhaltige Tätigkeit, durch die Einnahmen oder andere wirtschaftliche Vorteile erzielt werden und die über den Rahmen einer Vermögensverwaltung hinausgeht.

Diese Definition trifft auch auf die selbstbewirtschafteten Forstbetriebe und die Zweckbetriebe zu. Die Forstbetriebe sind jedoch nach § 5 Abs. 1 Nr. 9 Satz 3 KStG steuerbefreit, die Zweckbetriebe nach § 64 Abs. 1 AO. Alle übrigen wirtschaftlichen Betätigungen werden als „steuerpflichtige wirtschaftliche Geschäftsbetriebe" bezeichnet.

Die wichtigsten steuerpflichtigen wirtschaftlichen Geschäftsbetriebe sind:
- Selbstbewirtschaftete Vereinsgaststätten
- Verkauf von Speisen und Getränken bei allen Veranstaltungen des Vereins (auch bei kulturellen oder sportlichen Veranstaltungen)
- Vereinsfeste (auch wenn nur Mitglieder und Angehörige Zutritt haben)
- Werbung (soweit nicht im Rahmen der Vermögensverwaltung verpachtet)
- Sportliche Veranstaltungen eines Sportvereins, wenn die Zweckbetriebsgrenze des § 67a AO überschritten ist oder bei Option, wenn und soweit an den Veranstaltungen bezahlte Sportler teilnehmen.

Mehrere steuerpflichtige wirtschaftliche Geschäftsbetriebe gelten nach § 64 Abs. 2 AO als **ein** Betrieb.

Demnach ist bei der Beurteilung der Buchführungspflicht nach § 141 Abs. 1 AO auf den Gesamtbetrieb abzustellen (AEAO Nr. 5 zu § 64 Abs. 2 AO). Der Verein ist verpflichtet, Bücher zu führen und Bilanzen zu erstellen, wenn sein Umsatz mehr als 500 000 DM im Jahr oder der Gewinn aus diesem Betrieb mehr als 48 000 DM im Wirtschaftsjahr beträgt. Weitere Voraussetzung ist, daß das Finanzamt auf den Beginn dieser Verpflichtung hingewiesen hat.

Die Bezeichnung „steuerpflichtiger" wirtschaftlicher Geschäftsbetrieb ist nur bedingt richtig. Bei der Körperschaftsteuer und Gewerbesteuer muß zunächst von der „Steuerpflicht dem Grunde nach" gesprochen werden, weil seit 1990 insoweit eine **Besteuerungsgrenze** gilt (§ 64 Abs. 3 AO). Danach müssen Vereine dann keine Körperschaftsteuer und Gewerbesteuer bezahlen, wenn die Bruttoeinnahmen (also die Einnahmen einschl. Umsatzsteuer) aus wirtschaftlichen Geschäftsbetrieben, die keine Zweckbetriebe sind, den **Betrag von insgesamt 60 000 DM** im Jahr nicht übersteigen. Es handelt sich um eine **Freigrenze**, nicht um einen Freibetrag. Das bedeutet, daß beim Überschreiten der 60 000 DM-Grenze die betreffenden wirtschaftlichen Geschäftsbetriebe in vollem Umfang der Körperschaftsteuer und Gewerbesteuer unterliegen.

Zusammenfassung der Rechtslage seit 1. 1. 1990:

Wirtschaftliche Geschäftsbetriebe i. S. des § 14 AO
- selbstbewirtschaftete Forstbetriebe (§ 5 Abs. 1 Nr. 9 Satz 3 KStG)
- Zweckbetriebe i. S. der §§ 65 bis 68 AO

= wirtschaftliche Geschäftsbetriebe, die bei Überschreiten der Besteuerungsgrenze des § 64 Abs. 3 AO (60000 DM-Grenze) der Körperschaftsteuer und Gewerbesteuer unterliegen, d.h. der Verein ist mit diesen wirtschaftlichen Geschäftsbetrieben partiell körperschaftsteuer- und gewerbesteuerpflichtig.

Hinweis: im Rahmen der Einkommensermittlung wird ein Freibetrag gemäß § 24 KStG in Höhe von 7500 DM abgezogen; der Körperschaftsteuersatz beträgt bis 1998 42 v. H. und ab 1999 40 v. H.; seit 1995 kommt dazu noch der Solidaritätszuschlag in Höhe von 7,5 v. H. der festgesetzten Körperschaftsteuer, der ab 1998 auf 5,5 v. H. gesenkt wurde (wird ab Seite 345 näher erläutert).

Die Fragen, wann steuerpflichtige wirtschaftliche Geschäftsbetriebe im einzelnen vorliegen, welche Einnahmen in die Besteuerungsgrenze des § 64 Abs. 3

AO einzubeziehen sind und welche nicht, das Zusammenspiel zwischen der Zweckbetriebsgrenze (§ 67a AO) und der Besteuerungsgrenze, die vielfältigen Gestaltungsmöglichkeiten (und die Grenzen möglicher Gestaltungen) sowie die Möglichkeit der Gewinnschätzung bei der Verwertung von Altmaterial werden ausführlich auf den Seiten 190f. behandelt.

d) Zugehörigkeit von Einnahmen und Ausgaben zum steuerfreien oder steuerpflichtigen Bereich

Für die Gewinnermittlung bei steuerpflichtigen wirtschaftlichen Geschäftsbetrieben gelten die auf den Seiten 293 und 295f. dargestellten allgemeinen Grundsätze. In aller Regel kommt die Gewinnermittlung durch Einnahme-Überschußrechnung in Betracht.

Bei der Ermittlung von Einkünften aus wirtschaftlichen Geschäftsbetrieben muß unbedingt beachtet werden, daß Ausgaben, die in unmittelbarem wirtschaftlichem Zusammenhang mit steuerfreien Einnahmen stehen, nicht abgezogen werden (§ 3 c EStG). Deshalb dürfen Aufwendungen für den gemeinnützigen Bereich des Vereins oder für Zweckbetriebe nicht bei der Gewinnermittlung eines steuerpflichtigen wirtschaftlichen Geschäftsbetriebs abgezogen werden. Es besteht insoweit ein Verbot, Ausgaben aus dem steuerfreien Bereich (eigentliche gemeinnützige Tätigkeit und Zweckbetriebe) eines Vereins in dem steuerpflichtigen Bereich (steuerpflichtige wirtschaftliche Geschäftsbetriebe) abzuziehen (vgl. BFH-Urteile vom 4. 3. 1976, BStBl. II S. 472 und vom 27. 3. 1991, BStBl. II 1992 S. 103). Aufwendungen aus dem gemeinnützigen Tätigkeitsbereich können danach den Überschuß aus einem steuerpflichtigen wirtschaftlichen Geschäftsbetrieb nicht mindern. Das gilt auch dann, wenn die satzungsmäßige gemeinnützige Tätigkeit ausschließlich mit den Überschüssen aus dem steuerpflichtigen wirtschaftlichen Geschäftsbetrieb finanziert wird. Allgemein gilt hier, daß die Aufteilung von Einnahmen und Ausgaben auf den steuerpflichtigen wirtschaftlichen Geschäftsbetrieb und den steuerfreien Bereich des Vereins nach der wirtschaftlichen Zugehörigkeit zu erfolgen hat, sofern eine Aufteilung nach objektiven Maßstäben möglich ist (BFH-Urteile vom 24. 2. 1953, BStBl. III S. 109 und vom 27. 3. 1991, BStBl. II 1992 S. 103).

Die **Aufteilung von Einnahmen und Ausgaben** auf steuerpflichtige wirtschaftliche Geschäftsbetriebe und den steuerfreien Bereich eines Vereins **nach der wirtschaftlichen Zugehörigkeit** hat in allen Fällen der partiellen Steuerpflicht große Bedeutung. Unterhält beispielsweise ein Verein eine Vereinsgaststätte (steuerpflichtiger Bereich) und wird mit der Heizungsanlage der Gaststätte auch das Warmwasser für die Duschen des Sportbetriebs (als Zweckbetrieb steuerfreier Bereich) bereitet, so sind die Ausgaben für das Wasser und die Heizung nach wirtschaftlichen Gesichtspunkten aufzuteilen. Der Verein sollte durch geeignete Unterlagen (z. B. getrennte Wasseruhren und Meßfühler an den Heizkörpern) sicherstellen, daß alle Ausgaben für den steuerpflichtigen Bereich erfaßt werden, weil dadurch eine Entlastung von der Körperschaftsteuer eintritt oder die Zahlung von Körperschaftsteuer überhaupt vermieden wird.

Das Problem der Aufteilung oder Zuordnung von Einnahmen und Ausgaben hat auch dann noch Bedeutung, wenn ein Verein mit seinen wirtschaftlichen Geschäftsbetrieben (ohne Zweckbetriebe) die Besteuerungsgrenze des § 64 Abs. 3 AO nicht überschreitet, weil aus gemeinnützigkeitsrechtlicher Sicht weiterhin das Problem der grundsätzlich schädlichen Verlustabdeckung mit Mitteln des ideellen Bereiches oder des Zweckbetriebsbereiches besteht (vgl. Seite 185).

Die **Zuordnung der Einnahmen** wirft nur dann Probleme auf, wenn z. B. ein einheitliches Entgelt für Leistungen verlangt wird, die beim Verein zum Teil aus einem Zweckbetrieb und zum Teil aus einem steuerpflichtigen wirtschaftlichen Geschäftsbetrieb heraus erbracht werden (der AEAO spricht in der Tz. 10 zu § 68 Nr. 7 AO den Fall an, daß ein gemeinnütziger Verein Speisen und Getränke im Rahmen einer kulturellen Veranstaltung verkauft). Wird für den Besuch einer kulturellen Veranstaltung (= Zweckbetrieb) mit Bewirtschaftung (= steuerpflichtiger wirtschaftlicher Geschäftsbetrieb) ein einheitlicher Eintrittspreis bezahlt, so ist dieser – ggf. im Wege der Schätzung – in einen Entgeltsteil für den Besuch der Veranstaltung und für die Bewirtschaftungsleistungen aufzuteilen. Zur Vermeidung unnötiger Auseinandersetzungen mit dem Finanzamt sollte der Verein von vornherein klare Verhältnisse schaffen und getrennte Entgelte verlangen.

Die Zuordnung der Einnahmen kann in der Regel unproblematisch gestaltet werden. Dagegen führt die **Aufteilung der Ausgaben** häufig zu Schwierigkeiten. Es sind nur solche Ausgaben abzugsfähig, die dem wirtschaftlichen Geschäftsbetrieb selbst erwachsen sind. Deshalb können beispielsweise bei einem Gebäude nur die auf den wirtschaftlichen Geschäftsbetrieb entfallende anteilige AfA und die anteilige Grundsteuer berücksichtigt werden. Auch ist nur die im steuerpflichtigen wirtschaftlichen Geschäftsbetrieb entstandene Umsatzsteuer, nicht etwa die Umsatzsteuer für Sportveranstaltungen, die einen Zweckbetrieb bilden, abziehbar. Im übrigen wird zur Aufteilung bzw. Zuordnung von Einnahmen und Ausgaben bei sportlichen Veranstaltungen i. S. des § 67a AO auf Seite 225 verwiesen.

Die Werbung, die ein Sportverein im Zusammenhang mit sportlichen Veranstaltungen betreibt (z. B. Bandenwerbung, Trikotwerbung oder Werbedurchsagen), stellt einen eigenständigen steuerpflichtigen wirtschaftlichen Geschäftsbetrieb dar. Abzugsfähig sind grundsätzlich nur die dem Verein in Zusammenhang mit der Werbung direkt erwachsenden Kosten (z. B. Reinigungskosten für Werbeflächen usw.). Da die Werbeeinnahmen ohne die Sportveranstaltungen nicht denkbar wären, läßt es die Finanzverwaltung jedoch zu, einen Teil der Kosten für die Sportveranstaltungen als Betriebsausgaben bei der Werbung abzuziehen. Nach dem AEAO Tz. 4 zu § 64 Abs. 1 AO, dürfen die Veranstaltungskosten mit **25 v. H. der Werbeeinnahmen** als Ausgaben für den wirtschaftlichen Geschäftsbetrieb „Werbung" abgezogen werden. Damit sind auch die unmittelbar mit der Werbung zusammenhängenden Kosten abgegolten, sie dürfen deshalb nicht zusätzlich abgezogen werden. Soweit die sportlichen Veranstaltungen ebenfalls einen steuerpflichtigen wirtschaftlichen

Geschäftsbetrieb darstellen, sind die Aufwendungen um die bereits bei der Werbung berücksichtigten Ausgaben (25 v. H. der Werbeeinnahmen) zu kürzen. In diesen Fällen, wenn neben der Werbung noch andere steuerpflichtige wirtschaftliche Geschäftsbetriebe unterhalten werden, muß der Verein bei Inanspruchnahme der Betriebsausgabenpauschale – abweichend von § 64 Abs. 2 AO – die mit der Werbung zusammenhängenden Einnahmen und Ausgaben gesondert aufzeichnen.

Die **Umsatzsteuer** gehört nicht zur Bemessungsgrundlage der 25 v. H. Als verrechenbare Veranstaltungskosten sind – gleichgültig ob der Gewinn durch Bilanzierung oder durch Einnahme-Überschußrechnung ermittelt wird – nur 25 v. H. der Netto-Werbeentgelte anzusehen. Tatsächlich verausgabte Umsatzsteuerbeträge sind durch die Kostenpauschale aber nicht abgedeckt und können zusätzlich als Ausgaben behandelt werden; andererseits gehören vereinnahmte Umsatzsteuerbeträge zu den Betriebseinnahmen des Werbegeschäfts.

Beispiel: Bei einem Sportverein mit Gewinnermittlung nach § 4 Abs. 3 EStG ergeben sich 1998 folgende Beträge aus dem Werbegeschäft:

Werbeeinnahmen netto	
– 1. 1. – 31. 3. 1998	5 000 DM
– 1. 4. – 31. 12. 1998	15 000 DM
	20 000 DM
+ vereinnahmte Umsatzsteuer	
– 1. 1. – 31. 3. 1998 (15 v. H. von 5000 DM)	750 DM
– 1. 4. – 31. 12. 1998 (16 v. H. von 15 000 DM)	2 400 DM
Bruttoeinnahmen	23 150 DM
./. verrechenbare Veranstaltungskosten (25 v. H. von 20 000 DM)	./. 5 000 DM
./. verausgabte Umsatzsteuerbeträge im Gewinnermittlungszeitraum (H 86 EStH)	./. 2 000 DM
Reingewinn aus aktiven Werbegeschäften bei Sportveranstaltungen	16 150 DM

Der BFH hat sich in drei Entscheidungen mit der Berücksichtigung von Kosten sportlicher Veranstaltungen bei kommerziellen Werbegeschäften von Sportvereinen befaßt (Urteile vom 27. 3. 1991 I R 30/89 und I R 32/89, beide nicht veröffentlicht, sowie I R 31/89, BStBl. II 1992 S. 103). Danach mindern Ausgaben für das Training und die Spiele der Vereinsmannschaft (z. B. Aufwendungen für Trainer, Schiedsrichter, Fahrtkosten, Hallenmiete) nicht die Einkünfte, die der Verein durch Werbung für Dritte während der Spiele seiner Mannschaft erzielt, sofern diese Ausgaben auch ohne die Werbetätigkeit entstanden wären.

Die Finanzämter hatten in diesen Verfahren die mit der Werbetätigkeit zusammenhängenden Ausgaben mit 25 v. H. der Einnahmen aus der Werbetätigkeit geschätzt. Der BFH bezeichnete diese Schätzungen als „keinesfalls zu niedrig". Offensichtlich hätte der BFH nur die geringeren tatsächlichen Ausgaben anerkannt. Die Finanzverwaltung hält jedoch weiterhin an dem pauschalen

Betriebsausgabenabzug mit 25 v. H. der Netto-Werbeentgelte fest. Höhere tatsächliche Ausgaben müssen im einzelnen nachgewiesen werden.

Der pauschale Betriebsausgabenabzug gilt ausdrücklich nur für Werbegeschäfte – allerdings nicht beschränkt auf Sportvereine, sondern für jeden Verein. Bei anderen steuerpflichtigen Betätigungen müssen sämtliche Betriebsausgaben nachgewiesen werden. Allerdings wird bei verschiedenen Ausgaben (z. B. Fernsprechgebühren, Löhnen, Reinigungsmitteln usw.) die Aufteilung oft nur im Schätzungswege vorgenommen werden können (vgl. BFH-Urteil vom 28. 11. 1961, BStBl. III 1962 S. 73).

Auch **Spenden**, die ein gemeinnütziger Verein an eine andere steuerbegünstigte Körperschaft leistet, müssen dem steuerbegünstigten oder steuerpflichtigen Bereich zugeordnet werden. Der BFH hat dazu mit Urteil vom 13. 3. 1991 (BStBl. II S. 645) entschieden, daß das zu versteuernde Einkommen einer teilweise von der Körperschaftsteuer befreiten Körperschaft nicht durch Spenden gemindert werden dürfe, die aus steuerbefreiten Bereichen der Körperschaft (= ideeller Bereich, Vermögensverwaltung oder Zweckbetriebsbereich) stammen.

Bei der Gewinnermittlung für einen steuerpflichtigen wirtschaftlichen Geschäftsbetrieb sind im übrigen nur tatsächlich geleistete Ausgaben abzugsfähig, der Betrieb kann daher nicht etwa fiktive Mieten oder Zinsen an den Verein bezahlen (RFH-Urteil vom 31. 5. 1938, RStBl. S. 735). Auch Spenden des wirtschaftlichen Geschäftsbetriebs an den ideellen Bereich des gleichen Vereins sind nicht abzugsfähig, da der wirtschaftliche Geschäftsbetrieb kein selbständiges Steuersubjekt ist (vgl. Abschn. 42 Abs. 8 KStR).

Zum Betriebsausgabenabzug (und Spendenabzug) beim Verzicht auf Aufwandsersatz wird auf die ausführliche Darstellung auf Seite 259 verwiesen).

Vereine können die Gewinne aus steuerpflichtigen wirtschaftlichen Geschäftsbetrieben, insbesondere bei überwiegend von Vereinsmitgliedern besuchten Vereinsgaststätten, durch eine entsprechende Kalkulation der Preise niedrig halten. Die Frage, ob in besonders niedrigen Preisen eine verdeckte Gewinnausschüttung an die Vereinsmitglieder zu sehen ist, wird man verneinen können. Die Rechtsprechung hat bei einem als Betrieb gewerblicher Art körperschaftsteuerpflichtigen Wirtschaftsbetrieb einer Kirche in solchen Fällen verdeckte Gewinnausschüttungen (nicht abziehbare Einkommensverwendung) verneint; diese Grundsätze wird man auch auf gemeinnützige Vereine anwenden können. Allerdings müssen die abgegebenen Waren bei der Gewinnermittlung mindestens mit den Selbstkosten (Einkaufspreis zuzüglich tatsächlicher Gemeinkosten) als Einnahmen angesetzt werden (BFH-Urteil vom 6. 12. 1960, HFR 1961 S. 206).

Leistungsbeziehungen zwischen dem steuerpflichtigen und dem steuerfreien Bereich eines gemeinnützigen Vereins müssen nach den Grundsätzen behandelt werden, die für Entnahmen und Einlagen im Sinne des § 6 Abs. 1 Nrn. 4 und 5 EStG gelten. Entnahmen liegen z. B. vor, wenn die Teilnehmer eines Jugendfußballturniers (ohne Eintritt = ideeller Bereich) in der selbstbewirtschafteten Vereinsgaststätte (= steuerpflichtiger wirtschaftlicher Geschäftsbetrieb) unentgeltlich verköstigt werden. Die Entnahmen sind mit dem Teilwert (= Wiederbeschaffungskosten) anzusetzen.

e) Ordnungsmäßige Aufzeichnungen

Gemeinnützige Vereine haben ihre tatsächliche Geschäftsführung durch ordnungsmäßige Aufzeichnungen über ihre Einnahmen und Ausgaben zu belegen (§ 63 Abs. 3 AO). Diese Pflicht betrifft sämtliche Bereiche, also den ideellen Tätigkeitsbereich, die Vermögensverwaltung, die Zweckbetriebe und die steuerpflichtigen wirtschaftlichen Geschäftsbetriebe. Getrennte Aufzeichnungen für jeden Bereich sind zu empfehlen. Zu den Buchführungspflichten wird auf die Seiten 292 und 293 verwiesen. Im partiell steuerpflichtigen Bereich kommt es aufgrund der Sonderregelung des § 64 Abs. 2 AO für die Frage, ob die Grenzen für die Buchführungspflicht überschritten sind, auf die Werte (Einnahmen, Überschuß, Vermögen) des Gesamtbetriebs an (AEAO Tz. 5 zu § 64 Abs. 2 AO).

f) Schema für die Ermittlung der Überschüsse/Verluste eines gemeinnützigen Vereins

Zur Prüfung, ob bei Veranstaltungen Zweckbetriebe vorliegen und zur Ermittlung des steuerpflichtigen Gewinnes aus wirtschaftlichen Geschäftsbetrieben müssen die Einnahmen und Ausgaben eines nach § 5 Abs. 1 Nr. 9 KStG steuerbegünstigten Vereins aufgegliedert werden. Die erforderliche Aufgliederung kann nach folgendem Schema vorgenommen werden:

A. Ideeller Tätigkeitsbereich

Mitgliederbeiträge und
Aufnahmegebühren .... DM
Spenden, staatliche Zuschüsse u. ä. .... DM

Steuerfreie Einnahmen .... DM
Ausgaben .... DM

Steuerfreier Überschuß/Fehlbetrag aus dem
ideellen Tätigkeitsbereich .... DM

B. Vermögensverwaltung

Einnahmen
Zinsen und sonstige Kapitalerträge .... DM
Miet- und Pachteinnahmen,
sonstige Erlöse .... DM .... DM

Ausgaben (z. B. Erhaltungsaufwand und AfA
vermieteter Gebäude, Grundsteuer, Gebühren usw.) .... DM

Steuerfreier Überschuß/
Fehlbetrag aus der Vermögensverwaltung .... DM

C. Zweckbetriebe

1. **Sportliche Veranstaltungen von Sportvereinen, die nach § 67a AO nicht als wirtschaftliche Geschäftsbetriebe anzusehen sind**
    (d. h. wenn die Einnahmen einschl. Umsatzsteuer aus allen Sportveranstaltungen insgesamt 60 000 DM im Jahr **nicht** übersteigen, oder bei erklärtem Verzicht auf die Anwendung dieser Grenze, sportliche Veranstaltungen, an denen **keine bezahlten** Sportler teilgenommen haben)
    Einnahmen
    (z. B. Eintrittsgelder, Startgelder, Ablösezahlungen bei Freigabe von Sportlern; Einnahmen aus dem Verkauf von Speisen und Getränken und aus der Werbung gehören nicht dazu) .... DM
    Ausgaben
    (z. B. Kosten für Trainer, Masseure, für Beschaffung und Instandhaltung von Sportmaterialien, Verwaltungskosten, Ausgaben für Spielgegner, Schiedsrichter und Linienrichter, Kassen-, Ordnungs- und Sanitätsdienst, Verbandsausgaben, Plakate und andere Werbekosten, Reisekosten, Umsatzsteuer u. ä.) .... DM
    Überschuß/Verlust .... DM

2. **Kulturelle Einrichtungen und kulturelle Veranstaltungen**
    (§ 68 Nr. 7 AO)
    Einnahmen
    (z. B. Eintrittsgelder; Einnahmen aus dem Verkauf von Speisen und Getränken gehören nicht dazu) .... DM
    Ausgaben
    (z. B. Saalmiete, Raumkosten, anteilige AfA für vereinseigene Instrumente und Uniformen, Plakate und andere Werbekosten, Reisekosten, Umsatzsteuer u. ä.) .... DM
    Überschuß/Verlust .... DM

3. **Genehmigte Lotterien und Ausspielungen**
    (§ 68 Nr. 6 AO)
    Einnahmen
    (z. B. aus dem Losverkauf bei einer Tombola) .... DM
    Ausgaben
    (z. B. für Lose, Preise, Umsatzsteuer u. ä.) .... DM
    Überschuß/Verlust .... DM

4. **Kurzfristige Sportstättenvermietung an Mitglieder**
Einnahmen .... DM
Ausgaben .... DM
Überschuß/Verlust .... DM

Die Überschüsse, die sich bis hierher ergeben haben, führen nicht zur Körperschaftsteuer- und Gewerbesteuerpflicht; Verluste bzw. Fehlbeträge werden steuerlich nicht berücksichtigt.

D. **Wirtschaftliche Geschäftsbetriebe, die keine Zweckbetriebe sind**

1. **Selbstbewirtschaftete Vereinsgaststätte**
Einnahmen
(aus Essen- und Getränkeverkauf,
sonstige Einnahmen) .... DM

Ausgaben
Waren .... DM
Löhne und Gehälter .... DM
Heizung und Beleuchtung .... DM
Betriebssteuern (Umsatzsteuer,
Gewerbesteuer, aber nicht Personensteuern: wie z. B. Vermögensteuer,
Körperschaftsteuer usw.) .... DM
Reinigung .... DM
Telefon/Porto .... DM
Büromaterial .... DM
Miete und Pacht .... DM
Schuldzinsen .... DM
Reparaturen .... DM
Absetzung für Abnutzung (AfA) .... DM
Geringwertige Anlagegüter
(z. B. Geschirr u. ä.) .... DM

Sonstige Kosten .... DM .... DM

Überschuß/Verlust .... DM

2. **Sportliche Veranstaltungen, die als wirtschaftliche Geschäftsbetriebe anzusehen sind**
(d. h. wenn die Einnahmen einschl. Umsatzsteuer aus allen Sportveranstaltungen insgesamt 60 000 DM im Jahr **übersteigen**, oder bei Verzicht auf die Anwendung dieser Grenze, sportliche Veranstaltungen, an denen **bezahlte** Sportler teilgenommen haben)

Einnahmen
(z. B. Eintrittsgelder, Startgelder, Ablösezahlungen bei Freigabe von Sportlern; Bewirtschaftung und Werbung stellen eigenständige wirtschaftliche Geschäftsbetriebe dar) .... DM

Ausgaben
(z. B. Kosten für Sportler, Trainer, Masseure, für Beschaffung und Instandhaltung von Sportmaterialien, Verwaltungskosten, Ausgaben für Spielgegner, Schiedsrichter und Linienrichter, Kassen-, Ordnungs- und Sanitätsdienst, Verbandsausgaben, Plakate und andere Werbekosten, Reisekosten, Ablösezahlungen bei der Verpflichtung von Sportlern, Umsatzsteuer u. ä.) .... DM

Überschuß/Verlust .... DM

3. **Sämtliche geselligen Veranstaltungen**
(z. B. Faschingsveranstaltungen, Sommerfeste, Hocketsen, Straßenfeste, Weihnachtsfeiern usw.)
Einnahmen
(z. B. Eintrittsgelder, Verkauf
von Speisen und Getränken) .... DM
Ausgaben
(z. B. Saalmiete, Künstler, Musik,
Einkauf von Speisen und Getränken,
Umsatzsteuer u. ä.) .... DM
Überschuß/Verlust .... DM

4. **Sonstige wirtschaftliche Betätigungen**
(z. B. Banden- und Trikotwerbung, Inseratengeschäft, kurzfristige Sportstättenvermietung an Nichtmitglieder, Veranstaltung von Erholungsreisen für Mitglieder und Nichtmitglieder, Verkauf von Speisen und Getränken bei sportlichen und kulturellen Veranstaltungen usw.)
Einnahmen .... DM
Ausgaben
(ggf. verrechenbare Veranstaltungs-
kosten in Höhe von 25 v. H. der
Netto-Entgelte aus Banden- und
Trikotwerbung, Umsatzsteuer, u. ä.) .... DM
Überschuß/Verlust .... DM

E. **Gesamtüberschuß/Verlust** der wirtschaftlichen Geschäftsbetriebe, die keine Zweckbetriebe sind
(Summe D.1.–D.4.) .... DM

F. Einnahmen (einschl. Umsatzsteuer) aus sämtlichen wirtschaftlichen Geschäftsbetrieben, die keine Zweckbetriebe sind .... DM

- **bis 60 000 DM**
 = der Gesamtüberschuß unterliegt ohne Rücksicht auf seine Höhe weder der Körperschaftsteuer noch der Gewerbesteuer; ein Verlust wirkt sich steuerlich nicht aus.

- **mehr als 60 000 DM**
 = der Gesamtüberschuß unterliegt der Körperschaftsteuer (bei der Einkommensermittlung wird ein Freibetrag von 7 500 DM abgezogen, der Körperschaftsteuersatz beträgt bis 31. 12. 1998 42 v. H. und ab 1. 1. 1999 40 v. h., seit 1995 wird zusätzlich ein Solidaritätszuschlag in Höhe von 7,5 v. H. (bis 31. 12. 1997), ab 1. 1. 1998 in Höhe von 5,5 v. h. der festgesetzten Körperschaftsteuer erhoben) und der Gewerbesteuer; ein Verlust wird nach § 10 d EStG i.V. mit § 8 Abs. 1 KStG zurück- bzw. vorgetragen.

Eine wie vorstehend gegliederte Übersicht sollte zweckmäßigerweise der Körperschaftsteuer-Erklärung eines steuerbegünstigten Vereines beigefügt werden. Dazu kann – zumindest in Baden-Württemberg – der Vordruck „Überschußermittlung 19. ." verwendet werden.

g) Beispiel zur Körperschaftsteuer- und Gewerbesteuer-Veranlagung
Ein **gemeinnütziger Sportverein** mit Sitz und Geschäftsleitung in Baden-Württemberg hat im Jahr **1998** die folgenden Einnahmen und Ausgaben erzielt:

Ideeller Tätigkeitsbereich

Beitragseinnahmen	4 000 DM
Spenden, staatliche Zuschüsse	10 000 DM
Steuerfreie Einnahmen	14 000 DM
Ausgaben (z. B. für die Jugendmannschaften)	20 000 DM
Fehlbetrag aus dem ideellen Tätigkeitsbereich	6 000 DM

Vermögensverwaltung
Einnahmen

Zinsen und sonstige Kapitalerträge	1 000 DM	
Miet- und Pachteinnahmen	1 500 DM	2 500 DM
Ausgaben		500 DM
Überschuß aus steuerfreier Vermögensverwaltung		2 000 DM

Sportveranstaltungen (auf die Anwendung der Zweckbetriebsgrenze von 60 000 DM wurde nicht verzichtet)

Einnahmen (einschl. Umsatzsteuer)   52 000 DM

Ausgaben

(Spielgegner, Schiedsrichter, Werbeaufwand für die Sportveranstaltungen, Reisekosten, Trainerkosten, Sportmaterialien, Vorsteuer und an das Finanzamt gezahlte Umsatzsteuer)   57 000 DM

Verlust   5 000 DM

Die Zweckbetriebsgrenze (§ 67a AO) ist anzuwenden. Sie wurde nicht überschritten. Damit liegt ein Zweckbetrieb vor. Ein Überschuß wäre von der Körperschaftsteuer und Gewerbesteuer befreit. Der eingetretene Verlust darf nicht mit den Überschüssen aus wirtschaftlichen Geschäftsbetrieben verrechnet werden. Auf die Umsätze ist der ermäßigte Steuersatz (7 v. H.) anzuwenden.

Gesellige Veranstaltungen
(Weihnachtsfeier, Faschingsveranstaltungen, Sommerfest)

Einnahmen (einschl. Umsatzsteuer)   25 000 DM

Ausgaben
(Saalmiete, Künstler, Musik, Vorsteuer und an das Finanzamt gezahlte Umsatzsteuer usw.)   19 000 DM

Überschuß   6 000 DM

Selbstbewirtschaftete Vereinsgaststätte

Einnahmen (einschl. Umsatzsteuer)	40 000 DM
Ausgaben (Waren, Löhne, Heizung und Beleuchtung, Betriebssteuern, Reinigung, Miet- und Pachtzinsen, Schuldzinsen, AfA, anteilige Verwaltungskosten und sonstige Unkosten, Vorsteuer und an das Finanzamt gezahlte Umsatzsteuer)	28 000 DM
Überschuß	12 000 DM

Die Überschüsse aus den wirtschaftlichen Geschäftsbetrieben „gesellige Veranstaltungen" und „selbstbewirtschaftete Vereinsgaststätte" unterliegen nach § 64 Abs. 3 AO nur dann der Körperschaftsteuer und Gewerbesteuer, wenn die Einnahmen einschl. Umsatzsteuer insgesamt 60 000 DM übersteigen.

Bruttoeinnahmen

aus geselligen Veranstaltungen	25 000 DM
aus der selbstbewirtschafteten Vereinsgaststätte	40 000 DM
	65 000 DM

Die Besteuerungsgrenze (§ 64 Abs. 3 AO) von 60 000 DM ist hier überschritten. Die Überschüsse aus den steuerpflichtigen wirtschaftlichen Geschäftsbetrieben unterliegen daher der Körperschaftsteuer und Gewerbesteuer.

Körperschaftsteuer:

Überschuß aus geselligen Veranstaltungen	6 000 DM
Überschuß aus der selbstbewirtschafteten Vereinsgaststätte	12 000 DM
Gesamtüberschuß = Einkommen	18 000 DM
davon ab: Freibetrag gem. § 24 Satz 1 KStG	− 7 500 DM
Zu versteuerndes Einkommen	10 500 DM
Bei einem Körperschaftsteuersatz von 42 v. H. beträgt die festzusetzende Körperschaftsteuer	4 410 DM

(dazu kommt noch der Solidaritätszuschlag in Höhe von 5,5 v. H. von 4 410 DM = 242,55 DM)

Gewerbesteuer:

Gewinn aus Gewerbebetrieb (= Einkommen)	18 000 DM
davon ab: Freibetrag gem. § 11 Abs. 1 Satz 3 Nr. 2 GewStG	– 7 500 DM
Gewerbeertrag	10 500 DM
Steuermeßbetrag (5 v. H. von 10 500 DM)	525 DM
Bei einem angenommenen Hebesatz in Höhe von 380 v. H. beträgt die Gewerbesteuer	1 995 DM

Der Verein zahlt für die steuerpflichtigen Überschüsse in Höhe von 18 000 DM 1998 6647,55 DM Körperschaftsteuer, Solidaritätszuschlag und Gewerbesteuer. Außerdem können noch Umsatzsteuer und Lohnsteuer anfallen. Der Verein sollte Überlegungen anstellen, wie sich diese Steuerlast vermindern läßt. Die Besteuerungsgrenze würde hier vermutlich schon durch die Verpachtung der bisher selbstbewirtschafteten Vereinsgaststätte unterschritten. Im Zuge der Verpachtung könnte dann die Betriebsaufgabe erklärt werden. Unter den Voraussetzungen des § 13 Abs. 4 KStG (die Wirtschaftsgüter müssen der Förderung steuerbegünstigter Zwecke i. S. des § 9 Abs. 1 Nr. 2 KStG dienen) wird der Betrieb zu Buchwerten (und damit steuerfrei) in die Vermögensverwaltung überführt. Durch dieses Vorgehen schafft sich der Verein mehr Raum innerhalb der Besteuerungsgrenze für weitere Aktivitäten, z. B. Festveranstaltungen.

h) Steuerliche Folgen der Aberkennung der Gemeinnützigkeit

Wird einem Verein z. B. im Rahmen der Überprüfung der tatsächlichen Geschäftsführung wegen eines gravierenden Verstoßes die Gemeinnützigkeit für einen bestimmten Veranlagungszeitraum aberkannt, bedeutet dies den Wegfall der Steuerbefreiung gem. § 5 Abs. 1 Nr. 9 KStG und § 3 Nr. 6 GewStG und die Besteuerung nach allgemeinen Grundsätzen. Das heißt, daß die Vermögensverwaltung nicht mehr steuerfrei ist, sondern daß insoweit Einkünfte aus Kapitalvermögen (Zinsen und sonstige Kapitalerträge) und Einkünfte aus Vermietung und Verpachtung vorliegen. Die bisherigen Zweckbetriebe (z. B. kulturelle und sportliche Veranstaltungen) werden regelmäßig als Gewerbebetriebe zu behandeln sein. Das gleiche gilt für die steuerpflichtigen wirtschaftlichen Geschäftsbetriebe. Der Wegfall der Steuerbefreiung bedeutet bei selbstbewirtschafteten Forstbetrieben die Annahme von Einkünften aus Land- und Forstwirtschaft.

Die bisher im ideellen Bereich anfallenden Einnahmen werden durch den Wegfall der Steuerbefreiung nicht automatisch steuerpflichtig. Mitgliederbeiträge und Aufnahmegebühren, die aufgrund der Satzung von den Mitgliedern lediglich in ihrer Eigenschaft als Mitglieder erhoben werden, bleiben gem. § 8 Abs. 6 KStG bei der Einkommensermittlung außer Ansatz. Spenden werden regelmäßig keiner Einkunftsart zugerechnet. Bei öffentlichen Zuschüssen wird allerdings genau geprüft, wofür diese Zuschüsse gegeben werden. Ggf. werden die in R 34 der EStR aufgeführten Regelungen zum Tragen kommen. Zum ideellen Bereich gehört regelmäßig auch die Jugendarbeit, z. B. beim Fußballverein die Jugendmannschaften. Diese Betätigungen werden vom Wegfall der Steuerbefreiung nicht berührt. Zu beachten ist aber, daß sich die damit zusammenhängenden Ausgaben bei der Einkommensermittlung auch nicht auswirken dürfen. Vgl. dazu das BFH-Urteil vom 15. 7. 1987 (BStBl. II 1988 S. 75).

Den Übergang von der Steuerfreiheit zur Steuerpflicht (und umgekehrt) regelt § 13 KStG. § 13 KStG gilt aber nur für Gewinneinkünfte, d. h. für die Betätigungen, die im Rahmen der Einkünfte aus Land- und Forstwirtschaft, aus selbständiger Arbeit nach § 18 EStG (bei Vereinen kaum denkbar) und aus Gewerbebetrieb zu erfassen sind.

Zwei Fälle werden demnach von vornherein nicht von § 13 KStG betroffen:

- der Bereich der Überschußeinkünfte, d. h. vor allem die Einkünfte aus Kapitalvermögen und aus Vermietung und Verpachtung. Hier gelten die allgemeinen Grundsätze, z. B. richtet sich die AfA für vermieteten Grundbesitz nach den ursprünglichen Anschaffungs- oder Herstellungskosten.
- die bereits bisher steuerpflichtigen wirtschaftlichen Geschäftsbetriebe. Hier findet kein Übergang statt, sondern die Steuerpflicht besteht durchgängig.

§ 13 KStG ist daher nur auf die Fälle anzuwenden, in denen die Steuerbefreiung des selbstbewirtschafteten Forstbetriebs wegfällt oder ein steuerfreier Zweckbetrieb zum steuerpflichtigen Gewerbebetrieb wird.

Der Verein hat in diesen Fällen nach § 13 Abs. 2 KStG eine Anfangsbilanz aufzustellen, sofern er seinen Gewinn durch Betriebsvermögensvergleich (also nach § 4 Abs. 1 oder § 5 EStG) ermittelt. Grundsätzlich sind in dieser Anfangsbilanz gemäß § 13 Abs. 3 Satz 1 KStG die Wirtschaftsgüter mit ihren Teilwerten (= Wiederbeschaffungskosten unter Berücksichtigung der Funktion und des Alters dieser Wirtschaftsgüter) anzusetzen. Dadurch wird eine spätere Besteuerung der während der Zeit der Steuerfreiheit gebildeten stillen Reserven ausgeschlossen. § 6 Abs. 1 Nr. 5 S. 1 zweiter Halbsatz EStG ist dabei (mangels gesetzlicher Verweisung) nicht anzuwenden.

Das Gesetz enthält keine Regelung für Vereine, die ihren Gewinn nach § 4 Abs. 3 EStG (= Überschuß der Betriebseinnahmen über die Betriebsausgaben) ermitteln. Im Gegensatz zu den unten beschriebenen Fällen des Übergangs zur Steuerfreiheit, können sie u. E. beim Eintritt in die Steuerpflicht nicht zur Bilanzierung gezwungen werden, wenn die Buchführungsgrenzen (vgl. Seite 311) nicht überschritten sind. Für die Vereine mit Einnahmen-Überschußrechnung gelten die Regelungen in § 13 Abs. 2 und Abs. 3 Satz 1 KStG analog. Da diese Vereine keine Bilanz erstellen, müssen sie die Wirtschaftsgüter grundsätzlich mit Teilwerten in ein Anlagenverzeichnis aufnehmen.

Von dem grundsätzlichen Teilwertansatz gibt es eine bedeutsame Ausnahme, die in § 13 Abs. 4 KStG geregelt ist. Wirtschaftsgüter, die bereits vor dem Beginn der Steuerbefreiung angeschafft oder hergestellt worden sind, sind unter

bestimmten Voraussetzungen in der Anfangsbilanz oder dem Anlagenverzeichnis mit den Werten anzusetzen, die sich bei ununterbrochener Steuerpflicht nach den Vorschriften über die steuerliche Gewinnermittlung ergeben würden. Dies sind die nach den allgemeinen Grundsätzen fortgeführten Buchwerte (= Anschaffungs- oder Herstellungskosten abzüglich AfA).
Mit dem Ansatz des fortgeführten Buchwerts wird erreicht, daß bei einem ursprünglich steuerpflichtigen Verein, der dann steuerfrei wird und später seine Steuerfreiheit wieder verliert, die beim früheren Eintritt in die Steuerfreiheit nach § 13 Abs. 4 Satz 1 KStG unterbliebene Besteuerung der stillen Reserven der Wirtschaftsgüter, die bereits während der früheren Steuerpflicht vorhanden waren, noch nachgeholt werden kann, wenn z. B. diese Wirtschaftsgüter in der Phase der späteren Steuerpflicht veräußert werden. Der Verein wird damit so behandelt, als ob die zwischenzeitliche Steuerbefreiung nicht bestanden hätte.

Beispiel: Bei einem gemeinnützigen Sportverein übersteigen die Einnahmen (einschl. USt) aus sportlichen Veranstaltungen 1996 erstmals die Zweckbetriebsgrenze des § 67a Abs. 1 S. 1 AO. Der Verein verzichtet nicht auf die Anwendung der Zweckbetriebsgrenze, weil z. B. die Verluste aus dem Spielbetrieb die bisher schon steuerpflichtigen Gewinne aus Festveranstaltungen und Trikotwerbung mindern.
Hier liegt ein Fall des teilweisen Erlöschens der Steuerbefreiung vor. Die partielle KSt-Pflicht erstreckt sich 1996 auch auf die sportlichen Veranstaltungen.
Hinsichtlich der bisher schon körperschaftsteuerpflichtigen Betätigungen (Festveranstaltungen und Trikotwerbung) greift § 13 KStG nicht, weil sich insoweit an der steuerlichen Behandlung nichts ändert.
Hinsichtlich der sportlichen Veranstaltungen müssen aber die Regelungen in § 13 Abs. 5 i. V. mit Abs. 2 und Abs. 3 S. 1 KStG angewandt werden. § 13 Abs. 4 S. 2 KStG kommt nicht zur Anwendung, weil dem Wegfall der Steuerbefreiung insoweit keine frühere Steuerpflicht vorausging.
Der Verein ist nicht buchführungspflichtig und bilanziert auch nicht freiwillig. Die Gewinnermittlung nach § 4 Abs. 3 EStG wird zwar weder in § 13 KStG noch in Abschn. 47 KStR angesprochen. Die genannten Regelungen sind nach ihrem Sinn und Zweck dennoch analog anzuwenden. D. h. der Verein hat die Wirtschaftsgüter, die sportlichen Zwecken dienen, mit ihren Teilwerten zum 1. 1. 1996 in ein Anlagenverzeichnis aufzunehmen. Die Gewinnermittlung (nach § 4 Abs. 3 EStG) und die KSt-Veranlagung erfolgen dann nach allgemeinen Grundsätzen.
Wird im **Jahr 1997** bei diesem Verein die Zweckbetriebsgrenze des § 67a Abs. 1 S. 1 AO nicht mehr überschritten, sind insoweit wieder die Regelungen des § 13 KStG anzuwenden.
Jetzt gilt allerdings das Buchwertprivileg des § 13 Abs. 4 S. 1 KStG. Der Verein muß zwar zur Bilanzierung übergehen (Abschn. 47 Abs. 5 S. 5 KStR i.V. mit R 16 Abs. 7 EStR). Er kann aber die Wirtschaftsgüter, die sportlichen Zwecken dienen, in der Schlußbilanz zum 31. 12. 1996 mit ihren Buchwerten ansetzen.
Im **Jahr 1998** wird die Zweckbetriebsgrenze des § 67a Abs. 1 S. 1 AO wieder überschritten. Der Verein verzichtet nicht auf die Anwendung dieser Grenze.

Folgende Regelungen des § 13 KStG sind anzuwenden: Abs. 5 i.V. mit Abs. 2, Abs. 3 S. 1 und Abs. 4 S. 2. In die Anfangsbilanz bzw. in das Anlagenverzeichnis zum 1. 1. 1998 sind die Wirtschaftsgüter, die bereits in der Schlußbilanz zum Ende der letzten Phase der Steuerpflicht vorhanden waren, mit ihren (fortgeführten) Buchwerten aufzunehmen. Für Wirtschaftsgüter, die im Jahr der Steuerbefreiung (1997) angeschafft wurden, gilt der Teilwertansatz des § 13 Abs. 3 S. 1 KStG.

Der o. g. Buchwertansatz gilt seit 1. 1. 1994 für alle Wirtschaftsgüter, die der Förderung steuerbegünstigter Zwecke i.S. des § 9 Abs. 1 Nr. 2 KStG, d.h. der Förderung spendenbegünstigter Zwecke dienen.

§ 13 KStG regelt auch den Fall, daß ein bisher steuerpflichtiger Verein als gemeinnützig, mildtätig oder kirchlich und damit von der Körperschaftsteuer befreit anerkannt wird. In diesen Fällen ist eine Art von Schlußbesteuerung durchzuführen. Allerdings, wie eingangs schon erwähnt, nur hinsichtlich des Übergangs eines bisher steuerpflichtigen Gewerbebetriebs in einen steuerbegünstigten Zweckbetrieb oder eines forstwirtschaftlichen Betriebs in einen steuerfreien selbstbewirtschafteten Forstbetrieb i.S. des § 5 Abs. 1 Nr. 9 Satz 3 KStG oder bei Anteilsbesitz i.S. des § 17 EStG, der nachher zur steuerfreien Vermögensverwaltung gehört.

§ 13 Abs. 1 KStG schreibt die Aufstellung einer Schlußbilanz vor. Vereine, die ihren Gewinn bisher nach § 4 Abs. 3 EStG ermittelt haben, müssen zur Bilanzierung übergehen (vgl. dazu R 17 Abs. 1 EStR). Nach § 13 Abs. 3 Satz 1 KStG sind die Wirtschaftsgüter grundsätzlich mit Teilwerten (ohne selbstgeschaffenen Firmenwert, Abschn. 47 Abs. 5 Satz 4 KStR) anzusetzen; Anteile i.S. des § 17 EStG nach § 13 Abs. 6 Satz 2 KStG mit ihrem gemeinen Wert. Allerdings bietet auch hier § 13 Abs. 1 KStG in Satz 1 die Möglichkeit des Ansatzes mit fortgeführten Buchwerten (Buchwertprivileg).

Die hier beschriebenen Grundsätze gelten auch, wenn die Steuerpflicht nur teilweise beginnt oder erlischt (§ 13 Abs. 5 KStG). Dies kommt z.B. dann in Betracht, wenn bei einem durchgängig als gemeinnützig anerkannten Verein, ein Zweckbetrieb zum steuerpflichtigen wirtschaftlichen Geschäftsbetrieb wird oder umgekehrt oder wenn bei einem bisher selbst betriebenen steuerpflichtigen wirtschaftlichen Geschäftsbetrieb die Betriebsaufgabe erklärt wird. Die Besteuerungsgrenze (§ 64 Abs. 3 AO) ist dabei unbeachtlich. § 13 Abs. 5 KStG wird nicht angewandt, wenn bei einem dem Grunde nach steuerpflichtigen wirtschaftlichen Geschäftsbetrieb im einen Jahr die Besteuerungsgrenze überschritten und im nächsten Jahr wieder unterschritten ist (AEAO zu § 64 Tz. 14).

Im gravierendsten Fall der Aberkennung der Gemeinnützigkeit, wenn wegen Verstoßes gegen die satzungsmäßige Vermögensbindung in § 55 Abs. 1 Nr. 4 AO diese nach § 61 Abs. 3 AO von Anfang an als steuerlich nicht ausreichend gilt, ist § 13 KStG u.E. ebenfalls nicht anzuwenden. Dieser Verein ist unabhängig von der 10-Jahres-Frist in § 61 Abs. 3 Satz 2 AO so zu stellen, als ob er nie steuerbefreit war. Von dieser strengen Handhabung geht auch der BFH in dem Urteil vom 19. 7. 1995 (BStBl. II 1996 S. 28) für den Fall aus, daß eine Körperschaft zwar bislang vom Finanzamt als gemeinnützig behandelt wurde, tatsächlich aber die Voraussetzungen für eine Steuerbefreiung noch nie erfüllt hat.

i) **Steuerliche Behandlung der Fusion (Verschmelzung) von gemeinnützigen, mildtätigen und kirchlichen Vereinen**
(zivilrechtliche Behandlung siehe Seite 87)

Eingetragene Vereine können seit 1. 1. 1995 nach dem Umwandlungsgesetz (UmwG) vom 28. 10. 1994 (BGBl. I S. 3210) ihr Vermögen als Ganzes durch Verschmelzung im Wege der Gesamtrechtsnachfolge auf andere (bestehende oder neu gegründete) eingetragene Vereine übertragen.

In der Vergangenheit hat die Finanzverwaltung die erfolgsneutrale Fusion von Idealvereinen durch entsprechende Anwendung des § 58 Nr. 1 AO zugelassen. U. E. kommt diese Möglichkeit nach wie vor in Betracht.

Unabhängig davon können seit 1. 1. 1995 auch noch die Regelungen im Umwandlungssteuergesetz (UmwStG) vom 28. 10. 1994 (BGBl. I S. 3267, BStBl. I S. 839) angewandt werden.

Ertragsteuerlich müssen bei der Verschmelzung steuerbefreiter Vereine die unterschiedlichen Tätigkeitsbereiche berücksichtigt werden.

Die Wirtschaftsgüter des **ideellen Bereichs** und der **Vermögensverwaltung** gehen im Zeitpunkt der Eintragung der Verschmelzung im Vereinsregister auf den übernehmenden Verein über (Wirkung des § 20 Abs. 1 Nr. 1 UmwG). Da sich aber dadurch an der ertragsteuerlichen Qualifikation dieser Wirtschaftsgüter nichts ändert (sie gehören auch auf der Seite des übernehmenden Vereins zum ideellen Bereich bzw. zu dessen Vermögensverwaltung), ergeben sich keine weiteren steuerlichen Folgen. Wären im Ausnahmefall Absetzungen für Abnutzung (AfA) zu berücksichtigen, z. B. wenn eines dieser Wirtschaftsgüter zeitweise im steuerpflichtigen Geschäftsbetrieb genutzt wird (ohne Betriebsvermögen zu sein), müßte § 11 d EStDV angewandt werden, d. h. uneingeschränkte Fußstapfentheorie.

Für die übergehenden Wirtschaftsgüter, die zu **wirtschaftlichen Geschäftsbetrieben** (Zweckbetrieben oder steuerpflichtigen Betrieben) gehören und bei denen der Gewinn nach § 4 Abs. 3 EStG (Einnahmen-Überschußrechnung) ermittelt wird, gilt § 7 EStDV, und damit ebenfalls die uneingeschränkte Fußstapfentheorie. Für Zweckbetriebe, die auch auf der Seite des übernehmenden Vereins als Zweckbetriebe zu behandeln sind, ergeben sich keine weiteren ertragsteuerlichen Folgen. Steuerpflichtige wirtschaftliche Geschäftsbetriebe werden vom übernehmenden Verein zu Buchwerten übernommen und im steuerpflichtigen Bereich weitergeführt. **Umsatzsteuerlich** ist von einer nach § 1 Abs. 1a UStG nicht steuerbaren Geschäftsveräußerung im Ganzen auszugehen.

Nur wenn der **Gewinn** nach § 4 Abs. 1 oder § 5 EStG (= Betriebsvermögensvergleich) ermittelt wird, kommt die Anwendung der Regelungen des **UmwStG** in Betracht. Dann besteht die Möglichkeit, den maßgeblichen steuerlichen Übertragungsstichtag nach § 2 Abs. 1 UmwStG i. V. mit § 17 Abs. 2 UmwG zeitlich zurückzuverlegen. Dieser Stichtag darf höchstens acht Monate vor der Anmeldung der Verschmelzung ins Vereinsregister liegen. Wird z. B. der Verschmelzungsbeschluß im Juli 1998 gefaßt und die Verschmelzung von den Vorständen des übertragenden und des übernehmenden Vereins im August 1998 zur Eintragung ins Vereinsregister angemeldet, kann als steuerlicher Übertragungsstichtag der 31. 12. 1997 und damit ggf. der letzte Bilanzstichtag festgelegt werden.

Auf diesen Übertragungsstichtag hat der übertragende Verein eine steuerliche Schlußbilanz für das letzte Wirtschaftsjahr (Übertragungsbilanz) aufzustellen. Unter den Voraussetzungen des § 11 Abs. 1 UmwStG können darin Buchwerte angesetzt werden. Es entsteht kein Übertragungsgewinn. Bei steuerpflichtigen wirtschaftlichen Geschäftsbetrieben, die auch beim übernehmenden Verein weiterhin zum steuerpflichtigen Bereich gehören, dürften die Voraussetzungen immer erfüllt sein.

Der übertragende Verein kann allerdings auch höhere Werte ansetzen. Allerdings sind hier handelsrechtliche Einschränkungen zu beachten. Vgl. dazu die Ausführungen in Tz. 11.01 des sog. UmwSt-Erlasses (BMF-Schreiben vom 25. 3. 1998, BStBl. I S. 268). Die Obergrenze bilden die Teilwerte der einzelnen Wirtschaftsgüter. Ein Firmen- oder Geschäftswert darf nicht angesetzt werden. Der Ansatz über den Buchwerten hat die Entstehung eines Übertragungsgewinns zur Folge. Dieser Übertragungsgewinn ist in die Besteuerungsgrenze des übertragenden Vereins einzubeziehen und damit bei Überschreiten der Grenze uneingeschränkt körperschaftsteuer- und gewerbesteuerpflichtig. Der steuerpflichtige Übertragungsgewinn entsteht am steuerlichen Übertragungsstichtag. Übertragungsstichtag 31. 12. 1998 = Übertragungsgewinn ist im Veranlagungszeitraum 1998 zu erfassen; Übertragungsstichtag 1. 1. 1999 = Übertragungsgewinn ist im Veranlagungszeitraum 1999 zu erfassen.

Der übernehmende Verein hat die Wirtschaftsgüter mit den Werten der Übertragungsbilanz zu übernehmen (§ 12 Abs. 1 UmwStG). Die übergehenden Wirtschaftsgüter der Aktiva werden in der Regel die übergehenden Verbindlichkeiten übersteigen. Der sich daraus ergebende Gewinn ist im Rahmen der Einkommensermittlung des übernehmenden Vereins zu neutralisieren. Bei Kapitalgesellschaften spricht man insoweit von einem steuerfreien Übernahme- oder auch Agiogewinn. Die Weiterbehandlung der übernommenen Wirtschaftsgüter ist in § 12 Abs. 3 und 4 Satz 1 UmwStG geregelt. Grundsätzlich ist die Fußstapfentheorie anzuwenden. Hat der übertragende Verein Zwischenwerte oder Teilwerte angesetzt, ist allerdings die AfA neu zu berechnen.

Auf der Seite der **Mitglieder** des übertragenden Vereins tritt die Mitgliedschaft an dem übernehmenden Verein an die Stelle der untergehenden Mitgliedschaft. Nachdem die Mitgliedsrechte regelmäßig in der steuerlich unbeachtlichen Privatsphäre gehalten werden, ergeben sich keine weiteren Folgen.

Grundsätzlich regelt § 13 UmwStG die Besteuerung der Gesellschafter der übertragenden Körperschaft.

2. Feuerwehren

Bei der steuerlichen Beurteilung von wirtschaftlichen Aktivitäten der Feuerwehren (z. B. Festveranstaltungen) sind folgende Fälle zu unterscheiden:

a) Die Feuerwehr wickelt ihre Veranstaltungen über eine nicht in den Gemeindehaushalt integrierte Kameradschaftskasse ab

Trägerin der Veranstaltungen ist die Feuerwehrkameradschaft, die in der Regel als nichtrechtsfähiger Verein zu behandeln ist. Die Umsätze und Einkünfte aus den Festveranstaltungen und sonstigen wirtschaftlichen Aktivitäten sind diesem nichtrechtsfähigen Verein zuzurechnen und nach den einschlägigen gesetzlichen Regelungen zu versteuern. Vgl. dazu das BFH-Urteil vom 18. 12. 1996 (BStBl. II 1997 S. 361). Dabei kann der nichtrechtsfähige Verein „Feuerwehrkameradschaft" **nicht** als **gemeinnützig** anerkannt werden, da die Durchführung von Festveranstaltungen oder sonstigen wirtschaftlichen Aktivitäten kein gemeinnütziger Zweck ist.

b) Die Kameradschaftskasse der Feuerwehr wird als Sondervermögen der Gemeinde behandelt

Nach § 18a des **Feuerwehrgesetzes Baden-Württemberg** (BW) kann die Kameradschaftskasse als öffentliche Kasse der Gemeinde (Sondervermögen) behandelt werden. Dabei wird vom Feuerwehrausschuß oder Abteilungsausschuß mit Zustimmung des Bürgermeisters jährlich ein Wirtschaftsplan aufgestellt, der alle im Haushaltsjahr für die Erfüllung der Aufgaben des Sondervermögens voraussichtlich eingehenden Einnahmen und zu leistenden Ausgaben enthält. In diesem Fall ist die Gemeinde Veranstalter, wenn eine Veranstaltung nach Maßgabe eines Wirtschaftsplans über das Sondervermögen abgewickelt wird.

Ist danach die Gemeinde Veranstalter, kann eine Steuerpflicht nur bei Vorliegen eines **Betriebs gewerblicher Art** der Gemeinde bestehen. Im Hinblick auf die für Betriebe gewerblicher Art geltenden Umsatzgrenze (Gewichtigkeitsgrenze) von 60 000 DM (netto) kann dabei die Frage der Steuerpflicht allein anhand der jährlichen Einnahmen geprüft und entschieden werden (vgl. § 4 KStG und Abschn. 5 KStR).

Wird somit aus den Veranstaltungen der Feuerwehr die Umsatzgrenze von 60 000 DM nachhaltig überschritten, unterliegt der Betrieb gewerblicher Art nach den allgemeinen Besteuerungsregelungen der Körperschaft-, Gewerbe- und Umsatzbesteuerung. Für die Gewerbesteuerpflicht muß aber zusätzlich zu den Merkmalen des Betriebs gewerblicher Art noch die Gewinnerzielungsabsicht hinzukommen. Wird diese ausgeschlossen, entstehen keine gewerbesteuerlichen Folgen.

Wird die Umsatzgrenze von 60 000 DM hingegen nicht überschritten, sind die Veranstaltungen der Gemeindefeuerwehr grundsätzlich ohne steuerliche Folgen.

Darüber hinaus können nach § 18a Abs. 1 des Feuerwehrgesetzes BW Sondervermögen auch für „aktive Abteilungen" der Gemeindefeuerwehr gebildet werden. Unter „aktiver Abteilung" ist die für einen Ortsteil gebildete Ortsteilfeuerwehr zu verstehen. Nicht unter „aktive Abteilung" fallen hingegen die Jugendfeuerwehrabteilung, der Spielmannszug oder die Altenfeuerwehr.

Veranstaltungen der aktiven Abteilungen in Ortsteilen (Ortsteilfeuerwehren) können somit für sich beurteilt und als gesonderte Betriebe gewerblicher Art behandelt werden. Bei Veranstaltungen der „Gesamtfeuerwehr", an denen aus organisatorischen Gründen alle oder mehrere aktive Abteilungen mitwirken (z. B. bei einem Feuerwehrfest), wird deshalb der Umsatz der Gesamtfeuerwehr den einzelnen aktiven Abteilungen anteilig zugerechnet.

Eine **Feuerwehr** kann als Betrieb gewerblicher Art einer Gemeinde aber **nicht** – auch nicht durch Festlegung in der Feuerwehrsatzung – vom Finanzamt als **gemeinnützig** anerkannt werden. Der in § 18a Feuerwehrgesetz BW enthaltene Zweck, für den Sondervermögen gebildet werden darf (Kameradschaftspflege und Durchführung von Veranstaltungen), schließt eindeutig aus, daß über einen Betrieb gewerblicher Art „Feuerwehr" (Sondervermögen) gemeinnützige Zwecke verwirklicht werden.

c) Spenden

Spenden an die **Gemeinde für Feuerlöschzwecke** sind steuerlich abzugsfähig. Sie müssen jedoch für steuerbegünstigte Zwecke (z. B. Anschaffung eines neuen Feuerwehrautos) verwendet werden. Die Gemeinde ist für die zweckentsprechende Verwendung verantwortlich. Die mit dem Sondervermögen (die Kameradschaftskasse) nach § 18a Feuerwehrgesetz BW verfolgten Zwecke der Kameradschaftspflege und Durchführung von Veranstaltungen gehören nicht zu den steuerbegünstigten Zwecken. Spenden an dieses Sondervermögen (die Kameradschaftskasse) für die Kameradschaftspflege und die Durchführung von Veranstaltungen sind daher steuerlich nicht abziehbar. Dies gilt auch für Sachspenden.

3. Pensions- und Unterstützungskassen

Von der Körperschaftsteuer sind auch rechtsfähige Pensions- und Unterstützungskassen usw. befreit, wenn sie sich auf Zugehörige und frühere Zugehörige von Betrieben oder Spitzenverbänden der Wohlfahrtspflege beschränken und wenn sie nach Geschäftsplan, sowie Art und Höhe der Leistungen soziale Einrichtungen darstellen (§ 5 Abs. 1 Nr. 3 KStG). Ist das Vermögen der Kasse bei dem Vergleich mit den zu erbringenden Leistungen zu hoch, so kann partielle Steuerpflicht nach § 6 KStG in Betracht kommen. Betriebliche Versorgungskassen bestehen zwar oft in der Rechtsform eines eingetragenen Vereins, in diesem Zusammenhang ist aber eine ausführliche Besprechung nicht möglich. Es wird auf die einschlägige Spezialliteratur verwiesen.

4. Berufsverbände

a) Begriff des Berufsverbandes

Körperschaftsteuerfrei sind Berufsverbände ohne öffentlich-rechtlichen Charakter, deren Zweck nicht auf einen wirtschaftlichen Geschäftsbetrieb gerichtet ist (§ 5 Abs. 1 Nr. 5 Satz 1 KStG). Unterhält der Berufsverband einen wirtschaftlichen Geschäftsbetrieb, so ist er mit diesem partiell steuerpflichtig (§ 5 Abs. 1 Nr. 5 Satz 2 Buchst. a KStG). Seit 1994 tritt gem. § 5 Abs. 1 Nr. 5 Satz 2 Buchst. b KStG volle Körperschaftsteuerpflicht ein, wenn ein Berufsverband Mittel von mehr als 10 v.H. der Einnahmen für die unmittelbare oder mittelbare Unterstützung oder Förderung politischer Parteien verwendet. Außerdem fällt bei Mittelverwendung für politische Parteien ebenfalls seit 1994 immer Körperschaftsteuer in Höhe von 50 v.H. der Zuwendungen an (§ 5 Abs. 1 Nr. 5 Satz 4 KStG).

Berufsverbände sind Vereinigungen von natürlichen Personen oder Unternehmen, die allgemeine, aus der beruflichen oder unternehmerischen Tätigkeit erwachsende ideelle und wirtschaftliche Interessen des Berufsstandes oder Wirtschaftszweiges wahrnehmen (Abschn. 8 Abs. 1 KStR). Sie haben in der Regel die Rechtsform eines eingetragenen Vereins oder eines nichtrechtsfähigen Vereins. Die Tätigkeit des Verbandes muß weitaus überwiegend in der Erfüllung berufsständischer Aufgaben bestehen.

Berufsverbände sind beispielsweise Arbeitgeberverbände, Gewerkschaften, Wirtschaftsverbände, Bauernvereine, Handwerkervereinigungen, Hausbesitzervereine usw. Ein Lohnsteuerhilfeverein ist aber kein Berufsverband (BFH-Urteil vom 29. 8. 1973, BStBl. II 1974 S. 60; Abschn. 8 Abs. 2 KStR). Auch die Zusammenschlüsse solcher Vereinigungen sind Berufsverbände. Ein Berufsverband liegt auch vor, wenn sich die vom Verband verfolgten Interessen mit den Einzelinteressen seiner Mitglieder decken, aber die Erfolge der Interessenvertretung dem Berufsstand oder Wirtschaftszweig als solchem, also auch den Berufsangehörigen zugute kommen, die nicht dem Verband angehören. Werden dagegen besondere geschäftliche Belange der Einzelmitglieder verfolgt, wie das beispielsweise bei einem Rabattsparverein der Fall ist, so liegt kein Berufsverband vor, auch wenn alle Mitglieder an solchen Geschäften interessiert sind (vgl. z. B. BFH-Urteil vom 29. 11. 1967, BStBl. II 1968 S. 236).

Eine allgemeine politische und gesellschaftliche Arbeit eines Berufsverbands gehört zu dessen Aufgaben (BFH-Urteil vom 28. 11. 1980, BStBl. II 1981 S. 368). Es ist auch zulässig, daß ein Berufsverband – ohne seine Steuerbefreiung zu gefährden – gewisse allgemeine politische Ziele (z. B. Erhaltung der bisherigen Eigentumsordnung) mitverfolgt (BFH-Urteile vom 16. 12. 1981, BStBl. II 1982 S. 465, vom 18. 9. 1984, BStBl. II 1985 S. 92 und vom 29. 8. 1984, BStBl. II S. 844). Zur Unterstützung oder Förderung politischer Parteien durch Mittel eines Berufsverbands siehe unten d.

Wie eingangs erwähnt, muß bei steuerbegünstigten Berufs- und Wirtschaftsverbänden die Wahrnehmung der allgemeinen ideellen und wirtschaftlichen Berufsinteressen der Mitglieder eindeutig im Vordergrund der entfalteten Tätigkeit stehen. Zur Wahrnehmung dieser berufsständischen Belange gehört auch die unmittelbare oder mittelbare Förderung von Bestrebungen, die mit der Zielsetzung eines Verbands aufs engste verknüpft sind, z. B. die Hebung des allgemeinen Bildungs- und Leistungsniveaus und der fachlichen Aus- und Fortbildung der Verbandsmitglieder und ihrer Bediensteten. An staatliche und private Einrichtungen, die solche berufsspezifischen Zwecke des Berufsverbandes besonders fördern, können daher Zuwendungen aus dem Beitragsaufkommen der Berufsverbände unbedenklich geleistet werden.

Werden vom Berufsverband auch Spenden für nichtberufsständische gemeinnützige, mildtätige und kirchliche Förderzwecke gegeben (z. B. Zuwendungen an Wohlfahrtsverbände oder an Sport- und Kulturvereine), berühren diese die Berufsverbandseigenschaft dann nicht, wenn sie sich im Rahmen des allgemeinen Spendenverhaltens von unbeschränkt steuerpflichtigen Körperschaften gleicher Rechtsform halten. Dies kann u. E. ohne weiteres noch angenommen werden, wenn die Spenden außerhalb des berufsständischen Sektors nicht mehr als 5 v. H. der Einnahmen des Berufsverbandes aus Mitgliederbeiträgen ausmachen.

Voraussetzung der Steuerfreiheit ist weiter, daß der Berufsverband Beiträge nach feststehenden Grundsätzen (z. B. wie nach Abschn. 38 Abs. 2 KStR) erhebt. Schädlich wäre eine Selbsteinschätzung durch die Mitglieder. Nach Abschn. 8 Abs. 1 KStR sind für die Frage, ob die für einen steuerfreien Berufsverband geforderten Voraussetzungen vorliegen oder nicht, immer die Verhältnisse des Einzelfalles maßgebend. Stimmt dabei die tatsächliche Geschäftsführung nicht mit der Satzung überein, ist für die Prüfung die tatsächliche Geschäftsführung maßgebend (BFH-Urteil vom 22. 11. 1955, BStBl. III 1956 S. 29).

b) Grundsätzliche Steuerbefreiung

Die Steuerbefreiung eines Berufsverbandes nach § 5 Abs. 1 Nr. 5 KStG erstreckt sich auf die eigentliche Verbandstätigkeit – soweit diese nicht einen wirtschaftlichen Geschäftsbetrieb bildet und keine Mittel an politische Parteien weitergegeben werden – und auf den Bereich der Vermögensverwaltung. Wegen des Begriffs der Vermögensverwaltung wird auf die Ausführungen zur Gemeinnützigkeit verwiesen (vgl. Seite 194). Steuerfrei bleiben bei Berufsverbänden deshalb Zinseinkünfte, Dividendeneinkünfte, Miet- und Pachteinkünfte usw.

Seit 1. 1. 1993 wird auf Zinserträge ein Zinsabschlag von 30 v. H. erhoben. Vgl. dazu Seite 306.

Bei Dividendeneinkünften (z. B. aus Aktien, Investmentanteilen, GmbH- und Genossenschaftsanteilen) ist zu beachten, daß bei der Ausschüttung Kapitalertragsteuer in Höhe von 25 v. H. des Dividendenbetrags abgezogen wird. Durch die Kapitalertragsteuer wird die Körperschaftsteuerpflicht abgegolten, die für steuerabzugspflichtige Einkünfte auch bei steuerfreien Körperschaften besteht (vgl. § 5 Abs. 2 Nr. 1 i. V. m. § 50 Abs. 1 Nr. 1 KStG). Nach § 44c Abs. 2 EStG erhalten die nach § 5 Abs. 1 Nr. 1 bis 8 oder 10 bis 16 KStG steuerfreien Körperschaften – und damit auch die nach § 5 Abs. 1 Nr. 5 KStG steuerbefreiten Berufsverbände – auf Antrag durch das Bundesamt der Finanzen die Hälfte der Kapitalertragsteuer wieder erstattet.

Die von der ausschüttenden Körperschaft erhobene Körperschaftsteuer in Höhe von ³⁄₇ der Dividenden erhalten Berufsverbände (wie alle anderen steuerfreien Vereine auch) weder angerechnet noch vergütet (§ 51 KStG). Die Dividenden bleiben deshalb mit der von der ausschüttenden Körperschaft erhobenen Körperschaftsteuer belastet. Wegen des Verfahrens bei der Erstattung der halben Kapitalertragsteuer wird auf die Ausführungen zu den gemeinnützigen Vereinen verwiesen (vgl. Seite 307).

c) **Partielle Steuerpflicht bei wirtschaftlichen Geschäftsbetrieben**
Wird ein wirtschaftlicher Geschäftsbetrieb unterhalten, der über den Rahmen der Vermögensverwaltung hinausgeht, so besteht für den Berufsverband partielle Steuerpflicht. Der Begriff des wirtschaftlichen Geschäftsbetriebs ergibt sich aus § 14 AO (vgl. Seite 193). Ein wirtschaftlicher Geschäftsbetrieb liegt nicht vor, wenn für die Verbandstätigkeit ausschließlich Mitgliederbeiträge erhoben werden, es sei denn, daß diese Entgelte für die Gewährung besonderer Vorteile an die Mitglieder enthalten. Zu den Mitgliederbeiträgen gehören auch Umlagen, die von allen Mitgliedern entweder in gleicher Höhe oder nach einem bestimmten Maßstab – der vom Maßstab für die sonstigen Mitgliederbeiträge abweichen darf – erhoben werden. Beitragsähnliche Umlagen können z. B. bei Gemeinschaftswerbung vorliegen. Nehmen jedoch mehr als 20 v. H. der Verbandsmitglieder an der Gemeinschaftswerbung nicht teil, so liegt ein wirtschaftlicher Geschäftsbetrieb vor. Es muß auch geprüft werden, ob die von Berufsverbänden erhobenen Beiträge in vollem Umfang als Mitgliederbeiträge anzusehen sind oder ob sie auch Entgelte für die Gewährung besonderer wirtschaftlicher Vorteile enthalten. Die Gewährung solcher Vorteile an die Mitglieder führt zur Annahme eines wirtschaftlichen Geschäftsbetriebs (Abschn. 8 Abs. 4 KStR).

Zu den wirtschaftlichen Geschäftsbetrieben gehören z. B. die Vorführung und der Verleih von Filmen und Tonbändern, die Beratung der Angehörigen des Berufsstandes oder Wirtschaftszweiges einschließlich der Hilfe bei der Buchführung, bei der Ausfüllung von Steuererklärungen und sonstigen Vordrucken, die Unterhaltung einer Buchstelle, die Einrichtung eines Kreditschutzes, die Unterhaltung von Sterbekassen, der Abschluß oder die Vermittlung von Versicherungen, die Unterhaltung von Laboratorien und Untersuchungseinrichtungen, die Veranstaltung von Märkten, Leistungsschauen und Fachausstellungen, die Unterhaltung einer Kantine für die Arbeitskräfte der Verbandsgeschäftsstelle, die nachhaltige Vermietung von Räumen für regelmäßig kurze Zeit, z. B. für Stunden oder einzelne Tage, an wechselnde Benutzer. Die Herausgabe, der Verlag oder der Vertrieb von Fachzeitschriften, Fachzeitungen und anderen fachlichen Druckerzeugnissen des Berufsstandes oder Wirtschaftzweiges, einschließlich der Aufnahme von Fachanzeigen, stellt ebenfalls einen wirtschaftlichen Geschäftsbetrieb dar. Verbandszeitschriften, in denen die Mitglieder über die Verbandstätigkeit und über allgemeine Fragen des Berufsstandes unterrichtet werden, sind kein wirtschaftlicher Geschäftsbetrieb. Betreibt ein Berufsverband in seiner Verbandszeitschrift jedoch Anzeigen- oder Annoncenwerbung, liegt insoweit ein wirtschaftlicher Geschäftsbetrieb vor.

Die Beteiligung eines Berufsverbands an einer Kapitalgesellschaft stellt grundsätzlich keinen wirtschaftlichen Geschäftsbetrieb, sondern Vermögensverwaltung dar. Ist mit der Beteiligung jedoch ein entscheidender Einfluß auf die laufende Geschäftsführung der Kapitalgesellschaft verbunden, so gilt das Halten der Beteiligung als wirtschaftlicher Geschäftsbetrieb. Ob die Beteiligung an einer Personengesellschaft als wirtschaftlicher Geschäftsbetrieb oder als Vermögensverwaltung anzusehen ist, ist im Rahmen der einheitlichen und gesonderten Gewinnfeststellung für die Personengesellschaft zu entscheiden. Vgl. BFH-Urteil vom 27. 7. 1988, BStBl. II 1989 S. 134 (Abschn. 8 Abs. 5 KStR). Die Tätigkeit der Geschäftsstelle eines Berufsverbandes stellt im allgemeinen keinen wirtschaftlichen Geschäftsbetrieb dar (Abschn. 8 Abs. 6 KStR).

Unterhält ein Berufsverband mehrere wirtschaftliche Geschäftsbetriebe, so werden deren Ergebnisse für die Besteuerung zusammengefaßt. Der Freibetrag nach § 24 KStG von 7500 DM kommt deshalb nur einmal für den gesamten Berufsverband zur Anwendung (Abschn. 8 Abs. 7 KStR).

d) **Mittelverwendung für die Unterstützung oder Förderung politischer Parteien (Rechtslage seit 1. 1. 1994)**

Der Gesetzgeber hat der Diskussion um die Höhe der noch zulässigen Zuwendungen an politische Parteien durch steuerbefreite Berufsverbände mit der Änderung des § 5 Abs. 1 Nr. 5 KStG rigoros ein Ende bereitet. Die Verwendung von Mitteln eines Berufsverbands für die unmittelbare oder mittelbare Unterstützung oder Förderung politischer Parteien löst seit 1.1.1994 immer eine Körperschaftsteuer in Höhe von 50 v. H. der Zuwendungen aus (§ 5 Abs. 1 Nr. 5 Satz 4 KStG). Dadurch soll sichergestellt werden, daß die für Mitgliederbeiträge an Berufsverbände im Rahmen des Werbungskosten- oder Betriebsausgabenabzugs beim Mitglied eingetretene Steuerentlastung auf der Ebene des Berufsverbands ausgeglichen wird, wenn er Zuwendungen an politische Parteien leistet. Unabhängig davon kann auch noch die Steuerbefreiung des Berufsverbands vollständig entfallen, wenn der Berufsverband Mittel von mehr als 10 v. H. der Einnahmen für die unmittelbare oder mittelbare Unterstützung oder Förderung politischer Parteien verwendet (§ 5 Abs. 1 Nr. 5 Satz 2 Buchst. b KStG). Einnahmen im Sinne dieser Regelung sind die gesamten Bruttoeinnahmen eines Berufsverbands. Dazu gehören z. B. die Mittel aus Beitragseinnahmen, aus wirtschaftlichen Geschäftsbetrieben, aus Vermögensanlagen oder aus Zuschüssen. Zu den Mitteln gehört bei Beteiligung an einer Personengesellschaft der Gewinnanteil an der Personengesellschaft, bei Beteiligung an einer Kapitalgesellschaft die Gewinnausschüttung. Die unmittelbare oder mittelbare Unterstützung oder Förderung politischer Parteien wird von der Finanzverwaltung eng ausgelegt. Z. B. wird eine Anzeigenkampagne für eine bestimmte politische Partei oder die Finanzierung des Wahlkampfs eines Abgeordneten als entsprechende Zuwendung gewertet.

Beispiele zu den Rechtsfolgen:

1. Ein Berufsverband i. S. des § 5 Abs. 1 Nr. 5 KStG (Rechtsform e. V.) wendet im Jahr 1998 einer politischen Partei 5500 DM zu. Die Einnahmen des Berufsverbands in 1998 betragen 70 000 DM.
   Außerdem unterhält der Berufsverband einen wirtschaftlichen Geschäftsbetrieb, der 1998 einen Gewinn von 20 000 DM erzielt.
   Der Berufsverband wendet der politischen Partei **nicht** mehr als 10 v. H. seiner Einnahmen zu. Damit tritt keine volle KSt-Steuerpflicht ein. Der Berufsverband ist partiell körperschaftsteuerpflichtig hinsichtlich des wirtschaftlichen Geschäftsbetriebs. Außerdem fällt die besondere KSt gem. § 5 Abs. 1 Nr. 5 S. 4 KStG an.

Gewinn aus wirtschaftlichem Geschäftsbetrieb = Einkommen	20 000 DM
– Freibetrag gem. § 24 KStG	– 7 500 DM
Zu versteuerndes Einkommen 1998	12 500 DM
KSt (42 v. H. von 12 500 DM =)	5 250 DM
Besondere KSt auf Parteizuwendungen gem. § 5 Abs. 1 Nr. 5 S. 4 KStG (50 v. H. von 5500 DM =)	+ 2 750DM
Festzusetzende KSt 1998	8 000 DM
Solidaritätszuschlag (5,5 v. H. von 8000 DM =)	440 DM

Dem Berufsverband ist nur ein KSt-Bescheid zu erteilen. Der Berufsverband erhält außerdem eine Anlage zum KSt-Bescheid (Vordruck KSt Ber 4), in der ihm bestätigt wird, daß er im übrigen nach § 5 Abs. 1 Nr. 5 KStG von der KSt befreit ist.

2. Wie Beispiel 1. Der Gewinn aus dem wirtschaftlichen Geschäftsbetrieb beträgt aber nur 6000 DM.
   Lösung zunächst wie bei Beispiel 1, also keine volle KSt-Pflicht, sondern nur partielle KSt-Pflicht hinsichtlich des wirtschaftlichen Geschäftsbetriebs und Anfall der besonderen KSt auf Parteizuwendungen.
   Einkommensermittlung:

Gewinn aus wirtschaftlichem Geschäftsbetrieb = Einkommen	6 000 DM
– Freibetrag gem. § 24 KStG (7500 DM, aber höchstens in Höhe des Einkommens)	– 6 000 DM
Zu versteuerndes Einkommen 1998	0 DM

Berechnung der KSt und des Solidaritätszuschlags:

KSt	0 DM
Besondere KSt auf Parteizuwendungen gem. § 5 Abs. 1 Nr. 5 S. 4 KStG (50 v. H. von 5500 DM =)	2 750 DM
Festzusetzende KSt 1998	2 750 DM
Solidaritätszuschlag (5,5 v. H. von 2275 DM =)	151,25 DM

Ein nicht ausgeschöpfter Freibetrag gem. § 24 KStG darf **nicht** auf die Bemessungsgrundlage der besonderen KSt übertragen werden. Dies ergibt sich ausdrücklich aus Abschn. 8 Abs. 7 S. 4 KStR.

3. Wie Beispiel 1. Der Berufsverband wendet der politischen Partei aber in 1998 10 000 DM zu. Neben dem wirtschaftlichen Geschäftsbetrieb (Gewerbebetrieb) erhält der Berufsverband noch Zinsen aus Sparguthaben in Höhe von 2500 DM und hat Einkünfte aus Vermietung und Verpachtung in Höhe von 8000 DM.
Der Berufsverband wendet der politischen Partei **mehr** als 10 v. H. seiner Einnahmen zu. Damit tritt für den Veranlagungszeitraum 1998 gem. § 5 Abs. 1 Nr. 5 S. 2 Buchst. b **volle KSt-Pflicht** ein.

Folgen: Sämtliche Einkünfte des Berufsverbandes unterliegen der KSt. Im vorliegenden Fall bezieht er Einkünfte aus Gewerbebetrieb sowie aus Kapitalvermögen und aus Vermietung und Verpachtung. Die Mitgliederbeiträge bleiben gem. § 8 Abs. 6 KStG bei der Ermittlung des Einkommens außer Ansatz.
Grundsätzlich ist auch § 13 KStG zu berücksichtigen. Allerdings im vorliegenden Fall ohne Folgen. Hinsichtlich des wirtschaftlichen Geschäftsbetriebs bestand bereits partielle KSt-Pflicht. Die anderen Einkünfte unterliegen nicht der Bilanzierungspflicht. Vgl. dazu im übrigen Abschn. 47 KStR.
Außerdem fällt noch die besondere KSt i. S. des § 5 Abs. 1 Nr. 5 Satz 4 KStG an.

Einkommensermittlung:

Einkünfte aus Gewerbebetrieb	20 000 DM
Einkünfte aus Kapitalvermögen	0 DM
(Zinsen 2500 DM – Sparer-Freibetrag nach § 20 Abs. 4 EStG 6000 DM höchstens in Höhe der Einnahmen)	
Einkünfte aus Vermietung und Verpachtung	8 000 DM
Summe der Einkünfte = Einkommen	28 000 DM
– Freibetrag gem. § 24 KStG	– 7 500 DM
Zu versteuerndes Einkommen 1998	20 500 DM

Berechnung der KSt und des Solidaritätszuschlags:

KSt (42 v. H. von 20 500 DM =)	8 610 DM
Besondere KSt auf Parteizuwendungen gem. § 5 Abs. 1 Nr. 5 S. 4 KStG (50 v. H. von 10 000 DM =)	+ 5 000 DM
Festzusetzende KSt 1998	13 610 DM
Solidaritätszuschlag (5,5 v. H. von 13 610 DM =)	748,55 DM

Im Jahr 1999 würde die KSt (40 v. H. von 20 500 DM =) 8200 DM + (50 v. H. von 10 000 DM =) 5000 DM, d. h. insgesamt 13 200 DM und der Solidaritätszuschlag (5,5 v. H. von 13 200 DM =) 726 DM betragen.

e) Anerkennung und Überprüfung durch die Finanzverwaltung
Ein besonderes Anerkennungsverfahren ist für die Berufsverbandseigenschaft eines Vereins nicht vorgesehen. Die Finanzämter können deshalb in rechtsverbindlicher Form nur für die einzelne Steuerart und den einzelnen Steuerabschnitt (regelmäßig das Kalenderjahr) durch Erteilung eines sog. Freistellungsbescheides über die Gewährung der steuerlichen Vergünstigungen wegen der Berufsverbandseigenschaft entscheiden.

Die Finanzämter überprüfen in gewissen Zeitabständen (in der Regel alle drei Jahre), ob die Voraussetzungen der Berufsverbandseigenschaft noch erfüllt sind. Aufgrund dieser turnusmäßigen Prüfung wird dann jeweils durch Freistellungs- oder Steuerbescheid in rechtsbehelfsfähiger Form über Anerkennung oder Ablehnung der Berufsverbandseigenschaft entschieden. Außerdem werden von jedem Berufsverband grundsätzlich jährlich Angaben zur besonderen KSt i. S. des § 5 Abs. 1 Nr. 5 Satz 4 KStG verlangt. Vorauszahlungen werden aber für die besondere KSt nicht festgesetzt.

f) Vermögensverwaltung für einen nichtrechtsfähigen Berufsverband
Ist Hauptzweck eines Vereins die Vermögensverwaltung für einen nichtrechtsfähigen Berufsverband, so ist er nach § 5 Abs. 1 Nr. 6 KStG steuerbefreit.

5. Landwirtschaftliche Vereine

Vereine, die sich in ihrer Tätigkeit auf die gemeinschaftliche Nutzung land- und forstwirtschaftlicher Betriebseinrichtungen oder auf die Verwertung bzw. Verarbeitung der von den Mitgliedern selbst gewonnenen land- und forstwirtschaftlichen Erzeugnisse beschränken, sind – ebenso wie derartige Genossenschaften – körperschaftsteuerfrei (§ 5 Abs. 1 Nr. 14 KStG). Nähere Einzelheiten über die steuerliche Behandlung derartiger Vereine ergeben sich aus den Abschn. 16 bis 22 KStR.

6. Politische Parteien

Unbeschränkt steuerpflichtige politische Parteien nach § 2 Parteiengesetz und ihre Gebietsverbände sind nach § 5 Abs. 1 Nr. 7 KStG von der Körperschaftsteuer befreit. Wird ein wirtschaftlicher Geschäftsbetrieb unterhalten, so ist die Steuerbefreiung insoweit ausgeschlossen. Die Rechtslage entspricht somit der Regelung bei gemeinnützigen Vereinen und steuerfreien Berufsverbänden. Durch das Gesetz zur Änderung des Parteiengesetzes und anderer Gesetze vom 22. 12. 1983 (BGBl. I S. 1577) wurde die bis dahin bestehende Steuerfreiheit politischer Vereine (Vereine, die politischen Einfluß erstreben, ohne Kandidaten auf Bundes- oder Landesebene aufzustellen) ab 1984 beseitigt. Politische Vereine sind auch nicht nach § 52 Abs. 2 AO wegen Gemeinnützigkeit steuerbefreit. Dagegen wird die Vorschrift des § 5 Abs. 1 Nr. 7 KStG auch auf kommunale Wählervereinigungen und ihre Dachverbände angewandt. Das Bundesverfassungsgericht hat mit Beschluß vom 29. 9. 1998 – 2 BvL 64/93 – diese Vorschrift als mit dem Grundgesetz insoweit unvereinbar und nichtig angesehen, als kommunalen Wählervereinigungen und ihren Dachverbänden im Gegensatz zu politischen Parteien und deren Gebietsverbänden keine gesetzliche Befreiung von der KSt gewährt wird.

7. Mitgliederbeiträge

a) Sachliche Steuerbefreiung für Mitgliederbeiträge

Bei Vereinen bleiben die auf Grund der Satzung erhobenen Mitgliederbeiträge außer Ansatz (§ 8 Abs. 6 KStG). Dies gilt auch für beschränkt steuerpflichtige Vereine. Die Befreiung ist an die folgenden Voraussetzungen geknüpft:

- Die Leistungen der Mitglieder dürfen kein Entgelt für Leistungen des Vereins sein, d. h. es müssen echte Mitgliederbeiträge sein.
- Die Mitgliederbeiträge müssen auf Grund der Satzung erhoben werden.

Mitgliederbeiträge können in Geld- oder Sachleistungen bestehen, in der Regel handelt es sich um regelmäßig wiederkehrende Zahlungen, aber auch einmalige Zahlungen (z. B. Aufnahmegelder) können Mitgliederbeiträge sein. Die Mitgliederbeiträge stellen steuerfreies Einkommen des Vereins dar (sachliche Steuerbefreiung). Die Befreiungsvorschrift hat deshalb insbesondere Bedeutung für die Vereine, die nicht bereits persönlich (beispielsweise wegen Gemeinnützigkeit) von der Körperschaftsteuer befreit sind. Hat ein Verein außer steuerfreien Mitgliederbeiträgen auch steuerpflichtige Einkünfte, so darf er die mit den steuerfreien Mitgliederbeiträgen zusammenhängenden Ausgaben nicht bei den steuerpflichtigen Einkünften abziehen (§ 3 c EStG; vgl. auch BFH-Urteil vom 19. 2. 1964, BStBl. III S. 277).

b) Kein Leistungsentgelt

Mitgliederbeiträge sind Leistungen, die die Mitglieder eines Vereins lediglich in ihrer Eigenschaft als Mitglieder nach der Satzung entrichten müssen. Sie dürfen dem Verein nicht für die Wahrnehmung besonderer Interessen seiner Mitglieder zufließen. Die Mitgliederbeiträge dürfen allerdings abgestuft sein (z. B. nach Einkommen, aktive und passive Mitglieder), wenn die Mitglieder ohne Rücksicht auf die Höhe der Beiträge dieselben Rechte und Pflichten haben.

Die Mitgliederbeiträge sollen den Verein in die Lage versetzen, den in der Satzung bestimmten Zweck im Interesse aller Mitglieder zu erfüllen. Vereine, die gemeinnützigen, mildtätigen, kulturellen oder geselligen Zwecken dienen, erhalten die Mittel, die sie zur Erfüllung ihrer Zwecksetzung benötigen, durch laufende oder einmalige Beiträge. Bei ihnen besteht die Vermutung, daß es sich bei diesen Beiträgen um echte Mitgliederbeiträge handelt (RFH-Urteil vom 11. 2. 1941, RStBl. S. 507). Keine Mitgliederbeiträge sind jedoch gegeben, soweit bei diesen Vereinen das Mitglied eine besondere Leistung für als „Beiträge" bezeichnete Zahlungen erhält. Die als „Sonderbeitrag" bezeichneten Stallmieten der Mitglieder eines Reitvereins sind daher beispielsweise keine Mitgliederbeiträge.

c) Pauschalierte Gegenleistungen

Bei Vereinen, deren Zweck die mittelbare oder unmittelbare wirtschaftliche Förderung ihrer Mitglieder bildet, ist anzunehmen, daß die Beiträge in erster Linie als Gegenleistung für die Förderung durch den Verein gedacht sind und es sich deshalb nicht um echte Mitgliederbeiträge handelt (RFH-Urteil vom 16. 6. 1942, RStBl. S. 916 und BFH-Urteile vom 5. 6. 1953, BStBl. III S. 212 und vom 28. 6. 1989, BStBl. II 1990 S. 550). Dabei ist es für die Annahme unechter Mitgliederbeiträge (d.h. nicht nach § 8 Abs. 6 KStG steuerfreier Beiträge) nicht erforderlich, daß Einzelleistungen des Vereins durch Einzelvergütungen abgegolten werden. Das Verhältnis Leistungen und Gegenleistungen liegt auch vor, wenn laufende Leistungen des Vereins durch sog. Mitgliederbeiträge abgegolten werden. Steuerfreie Mitgliederbeiträge liegen deshalb bei Lohnsteuerhilfevereinen (BFH-Urteil vom 29. 8. 1973, BStBl. II 1974 S. 60) und Gewinnsparvereinen nicht vor.

d) Teilweise pauschalierte Gegenleistungen

Zahlungen mit gemischtem Inhalt (d.h. Zahlungen, die teils echte Mitgliederbeiträge und teils Leistungsentgelte sind) können vorliegen, wenn ein Verein auch der wirtschaftlichen Förderung seiner Mitglieder dient. Die Beiträge sind hier im Wege der Schätzung in einen steuerfreien Teil (echte Mitgliederbeiträge) und in einen steuerpflichtigen Teil (pauschalierte Leistungsentgelte) aufzuteilen (Abschn. 38 Abs. 3 KStR und die dort zitierte Rechtsprechung). Für verschiedene Vereine erfolgt die Aufteilung solcher Beiträge unabhängig von einer Steuerbefreiung der Vereine regelmäßig nach von der Finanzverwaltung bestimmten Prozentsätzen. So werden bei Haus- und Grundeigentümervereinen (Abschn. 39 KStR), Mietervereinen (Abschn. 39 KStR), Obst- und Gartenbauvereinen (Abschn. 40 Abs. 1 KStR) jeweils 20 v. H., bei Tierzuchtverbänden und Vatertierhaltungsvereinen (Abschn. 40 Abs. 3 KStR) jeweils 50 v. H. und bei Fremdenverkehrsvereinen (Abschn. 40 Abs. 5 KStR) 25 v. H. als steuerpflichtiges Leistungsentgelt angesehen.

Die mit den Beitragseinnahmen in Zusammenhang stehenden Ausgaben sind ebenfalls nur im gleichen Verhältnis abziehbar. Die Vereinfachungsregelung gilt im übrigen dann nicht, wenn sich bei ihrer Anwendung regelmäßig ein Verlust ergibt (BFH-Urteil vom 9. 2. 1965, BStBl. III S. 294 und Abschn. 39 Abs. 1 Nr. 3 KStR). Die übrigen steuerpflichtigen Einkünfte (z. B. aus Gewerbebetrieb, Kapitalvermögen oder Vermietung und Verpachtung) sind nach den allgemeinen Vorschriften zu ermitteln.

e) Mitgliederbeiträge auf Grund der Satzung

Freiwillige oder auf vertraglicher Grundlage erhobene Beiträge sind keine Mitgliederbeiträge. Echte Mitgliederbeiträge können daher nur vorliegen, wenn eine der nachstehenden Voraussetzungen erfüllt ist (Abschn. 38 Abs. 2 KStR):

– Die Satzung bestimmt Art und Höhe der Mitgliederbeiträge
– Die Satzung sieht einen bestimmten Berechnungsmaßstab vor
– Die Satzung bezeichnet ein Organ, das die Höhe der Beiträge festsetzt.

Zu den gemeinnützlichkeitsrechtlichen Höchstgrenzen für Mitgliederbeiträge und Aufnahmegebühren bei Vereinen, deren Tätigkeit in erster Linie den Mitgliedern zugute kommt, vgl. BMF-Schreiben vom 20. 10. 1998 (BStBl. I S. 1424).

8. Zinsabschlagsteuer und Freistellungsmöglichkeiten

Durch das Gesetz zur Neuregelung der Zinsbesteuerung (Zinsabschlaggesetz) vom 9. 11. 1992 (BGBl. I S. 1853, BStBl. I S. 682) wurde die Besteuerung der Zinsen aus Sparguthaben, festverzinslichen Wertpapieren usw. (**nicht** der Dividenden aus Aktien, Investmentanteilen, GmbH-Anteilen und Genossenschaftsanteilen (!) siehe dazu Seite 307) neu geregelt. Danach unterliegen diese Zinsen **seit 1. 1. 1993** grundsätzlich einem **Zinsabschlag von 30 v. H. (der sog. Zinsabschlagsteuer).** Der Zinsabschlag wird von der auszahlenden Stelle (d. h. von der Bank oder Sparkasse, bei der Gelder angelegt sind) vorgenommen. Die Bank oder Sparkasse behält den Zinsabschlag ein und führt ihn an das für die Besteuerung der Bank oder Sparkasse zuständige Finanzamt anonym (d. h. ohne Benennung der Empfänger der Zinsen) ab.

Nicht unter den Zinsabschlag fallen niedrig verzinsliche Guthaben (bis zu einer Verzinsung von 1 v. H.). Außerdem gilt eine kontenbezogene Bagatellgrenze von 20 DM, so daß der Zinsabschlag unterbleibt, wenn auf einem Konto des Sparers (Vereins, Berufsverbands usw.) keine höheren Zinsen anfallen.

Darüber hinaus kann der Zinsabschlag unter folgenden Voraussetzungen vermieden werden:

a) **Steuerbegünstigte (gemeinnützige, mildtätige und kirchliche) Vereine**

Zinserträge aus steuerfreier Vermögensverwaltung

Nichtveranlagungs(NV)-Bescheinigung: Der Verein kann für seine Zinserträge, die im Rahmen der steuerfreien Vermögensverwaltung anfallen, bei seinem zuständigen Finanzamt mit dem Vordruck NV 2 A eine sog. NV-Bescheinigung nach § 44a Abs. 4 Nr. 1 EStG beantragen, damit vom Zinsabschlag Abstand genommen wird. Die Bescheinigung (Vordruck NV 2 B) wird vom Finanzamt für höchstens 3 Kalenderjahre erteilt. Danach ist ein erneuter Antrag zu stellen. Die NV-Bescheinigung ist der Bank oder Sparkasse vorzulegen und zu überlassen. Neben dem Original wird auch eine amtlich beglaubigte Kopie anerkannt. Amtlich beglaubigen kann im übrigen z. B. auch die Gemeindeverwaltung.

Kopie des Freistellungsbescheids: Anstelle der NV-Bescheinigung kann für die Abstandnahme vom Zinsabschlag der Bank oder Sparkasse vom Verein auch eine amtlich beglaubigte Kopie des zuletzt erteilten Freistellungsbescheids (Vordruck Gem 2) überlassen werden.

Der Freistellungsbescheid muß aber für das fünfte oder ein späteres Jahr vor dem Jahr des Zuflusses der Zinserträge erteilt worden sein. Vgl. dazu das BMF-Schreiben vom 27. 11. 1992 (BStBl. I S. 772).

Beispiel: Dem Musikverein A wurde am 24. 5. 1995 ein Freistellungsbescheid für die Veranlagungszeiträume 1991 bis 1993 erteilt. Aufgrund dieses Freistellungsbescheids kann für Zinserträge, die im Jahre 1998 zufließen, vom Zinsabschlag Abstand genommen werden. Für 1999 genügt dieser Freistellungsbescheid jedoch nicht mehr (5-Jahres-Frist – 1993 bis 1997 – abgelaufen!). Der Verein muß also Ende 1998 beim Finanzamt einen neuen Freistellungsbescheid oder eine NV-Bescheinigung beantragen.

Kopie der vorläufigen Bescheinigung: Im Falle der **Neugründung** eines gemeinnützigen Vereins gilt dasselbe, wenn dieser eine amtlich beglaubigte Kopie einer vorläufigen Bescheinigung (Vordruck Gem 5) des Finanzamts über die Anerkennung der Gemeinnützigkeit der Bank oder Sparkasse überläßt.

Die vorläufige Bescheinigung gilt jedoch längstens 18 Monate. Für die Abstandnahme vom Zinsabschlag werden daher nur vorläufige Bescheinigungen anerkannt, deren Gültigkeitsdauer im Jahr des Zuflusses der Zinserträge oder später endet.

Beispiel: Dem neu gegründeten Sportverein B wurde vom Finanzamt nach Vorlage der Satzung eine vorläufige Bescheinigung über die Gemeinnützigkeit am 26. 8. 1996 erteilt. Mit dieser Bescheinigung können Zinserträge des Vereins in den Jahren 1996, 1997 und 1998 vom Zinsabschlag freigestellt werden. Ende 1998 muß der Verein einen Freistellungsbescheid oder eine NV-Bescheinigung beantragen.

Kopie des Körperschaftsteuer-Bescheids mit Anlage: Ist der gemeinnützige Verein mit einem **wirtschaftlichen Geschäftsbetrieb partiell steuerpflichtig,** erhält er keinen Freistellungsbescheid, sondern einen Körperschaftsteuer-Bescheid mit einer Anlage (Vordruck Gem 4), in der die Gemeinnützigkeit grundsätzlich bejaht wird. Diese Anlage zum Körperschaftsteuer-Bescheid entfaltet die gleiche Wirkung wie ein Freistellungsbescheid.

Freistellungsauftrag: Von der Finanzverwaltung wird bei gemeinnützigen Vereinen die Möglichkeit der Erteilung eines Freistellungsauftrags bis zur Höhe von 6100 DM (ab 2000 = 3100 DM) **nicht** eingeräumt. Es muß daher eine der oben genannten Möglichkeiten ergriffen werden.

Erstattungsverfahren: Sollte der Verein bei Zufluß der Zinserträge der Bank oder Sparkasse weder eine NV-Bescheinigung noch eine amtlich beglaubigte Kopie des Freistellungsbescheids oder der vorläufigen Bescheinigung oder des Körperschaftsteuer-Bescheids mit Anlage vorgelegt haben, muß die Bank oder Sparkasse den Zinsabschlag zunächst vornehmen. Reicht der Verein die betreffenden Unterlagen nach, kann die Bank oder Sparkasse den Steuerabzug nach § 44b Abs. 4 EStG nachträglich korrigieren. Sie ist dazu aber nicht verpflichtet. Korrigiert die Bank oder Sparkasse den Steuerabzug nicht, bleibt dem Verein nur noch die Möglichkeit, bei seinem zuständigen Finanzamt die Erstattung des einbehaltenen Zinsabschlags im Billigkeitswege zu beantragen, denn ein Veranlagungsverfahren für gemeinnützige Vereine ist insoweit nicht vorgesehen. Das Erstattungsverfahren nach § 44c Abs. 1 EStG durch das Bundesamt für Finanzen betrifft nur Kapitalerträge, die nicht nach § 44a Abs. 4 EStG freistellbar sind. Die Erstattung im Billigkeitswege ist grundsätzlich an keine Fristen gebunden. Es gelten insoweit die allgemeinen Regelungen über die Zahlungsverjährung (§§ 228 f. AO).

Zinserträge im steuerpflichtigen wirtschaftlichen Geschäftsbetrieb

Besteuerungsgrenze von 60 000 DM nicht überschritten: Hat ein Verein Zinserträge im steuerpflichtigen wirtschaftlichen Geschäftsbetrieb, fällt grundsätzlich der Zinsabschlag an. Fraglich ist die Handhabung, wenn die Besteuerungsgrenze von 60 000 DM (§ 64 Abs. 3 AO) **nicht** überschritten ist. Um den Verein in diesem Fall nicht ausschließlich auf den Billigkeitsweg (siehe oben „Erstattungsverfahren") verweisen zu müssen, halten wir es aus Praktikabilitätsgründen für zulässig, daß der Verein wie bei Zinserträgen im Bereich der steuerfreien Vermögensverwaltung eine Abstandnahme vom Steuerabzug durch die Vorlage einer NV-Bescheinigung (oder den anderen oben genannten Unterlagen) erreichen kann. Aufwendiger – aber den gesetzlichen Regelungen entsprechend – ist die Ausstellung einer NV-Bescheinigung nach § 44a Abs. 2 Nr. 2 EStG (Vordruck NV 3 B), weil in diesem Fall eine Veranlagung zur Körperschaftsteuer nicht in Betracht kommt.

Besteuerungsgrenze von 60 000 DM überschritten: Ist die Besteuerungsgrenze überschritten, besteht insoweit partielle Körperschaftsteuerpflicht. Das Finanzamt führt in der Regel eine Körperschaftsteuer-Veranlagung durch, bei der der einbehaltene Zinsabschlag auf die eigene Körperschaftsteuerschuld des Vereins wie eine Vorauszahlung angerechnet wird.

Dies gilt im Grunde unabhängig davon, ob der Freibetrag nach § 24 KStG von 7500 DM überschritten ist oder nicht. In den Fällen, in denen der Gewinn aus den wirtschaftlichen Geschäftsbetrieben den Freibetrag von 7500 DM auf Dauer nicht überschreitet, kann der Verein beim Finanzamt einen Antrag auf Ausstellung einer NV-Bescheinigung nach § 44a Abs. 2 Nr. 2 EStG (Vordruck NV 3 B) stellen (Abschn. 74 Abs. 3 KStR). Aufgrund dieser Bescheinigung ist der Steuerabzug von der Bank oder Sparkasse nicht vorzunehmen, d. h. kein Zinsabschlag einzubehalten.

Untergliederungen von steuerbefreiten Vereinen

Funktionale Untergliederungen: Nach § 51 Satz 3 AO gelten funktionale Untergliederungen (Abteilungen) von Vereinen **nicht** als selbständige Steuersubjekte. Dies bedeutet, daß NV-Bescheinigungen nicht auf den Namen der Abteilung ausgestellt werden können. Auch der Freistellungsbescheid, die vorläufige Bescheinigung und der Körperschaftsteuer-Bescheid mit Anlage lauten nicht auf den Namen der Abteilung.

Hat eine Abteilung ein eigenes Bankkonto, kann deshalb der Zinsabschlag nur dadurch vermieden werden, daß auf einer Ausfertigung der NV-Bescheinigung (bzw. auf einer amtlich beglaubigten Kopie des Freistellungsbescheids usw.) des Hauptvereins, die Kontoinhaberschaft der Abteilung vermerkt wird.

Regionale Untergliederungen: Sofern regionale Untergliederungen eines Vereins steuerlich als selbständige Körperschaften angesehen werden (vgl. Seite 117), ist die NV-Bescheinigung auf den Namen der regionalen Untergliederung auszustellen. Die steuerlich selbständige regionale Untergliederung erhält auch bei Neugründung eine eigene vorläufige Bescheinigung und später eigene Freistellungsbescheide oder Körperschaftsteuer-Bescheide mit Anlage. Die Vermeidung des Zinsabschlags dürfte mit diesen Unterlagen keine Probleme mehr bereiten.

Ist hingegen die regionale Untergliederung gemeinnützigkeitsrechtlich **nicht** als selbständig anzusehen (z. B. weil eine eigene Satzung fehlt), muß auf einer Ausfertigung der NV-Bescheinigung oder einer amtlich beglaubigten Kopie des Freistellungsbescheids usw. des Hauptvereins die Kontoinhaberschaft der jeweiligen regionalen Untergliederung vermerkt werden. Die derart gekennzeichnete NV-Bescheinigung (bzw. die entsprechende Kopie des Freistellungsbescheids usw.) kann dann von der Untergliederung ihrer Bank oder Sparkasse überlassen werden.

b) Steuerbefreite Berufsverbände und Parteien

Berufsverbände ohne öffentlich-rechtlichen Charakter sowie kommunale Spitzenverbände, deren Zweck nicht auf einen wirtschaftlichen Geschäftsbetrieb gerichtet ist, sind nach § 5 Abs. 1 Nr. 5 KStG steuerbefreit.

Politische Parteien i. S. des § 2 des Parteiengesetzes und ihre Gebietsverbände sind nach § 5 Abs. 1 Nr. 7 KStG steuerbefreit.

In beiden Fällen ist die Steuerbefreiung ausgeschlossen, soweit ein wirtschaftlicher Geschäftsbetrieb unterhalten wird, bei Berufsverbänden außerdem seit 1994 bei schädlicher Mittelverwendung für politische Parteien.

Zinserträge aus steuerfreier Vermögensverwaltung
Fallen bei Berufsverbänden und Parteien Zinserträge im Rahmen der steuerfreien Vermögensverwaltung an, kann der Zinsabschlag wie bei steuerbefreiten Vereinen durch eine **Nichtveranlagungs(NV)-Bescheinigung** (Vordruck NV 2 B), die beim jeweils zuständigen Finanzamt zu beantragen ist, vermieden werden.

Der Zinsabschlag wird auch dann nicht vorgenommen, wenn der Bank oder Sparkasse statt der NV-Bescheinigung eine amtlich beglaubigte Kopie des zuletzt erteilten **Freistellungsbescheids** (Vordruck KSt Ber 3 für Berufsverbände oder KSt Part 3 für politische Parteien) überlassen wird. Wie bei gemeinnützigen Vereinen muß der Freistellungsbescheid für das fünfte oder ein späteres Jahr vor dem Jahr des Zuflusses der Zinserträge erteilt worden sein, d. h. bei Zufluß im Jahr 1998 für 1993 oder später.

Zinserträge im wirtschaftlichen Geschäftsbetrieb
Wirtschaftliche Geschäftsbetriebe von Berufsverbänden und politischen Parteien sind dem Grunde nach immer steuerpflichtig. Eine Besteuerungsgrenze wie bei steuerbefreiten Vereinen gibt es nicht.

Das jeweils zuständige Finanzamt führt in diesen Fällen eine Körperschaftsteuer-Veranlagung durch. Die im steuerpflichtigen Bereich anfallenden Zinserträge werden in die Veranlagung einbezogen. Der einbehaltene Zinsabschlag wird auf die Körperschaftsteuerschuld wie eine Vorauszahlung angerechnet.

Überschreitet der Gewinn aus der grundsätzlich steuerpflichtigen Betätigung auf Dauer aber nicht den Freibetrag nach § 24 KStG von 7500 DM, ist wie bei steuerbefreiten Vereinen eine NV-Bescheinigung nach § 44a Abs. 2 Nr. 2 EStG möglich.

Untergliederungen
Die obigen Ausführungen zu regionalen Untergliederungen von steuerbefreiten Vereinen gelten für Landes-, Bezirks-, Kreis- und Ortsverbände von Berufsverbänden und Parteien entsprechend.

IV. Steuertarif, Veranlagung und Entrichtung der Körperschaftsteuer

1. Körperschaftsteuertarif

Der Gesamtbetrag der Einkünfte, ggf. nach Berücksichtigung von abzugsfähigen und nichtabzugsfähigen Ausgaben (vgl. Seiten 302 f.) stellt das körperschaftsteuerpflichtige Einkommen dar. Zur Berechnung der Körperschaftsteuer wurde das Einkommen bis einschl. 1987 auf volle 10 DM nach unten abgerundet. Seit 1988 ist die Abrundung weggefallen. Die Körperschaftsteuer betrug bis einschl. 1989 für alle Vereine 50 v. H. des körperschaftsteuerpflichtigen Einkommens. Von 1990 bis 1993 betrug der Körperschaftsteuersatz 46 v. H., von 1994 bis 1998 42 v. H. und ab 1999 beträgt er 40 v. H. des zu versteuernden Einkommens (§ 23 Abs. 2 Satz 1 KStG).

> **Beispiel:** Ein Heimatpflegeverein gibt im Rahmen seiner gemeinnützigen Tätigkeit regelmäßig ein Jahrbuch heraus, das durch einen Anzeigenteil mitfinanziert wird. Bei dem Verein finden keinerlei gesellige Veranstaltungen statt, er unterhält auch sonst keine wirtschaftlichen Geschäftsbetriebe. Im Jahr 1998 erzielte der Verein aus den Anzeigeneinnahmen (einschl. Umsatzsteuer 80 000 DM) – nach Abzug aller Ausgaben, die mit dem Anzeigenteil des Jahrbuchs wirtschaftlich zusammenhängen und nach Abzug des Freibetrags gemäß § 24 KStG – ein zu versteuerndes Einkommen von 40 000 DM. Da die Besteuerungsgrenze des § 64 Abs. 3 AO überschritten ist, hat der Verein für seinen wirtschaftlichen Geschäftsbetrieb „Anzeigengeschäft" für 1998 an Körperschaftsteuer zu entrichten:
> Körperschaftsteuerpflichtiges Einkommen 40 000 DM
> daraus 42 v. H. Körperschaftsteuer 16 800 DM
> Bei gleichem Einkommen beträgt die KSt 1999 40 v. H. von 40 000 DM = 16 000 DM.

Neben der Körperschaftsteuer war in den Veranlagungszeiträumen 1991 und 1992 ein **Solidaritätszuschlag** in Höhe von jeweils 3,75 v. H. der festgesetzten Körperschaftsteuer zu zahlen. 1993 und 1994 fiel kein Solidaritätszuschlag an. 1995–1997 wurde jedoch wieder ein Solidaritätszuschlag allerdings in Höhe von 7,5 v. H. der festgesetzten Körperschaftsteuer erhoben. Seit 1. 1. 1998 beträgt der Zuschlagsatz 5,5 v. H.

Zu den Vorauszahlungen zur Körperschaftsteuer und zum Solidaritätszuschlag vgl. Seite 346.

2. Freibetrag

Bei Vereinen ergibt sich durch den Tariffreibetrag nach **§ 24 KStG** in Höhe von **7500 DM** eine erhebliche Erleichterung bei der Körperschaftsteuer. Der Freibetrag ist bei allen Vereinen anzuwenden, die nicht nach § 25 KStG bereits den besonderen Freibetrag von 30 000 DM für landwirtschaftliche Vereine erhalten.

Der Abzug des Freibetrags setzt nicht voraus, daß ein Verein steuerbegünstigt (z. B. wegen Gemeinnützigkeit oder als steuerfreier Berufsverband) ist. Der Freibetrag ist auf das körperschaftsteuerliche Einkommen anzuwenden, d. h. auf den Betrag, der sich nach Ausgleich von Gewinnen und Verlusten aller steuerpflichtigen Einkünfte ergibt.

Vereine, die ausschließlich Land- und Forstwirtschaft betreiben, erhalten unter bestimmten Voraussetzungen in den ersten zehn Jahren ihres Bestehens einen Freibetrag von 30 000 DM (§ 25 KStG).

3. Körperschaftsteuerveranlagung

Die Körperschaftsteuer wird nach Ablauf des Kalenderjahres nach dem Einkommen veranlagt, das der Verein in diesem Veranlagungszeitraum bezogen hat (§ 49 KStG i.V.m. § 25 EStG). Hat der Verein zulässigerweise seinen Gewinn nach einem abweichenden Wirtschaftsjahr ermittelt, so gilt der Gewinn als in dem Kalenderjahr bezogen, in dem das Wirtschaftsjahr endet (§ 7 Abs. 4 Satz 2 KStG). Vereine, die nicht voll körperschaftsteuerbefreit sind und deren steuerpflichtiges Einkommen 7500 DM übersteigt, sind daher verpflichtet, jährlich eine **Körperschaftsteuererklärung** nach amtlichem Muster abzugeben. Zur Abgabe einer Körperschaftsteuererklärung ist auch sonst jeder Verein verpflichtet, der dazu besonders vom Finanzamt aufgefordert wird. Der Termin zur Abgabe der Steuererklärungen wird jährlich von der Finanzverwaltung festgesetzt und bekanntgemacht. Auf Antrag kann die Abgabefrist verlängert werden.

Das Finanzamt setzt die sich ergebende Körperschaftsteuerschuld durch einen schriftlichen **Körperschaftsteuerbescheid** fest. Auf die Körperschaftsteuerschuld werden die für den Veranlagungszeitraum entrichteten Vorauszahlungen, anzurechnende Körperschaftsteuerbeträge und etwa einbehaltene Kapitalertragsteuerbeträge angerechnet (§ 49 Abs. 1 KStG i.V.m. § 36 Abs. 2 EStG). Eine sich nach Abzug von Vorauszahlungen und Kapitalertragsteuer ergebende Abschlußzahlung ist innerhalb eines Monats nach Bekanntgabe des Steuerbescheids zu entrichten; Überzahlungen werden vom Finanzamt erstattet oder mit anderen Steuerschulden verrechnet.

Im Körperschaftsteuerbescheid wird außerdem der **Solidaritätszuschlag** festgesetzt. Dieser Zuschlag betrug in den Veranlagungszeiträumen 1995 bis 1997 7,5 v. H. und seit 1. 1. 1998 5,5 v. H. der festgesetzten Körperschaftsteuer, die um die anzurechnende oder vergütete Körperschaftsteuer vermindert wird. Rechtsgrundlage ist das Solidaritätszuschlagsgesetz 1995 vom 23. 6. 1993 (BGBl. I S. 944, BStBl. I S. 510, 523), das inzwischen bereits mehrfach geändert wurde.

Hat ein Verein Körperschaftsteuer und Solidaritätszuschlag zu entrichten, so wird das Finanzamt im Körperschaftsteuerbescheid regelmäßig **Vorauszahlungen** festsetzen. Die Festsetzung von Körperschaftsteuer-Vorauszahlungen unterbleibt, wenn diese jährlich weniger als 400 DM (vierteljährlich weniger als 100 DM) betragen würden. Die Vorauszahlungen sind jeweils am 10. 3., 10. 6., 10. 9. und 10. 12. zu entrichten. Die Vorauszahlungen werden in der Regel nach der zuletzt festgesetzten Steuerschuld bemessen, das Finanzamt kann aber auch das voraussichtliche Ergebnis des bereits laufenden Jahres der Vorauszahlungsfestsetzung zugrunde legen und die Vorauszahlungen mit besonderem Vorauszahlungsbescheid an die Ertragsentwicklung anpassen. Bei zurückgehendem Einkommen ist deshalb ein entsprechender Antrag zu empfehlen. Anpassungen von Vorauszahlungen sind auch noch bis zum Ablauf des auf den Veranlagungszeitraum folgenden 15. Kalendermonats möglich. Eine Erhöhung der Vorauszahlungen ist nur möglich, wenn sich der Erhöhungsbetrag für einen Vorauszahlungszeitpunkt auf mindestens 100 DM oder bei einer Erhöhung für das vorausgegangene Jahr auf mindestens 5000 DM beläuft (vgl. § 37 EStG). Die Vorauszahlungen zum Solidaritätszuschlag sind seit 1. 1. 1998 in Höhe von 5,5 v. H. der Körperschaftsteuer-Vorauszahlungen zu entrichten.

Bei gemeinnützigen Vereinen, die aufgrund wirtschaftlicher Geschäftsbetriebe körperschaftsteuerpflichtig sind, liegt dem Körperschaftsteuerbescheid eine Anlage bei, die insbesondere Hinweise zur Ausstellung von Spendenbestätigungen enthält.

D. Gewerbesteuer

Die Gewerbesteuer ist eine Objektsteuer, deren Steuergegenstand der einzelne Gewerbebetrieb darstellt. Steuergläubiger der Gewerbesteuer ist die Gemeinde.

Die Rechtsgrundlagen der Gewerbesteuer sind das Gewerbesteuergesetz (GewStG), die Gewerbesteuer-Durchführungsverordnung (GewStDV) und die Gewerbesteuer-Richtlinien (GewStR).

Die Verwaltung der Gewerbesteuer nach dem Gewerbeertrag und dem Gewerbekapital steht zum Teil den Finanzämtern und zum Teil den Gemeinden zu. Für die Feststellung der Besteuerungsgrundlagen und für die Festsetzung und Zerlegung der einheitlichen Steuer-Meßbeträge sind die Finanzämter zuständig. Die Festsetzung und Erhebung der Gewerbesteuer einschließlich Stundung und Erlaß obliegen den hebeberechtigten Gemeinden (Abschn. 3 Abs. 1 GewStR).

I. Steuerpflicht bei Vereinen

Rechtsfähige und nichtrechtsfähige Vereine unterliegen der Gewerbesteuer, soweit sie einen wirtschaftlichen Geschäftsbetrieb unterhalten (§ 2 Abs. 3 GewStG). Die Gewerbesteuerpflicht geht damit bei Vereinen weiter als bei natürlichen Personen oder Personengesellschaften, weil für einen wirtschaftlichen Geschäftsbetrieb (vgl. Seite 193) weder die Gewinnerzielungsabsicht noch die Teilnahme am allgemeinen wirtschaftlichen Verkehr Voraussetzungen sind. Bis auf die ausdrücklich ausgenommene Land- und Forstwirtschaft begründet jeder wirtschaftliche Geschäftsbetrieb, der über den Rahmen der Vermögensverwaltung hinausgeht, die Gewerbesteuerpflicht eines Vereins. Vgl. dazu Abschn. 15 Abs. 1 GewStR.

Über die Vermögensverwaltung hinaus gehen beispielsweise der Betrieb einer Vereinsgaststätte, Vereinsfeste, sportliche und kulturelle Veranstaltungen, das Inseratengeschäft in Vereinszeitschriften, die Trikot- und Bandenwerbung, der Betrieb von Wander- und Erholungsheimen, Krankenanstalten und Altenheimen (vgl. dazu aber die Ausführungen unter III. Steuerbefreiungen) sowie in Ausnahmefällen die Vermietung und Verpachtung von Grundbesitz, wenn zu der Nutzungsüberlassung eine weitere Tätigkeit hinzukommt, wie etwa bei der kurzfristigen Vermietung von Ausstellungsräumen, Messeständen und der ständig wechselnden Vermietung von Sälen, z. B. für Konzerte (R 137 Abs. 2 EStR).

Unterhält ein Verein mehrere wirtschaftliche Geschäftsbetriebe, so gelten sie als einheitlicher Gewerbebetrieb (§ 8 GewStDV); Gewerbeerträge und (bis 1997) Gewerbekapital der einzelnen Betriebe sind also zusammenzurechnen.

Unterhält aber ein Verein einen wirtschaftlichen Geschäftsbetrieb und verwaltet er daneben eigenes Vermögen, erstreckt sich die Gewerbesteuerpflicht nur auf den wirtschaftlichen Geschäftsbetrieb (Abschn. 15 Abs. 2 GewStR). Verluste aus der Vermögensverwaltung sind deshalb beim wirtschaftlichen Geschäftsbetrieb nicht abzugsfähig.

II. Besteuerungsgrundlagen und Erhebung der Gewerbesteuer

Besteuerungsgrundlagen der Gewerbesteuer waren bis Erhebungszeitraum 1997 der Gewerbeertrag und das Gewerbekapital (§ 6 Satz 1 GewStG). Bei Vereinen, die zu Beginn des jeweiligen Erhebungszeitraums und am 1. 1. 1991 die Geschäftsleitung in dem in Artikel 3 des Einigungsvertrages vom 31. 8. 1990 (BGBl. II S. 885, 977) genannten Gebiet (= neue Bundesländer oder Beitrittsgebiet) hatten, waren für die Erhebungszeiträume (= Kalenderjahre) 1991 bis 1997 die Vorschriften über die Gewerbekapitalsteuer nicht anzuwenden. Seit 1. 1. 1998 wird bei allen Gewerbetreibenden **keine** Gewerbekapitalsteuer mehr erhoben (Änderung des GewStG durch Artikel 4 des Gesetzes zur Fortsetzung der Unternehmenssteuerreform vom 29. 10. 1997 (BGBl. I S. 2590, BStBl. I S. 928).

1. Gewerbeertrag

Gewerbeertrag ist der nach den Vorschriften des KStG und des EStG ermittelte **Gewinn** aus den wirtschaftlichen Geschäftsbetrieben eines Vereins, nach Berücksichtigung von Hinzurechnungen und Kürzungen (§ 7 GewStG). Dabei ist von dem Gewinn des Erhebungszeitraums auszugehen, für den die Gewerbesteuer festgesetzt wird (§§ 14 und 16 GewStG). Erhebungszeitraum ist das Kalenderjahr.

Bei Vereinen sind insbesondere die nachstehenden Beträge, die bei der Gewinnermittlung abgesetzt wurden, **hinzuzurechnen** (vgl. § 8 GewStG):

- Die Hälfte der Entgelte für Dauerschulden. Dauerschulden sind Schulden, die der nicht nur vorübergehenden Verstärkung des Betriebskapitals dienen. Häufig sind dies Schulden mit einer Laufzeit von mehr als 12 Monaten (vgl. im einzelnen Abschn. 45 GewStR).
- Die Hälfte der Miet- und Pachtzinsen für nicht in Grundbesitz bestehende Anlagegüter, die im Eigentum eines anderen stehen, wenn sie nicht beim Empfänger gewerbesteuerpflichtig sind.

Die Summe des Gewinns und der Hinzurechnungen ist bei Vereinen insbesondere um 1,2 v. H. des in der Regel mit 140 v. H. angesetzten Einheitswerts betrieblich genutzter Grundstücke oder Grundstücksteile zu **kürzen** (vgl. § 9 GewStG).

Der sich nach Berücksichtigung der Hinzurechnungen und Kürzungen ergebende Betrag stellt, ggf. nach Vornahme eines Verlustabzugs (vgl. § 10a

GewStG; bei der Gewerbesteuer ist nur ein Verlustvortrag möglich), den maßgebenden Gewerbeertrag dar. Der **Gewerbeertrag** wird dann auf volle 100 DM **abgerundet.** Von dem abgerundeten Betrag wird **seit** 1990 ein **Freibetrag** in Höhe von **7500 DM** abgezogen. Der Steuermeßbetrag nach dem Gewerbeertrag beträgt bei Vereinen 5 v. H. (Steuermeßzahl) des verbleibenden Betrags (§ 11 Abs. 2 Nr. 2 GewStG).

2. Festsetzung des Steuermeßbetrags und Erhebung der Gewerbesteuer

Nach Ablauf des Erhebungszeitraums (= Kalenderjahrs) setzt das Finanzamt den Steuermeßbetrag in einem Gewerbesteuer-Meßbescheid fest. Auf der Grundlage dieser Festsetzung erteilt die Gemeinde dann den eigentlichen Gewerbesteuerbescheid. Die Höhe der Gewerbesteuer richtet sich dabei nach dem jeweiligen Hebesatz der Gemeinde.

> **Beispiel:** Ein gemeinnütziger Verein hat in seiner selbstbewirtschafteten Vereinsgaststätte (wirtschaftlicher Geschäftsbetrieb nach § 14 AO) im Jahr 1998 Einnahmen einschl. Umsatzsteuer von 70 000 DM und einen Gewinn von 20 000 DM erzielt. Da Hinzurechnungen und Kürzungen (§§ 8-9 GewStG) im vorliegenden Fall nicht erforderlich sein sollen, entspricht der Gewinn dem Gewerbeertrag. Von dem Gewerbeertrag von 20 000 DM wird ein Freibetrag von 7500 DM abgezogen; es verbleiben 12 500 DM. Der Steuermeßbetrag beträgt danach 5 v. H. aus 12 500 DM = 625 DM. Auf Grund dieses Gewerbesteuermeßbetrags von 625 DM und eines angenommenen Hebesatzes der Gemeinde von 380 v. H. erhebt die Gemeinde eine Gewerbesteuer für 1998 von 2375 DM.

Es sind jährliche Gewerbesteuererklärungen nach amtlichem Muster beim Finanzamt abzugeben, wenn ein Verein einen wirtschaftlichen Geschäftsbetrieb unterhält und der Freibetrag von 7500 DM beim Gewerbeertrag überschritten wird oder wenn er vom Finanzamt dazu besonders aufgefordert wurde. Auf die Gewerbesteuer sind Vorauszahlungen zu entrichten; Vorauszahlungstermine sind der 15. 2., 15. 5., 15. 8. und 15. 11. Die Vorauszahlungen bemessen sich grundsätzlich nach der zuletzt festgesetzten Gewerbesteuer. Die Gemeinde kann aber Anpassungen an die voraussichtlich zu entrichtende Gewerbesteuer vornehmen (§ 19 GewStG). Auch das Finanzamt kann einen Steuermeßbetrag für Zwecke der Gewerbesteuer-Vorauszahlungen festsetzen, an den die Gemeinde gebunden ist.

III. Steuerbefreiungen

1. Gemeinnützige Vereine

Vereine, die nach der Satzung und ihrer tatsächlichen Geschäftsführung ausschließlich und unmittelbar gemeinnützigen, mildtätigen oder kirchlichen Zwecken dienen, sind von der Gewerbesteuer befreit (**§ 3 Nr. 6 GewStG**). Wird ein wirtschaftlicher Geschäftsbetrieb unterhalten, der über den Rahmen der Vermögensverwaltung hinausgeht, kein Zweckbetrieb ist und auch keine Land- und Forstwirtschaft darstellt, tritt Gewerbesteuerpflicht ein, wenn die **Besteuerungsgrenze** des § 64 Abs. 3 AO überschritten ist. Da insoweit die gleiche Regelung wie bei der Körperschaftsteuer gilt, wird hier lediglich auf die Ausführungen auf den Seiten 310f. verwiesen.

2. Krankenhäuser, Altenheime, Altenwohnheime, Pflegeheime, Kurzzeitpflegeeinrichtungen und Einrichtungen zur ambulanten Pflege

Krankenhäuser, Altenheime, Altenwohnheime, Pflegeheime, Kurzzeitpflegeeinrichtungen und Einrichtungen zur ambulanten Pflege, die von nicht gemeinnützigen Vereinen betrieben werden, sind unter den Voraussetzungen des § 3 Nr. 20 GewStG gewerbesteuerfrei. Bei gemeinnützigen (mildtätigen, kirchlichen) Vereinen ergibt sich die Gewerbesteuerbefreiung bereits aus § 3 Nr. 6 GewStG.

Ein Krankenhaus unterliegt nach § 3 Nr. 20 GewStG nicht der Gewerbesteuer, wenn die in § 67 Abs. 1 und 2 AO vorgeschriebenen Höchstgrenzen nicht überschritten werden.

Bei Altenheimen, Altenwohnheimen und Pflegeheimen ist Voraussetzung für die Steuerbefreiung, daß im Erhebungszeitraum mindestens 40 v.H. der Leistungen entweder den nach § 68 des Bundessozialhilfegesetzes pflegebedürftigen Personen oder den nach § 53 Nr. 2 AO wirtschaftlich hilfsbedürftigen Personen zugute kommen. Wirtschaftliche Hilfsbedürftigkeit liegt vor, wenn die Bezüge einer Person – ohne die Bezüge aus der Sozialhilfe – nicht höher sind als das Vierfache des Regelsatzes der Sozialhilfe (§ 22 des Bundessozialhilfegesetzes). Bei Alleinstehenden oder Haushaltsvorständen ist das Fünffache des Regelsatzes maßgebend (vgl. Seite 151).

Bei den seit 1994 steuerbefreiten Einrichtungen zur vorübergehenden Aufnahme pflegebedürftiger Personen und Einrichtungen zur ambulanten Pflege kranker und pflegebedürftiger Personen ist Voraussetzung für die Steuerbefreiung, daß im Erhebungszeitraum die Pflegekosten in mindestens 40 v.H. der Fälle den gesetzlichen Trägern der Sozialversicherung oder Sozialhilfe ganz oder zum überwiegenden Teil getragen worden sind. Nach dem BFH-Urteil vom 8. 9. 1994 (BStBl. II 1995 S. 67) ist es nicht verfassungswidrig, daß Einrichtungen zur ambulanten Pflege erst ab 1994 von der Gewerbesteuer befreit wurden.

3. Landwirtschaftliche Vereinigungen

Vereine, die der gemeinschaftlichen Benutzung land- und forstwirtschaftlicher Betriebseinrichtungen oder Betriebsgegenstände dienen oder die Bearbeitung oder Verwertung der von den Mitgliedern selbst gewonnenen land- und forstwirtschaftlichen Erzeugnisse zum Gegenstand haben, sind unter den in § 3 Nr. 8 GewStG (i.V.m. § 5 Abs. 1 Nr. 14 KStG) aufgeführten Voraussetzungen gewerbesteuerfrei. Unter diese Befreiungsvorschrift fallen z.B. Waldbau- und Winzervereine sowie Maschinenringe. Daneben sind Vereine, die Land- und Forstwirtschaft auf von ihren Mitgliedern überlassenen Grundstücken betreiben, nach Maßgabe des § 3 Nr. 14 GewStG von der Gewerbesteuer befreit.

4. Pensions- und Unterstützungskassen sowie Vermögensverwaltung für nichtrechtsfähige Berufsverbände

Die rechtsfähigen betrieblichen Unterstützungskassen (§ 3 Nr. 9 GewStG) und die Vereine, deren Hauptzweck die Vermögensverwaltung für einen nicht rechtsfähigen Berufsverband ist (§ 3 Nr. 10 GewStG), sind unter den gleichen Voraussetzungen wie bei der Körperschaftsteuer gewerbesteuerfrei.

5. Schulen und allgemeinbildende oder berufsbildende Einrichtungen

Von Vereinen betriebene Schulen und andere allgemeinbildende oder berufsbildende Einrichtungen sind gewerbesteuerfrei, soweit für die erbrachten Leistungen Umsatzsteuerfreiheit nach § 4 Nr. 21 UStG besteht (§ 3 Nr. 13 GewStG).

E. Vermögensteuer

Rechtsfähige und nicht rechtsfähige Vereine mit Sitz oder Geschäftsleitung im Inland waren mit ihrem gesamten Vermögen unbeschränkt vermögensteuerpflichtig. Vereine ohne Sitz oder Geschäftsleitung im Inland waren mit ihrem Inlandsvermögen beschränkt vermögensteuerpflichtig. Das Bundesverfassungsgericht hat mit Beschluß vom 22. 6. 1995 – 2 BvL 37/91 (BGBl. I S. 1191, BStBl. II S. 655) entschieden, daß die Vermögensteuer teilweise verfassungswidrig ist. Trotzdem durfte die Vermögensteuer aufgrund der „Erfordernisse verläßlicher Finanz- und Haushaltsplanung und eines gleichmäßigen Verwaltungsvollzugs" noch bis zum 31. 12. 1996 weitererhoben werden. Bis zu diesem Zeitpunkt hätte der Gesetzgeber tätig werden und durch eine entsprechende Neuregelung der Vermögensteuer die Verfassungswidrigkeit beseitigen müssen. Der Gesetzgeber hat jedoch nicht reagiert. Obwohl das Vermögensteuergesetz nicht förmlich aufgehoben wurde, darf aufgrund des Spruches des Bundesverfassungsgerichtes die Vermögensteuer für Zeiträume nach dem 31. 12. 1996 nicht mehr erhoben werden.

Auch nach dem 31. 12. 1996 dürfen aber noch Vermögensteuerbescheide für Zeiträume bis 31. 12. 1996 ergehen oder geändert werden, und es muß auch noch die entsprechende Vermögensteuer gezahlt werden. Vgl. dazu den BFH-Beschluß vom 18. 6. 1997 (BStBl. II S. 515), das BFH-Urteil vom 30. 7. 1997 (BStBl. II S. 635) und den Beschluß des Bundesverfassungsgerichts vom 30. 3. 1998 – 1 BvR 1831/97 (BStBl. II 1998 S. 422).

F. Umsatzsteuer

I. Wesen der Umsatzsteuer

1. Allgemeines

Die Umsatzsteuer ist eine Verkehrsteuer, weil sie an Vorgänge des Rechtsverkehrs (nämlich Umsätze) anknüpft. Sie hat die Wirkung einer Verbrauchsabgabe, die zwar vom Unternehmer als Steuerschuldner zu zahlen ist, die dieser aber regelmäßig auf seinen Abnehmer abwälzt. Obwohl die Umsatzsteuer in jeder Wirtschaftsstufe erhoben wird, trägt sie im Ergebnis nur der Endverbraucher. Der gesetzliche Steuerschuldner und der wirtschaftliche Träger der Steuer sind daher grundsätzlich verschiedene Personen.

Auch gemeinnützige Vereine haben Umsatzsteuer zu entrichten, wenn sie nach dem UStG steuerpflichtige Umsätze bewirken. Dabei ist es grundsätzlich gleichgültig, ob die Umsätze innerhalb eines wirtschaftlichen Geschäftsbetriebs bewirkt werden oder nicht. Dieser Grundsatz wird nur insoweit durchbrochen, als gemeinnützigen Vereinen für bestimmte Umsätze ein ermäßigter Steuersatz zusteht (vgl. Seite 388). Weil für die Entstehung der Umsatzsteuer die persönlichen Verhältnisse des Steuerschuldners ausscheiden, wird Umsatzsteuer auch dann erhoben, wenn der Schuldner der Umsatzsteuer aus seiner Leistung keinen Gewinn erzielt hat. Umsatzsteuer entsteht – im Gegensatz zur Körperschaftsteuer – daher auch bei Leistungen, die zu den Selbstkosten bewirkt werden und bei Verlustgeschäften. Weil die Umsatzsteuer im Endergebnis vom Letztverbraucher getragen wird, gewährt die Finanzverwaltung Billigkeitsmaßnahmen (Stundung, Erlaß) für Umsatzsteuer auch gemeinnützigen Vereinen nur in ganz besonderen Ausnahmefällen.

2. Rechtsgrundlagen

Die Rechtsgrundlagen für die Umsatzsteuer sind das Umsatzsteuergesetz (UStG) und die Umsatzsteuer-Durchführungsverordnung (UStDV). Mit den Umsatzsteuer-Richtlinien (UStR) stellt die Finanzverwaltung die einheitliche Anwendung des Umsatzsteuerrechts durch ihre Behörden sicher.

II. Steuergegenstand

1. Steuerbare Umsätze

Der Umsatzsteuer unterliegen Lieferungen und sonstige Leistungen, die ein Unternehmer im Inland gegen Entgelt im Rahmen seines Unternehmens ausführt (§ 1 Abs. 1 Nr. 1 UStG). Umsätze, die alle genannten Voraussetzungen erfüllen, sind umsatzsteuerbar. Wenn nur eine dieser Voraussetzungen nicht erfüllt ist, wenn also beispielsweise eine Lieferung nicht gegen Entgelt erfolgt, ist ein solcher Umsatz nicht steuerbar. Nicht steuerbare Umsätze fallen nicht unter das UStG, sie dürfen nicht mit steuerfreien Umsätzen, d. h. Umsätzen, die zwar umsatzsteuerbar, aber auf Grund einer besonderen Vorschrift steuerbefreit sind, verwechselt werden. Unter das UStG fallen auch noch der Eigenverbrauch (§ 1 Abs. 1 Nr. 2 UStG) und unentgeltliche Lieferungen und sonstige Leistungen an Mitglieder (§ 1 Abs. 1 Nr. 3 UStG). Mit Wirkung ab 1. 4. 1999 wurden die Nrn. 2 und 3 in § 1 Abs. 1 UStG gestrichen. Das bedeutet aber keine Aufhebung der Besteuerung für diese Vorgänge. Der Gesetzgeber hat lediglich eine Anpassung an die 6. EG-USt-Richtlinie vorgenommen. Die unentgeltlichen Wertabgaben, die ein Unternehmer aus seinem Unternehmen für außerhalb des Unternehmens liegende Zwecke oder für private Zwecke seines Personals und anderer Personen vornimmt, stellen unter dem Begriff Eigenverbrauch keine eigenständig geregelten Tatbestände mehr dar, sondern diese Umsätze werden den Lieferungen (in § 3 Abs. 1 b UStG) und sonstigen Leistungen (in § 3 Abs. 9 a UStG) gleichgestellt. Unverändert unterliegt im übrigen weiterhin der USt die Einfuhr von Gegenständen in das Zollgebiet (§ 1 Abs. 1 Nr. 4 UStG). Die sog. Einfuhrumsatzsteuer wird seit 1. 1. 1993 für die Einfuhr von Gegenständen aus dem Drittlandsgebiet in das Inland oder die österreichischen Gebiete Jungholz und Mittelberg erhoben. Drittlandsgebiet wird in § 1 Abs. 2a Satz 3 UStG als Gebiet, das nicht Gemeinschaftsgebiet ist, definiert. Gemeinschaftsgebiet ist das Gebiet der Mitgliedstaaten der Europäischen Wirtschaftsgemeinschaft. Damit im Zusammenhang steht die ebenfalls seit 1. 1. 1993 geltende Steuerbarkeit des sog. innergemeinschaftlichen Erwerbs im Inland gegen Entgelt (§ 1 Abs. 1 Nr. 5 UStG).

2. Unternehmer, Unternehmen

a) Vereine als Unternehmer

Unternehmer i.S. des UStG ist, wer eine gewerbliche oder berufliche Tätigkeit selbständig ausübt. Gewerblich oder beruflich ist jede nachhaltige Tätigkeit zur Erzielung von Einnahmen, auch wenn eine Gewinnabsicht fehlt oder eine Personenvereinigung nur gegenüber ihren Mitgliedern tätig wird (§ 2 Abs. 1 UStG). Da rechtsfähige und nichtrechtsfähige Vereine persönlich selbständig sind, werden sie immer dann Unternehmer, wenn sie nachhaltig tätig werden. Nachhaltigkeit besteht z.B. schon dann, wenn ein Musikverein jedes Jahr ein Musikfest veranstaltet und dabei Eintrittsgelder erhebt oder für die Durchführung einer

einzigen (mehrtägigen) Festveranstaltung eine Vielzahl von wirtschaftlich – gewerblichen Einzeltätigkeiten notwendig ist (vgl. dazu BFH-Urteil vom 21. 8. 1985, BStBl. II 1986 S. 88).
Der umsatzsteuerliche Begriff des Unternehmers geht weiter als der Unternehmerbegriff nach allgemeinem Sprachgebrauch. Auch ideelle Vereine sind Unternehmer i. S. des UStG, wenn sie beispielsweise Eintrittsgelder erheben, Veräußerungserlöse erzielen oder Mietzinsen vereinnahmen. Eine unternehmerische Betätigung liegt auch dann vor, wenn es sich um eine gemeinnützige, mildtätige, kirchliche, soziale, künstlerische oder sportliche Tätigkeit handelt. Hier kommen allerdings gewisse Steuervergünstigungen in Betracht, die nachstehend (vgl. Seiten 367 f. und 387 f.) noch besprochen werden.

b) Rahmen des Unternehmens
Das Unternehmen eines Unternehmers umfaßt seine gesamte gewerbliche und berufliche Tätigkeit (§ 2 Abs. 1 Satz 2 UStG). Zum Unternehmen gehören daher alle wirtschaftlichen Geschäftsbetriebe des Vereins (steuerpflichtige wirtschaftliche Geschäftsbetriebe und Zweckbetriebe i. s. der §§ 65 bis 68 AO) und die übrige Vereinstätigkeit (z. B. die Vermögensverwaltung), soweit eine nachhaltige Tätigkeit zur Erzielung von Einnahmen ausgeübt wird. Es wird also die gesamte unternehmerische Tätigkeit eines Vereins als ein Unternehmen zusammengefaßt.

Die Unternehmereigenschaft beginnt mit dem ersten nach außen erkennbaren, auf eine Unternehmertätigkeit gerichteten Tätigwerden, wenn die spätere Ausführung entgeltlicher Leistungen ernsthaft beabsichtigt ist und die Ernsthaftigkeit dieser Absicht durch objektive Merkmale nachgewiesen oder glaubhaft gemacht wird. Als Nachweis für die Ernsthaftigkeit sind Vorbereitungshandlungen anzusehen, wenn die Gegenstände oder sonstigen Leistungen ihrer Art nach nur zur unternehmerischen Verwendung oder Nutzung bestimmt sind oder in einem objektiven und zweifelsfrei erkennbaren Zusammenhang mit der beabsichtigten unternehmerischen Tätigkeit stehen (unternehmensbezogene Vorbereitungshandlungen). In diesem Fall entfällt die Unternehmereigenschaft – außer in den Fällen von Betrug oder Mißbrauch – nicht rückwirkend, wenn es später nicht oder nicht nachhaltig zur Ausführung entgeltlicher Leistungen kommt. Vorsteuerbeträge, die den beabsichtigten Umsätzen, bei denen der Vorsteuerabzug nicht ausgeschlossen wäre, zuzurechnen sind, können dann nicht zurückgefordert werden. Vgl. dazu das EuGH-Urteil (vom 29. 2. 1996 (BStBl. II S. 661) und das BMF-Schreiben vom 2. 12. 1996 (BStBl. I S. 1461).

Die Tätigkeit eines Vereins, die lediglich der Erreichung des gemeinsamen Vereinszwecks dient, gehört nicht zu seinem Unternehmensbereich. So gehört die Erfüllung satzungsmäßiger Aufgaben bei ideellen Vereinen grundsätzlich nicht zum Unternehmensbereich, es sei denn, daß der Verein im Rahmen dieser Tätigkeit gegenüber Mitgliedern oder Nichtmitgliedern Sonderleistungen gegen Entgelt erbringt (z. B. Eintrittsgelder bei Veranstaltungen). Eine solche Tätigkeit gehört zum Unternehmen.

Der unternehmerische Bereich umfaßt somit die gesamte zur Ausführung der entgeltlichen Leistung entfaltete Tätigkeit, einschließlich aller unmittelbar hierfür dienenden Vorbereitungen. Die Abgrenzung zwischen der unternehmerischen Tätigkeit und der nichtunternehmerischen Tätigkeit ist bei Vereinen nicht leicht, aber besonders wichtig. Der Abzug von Vorsteuerbeträgen bei nach den allgemeinen Vorschriften des UStG versteuernden Vereinen ist nämlich nur für solche Lieferungen und Leistungen an den Verein möglich, die auf den unternehmerischen Bereich des Vereins entfallen. Anderseits ist die Entnahme von Gegenständen aus dem Unternehmensbereich in den nichtunternehmerischen Bereich als einer Lieferung gegen Entgelt gleichgestellten Wertabgabe umsatzsteuerbar.

Das folgende **Schaubild** soll die Abgrenzung zwischen dem unternehmerischen und dem nichtunternehmerischen Bereich verdeutlichen:

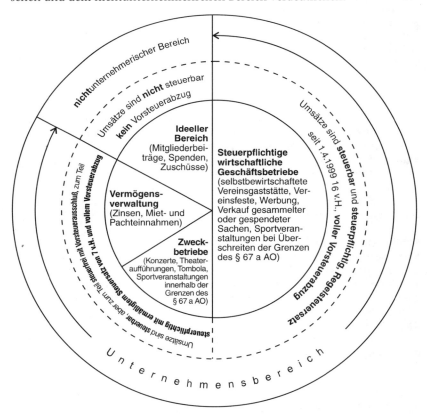

In diesem Schaubild sind die Kleinunternehmerregelung (Umsatz bis 32 500 DM) und die verschiedenen Optionsmöglichkeiten nicht berücksichtigt.

c) Veranstaltungen mehrerer Vereine
Zweifelhaft könnte sein, wer bei **sportlichen Veranstaltungen** als Unternehmer anzusehen ist, eine aus den beteiligten Vereinen bestehende GbR oder die einzelnen Vereine. Eine Regelung hierüber findet sich in Abschn. 16 Abs. 4 UStR. Danach ist bei Sportveranstaltungen auf eigenem Platz der Platzverein mit den gesamten Einnahmen – abzüglich der darin enthaltenen Umsatzsteuer – zur Umsatzsteuer heranzuziehen. Der Gastverein braucht die ihm aus einem solchen Spiel zufließenden Beträge nicht zu versteuern. Bei Sportveranstaltungen auf fremdem Platz hat der mit der Durchführung des Spiels und insbesondere mit der Erledigung der Kassengeschäfte betraute Verein die gesamten Einnahmen aus Eintrittsgeldern zu versteuern. Andere Vereine sind mit den aus solchen Spielen vereinnahmten Beträgen nicht zur Umsatzsteuer heranzuziehen.

Als Unternehmer ist daher immer der Platzverein oder ein mit der Durchführung des Spiels beauftragter Verein anzusehen. Dabei ist es gleichgültig, ob es sich um Pflichtspiele, Freundschaftsspiele oder Spiele mit Auswahlmannschaften oder ausländischen Mannschaften handelt. Die Finanzverwaltung behandelt dementsprechend auch den Dachverband als Unternehmer, wenn dieser als Veranstalter auftritt (z. B. Veranstaltung deutscher Meisterschaften). Der veranstaltende Verband hat die Gesamteinnahmen aus der jeweiligen Veranstaltung zu versteuern, während die beteiligten Vereine ihre Einnahmeanteile nicht der Umsatzsteuer zu unterwerfen haben.

Zahlt der veranstaltende Verein dem Gastverein ein Antrittsgeld (= Zahlung, die für die Teilnahme des Gastvereins an der Veranstaltung geleistet wird), ist hierauf Abschn. 16 Abs. 4 UStR allerdings nicht anzuwenden, d. h. daß in diesem Fall das Antrittsgeld vom Gastverein zu versteuern ist.

Die für Sportveranstaltungen entwickelten Grundsätze können für alle Vereine angewendet werden; so wird beispielsweise bei einem Musikfest, bei dem **ein** Verein als Veranstalter auftritt, der Veranstalterverein umsatzsteuerpflichtig. Zur Frage, wer bei Theatergastspielen als Veranstalter anzusehen ist, vgl. BFH-Urteil vom 11. 8. 1960, BStBl. III S. 476.

Eine andere Beurteilung ist dann geboten, wenn nicht ein Verein als Veranstalter auftritt, sondern sich mehrere Vereine zur Durchführung einer gemeinsamen Veranstaltung erkennbar zu einer **GbR** zusammenschließen. In diesem Fall ist die nach außen auftretende GbR als Unternehmer anzusehen. Solche Fälle können gegeben sein, wenn z. B. mehrere Vereine gemeinsam eine Faschingsveranstaltung durchführen oder wenn ein Turnverein und ein Fußballverein gemeinsam einen Volkslauf veranstalten.

3. Steuertatbestände

a) Lieferungen und sonstige Leistungen

Das UStG sieht als wichtigste Steuertatbestände die Lieferungen und sonstigen Leistungen vor. Eine **Lieferung** liegt vor, wenn ein Unternehmer seinen Abnehmer befähigt, im eigenen Namen über einen Gegenstand zu verfügen. Dabei muß der Lieferer dem Abnehmer die Verfügungsmacht über einen Gegenstand verschaffen (§ 3 Abs. 1 UStG). Lieferungen eines Vereins liegen beispielsweise vor, wenn der Verein Speisen, Getränke, Sportgeräte, Saatgut oder Düngemittel verkauft.

Ab 1. 4. 1999 werden einer Lieferung gegen Entgelt gleichgestellt:

1. die Entnahme eines Gegenstandes durch einen Unternehmer aus seinem Unternehmen für Zwecke, die außerhalb des Unternehmens liegen;
2. die unentgeltliche Zuwendung eines Gegenstandes durch einen Unternehmer an sein Personal für dessen privaten Bedarf, sofern keine Aufmerksamkeiten vorliegen;
3. jede andere unentgeltliche Zuwendung eines Gegenstandes, ausgenommen Geschenke von geringem Wert und Warenmuster für Zwecke des Unternehmens.

Voraussetzung ist, daß der Gegenstand oder seine Bestandteile zum vollen oder teilweisen Vorsteuerabzug berechtigt haben.

Diese Regelung enthält § 3 Abs. 1b UStG i.d.F. des Steuerentlastungsgesetzes 1999/2000/2002. Sie ersetzt die bisherige Regelung über den Entnahmeeigenverbrauch (siehe unten e).

Im UStG ist nur negativ bestimmt, was sonstige Leistungen sind. **Sonstige Leistungen** sind danach Leistungen, die keine Lieferungen sind (§ 3 Abs. 9 UStG). Darunter fällt nicht nur aktives Verhalten, sondern auch das Dulden oder Unterlassen einer Handlung oder eines Zustandes. Sonstige Leistungen sind bei Vereinen recht häufig, darunter fallen beispielsweise sportliche oder gesellige Veranstaltungen, Konzerte, Ausstellungen und Vermietungen. Eine sonstige Leistung wird nicht dadurch zu einer Lieferung, daß ein Berechtigungsschein (Eintrittskarte) verkauft wird.

Ab 1. 4. 1999 werden einer sonstigen Leitung gleichgestellt:

1. die Verwendung eines dem Unternehmen zugeordneten Gegenstandes, der zum vollen oder teilweisen Vorsteuerabzug berechtigt hat, durch einen Unternehmer für Zwecke, die außerhalb des Unternehmens liegen, oder für den privaten Bedarf seines Personals, sofern keine Aufmerksamkeiten vorliegen.
2. die unentgeltliche Erbringung einer anderen sonstigen Leistung durch den Unternehmer für Zwecke, die außerhalb des Unternehmens liegen, oder für den privaten Bedarf seines Personals, sofern keine Aufmerksamkeiten vorliegen.

Diese Neuregelung in § 3 Abs. 9a UStG i.d.F. des Steuerentlastungsgesetzes 1999/2000/2002 ersetzt den bisherigen Leistungseigenverbrauch (siehe unten e). Keine umsatzsteuerbare sonstige Leistung liegt vor bei Verwendung eines Fahrzeugs, bei dem der Vorsteuerabzug nur hälftig in Betracht kam.
Auf die Kommentierung der gesetzlichen Neuregelungen wird hingewiesen, z. B. von Widmann in der USt-Rundschau 1999 S. 20.

b) Leistungsaustausch

Lieferungen und sonstige Leistungen sind nur dann steuerbar, wenn sie gegen Entgelt ausgeführt werden. Es muß also ein Leistungsaustausch zwischen Leistendem und Leistungsempfänger vorliegen. Dabei muß das Entgelt vom Leistungsempfänger aufgewendet werden, um die Leistung zu erhalten (wirtschaftliche Kausalität). Z. B. sieht der BFH mit Urteil vom 21. 4. 1993 (BFH/NV 1994 S. 60) das Vorhalten der Alarmzentrale eines Vereins für Rettungsflüge nur dann als steuerbar an, wenn dieses Vorhalten dem einzelnen Mitglied individuell zugute kommt und der Beitrag nach dem individuellen Eigennutzen bemessen ist. Wem eine Leistung im Einzelfall zuzurechnen ist, hängt nach dem BFH-Urteil vom 28. 11. 1990 (BStBl. II 1991 S. 381) davon ab, ob der Handelnde im Außenverhältnis gegenüber Dritten im eigenen Namen oder berechtigterweise im Namen des anderen aufgetreten ist.

Leistung und Gegenleistung brauchen nicht gleichwertig zu sein. Z. B. darf auch ein offensichtlich überhöhter Eintrittspreis für eine kulturelle Veranstaltung nicht in einen entgeltlichen und einen unentgeltlichen Teil (keine Spende!) aufgeteilt werden. Aufgrund der inneren Verknüpfung mit der vom Verein erbrachten Leistung ist der gesamte Eintrittspreis umsatzsteuerbar.

Einnahmen eines Vereins, die weder aus Lieferungen noch aus sonstigen Leistungen stammen, sind nicht steuerbar. Aus diesem Grunde unterliegen **Zuschüsse**, die Vereinen aus öffentlichen Mitteln oder aus Toto- oder Lottogeldern zufließen, nicht der Umsatzsteuer. Z. B. sind nach dem BFH-Urteil vom 28. 7. 1994 (BStBl. II 1995 S. 86) Forschungszuschüsse kein Entgelt im Rahmen eines Leistungsaustauschs mit dem Zahlungsempfänger, wenn dieser seine Forschungsarbeit aufgrund der sog. Bewilligungsbedingungen nicht als Leistung an den Zuschußgeber ausführt. Ebenso besteht keine Umsatzsteuerpflicht bei einem Verein zukommenden **Erbanfällen, Schenkungen, Spenden** und **Beihilfen** zur Förderung wissenschaftlicher und kultureller Aufgaben ohne erkennbaren Leistungsaustausch.

c) Mitgliederbeiträge

Bei Zahlungen eines Vereinsmitglieds an den Verein können echte Mitgliederbeiträge, aber auch Entgelte für besondere Leistungen des Vereins vorliegen (Abschn. 4 UStR). Soweit Vereine Mitgliederbeiträge vereinnahmen, um in Erfüllung ihres satzungsmäßigen Gemeinschaftszwecks die Gesamtbelange ihrer Mitglieder wahrzunehmen, ist ein Leistungsaustausch nicht gegeben (BFH-Urteil vom 12. 4. 1962, BStBl. III S. 260). In Wahrnehmung dieser Aufgaben sind Vereine daher nicht Unternehmer (BFH-Urteil vom 28. 11. 1963,

BStBl. III 1964 S. 114). Ihnen steht insoweit aber auch kein Vorsteuerabzug zu (vgl. Seite 391).

Echte Mitgliederbeiträge sind demgemäß nicht steuerbar. Sie liegen indessen nur vor, wenn sie der Verein von seinen Mitgliedern satzungsgemäß zur Erfüllung der allgemeinen, im Gesamtinteresse aller Mitglieder liegenden Gemeinschaftsaufgaben gleichmäßig erhebt und wenn der Mitgliederbeitrag unabhängig davon ist, ob das Mitglied die Leistungen des Vereins in Anspruch nimmt.

Als ein Indiz für das Vorliegen **echter** Mitgliederbeiträge kann es gelten, wenn die Beiträge von allen Mitgliedern in gleicher Höhe oder nach einem für alle Mitglieder verbindlichen Bemessungsmaßstab gleichmäßig erhoben werden. Eine Abstufung nach verschiedenen Gruppen (z. B. Altersgruppen, Einkommenshöhe, aktive und passive Mitglieder) spricht nicht gegen das Vorliegen echter Mitgliederbeiträge. Auch wenn ein Verein in verschiedenen Abteilungen unterschiedlich hohe Mitgliederbeiträge erhebt (z. B. der Jahresbeitrag beträgt in der Fußballabteilung 50 DM und in der Tennisabteilung 120 DM), bedeutet das noch nicht, daß der über den niedrigeren Beitrag hinausgehende Betrag als Leistungsentgelt (unechter Mitgliederbeitrag) anzusehen ist. Maßgebend ist vielmehr, ob auch durch die höheren Mitgliederbeiträge einer Abteilung der Verein nur in die Lage versetzt werden soll, die satzungsmäßigen Gemeinschaftsaufgaben für die Gesamtbelange seiner Mitglieder zu erfüllen. Wenn das der Fall ist – und der höhere Beitrag in einer Abteilung nur erhoben wird, weil in dieser Abteilung besonders hohe Unkosten anfallen –, stellt auch der höhere Beitrag einen echten Mitgliederbeitrag dar.

Hängt dagegen der höhere Beitrag mit einer dafür vom Mitglied erwarteten Sonderleistung des Vereins zusammen, so ist in der höheren Zahlung ein **unechter** Mitgliederbeitrag zu sehen. Das müßte im obenstehenden Beispiel dann angenommen werden, wenn ein Mitglied der Tennisabteilung ebenfalls nur einen Beitrag von 50 DM entrichten müßte, wenn es in diesem Jahr auf das Spiel in der vereinseigenen Tennisanlage verzichtet. Wird für die Benutzung der Tennisanlage eine besondere Benutzungsgebühr (z. B. 2 DM je Spielstunde) von den Mitgliedern eines Vereins erhoben, so liegen insoweit niemals echte Mitgliederbeiträge vor.

Aufnahmegebühren sind wie Mitgliederbeiträge zu behandeln.

Beschränkt sich der Verein aber nicht nur darauf, im Gesamtinteresse aller Mitglieder tätig zu werden, sondern erbringt er Sonderleistungen im Interesse des einzelnen Mitglieds gegen **Sonderleistungsentgelte** oder Anteile am Mitgliederbeitrag, so erfolgt ein Leistungsaustausch zwischen dem Verein und dem Mitglied (BFH-Urteile vom 12. 4. 1962, BStBl. III S. 260 und vom 5. 12. 1968, BStBl. II 1969 S. 302, vgl. zur Abgrenzung von Mitgliederbeiträgen von Leistungsentgelten auch FG Nürnberg, Urteil vom 23. 4. 1991, UR 1992 S. 370). Die vom Verein für die Sonderleistungen vereinnahmten Beiträge sind steuerbar, auch wenn sie als Mitgliederbeiträge bezeichnet werden (sog. **unechte Mitgliederbeiträge**).

Steuerbare Umsätze liegen z. B. vor, wenn ein Verein für Veranstaltungen Eintrittspreise erhebt, auch wenn nur Mitglieder diese Veranstaltungen besuchen können. Die von Lohnsteuerberatungsvereinen erhobenen „Mitgliederbeiträge" stellen nach der Rechtsprechung in vollem Umfang Sonderleistungsentgelte dar (Abschn. 4 Abs. 3 UStR und BFH-Urteil vom 9. 5. 1974, BStBl. II S. 530). Beschränkt sich die Tätigkeit eines Vereins darauf, seinen Mitgliedern preisgünstige Reisen zu vermitteln und zinsgünstige Darlehen zu gewähren, sind die gesamten Beiträge Entgelt für diese Leistungen (BFH-Urteil vom 28. 6. 1989, HFR 1990 S. 38).

Nach Abschn. 158 Abs. 1 Beispiel 2 a UStR ist bei nicht gemeinnützigen Vereinen zu prüfen, ob die vom Mitglied bezahlten Entgelte die entstandenen Kosten decken. Sollte das nicht der Fall sein, wären nach § 10 Abs. 5 Nr. 1 UStG die entstandenen Kosten als Entgelt anzusetzen. Erbringt ein **gemeinnütziger** Verein an seine Mitglieder Sonderleistungen gegen Entgelt, braucht aus Vereinfachungsgründen eine Ermittlung der Kosten erst dann vorgenommen zu werden, wenn die Entgelte offensichtlich nicht kostendeckend sind (Beispiel 2 b in Abschn. 158 Abs. 1 UStR).

Mitgliederbeiträge sind **aufzuteilen,** wenn sie neben echten Mitgliederbeiträgen auch Sonderleistungsentgelte (unechte Mitgliederbeiträge) enthalten. Aufzuteilen ist beispielsweise die Umlage einer Wirtschaftsvereinigung, die neben der Vermittlung von Geschäften auch andere, den Belangen aller Mitglieder dienende Vereinsaufgaben erfüllt (RFH-Urteil vom 5. 10. 1934, RStBl. 1935 S. 621). Wenn eine Aufteilung schwer möglich ist, muß sie ggf. im Schätzungswege vorgenommen werden. So werden bei den Mitgliederbeiträgen an Haus- und Grundbesitzervereine und Mietervereine wie bei der Körperschaftsteuer 20 v. H. der Beitragseinnahmen als steuerbare Leistungsentgelte behandelt (vgl. Abschn. 39 KStR). Der BFH hat allerdings in dem Fall, in dem ein Haus- und Grundbesitzerverein steuerpflichtige Leistungen durch Rechtsberatung und Prozeßvertretung seiner Mitglieder gegen ein nicht kostendeckendes Sonderentgelt erbracht hat, die Aufteilung der Mitgliederbeiträge nicht akzeptiert (BFH-Urteil vom 8. 9. 1994, BStBl. II S. 957). Ebenfalls eine Aufteilungsregelung besteht bei Fremdenverkehrsverbänden; danach sind 25 v. H. des Gesamtbetrags der Mitgliedsbeiträge als Entgelt für Sonderleistungen zur Umsatzsteuer heranzuziehen (vgl. Abschn. 40 Abs. 5 KStR). Der sich durch die Aufteilung ergebende steuerbare Umsatz stellt einen Bruttobetrag dar, aus dem die Umsatzsteuer herauszurechnen ist (vgl. Seite 386).

d) Schadensersatz
Echte Schadensersatzleistungen sind kein Entgelt im Rahmen eines Leistungsaustausches (Abschn. 3 UStR). Wer Schadensersatz leistet, zahlt nicht, weil er eine Lieferung oder sonstige Leistung empfangen hat, sondern weil er einen Schaden verursacht oder für einen Schaden einzustehen hat (RFH-Urteil vom 12. 6. 1942, RStBl. S. 842). Die Einnahmen eines Vereins aus einer Versicherungsleistung oder beispielsweise die Zahlung eines Mitglieds für eine von ihm beschädigte Fensterscheibe sind daher keine steuerbaren Leistungsentgelte.

Die Bezeichnung Schadensersatz ist jedoch nicht maßgebend, vielmehr ist zu untersuchen, ob die Zahlung nicht doch auf einer Lieferung oder sonstigen Leistung beruht. So unterliegen beispielsweise die **Ablöseentschädigungen beim Vereinswechsel von Vertragsfußballspielern** der Umsatzsteuer (BFH-Urteil vom 31. 8. 1955, BStBl. III S. 333 und Abschn. 1 Abs. 4 UStR). Früher wurde darin eine Duldungsleistung gesehen. Nach dem BFH-Urteil vom 26. 8. 1992 (BStBl. II S. 977), wonach Transferentschädigungen für Lizenzfußballspieler Anschaffungskosten der Spielerlaubnis sind, und dem EuGH-Urteil in Sachen Bosman vom 15. 12. 1995 (DB 1996 S. 98), geht die Finanzverwaltung nicht mehr von Duldungsleistungen aus, sondern vom Übergang eines „Rechts am Spieler". Im Fall der Freigabe eines Fußballspielers gegen Ablösezahlung verzichtet der abgebende Verein gegen Entgelt auf die Ausübung seines vertraglichen Rechts, den Spieler weiterhin einzusetzen. Mit der Freigabe des Spielers geht ein Recht vom abgebenden auf den aufnehmenden Verein über. Der Ort der sonstigen Leistung ist nach § 3a Abs. 3 i.V. mit Abs. 4 Nr. 1 UStG zu bestimmen (vgl. Artikel 9 Abs. 2 Buchst. e 1. Gedankenstrich der 6. EG-Richtlinie „Abtretung eines ähnlichen Rechts"). Der Umsatz gilt demnach als an dem Ort ausgeführt, an dem der Empfänger sein Unternehmen betreibt.

e) Eigenverbrauch
Der Eigenverbrauch war bis 31. 3. 1999 ein Ergänzungstatbestand, der der umsatzsteuerlichen Gleichbehandlung diente. Nahm ein Unternehmer Leistungen aus seinem Unternehmensbereich für den nichtunternehmerischen Bereich in Anspruch, wurde die Wertabgabe des Unternehmens zu unternehmensfremden Zwecken erfaßt. Das UStG kannte drei verschiedene Eigenverbrauchstatbestände, den Entnahmeeigenverbrauch, den Leistungseigenverbrauch und den Aufwendungseigenverbrauch.

Seit 1. 4. 1999 werden diese Eigenverbrauchstatbestände durch neue Regelungen in § 3 Abs. 1b und 9a UStG i.d.F. des Steuerentlastungsgesetzes 1999/2000/2002 ersetzt. Diese Regelungen können wahrscheinlich am besten als „unentgeltliche Wertabgaben, die Lieferungen oder sonstigen Leistungen gegen Entgelt gleichgestellt werden" umschrieben werden. Siehe im übrigen dazu oben die Ausführungen unter a.

f) Unentgeltliche Leistungen an Mitglieder
Seit 1. 1. 1980 rechneten zu den steuerbaren Umsätzen nach § 1 Abs. 1 Nr. 3 UStG auch die Lieferungen und sonstigen Leistungen, die rechtsfähige und nichtrechtsfähige Vereine an ihre Mitglieder unentgeltlich erbrachten.

Auch diese Regelung wurde ersetzt durch § 3 Abs. 1b und 9a UStG i.d.F. des Steuerentlastungsgesetzes 1999/2000/2002 mit Wirkung ab 1. 4. 1999. Siehe dazu oben die Ausführungen unter a.

g) Innergemeinschaftlicher Erwerb

Seit 1. 1. 1993 wird innerhalb des Gebiets der Europäischen Gemeinschaft (= Gemeinschaftsgebiet, § 1 Abs. 2a UStG) keine Einfuhrumsatzsteuer mehr erhoben. An deren Stelle trat der sog. innergemeinschaftliche Erwerb.

Der innergemeinschaftliche Erwerb im Inland gegen Entgelt gehört seit 1. 1. 1993 zu den steuerbaren Umsätzen (§ 1 Abs. 1 Nr. 5 UStG). Nach § 1 a UStG liegt ein innergemeinschaftlicher Erwerb vor, wenn ein erworbener Gegenstand bei der Lieferung an einen Verein aus dem Gebiet eines anderen EG-Mitgliedstaates in das Inland gelangt. Der Lieferer des Gegenstands muß grundsätzlich Unternehmer sein und die Lieferung im Rahmen seines Unternehmens ausführen. Lediglich bei der Anschaffung neuer Fahrzeuge setzt der innergemeinschaftliche Erwerb nicht voraus, daß der Fahrzeuglieferer Unternehmer ist.

Ein im Inland ansässiger Verein muß grundsätzlich einen innergemeinschaftlichen Erwerb versteuern, wenn der Verein einen Gegenstand (z.B. ein Sportgerät) für seinen unternehmerischen Bereich z.B. von einer französischen Firma erwirbt. Der Steuersatz beträgt bis 31. 3. 1998 15 v.H., ab 1. 4. 1998 16 v. H. bzw. 7 v. H. Bemessungsgrundlage ist nach § 10 Abs. 4 Satz 1 Nr. 1 UStG der Einkaufspreis zuzüglich der Nebenkosten für den Gegenstand oder für einen gleichartigen Gegenstand, oder es sind mangels Einkaufspreises die Selbstkosten zugrundezulegen.

In § 1 a Abs. 3 UStG sind allerdings Ausnahmen vom innergemeinschaftlichen Bereich geregelt. Z. B. liegt kein innergemeinschaftlicher Erwerb vor, wenn der hiesige Verein Kleinunternehmer i.S. des § 19 Abs. 1 UStG ist oder wenn eine bestimmte sog. Erwerbsschwelle nicht überstiegen wird.

Zur Durchführung des innergemeinschaftlichen Erwerbs wurde außerdem ein bestimmtes Verfahren entwickelt (Stichworte: Umsatzsteuer-Identifikationsnummer und Zusammenfassende Meldung, §§ 27 a und 18 a UStG).

Vereine, die z.B. bei geplanten größeren Investitionen im unternehmerischen Bereich auch Anschaffungen aus anderen EG-Mitgliedstaaten in Betracht ziehen, sollten sich in der einschlägigen Fachliteratur zum Thema innergemeinschaftlicher Erwerb kundig machen bzw. sich mit dem Finanzamt in Verbindung setzen. An dieser Stelle nur noch ein Hinweis auf einen Aufsatz von Schneider in der Steuer-Warte 1993 S. 136, weil sich der Autor speziell mit der Auswirkung des Umsatzsteuer-Binnenmarktgesetzes vom 25. 8. 1992 (BGBl. I S. 1548, BStBl. I S. 552), durch das der innergemeinschaftliche Erwerb eingeführt wurde, bei Vereinen beschäftigt.

III. Steuerbefreiungen

1. Allgemeines

Aus sozialen Gründen oder um eine steuerliche Doppelbelastung zu vermeiden, sind verschiedene steuerbare Umsätze von der Umsatzsteuer befreit. Bei dem System der Mehrwertsteuer, das im Ergebnis nur eine Umsatzsteuerbelastung für den Endabnehmer bringt, sind Steuerbefreiungen nur sinnvoll, wenn sie für Umsätze an Endverbraucher wirksam werden. Steuerbefreiungen für Umsätze an Unternehmer wirken sich sogar nachteilig aus, weil die Vorsteuern für vom Unternehmer bewirkte steuerbefreite Leistungen (mit Ausnahme der für Vereine bedeutungslosen Exportleistungen) nicht abzugsfähig sind. Außerdem kann ein Unternehmer, der eine steuerfreie Leistung abnimmt, keine Vorsteuer abziehen, weil auf dem Vorumsatz keine Steuer lastet. Aus diesen Gründen kann bei verschiedenen steuerbefreiten Umsätzen auf die Steuerbefreiung verzichtet werden.

2. Steuerbefreiungstatbestände

Nachstehend werden die Befreiungstatbestände erläutert, die für Vereine von Bedeutung sind:

a) Umsätze, die unter das Grunderwerbsteuergesetz fallen

Steuerfrei sind Umsätze, die unter das Grunderwerbsteuergesetz fallen (§ 4 Nr. 9 Buchst. a UStG; Abschn. 71 UStR). Die Umsatzsteuerbefreiung tritt auch ein, wenn der Umsatz grunderwerbsteuerfrei bleibt. Bei einer Grundstücksveräußerung an ein anderes Unternehmen kann auf die Steuerfreiheit verzichtet werden (§ 9 UStG).

b) Umsätze, die unter das Rennwett- und Lotteriegesetz fallen

Steuerfrei sind die Umsätze, die unter das Rennwett- und Lotteriegesetz fallen (§ 4 Nr. 9 Buchst. b UStG; Abschn. 72 UStR). Im Gegensatz zu den Umsätzen, die unter das Grunderwerbsteuergesetz fallen, tritt hier aber Umsatzsteuerpflicht ein, wenn Umsätze zwar unter das Rennwett- und Lotteriegesetz fallen, aber von der Rennwett- und Lotteriesteuer befreit sind oder wenn dabei die Steuer allgemein nicht erhoben wird. Der Umsatzsteuer unterliegen deshalb die behördlich genehmigten Lotterien bis zu 75 000 DM, die ausschließlich zu gemeinnützigen, mildtätigen oder kirchlichen Zwecken veranstaltet werden (vgl. Seite 433) und andere behördlich genehmigte Lotterien und Ausspielungen (z.B. Tombolas), bei denen der Gesamtpreis der Lose 1200 DM nicht übersteigt. Umsatzsteuerpflichtig sind auch Preisskat, Preiskegeln und Kartenglücksspiele (BFH-Urteil vom 10. 7. 1968, BStBl. II 1969 S. 118) sowie roulettartige Spiele (BFH-Urteil vom 10. 7. 1968, BStBl. II 1969 S. 829) und Nebenleistungen zu umsatzsteuerpflichtigen Hauptleistungen (auch wenn dafür Lotteriesteuer zu entrichten ist, vgl. BFH-Urteil vom 23. 2. 1961, BStBl. II S. 220).

c) Vermietung und Verpachtung von Grundstücken

Steuerfrei ist die Vermietung und Verpachtung von Grundstücken und Grundstücksteilen (§ 4 Nr. 12 UStG). Darunter fallen z.B. die Vermietung und Verpachtung von Vereinsheimen und Kegelbahnen an einen selbständigen Gastwirt, von Musik- und Turnhallen an andere Vereine oder an die Gemeinde sowie von Sportanlagen an Vereinsmitglieder und Nichtmitglieder, wobei sich die

Steuerbefreiung aber immer nur auf die Vermietung und Verpachtung der Grundstücksteile bezieht, nicht auf mitverpachtete Betriebsvorrichtungen (zur Abgrenzung siehe unten). Die Steuerbefreiung gilt auch für Nebenleistungen (z. B. Umlage der Heiz- und Wasserkosten).

Nicht befreit sind die Vermietung von Wohn- und Schlafräumen zur kurzfristigen Beherbergung von Fremden, die Vermietung von Plätzen für das Abstellen von Fahrzeugen (z. B. Parkplätze bei Sportveranstaltungen), die kurzfristige Vermietung auf Campingplätzen sowie die Vermietung von Betriebsvorrichtungen (z. B. Schankanlagen, Büromobiliar, besondere Vorrichtungen bei Sportanlagen). Eine **kurzfristige** Vermietung liegt bei einer tatsächlichen Gebrauchsüberlassung von **bis zu weniger als 6 Monaten** vor.

Ist Gegenstand eines Miet- oder Pachtvertrags ein Grundstück (Grundstücksteil) und andere Gegenstände wie z. B. Betriebsvorrichtungen (sog. gemischter Vertrag), so ist nur der Teil des Miet- und Pachtzinses steuerfrei, der auf das Grundstück entfällt (Abschn. 80 UStR).

Die Vermietungsleistung ist in diesen Fällen aufzuteilen in einen steuerfreien Teil für die Vermietung des Grundstücks (mit Gebäude) und in einen steuerpflichtigen Teil für die Vermietung der Betriebsvorrichtungen. Für die Aufteilung ist die bewertungsrechtliche Abgrenzung zwischen Grund und Boden, Gebäuden, Gebäudeteilen, Außenanlagen des Grundstücks und Betriebsvorrichtungen maßgebend (Abschn. 85 UStR). Für die in der Praxis häufig vorkommende Vermietung von Sportanlagen, ist nach Abschn. 86 Abs. 1 UStR folgende Zuordnung vorzunehmen:

Sportplätze und Sportstadien
Grundstücksteile: Überdachungen von Zuschauerflächen, wenn sie nach der Verkehrsauffassung einen Raum umschließen und dadurch gegen Witterungseinflüsse Schutz gewähren, allgemeine Beleuchtungsanlagen, Einfriedungen, allgemeine Wege- und Platzbefestigungen, Kassenhäuschen – soweit nicht transportabel –, Kioske, Umkleideräume, Duschen im Gebäude, Toiletten, Saunen, Unterrichts- und Ausbildungsräume, Übernachtungsräume für Trainingsmannschaften.
Betriebsvorrichtungen: Besonders hergerichtete Spielfelder – Spielfeldbefestigung, Drainage, Rasen, Rasenheizung –, Laufbahnen, Sprunggruben, Zuschauerwälle, Zuschauertribünen – soweit nicht Grundstücksteil nach Buchstabe a, spezielle Beleuchtungsanlagen, z. B. Flutlicht, Abgrenzungszäune und Sperrgitter zwischen Spielfeld und Zuschaueranlagen, Anzeigetafeln, Schwimm- und Massagebecken, Küchen- und Ausschankeinrichtungen.

Schwimmbäder (Frei- und Hallenbäder)
Grundstücksteile: Überdachungen von Zuschauerflächen unter den unter Nummer 1 Buchstabe a bezeichneten Voraussetzungen, Kassenhäuschen – soweit nicht transportabel –, Kioske, allgemeine Wege- und Platzbefestigungen, Duschräume, Toiletten, technische Räume, allgemeine Beleuchtungsanlagen, Emporen, Galerien.

Betriebsvorrichtungen: Schwimmbecken, Sprunganlagen, Duschen im Freien und im Gebäude, Rasen von Liegewiesen, Kinderspielanlagen, Umkleidekabinen, Zuschauertribünen – soweit nicht Grundstücksteil nach Nummer 1 Buchstabe a –, technische Ein- und Vorrichtungen, Einrichtungen der Saunen, der Solarien und der Wannenbäder, spezielle Beleuchtungsanlagen, Bestuhlung der Emporen und Galerien.

Tennisplätze und Tennishallen
Grundstücksteile: Überdachungen von Zuschauerflächen unter den unter Nummer 1 Buchstabe a bezeichneten Voraussetzungen, Open-air-Hallen, allgemeine Beleuchtungsanlagen, Duschen, Umkleideräume, Toiletten.
Betriebsvorrichtungen: Besonders hergerichtete Spielfelder – Spielfeldbefestigung mit Unterbau bei Freiplätzen, spezielle Oberböden bei Hallenplätzen –, Drainage, Bewässerungsanlagen der Spielfelder, Netz mit Haltevorrichtungen, Schiedsrichterstühle, freistehende Übungswände, Zuschauertribünen – soweit nicht Grundstücksteil nach Nummer 1 Buchstabe a –, Einfriedungen der Spielplätze, Zuschauerabsperrungen, Brüstungen, Traglufthallen, spezielle Beleuchtungsanlagen, Ballfangnetze, Ballfanggardinen, zusätzliche Platzbeheizung in Hallen.

Schießstände
Grundstücksteile: Allgemeine Einfriedungen.
Betriebsvorrichtungen: Anzeigevorrichtungen, Zielscheibenanlagen, Schutzvorrichtungen, Einfriedungen als Sicherheitsmaßnahmen.

Kegelbahnen
Grundstücksteile: Allgemeine Beleuchtungsanlagen.
Betriebsvorrichtungen: Bahnen, Kugelfangeinrichtungen, Kugelrücklaufeinrichtungen, automatische Kegelaufstelleinrichtungen, automatische Anzeigeeinrichtungen, spezielle Beleuchtungsanlagen, Schallisolierungen.

Squashhallen
Grundstücksteile: Zuschauertribünen, allgemeine Beleuchtungsanlagen, Umkleideräume, Duschräume, Toiletten.
Betriebsvorrichtungen: Trennwände zur Aufteilung in Boxen – soweit nicht tragende Wände –, besondere Herrichtung der Spielwände, Ballfangnetze, Schwingböden, Bestuhlung der Zuschauertribünen, spezielle Beleuchtungsanlagen.

Reithallen
Grundstücksteile: Stallungen – einschließlich Boxenaufteilungen und Futterraufen –, Futterböden, Nebenräume, allgemeine Beleuchtungsanlagen, Galerien, Emporen.
Betriebsvorrichtungen: Spezieller Reithallenboden, Befeuchtungseinrichtungen für den Reithallenboden, Bande an den Außenwänden, spezielle Beleuch-

tungsanlagen, Tribünen – soweit nicht Grundstücksteil nach Nummer 1 Buchstabe a –, Richterstände, Pferdesolarium, Pferdewaschanlage, Schmiede – technische Einrichtungen –, Futtersilos, automatische Pferdebewegungsanlage, sonstiges Zubehör wie Hindernisse, Spiegel, Geräte zur Aufarbeitung des Bodens, Markierungen.

Turn-, Sport- und Festhallen, Mehrzweckhallen
Grundstücksteile: Galerien, Emporen, Schwingböden in Mehrzweckhallen, allgemeine Beleuchtungsanlagen, Duschen, Umkleidekabinen und -räume, Toiletten, Saunen, bewegliche Trennwände.
Betriebsvorrichtungen: Zuschauertribünen – soweit nicht Grundstücksteil nach Nummer 1 Buchstabe a –, Schwingböden in reinen Turn- und Sporthallen, Turngeräte, Bestuhlung der Tribünen, Galerien und Emporen, spezielle Beleuchtungsanlagen, Kücheneinrichtungen, Ausschankeinrichtungen, Bühneneinrichtungen, Kühlsystem bei Nutzung für Eissportzwecke.

Eissportstadien, -hallen, -zentren
Grundstücksteile: Unterböden von Eislaufflächen, Eisschnellaufbahnen und Eisschießbahnen, Unterböden der Umgangszonen und des Anschnallbereichs, allgemeine Beleuchtungsanlagen, Klimaanlagen im Hallenbereich, Duschräume, Toiletten, Umkleideräume, Regieraum, Werkstatt, Massageräume, Sanitätsraum, Duschen, Heizungs- und Warmwasserversorgungsanlagen, Umschließungen von Trafostationen und Notstromversorgungsanlagen – wenn nicht Betriebsvorrichtung nach Buchstabe b –, Überdachungen von Zuschauerflächen unter den unter Nummer 1 Buchstabe a bezeichneten Voraussetzungen, Emporen und Galerien, Kassenhäuschen – soweit nicht transportabel –, Kioske, allgemeine Wege- und Platzbefestigungen, Einfriedungen, Ver- und Entsorgungsleitungen.
Betriebsvorrichtungen: Oberböden von Eislaufflächen, Eisschnellaufbahnen und Eisschießbahnen, Schneegruben, Kälteerzeuger, schlittschuhschonender Bodenbelag, Oberbodenbelag des Anschnallbereichs, spezielle Beleuchtungsanlagen, Lautsprecheranlagen, Spielanzeige, Uhren, Anzeigetafeln, Abgrenzungen, Sicherheitseinrichtungen, Sperrgitter zwischen Spielfeld und Zuschauerbereich, Massagebecken, Transformatorenhäuser oder ähnliche kleine Bauwerke, die Betriebsvorrichtungen enthalten und nicht mehr als 30 m² Grundfläche haben, Trafo und Schalteinrichtungen, Notstromaggregat, Zuschauertribünen – soweit nicht Grundstücksteil nach Nummer 1 Buchstabe a –, Bestuhlung der Zuschauertribünen, der Emporen und Galerien, Küchen- und Ausschankeinrichtungen.

Golfplätze
Grundstücksteile: Einfriedungen, soweit sie nicht unmittelbar als Schutzvorrichtungen dienen, allgemeine Wege- und Platzbefestigungen, Kassenhäuschen – soweit nicht transportabel –, Kioske, Klubräume, Wirtschaftsräume, Büros, Aufenthaltsräume, Umkleideräume, Duschräume, Toiletten, Verkaufsräume, Caddy-Räume, Lager- und Werkstatträume.

Betriebsvorrichtungen: Besonders hergerichtete Abschläge, Spielbahnen, roughs und greens (Spielbefestigung, Drainage, Rasen), Spielbahnhindernisse, Übungsflächen, Einfriedungen, soweit sie unmittelbar als Schutzvorrichtungen dienen, Abgrenzungseinrichtungen zwischen Spielbahnen und Zuschauern, Anzeige- und Markierungseinrichtungen oder -gegenstände, Unterstehhäuschen, Küchen- und Ausschankeinrichtungen, Bewässerungsanlagen – einschließlich Brunnen und Pumpen – und Drainagen, wenn sie ausschließlich der Unterhaltung der für das Golfspiel notwendigen Rasenflächen dienen.

Für die Aufteilung der Vermietung der Sportanlage in den steuerfreien Teil für die Vermietung des Grundstücks (Grund und Boden, Gebäude, Gebäudeteile, Außenanlagen) sowie in den steuerpflichtigen Teil für die Vermietung der Betriebsvorrichtungen sind nach Abschn. 86 Abs. 2 UStR die jeweiligen Verhältnisse des Einzelfalles maßgebend. Bei der Aufteilung ist im Regelfall von dem Verhältnis der Gestehungskosten der Grundstücke zu den Gestehungskosten der Betriebsvorrichtungen auszugehen. Zu berücksichtigen sind hierbei die Nutzungsdauer und die kalkulatorischen Zinsen auf das eingesetzte Kapital. Die Aufteilung wird erforderlichenfalls im Schätzungswege vorgenommen. Der Vermieter kann das Aufteilungsverhältnis aus Vereinfachungsgründen für die gesamte Vermietungsdauer beibehalten und – soweit eine wirtschaftliche Zuordnung nicht möglich ist – auch der Aufteilung der Vorsteuer zugrundelegen.

Beispiel: Ein Verein vermietet regelmäßig ein Hallenbad an andere Sportvereine. Die Gestehungskosten des Hallenbades haben betragen:

Grund und Boden	1 Mio. DM
Gebäude	2 Mio. DM
Betriebsvorrichtungen	3 Mio. DM
insgesamt	6 Mio. DM

Bei den Gebäuden wird von einer Nutzungsdauer von 50 Jahren und einer AfA von 2%, bei den Betriebsvorrichtungen von einer Nutzungsdauer von 20 Jahren und einer AfA von 5% ausgegangen. Die kalkulatorischen Zinsen werden mit 6% angesetzt. Es ergibt sich (jeweils in DM):

	AfA	Zinsen	Gesamt
Grund und Boden	—	60 000	60 000
Gebäude	40 000	120 000	160 000
insgesamt	40 000	180 000	220 000
Betriebsvorrichtungen	150 000	180 000	330 000
			550 000

Die Gesamtsumme von AfA und Zinsen beträgt danach 550 000 DM. Davon entfallen auf den Grund und Boden sowie auf die Gebäude 220 000 DM (⅖) und auf die Betriebsvorrichtungen 330 000 DM (⅗).

Die Vermietungsumsätze sind zu zwei Fünfteln nach § 4 Nr. 12 Buchstabe a UStG steuerfrei und zu drei Fünfteln steuerpflichtig.

Soweit Einzelpersonen die Benutzung einer Sportanlage im Rahmen des allgemeinen Sportbetriebes gegen Eintrittsgeld gestattet wird, liegen keine Mietverträge, sondern **Verträge besonderer Art** vor (Abschn. 81 Abs. 2 Nr. 8 UStR). Bei einem Vertrag besonderer Art tritt die Gebrauchsüberlassung des Grundstücks gegenüber anderen wesentlicheren Leistungen zurück. In diesen Fällen unterliegt das gesamte Entgelt der Umsatzsteuer. Als solche Verträge sind beispielsweise anzusehen die Überlassung von Wandflächen, Dachflächen oder Sportplatzumrandungen zu Reklamezwecken.

Neuere BFH-Rechtsprechung zu
Schwimmbädern: Die Überlassung des gesamten städtischen Schwimmbades an einen Verein ist eine im Rahmen des § 4 Nr. 12 Buchst. a UStG steuerfreie Grundstücksvermietung. Keine steuerfreie Grundstücksvermietung liegt hingegen vor, wenn dem Verein unter Aufrechterhaltung des öffentlichen Badebetriebs einzelne Schwimmbahnen zur Verfügung gestellt werden (BFH-Urteil vom 10. 2. 1994, BStBl. II S. 668)
Tennisplätzen: Die entgeltliche Überlassung ist in eine steuerfreie Vermietung von Grundstücken i. S. des § 4 Nr. 12 Buchst. a UStG und eine steuerpflichtige Vermietung von Betriebsvorrichtungen i. S. des § 4 Nr. 12 Satz 2 UStG aufzuteilen (BFH-Urteil vom 14. 5. 1992, BStBl. II S. 758). Das Bereithalten der sanitären Anlagen (wie z. B. der Duschen) behandelt der BFH als Nebenleistung zu den Vermietungsleistungen, die das Schicksal der Hauptleistung teilt. In den Urteilen vom 16. 5. 1995 (BStBl. I S. 750) und vom 6. 9. 1995 (BFH/NV 1996 S. 373) spricht der BFH die Möglichkeit an, in der Mitbenutzung von Aufenthaltsflächen und Nebenräumen nicht nur eine bloße Nebenleistung zu sehen, sondern ebenfalls einen gemischten Vertrag mit entsprechender Aufteilung der Leistungen. Diese Auffassung kommt auch in dem BFH-Urteil vom 28. 5. 1998 (BB 1999 S. 93) zum Ausdruck. Dieses Urteil betraf die Verpachtung von Betriebsvorrichtungen bei Mobilheimstellplätzen. Die Vereinbarkeit mit EG-Recht läßt der BFH allerdings im Ergebnis offen.
Schießanlagen: Die Gestattung, eine überdachte Schießanlage zur Ausübung des Schießsports ohne Ausschluß weiterer Schützen gegen ein Eintrittsgeld und ein nach Art und Anzahl der abgegebenen Schüsse bemessenes Entgelt zu nutzen, ist nicht als Grundstücksvermietung i. S. des § 4 Nr. 12 Buchst. a UStG steuerfrei (BFH-Urteil vom 24. 6. 1993, BStBl. II 1994 S. 52).
Kegelbahnanlagen: In dem Urteil vom 30. 6. 1993 (BStBl. II S. 808) bestätigt der BFH die Aufteilung in Abschn. 86 Abs. 1 Satz 2 Nr. 5 UStR. In dem Urteil vom 30. 5. 1994 (BStBl. II S. 775) macht der BFH seine Entscheidung jedoch davon abhängig, ob die Kegelbahnanlage eine oder mehrere Bahnen enthält. Ist nur eine Bahn vorhanden, ist die Vermietung wie in dem Urteil von 30. 6. 1993 (BStBl. II S. 808) aufzuteilen. Enthält die Kegelbahnanlage aber mehrere

Bahnen, wird in der Regel von einem Vertrag besonderer Art auszugehen sein, der die (teilweise) Steuerfreiheit ausschließt.

Sportpark (Tennis, Squash, Badminton, Sauna, Ruheraum): Das FG Düsseldorf wendet sich in dem Urteil vom 21. 10. 1998 (EFG 1998, S. 1698) ausdrücklich gegen die o. g. Rechtsprechung des BFH zu Tennisplätzen. Das FG geht von einer voll steuerpflichtigen nicht aufteilbaren einheitlichen Leistung besonderer Art aus. Gegen dieses Urteil ist Revision beim BFH (Az. V R 97/98) anhängig.

Auf die Steuerbefreiung nach § 4 Nr. 12 UStG kann (mit Einschränkungen, vgl. §§ 9 und 27 Abs. 2 UStG) verzichtet werden, wenn an einen Unternehmer für dessen Unternehmen vermietet oder verpachtet wird.

d) **Krankenanstalten, Altenheime, Altenwohnheime, Pflegeheime, Kurzzeitpflegeeinrichtungen und Einrichtungen zur ambulanten Pflege (§ 4 Nr. 16 b bis e UStG und Abschn. 96 bis 100 UStR)**

Steuerfrei sind die mit dem Betrieb einer Krankenanstalt, eines Altenheims usw. eng verbundenen Umsätze, wenn solche Einrichtungen, soweit sie von einem Verein betrieben werden, im Vorjahr bei Krankenhäusern die Voraussetzungen des § 67 Abs. 1 und 2 AO erfüllt haben. Bei Altenheimen, Altenwohnheimen und Pflegeheimen ist Voraussetzung für die Steuerfreiheit, daß im vorangegangenen Kalenderjahr mindestens 40 v. H. der Leistungen den in § 68 Abs. 1 des Bundessozialhilfegesetzes oder den in § 53 Nr. 2 der AO genannten Personen zugute gekommen sind. Die Umsätze aus dem Betrieb von Einrichtungen zur vorübergehenden Aufnahme pflegebedürftiger Personen (Kurzzeitpflegeeinrichtungen) und Einrichtungen zur ambulanten Pflege kranker und pflegebedürftiger Personen sind von der Umsatzsteuer befreit, wenn im vorangegangenen Kalenderjahr die Pflegekosten in mindestens 40 v. H. der Fälle von den gesetzlichen Trägern der Sozialversicherung oder Sozialhilfe ganz oder zum überwiegenden Teil getragen worden sind.

Steuerfrei sind nur Umsätze, die eng mit dem Betrieb von Krankenanstalten und Altenheimen usw. verbunden sind (Abschn. 100 UStR). Unter die Befreiung fallen bei **Krankenanstalten** neben der Unterbringung, Verpflegung und ärztlichen Betreuung stationär aufgenommener und ambulanter Patienten auch die Naturalleistungen an das Personal, der Verkauf von Getränken an Patienten, die Telefonbenutzung von Patienten und der Krankentransport durch die Anstalt. Auch Hilfsumsätze wie z. B. der Verkauf gebrauchter Geräte bleiben ebenso steuerfrei wie der in geringem Umfang erfolgende Verkauf von aus arbeitstherapeutischen Gründen in Krankenanstalten (Psychiatrische Krankenhäuser, Heime für Behinderte mit ärztlicher Betreuung, Pflegeanstalten mit Heilbehandlung, Erziehungsheime für Süchtige usw.) hergestellten Gegenständen. Vgl. zu den mit dem Betrieb von Krankenhäusern eng verbundenen Umsätzen im übrigen die Verfügung der OFD Hannover vom 21. 10. 1998 (StEd 1999 S. 11).

Zur Steuerbefreiung nach § 4 Nr. 16 Buchst. c UStG für **Diagnosekliniken** vgl. das BMF-Schreiben vom 18. 9. 1996 (USt-Rundschau 1997 S. 110) und die Verfügung der OFD Koblenz vom 1. 7. 1998 (DB 1998 S. 1890).

Bei **Altenheimen** gehören zu den steuerfreien Umsätzen neben Unterkunft, Verpflegung und Betreuung und den Leistungen an das Personal, wie bei Krankenanstalten der Getränkeverkauf an Heimbewohner, die Telefonbenutzung und Hilfsumsätze. Erfüllt ein Altenheim nicht die Voraussetzungen für die Steuerbefreiung des § 4 Nr. 16 d UStG, so ist der auf die Überlassung der Räume entfallende Anteil des Entgelts als Grundstücksvermietung gem. § 4 Nr. 12 UStG steuerfrei (Abschn. 80 Abs. 2 und Abschn. 99 Abs. 7 UStR).

Ausführlich mit der Steuerbefreiung für **Pflegeeinrichtungen** i. S. des § 4 Nr. 16 Buchst. e UStG befaßt sich das BMF-Schreiben vom 14. 11. 1997 (BStBl. I S. 957).

Nicht steuerfrei sind die Umsätze aus dem Verkauf von Speisen und Getränken an Besucher, der Verkauf von Arzneimitteln an Besucher, Arzneimittellieferungen einer Krankenhausapotheke an andere Krankenhäuser (BFH-Urteil vom 18. 10. 1990, BStBl. II 1991 S. 268) und die Leistungen einer Krankenhauswäscherei für andere Krankenhäuser (BFH-Urteil vom 18. 10. 1990, BStBl. II 1991 S. 157).

e) **Lieferung von menschlichem Blut und Krankentransport**
Steuerfrei ist die Lieferung menschlichen Blutes und von menschlichen Organen (§ 4 Nr. 17 a UStG), sowie die Beförderung von kranken und verletzten Personen mit dafür besonders eingerichteten Fahrzeugen (**§ 4 Nr. 17 b UStG**). Darunter fallen Fahrzeuge, die insgesamt als Krankenfahrzeug eingerichtet sind (z. B. mit Liegen oder Spezialsitzen). Fahrzeuge, die in erster Linie für die Beförderung anderer Personen bestimmt sind, z. B. Taxis, gehören nicht zu den Krankenfahrzeugen. Vgl. dazu Abschn. 101 und 102 UStR. Zur umsatzsteuerlichen Behandlung der Notfallrettungsleistungen kann auch auf die Verfügung der OFD Koblenz vom 14. 9. 1998 (StEd 1998 S. 809) zurückgegriffen werden. Zu achten ist allerdings auf etwaige landesgesetzliche Besonderheiten.

f) **Wohlfahrtsverbände**
Steuerfrei sind die Leistungen der amtlich anerkannten Verbände der freien Wohlfahrtspflege (§ 4 Nr. 18 UStG). Amtlich anerkannt sind folgende in § 23 UStDV namentlich aufgeführte Verbände:

1. Diakonisches Werk der Evangelischen Kirche in Deutschland e. V.,
2. Deutscher Caritasverband e. V.,
3. Deutscher Paritätischer Wohlfahrtsverband e. V.,
4. Deutsches Rotes Kreuz,
5. Arbeiterwohlfahrt – Bundesverband e. V. –,
6. Zentralwohlfahrtsstelle der Juden in Deutschland e. V.,
7. Deutscher Blindenverband e. V.,
8. Bund der Kriegsblinden Deutschlands e. V.,
9. Verband Deutscher Wohltätigkeitsstiftungen e. V.,
10. Bundesarbeitsgemeinschaft „Hilfe für Behinderte" e. V.
11. Verband der Kriegs- und Wehrdienstopfer, Behinderten und Sozialrentner Deutschland e. V.

Steuerfrei sind auch die Leistungen der einem **Wohlfahrtsverband als Mitglied angeschlossenen Vereine**, wenn sie der freien Wohlfahrtspflege dienen. In § 66 Abs. 2 AO wird der Begriff Wohlfahrtspflege wie folgt definiert: „Wohlfahrtspflege ist die planmäßige, zum Wohle der Allgemeinheit und nicht des Erwerbes wegen ausgeübte Sorge für notleidende oder gefährdete Mitmenschen. Die Sorge kann sich auf das gesundheitliche, sittliche, erzieherische oder wirtschaftliche Wohl erstrecken und Vorbeugung oder Abhilfe bezwecken."

Als Mitgliedschaft i. S. des § 4 Nr. 18 UStG ist nicht nur die unmittelbare Mitgliedschaft in einem amtlich anerkannten Wohlfahrtsverband anzusehen. Auch bei einer nur **mittelbaren Mitgliedschaft** kann die Steuerbefreiung in Betracht kommen. Als mittelbare Mitgliedschaft ist die Mitgliedschaft bei einer der freien Wohlfahrtspflege dienenden Körperschaft oder Personenvereinigung anzusehen, die ihrerseits einem amtlich anerkannten Wohlfahrtsverband als Mitglied angeschlossen ist (z. B. Werkstätten für Behinderte als Mitglieder einer Wohlfahrtseinrichtung, die Mitglied eines amtlich anerkannten Wohlfahrtsverbandes ist). Die mittelbare Mitgliedschaft bei einem anerkannten Wohlfahrtsverband reicht daher aus, wenn auch die übrigen Voraussetzungen des § 4 Nr. 18 UStG gegeben sind, um die Steuerbefreiung nach dieser Vorschrift in Anspruch zu nehmen. Vgl. dazu Abschn. 103 Abs. 4 UStR. Umsätze einer GmbH, deren Gesellschafter ein Verband der freien Wohlfahrtspflege ist, sind dagegen nicht nach § 4 Nr. 18 UStG steuerbefreit (Verfügung der OFD Frankfurt vom 8. 10. 1997, UR 1998 S. 204).

Darüber hinaus muß ein einem Wohlfahrtsverband als (mittelbares) Mitglied angeschlossener Verein ausschließlich und unmittelbar gemeinnützigen, mildtätigen oder kirchlichen Zwecken dienen, die Leistungen müssen unmittelbar dem nach der Satzung begünstigten Personenkreis zugute kommen und die Entgelte für die begünstigten Leistungen müssen hinter den durchschnittlich für gleichartige Leistungen von Erwerbsunternehmen geforderten Entgelten zurückbleiben (§ 4 Nr. 18 Buchst. a bis c UStG). Die Entgelte für die in Betracht kommen Leistungen bleiben regelmäßig dann hinter den von Erwerbsbetrieben geforderten Entgelten zurück, wenn der Verein auf laufende Zuschüsse anderer angewiesen ist. Kommen die Leistungen dem begünstigten Personenkreis allerdings nur mittelbar zugute, sind sie nach dem BFH-Urteil vom 7. 11. 1996 (BStBl. II 1997 S. 366) nicht nach § 4 Nr. 18 UStG steuerbefreit. Das gilt auch für Leistungen zwischen einem Landesverband des Deutschen Roten Kreuzes und seinen regionalen Untergliederungen (OFD Düsseldorf vom 14. 8. 1997, DB 1997 S. 2003).

Die Steuerbefreiung nach § 4 Nr. 18 UStG kommt auch für die Beköstigung von Behinderten in einer Werkstätte für Behinderte in Betracht (vgl. Verfügung der OFD Saarbrücken vom 25. 1. 1991, UR 1991 S. 357). Bis zum 31. 12. 1998 lief außerdem noch die Billigkeitsregelung der Finanzverwaltung, wonach § 4 Nr. 18 UStG auch auf Leistungen der o.g. Verbände oder Vereine im Zusammenhang mit der vorübergehenden Unterbringung von Aus- und Übersiedlern, Asylbewerbern, Obdachlosen und Bürgerkriegsflüchtlingen anzuwenden ist (BMF-Schreiben vom 11. 12. 1996, BStBl. I 1997 S. 112). Die Billigkeitsregelung wird wegen der weiterhin aktuellen Unterbringung von Flüchtlingen, z.B. aus dem Kosovo, zumindest bis 31. 12. 1999 verlängert werden.

Gemeinnützige Studentenwerke, die Mitglieder eines amtlich anerkannten Wohlfahrtsverbandes sind, können für ihre in Mensa- und Cafeteria-Betrieben getätigten Umsätze von Speisen und Getränken an Studenten die Steuerbefreiung nach § 4 Nr. 18 UStG in Anspruch nehmen. Dies gilt für die Lieferungen von alkoholischen Getränken aber nur dann, wenn damit das Warenangebot ergänzt wird und diese Umsätze im vorangegangenen Kalenderjahr nicht mehr als 5 v. H. des Gesamtumsatzes betragen haben (Abschn. 103 Abs. 8 UStR).

Arzneimittellieferungen einer Krankenhausapotheke und die Leistungen der Wäscherei eines Krankenhauses jeweils an Krankenhäuser anderer Träger sind dagegen nicht steuerfrei nach § 4 Nr. 18 UStG (vgl. dazu Abschn. 103 Abs. 12 UStR und die obigen Ausführungen zu Krankenanstalten und Altenheimen).

g) Kulturelle Einrichtungen
Neben den immer steuerfreien Umsätzen der von Gebietskörperschaften geführten Theater (Abschn. 106 UStR), Orchester, Kammermusikensembles, Chöre (Abschn. 107 UStR), Museen, Botanischen und Zoologischen Gärten, Tierparks (Abschn. 108–109 UStR), Archiven und Büchereien, sind auch die Umsätze derartiger Einrichtungen steuerfrei, die von anderen Unternehmern, insbesondere von Vereinen, unterhalten werden, wenn durch eine Bescheinigung der zuständigen Landesbehörde die Erfüllung gleicher kultureller Aufgaben nachgewiesen wird (**§ 4 Nr. 20a UStG**). Die Bescheinigung wird in der Regel vom Kultusministerium des betreffenden Bundeslandes oder der vom Kultusministerium beauftragten Verwaltungsbehörde (in Baden-Württemberg z.B. von den unteren Verwaltungsbehörden, d.h. insbesondere den Landratsämtern, GABL. 1998 S. 660) ausgestellt. Die Finanzverwaltung kann die Bescheinigung auch von Amts wegen einholen und damit verhindern, daß z.B. eine erteilte Bescheinigung für ein Jahr deshalb zurückgegeben wird, um für eine größere Investition in den Genuß des Vorsteuerabzugs zu kommen (bestätigt durch das rechtskräftige Urteil des Finanzgerichts München vom 20. 9. 1993, EFG 1994 S. 383). Die Wirkung der Bescheinigung bezieht sich auf den in ihr bezeichneten Zeitraum (BFH-Urteil vom 24. 9. 1998, UR 1999 S. 115).

Unter den Voraussetzungen, die der BFH in dem Urteil vom 18. 5. 1988 (BStBl. II S. 799) aufführt, kann die Lieferung von Speisen, Getränken und Süßwaren als mit Theaterleistungen verbundene Nebenleistung in die Steuerbefreiung des § 4 Nr. 20a UStG einbezogen werden. Zur Beschaffung von Theaterkarten durch Volksbühnen- und Theatergemeinden-Vereine wird auf das BMF-Schreiben vom 1. 8. 1990 (Steuer-Eildienst 1990 S. 302) hingewiesen.

Steuerbefreit sind auch die Umsätze von Theatervorführungen und Konzerten durch Vereine, wenn die Darbietungen von den in § 4 Nr. 20a UStG bezeichneten Theatern, Orchestern, Kammermusikensembles oder Chören erbracht werden (**§ 4 Nr. 20b UStG**). Das ist z.B. der Fall, wenn ein Verein ein Konzert veranstaltet, wobei die Musikdarbietung ein staatliches Orchester erbringt.

Die Leistungen der Theater, Orchester, Kammermusikensembles, Chöre und Museen sowie die Veranstaltung von Theatervorführungen und Konzerten durch andere Unternehmer, die nicht unter § 4 Nr. 20 UStG fallen, unterliegen gemäß § 12 Abs. 2 Nr. 7a UStG dem ermäßigten Steuersatz von 7 v. H.

Solokünstler gehören nicht zu den in § 4 Nr. 20a UStG genannten Institutionen. Vgl. dazu die Verfügung der OFD München vom 21. 8. 1995 (DStR 1996 S. 23) und das BFH-Urteil vom 14. 12. 1995 (BStBl. II 1996 S. 386).

h) Private Schulen und Bildungseinrichtungen

Steuerfrei sind die unmittelbar dem Schul- und Bildungszweck dienenden Leistungen privater Schulen, wenn sie als Ersatzschulen staatlich genehmigt oder nach Landesrecht erlaubt sind. Ebenfalls steuerfrei sind solche Leistungen anderer allgemeinbildender oder berufsbildender Einrichtungen, wenn durch eine Bescheinigung der zuständigen Landesbehörde nachgewiesen wird, daß sie auf einen Beruf oder auf eine vor einer juristischen Person des öffentlichen Rechts abzulegende Prüfung vorbereiten (§ 4 Nr. 21a UStG). Die Bescheinigung kann auch von Amts wegen eingeholt werden. Vgl. dazu im einzelnen die Regelungen in den Abschn. 111 bis 114 UStR. Zur Bindungswirkung der Bescheinigung vgl. BFH-Urteil vom 3. 5. 1989 (BStBl. II S. 815). Die Zuständigkeit für die Ausstellung der Bescheinigung ist in Baden-Württemberg in einer Verwaltungsvorschrift des Kultusministeriums vom 22. 6. 1998 (GABl. 1998 S. 660) recht differenziert geregelt. Zur Steuerbefreiung für die Unterrichtsleistungen selbständiger Lehrer nach § 4 Nr. 21 UStG wird auf das BMF-Schreiben vom 31. 5. 1999 (BStBl I S. 579) verwiesen.

Leistungen, die sich auf Unterbringung und Verpflegung von Schülern beziehen, dienen dem Schulzweck nur mittelbar und sind damit nicht nach § 4 Nr. 21 UStG steuerfrei (BFH-Urteil vom 17. 3. 1981, BStBl. II S. 746). Sie können aber unter den Voraussetzungen des § 4 Nr. 23 UStG (Leistungen an Jugendliche) steuerfrei sein.

i) Wissenschaftliche oder belehrende Vorträge und Kurse sowie bestimmte kulturelle und sportliche Veranstaltungen

Steuerfrei sind Vorträge, Kurse und andere Veranstaltungen wissenschaftlicher oder belehrender Art, die von Körperschaften des öffentlichen Rechts, Verwaltungs- und Wirtschaftsakademien, Volkshochschulen (wegen des Begriffs vgl. BFH-Urteil vom 2. 8. 1962, BStBl. III S. 458) oder von Einrichtungen durchgeführt werden, die gemeinnützigen Zwecken oder dem Zweck eines Berufsverbands dienen, wenn die Einnahmen überwiegend zur Deckung von Unkosten verwendet werden (**§ 4 Nr. 22a UStG** und Abschn. 115 UStR).

Zu den in § 4 Nr. 22a UStG bezeichneten Veranstaltungen gehört z. B. die Erteilung von Sportunterricht durch einen Sportverein für Vereinsmitglieder und Nichtmitglieder. Voraussetzung ist aber neben der Unkostendeckung durch Teilnehmergebühren, daß der in die sportlichen Veranstaltungen des Vereins einzubeziehende Unterricht einen Zweckbetrieb i. S. des § 67a AO darstellt (vgl. dazu Seiten 212 f.).

Nach **§ 4 Nr. 22 b** UStG sind auch kulturelle und sportliche Veranstaltungen insoweit von der Umsatzsteuer befreit, als das Entgelt dafür in Teilnehmergebühren besteht. Bei Musikwettbewerben, Trachtenfesten und Sportveranstaltungen (z. B. Volksläufen) besteht also Umsatzsteuerfreiheit, soweit dafür Entgelte aktiver Teilnehmer entrichtet werden. Fraglich ist, ob sportliche Veranstaltungen, die Zweckbetriebe sind, anders zu behandeln sind als sportliche Veranstaltungen, die steuerpflichtige wirtschaftliche Geschäftsbetriebe darstellen. Das Finanzgericht München verneint dies in seinem Urteil vom 12. 6. 1991 (UR 1992 S. 380).

Der Medaillenverkauf im Rahmen eines Volkslaufs unterliegt dem ermäßigten Steuersatz nach § 12 Abs. 2 Nr. 8 UStG. Soweit das Entgelt für die Veranstaltung in Eintrittsgeldern der Zuschauer besteht, kommt keine Steuerbefreiung in Betracht (Abschn. 116 Abs. 2 UStR). Die Genehmigung von Wettkampfveranstaltungen oder von Trikotwerbung sowie die Ausstellung oder Verlängerung von Sportausweisen durch einen Sportverband sind keine sportlichen Veranstaltungen i. S. des § 4 Nr. 22 b UStG. Die Finanzverwaltung geht insoweit von einem Zweckbetrieb i. S. des § 65 AO aus. Damit unterliegen die Umsätze dem ermäßigten Steuersatz nach § 12 Abs. 2 Nr. 8 UStG.

j) Erziehung, Ausbildung und Fortbildung Jugendlicher und Säuglingspflege

Steuerfrei sind die Gewährung von Beherbergung, Beköstigung und den üblichen Naturalleistungen durch Personen oder Einrichtungen (z. B. Vereinen), die überwiegend Jugendliche für Erziehungs-, Ausbildungs- oder Fortbildungszwecke oder für Zwecke der Säuglingspflege bei sich aufnehmen, soweit die Leistungen an die Jugendlichen oder an die bei ihrer Erziehung, Ausbildung, Fortbildung oder Pflege tätigen Personen ausgeführt werden (**§ 4 Nr. 23 UStG** und Abschn. 117 UStR). Es reicht aus, wenn nur einer der begünstigten Zwecke verfolgt wird.

Steuerbefreiung genießen z. B. Kindergärten, Kindertagesstätten oder Halbtagsschülerheime, die Schüler bei der Anfertigung von Schularbeiten überwachen. Nicht begünstigt sind Leistungen an Personen, die älter als 27 Jahre oder nicht zur Erziehung, Ausbildung oder Fortbildung aufgenommen sind. Das gilt auch, wenn in der Einrichtung sonst überwiegend Jugendliche, für die die Steuerbefreiung in Betracht kommt, untergebracht sind. Überwiegen aber die zur Aus- oder Fortbildung aufgenommenen nichtbegünstigten Personen, so entfällt die ganze Steuerbefreiung der Einrichtung. Vgl. dazu auch das BFH-Urteil vom 24. 5. 1989 (BStBl. II S. 912).

Für Einrichtungen mit steuerfreien Umsätzen nach § 4 Nr. 23 UStG galt außerdem die bis 31. 12. 1998 befristete Billigkeitsregelung zur vorübergehenden Unterbringung von Aus- und Übersiedlern, Asylbewerbern, Obdachlosen und Bürgerkriegsflüchtlingen (BMF-Schreiben vom 11. 12. 1996, BStBl. I 1997 S. 112). Die Billigkeitsregelung wird wegen der weiterhin aktuellen Unterbringung von Flüchtlingen zumindest bis 31. 12. 1999 verlängert werden.

k) Jugendherbergen

Steuerfrei sind die Leistungen des Deutschen Jugendherbergswerks, Hauptverband für Jugendwandern und Jugendherbergen e.v., einschließlich der diesem Verband angeschlossenen Untergliederungen, Einrichtungen und Jugendherbergen, soweit die Leistungen unmittelbar den Satzungszwecken dienen (§ 4 **Nr. 24 UStG** und Abschn. 118 UStR).

Leistungen, die dem Satzungszweck unmittelbar dienen, sind insbesondere die Beherbergung und Beköstigung von Jugendlichen (bis vor Vollendung des 27. Lebensjahres), ihrer Betreuer und wandernder Familien mit Kindern. Ebenfalls steuerfrei bleiben die üblichen Nebenleistungen wie z.B. die Durchführung von Wanderfahrten und Freizeiten, die Überlassung von Schlafsäcken, Spiel- und Sportgeräten und der Verkauf von Zusatz- und Wanderverpflegung, Wanderkarten, Ansichtskarten, Wimpeln usw. Wenn Umsätze in geringem Umfang (nicht mehr als 2 v. H.) auch an andere als die aufgeführten Personen erfolgen, so gewährt die Finanzverwaltung auch dafür Steuerfreiheit. Wegen der Einzelheiten vgl. Abschn. 118 Abs. 2 und 3 UStR. Nach Auffassung des BFH in dem Urteil vom 18. 1. 1995 (BStBl. II S. 446) sind die mit alleinreisenden Erwachsenen getätigten Umsätze der Jugendherbergen allerdings nicht gem. § 4 Nr. 24 UStG von der USt befreit. Soweit ein Zweckbetrieb vorliegt, kommt der ermäßigte Steuersatz in Betracht.

Die Steuerbefreiung gilt nach dem Wortlaut des § 4 Nr. 24 letzter Satz UStG auch für Leistungen anderer Vereinigungen, wenn sie die gleichen Aufgaben wie das Deutsche Jugendherbergswerk unter denselben Voraussetzungen erfüllen. Hierbei ist es insbesondere erforderlich, daß die Unterkunftsstätten dieser anderen Vereinigungen nach der Satzung und ihrer tatsächlichen Durchführung überwiegend Jugendlichen dienen. Zu den hiernach begünstigten „anderen Vereinigungen" gehören der Touristenverein „Die Naturfreunde", Bundesgruppe Deutschland e.V. in Stuttgart und die ihm als Mitglieder angeschlossenen Landesverbände, Bezirke und Ortsgruppen sowie die Pächter der Naturfreundehäuser.

Werden Aus- und Übersiedler, Asylbewerber, Obdachlose und Bürgerkriegsflüchtlinge vorübergehend in einer Jugendherberge (oder einem Naturfreundehaus) untergebracht, galt bis zum 31. 12. 1998 auch dafür die Steuerbefreiung des § 4 Nr. 24 UStG (BMF-Schreiben vom 11. 12. 1996, BStBl. I 1997 S. 112). Zur Verlängerung dieser Regelung siehe oben j).

l) Jugendhilfe

Steuerfrei sind verschiedene Leistungen der Träger der öffentlichen Jugendhilfe und der förderungswürdigen Träger der freien Jugendhilfe (§ **4 Nr. 25 UStG** und Abschn. 119 UStR).

Jugendliche i.S. dieser Vorschrift sind Personen vor Vollendung des 27. Lebensjahres. Die Abgrenzung des Kreises der begünstigten Träger und Einrichtungen richtet sich nach dem Achten Buch Sozialgesetzbuch (Artikel 1 des Gesetzes vom 26. 6. 1990 – Kinder- und Jugendhilfegesetz – BGBl. I S. 1163).

Von der Umsatzsteuer befreit sind bei begünstigten Trägern die nachstehenden Leistungen (§ 4 Nr. 25 a bis c UStG).

- Die Durchführung von Lehrgängen, Freizeiten, Zeltlagern, Fahrten und Treffen sowie von Veranstaltungen, die dem Sport oder der Erholung dienen, soweit diese Leistungen Jugendlichen oder Mitarbeitern in der Jugendhilfe unmittelbar zugute kommen.
- In Verbindung mit den oben bezeichneten Leistungen die Beherbergung, Beköstigung und die üblichen Naturalleistungen, die den Jugendlichen und den Mitarbeitern in der Jugendhilfe sowie den bei diesen Leistungen tätigen Personen als Vergütung für die geleisteten Dienste gewährt werden.
- Die Durchführung von kulturellen und sportlichen Veranstaltungen im Rahmen der Jugendhilfe, wenn die Darbietungen von den Jugendlichen selbst erbracht oder die Einnahmen überwiegend zur Deckung der Unkosten verwendet werden.

m) Gestellung von Mitgliedern geistlicher Genossenschaften

Geistliche Genossenschaften (z. B. geistliche Orden) und Mutterhäuser (z. B. Diakonissenhäuser) sind teilweise Körperschaften des öffentlichen Rechts und zum Teil auch Vereine. Bei den Körperschaften des öffentlichen Rechts wurde die Personalgestellung bereits bisher von der Umsatzsteuer weitgehend nicht erfaßt. Zur Gleichstellung der geistlichen Genossenschaften anderer Rechtsformen sieht **§ 4 Nr. 27a UStG** seit 1. 1. 1980 generell die Befreiung der Gestellung von Mitgliedern der geistlichen Genossenschaften für gemeinnützige, mildtätige, kirchliche oder schulische Zwecke vor. Die Steuerbefreiung gilt aber nur für die Gestellung der Mitglieder dieser Einrichtungen und nicht etwa für die Gestellung sonstiger Arbeitnehmer.

In Betracht kommen z. B. die Gestellung von Schwestern an Krankenhäuser und Altenheime sowie die Gestellung von Ordensangehörigen an Kirchengemeinden. Schulische Zwecke werden bei der Gestellung von Lehrern an Schulen zur Erteilung von Unterricht verfolgt, dabei muß es sich nicht um Religionsunterricht handeln (Abschn. 121 UStR).

n) Steuerfreiheit zur Vermeidung einer Vorsteuerberichtigung

Steuerfrei ist nach **§ 4 Nr. 28 UStG** die Lieferung (und bis 31. 3. 1999 in bestimmten Fällen der Eigenverbrauch) von Gegenständen, die ein Unternehmer für eine nach § 4 Nr. 8 bis 27 UStG steuerfreie Tätigkeit verwendet hat.

Verkauft beispielsweise ein Krankenhaus sein gesamtes bewegliches Anlagevermögen, so wäre die Lieferung nicht nach § 4 Nr. 16 UStG steuerfrei, weil es sich nicht um einen „eng" mit dem Betrieb verbundenen Umsatz handelt (Abschn. 100 Abs. 3 Nr. 5 UStR). Die Steuerpflicht des Umsatzes würde aber gleichzeitig bedeuten, daß das Krankenhaus über eine Vorsteuerberichtigung (§ 15a UStG) nachträglich den Vorsteuerabzug für den Erwerb des Gegenstandes erhalten könnte. Durch die Steuerbefreiung des Veräußerungsumsatzes nach § 4 Nr. 28 UStG wird in solchen Fällen eine Vorsteuerberichtigung vermieden.

Die Steuerbefreiung, die lediglich der Vereinfachung dient, kommt nur zur Anwendung, wenn der Veräußerer die Gegenstände ausschließlich oder zu mindestens 95 v.H. für nach § 4 Nr. 8 bis 27 UStG steuerfreie Tätigkeit verwendet hat (Abschn. 122 Abs. 2 UStR).

3. Vergütung von Vorsteuer

Vereine, die gemeinnützige, mildtätige oder kirchliche Zwecke nach den §§ 51 bis 68 AO verfolgen, erhalten auf Antrag eine Steuervergütung, zum Ausgleich der Steuer, die auf der an sie bewirkten Lieferung eines Gegenstandes, seiner Einfuhr oder seinem innergemeinschaftlichen Erwerb lastet. Voraussetzung für die Vergütung ist, daß der Verein den Gegenstand im Rahmen seiner steuerbegünstigten Tätigkeit auf humanitärem, karitativem oder erzieherischem Gebiet in das Drittlandsgebiet ausführt und die Lieferung nicht durch einen steuerpflichtigen wirtschaftlichen Geschäftsbetrieb bewirkt wird (§ 4a UStG).

Der Antrag muß auf amtlichem Vordruck spätestens bis zum Ablauf des auf das Jahr der Ausfuhr folgenden Kalenderjahres gestellt werden (§ 24 Abs. 1 UStDV). Sämtliche Voraussetzungen für die Umsatzsteuervergütung müssen nach § 24 Abs. 2 und 3 UStDV buchmäßig nachgewiesen werden. Nähere Einzelheiten ergeben sich aus den Abschn. 123 bis 127 UStR.

4. Verzicht auf Steuerbefreiung

Bei den steuerfreien Umsätzen, die unter das Grunderwerbsteuergesetz fallen (§ 4 Nr. 9a UStG), und den Vermietungs- und Verpachtungsumsätzen (§ 4 Nr. 12 UStG) kann auf die Steuerbefreiung verzichtet werden. Von dieser Möglichkeit wird ein Verein dann Gebrauch machen, wenn sich durch die Steuerbefreiung Nachteile ergeben, weil er selbst insoweit keinen Vorsteuerabzug geltend machen kann und weil er dem Abnehmer seiner Leistung wegen der Steuerbefreiung keine Umsatzsteuer gesondert in Rechnung stellen kann. Der Verzicht auf Steuerbefreiung ist auf Umsätze an andere Unternehmer für deren Unternehmen beschränkt (§ 9 UStG und Abschn. 148 und 148a UStR).

Der Verzicht auf die Steuerbefreiung muß dem Finanzamt nicht besonders mitgeteilt werden, er wird wirksam durch den gesonderten Ausweis von Umsatzsteuer in einer Rechnung und die Besteuerung des einzelnen Umsatzes. Der Verzicht auf Steuerbefreiung ist an keine besondere Form und Frist gebunden. Er ist möglich, solange die Steuerfestsetzung noch nicht unanfechtbar geworden ist oder unter dem Vorbehalt der Nachprüfung steht. Der Verzicht ist auch noch möglich, wenn die Steuerfestsetzung aufgehoben oder geändert wird. Unter diesen Voraussetzungen kann der Verzicht auch wieder rückgängig gemacht werden. Sind für diese Umsätze allerdings Rechnungen oder Gutschriften mit gesondertem Steuerausweis erteilt worden, so entfällt die Steuerschuld nur, wenn die Rechnungen oder Gutschriften berichtigt werden.

Die freiwillige Versteuerung ist jedoch nicht möglich, wenn ein Umsatz überhaupt nicht unter das Umsatzsteuergesetz fällt („nicht steuerbar" ist). Verkauft z.B. ein Sportverein ein Grundstück, das einer Jugendabteilung ohne Einnahmen gedient hat, so ist dieser Vorgang nicht im Unternehmen des Vereins bewirkt und damit nicht steuerbar, er kann deshalb nicht freiwillig nach § 9 UStG der Umsatzsteuer unterworfen werden. Abteilungen, die keine Einnahmen erzielen und nur von echten Mitgliederbeiträgen leben (vgl. Seite 364), gehören nicht zum umsatzsteuerlichen Unternehmen des Vereins.

Bei der Vermietung oder Verpachtung von Grundstücken im Rahmen des Unternehmens des Vereins ist § 9 Abs. 2 UStG i.V.m. § 27 Abs. 2 UStG zu beachten. Nach § 9 Abs. 2 UStG kann bei Grundstücken, die Wohnzwecken oder anderen nichtunternehmerischen Zwecken dienen, nicht auf die Steuerbefreiung verzichtet werden. § 27 Abs. 2 UStG regelt die zeitliche Anwendung dieser Einschränkung der Optionsmöglichkeit des § 9 UStG. Danach ist ein Verzicht auf die Steuerbefreiung noch möglich, wenn das auf dem Grundstück errichtete Gebäude

1. Wohnzwecken dient oder zu dienen bestimmt ist und vor dem 1. 4. 1985 fertiggestellt worden ist,
2. anderen nichtunternehmerischen Zwecken dient oder zu dienen bestimmt ist und vor dem 1. 1. 1986 fertiggestellt worden ist,
3. anderen als in den Nummern 1 und 2 bezeichneten Zwecken dient oder zu dienen bestimmt ist und vor dem 1. 1. 1998 fertiggestellt worden ist,

und wenn mit der Errichtung des Gebäudes in den Fällen der Nummern 1 und 2 vor dem 1. 6. 1984 und in den Fällen der Nummer 3 vor dem 11. 11. 1993 begonnen worden ist.

Abschnitt 148 a der UStR enthält eine Reihe von Beispielen zur Anwendung des § 9 Abs. 2 UStG. **Entscheidend ist in allen Fällen die Nutzung auf der Endstufe.**

Die Aufzeichnungen des Vereins müssen erkenntlich machen, welche an sich steuerfreien Umsätze er nach § 9 UStG als steuerpflichtig behandelt (§ 22 Abs. 2 Nr. 1 Satz 4 UStG).

Beispiel: Ein gemeinnütziger Verein ist Eigentümer eines im Jahr 1994 fertiggestellten Gebäudes, in dem sich eine Gaststätte, eine Arztpraxis und drei an Privatleute vermietete Wohnungen befinden. Mit der Errichtung des Gebäudes wurde im August 1993 begonnen (Beginn der Ausschachtungsarbeiten).
Die private Wohnungsvermietung ist steuerfrei nach § 4 Nr. 12 a UStG, ein Verzicht ist hier nicht möglich. Der Verein kann jedoch auf die Steuerbefreiung für die an den Gastwirt und den Arzt bewirkten Vermietungsumsätze verzichten. Der nach den Regelvorschriften des UStG versteuernde Gastwirt kann die ihm in Rechnung gestellte Umsatzsteuer als Vorsteuer abziehen. Der Arzt ist zwar Unternehmer i. S. des UStG, aber mit seinen Umsätzen nach § 4 Nr. 14 UStG steuerfrei und damit nach § 15 Abs. 2 Satz 1 Nr. 1 UStG vom Vorsteuerabzug ausgeschlossen.
Nach § 9 UStG kann der Verein den Verzicht auf die Steuerbefreiung auf einzelne Umsätze beschränken. Deshalb kann es im vorliegenden Fall zweckmäßig sein, nur auf die Steuerbefreiung für die an den Gastwirt bewirkten Vermietungsumsätze zu verzichten, die Vermietung an den Arzt aber steuerfrei zu belassen.

Wäre mit der Errichtung des Gebäudes erst nach dem 10. 11. 1993 begonnen worden, wäre ein Verzicht auf die Steuerbefreiung hinsichtlich der Vermietung an den Arzt nicht mehr möglich gewesen. Insoweit gilt die Übergangsregelung in § 27 Abs. 2 Nr. 3 UStG.

Der Verzicht auf die Steuerbefreiung von Vermietungs- und Verpachtungsumsätzen kann sich für einen Verein dann günstig auswirken, wenn er durch die steuerpflichtige Vermietung oder Verpachtung hohe Vorsteuerbeträge abziehen kann.

Beispiel: Ein gemeinnütziger Sportverein erstellt 1998 eine Vereinsgaststätte, deren Herstellungskosten 300 000 DM zuzüglich 48 000 DM Umsatzsteuer betragen. Die Vereinsgaststätte soll nach der Fertigstellung an einen Gastwirt verpachtet werden. Die Verpachtung des Gebäudes ist nach § 4 Nr. 12 UStG von der Umsatzsteuer befreit.

In diesem Fall ist es für den Verein in der Regel zweckmäßig, nach § 9 UStG auf die Steuerfreiheit der Grundstücksverpachtung zu verzichten, weil ihm dadurch die auf die Baukosten entfallende Vorsteuer von 48 000 DM vom Finanzamt erstattet wird. Der Verein muß dann die gemeinnützigkeitsrechtlich zur Vermögensverwaltung gehörenden Pachteinnahmen mit 7 v. H. (§ 12 Abs. 2 Nr. 8 a UStG) der Umsatzsteuer unterwerfen. Der Gastwirt kann die ihm in Rechnung gestellte Umsatzsteuer als Vorsteuer abziehen (siehe auch das obige Beispiel).

Es muß aber ausdrücklich darauf aufmerksam gemacht werden, daß bei späterer steuerfreier Verpachtung der Vorsteuerabzug nach § 15a UStG teilweise wieder rückgängig gemacht werden kann. Nimmt der Verein bei der Verpachtung der Gaststätte z. B. nach Ablauf von fünf Jahren die Steuerbefreiung der Pachteinnahmen wieder in Anspruch, so wird der Vorsteuerabzug im Ergebnis zeitanteilig wieder rückgängig gemacht. Nach § 15a UStG werden bei nur fünfjähriger steuerpflichtiger Vermietung deshalb $5/10$ des Vorsteuerabzugs (24 000 DM) wieder rückgängig gemacht.

Ist der Verein Kleinunternehmer, für den nach § 19 Abs. 1 KStG Umsatzsteuer nicht erhoben wird, so ist ein Verzicht auf die Steuerbefreiung nur möglich, wenn der Verein gleichzeitig nach § 19 Abs. 2 UStG zur Regelbesteuerung optiert (vgl. Seite 397).

IV. Bemessungsgrundlage

1. Allgemeines

Um die Umsätze der Besteuerung unterwerfen zu können, wird eine Bemessungsgrundlage benötigt, von der durch Anwendung des maßgeblichen Steuersatzes die Umsatzsteuer errechnet werden kann. Für Lieferungen und sonstige Leistungen ist Bemessungsgrundlage das **Entgelt** abzüglich einer darin enthaltenen Umsatzsteuer (§ 10 Abs. 1 UStG). Bemessungsgrundlage für die Besteuerung der unentgeltlichen Wertabgaben, die ab 1. 4. 1999 den Lieferungen oder sonstigen Leistungen gegen Entgelt gleichgestellt werden, sind die Selbstkosten oder die entstandenen Kosten (§ 10 Abs. 4 UStG).

Daneben enthält § 10 Abs. 5 UStG eine **Mindestbemessungsgrundlage** für Umsätze, die ein Verein zu unangemessen niedrigen Entgelten an seine Mitglieder ausführt.

Nach Abschn. 158 Abs. 1 Beispiel 2 UStR ist für die Anwendung dieser Vorschrift zu unterscheiden, ob der Verein gemeinnützig ist oder nicht. Ist der Verein nicht als gemeinnützig anerkannt, so ist danach zu prüfen, ob die bei der Überlassung der Vereinseinrichtungen entstandenen Kosten das von dem Mitglied gezahlte Entgelt übersteigen. Ist dies der Fall, sind nach § 10 Abs. 5 Nr. 1 UStG die Kosten als Bemessungsgrundlage anzusetzen.

Bei gemeinnützigen Vereinen dürfen die Mitglieder nach § 55 Abs. 1 Nr. 1 AO keine Gewinnanteile und in ihrer Eigenschaft als Mitglieder auch keine sonstigen Zuwendungen aus Mitteln des Vereins erhalten. Ein gemeinnütziger Verein erhält daher einen gewissen Vertrauensvorschuß. Nach Abschn. 158 Abs. 1 Beispiel 2 Buchst. b der UStR braucht in den Fällen, in denen der Verein an seine Mitglieder Sonderleistungen gegen Entgelt erbringt, aus Vereinfachungsgründen eine Ermittlung der Kosten erst dann vorgenommen zu werden, wenn die Entgelte offensichtlich nicht kostendeckend sind.

Die Mindestbemessungsgrundlage des § 10 Abs. 5 UStG ist auch dann nicht anzusetzen, wenn das vereinbarte niedrigere Entgelt marktüblich ist (BFH-Urteil vom 8. 10. 1997, BStBl. II S. 840).

2. Entgelt

Entgelt im umsatzsteuerlichen Sinn ist alles, was der Empfänger einer Lieferung oder sonstigen Leistung aufwendet, um die Lieferung oder sonstige Leistung zu erhalten. Die Umsatzsteuer selbst gehört kraft ausdrücklicher gesetzlicher Bestimmung nicht zum Entgelt. Ebenfalls nicht zum Entgelt gehören sog. durchlaufende Posten. Das sind Beträge, die ein Unternehmer im Namen und für Rechnung eines anderen vereinnahmt und verausgabt. Vgl. dazu § **10 Abs. 1 UStG** und Abschn. 149 bis 152 UStR.

Die Umsatzsteuer will den Vorgang des Leistungsaustauschs ohne Rücksicht darauf erfassen, ob der Unternehmer dabei einen Gewinn erzielt oder nicht. Deshalb ist ein Abzug für irgendwelche Geschäftsunkosten des Unternehmers nicht möglich, es sind stets die vollen Einnahmen der Besteuerung zu unterwerfen. Nur bei Preisnachlässen (z. B. Skonti) ist das geminderte Entgelt der Umsatzsteuer zu unterwerfen, hier ist ggf. eine nachträgliche Berichtigung des Entgelts vorzunehmen (§ 17 UStG). Die Umsatzsteuer selbst gehört nicht zum Entgelt, sie wird deshalb im Geschäftsleben regelmäßig neben dem Nettopreis gesondert ausgewiesen.

Beispiel:

Warenlieferung (Nettopreis)		100 DM
+ Umsatzsteuer	16 v. H.	16 DM
Bruttopreis		116 DM

Bei Umsätzen von Vereinen wird es oft vorkommen, daß die Umsatzsteuer nicht gesondert in Rechnung gestellt oder ausgewiesen wird und deshalb aus dem Bruttopreis herausgerechnet werden muß. Dabei beträgt bei dem vom 1. 1. 1993 bis 31. 3. 1998 geltenden Steuersatz von 15 v. H. die Umsatzsteuer 13,04 v. H. und bei einem Steuersatz von 7 v. H. 6,54 v. H. des Bruttopreises, bei dem ab 1. 4. 1998 geltenden Steuersatz von 16 v. H. die Umsatzsteuer 13,79 v. H.

Beispiel: Ein Verein hat aus seiner selbstbewirtschafteten Gaststätte (steuerpflichtiger wirtschaftlicher Geschäftsbetrieb i. S. des § 64 AO) im Jahr 1998 bis 31. 3. Einnahmen von 40 000 DM und ab 1. 4. von 130 000 DM und aus seinen sportlichen Veranstaltungen (Zweckbetrieb) bis 31. 3. Einnahmen von 10 000 DM und ab 1. 4. 35 000 DM. In diesen Beträgen ist die von den Endabnehmern zu tragende Umsatzsteuer enthalten. Deshalb muß die Umsatzsteuer aus dem Bruttopreis, der also das Entgelt und die darauf entfallende Umsatzsteuer enthält, mit den oben angegebenen Vervielfältigern herausgerechnet werden.
Die Umsatzsteuer beträgt:

13,04 v. H. aus 40 000 DM (Steuersatz 15 v. H.) =	5 216 DM
13,79 v. H. aus 130 000 DM (Steuersatz 16 v. H.) =	17 927 DM
6,54 v. H. aus 45 000 DM (Steuersatz 7 v. H.) =	2 943 DM

Zu bemerken ist hierzu noch, daß zwar die Umsatzsteuer nicht zur umsatzsteuerlichen Bemessungsgrundlage gehört, wohl aber andere Steuern, wie z. B. Tabaksteuer, Vergnügungsteuer, Getränkesteuer usw. Bei Tausch, bei tauschähnlichen Umsätzen und bei Hingabe an Zahlungs Statt gilt der Wert jedes Umsatzes als Entgelt für den anderen Umsatz. Überläßt beispielsweise ein Musikverein einem Lieferanten für eine Notenlieferung Eintrittskarten für ein Konzert, so hat der Verein den Wert der Noten als Entgelt zu versteuern.

3. Besteuerung nach vereinbarten oder vereinnahmten Entgelten

Das UStG sieht grundsätzlich die Besteuerung nach **vereinbarten** Entgelten (Solleinnahmen) vor (**§ 16 Abs. 1 Satz 1 UStG**). Dabei richtet sich die Entstehung und Fälligkeit der Umsatzsteuer nach dem Zeitpunkt, in dem die Leistung ausgeführt wird. Bei der Sollversteuerung und monatlicher Abgabe von Voranmeldungen (siehe Seite 402) muß beispielsweise der am 20. 6. 1998 erfolgte Verkauf von Altmaterial bereits in der am 10. 7. 1998 abzugebenden Umsatzsteuervoranmeldung angegeben werden, auch wenn der Käufer erst im Dezember bezahlt.

Bei Unternehmern, die in dem vorangegangenen Kalenderjahr einen Gesamtumsatz (vgl. Seite 396) von nicht mehr als 250 000 DM (im Beitrittsgebiet, d. h. in den neuen Bundesländern, bis zum Jahr 2004: nicht mehr als 1 Mill. DM) hatten, oder die von der Buchführungspflicht befreit sind (§ 148 AO), kann das Finanzamt auf Antrag gestatten, daß die Versteuerung nach den **vereinnahmten** Entgelten (Isteinnahmen) erfolgt (§ **20 Abs. 1 UStG** und Abschn. 254 UStR). Hier wird die Versteuerung erst bei Geldeingang vorgenommen, in dem obigen Beispiel wäre der Umsatz daher erst in der am 10. 1. 1999 abzugebenden Voranmeldung aufzuführen. Kleinere Vereine, die regelmäßig keine kaufmännische Buchführung unterhalten, sollten einen Antrag auf Istbesteuerung stellen. Da hier die Einnahmen ohnehin für die Gewinnermittlung aufgezeichnet werden müssen, ist die Ermittlung der Umsätze nach vereinnahmten Entgelten praktisch ohne besondere Mehrarbeit möglich.

V. Steuersätze

1. Überblick

Das UStG kennt verschiedene Steuersätze. Der allgemeine Steuersatz (man spricht auch von Regelsteuersatz) beträgt derzeit 16 v. H. In bestimmten Fällen ist ein ermäßigter Steuersatz von 7 v. H. anzuwenden.

Daneben bestehen für die Land- und Forstwirtschaft besondere Steuersätze. Wegen der auf Ausnahmefälle beschränkten Bedeutung für Vereine wird von einer Besprechung der für die Land- und Forstwirte geltenden Steuersätze abgesehen.

2. Allgemeiner Steuersatz

Die Umsatzsteuer betrug **vom 1. 7. 1983 bis zum 31. 12. 1992** für jeden steuerpflichtigen Umsatz grundsätzlich **14 v. H.** der Bemessungsgrundlage, **vom 1. 1. 1993 bis zum 31. 3. 1998** betrug sie **15 v. H.**, und **seit 1. 4. 1998** beträgt sie **16 v. H.** Wie bereits oben ausgeführt, ist die vom Abnehmer bezahlte Umsatzsteuer nicht Teil der Bemessungsgrundlage (vgl. insbesondere wegen der Herausrechnung von USt aus einem Bruttoentgelt Seite 386).

3. Ermäßigter Steuersatz

Der ermäßigte Steuersatz für bestimmte, in § **12 Abs. 2 UStG** abschließend aufgeführte Umsätze beträgt seit 1. 7. 1983 7 v. H. der Bemessungsgrundlage.

Für Vereine sind im wesentlichen die nachstehenden Umsätze, die dem ermäßigten Steuersatz unterliegen, von Bedeutung:

a) Lieferung und Vermietung bestimmter Gegenstände

Die Lieferung (§ 12 Abs. 2 Nr. 1 UStG) und die Vermietung (§ 12 Abs. 2 Nr. 2 UStG) der in der Anlage zum UStG aufgeführten Gegenstände unterliegen dem ermäßigten Steuersatz. Von den in der Anlage zum UStG aufgeführten Gegenständen sind für Vereine insbesondere von Bedeutung: Pferde und andere Haustiere, bestimmte Lebensmittel und Getränke, Bücher, Zeitschriften, Noten, Landkarten, Briefmarken als Sammlungsstücke, Krankenfahrstühle und Körperersatzstücke, sowie Kunstgegenstände und Sammlungen. Eine eingehende Erläuterung zu den begünstigten Gegenständen enthält das BMF-Schreiben vom 27. 12. 1983, BStBl. I S. 567, geändert durch die BMF-Schreiben vom 7. 1. 1985 (BStBl. I S. 51), vom 30. 12. 1985 (BStBl. I S. 31), vom 18. 10. 1993 (BStBl. I S. 879) und vom 16. 11. 1993 (BStBl. I S. 956).

Die Abgabe von Speisen und Getränken, die an sich dem ermäßigten Steuersatz unterliegen, ist aber mit dem Regelsteuersatz (seit 1. 4. 1998 16 v. H.) zu versteuern, wenn sie zum **Verzehr an Ort und Stelle** erfolgt. Speisen und Getränke werden zum Verzehr an Ort und Stelle abgegeben, wenn sie nach den Umständen der Abgabe dazu bestimmt sind, an einem Ort verzehrt zu werden, der mit dem Abgabeort in einem räumlichen Zusammenhang steht und wenn besondere Vorrichtungen für den Verzehr an Ort und Stelle bereitgehalten werden. Nach § 3 Abs. 9 S. 4 und 5 UStG liegt in diesen Fällen eine sonstige Leistung vor. Für diese sonstigen Leistungen sieht § 12 UStG keine Ermäßigung des Steuersatzes vor. Verzehr an Ort und Stelle liegt regelmäßig in Gastwirtschaften, Vereinskantinen, Festzelten, Mensen usw. vor. Vgl. dazu auch das BFH-Urteil vom 20. 8. 1998 (BStBl. II 1999 S. 37) zur Durchführung einer sog. Schulspeisung und das BMF-Schreiben vom 10. 9. 1998 (BStBl. I 1998 S. 1148).

b) Gemeinnützige, mildtätige und kirchliche Zwecke

Die Umsätze eines Vereins, der gemeinnützigen, mildtätigen oder kirchlichen Zwecken dient, unterliegen dem ermäßigten Steuersatz (**§ 12 Abs. 2 Nr. 8 Buchst.a UStG** und Abschn. 170 UStR). Wird das Vorliegen der steuerbegünstigten Zwecke bereits für die Körperschaftsteuer bejaht (wegen der Voraussetzungen der Gemeinnützigkeit vgl. Abschnitt A Gemeinnützigkeit), so ist dem im allgemeinen auch für die Umsatzsteuer zu folgen (Abschn. 170 Abs. 1 UStR). Die Vorschrift ist insbesondere für Sportvereine, Musik- und Gesangvereine, Kunst- und Kulturvereine, Heimatpflegevereine, für Verein zur Pflege des Denkmal- und Landschaftsschutzes sowie Vereine zur Förderung der Wissenschaft, Volks- und Berufsbildung von Bedeutung.

Soweit die Vereine Umsätze aus **Zweckbetrieben** erzielen (z.B: Eintrittsgelder bei kulturellen Veranstaltungen), unterliegen die Einnahmen dem ermäßigten Steuersatz von 7 v. H. Das gleiche gilt für evtl. steuerpflichtige Umsätze aus der **Vermögensverwaltung** (z. B. aus der Verpachtung von Werberechten).

Soweit Umsätze im Rahmen eines **steuerpflichtigen wirtschaftlichen Geschäftsbetriebs** (z.B: aus der selbstbewirtschafteten Vereinsgaststätte) erzielt werden, beträgt die Umsatzsteuer seit 1. 4. 1998 16 v.H. Die seit 1990 geltende Besteuerungsgrenze in § 64 Abs. 3 AO (vgl. Seiten 311 f.) ist bei der Umsatzsteuer nicht zu beachten! Für die Anwendung des Regelsteuersatzes von 16 v.H. reicht es deshalb aus, wenn es sich dem Grunde nach um steuerpflichtige wirtschaftliche Geschäftsbetriebe handelt.

Hat z. B. ein gemeinnütziger Verein aus wirtschaftlichen Aktivitäten (selbstbewirtschaftete Vereinsgaststätte, Vereinsfeste usw.) jährliche Einnahmen einschl. Umsatzsteuer von 40000 DM, zahlt er dafür seit 1990 zwar keine Körperschaftsteuer und Gewerbesteuer. Trotzdem unterliegen die Einnahmen der Umsatzsteuer seit 1. 4. 1998 mit 16 v.H. (wobei die Umsatzsteuer aus dem Bruttobetrag seit 1. 4. 1998 mit 13,79 v.H. herauszurechnen ist).

c) Umsatzsteuerermäßigung für Vereinigungen oder Gemeinschaften steuerbegünstigter Vereine

Gemeinnützige Vereine und Verbände der freien Wohlfahrtspflege schließen sich häufig zu nichtrechtsfähigen Personenvereinigungen (z. B. Gesellschaften bürgerlichen Rechts) zusammen oder bilden Gemeinschaften. Die Vereinigungen oder Gemeinschaften haben in der Regel sachlich und zeitlich begrenzte Aufgaben zu erfüllen (z.B. Sportveranstaltungen, Lotterien oder Ausspielungen). Die nichtrechtsfähigen Personenvereinigungen und die Gemeinschaften sind umsatzsteuerrechtlich Unternehmer (§ 2 Abs. 1 UStG). Sie führen entgeltliche Leistungen aus, die – soweit sie im Erhebungsgebiet bewirkt werden – umsatzsteuerpflichtig sind und **bis 31. 12. 1989** dem (damals geltenden) Regelsteuersatz von 14 v.H. unterlagen.

Seit 1. 1. 1990 gilt der ermäßigte Umsatzsteuersatz von **7 v.H.** nach **§ 12 Abs. 2 Nr. 8 Buchstabe b** UStG auch für die Leistungen von nichtrechtsfähigen Personenvereinigungen und von Gemeinschaften steuerbegünstigter Körperschaften. Nichtrechtsfähige Personenvereinigungen und Gemeinschaften von Körperschaften, die ausschließlich und unmittelbar gemeinnützige, mildtätige oder kirchliche Zwecke verfolgen, werden damit hinsichtlich der umsatzsteuerrechtlichen Behandlung ihrer Leistungen den steuerbegünstigten Körperschaften gleichgestellt.

Voraussetzung für die Steuerermäßigung ist, daß

- die Mitglieder der nichtrechtsfähigen Personenvereinigung oder der Gemeinschaft ausschließlich steuerbegünstigte Körperschaften i.S. der §§ 51 bis 68 der AO sind,
- die Leistungen, würden sie anteilig von den Mitgliedern der Personenvereinigung oder der Gemeinschaft selbst ausgeführt, nach § 12 Abs. 2 Nr. 8 Buchstabe a UStG ermäßigt zu besteuern wären.

Daraus folgt, daß die einzelne Personenvereinigung oder Gemeinschaft für ihre Leistungen nur dann die Umsatzsteuerermäßigung beanspruchen kann, wenn sie sich lediglich auf steuerbegünstigte Bereiche (z. B. Zweckbetriebe) ihrer Mitglieder erstreckt. Daneben kann aber mit den wirtschaftlichen Geschäftsbetrieben, die nicht Zweckbetriebe sind (z. B. Vereinsgaststätten), eine gesonderte Personenvereinigung oder Gemeinschaft gebildet werden, deren Umsätze nicht begünstigt sind. Die für Umsatzsteuerzwecke erforderlichen Aufzeichnungen müssen bei nebeneinander bestehenden Zusammenschlüssen voneinander getrennt sein.

Ausgeschlossen ist die Steuerermäßigung, wenn eine Personenvereinigung oder Gemeinschaft außer Zweckbetrieben auch wirtschaftliche Geschäftsbetriebe umfaßt, die keine Zweckbetriebe sind (z. B. Gemeinschaft aus der kulturellen Veranstaltung des einen und dem Bewirtungsbetrieb des anderen gemeinnützigen Vereins oder bei Festgemeinschaften). Auch in Fällen gemeinschaftlicher Sportveranstaltungen darf durch die Zurechnung der anteiligen Einnahmen der Personenvereinigung oder der Gemeinschaft bei keinem Vereinigungs- oder Gemeinschaftsmitglied ein wirtschaftlicher Geschäftsbetrieb entstehen, der nicht Zweckbetrieb ist. Da insoweit bei jedem Beteiligten zunächst nach § 67a AO die Zweckbetriebseigenschaft (vgl. dazu Seiten 212f.) zu prüfen ist, bereitet die umsatzsteuerliche Behandlung einer Sport-GbR seit 1990 erhebliche Probleme. Vgl. dazu auch Abschn. 170 Abs. 7 UStR.

VI. Vorsteuerabzug

1. Allgemeines

Das UStG will nur den in einer Wirtschaftsstufe geschaffenen Mehrwert erfassen. Technisch wird das dadurch erreicht, daß ein Unternehmer seine Umsätze zwar voll versteuert, aber die von den Vorunternehmern gezahlte und ihm in Rechnung gestellte Umsatzsteuer (die sog. Vorsteuer) abziehen kann. Auch ein nach den allgemeinen Vorschriften des UStG versteuernder Verein kann daher von seiner eigenen Steuerschuld die Vorsteuern abziehen, die ihm von anderen Unternehmern für Lieferungen und sonstige Leistungen für den Unternehmensbereich des Vereins gesondert in Rechnung gestellt wurden (**§ 15 Abs. 1 UStG**). Zu beachten ist, daß der Verein im Besitz der Originalrechnung sein muß (BFH-Urteil vom 16. 4. 1997, BStBl. II S. 582), und daß der andere Unternehmer die Steuer, die er für seinen Umsatz schuldet, auch zutreffend in der Rechnung ausweist (BFH-Urteil vom 2. 4. 1998, BStBl. II S. 695).

Die Vorsteuer kann schon abgezogen werden, wenn die Lieferung an den Verein erfolgt ist und die Rechnung vorliegt, es ist nicht erforderlich, daß der Verein z.B. schon selbst mit der gekauften Ware steuerpflichtige Lieferungen bewirkt hat. Der Vorsteuerabzug wird auch stets nach dem Sollverfahren vorgenommen, auch wenn nach vereinnahmten Entgelten versteuert wird. Deshalb ist es durchaus möglich, daß die Vorsteuer schon abgezogen wird, wenn die Rechnung und die darin ausgewiesene Umsatzsteuer an den Vorlieferer noch gar nicht bezahlt ist. Die UStR behandeln den Vorsteuerabzug in den Abschn. 191 bis 213.

2. Ausschluß vom Vorsteuerabzug

Der Vorsteuerabzug ist für solche Vorsteuern ausgeschlossen, die auf Lieferungen und sonstige Leistungen entfallen, die der Verein seinerseits zur Ausführung steuerfreier Umsätze (mit Ausnahme der hier nicht interessierenden Exportleistungen) verwendet oder in Anspruch nimmt (§ 15 Abs. 2 und 3 UStG). Vom Abzug sind nach dem Sinn des UStG auch die Vorsteuern ausgeschlossen, die nicht mit dem unternehmerischen Bereich, sondern mit dem nichtunternehmerischen Eigenleben des Vereins (d. h. mit dem ideellen Bereich) zusammenhängen, weil das Gesetz ausdrücklich den Abzug von Vorsteuern nur für das Unternehmen vorsieht (§ 15 Abs. 1 Nr. 1 UStG).

Zu der nichtunternehmerischen Tätigkeit eines Vereins gehört die gesamte Tätigkeit, bei der keine Lieferungen und sonstige Leistungen gegen Entgelt bewirkt werden, beispielsweise bei Sportvereinen die Tätigkeit der Abteilungen, in denen keine Einnahmen aus Lieferungen und sonstigen Leistungen erzielt werden. Soweit Mitgliederbeiträge vereinnahmt werden, um damit in Erfüllung des Satzungszwecks die Gesamtbelange der Mitglieder wahrzunehmen, ist ein Leistungsaustausch (vgl. Seite 363) innerhalb des Unternehmensbereichs nicht gegeben. Deshalb können die Vorsteuerbeträge, die Vereinen in Rechnung gestellt werden, nicht abgezogen werden, soweit die Lieferungen zur Ausführung allgemeiner Vereinsleistungen, die durch Mitgliederbeiträge abgegolten sind, verwendet werden (sog. Sphärentheorie vgl. BFH-Urteil vom 20. 12. 1984, BStBl. II 1985 S. 176 und UR 1985 S. 132).

Der Ausschluß vom Vorsteuerabzug wegen Bewirkung steuerfreier Umsätze ist dann unproblematisch, wenn ein Verein nur steuerfreie Umsätze ausführt (z. B. ein Jugendherbergsverein), weil die Steuerfreiheit aller Umsätze dann mit dem vollen Vorsteuerabzugsverbot gekoppelt ist. Schwierigkeiten tauchen dann auf, wenn ein Verein zum Vorsteuerabzug berechtigende steuerpflichtige Umsätze und zum Vorsteuerabzug nicht berechtigende steuerfreie Umsätze bewirkt.

3. Aufteilung der Vorsteuerbeträge

Führt ein Unternehmer neben Umsätzen, bei denen der Vorsteuerabzug ausgeschlossen ist, auch Umsätze aus, bei denen die Vorsteuern abgezogen werden können, so sind die Vorsteuerbeträge voll abziehbar, die ausschließlich den begünstigten Umsätzen zugeordnet werden können. Die Vorsteuern, die ausschließlich mit nicht begünstigten eigenen Umsätzen des Vereins zusammenhängen, sind nicht abziehbar. Hängen Vorsteuern mit Umsätzen des Vereins zusammen, die teilweise zum Vorsteuerabzug berechtigen und die teilweise den Vorsteuerabzug ausschließen, so muß der abziehbare Vorsteuerbetrag nach der wirtschaftlichen Zuordnung bestimmt werden (§ 15 Abs. 4 UStG). Hierzu sind genaue Aufzeichnungen erforderlich. § 15 Abs. 4 Satz 2 UStG läßt ausdrücklich eine sachgerechte Schätzung zu, die die wirtschaftlichen Verhältnisse berücksichtigt. Vgl. dazu auch die BFH-Urteile vom 5. 2. 1998 (BStBl. II S. 492) und vom 12. 3. 1998 (BStBl. II S. 525).

Der nichtunternehmerische Bereich eines Vereins ist viel schwieriger als bei natürlichen Personen abzugrenzen. Dadurch wird die Aufteilung von Vorsteuerbeträgen bei Vereinen sehr erschwert. Beispielsweise ist bei einem Sportverein, der Abteilungen mit Wettspieleinnahmen (unternehmerischer Bereich) und Abteilungen ohne Einnahmen aus sportlichen Veranstaltungen (nichtunternehmerischer Bereich) unterhält, eine genaue Zurechnung der Vorsteuern kaum möglich, weil die Einrichtungen des Vereins (Sportgeräte, Duschen usw.) gemeinsam verwendet werden. Eine weitere Schwierigkeit tritt dadurch ein, daß die Verwendung eines Gegenstands im nichtunternehmerischen Bereich, der für den unternehmerischen Bereich beschafft worden ist, nach § 3 Abs. 9 a UStG einer sonstigen Leistung gegen Entgelt gleichzustellen ist.

Um diesen Schwierigkeiten zu begegnen, läßt die Finanzverwaltung zur Aufteilung der Vorsteuern für den unternehmerischen und nichtunternehmerischen Bereich Erleichterungen zu, die nachstehend kurz erläutert werden.

Nach **Abschn. 22 Abs. 7 bis 9 UStR (sog. Vereinserlaß)**, der nähere Einzelheiten zum Vorsteuerabzug und zur Unternehmereigenschaft von Vereinen, Verbänden usw. regelt, können die Finanzämter **auf Antrag** die folgenden Erleichterungen beim Vorsteuerabzug gestatten:

Die Vorsteuern, die teilweise dem unternehmerischen und teilweise dem nichtunternehmerischen Bereich zuzurechnen sind, werden auf diese Bereiche nach dem Verhältnis aufgeteilt, das sich aus der folgenden Gegenüberstellung ergibt:

– Einnahmen aus dem unternehmerischen Bereich abzüglich der Einnahmen aus Hilfsgeschäften und
– Einnahmen aus dem nichtunternehmerischen Bereich.

Zu den Einnahmen gehören alle Beträge, die dem Verein zufließen, insbesondere also die Einnahmen aus steuerbaren Umsätzen (z. B. Vereinsgaststätte und Sportveranstaltungen) und aus nicht steuerbaren Umsätzen (z. B. Mitgliederbeiträge, Zuschüsse und Spenden).

Nicht in diese Aufteilung mit einzubeziehen sind die Vorsteuerbeträge, die wirtschaftlich gesehen ausschließlich dem unternehmerischen oder dem nichtunternehmerischen Bereich zuzurechnen sind. So sind die Vorsteuerbeträge, die auf eine Vereinsgaststätte entfallen (z. B. Wareneinkauf, Inventarbeschaffung usw.) immer voll abzugsfähig, weil sie wirtschaftlich ausschließlich dem unternehmerischen Bereich zurechenbar sind. Zur Vereinfachung können aber Verwaltungsgemeinkosten (z. B. Beschaffung von Büromaterial für den Sportbetrieb und die Vereinsgaststätte) immer in den Aufteilungsschlüssel einbezogen werden.

Ein großer Vorteil des vereinfachten Verfahrens liegt darin, daß hier bei Beschaffung einheitlicher Gegenstände, die teilweise dem unternehmerischen und dem nichtunternehmerischen Tätigkeitsbereich dienen (z. B. die oben bezeichneten Sportgeräte), die nichtunternehmerische Verwendung nicht als ein einer sonstigen Leistung gegen Entgelt gleichzustellender Vorgang i. S. des § 3 Abs. 9 a UStG anzusehen ist. Der einheitliche Gegenstand muß aber in einem objektiven und erkennbaren wirtschaftlichen Zusammenhang mit der unternehmerischen Tätigkeit stehen (Abschn. 192 Abs. 18 UStR). Besteht kein objektiv erkennbarer Zusammenhang mit dem unternehmerischen Bereich, ist der Gegenstand voll dem nichtunternehmerischen Bereich zuzuordnen und die darauf entfallende Vorsteuer nicht abzugsfähig (und nicht in die Aufteilung einzubeziehen). Ab 1. 4. 1999 muß hierbei § 15 Abs. 1 S. 2 UStG beachtet werden, wonach die Lieferung eines Gegenstandes, den der Unternehmer zu weniger als 10 v. H. für sein Unternehmen nutzt, nicht als für das Unternehmen ausgeführte Lieferung gilt.

Das Finanzamt kann je nach den Verhältnissen des Einzelfalls bei der Gegenüberstellung das Verhältnis eines laufenden, eines früheren oder mehrerer Kalenderjahre anwenden. Da die Vereinfachungsregelung nur unter der Voraussetzung angewendet wird, daß der Verein fünf Jahre daran festhält, sollte beim Finanzamt beantragt werden, das für ein Jahr berechnete Verhältnis mehrere Jahre beizubehalten. Zum einen dient das der Vereinfachung, zum anderen wird damit verhindert, daß bei außerordentlich hohen Einnahmen eines Jahres aus dem nichtunternehmerischen Bereich (z. B. außergewöhnlicher Spendeneingang, einmaliger Totozuschuß) sich das Verhältnis zuungunsten des Vereins verschiebt.

Die Finanzämter sind im übrigen auch berechtigt, von dem oben dargestellten Verfahren abzuweichen, wenn bei einem anderen Aufteilungsverfahren ein sachgerechteres Ergebnis zu erwarten ist. Beispielsweise können bei einem Vereinsgebäude, das zu 75 v. H. als Gastwirtschaft und im übrigen wechselnd für unternehmerische und nichtunternehmerische Vereinsbelange verwendet wird, die nicht ausschließlich zurechenbaren Vorsteuern von vornherein zu 75 v. H. als abziehbar behandelt werden. Der restliche Teil von 25 v. H. kann sodann entsprechend dem jeweiligen Einnahmeverhältnis aufgeteilt werden (vgl. Beispiel in Abschn. 22 Abs. 8 UStR).

Der BFH hat mit Urteil vom 20. 12. 1985 (BStBl. II S. 176) gegen Teile des Vereinserlasses Bedenken erhoben. Da die Vorsteuerzurechnung bei Vereinen dann noch schwieriger geworden wäre, hat die Finanzverwaltung aber bisher auf eine Anpassung des Abschn. 22 Abs. 7 bis 9 UStR verzichtet.

Schließlich ist noch auf die Beispiele in Abschn. 22 Abs. 10 UStR hinzuweisen, in denen unter anderem auch die Aufteilung der Vorsteuer behandelt wird.

4. Vorsteuerpauschalierung

Durch § 23a UStG wird seit 1. 1. 1990 die Ermittlung der abziehbaren Vorsteuerbeträge für nicht buchführungspflichtige gemeinnützige Vereine durch die Anwendung eines Durchschnittsatzes erleichtert. Die abziehbaren Vorsteuerbeträge können – anstelle einer Einzelermittlung – pauschal mit einem Durchschnittssatz in Höhe von 7 v. H. des steuerpflichtigen Umsatzes festgesetzt werden, wenn dieser im Vorjahr 60 000 DM nicht überschritten hat. Ein weiterer Vorsteuerabzug ist ausgeschlossen.

Die Inanspruchnahme der Pauschalierung, die der Unternehmer dem Finanzamt spätestens bis zum zehnten Tage nach Ablauf des ersten Voranmeldungszeitraums eines Kalenderjahres erklären kann, hat zur Folge, daß der Verein an die Anwendung des Durchschnittssatzes mindestens für fünf Kalenderjahre gebunden ist. Sofern der Kalendermonat Voranmeldungszeitraum ist, besteht also für die Ausübung der Option zur Vorsteuerpauschalierung nur eine sehr kurze Frist (bis 10. 2.). Ist das Kalendervierteljahr Voranmeldungszeitraum oder ist der Verein nach § 18 Abs. 2 Satz 3 UStG von der Verpflichtung zur Abgabe von Umsatzsteuervoranmeldungen befreit, ist die Erklärung, den Durchschnittssatz nach § 23a UStG in Anspruch nehmen zu wollen, bis zum 10. 4. des Kalenderjahrs abzugeben, für das der Durchschnittssatz gelten soll (BFH-Urteil vom 30. 3. 1995, BStBl. II S. 567).

Bei steuerpflichtigen Ausgangsumsätzen von 16 v.H. (Regelsteuersatz seit 1. 4. 1998) beträgt die Steuerschuld im Falle der Inanspruchnahme des Durchschnittssatzes somit 9 v.H. der Bemessungsgrundlage. Sind die Ausgangsumsätze nach § 12 Abs. 2 Nr. 8a UStG nur dem ermäßigten Steuersatz von 7 v.H. zu unterwerfen, fällt im Ergebnis keine Zahllast an.

Beispiel: Ein gemeinnütziger Musikverein veranstaltet im Jahr 1998 zwei Konzerte mit Bruttoeinnahmen von insgesamt 14 000 DM. Aus der selbstbewirtschafteten Vereinsgaststätte und einem Vereinsfest werden Bruttoeinnahmen in Höhe von 18 000 DM und 17 000 DM erzielt. Der steuerpflichtige Umsatz hat im vorangegangenen Kalenderjahr 60 000 DM nicht überstiegen.
Die Konzerte sind als kulturelle Veranstaltungen gemäß § 68 Nr. 7 AO Zweckbetriebe. Die Umsätze daraus unterliegen nach § 12 Abs. 2 Nr. 8 Buchst. a UStG dem ermäßigten Umsatzsteuersatz von 7 v.H. Bei Anwendung des § 23a UStG wird davon eine pauschale Vorsteuer in gleicher Höhe abgezogen, so daß die Umsatzsteuer insoweit im Ergebnis 0 DM beträgt.
Die Einnahmen aus der selbstbewirtschafteten Vereinsgaststätte und aus dem Vereinsfest unterliegen dagegen dem Regelsteuersatz von 15 bzw. ab 1. 4. 1998 16 v.H., weil es sich dem Grunde nach um steuerpflichtige wirtschaftliche Geschäftsbetriebe handelt. Dem Grunde nach deshalb, weil die Besteuerungsgrenze in § 64 Abs. 3 AO nicht überschritten ist, und damit keine Körperschaftsteuer- und Gewerbesteuerpflicht besteht. Trotzdem kommt bei der Umsatzsteuer der Regelsteuersatz zur Anwendung. Aufgrund der Vorsteuerpauschalierung beträgt die Umsatzsteuer-Zahllast im Ergebnis 8 bzw. 9 v.H. der Umsätze aus den beiden wirtschaftlichen Geschäftsbetrieben.

Die Vorsteuerpauschalierung bedeutet für die betroffenen Vereine gerade hinsichtlich der oft sehr schwierigen Zuordnung der Vorsteuern eine wesentliche Erleichterung, zumal mit ihr nach § 66a UStDV die Befreiung von bestimmten Aufzeichnungspflichten verbunden ist. Ob die Pauschalierung aber günstiger ist, kann nur im Einzelfall entschieden werden. Zu bedenken ist der generelle Ausschluß jedes weiteren Vorsteuerabzugs und die Bindung an die Pauschalierung für fünf Jahre.

5. Vorsteuerberichtigung

Der Vorsteuerabzug ist nach § 15a UStG nachträglich zu berichtigen, wenn sich die für den Vorsteuerabzug maßgebenden Verhältnisse in einem späteren Veranlagungszeitraum ändern. Eine derartige Änderung ist z. B. dann gegeben, wenn ein Wirtschaftsgut, das zunächst zur Ausführung steuerpflichtiger Umsätze verwendet wurde, später der Bewirkung steuerfreier Umsätze dient. Bei einer derartigen Änderung innerhalb von 5 Jahren (bei Grundstücken 10 Jahren) entfällt der Vorsteuerabzug nachträglich anteilig. Bei einer umgekehrten Nutzungsänderung wird die Berichtigung auch zugunsten des Unternehmers vorgenommen. Einzelheiten ergeben sich aus den Abschn. 214 bis 219 UStR. Nach dem BFH-Urteil vom 13. 11. 1997 (BStBl. II 1998 S. 36) ist § 15a UStG auch dann anzuwenden, wenn die rechtliche Beurteilung der Verwendungsumsätze im bestandskräftig veranlagten Erstjahr falsch war.

6. Ausstellung von Rechnungen

Der Vorsteuerabzug ist nur möglich, wenn die Vorsteuer auf der Rechnung des Unternehmers, der eine Lieferung oder Leistung erbringt, gesondert ausgewiesen ist. Unternehmer sind deshalb nach § 14 UStG bei Lieferungen oder sonstigen Leistungen an andere Unternehmer (also auch an die Vereine mit unternehmerischer Betätigung), verpflichtet, die Umsatzsteuer gesondert auszuweisen. Eine zum Vorsteuerabzug berechtigende Rechnung muß außer der gesondert ausgewiesenen Umsatzsteuer noch Namen und Anschrift des leistenden Unternehmers und des Leistungsempfängers, Angaben über die Art und den Zeitpunkt der Lieferung oder Leistung und das Entgelt enthalten. Bei Rechnungen bis zu 200 DM ist eine vereinfachte Rechnungsausstellung, bei der aber der Steuersatz angegeben sein muß, vorgesehen (§ 33 UStDV). Der vorsteuerabzugsberechtige Abnehmer muß hier die Steuer aus dem Bruttobetrag herausrechnen (die Steueranteile betragen bei den Steuersätzen 15 v. H.: 13,04 v. H., bei 16 v. H.: 13,79 v. H. und bei 7 v. H.: 6,54 v. H. Eine Vereinfachungsregelung gilt auch bei Fahrausweisen als Rechnungen (§§ 34 und 35 UStDV).

Vereine sind selbstverständlich auch verpflichtet, bei umsatzsteuerpflichtigen Umsätzen an andere Unternehmer eine Rechnung mit Vorsteuerausweis zu erteilen. Bei Umsätzen an Letztverbraucher, die bei Vereinen in der Mehrzahl vorkommen, besteht eine solche Pflicht nicht. Hier muß aber dringend davor gewarnt werden, bei Umsätzen aus dem nichtunternehmerischen Bereich eines Vereins eine Rechnung mit gesondertem Steuerausweis auszustellen. Wird eine derartige Rechnung ausgestellt, so schuldet der Verein dem Finanzamt gegenüber die unberechtigt ausgewiesene Steuer (§ 14 Abs. 3 UStG). Das gleiche gilt für den Mehrbetrag, wenn in einer Rechnung aus dem Unternehmensbereich ein zu hoher Steuerbetrag ausgewiesen wurde (§ 14 Abs. 2 UStG). Während bei dem zu hohen Steuerausweis der Steuerbetrag berichtigt werden kann (§ 14 Abs. 2 Satz 2 i. V. mit § 17 UStG), kann der Verein im Fall des § 14 Abs. 3 UStG die Steuerschuld nicht mehr durch Richtigstellung der Rechnung abwenden. Zu den Anforderungen an eine wirksame Rechnungsberichtigung i.S. des § 14 Abs. 2 Satz 2 UStG vgl. das BMF-Schreiben vom 15. 2. 1994 (BStBl. I S. 193) und die BFH-Urteile vom 30. 11. 1995 (BStBl. II 1996 S. 206) und vom 13. 12. 1995 (BStBl. II 1996 S. 208).

VII. Vereine mit niedrigem Gesamtumsatz
(sogenannte Kleinunternehmer)

1. Grundsätzliche Regelung

Um die Steuerbelastung für Kleinunternehmer (dazu gehören auch sehr viele kleinere Vereine) zu mindern, hat der Gesetzgeber in § **19 UStG** Steuererleichterungen vorgesehen. So wird keine Umsatzsteuer erhoben, wenn der Umsatz im Vorjahr 32 500 DM nicht überstiegen hat und im laufenden Kalenderjahr 100 000 DM voraussichtlich nicht übersteigen wird.

Ergänzend zu § 19 UStG gelten die Abschn. 246 bis 253 UStR.

2. Nichterhebung der Umsatzsteuer bei Vorjahresumsatz bis 32 500 DM

Die für Umsätze (Lieferungen und sonstige Leistungen) geschuldete Umsatzsteuer wird nicht erhoben, wenn der Umsatz im Vorjahr 32 500 DM nicht überstiegen hat und im laufenden Jahr voraussichtlich 100 000 DM nicht übersteigen wird. Diese Rechtsfolge tritt kraft Gesetzes ein, eine Antragstellung beim Finanzamt ist deshalb nicht erforderlich.

Als Umsatz ist der nach vereinnahmten Entgelten berechnete **Gesamtumsatz** zuzüglich der Umsatzsteuer anzusehen. Für die Umsatzgrenzen des § 19 Abs. 1 UStG ist also von den Bruttoeinnahmen auszugehen, aus denen die Umsatzsteuer nicht herausgerechnet wird. Davon sind die Bruttoumsätze aus dem Verkauf von Wirtschaftsgütern des Anlagevermögens und nach § 19 Abs. 3 UStG bestimmte steuerfreie Umsätze abzuziehen. Dem Grunde nach steuerfreie Umsätze, die der Unternehmer wirksam als steuerpflichtig behandelt (Option nach § 9 UStG), gehören nach dem BFH-Urteil vom 15. 10. 1992 (BStBl. II 1993 S. 209) zum Gesamtumsatz i.S. des § 19 Abs. 1 Satz 2 UStG. Wird mit einer unternehmerischen Betätigung im Laufe eines Kalenderjahres begonnen oder diese Tätigkeit beendet, so ist nach § 19 Abs. 3 Satz 3 UStG eine Umrechnung auf einen Jahresumsatz erforderlich. Keine Umrechnung erfolgt aber bei saisonbedingten Umsatzschwankungen. Die Umrechnung erfolgt im Regelfall nach Monaten, wobei angefangene Monate dem Zeitraum zugerechnet werden, in dem die unternehmerische Tätigkeit bestanden hat (vgl. auch Abschn. 251 UStR) und die BFH-Urteile vom 7. 3. 1995, BStBl. II S. 562, und vom 17. 9. 1998, UR 1999 S. 81).

Durch die gesetzliche Regelung, die darauf abstellt, ob der Vorjahresumsatz 32 500 DM nicht überschritten hat oder ob im laufenden Jahr aus der Sicht des Jahresanfangs voraussichtlich ein Umsatz von 100 000 DM nicht überschritten wird (Abschn. 246 Abs. 3 UStR), ist den Vereinen bereits zu Beginn des Jahres bekannt, ob sie Umsatzsteuern zu entrichten haben. Das ist deshalb wichtig, weil ein unter § 19 Abs. 1 UStG fallender Verein nicht berechtigt ist, für von ihm getätigte Umsätze Umsatzsteuer in einer Rechnung gesondert auszuweisen. Eine trotz dieses Verbots in einer Rechnung ausgewiesene Umsatzsteuer wird von dem Verein nach § 14 Abs. 3 UStG geschuldet. Ein Verein, der nach § 19 Abs. 1 UStG keine Umsatzsteuer zu entrichten braucht, erhält auch selbst keinen Vorsteuerabzug nach § 15 UStG.

Die Regelung des § 19 Abs. 1 UStG ist für kleine Vereine, die einen Gesamtumsatz von bis zu 32 500 DM erzielen, recht günstig. Weil sie keine Umsatzsteuer zu entrichten haben und keinen Vorsteuerabzug erhalten, entsteht kaum Verwaltungsarbeit für den Verein. Der Verein muß lediglich Aufzeichnungen über die vereinnahmten Bruttoumsätze für Lieferungen und sonstige Leistungen führen (§ 65 UStDV). Würde der Verein allerdings in einer von ihm erteilten Rechnung unberechtigterweise Umsatzsteuer ausweisen, so müßte er darüber auch Aufzeichnungen haben (§ 63 Abs. 2 UStDV).

3. Freiwillige Versteuerung von Umsätzen

Vereine, bei denen nach § 19 Abs. 1 UStG keine Umsatzsteuer erhoben wird, erhalten – wie ausgeführt – keinen Vorsteuerabzug. Unter Umständen kann es aber für einen unter § 19 Abs. 1 UStG fallenden Verein wegen des Vorsteuerabzugs (z. B. aus dem Bau einer Vereinsgaststätte) günstiger sein, seine Umsätze zu versteuern. Dies ist nach § 19 Abs. 2 UStG möglich, indem der Verein dem Finanzamt gegenüber erklärt, daß er seine Umsätze versteuern will. Dadurch versteuert der Verein seine Umsätze nach den allgemeinen Vorschriften des UStG mit 16 v. H. oder mit 7 v. H., kommt aber – ggf. bei gleichzeitigem Verzicht auf eine Steuerbefreiung nach § 9 UStG – in den Genuß des Vorsteuerabzugs.

Die Erklärung gegenüber dem Finanzamt, die Umsätze freiwillig zu versteuern, ist an keine besondere Form gebunden. Berechnet der Verein in den Umsatzsteuer-Voranmeldungen oder in der Umsatzsteuererklärung die Umsatzsteuern nach den allgemeinen Vorschriften, so ist darin eine Erklärung nach § 19 Abs. 2 UStG zu sehen. Die Erklärung gilt vom Beginn des Kalenderjahres an, für das sie vom Verein abgegeben wird. Die Erklärung kann bis zur Unanfechtbarkeit der Steuerfestsetzung erklärt oder auch rückwirkend widerrufen werden. Nach Eintritt der Unanfechtbarkeit der Steuerfestsetzung (vgl. dazu Abschn. 247 Abs. 6 UStR und das BFH-Urteil vom 11. 12. 1997, BStBl. II 1998 S. 420) bindet die Erklärung den Verein für fünf Jahre (§ 19 Abs. 2 Satz 2 UStG).

VIII. Beispiel zur Umsatzsteuer

Ein gemeinnütziger Sportverein hat im Jahr 1998 folgende Einnahmen (Umsätze) erzielt:

	Bruttoeinnahmen	Umsatzsteuer
im ideellen Bereich:		
Mitgliederbeiträge	4 800 DM	nicht steuerbar
Aufnahmegebühren	600 DM	nicht steuerbar
Spenden	7 400 DM	nicht steuerbar
Zuschüsse (von der Gemeinde und vom Landessportbund für den Ausbau der Sportanlagen)	15 000 DM	nicht steuerbar
im Bereich der Vermögensverwaltung:		
Zinsen aus Bankguthaben	800 DM	steuerfrei nach § 4 Nr. 8 UStG
Einnahmen aus der Vermietung einer Wohnung an den Pächter der Vereinsgaststätte	7 200 DM	steuerfrei nach § 4 Nr. 12 UStG
Einnahmen aus der Verpachtung der Vereinsgaststätte (der Verein hat die Gaststätte früher selbst betrieben, dann wurde die Betriebsaufgabe erklärt und anschließend die Gaststätte verpachtet; der Verein hat hinsichtlich der Verpachtung der Gaststätte nach § 9 UStG auf die Steuerbefreiung – 4 Nr. 12 UStG – verzichtet)	16 000 DM	7 v.H.
Einnahmen aus der an einen Unternehmer verpachteten Bandenwerbung	7 500 DM	7 v.H.
im Zweckbetriebsbereich:		
Einnahmen aus dem Losverkauf bei einer Tombola	1 100 DM	7 v.H.
Eintrittsgelder bei sportlichen Veranstaltungen der Fußballmannschaft (der Verein hat auf die Anwendung der Zweckbetriebsgrenze des § 67a Abs. 1 AO nicht verzichtet)	5 500 DM	7 v.H.
Teilnehmergebühren anläßlich eines vom Verein veranstalteten Volkslaufs	2 600 DM	steuerfrei nach § 4 Nr. 22b UStG

im Bereich der steuerpflichtigen
wirtschaftlichen Geschäftsbetriebe:
Einnahmen bei Festveranstaltungen:

- bis 31. 3. 1998 (Fasching)	6 000 DM	15 v. H.
- 1. 4.–31. 12. 1998 (Sommerfest und Weihnachtsfeier)	12 000 DM	16 v. H.
Einnahmen aus der Bewirtschaftung bei sportlichen Veranstaltungen:		
- bis 31. 3. 1998	1 000 DM	15 v. H.
- 1. 4.–31. 12. 1998	3 200 DM	16 v. H.
Einnahmen aus der Trikotwerbung:		
- bis 31. 3. 1998	600 DM	15 v. H.
- 1. 4.–31. 12. 1998	1 900 DM	16 v. H.
Einnahmen aus der Verwertung gesammelter und gespendeter Sachen (Altpapier)		
- nach dem 31. 3. 1998	2 000 DM	16 v. H.
Die **abzugsfähige Vorsteuer** (richtig ermittelt) beträgt		**3 500 DM**

Der Vorjahresumsatz (Gesamtumsatz i. S. des § 19 Abs. 3 UStG im Jahr 1997) betrug 45 000 DM.

Der Verein kann damit die Kleinunternehmerregelung des § 19 Abs. 1 UStG nicht in Anspruch nehmen.

Der Verein könnte aber die Vorsteuerpauschalierung nach § 23 a UStG beantragen. Die folgende Ermittlung der Umsatzsteuerschuld 1998 wird daher alternativ durchgeführt, d. h. zum einen ohne Berücksichtigung des § 23 a UStG und zum anderen mit Vorsteuerpauschalierung.

Ermittlung der Umsatzsteuerschuld:

a) ohne Berücksichtigung des § 23 a UStG:

Umsätze 7 v. H. (brutto)	30 100 DM		
Umsatzsteuer 6,54 v. H.		=	1 968 DM
Umsätze **15 v. H.** (brutto)	7 600 DM		
Umsatzsteuer 13,04 v. H.		=	991 DM
Umsätze **16 v. H.** (brutto)	19 100 DM		
Umsatzsteuer 13,79 v. H.		=	2 633 DM
Umsatzsteuer			5 592 DM
– Vorsteuer		–	3 500 DM
Umsatzsteuer-Zahllast **1998**			2 092 DM

b) **mit Vorsteuerpauschalierung gemäß § 23 a UStG:**

Umsätze 7 v. H. (brutto)	30 100 DM		
Umsatzsteuer 6,54 v. H.		=	1 968 DM
(Nettoumsätze 28 132 DM)			
Umsätze 15 v. H. (brutto)	7 600 DM		
Umsatzsteuer 13,04 v. H.		=	991 DM
(Nettoumsätze 6 609 DM)			
Umsätze 16 v. H. (brutto)	19 100 DM		
Umsatzsteuer 13,79 v. H.		=	2 633 DM
(Nettoumsätze 16 467 DM)			
Umsatzsteuer			5 592 DM
– Vorsteuer			
(7 v. H. der Nettoumsätze			
28 132 + 6 605 +16 467 = 51 208 DM)		–	3 585 DM
Umsatzsteuer-Zahllast **1998**			2 007 DM

In diesem Beispiel wäre die Anwendung der Vorsteuerpauschalierung nach § 23 a UStG günstiger. Daraus sollten aber keine allgemeinen Schlüsse gezogen werden. Es ist jederzeit ein Fall denkbar, in dem die Vorsteuerpauschalierung ungünstiger ist, z. B. wenn der Verein größere Reparaturen an der Gaststätte durchführen läßt und damit hohe tatsächliche Vorsteuern geltend machen könnte. Dazu kommt die fünfjährige Bindung an die Vorsteuerpauschalierung. Ein Verein sollte sich daher vor Inanspruchnahme der Vorsteuerpauschalierung beraten lassen, welche Alternative unter Berücksichtigung der anzunehmenden künftigen Entwicklung der Umsätze und der tatsächlichen Vorsteuern günstiger sein kann.

IX. Erhebung der Umsatzsteuer

1. Aufzeichnungspflichten

Das UStG verpflichtet jeden Unternehmer, zur Feststellung der Umsatzsteuer und der Grundlagen ihrer Berechnung Aufzeichnungen zu machen. Aus den Aufzeichnungen müssen je nach Besteuerungsform die vereinbarten oder die vereinnahmten Entgelte für die ausgeführten Lieferungen und sonstigen Leistungen und diesen gleichgestellte Umsätze i. S. des § 3 Abs. 1 b und 9 a UStG zu ersehen sein.

Dabei muß aus den Aufzeichnungen hervorgehen, wie sich die Entgelte auf die steuerpflichtigen Umsätze (getrennt nach Steuersätzen) und auf die steuerfreien Umsätze verteilen (§ 22 Abs. 2 Nr. 1 und 2 **UStG**). Steuerfreie Umsätze, die nach § 9 UStG als steuerpflichtig behandelt werden, müssen sich ebenfalls aus den Aufzeichnungen ergeben.

Grundsätzlich wird davon ausgegangen, daß die steuerpflichtigen Entgelte und auch die dafür geschuldete Umsatzsteuer getrennt aufgezeichnet werden. Entgelt und Steuerbetrag können aber auch in einer Summe (beispielsweise die Bruttoeinnahmen aus Sportveranstaltungen) aufgezeichnet werden, wenn zur Abgabe von Steuererklärungen der Umsatzsteueranteil herausgerechnet wird (§ 63 Abs. 3 UStDV; vgl. Seite 386). Für die Trennung der Entgelte nach Steuersätzen kann das Finanzamt auf Antrag Erleichterungen (z.B. Schätzung auf Grund des Wareneingangs) zulassen (§ 63 Abs. 4 UStDV).

Bei Vereinen, die unter § 19 Abs. 1 UStG fallen (vgl. Seite 396), genügt die Aufzeichnung der Entgelte und diesen gleichgestellte Umsätze (§ 65 UStDV).

Zur Sicherung des Vorsteuerabzugs müssen auch die an den Unternehmer ausgeführten Lieferungen und sonstigen Leistungen (Entgelt und Umsatzsteuer getrennt bzw. Herausrechnung bei Abgabe der Steuererklärungen) aufgezeichnet werden (§ 22 Abs. 2 Nr. 5 sowie Abs. 3 und 4 UStG). Auf die Abschn. 255 bis 259 UStR mit Erläuterungen zu den Aufzeichnungspflichten wird hingewiesen.

§ 66a UStDV befreit seit 1990 von bestimmten Aufzeichnungspflichten, wenn die Vorsteuerpauschalierung nach § 23a UStG in Anspruch genommen wird.

2. Entstehung der Steuerschuld und Berechnung der Umsatzsteuer

Die Umsatzsteuer entsteht mit Ablauf des Voranmeldungszeitraums, in dem bei der Versteuerung nach vereinbarten Entgelten die Leistungen ausgeführt wurden; bei der Versteuerung nach vereinnahmten Entgelten, in dem die Entgelte vereinnahmt wurden. Steuerschuldner ist der Unternehmer (**§ 13 UStG**). Die Sonderregelung in § 13 Abs. 1 Nr. 1a UStG für Teilleistungen (Anzahlungen) dürfte für Vereine keine praktische Bedeutung haben.

Bei der Berechnung der Umsatzsteuer ist von der Summe der Umsätze auszugehen, für die die Umsatzsteuer im Laufe eines Veranlagungszeitraums (vgl. unten Nr. 3) oder eines Voranmeldungszeitraums (vgl. unten Nr. 4) entstanden ist. Von der so errechneten Steuer sind die in den Veranlagungszeitraum bzw. Voranmeldungszeitraum fallenden Vorsteuerbeträge abzusetzen (**§ 16 UStG**).

3. Besteuerungszeitraum und Jahressteuererklärung

Besteuerungszeitraum für die Umsatzsteuer ist immer das Kalenderjahr (**§ 16 Abs. 1 UStG**), also niemals ein abweichendes Wirtschaftsjahr. Lediglich bei Eröffnung oder Einstellung eines Unternehmens tritt an die Stelle des Kalenderjahres ein entsprechend kürzerer Zeitraum. Ein i.S. des UStG unternehmerisch tätiger Verein hat nach Ablauf eines Kalenderjahres eine Umsatzsteuererklärung nach amtlich vorgeschriebenem Vordruck abzugeben und darin die Steuer selbst zu berechnen (**§ 18 Abs. 3 UStG**). Die Umsatzsteuer ist danach eine sog. Anmeldungssteuer, bei der die Abgabe der Steuererklärung die Wirkung einer

Steuerfestsetzung unter dem Vorbehalt der Nachprüfung hat (§ 150 Abs. 1 i.V.m. § 168 AO). Die Anleitung zur Umsatzsteuererklärung 1998 ist in BStBl. I 1998 S. 1278 abgedruckt.

Ergibt sich aus der Umsatzsteuererklärung eine Erstattung, so muß das Finanzamt seine Zustimmung erteilen (§ 168 AO). Will das Finanzamt von der Umsatzsteuererklärung abweichen, so setzt es die Umsatzsteuer durch einen besonderen Steuerbescheid fest. Übersteigt die von einem Verein für das Kalenderjahr errechnete Steuer die Summe in den für den Bemessungszeitraum abgegebenen Umsatzsteuer-Voranmeldungen, so ist der Unterschiedsbetrag unaufgefordert innerhalb eines Monats nach Abgabe der Steuererklärung an das Finanzamt zu entrichten (**§ 18 Abs. 4 UStG**). Die Verpflichtung, rückständige Vorauszahlungen früher zu entrichten, bleibt davon unberührt. Ist die vom Finanzamt festgesetzte Steuer höher als die vom Verein selbst berechnete Steuer, so muß der Unterschiedsbetrag innerhalb eines Monats nach Bekanntgabe des Steuerbescheids entrichtet werden. Überzahlungen werden vom Finanzamt erstattet, nachdem dieses die erforderliche Zustimmung nach § 168 Satz 2 AO erteilt hat.

4. Umsatzsteuer-Voranmeldungen und -Vorauszahlungen

Ein Verein, der umsatzsteuerlich Unternehmer ist, hat für jeden Voranmeldungszeitraum eine Umsatzsteuer-Voranmeldung nach amtlichem Vordruck abzugeben und darin die Umsatzsteuer-Vorauszahlung selbst zu berechnen. Die Anleitung zu den Umsatzsteuer-Voranmeldungen 1999 ist in BStBl. I 1998 S. 1287 abgedruckt. Der normale Voranmeldungszeitraum ist der Kalendermonat. Beträgt die Steuerschuld im vergangenen Kalenderjahr nicht mehr als 12 000 DM, so ist das Kalendervierteljahr Voranmeldungszeitraum (Abgabe bis zum 10. 4., 10. 7., 10. 10. und 10. 1.). Auf Antrag können jedoch auch in diesem Fall monatlich Umsatzsteuer-Voranmeldungen abgegeben werden, das Finanzamt kann dies auch anordnen. Beträgt die Steuer für das vorangegangene Kalenderjahr nicht mehr als 1 000 DM, kann das Finanzamt den Unternehmer von der Verpflichtung zur Abgabe der Voranmeldungen und Entrichtung der Vorauszahlungen befreien, so daß nur die Jahresumsatzsteuererklärung einzureichen ist (§ 18 Abs. 2 UStG).

Die Umsatzsteuer-Voranmeldungen sind vom Unternehmer innerhalb von 10 Tagen nach Ablauf des Voranmeldungszeitraums (Kalendermonat oder Kalendervierteljahr) abzugeben. Zum gleichen Termin sind auch die Umsatzsteuer-Vorauszahlungen zu entrichten (**§ 18 Abs. 1 UStG**). Einer Aufforderung des Finanzamts zur Abgabe der Voranmeldung oder einer Zahlungsaufforderung für die Umsatzsteuer-Vorauszahlung bedarf es nicht. Die Umsatzsteuer-Voranmeldung ist eine Steueranmeldung i.S. des § 150 Abs. 1 AO. Gibt ein Unternehmer keine Voranmeldung ab oder berechnet er die Steuer nicht richtig, setzt das Finanzamt die Vorauszahlung fest. Bei Nichtabgabe von Voranmeldungen kann das Finanzamt Verspätungszuschläge festsetzen und bei verspäteter Zahlung fallen Säumniszuschläge an.

Umsatzsteuer-Voranmeldungen können seit 1. 1. 1999 wahlweise in DM oder in Euro abgegeben werden. Dabei gilt der amtlich festgelegte Euro-Umrechnungskurs von 1,95583. Im UStG vorhandene Schwellenwerte (z. B. die Kleinunternehmergrenze) sind bisher nicht in Euro festgelegt worden.

G. Lohnsteuer

I. Vereine als Arbeitgeber

Die Lohnsteuer ist im Grunde eine besondere Erhebungsform der Einkommensteuer. Sie wird erhoben auf Grund der Bestimmungen des Einkommensteuergesetzes, der Einkommensteuer-Durchführungsverordnung, der Lohnsteuer-Durchführungsverordnung und der Lohnsteuer-Richtlinien.

Vereine, die zur Erfüllung ihrer Aufgaben Arbeitnehmer beschäftigen, sind Arbeitgeber und als solche verpflichtet, den Lohnsteuerabzug vorzunehmen und die einbehaltenen Beträge an das Finanzamt abzuführen. Es spielt dabei keine Rolle, ob die Arbeitnehmer Aufgaben im Rahmen der ideellen Zielsetzung (z.b. im Sportbetrieb eines Sportvereins) oder Aufgaben mit wirtschaftlichem Charakter (z.B. Verkauf von Getränken) oder Verwaltungsgeschäfte des Vereins wahrnehmen. Die Pflicht zur Abführung von Lohnsteuer durch den Verein erstreckt sich auch auf Zahlungen, die an die Arbeitnehmer des Vereins von einem Dritten gezahlt werden. Dies gilt z.B. für den Fall, daß ein Fußballspieler von einem Gönner des Vereins ein Handgeld bezahlt bekommt.

II. Begriff des Arbeitnehmers

1. Voraussetzungen

Arbeitnehmer des Vereins sind Personen, die zu dem Verein in einem Dienstverhältnis stehen und daraus Arbeitslohn beziehen. Ein Dienstverhältnis liegt vor, wenn der Beschäftigte den ihm gegebenen Weisungen (z.B. hinsichtlich der Art, des Ortes und der Zeit der Beschäftigung) folgen muß oder – wie bei Vorstandsmitgliedern – zumindest in den Betrieb eingegliedert ist und dem Verein seine Arbeitskraft schuldet. Auf die Dauer der Beschäftigung kommt es grundsätzlich nicht an. Auch Personen, die nur eine Aushilfs- oder Nebentätigkeit ausüben, sind – wenn die übrigen Voraussetzungen vorliegen – Arbeitnehmer.

Die Bezeichnung oder die vertragliche Form, die für das Beschäftigungsverhältnis gewählt wird, ist nicht ausschlaggebend. Für die steuerrechtliche Beurteilung kommt es auf die tatsächlichen Verhältnisse an. So ist es z.B. nicht möglich, die Lohnsteuerpflicht dadurch auszuschließen, daß ein „Werkvertrag" über ein Beschäftigungsverhältnis abgeschlossen wird, bei dem der Beschäftigte unselbständig tätig ist und nur seine Arbeitskraft schuldet. In dem Urteil vom 24. 7. 1992 (BStBl. II 1993 S. 155) hat der BFH eine „freie Mitarbeiterin" nach den Gesamtumständen trotzdem als Arbeitnehmerin behandelt. Ein Arbeitsvertrag braucht nicht schriftlich abgefaßt zu sein, er kann auch mündlich oder stillschweigend geschlossen werden. Zum Arbeitnehmer- bzw. Arbeitgeberbegriff vgl. im einzelnen § 1 LStDV, LStR 66 und die Hinweise in LStH 67. Die Zivilrechtsprechung zur sog. Scheinselbständigkeit (BGH-Beschluß vom 4. 11. 1998, DStR 1998 S. 2020) und die gesetzlichen Neuregelungen im SGB IV (BGBl. 1998 S. 3843) sind für die steuerliche Beurteilung nicht maßgebend.

2. Beispiele für Arbeitnehmer

Als Arbeitnehmer sind z. B. anzusehen:

a) Personen, die beim Verein fest angestellt sind,

b) Personen, die im Rahmen eines wirtschaftlichen Geschäftsbetriebs, der vom Verein selbst unterhalten wird (z. B. Vereinsheim, Vereinsgaststätte), beschäftigt werden,

c) Trainer und sonstige Übungsleiter, die von Vereinen hauptberuflich verpflichtet werden oder nebenberuflich mehr als 6 Stunden wöchentlich für den Verein tätig sind,

d) Kassierer und Platzwarte (vgl. BFH-Urteil vom 25. 10. 1957, BStBl. III 1958 S. 15),

e) Sanitätshelfer, die das Deutsche Rote Kreuz bei unterschiedlichen Veranstaltungen zum vorbeugenden Schutz der Teilnehmer einsetzt, und die Entschädigungen erhalten, die über die pauschale Erstattung der Selbstkosten hinausgehen (vgl. BFH-Urteil vom 4. 8. 1994, BStBl. II S. 944).

f) Sportler, die dem Verein ihre Arbeitskraft für eine Zeitdauer, die eine Reihe von sportlichen Veranstaltungen umfaßt, gegen Entgelt zur Verfügung stellen und danach verpflichtet sind, am Training und an Sportveranstaltungen teilzunehmen, und andererseits berechtigt sind, vom Verein das vereinbarte Entgelt zu fordern. Arbeitnehmer des Vereins sind deshalb unstrittig Lizenzspieler in der Fußball-Bundesliga, sog. Vertragsamateure und bezahlte Sportler i. S. des § 67a AO.

Zur Frage, ob ein **Amateursportler** Arbeitnehmer im steuerrechtlichen Sinne ist, hat der BFH in dem Urteil vom 23. 10. 1992 (BStBl. II 1993 S. 303) Grundsätze aufgestellt, die eine Entscheidung nach den Verhältnissen des Einzelfalls notwendig machen.

Die Ausübung von Sport kann Gegenstand eines Dienstverhältnisses sein. Sport wird jedoch im Amateurbereich häufig zum Selbstzweck, zur Freizeitgestaltung und zur Stärkung der allgemeinen Leistungsfähigkeit und nicht um des Entgelts willen ausgeübt. Solange ein Amateursportler lediglich Zahlungen erhält, die nur seinen tatsächlichen Aufwand decken, liegt noch keine Tätigkeit um des Entgelts willen vor. Diese Zahlungen bewegen sich noch im steuerlich als Liebhaberei einzustufenden Bereich. Erhält ein Sportler im Zusammenhang mit seiner Betätigung aber Zahlungen, die **nicht nur ganz unwesentlich höher** sind **als die** ihm hierbei entstandenen **Aufwendungen**, ist der Schluß gerechtfertigt, daß der Sport nicht mehr aus reiner Liebhaberei, sondern auch um des

Entgelts willen ausgeübt wird. Die Finanzverwaltung geht hierbei von einer **Freigrenze** von **unter 500 DM** aus. D. h. wenn der Aufwendungsersatz die Aufwendungen des Sportlers nur um bis zu 499 DM überschreitet, liegen keine steuerpflichtigen Einnahmen vor. Wird dagegen im Kalenderjahr Aufwendungsersatz gezahlt, der die Aufwendungen um mindestens 500 DM überschreitet, ist der **volle Betrag** steuerpflichtig. Unter „Aufwendungen" sind dabei aber nicht einfach nur die tatsächlichen Aufwendungen zu verstehen, sondern die **steuerlich als Werbungskosten abziehbaren Beträge**, also z. B. bei Verpflegungsmehraufwendungen nur die in § 4 Abs. 5 Satz 1 Nr. 5 EStG genannten Pauschbeträge (siehe Seite 416).

An dieser Stelle ist im übrigen noch vor folgendem Irrtum zu warnen: Sportler des Vereins, die bis zu insgesamt 700 DM je Monat im Jahresdurchschnitt erhalten, gelten nicht als bezahlte Sportler im Sinne des § 67a Abs. 3 AO (AEAO Tz. 8 zu § 67a Abs. 3 AO). Diese betragsmäßige Grenze hat nur Bedeutung für die Beurteilung der Zweckbetriebseigenschaft der sportlichen Veranstaltungen, an denen diese Sportler teilnehmen. Die Grenze hat aber keine Bedeutung für die Besteuerung der Sportler. Ein Sportler, der von seinem Verein 700 DM im Monat erhält, aber nur 450 DM steuerlich als Werbungskosten abziehbare Beträge nachweisen kann, würde beispielsweise die Kriterien des BFH in dem o.g. Urteil für Liebhaberei nicht erfüllen.

Liegt danach keine Liebhaberei vor, muß nach den von der Rechtsprechung entwickelten Kriterien (Weisungsgebundenheit, betriebliche Eingliederung, Lohnfortzahlung im Krankheitsfall oder bei Urlaub usw.) beurteilt werden, ob die Tätigkeit selbständig oder nichtselbständig ausgeübt wird. Bei Mannschaftssportarten wird ein Sportler, der ein entsprechendes Entgelt erhält, regelmäßig als Arbeitnehmer anzusehen sein. Im Zweifel dürfte es sich empfehlen, das für den Verein zuständige Betriebsstättenfinanzamt im Rahmen einer Anrufungsauskunft nach § 42e EStG um vorherige verbindliche Entscheidung zu bitten.

Sind die Sportler nicht Arbeitnehmer des Vereins, sind sie selbständig und müssen ihre steuerlichen Verpflichtungen selbst erfüllen. Auf der Seite der selbständigen Sportler kommen neben einer völligen Steuerfreiheit der erhaltenen Beträge, z. B. als reiner Aufwendungsersatz, Einkünfte aus Gewerbebetrieb (§ 15 Abs. 2 EStG) oder sonstige Einkünfte i. S. des § 22 Nr. 3 EStG in Betracht.

Zur steuerlichen Behandlung der Werbetätigkeit von Sportlern vgl. das BMF-Schreiben vom 25. 8. 1995 (DB 1995 S. 1935) und OFD Frankfurt, Rdvfg. vom 25. 6. 1996 (DStR 1996 S. 1567).

3. Fehlen der Arbeitnehmereigenschaft

Vereinsmitglieder, deren Tätigkeit bei besonderen Anlässen eine bloße Gefälligkeit oder eine gelegentliche Hilfeleistung darstellt, die als Ausfluß persönlicher Verbundenheit und nicht zu Erwerbszwecken erbracht wird, sind insoweit nicht Arbeitnehmer. Das ist z. B. dann der Fall, wenn sich Vereinsmitglieder bei einer einmal im Jahr stattfindenden Vereinsfeier zu bestimmten Arbeiten zur Verfügung stellen oder bei sportlichen Veranstaltungen als Helfer einspringen und dafür eine Vergütung erhalten, die nicht mehr als eine Abgeltung des grundsätzlich als Werbungskosten abziehbaren Aufwands darstellt.

Personen, die bei ihrer Tätigkeit für den Verein, z. B. im Spiel- und Übungsbetrieb, in einem wirtschaftlichen Betrieb oder in der Verwaltung nicht fest in die Vereinsorganisation eingegliedert sind und sich nicht an geschäftsleitende Weisungen halten müssen, sondern in eigener Verantwortung handeln, sind selbständig tätig und nicht Arbeitnehmer. **Keine** Arbeitnehmer sind deshalb z. B.:

a) nebenberufliche Trainer und sonstige nebenberufliche Übungsleiter von Turn- und Sportvereinen, wenn sie durchschnittlich nicht mehr als 6 Stunden wöchentlich für den Verein tätig sind und mit ihnen kein Arbeitsvertrag abgeschlossen ist (vgl. dazu LStR 68),

b) nebenberufliche Chor- und Kapellenleiter von Gesang- und Musikvereinen, wenn der Umfang ihrer Tätigkeit durchschnittlich 6 Stunden in der Woche nicht übersteigt (ebenfalls aus LStR 68),

c) Tennistrainer, Golf- oder Reitlehrer, wenn der Verein nur den Platz zur Verfügung stellt und der Trainer oder Lehrer auf eigene Rechnung arbeitet,

d) Pächter von vereinseigenen Gaststätten; diese sind selbständige gewerbliche Unternehmer,

e) Musik- und Tanzkapellen, die bei Vereinsfeiern und Veranstaltungen beschäftigt werden. Nach dem Urteil des BFH vom 10. 9. 1976 (BStBl. II 1977 S. 178) sind Musik- und Tanzkapellen, die bei einem Gastwirt nur gelegentlich auftreten (z. B. an einem Abend oder einem Wochenende), nicht als Arbeitnehmer des Gastwirts anzusehen. Diese Beurteilung gilt bei Musik- und Tanzkapellen, die von einem Verein engagiert werden, entsprechend.

Die unter a, b und c genannten Personen üben eine freiberufliche Tätigkeit aus. Die dafür gezahlten Vergütungen unterliegen nicht dem Lohnsteuerabzug, sondern führen ggf. beim Empfänger zur Einkommensteuerveranlagung.

4. Ehrenamtliche Tätigkeit

Die unentgeltliche Ausübung eines Ehrenamtes (z. B. als Vereinsvorsitzender) begründet kein Dienstverhältnis im steuerlichen Sinne. Daran ändert auch die allgemein übliche Regelung nichts, daß diesen ehrenamtlich Tätigen tatsächlich entstandene Unkosten ersetzt werden (z. B. Reisekosten, Portokosten, Telefongebühren). Erfolgt der Kostenersatz in nachgewiesener Höhe, liegen beim Empfänger keine steuerpflichtigen Einnahmen vor. Erhält der ehrenamtlich Tätige dagegen eine Unkostenpauschale, die den ihm entstehenden Aufwand nicht nur unwesentlich (vgl. dazu oben die Ausführungen zur Arbeitnehmereigenschaft von Amateursportlern) überschreitet, ist er als Arbeitnehmer zu behandeln. Die Unkostenpauschale stellt dann Arbeitslohn dar. Vgl. dazu auch das Urteil des Finanzgerichts Rheinland-Pfalz vom 1. 6. 1994 (EFG 1995 S. 29), in dem ein „ehrenamtlicher Geschäftsführer einer GmbH als Arbeitnehmer behandelt wurde.

III. Pflichten als Arbeitgeber

Liegt ein Dienstverhältnis vor, so hat der Verein nach § 38 EStG die Pflicht, den Steuerabzug vom Arbeitslohn vorzunehmen und die einbehaltene Lohn- und Kirchenlohnsteuer sowie seit 1995 den Solidaritätszuschlag an das Finanzamt abzuführen. Der Verein kann mit seinen Arbeitnehmern nicht vereinbaren, daß diese ihre lohnsteuerlichen Verpflichtungen mit dem Finanzamt selbst regeln. Eine solche Vereinbarung wäre steuerrechtlich ohne Bedeutung und könnte die Haftung des Vereins nicht ausschließen.

1. Steuerabzug nach den allgemeinen Vorschriften

Grundsätzlich ist die Lohnsteuer auf Grund der Besteuerungsmerkmale (Familienstand, Zahl der Kinder) zu berechnen, die in der vom Arbeitnehmer vorzulegenden Lohnsteuerkarte eingetragen sind. Dabei ist die Lohnsteuertabelle anzuwenden, die für den maßgebenden Lohnzahlungszeitraum (Monat, Woche, Tag) gilt. Bezieht der Arbeitnehmer nicht nur vom Verein, sondern aus mehreren Dienstverhältnissen von verschiedenen Arbeitgebern Arbeitslohn, so muß er dem Arbeitgeber für das zweite und jedes weitere Dienstverhältnis jeweils eine besondere Lohnsteuerkarte vorlegen, auf der die Steuerklasse VI eingetragen ist. Legt der Arbeitnehmer die Lohnsteuerkarte schuldhaft nicht vor, so muß der Verein die Lohnsteuer nach der Steuerklasse VI berechnen.

2. Steuerfreistellung oder Pauschalierung der Lohnsteuer bei geringfügigen Beschäftigungsverhältnissen (Stichwort: „630-Mark-Jobs")

Die Regelungen zur sozialversicherungsrechtlichen und steuerlichen Behandlung der geringfügigen Beschäftigungsverhältnisse haben sich ab **1. 4. 1999** grundlegend geändert.

a) Sozialversicherungsrechtliche Regelungen

Das Recht der Sozialversicherung unterscheidet drei Kategorien von geringfügigen Beschäftigungen: Saisonbeschäftigungen von längstens zwei Monaten oder höchstens 50 Arbeitstagen im Jahr, geringfügige Nebenbeschäftigungen neben einem sozialversicherungspflichtigen Haupterwerb sowie auf Dauer angelegte Beschäftigungen von Arbeitnehmern mit einem Monatsentgelt von insgesamt regelmäßig nicht mehr als 630 DM.

Für **kurzfristige Beschäftigungen** bleibt es beim bisherigen Recht. Demnach brauchen für Arbeitnehmer unabhängig vom Entgelt keine Sozialversicherungsbeiträge abgeführt zu werden, wenn das Beschäftigungsverhältnis auf längstens zwei Monate oder 50 Arbeitstage im Jahr begrenzt ist. Demnach kann ein Arbeitnehmer weiterhin beispielsweise als Saisonarbeitskraft bis zu zwei Monate/50 Arbeitstage innerhalb eines Jahres sozialversicherungsfrei beschäftigt werden. Dabei muß die Beschäftigung aber entweder vertraglich oder nach der Art des Beschäftigungsverhältnisses auf ein Jahr begrenzt angelegt sein.

Steuerlich ist bei kurzfristigen Beschäftigungen eine Pauschalierung der Lohnsteuer gem. § 40a Abs. 1 EStG möglich (siehe unten 3). Zu beachten ist aber, daß § 40a Abs. 1 EStG andere zeitliche Grenzen und außerdem betragsmäßige Grenzen enthält.

Mehrere Arbeitnehmer-Tätigkeiten werden bei der Berechnung der Sozialversicherungsbeiträge zusammengefaßt. Dabei kommt es nicht darauf an, ob es sich um geringfügig entlohnte oder um weitere versicherungspflichtige Beschäftigungen handelt. Wenn ein Arbeitnehmer mehrere geringfügige Beschäftigungen ausübt und das Arbeitsentgelt insgesamt die 630 DM-Grenze überschreitet, unterliegt das gesamte Arbeitsentgelt der üblichen Beitragspflicht. Arbeitnehmer und Arbeitgeber müssen dann für jede einzelne geringfügige Beschäftigung die üblichen Kranken-, Pflege- und Rentenversicherungsbeiträge sowie möglicherweise auch Beiträge zur Arbeitslosenversicherung je zur Hälfte tragen.

Ebenso wird auch Arbeitsentgelt aus einer geringfügigen Nebenbeschäftigung voll in die Beitragspflicht einbezogen, wenn der Arbeitnehmer im **Hauptberuf sozialversicherungspflichtig** beschäftigt ist. Wenn beispielsweise ein Arbeitnehmer in seinem Hauptberuf 4000 DM monatlich brutto verdient und in einem Nebenjob noch 630 DM erhält, sind für das gesamte Arbeitseinkommen von 4630 DM Sozialversicherungsbeiträge zu bezahlen. Damit wird der Arbeitnehmer so behandelt, wie der Beschäftigte, der 4630 DM bei einem Arbeitgeber verdient. Der Arbeitgeber der geringfügigen Nebenbeschäftigung muß in diesem Fall von dem Entgelt von 630 DM den Arbeitgeberanteil, der Beschäftigte den Arbeitnehmeranteil für die einzelnen Zweige der Sozialversicherung – mit Ausnahme der Arbeitslosenversicherung – tragen.

Diese Regelung gilt nur für Nebenbeschäftigte, die im Hauptberuf sozialversicherungspflichtig, also in der Regel als Arbeiter oder Angestellte, beschäftigt sind. Für nicht sozialversicherungspflichtige Beamte, Pensionäre, Selbständige oder Rentner, die einer geringfügigen Nebenbeschäftigung nachgehen, gelten die Regelungen für Arbeitnehmer, die insgesamt nicht mehr als 630 DM monatlich verdienen.

Für Beschäftigte, deren sozialversicherungspflichtiges Arbeitsentgelt **insgesamt** regelmäßig 630 DM im Monat nicht übersteigt, muß der Arbeitgeber **pauschale Sozialversicherungsbeiträge** abführen, und zwar **12%** vom Arbeitsentgelt **an die gesetzliche Rentenversicherung** und grundsätzlich **10% an die gesetzliche Krankenversicherung**.

Eine Ausnahme gilt bei der Krankenversicherung für geringfügig beschäftigte Arbeitnehmer, die nicht Mitglied einer gesetzlichen Krankenversicherung sind und auch nicht als Familienmitglied in einer Krankenkasse mitversichert sind. Dies gilt besonders für Beamte, privat krankenversicherte Selbständige oder Arbeitnehmer sowie deren Familienangehörige, wenn sie nicht selbst Mitglied einer gesetzlichen Krankenkasse oder familienversichert sind. Für geringfügig Beschäftigte, die diesem Personenkreis angehören, muß der Arbeitgeber den pauschalen Rentenversicherungsbeitrag von 12% bezahlen, aber keine Krankenversicherungsbeiträge.

Der Arbeitgeber zahlt also ab 1. April 1999 Pauschalbeiträge von 10% des Arbeitsentgelts an die Krankenversicherung für solche dauerhaft geringfügig Beschäftigten, die in der gesetzlichen Krankenversicherung versichert sind. Zusätzliche Ansprüche entstehen aus diesen Beiträgen nicht, weil diese Beschäftigten bereits vollen Krankenversicherungsschutz haben.

Aus den vom Arbeitgeber zu zahlenden pauschalen Beiträgen zur gesetzlichen Rentenversicherung können sich für den Versicherten Rentenansprüche ergeben. Wird eine geringfügig entlohnte Beschäftigung mit einem Verdienst von 630 DM ein ganzes Jahr lang ausgeübt, erwirbt der Versicherte derzeit einen monatlichen Rentenanspruch von 4,17 DM. Zudem werden 1,4 Monate für die Wartezeit berücksichtigt.

Um eine Regelaltersrente zu erhalten, muß der Versicherte die Wartezeit von fünf Jahren erfüllen. Auf diese Wartezeit werden Zeiten der rentenversicherungspflichtigen Beschäftigung oder Tätigkeit oder auch Zeiten der Kindererziehung angerechnet.

Geringfügig Beschäftigte erhalten die Möglichkeit, in der Rentenversicherung auf die Versicherungsfreiheit zu verzichten und durch die Ergänzung des Arbeitgeberbeitrages zum vollwertigen Pflichtbeitrag Ansprüche auf das volle Leistungsspektrum der Rentenversicherung (Anspruch auf Rehabilitation, auf Rente wegen Berufs- und Erwerbsunfähigkeit, auf vorgezogene Altersrenten, auf eine Rentenberechnung nach Mindesteinkommen) zu erwerben.

Die Höhe des Arbeitnehmerbeitrags beschränkt sich bei Arbeitsentgelten ab 300 DM auf eine Ergänzung des besonderen Arbeitgeberbeitrags für Geringverdiener; bei Arbeitsentgelten unter 300 DM muß der Geringverdiener den Arbeitgeberanteil bis zu einem Mindestbeitrag erhöhen, der auf der Basis von 300 DM bemessen wird.

Verzichtet der geringfügig Beschäftigte auf die Versicherungsfreiheit, muß er bei einem geltenden Beitragssatz von 19,5% grundsätzlich 7,5% des Verdienstes an die Rentenversicherung zahlen. Der Mindestbeitrag errechnet sich aus 19,5% von 300 DM, also 58,50 DM. Bei einem Verdienst bis 300 DM zahlt der Arbeitnehmer daher die Differenz zwischen dem Arbeitgeberbeitrag und dem Mindestbeitrag von 58,50 DM.

Beispiel: Bei einem Monatsverdienst von 100 DM zahlt der Arbeitgeber 12 DM (12% von 100 DM) und der Arbeitnehmer einen Beitrag von 46,50 DM.

Verzichtet der Arbeitnehmer bei einem Verdienst von 630 DM pro Monat auf die Versicherungsfreiheit, zahlt er einen monatlichen Beitrag von 47,25 DM (7,5% von 630 DM) an die Rentenversicherung. Nach einem Jahr erwirbt der Versicherte einen Rentenanspruch von 6,79 DM. Zudem erwirbt er 12 Pflichtbeitragsmonate, die im vollen Umfang bei den Wartezeiten und bei den besonderen versicherungsrechtlichen Voraussetzungen berücksichtigt werden.

Durch die Aufstockung des Rentenversicherungsbeitrags erhalten geringfügig Beschäftigte auch Ansprüche auf Rehabilitationsleistungen der gesetzlichen Rentenversicherung. Ansprüche auf Berufs- und Erwerbsunfähigkeitsrenten können auf diese Weise ebenfalls erworben oder gesichert werden.

Alle Arbeitsverhältnisse müssen der Sozialversicherung gemeldet werden. Dies gilt auch für geringfügige Beschäftigungen mit einem monatlichen Verdienst bis zu 630 DM. Geringfügig Beschäftigte werden in das normale Meldeverfahren einbezogen. Der Arbeitgeber muß nicht nur An- und Abmeldungen, sondern auch alle anderen Meldungen an die zuständige Krankenkasse erstatten. Für kurzfristige Beschäftigungen von längstens zwei Monaten oder höchstens 50 Arbeitstagen im Jahr sind keine Unterbrechungsmeldungen und Jahresmeldungen abzugeben. Alle über den 31. März 1999 hinaus in einem geringfügigen Beschäftigungsverhältnis stehenden Personen müssen zum 1. April 1999 neu angemeldet werden. Die Meldungen sind bei der Krankenkasse einzureichen, bei der der Arbeitnehmer versichert ist oder zuletzt versichert war. Bei Arbeitnehmern, die noch nie einer gesetzlichen Krankenkasse angehört haben, kann der Arbeitgeber die Krankenkasse wählen.

Auch geringfügig beschäftigte Arbeitnehmer in privaten Haushalten sind in das allgemeine Meldeverfahren einbezogen. Dazu benötigen die privaten Haushalte wie andere Arbeitgeber eine Betriebsnummer. Diese muß beim zuständigen Arbeitsamt beantragt werden. Unter dieser Betriebsnummer muß der private Haushalt als Arbeitgeber dann seine geringfügig Beschäftigten unter Angabe von deren Sozialversicherungsnummer anmelden. Dazu kann auch der Haushaltsscheck verwendet werden.

Der Arbeitgeber muß seine geringfügig beschäftigten Arbeitnehmer über die Möglichkeit aufklären, daß neben dem Arbeitgeberbeitrag zur Rentenversicherung auch ein Arbeitnehmerbeitrag geleistet werden kann. Wenn der Arbeitnehmer von dieser Möglichkeit Gebrauch macht, überweist der Arbeitgeber seinen Beitrag gemeinsam mit dem Arbeitnehmeranteil unter Angabe der Versicherungsnummer an die zuständige Krankenkasse, die den Rentenversicherungsbeitrag an den zuständigen Versicherungsträger weiterleitet. Den Arbeitnehmeranteil behält der Arbeitgeber vom Bruttolohn des Beschäftigten ein.

b) Steuerliche Regelungen

Bei der Besteuerung von Einkünften aus geringfügiger Beschäftigung ist zwischen drei Möglichkeiten zu unterscheiden:

– Der Steuerfreiheit im Steuerabzugsverfahren (§ 3 Nr. 39 EStG) in Verbindung mit einer Freistellungsbescheinigung,
– Besteuerung nach der Lohnsteuerkarte (d. h. nach allgemeinen Vorschriften – siehe oben 1.) und
– Pauschalbesteuerung durch den Arbeitgeber (siehe unten).

Die **Steuerfreiheit** setzt nach der ab 1. 4. 1999 geltenden Regelung in § 3 Nr. 39 EStG voraus, daß

– für das Arbeitsentgelt aus der geringfügigen Beschäftigung im jeweiligen Lohnzahlungszeitraum die pauschalen Rentenversicherungsbeiträge von 12% zu entrichten sind und
– die Summe der anderen Einkünfte des Arbeitnehmers im laufenden Kalenderjahr nicht positiv ist.

Hinsichtlich der pauschalen Rentenversicherung ist das Sozialversicherungsrecht maßgebend. Hieran knüpft die steuerliche Regelung zwingend an. Das spart dem Arbeitgeber eine eigene steuerliche Prüfung.

Die zweite Voraussetzung „Summe der anderen Einkünfte ist nicht positiv" richtet sich ausschließlich nach dem Steuerrecht und wird vom Finanzamt geprüft.

Der Arbeitgeber darf das Arbeitsentgelt aus geringfügiger Beschäftigung nur dann steuerfrei ausbezahlen, wenn ihm eine **Freistellungsbescheinigung des Finanzamts** vorliegt. Diese Freistellungsbescheinigung beantragt der geringfügig beschäftigte Arbeitnehmer bei dem für ihn zuständigen Wohnsitzfinanzamt. Der Antrag ist nach § 39a Abs. 6 EStG auf amtlichem Vordruck zu stellen. Der Arbeitnehmer muß dabei erklären, daß er neben dem Arbeitsentgelt aus geringfügiger Beschäftigung keine anderen in der Summe positiven Einkünfte bezieht. Zu den anderen Einkünften gehören alle positiven und negativen Einkünfte i. S. des § 2 Abs. 1 EStG. Hierzu zählen insbesondere der Arbeitslohn aus einem anderen Dienstverhältnis, der Ertragsanteil einer Rente nach Abzug des Werbungskostenpauschbetrags von 200 DM, Zinseinnahmen nach Abzug des Werbungskostenpauschbetrags und des Sparerfreibetrags, Einkünfte aus selbständiger Tätigkeit, aus Gewerbebetrieb und aus Vermietung und Verpachtung sowie steuerpflichtige Unterhaltsleistungen nach § 22 Nr. 1a EStG. Nicht einzubeziehen sind steuerfreie Einnahmen und pauschal besteuerter Arbeitslohn nach den §§ 40, 40a und 40b EStG.

Die vom Finanzamt nach der oben beschriebenen Prüfung ggf. ausgestellte Bescheinigung legt der Arbeitnehmer dann seinem Arbeitgeber (Verein) vor. Der Arbeitgeber hat im Lohnkonto dieses Arbeitnehmers das Datum der Bescheinigung, die Steuernummer und das ausstellende Finanzamt sowie das steuerfrei ausgezahlte Arbeitsentgelt einzutragen. Nach Ablauf des Kalenderjahres oder am Ende des Beschäftigungsverhältnisses hat der Arbeitgeber auf der Freistellungsbescheinigung die Lohnsteuerbescheinigung zu erteilen, also z.B. das steuerfreie Arbeitsentgelt und die Dauer der Beschäftigung einzutragen.

Sollte sich später herausstellen, daß die Summe der anderen Einkünfte des Arbeitnehmers positiv ist, so ist der Arbeitnehmer verpflichtet, eine Einkommensteuererklärung abzugeben (§ 46 Abs. 2a EStG). Dazu ist die Freistellungsbescheinigung mit der Lohnsteuerbescheinigung des Arbeitgebers darauf beizufügen. Die bisher steuerfrei belassenen geringfügigen Einkünfte werden dann im Rahmen der Einkommensteuerveranlagung der Besteuerung unterzogen.

Liegen die Voraussetzungen für die Steuerfreiheit nach § 3 Nr. 39 EStG **nicht** vor, bleibt es bei den bestehenden Regelungen zum Lohnsteuerabzug. Der Arbeitgeber (Verein) kann deshalb die Lohnsteuer alternativ

- nach den Merkmalen der vorgelegten Lohnsteuerkarte (siehe oben 1.) oder
- **pauschal mit 20 v. H.** erheben, wenn die nachfolgenden **Grenzen** in § 40a Abs. 2 und 4 EStG nicht überschritten werden:

Arbeitslohn bei **monatlicher Zahlung** höchstens	630 DM
Arbeitslohn bei kürzeren Lohnzahlungszeiträumen **wöchentlich** höchstens	147 DM
Arbeitslohn je Arbeitsstunde in beiden Fällen durchschnittlich höchstens	22 DM

Unter **Arbeitsstunden** sind Zeitstunden zu verstehen. Wird der Arbeitslohn für kürzere Zeiteinheiten gezahlt, z. B. für 45 Minuten, ist der Lohn zur Prüfung der Pauschalierungsgrenze von 22 DM entsprechend umzurechnen (BFH-Urteil vom 10. 8. 1990, BStBl. II S. 1092).

Der Pauschsteuersatz von 20 v. H. erhöht sich noch um die Kirchenlohnsteuer (in Baden-Württemberg z. B. in Höhe von 7 v. H. der pauschalen Lohnsteuer; siehe dazu aber unten) und seit 1995 um den Solidaritätszuschlag in Höhe von 7,5 v. H. (in der Zeit vom 1. 1. 1995 bis zum 31. 12. 1997) bzw. **5,5 v. H.** (seit 1. 1. 1998) der pauschalen Lohnsteuer.

Eine Beschäftigung in geringem Umfang und gegen geringen Arbeitslohn kommt z. B. bei Platzwarten, Reinigungspersonal und Kassierern in Betracht.

Wird eine der genannten Grenzen überschritten, ist die Pauschalierung der Lohnsteuer mit 20 v. H. nicht zulässig. Es ist dann zu prüfen, ob die Lohnsteuer evtl. noch mit 25 v. H. pauschaliert werden kann.

3. Pauschalierung der Lohnsteuer bei kurzfristigen Beschäftigungen

Die Pauschalierung der Lohnsteuer mit 25 v. H. kommt in Betracht, wenn die obigen Grenzen zwar überschritten sind, die kurzfristige Beschäftigung des Arbeitnehmers sich aber noch in den Grenzen des § 40a Abs. 1 EStG bewegt.

Pauschsteuersatz	**25 v. H.**
wenn es sich um eine gelegentliche (d. h. nicht regelmäßig wiederkehrende) Beschäftigung handelt, die über **18 zusammenhängende Arbeitstage nicht hinausgeht** und	
der Arbeitslohn während der Beschäftigungsdauer im Tagesdurchschnitt	120,– DM
und durchschnittlich je Arbeitsstunde	22,– DM
nicht übersteigt.	

Ausnahmsweise kann der Tageslohndurchschnitt (nicht der Durchschnitt je Arbeitsstunde) überschritten werden, wenn bei einem Verein unvorhergesehen der sofortige Einsatz von kurzfristig beschäftigten Arbeitnehmern erforderlich wird (z. B. zur Beseitigung von Unwetterschäden am Sportplatz). Der Pauschsteuersatz von 25 v. H. erhöht sich noch um die Kirchenlohnsteuer (in Baden-Württemberg z. B. in Höhe von 7 v. H. der Lohnsteuer; siehe dazu aber unten) und für Lohnzahlungszeiträume vom 1. 1. 1995 bis zum 31. 12. 1997 um den Solidaritätszuschlag in Höhe von 7,5 v. H. der pauschalen Lohnsteuer. Der Solidaritätszuschlag wurde mit Wirkung ab 1. 1. 1998 auf 5,5 v. H. gesenkt.

Die Voraussetzungen für die Pauschalierung der Lohnsteuer sind für jeden Arbeitnehmer gesondert zu prüfen. Wegen der Aufzeichnungspflichten des Arbeitgebers vgl. § 4 LStDV und LStR 128 Abs. 7. Der Arbeitgeber (= Verein) ist Schuldner der pauschalen Lohnsteuer. Der pauschal besteuerte Arbeitslohn wird bei der Veranlagung des Arbeitnehmers zur Einkommensteuer nicht angesetzt. Er darf die pauschale Lohnsteuer aber auch nicht auf die Einkommensteuer anrechnen (§ 40 Abs. 3 EStG). Das gleiche gilt für die Kirchenlohnsteuer und für den Solidaritätszuschlag.

Bei der Pauschalierung der Lohnsteuer wird auch die **Kirchenlohnsteuer** pauschal erhoben. Da die Kirchensteuersätze gebietsweise verschieden sind, muß die Höhe der pauschalen Kirchenlohnsteuer und die vorzunehmende Aufteilung auf die Konfessionen im Einzelfall beim zuständigen Finanzamt erfragt werden. Tatbestandsvoraussetzung für die Erhebung der Kirchensteuer ist auch in den Fällen der Pauschalierung der Lohnsteuer die Mitgliedschaft des Arbeitnehmers in einer kirchensteuererhebenden Körperschaft. Nach den BFH-Urteilen vom 30. 11. 1989 (BStBl. 1990 II S. 993) und vom 7. 12. 1994 (BStBl. 1995 II S. 507) ist die Erhebung dann nicht gestattet, wenn der betroffene Arbeitnehmer nachgewiesenermaßen keiner kirchensteuererhebungsberechtigten Körperschaft angehört. Der Nachweis ist vom Arbeitgeber zu führen. Die Finanzverwaltung hat die hierbei zu beachtenden Grundsätze in dem gleichlautenden Erlaß der obersten Finanzbehörden der Länder vom 19. 5. 1999 (BStBl. I S. 509) geregelt.

Zur pauschalen Lohnsteuer und ggf. der Kirchenlohnsteuer kommt noch der **Solidaritätszuschlag**, der vom 1. 1. 1995 bis 31. 12. 1997 7,5 v. H. und seit 1. 1. 1998 5,5 v. H. der pauschalen Lohnsteuer beträgt, hinzu. Die Regelungen zur sog. Nullzone und den sich anschließenden Übergangsbereich mit einem geminderten Solidaritätszuschlag gelten beim Solidaritätszuschlag zur pauschalen Lohnsteuer nicht – so jedenfalls die Verwaltungsauffassung. Der BFH wird sich im Rahmen des bei ihm unter dem Az. VI R 171/98 anhängigen Verfahrens mit dieser Problematik befassen.

4. Steuerfreie Erstattung von Reisekosten, Umzugskosten und Mehraufwendungen bei doppelter Haushaltsführung (§ 3 Nr. 16 EStG), von Aufwendungen für Fahrten zwischen Wohnung und Arbeitsstätte mit öffentlichen Verkehrsmitteln im Linienverkehr (§ 3 Nr. 34 EStG) sowie von Telefonkosten (Auslagenersatz i. S. des § 3 Nr. 50 EStG)

Ein Verein kann als Arbeitgeber seinen Arbeitnehmern gemäß § 3 Nr. 16 EStG Reisekosten, Umzugskosten und Mehraufwendungen bei doppelter Haushaltsführung steuerfrei erstatten. Vgl. dazu die Verwaltungsregelungen in LStR 16, 37 bis 41 und 43.

Der Hauptfall dieser steuerfrei möglichen Erstattungen betrifft Fahrtkosten und Verpflegungsmehraufwendungen bei Auswärtstätigkeiten.

Fahrtkosten sind die tatsächlichen Aufwendungen, die dem Arbeitnehmer durch die persönliche Benutzung eines Beförderungsmittels entstehen: bei öffentlichen Verkehrsmitteln also z. B. die Kosten für die Fahrkarte. Die Kosten für die Benutzung eines Pkw können im einzelnen nachgewiesen werden. In der Praxis wird aber meist ein pauschaler Kilometersatz in Höhe von 0,52 DM je gefahrenen Kilometer angesetzt.

Die Pauschbeträge für die Verpflegungsmehraufwendungen bei Auswärtstätigkeit im Inland sind seit 1996 nach § 4 Abs. 5 Nr. 5 EStG wie folgt gestaffelt:
bei einer Dauer der Abwesenheit
von 0 bis weniger als 8 Std. = 0 DM
von 8 bis weniger als 14 Std. = 10 DM
von 14 bis weniger als 24 Std. = 20 DM
von 24 Std. = 46 DM

Es dürfen nur diese Pauschbeträge steuerfrei erstattet werden. Die tatsächlichen Aufwendungen sind unerheblich.

Ein Verein kann Personen, die nicht als Arbeitnehmer für den Verein tätig werden, z. B. ehrenamtlich tätige Vorstandsmitglieder, die oben genannten Aufwendungen ebenfalls steuerfrei erstatten.

Aufwendungen für Fahrten zwischen Wohnung und Arbeitsstätte dürfen Arbeitnehmern des Vereins, die diese Fahrten mit einem individuellen Verkehrsmittel zurücklegen, allerdings nicht steuerfrei erstattet werden. Der Verein kann jedoch nach § 40 Abs. 2 Satz 2 EStG die Lohnsteuer für Zuschüsse zu den entsprechenden Aufwendungen des Arbeitnehmers pauschal mit 15 v. H. übernehmen. Allerdings dürfen die Zuschüsse nicht höher sein als die Werbungskosten, die der Arbeitnehmer gemäß § 9 Abs. 1 Nr. 4 EStG für diese Fahrten geltend machen könnte. Die pauschal besteuerten Zuschüsse mindern die Werbungskosten. Benutzt ein Spieler oder Trainer für seine Fahrten zum Training und zu Heimspielen dagegen öffentliche Verkehrsmittel im Linienverkehr (Bahn, Omnibus, S- und U-Bahn), können ihm nach § 3 Nr. 34 EStG die hierfür entstandenen Aufwendungen steuerfrei ersetzt werden. Voraussetzung für die steuerfreie Erstattung ist, daß der Fahrtkostenzuschuß zusätzlich zum ohnehin

geschuldeten Arbeitslohn erbracht wird und der Arbeitnehmer die entstandenen Aufwendungen nachweist oder durch eine schriftliche Erklärung gegenüber dem Verein zumindest glaubhaft macht.
Nach § 3 Nr. 50 EStG ist der Ersatz von Auslagen des Arbeitnehmers für den Arbeitgeber steuerfrei. Das betrifft insbesondere Telefonkosten. Die Verwaltungspraxis ist aus dem BMF-Schreiben vom 11. 6. 1990 (BStBl. I S. 290) und LStR 22 sowie der Verfügung der OFD Hannover vom 29. 9. 1998 (FR 1998 S. 1143) ersichtlich. Wichtig ist der Nachweis, daß es sich um betrieblich veranlaßte (d. h. hier durch die Vereinsarbeit veranlaßte) Telefongespräche handelt. Daher sollten unbedingt Aufzeichnungen über Tag, Gesprächsteilnehmer, Gesprächsdauer bzw. -gebühren (z. B. zu ermitteln über eine automatische Gebührenzähleinrichtung oder Einzelauflistung in der Gebührenrechnung) geführt werden. Möglich ist auch, diese Aufzeichnungen über einen repräsentativen Zeitraum von z. B. 3 Monaten zu führen. Dies kann dann Grundlage eines pauschalen Auslagenersatzes für ein oder mehrere Jahre sein. Vgl. dazu das BFH-Urteil vom 21. 8. 1995 (BStBl. II S. 906). In Zweifelsfällen wäre eine vorherige Abstimmung mit dem Finanzamt hilfreich. Der hier angesprochene steuerfreie Auslagenersatz betrifft nicht nur Arbeitnehmer des Vereins, sondern z. B. auch ehrenamtlich tätige Vorstandsmitglieder.

5. Steuerfreie Aufwandsentschädigung für nebenberufliche Tätigkeiten z. B. als Übungsleiter, Ausbilder, Erzieher, Pfleger oder Künstler (§ 3 Nr. 26 EStG)

a) Allgemeines
Nach der seit 1980 geltenden Vorschrift des § 3 Nr. 26 EStG bleiben bei nebenberuflich tätigen Übungsleitern, Ausbildern, Erziehern oder vergleichbar Tätigen sowie seit 1990 für die nebenberufliche Pflege alter, kranker oder behinderter Menschen und ab 1991 auch für nebenberufliche künstlerische Tätigkeiten Aufwandsentschädigungen bis zu einer Höhe von jährlich 2400 DM einkommensteuer- und lohnsteuerfrei, wenn diese Tätigkeit im Dienst oder Auftrag einer inländischen juristischen Person des öffentlichen Rechts oder einer inländischen gemeinnützigen Körperschaft (z. B. einem Verein) ausgeübt wird und dies der Förderung steuerbegünstigter Zwecke dient. Zu Zweifels- und Auslegungsfragen des § 3 Nr. 26 EStG vgl. insbesondere LStR 17.

b) Tätigkeit als Übungsleiter, Ausbilder, Erzieher oder vergleichbare Tätigkeit sowie nebenberufliche Pflege alter, kranker oder behinderter Menschen und nebenberufliche künstlerische Tätigkeiten
Der Anwendungsbereich der Vergünstigung erstreckt sich z. B. auf Trainer und Mannschaftsbetreuer von Sportvereinen, Chorleiter und Dirigenten, Jugendleiter, Ausbilder in Erste-Hilfe-Kursen oder Schwimmkursen, nebenberufliche Lehrer an Volkshochschulen, u.U. auch auf den Leiter einer Außenstelle einer Volkshochschule (BFH-Urteil vom 23. 1. 1986, BStBl. II S. 398), auf Tätigkeiten bei der

Mütterberatung, aber auch an allgemein- und berufsbildenden Schulen, auf Erzieher und Erziehungshelfer in der Kindergartenarbeit, Behinderten- und sonstigen Erziehungsheimen, pädagogische Betreuer bei Jugendfreizeiten oder Ferienheimen. Die Fortbildung ist hierbei der Ausbildung gleichzustellen, so daß auch Lehrveranstaltungen (z. B. der Volkshochschule) ohne ausgesprochenen Ausbildungscharakter begünstigt sind. Die Tätigkeit als Prüfer im Rahmen eines Ausbildungsgangs wird wegen ihres engen Zusammenhangs mit der Ausbildungstätigkeit als begünstigt anerkannt (BFH-Urteil vom 23. 6. 1988, BStBl. II S. 890).

Seit 1990 gilt die Steuerbegünstigung des § 3 Nr. 26 EStG auch für die nebenberufliche Pflege alter, kranker oder behinderter Menschen. Die Pflege alter, kranker oder behinderter Menschen umfaßt außer der Dauerpflege auch Hilfsdienste bei der häuslichen Betreuung durch ambulante Pflegedienste (z. B. Unterstützung bei der Grund- und Behandlungspflege, bei häuslichen Verrichtungen und Einkäufen, im Rahmen des Zubringerdienstes „Essen auf Rädern" sowie beim Schriftverkehr), bei der Altenhilfe nach dem Muster des § 75 des Bundessozialhilfegesetzes (z. B. Hilfe bei der Wohnungs- und Heimplatzbeschaffung, in Fragen der Inanspruchnahme altersgerechter Dienste) und bei Sofortmaßnahmen gegenüber Schwerkranken und Verunglückten (z. B. durch Rettungssanitäter und Ersthelfer).

Darüber hinaus wurde ab 1991 die Übungsleiterpauschale von 2400 DM auch um nebenberufliche künstlerische Tätigkeiten erweitert. Diese müssen aber ebenfalls im Dienst oder Auftrag einer inländischen juristischen Person des öffentlichen Rechts oder einer unter § 5 Abs. 1 Nr. 9 KStG fallenden Einrichtung ausgeübt werden. Da bereits bislang die nebenberuflichen Übungsleiter oder Ausbilder im künstlerischen Bereich begünstigt waren, verbleiben als Zielgruppe für diese Neuregelung die ausübenden Künstler. Dies bedeutet, daß hierunter z. B. nicht nur die Chorleiter oder Dirigenten eines Musik- oder Gesangvereins fallen, sondern auch die Sänger. Dasselbe gilt z. B. für einen nebenberuflichen Kirchenmusiker oder für die Mitglieder eines Theatervereins. An den Begriff der künstlerischen Tätigkeit i. S. des § 3 Nr. 26 EStG sind dieselben Anforderungen zu stellen wie an den Begriff der künstlerischen Tätigkeit i. S. des § 18 Abs. 1 Nr. 1 EStG.

Nicht begünstigt sind hingegen Tätigkeiten eines Vorstandsmitglieds, Gerätewarts, Platzwarts, Hausmeisters, Kassierers, Zeitschriftenausträgers, Helfers bei einer Wohlfahrtsorganisation oder einer Putzfrau. Ebenso fällt die Ausbildung von Tieren (z. B. Rennpferden oder Diensthunden) nicht unter die Vergünstigung, und der BFH hat mit Urteil vom 17. 10. 1991 (BStBl. II 1992 S. 176) entschieden, daß das Verfassen und der Vortrag eines Rundfunk-Essays mit den nach § 3 Nr. 26 EStG begünstigten Tätigkeiten nicht vergleichbar ist.

c) Nebenberufliche Tätigkeit

Eine Tätigkeit wird nebenberuflich ausgeübt, wenn sie nicht mehr als ein Drittel der Arbeitszeit eines vergleichbaren Vollzeiterwerbs in Anspruch nimmt (BFH-Urteil vom 30. 3. 1990, BStBl. II S. 854). Demnach können auch solche Personen nebenberuflich tätig sein, die keinen Hauptberuf im steuerlichen Sinn ausüben, wie z. B. Hausfrauen, Vermieter, Studenten, Rentner und Arbeitslose. Übt eine Person mehrere verschiedenartige Tätigkeiten i. S. des § 3 Nr. 26 EStG aus, ist die Nebenberuflichkeit für jede Tätigkeit getrennt zu beurteilen. Mehrere gleichartige Tätigkeiten sind dagegen zusammenzufassen, wenn sie sich nach der Verkehrsanschauung als Ausübung eines einheitlichen Hauptberufs darstellen, z. B. zwei Viertellehraufträge an verschiedenen Musikschulen.

Die Nebentätigkeit muß vom Hauptberuf genügend abgrenzbar sein. Dies ist nicht der Fall, wenn ein hauptberuflicher Lehrer zusätzlichen Unterricht an derselben Schule oder einer Schule gleicher Art erteilt (LStH 68 Stichwort „Nebenberufliche Lehrtätigkeit"). Erteilt ein Lehrer hingegen Unterricht an der Volkshochschule, so handelt es sich um eine begünstigte Nebentätigkeit, die nicht mehr dem Hauptberuf zugeordnet werden kann. Vgl. zu der Abgrenzbarkeit zu der Haupttätigkeit auch das BFH-Urteil vom 29. 1. 1987 (BStBl. II S. 783).

Gleichgültig ist es, ob die begünstigte Tätigkeit im Rahmen eines nichtselbständigen Arbeitsverhältnisses oder im Rahmen einer selbständigen Tätigkeit ausgeübt wird. Das Gesetz spricht ausdrücklich von einer Tätigkeit „im Dienst" oder „im Auftrag" der betreffenden Institution. Die Steuerbefreiung gilt deshalb sowohl für die Lohnsteuer als auch für die Einkommensteuer. Die Nebentätigkeit als Übungsleiter in einem Sportverein ist z. B. dann freiberuflich, wenn sie durchschnittlich nicht mehr als 6 Wochenstunden umfaßt, es sei denn, daß ausdrücklich ein Arbeitsvertrag mit Urlaubsvereinbarung, Lohnfortzahlung im Krankheitsfall und dergl. abgeschlossen wurde. Diese Unterscheidung hat aber keine Bedeutung für die Anwendung des § 3 Nr. 26 EStG.

d) **Tätigkeit für eine juristische Person des öffentlichen Rechts oder für eine gemeinnützige Körperschaft**
Als juristische Personen des öffentlichen Rechts, für die eine der begünstigten Tätigkeiten ausgeübt werden kann, kommen vornehmlich die folgenden Institutionen in Betracht:

Gebietskörperschaften (Bund, Länder, Landkreise, Gemeinden) als Träger von Schulen, Kindergärten, Erziehungsheimen, Einrichtungen für Behinderte usw., sowie Universitäten, Kirchen und Berufsverbände des öffentlichen Rechts (Industrie- und Handelskammern, Handwerkskammern, Innungen, Rechtsanwaltskammer, Steuerberaterkammer usw.).

Bei Tätigkeiten für privatrechtliche Körperschaften, insbesondere Vereine und Stiftungen, ist die Befreiungsvorschrift des § 3 Nr. 26 EStG nur anwendbar, wenn die Körperschaft von ihrem Finanzamt wegen Verfolgung gemeinnütziger, mildtätiger oder kirchlicher Zwecke i. S. der §§ 52 bis 54 AO von der Körperschaftsteuer nach § 5 Abs. 1 Nr. 9 KStG befreit ist. Nicht zu den gemeinnützigen Körperschaften zählen Gewerkschaften, Arbeitgeberverbände, Bauernverbände, Grundbesitzer- und Mietervereine und politische Parteien. Eine Vortragstätigkeit bei derartigen Organisationen ist demnach von der Vergünstigungsregelung ausgeschlossen.

e) Förderung gemeinnütziger, mildtätiger oder kirchlicher Zwecke

Durch die Tätigkeit als Übungsleiter, Ausbilder oder Erzieher oder eine vergleichbare Tätigkeit sowie durch künstlerische Tätigkeiten und durch die Pflege alter, kranker oder behinderter Menschen müssen die entsprechenden steuerbegünstigten Zwecke gefördert werden. Bei der Auslegung, ob solche steuerbegünstigten Zwecke vorliegen, sind die Vorschriften der §§ 52 bis 54 AO maßgebend. Hierzu wird im einzelnen auf Abschnitt A hingewiesen.

Die Prüfung, ob diese Voraussetzung im Einzelfall erfüllt ist, kann bei den juristischen Personen des öffentlichen Rechts erhebliche Schwierigkeiten bereiten, weil bei ihnen – anders als bei Vereinen und Stiftungen – die gemeinnützige Betätigung vom Finanzamt nicht ausdrücklich festgestellt wird und weil auch nicht jede öffentliche Aufgabe gemeinnützigen Charakter hat. Insbesondere muß eine selbstlose Förderung der Allgemeinheit i. S. des § 52 Abs. 1 AO vorliegen. Bei Ausbildungstätigkeiten wird dabei von der Rechtsprechung und der Finanzverwaltung ein großzügiger Maßstab angelegt. Liegt die Ausbildung im Interesse der Allgemeinheit, ist es nicht schädlich, wenn nur Auszubildende aus einem abgeschlossenen Personenkreis unterrichtet werden, z. B. Pflegeschüler eines Krankenhauses. Vgl. dazu die BFH-Urteile vom 26. 3. 1992 (BStBl. II 1993 S. 20 und BFH/NV 1993 S. 290) und vom 29. 10. 1992 (BFH/NV 1993 S. 234).

Bei Vereinen, Stiftungen und anderen privatrechtlichen Körperschaften, die nach § 5 Abs. 1 Nr. 9 KStG als steuerfrei anerkannt sind, kann im allgemeinen davon ausgegangen werden, daß die Tätigkeit eines Übungsleiters, Ausbilders usw. der Förderung der von der Körperschaft verfolgten begünstigten Zwecke dient. Dies gilt auch dann, wenn die nebenberufliche Tätigkeit in einem sog. Zweckbetrieb (§§ 65 bis 68 AO) ausgeübt wird (z. B. nebenberufliche Übungsleiter bei sportlichen Veranstaltungen nach § 67a Abs. 1 AO, sofern die Zweckbetriebsgrenze nicht überschritten ist, nebenberufliche Erzieher in einer Einrichtung der Fürsorgeerziehung oder der freiwilligen Erziehungshilfe nach § 68 Nr. 5 AO).

Die Regelung des § 3 Nr. 26 EStG gilt aber **nicht** für Tätigkeiten in einem steuerpflichtigen wirtschaftlichen Geschäftsbetrieb.

f) Art und Höhe der Vergünstigung

Die Einnahmen aus der Tätigkeit als Übungsleiter usw. gelten bis zur Höhe von 2400 DM im Jahr kraft Gesetzes als Aufwandsentschädigung und bleiben steuerfrei. Es handelt sich hierbei um eine unwiderlegbare Vermutung (BFH-Urteil vom 30. 1. 1986, BStBl. II S. 401). Die Steuerbefreiung tritt deshalb auch dann ein, wenn bei Ausübung der Tätigkeit nur geringe oder gar keine Aufwendungen entstanden sind. Übersteigen die Einnahmen die Aufwandsentschädigung von 2400 DM, so unterliegen sie – falls sie nicht nach anderen Vorschriften steuerfrei sein sollten – insoweit dem normalen Lohnsteuerabzug oder der Einkommensteuer.

Bei einer **Pauschalierung der Lohnsteuer** nach § 40a EStG bleibt die steuerfreie Aufwandsentschädigung sowohl für die Feststellung, ob die in § 40a EStG bezeichneten Grenzen eingehalten sind, als auch für die Lohnsteuererhebung außer Betracht.

Hat ein Steuerpflichtiger Einnahmen aus **mehreren** nebenberuflichen Tätigkeiten i. S. des § 3 Nr. 26 EStG (z. B. Übungsleiter bei mehreren Sportvereinen), oder fließen ihm Einnahmen aus einer in mehreren Jahren ausgeübten Tätigkeit zu, so ist die Steuerbefreiung trotzdem auf insgesamt 2400 DM im Jahr begrenzt (BFH-Urteile vom 23. 6. 1988, BStBl. II S. 890, und vom 15. 2. 1990, BStBl. II S. 686). Bei einer gemischten Tätigkeit, die nur teilweise die Voraussetzungen der Steuerfreiheit erfüllt (Beispiel: Ein Steuerpflichtiger erhält eine Vergütung für seine Tätigkeit als Vereinsvorstand und als Dirigent), ist die Befreiungsregelung nur auf den Teilbetrag anwendbar, der für den unter § 3 Nr. 26 EStG fallenden Teil der Tätigkeit gezahlt wird (in dem Beispiel also nur die Vergütung für die Dirigententätigkeit).

Die Annahme einer fiktiven Aufwandsentschädigung von 2400 DM schließt es aus, daneben Betriebsausgaben oder Werbungskosten in tatsächlicher Höhe geltend zu machen. Die Verwaltungsregelung, nach der bei einer nebenberuflichen Lehr- und Prüfungstätigkeit einschließlich einer Tätigkeit als Übungsleiter bei Sportvereinen ein pauschaler Abzug von Betriebsausgaben oder Werbungskosten in Höhe von 25 v. H. der Einnahmen, höchstens jedoch 1200 DM im Jahr, vorgenommen werden kann, darf demnach nicht neben der Steuerfreiheit der Aufwandsentschädigung in Anspruch genommen werden. Neben der steuerlichen Aufwandsentschädigung von 2400 DM kann, wenn die begünstigte Tätigkeit als Arbeitnehmer ausgeübt wird, auch der Arbeitnehmer-Pauschbetrag von 2000 DM für diese Tätigkeit nicht in Anspruch genommen werden (vgl. dazu BFH-Urteil vom 13. 11. 1987, BFH/NV 1988 S. 150). Der Arbeitnehmer-Pauschbetrag steht aber ungekürzt zur Verfügung für eine andere nichtselbständige Tätigkeit, z. B. im Hauptberuf. Die nach § 3 Nr. 12, 13, 16, 34 und 50 EStG steuerfreien Vergütungen werden neben den 2400 DM gewährt. Werden im Zusammenhang mit der nebenberuflichen Tätigkeit höhere Aufwendungen als insgesamt 2400 DM im Jahr gegen Einzelnachweis oder pauschal geltend gemacht, so ist § 3 Nr. 26 EStG nicht anwendbar (vgl. BFH-Urteil vom 30. 1. 1986, BStBl. II S. 401).

g) Lohnsteuerabzugsverfahren

Wird die nebenberufliche Tätigkeit in einem Dienstverhältnis als Arbeitnehmer ausgeübt, so kann beim Lohnsteuerabzug der Höchstbetrag der Aufwandsentschädigung von 2400 DM voll berücksichtigt werden. Eine dem Lohnzahlungszeitraum entsprechende zeitanteilige Aufteilung ist nicht erforderlich, selbst wenn feststeht, daß das Dienstverhältnis nicht bis zum Ende des Kalenderjahres besteht. Um sicherzustellen, daß die Steuerbefreiung nicht mehrfach in Anspruch genommen wird, hat der Arbeitgeber sich vom Arbeitnehmer schriftlich bestätigen zu lassen, daß die Steuerbefreiung nicht bereits in einem anderen Dienst- oder Arbeitsverhältnis berücksichtigt worden ist oder berücksichtigt wird. Diese Erklärung ist zum Lohnkonto zu nehmen. Vgl. dazu LStR 17 Abs. 7.

6. Aufwandsentschädigungen im Sinne des § 67a Abs. 3 AO

Die in § 67a Abs. 3 AO genannte Aufwandsentschädigung (700 DM je Monat im Jahresdurchschnitt für einen Sportler) hat nur Bedeutung für die Unterscheidung zwischen Zweckbetrieb und wirtschaftlichem Geschäftsbetrieb bei sportlichen Veranstaltungen (vgl. dazu die Seiten 212f.). Diese Grenze hat keinerlei lohnsteuerliche Bedeutung. In jedem Einzelfall ist nach den hier genannten Kriterien zu prüfen, ob die (pauschalen) Vergütungen an die Sportler der Lohnsteuer unterliegen.

7. Anmeldung und Abführung der Lohnsteuer

Der Verein als Arbeitgeber hat spätestens am zehnten Tag nach Ablauf eines jeden Lohnsteuer-Anmeldungszeitraums (siehe unten) nach § 41a EStG

1. dem sog. Betriebsstättenfinanzamt (bei Vereinen dürfte dies in aller Regel das Sitzfinanzamt sein) eine Steuererklärung einzureichen, in der er die Summe der im Lohnsteuer-Anmeldungszeitraum einzubehaltenden und zu übernehmenden Lohnsteuer, Kirchenlohnsteuer und den Solidaritätszuschlag zur Lohnsteuer angibt. Die Steuererklärung wird als Lohnsteuer-Anmeldung bezeichnet. Die Anmeldung ist nach amtlich vorgeschriebenem Vordruck abzugeben.
2. die im Lohnsteuer-Anmeldungszeitraum insgesamt einbehaltene und übernommene Lohnsteuer, Kirchenlohnsteuer und den Solidaritätszuschlag zur Lohnsteuer an das Finanzamt abzuführen.

Lohnsteuer-Anmeldungszeitraum ist grundsätzlich der Kalendermonat. Lohnsteuer-Anmeldungszeitraum ist das Kalendervierteljahr, wenn die abzuführende Lohnsteuer für das vorangegangene Kalenderjahr mehr als 1600 DM, aber nicht mehr als 6000 DM betragen hat. Lohnsteuer-Anmeldungszeitraum ist das Kalenderjahr, wenn die abzuführende Lohnsteuer für das vorangegangene Kalenderjahr nicht mehr als 1600 DM betragen hat.

Der Vereinsvorsitzende haftet als gesetzlicher Vertreter des Vereins für die Erfüllung der Pflichten des Vereins bei der Anmeldung und Abführung der Lohnsteuer. Vgl. dazu das BFH-Urteil vom 20. 1. 1998 (BFH/NV 1998 S. 814).

IV. Anrufungsauskunft

Das Finanzamt, an das die Lohn- und Kirchenlohnsteuer sowie der Solidaritätszuschlag abgeführt werden müssen (Betriebsstättenfinanzamt), ist verpflichtet, dem Arbeitgeber oder dem Arbeitnehmer auf Anfrage darüber Auskunft zu erteilen, ob und inwieweit im Einzelfall die lohnsteuerlichen Vorschriften anzuwenden sind (§ 42e EStG). Im Hinblick auf die Haftung des Arbeitgebers für nicht oder nicht vorschriftsmäßig einbehaltene Lohn- und Kirchenlohnsteuer sowie den Solidaritätszuschlag empfiehlt es sich, in Zweifelsfällen von dieser Möglichkeit Gebrauch zu machen. Das Finanzamt ist dann auch bei einer späteren Lohnsteuer-Außenprüfung regelmäßig an die erteilte Auskunft gebunden.

V. Überprüfung durch das Finanzamt

Das Finanzamt überwacht die ordnungmäßige Einbehaltung und Abführung der Lohnsteuer durch eine Prüfung (Außenprüfung) der Arbeitgeber, die in gewissen Zeitabständen stattfindet. Die Vereine sind als Arbeitgeber verpflichtet, den mit der Nachprüfung beauftragten Bediensteten des Finanzamts das Betreten der Geschäftsräume in den üblichen Geschäftsstunden zu gestatten, ihnen Einsicht in die aufbewahrten Lohnsteuerkarten, die Lohnkonten und Lohnbücher sowie in die Geschäftsbücher und sonstigen Unterlagen zu gewähren. Dabei steht es im Ermessen des Prüfers, welche Unterlagen für die bei der Prüfung zu treffenden Feststellungen erforderlich sind. Die Vereine haben auch jede zum Verständnis der Buchaufzeichnungen gewünschte Erläuterung zu geben. Die Vereine sind ferner verpflichtet, auf Verlangen dem Prüfer zur Feststellung der Steuerverhältnisse auch Auskunft über Personen zu geben, bei denen es streitig ist, ob sie Arbeitnehmer des Vereins sind. Vgl. dazu § 42f EStG und LStR 148.

H. Sonstige Steuern

I. Grundsteuer

1. Rechtsgrundlage

Die Grundsteuer ist eine Gemeindesteuer. Sie wird im ganzen Bundesgebiet (seit 1991 auch in den neuen Bundesländern) auf Grund einheitlicher Rechtsvorschriften erhoben. Es sind dies das Grundsteuergesetz (GrStG), die dazu ergangenen Grundsteuer-Richtlinien sowie das Bewertungsgesetz (BewG).

2. Gegenstand der Besteuerung

Die Gemeinden erheben die Grundsteuer von dem in ihrem Gebiet gelegenen Grundbesitz (§ 1 GrStG). Grundbesitz i.S. der Grundsteuer sind:

a) die land- und forstwirtschaftlichen Betriebe (§ 33 ff. BewG),
b) die zum Grundvermögen gehörenden Grundstücke (§ 68 ff. BewG),
c) die Betriebsgrundstücke, die zu einem Gewerbebetrieb gehören (§ 99 BewG).

Der Grundsteuer unterliegen auch Erbbaurechte und sonstige grundstücksgleiche Rechte sowie das Wohnungseigentum und das Teileigentum nach dem Wohnungseigentumsgesetz.

3. Besteuerungsverfahren

Das Verfahren bei der Grundsteuer gliedert sich in die folgenden drei Stufen:

a) Feststellung des Einheitswerts für den Grundbesitz durch das Finanzamt,
b) Festsetzung eines Steuermeßbetrags für die Grundsteuer durch das Finanzamt,
c) Festsetzung und Erhebung der Grundsteuer durch die Gemeinde.

Die letzte Hauptfeststellung der Einheitswerte für den Grundbesitz wurde in den alten Bundesländern auf den 1. 1. 1964 durchgeführt. Die Einheitswerte für diesen Stichtag werden bei der Besteuerung aber erst ab dem Jahre 1974 verwendet. Außer Hauptfeststellungen kennt das Bewertungsgesetz noch Wertfortschreibungen, die bei Wertsteigerungen oder Wertminderungen ab einer gewissen Höhe durchgeführt werden, und Nachfeststellungen für wirtschaftliche Einheiten (Grundstücke, Gebäude), die neu geschaffen wurden. Bei Wertfortschreibungen und Nachfeststellungen zum 1. 1. 1974 und spätere Stichtage sind für die Höhe des Einheitswerts die Wertverhältnisse am 1. 1. 1964 maßgebend.

Die Steuermeßzahlen für die Grundsteuer in den alten Bundesländern sind je nach Art des Grundbesitzes unterschiedlich hoch. Bei land- und forstwirtschaftlichen Betrieben beträgt die Steuermeßzahl 6 v. T. Für Grundstücke des Grundvermögens und gewerbliche Betriebsgrundstücke beläuft sich die Steuermeßzahl auf 3,5 v. T. Bei Einfamilienhäusern gilt die Steuermeßzahl von 2,6 v. T. für die ersten 75 000 DM des Einheitswerts und eine solche von 3,5 v. T. für den Rest des Einheitswerts. Zweifamilienhäuser unterliegen einer Steuermeßzahl von 3,1 v. T.

Für Grundstücke in den neuen Bundesländern gelten seit 1991 eigene Regelungen für die Bemessungsgrundlage (Ersatzbemessungsgrundlage) und die Steuermeßzahlen. Vgl. dazu im einzelnen Artikel 1 des Einigungsvertragsgesetzes vom 23. 9. 1990 i. V. mit Anlage I Kapitel IV Sachgebiet B Abschnitt II Nr. 30 des Einigungsvertrages vom 31. 8. 1990 (BStBl. I S. 653, 682).

Die Höhe der zu zahlenden Grundsteuer bestimmt sich nach den von der Gemeinde festgelegten Grundsteuer-Hebesätzen, die auf die Grundsteuer-Meßbeträge angewendet werden. Bei einem Hebesatz von beispielsweise 300 v. H. beträgt die Steuer das Dreifache des Grundsteuer-Meßbetrags. Über die Höhe der Grundsteuer und die darauf zu leistenden Vorauszahlungen erteilt die Gemeinde einen Grundsteuerbescheid.

4. Gemeinnützige Vereine

Vereine, die nach der Satzung und ihrer tatsächlichen Geschäftsführung ausschließlich und unmittelbar gemeinnützigen oder mildtätigen Zwecken dienen, sind gemäß § 3 Abs. 1 Satz 1 Nr. 3b GrStG von der Grundsteuer **befreit**. Hierfür ist allerdings Voraussetzung, daß der Grundbesitz vom Verein unmittelbar für gemeinnützige oder mildtätige Zwecke genutzt wird. Für die Begriffe gemeinnützige oder mildtätige Zwecke gelten die §§ 51 bis 68 AO entsprechend. Handelt es sich um einen Zweck, der in der Anlage 7 zu den EStR als besonders förderungswürdig anerkannt ist, so ist die genannte Voraussetzung erfüllt. In anderen Fällen kommt es darauf an, ob der Zweck auch bei der Körperschaftsteuer als gemeinnützig anerkannt worden ist. Die dort getroffene Entscheidung wird bei der Grundsteuer übernommen (Abschn. 12 Abs. 3 GrStR). Die Voraussetzungen für die Steuerbefreiung müssen im übrigen zu Beginn eines Kalenderjahres vorliegen (Anwendungserlaß zur AO zu § 60 Nr. 6).

Fehlt es an der unmittelbaren Benutzung des Grundbesitzes für die begünstigten Zwecke, so tritt eine Befreiung von der Grundsteuer nicht ein. Das gilt insbesondere für Grundbesitz, der einem steuerpflichtigen wirtschaftlichen Geschäftsbetrieb dient. Grundsteuerfrei bleibt indessen der Grundbesitz, auf dem Zweckbetriebe unterhalten werden. Wegen dieser Begriffe vgl. Abschnitt A, Gemeinnützigkeit.

Grundbesitz eines gemeinnützigen Vereins, der Wohnzwecken dient, ist nicht von der Grundsteuer befreit (§ 5 GrStG), es sei denn, es handelt sich bei den Räumlichkeiten um

a) die gemeinschaftlichen Wohnräume in Jugendherbergen, Jugendsportheimen und Freizeitlagern für Jugendliche sowie gemeinschaftliche Wohnräume in Ausbildungsheimen und Erziehungsanstalten, in Prediger- und Priesterseminaren, wenn die Unterbringung für die Zwecke des Unterrichts, der Ausbildung oder der Erziehung erforderlich ist (Abschn. 26 GrStR);

b) die Wohnräume, die für die Aufnahme hilfsbedürftiger Personen (i. S. des § 53 AO) bestimmt sind, in den Gebäuden, die wegen Benutzung für gemeinnützige oder mildtätige Zwecke von der Grundsteuer befreit sind;

c) Räume, in denen sich Personen für die Erfüllung der begünstigten Zwecke ständig bereithalten müssen (Bereitschaftsräume), wenn sie nicht zugleich die Wohnung des Inhabers darstellen (Absch. 28 GrStR).

Dient ein Grundstück sowohl steuerbegünstigten Zwecken als auch anderen Zwecken und wird für die steuerbegünstigten Zwecke ein räumlich abgegrenzter Teil benutzt, so ist nur dieser Teil steuerbefreit (§ 8 Abs. 1 GrStG). Ist eine räumliche Abgrenzung der verschiedenen Zwecke nicht möglich, so ist das Grundstück oder der betreffende Grundstücksteil nur befreit, wenn die steuerbegünstigten Zwecke überwiegen (§ 8 Abs. 2 GrStG). In diesen Fällen kommt es darauf an, für welche Zwecke das Grundstück überwiegend geschaffen ist und bereitgehalten wird (BFH-Urteil vom 7. 10. 1966, BStBl. III 1967 S. 30).

Der **Grundbesitz eines gemeinnützigen Sportvereins** ist von der Grundsteuer befreit, wenn er für sportliche Zwecke benutzt wird. Als für sportliche Zwecke benutzter Grundbesitz sind solche Anlagen anzusehen, die unmittelbar zur Ausübung der Leibesübungen usw. benutzt werden und für diese Zwecke besonders hergerichtet sind:

Beispiel: Das Vereinsheim eines Fußballvereins wird für folgende Zwecke benutzt:
Vereinsgaststätte,
Wohnung des Platzwarts,
Umkleide- und Waschräume für die Aktiven,
Abstellräume für Sportgeräte.
In diesem Falle sind die Räume der Gaststätte und die Wohnung des Platzwarts nicht unmittelbar für sportliche Zwecke benutzter Grundbesitz und somit nicht steuerbefreit.
Wegen des Umfangs der Steuerbefreiung von Grundbesitz, der für sportliche Zwecke benutzt wird, vgl. im einzelnen das BMF-Schreiben vom 15. 3. 1984 (BStBl. I S. 323).

Grundbesitz, den ein Verein seinen Mitgliedern zum Sportfischen zur Verfügung stellt, ist nicht von der Grundsteuer befreit (BFH-Urteil vom 31. 7. 1985, DStR 1986 S. 229). Zur grundsteuerlichen Behandlung einer Schützenhalle, die von einem gemeinnützigen Schützenverein auch zu nicht steuerbegünstigten

Zwecken (z. B. Festveranstaltungen) benutzt wird, hat der BFH mit Urteil vom 27. 11. 1991 (BStBl. II 1992 S. 563) entschieden, daß die Grundsteuerbefreiung gem. § 8 Abs. 2 GrStG nur zu gewähren ist, wenn die Nutzung für steuerbegünstigte Zwecke (z. B. Sportausübung) überwiegt; dabei scheiden Zeiten der Nichtbenutzung (des Leerstehens) des Grundstücks (Gebäudes) für den zeitanteiligen Maßstab aus. Bei der Gewichtung, ob die steuerbegünstigten Zwecke überwiegen, sei neben der zeitlichen Abgrenzung auch der räumliche Umfang der unterschiedlichen Nutzung nach Maßgabe des Flächenanteils zu berücksichtigen.

5. Antrag auf Befreiung von der Grundsteuer

Über Steuerbefreiungen entscheidet das Finanzamt. Sind die Voraussetzungen hierfür gegeben, so sollte der Verein unverzüglich einen entsprechenden Befreiungsantrag beim Finanzamt stellen. Eine rückwirkende Befreiung von der Grundsteuerpflicht ist nur möglich, wenn zu dem Zeitpunkt, auf den die Befreiung beantragt wird, noch keine bestandskräftige Festsetzung eines Grundsteuermeßbetrages vorliegt und die Festsetzungsfrist noch nicht abgelaufen ist.

6. Grundsteuererlaß

In bestimmten Fällen (§ 32 GrStG) ist auf Antrag die Grundsteuer zu erlassen. Dies gilt z. B. für Grundbesitz, dessen Erhaltung wegen seiner Bedeutung für Wissenschaft, Kunst oder Naturschutz im öffentlichen Interesse liegt, wenn die jährlichen Kosten in der Regel die erzielten Einnahmen und die sonstigen Vorteile übersteigen. Nach dem Urteil des Bundesverwaltungsgerichts vom 8. 7. 1998 (BStBl. II S. 590) muß die Unrentabilität kausal auf der Kulturguteigenschaft beruhen. Ferner wird die Grundsteuer erlassen für Grundbesitz, in dessen Gebäuden Gegenstände von wissenschaftlicher, künstlerischer oder geschichtlicher Bedeutung, insbesondere Sammlungen oder Bibliotheken, zum Zwecke der Forschung oder Volksbildung nutzbar gemacht sind. Der Steuererlaß gilt aber nur unter der Voraussetzung und in dem Umfang, in dem der Rohertrag des Grundbesitzes durch eine solche Nutzbarmachung gemindert wird.

Der Antrag auf Grundsteuererlaß ist nicht erforderlich, soweit der betreffende Grundbesitz bereits unter eine Steuerbefreiung fällt (z. B. bei gemeinnützigen Vereinen).

II. Grunderwerbsteuer

1. Rechtsgrundlagen

Die Grunderwerbsteuer wird erhoben, wenn ein inländisches Grundstück von einem Eigentümer auf einen anderen Eigentümer übergeht. Rechtsgrundlage ist das Grunderwerbsteuergesetz (GrEStG) vom 26. 2. 1997 (BGBl. I S. 418, BStBl. I S. 313).

Zur Grunderwerbsteuer in den neuen Bundesländern vgl. die BFH-Urteile vom 19. 5. 1993 und 9. 6. 1993 (BStBl. II S. 628, 630, 633 und 682) sowie den Erlaß des Finanzministeriums Brandenburg vom 28. 6. 1993 (DB 1993 S. 1548).

2. Gegenstand der Besteuerung

Das Grunderwerbsteuerrecht knüpft eng an das bürgerliche Recht an. Außer Kaufverträgen erfaßt es auch andere Rechtsvorgänge, die die Übertragung des Eigentums an einem Grundstück zum Gegenstand haben, wie z. B. Tausch, Enteignung oder Zwangsversteigerung.

Bemessungsgrundlage für die Grunderwerbsteuer ist die Gegenleistung, die der Veräußerer vom Erwerber als Entgelt für das Grundstück erhält. Fehlt es an einer Gegenleistung, so wird die Grunderwerbsteuer seit 1. 1. 1997 nach den Werten i. S. des § 138 Abs. 2 oder 3 des BewG bemessen.

Das Bewertungsgesetz wurde insoweit grundlegend geändert. Für die Erbschaftsteuer und die Grunderwerbsteuer wurde eine Bedarfsbewertung eingeführt. Danach treten an die Stelle der bisherigen Einheitswerte **Grundbesitzwerte**, die unter Berücksichtigung der tatsächlichen Verhältnisse zum Besteuerungszeitpunkt und der Wertverhältnisse zum 1. 1. 1996 festgestellt werden. Nach § 138 Abs. 4 BewG gelten die Wertverhältnisse zum 1. 1. 1996 für Feststellungen von Grundbesitzwerten bis zum 31. 12. 2001.

Der Steuersatz beträgt seit 1. 1. 1997 3,5 v. H. der Gegenleistung bzw. der Bemessungsgrundlage nach § 138 BewG. Steuerschuldner sind sowohl der Käufer als auch der Verkäufer. Ohne Rücksicht auf die vertraglichen Abmachungen über die Tragung der Grunderwerbsteuer haften daher dem Finanzamt gegenüber beide für die gesamte Grunderwerbsteuer.

3. Allgemeine Befreiungen

Von der Grunderwerbsteuer sind ausgenommen:

a) der Erwerb von Grundstücken, bei denen der für die Berechnung der Steuer maßgebende Wert nicht mehr als 5000 DM beträgt;
b) der Grundstückserwerb von Todes wegen, also durch Erbfall;
c) der Grundstückserwerb durch Schenkung.

In den Fällen b und c kann Erbschaftsteuer in Betracht kommen.

Seit dem 1. 1. 1983 ist eine Steuerbefreiung für gemeinnützige oder mildtätige Vereine gesetzlich nicht mehr vorgesehen.

III. Erbschaftsteuer und Schenkungsteuer

1. Rechtsgrundlagen

Die Rechtsgrundlagen für die Erbschaftsteuer (Schenkungsteuer) sind das Erbschaftsteuer- und Schenkungsteuergesetz (ErbStG) vom 27. 2. 1997 (BGBl. I S. 378, BStBl. I S. 298), die Erbschaftsteuer-Durchführungsverordnung vom 8. 9. 1998 (BGBl. I S. 2658, BStBl. I S. 1183), die Erbschaftsteuer–Richtlinien (ErbStR) vom 21. 12. 1998 (BStBl. Sondernummer 2/1998) und die gleichlautenden Erlasse der obersten Finanzbehörden der Länder betr. Hinweise zu den Erbschaftsteuer-Richtlinien (BStBl. I 1998 S. 1529).

2. Gegenstand der Besteuerung

Der Erbschaftsteuer bzw. Schenkungsteuer unterliegen der Erwerb von Todes wegen (Erbschaft, Vermächtnis) und Schenkungen. Da auch ein Verein Erbe oder Vermächtnisnehmer sein kann oder Schenkungen empfangen kann, ist die Erbschaftsteuer (Schenkungsteuer) für ihn ebenfalls von Interesse.

Für die Erbschaftsteuer (Schenkungsteuer) gelten je nach dem Verwandtschaftsgrad seit 1996 drei verschiedene Steuerklassen. Vereine als juristische Personen fallen stets in die Steuerklasse III, bei der die höchsten Steuersätze zur Anwendung kommen. Diese steigen mit der Höhe des Erwerbs progressiv an. Bei einem Erwerb bis zu 100 000 DM beträgt der Steuersatz z. B. 17 v. H., bis zu 500 000 DM 23 v. H.

Steuerfrei sind Zuwendungen an einen Verein in Höhe von 10 000 DM bzw. 2000 DM, wenn der Schenker/Erblasser Ausländer ist (§ 16 Abs. 1 Nr. 5 und Abs. 2 ErbStG). Seit 1. 1. 1994 bleibt außerdem die Zuwendung von Betriebsvermögen und wesentlichen Beteiligungen an inländischen Kapitalgesellschaften bis zu einem Wert von insgesamt 500 000 DM steuerfrei (§ 13a ErbStG). Mehrere innerhalb von 10 Jahren von derselben Person anfallende Vermögenszuwendungen sind dabei zusammenzurechnen.

3. Zuwendungen von Sponsoren (Sponsoring)

Unter Sponsoring versteht man die Gewährung von Geld oder geldwerten Vorteilen durch Unternehmen zur Förderung von Personen, Gruppen und/oder Organisationen in sportlichen, kulturellen, sozialen, ökologischen oder ähnlich bedeutsamen gesellschaftspolitischen Bereichen, mit der regelmäßig auch eigene unternehmensbezogene Ziele der Werbung oder Öffentlichkeitsarbeit verfolgt werden.

Nach dieser Definition ist Sponsoring eine besondere Form der Werbung. Beim Sponsor können die Aufwendungen Betriebsausgaben (§ 4 Abs. 4 EStG) oder Spenden (§ 10b EStG bzw. § 9 Abs. 1 Nr. 2 KStG) sein. Bei natürlichen Personen kommen darüber hinaus noch Kosten der Lebensführung (§ 12 EStG) in

Betracht. Bei Kapitalgesellschaften können auch nichtabziehbare Aufwendungen oder verdeckte Gewinnausschüttungen vorliegen. Auf der Seite des Vereins, der die Zuwendung erhält, können eine Vereinnahmung im ideellen Bereich (Spendeneinnahmen), steuerfreie Einnahmen aus der Vermögensverwaltung oder steuerpflichtige Einnahmen eines wirtschaftlichen Geschäftsbetriebs (z. B. Einnahmen aus Trikotwerbung) vorliegen. Zur ertragsteuerlichen Behandlung des Sponsoring vgl. BMF-Schreiben vom 18. 2. 1998 (BStBl. I S. 212).

Die betriebliche Veranlassung des Sponsoring als einer besonderen Form der Werbung setzt voraus, daß sich der gesponserte Verein zu einer Gegenleistung für den Sponsor in Gestalt von Werbemaßnahmen verpflichtet hat. Mit der Benennung des Namens des Sponsors oder eines Produkts des Sponsors muß ein Werbeeffekt verbunden sein, der auch äußerlich durch drucktechnische Hervorhebungen, Firmenlogo oder Einzelnennung des Zuwendenden erkennbar ist. Die Aufnahme des Sponsors in eine Spenderliste, mit der auf die durch die Zuwendung begünstigten Projekte hingewiesen wird, würde demnach nicht ausreichen. Ein weiteres Problem ist die Gleichwertigkeit von Leistung und Gegenleistung. Im Einzelfall wird hierzu eine Plausibilitätsprüfung durchgeführt werden müssen. Liegt der Wert der Gegenleistung erheblich unter den Aufwendungen des Sponsors, in Tz. 5 des o. g. BMF-Schreibens wird von einem „krassen Mißverhältnis" gesprochen, spricht dies gegen einen ausgewogenen Leistungsaustausch und damit gegen den Betriebsausgabenabzug beim Sponsor.

Aus schenkungsteuerlicher Sicht müssen ähnliche Erwägungen angestellt werden. Bei einer Gleichwertigkeit von Leistung und Gegenleistung liegt keine freigebige Zuwendung i. S. von § 7 Abs. 1 Nr. 1 ErbStG vor. Gegenleistungen, die nicht in Geld veranschlagt werden können, bleiben bei der Feststellung, ob eine Bereicherung vorliegt, unberücksichtigt (§ 7 Abs. 3 ErbStG). Außerdem setzt Freigebigkeit nicht Uneigennützigkeit voraus. Deshalb schließt ein Handeln zum eigenen Nutzen oder Vorteil die Schenkungsteuerpflicht nicht grundsätzlich aus.

Demnach kommen schenkungsteuerpflichtige Zuwendungen von Sponsoren in Betracht, soweit die berücksichtigungsfähigen Gegenleistungen in keinem angemessenen Verhältnis zum Wert der Zuwendungen stehen und der Sponsor sich dessen auch bewußt ist. Abzustellen ist dabei wie bei der ertragsteuerlichen Betrachtung auf die Motive, wie sie durch die äußeren Umstände erkennbar werden (vgl. BFH-Urteil vom 9. 8. 1989, BStBl. II 1990 S. 237).

Vgl. dazu auch den Erlaß des Sächsischen Staatsministeriums der Finanzen vom 5. 4. 1995 (StEd 1995 S. 314).

4. Steuerbegünstigte Vereine

Zuwendungen an Vereine, die nach Satzung und tatsächlicher Geschäftsführung ausschließlich und unmittelbar kirchlichen, gemeinnützigen oder mildtätigen Zwecken dienen, sind gemäß § 13 Abs. 1 Nr. 16 Buchstabe b ErbStG ohne Rücksicht auf ihre Höhe steuerfrei, es sei denn, der Verein würde innerhalb von 10 Jahren nach der Zuwendung seinen steuerbegünstigten Status verlieren und das Vermögen für nichtsteuerbegünstigte Zwecke verwenden. Dies gilt uneingeschränkt für steuerbegünstigte Vereine, die nur ideell tätig sind. Die erbschaft- und schenkungsteuerliche Behandlung von Zuwendungen an Vereine, die wirtschaftliche Geschäftsbetriebe unterhalten, ist dagegen nicht ausdrücklich gesetzlich geregelt. Nach R 47 Abs. 2 der ErbStR wird die Steuerbefreiung für eine Zuwendung gemäß § 13 Abs. 1 Nr. 16 Buchstabe b ErbStG nicht dadurch ausgeschlossen, daß die begünstigte Körperschaft einen **Zweckbetrieb** unterhält. Das gilt auch für Zuwendungen, die zur Verwendung in einem Zweckbetrieb bestimmt sind. Unterhält sie einen **steuerpflichtigen wirtschaftlichen Geschäftsbetrieb**, ist dies ebenfalls für die Steuerfreiheit einer Zuwendung unschädlich, solange die Körperschaft nicht in erster Linie eigenwirtschaftliche Zwecke verfolgt. Bei Zuwendungen, die einem steuerpflichtigen wirtschaftlichen Geschäftsbetrieb der Körperschaft zugute kommen, ist die Steuerbefreiung stets ausgeschlossen. Wird einer begünstigten Körperschaft ein wirtschaftlicher Geschäftsbetrieb zugewendet, bleiben die Voraussetzungen für die Steuerbefreiung für diese und weitere Zuwendungen an die Körperschaft grundsätzlich erhalten. Führt die gemeinnützige Körperschaft den Betrieb fort, ist Voraussetzung, daß der wirtschaftliche Geschäftsbetrieb verpflichtet ist, seine Überschüsse an den ideellen Bereich abzugeben und diese Verpflichtung auch tatsächlich erfüllt.

Erhält ein Verein, der neben gemeinnützigen Zwecken auch andere Zwecke verfolgt und deshalb nicht körperschaftsteuerfrei ist, Zuwendungen, die ausschließlich kirchlichen, gemeinnützigen oder mildtätigen Zwecken gewidmet sind, so ist dieser Erwerb nicht erbschaftsteuer- oder schenkungsteuerpflichtig, wenn die Verwendung zu dem begünstigten Zweck gesichert ist (§ 13 Abs. 1 Nr. 17 ErbStG, R 49 ErbStR). Mitgliederbeiträge sind bei nicht körperschaftsteuerbefreiten Vereinen bis zur Höhe von jährlich 500 DM schenkungsteuerfrei (§ 18 ErbStG). Falls Beiträge den Charakter von Gegenleistungen haben und steuerlich nicht als echte Beiträge anerkannt werden, wie z. B. bei Lohnsteuerberatungsvereinen, liegen keine steuerpflichtigen Schenkungen vor.

IV. Lotteriesteuer

1. Rechtsgrundlagen

Die Lotteriesteuer wird bei im Inland veranstalteten öffentlichen Lotterien und Ausspielungen erhoben. Rechtsgrundlagen sind das Rennwett- und Lotteriegesetz vom 8. 4. 1922 (RGBl. I S. 393) und die Ausführungsbestimmungen zum Rennwett- und Lotteriegesetz vom 16. 6. 1922.

2. Gegenstand der Besteuerung

Lotterien und Ausspielungen (z. B. eine Tombola) sind Glücksspiele, bei denen die Gewinnaussichten vom Zufall abhängen. Bei Lotterien bestehen die

Gewinne stets in Geldbeträgen, bei Ausspielungen können auch Sachwerte als Gewinne ausgeworfen sein. Eine steuerpflichtige öffentliche Lotterie oder Ausspielung liegt vor, wenn die für die Genehmigung zuständige Behörde sie als genehmigungspflichtig ansieht.

Die Lotteriesteuer beträgt 20 v. H. des planmäßigen Preises (Nennwert) sämtlicher Lose ausschließlich der Steuer; dies entspricht 16⅔ v. H. des Verkaufspreises der Lose. Beträgt der Nennwert sämtlicher Lose z. B. 1000 DM, fällt 200 DM Lotteriesteuer an. Bezogen auf die Summe aus dem Nennwert (= Verkaufspreis) der Lose einschl. Steuer (1000 DM + 200 DM = 1200 DM) beträgt die Steuer 16⅔ v. H.

Steuerschuldner ist der Veranstalter der Lotterie oder Ausspielung. Die Steuerschuld entsteht mit der Genehmigung, spätestens aber zu dem Zeitpunkt, zu dem die Genehmigung hätte eingeholt werden müssen. Die Steuer ist vom Veranstalter an das zuständige Finanzamt zu entrichten, bevor mit dem Losabsatz begonnen wird.

3. Steuerbefreiungen

Von der Besteuerung sind ausgenommen:

– Sachausspielungen, bei denen keine Ausweise (z. B. Lose) erteilt werden;
– Sachausspielungen, bei denen der Gesamtpreis der Lose einer Ausspielung den Wert von 1200 DM nicht übersteigt, vorausgesetzt, daß der Veranstalter nicht Gewerbetreibender i. S. des Gewerberechts ist oder daß die Gewinne nicht ganz oder teiweise in Bargeld bestehen;
– genehmigte Lotterien und Ausspielungen, wenn diese ausschließlich gemeinnützigen, mildtätigen oder kirchlichen Zwecken dienen und der Gesamtpreis der Lose 75 000 DM nicht übersteigt (zur Anwendung dieser Freigrenze bei mehreren Ausspielungen, die gleichzeitig durchgeführt werden, vgl. Erlaß FM BW vom 19. 8. 1998 DB 1998 S. 1740);
– andere genehmigte Lotterien und Ausspielungen, deren Gesamtwert 320 DM nicht übersteigt.

Damit dürften die von steuerbegünstigten Körperschaften veranstalteten Lotterien und Ausspielungen in aller Regel von der Lotteriesteuer befreit sein. Ungeachtet der Steuerbefreiung sind jedoch die steuerlichen Pflichten nach §§ 31 und 32 der Ausführungsbestimmungen zum Rennwert- und Lotteriegesetz (z. B. vorherige Anzeigepflicht beim zuständigen Finanzamt) zu beachten.

In Baden-Württemberg besteht z. B. für gemeinnützige Vereine unter bestimmten Voraussetzungen eine **allgemeine Erlaubnis** für die Veranstaltung von öffentlichen Lotterien und Ausspielungen auf örtlicher Ebene. Voraussetzung ist u. a., daß der Gesamtpreis der Lose den Wert von 30 000 DM nicht übersteigt und der Reinertrag **ausschließlich** und **unmittelbar** zu gemeinnützigen, mildtätigen oder kirchlichen Zwecken verwendet wird.

Unabhängig von der Frage, ob für eine Lotterie oder Ausspielung Lotteriesteuer zu entrichten ist, besteht für den Veranstalter in Baden-Württemberg die

Verpflichtung, die Lotterie oder Ausspielung rechtzeitig **vor Beginn** bei dem für Baden-Württemberg zuständigen Finanzamt Karlsruhe-Durlach, Prinzessenstraße 2, 76227 Karlsruhe **anzumelden** und die Anschrift des Veranstalters, den Ort und Zeitraum der Veranstaltung, die Zahl der Lose und den Lospreis auf einem dort erhältlichen Vordruck mitzuteilen. Die endgültige Entscheidung über die Steuerfreiheit einer Lotterie oder Ausspielung wird dort getroffen.

V. Vergnügungsteuer

1. Rechtsgrundlagen

Das Aufkommen aus der Vergnügungsteuer fließt den Gemeinden zu. Erhoben wird sie in einigen Bundesländern aufgrund von Landesgesetzen. In den anderen Bundesländern wie z. B. in Baden-Württemberg ermächtigen die jeweiligen Kommunalabgabengesetze die Gemeinden, die Vergnügungsteuer aufgrund einer Satzung zu erheben. Vgl. zur Vergnügungsteuer auf Spielgeräte die Ausführungen von Sipp-Mercier in der Kommunalen Steuerzeitschrift 1993 S. 227. Es können deshalb von Gemeinde zu Gemeinde Unterschiede auftreten. Die Erhebung der Vergnügungsteuer ist nach einem Beschluß des Bundesverfassungsgerichts vom 4. 6. 1975 (BB 1975, 1569) rechtmäßig und verstößt nicht gegen das Grundgesetz. Verfassungsbeschwerden gegen die Erhebung einer Spielautomatensteuer durch die Satzungen der Städte Göppingen und Eutin wurden nicht zur Entscheidung angenommen (BVerfG, Beschluß vom 1. 3. 1997, StEd 1997 S. 266).

2. Gegenstand der Besteuerung

Der Vergnügungsteuer unterliegen die im Gemeindebezirk veranstalteten Vergnügungen. Als Vergnügungen gelten solche Veranstaltungen, die geeignet sind, den Besucher zu entspannen, zu belustigen oder in sonstiger Weise zu unterhalten. Dazu gehören beispielsweise Tanzveranstaltungen, Karnevalsveranstaltungen, Volksbelustigungen, Sportveranstaltungen, Film- und Theatervorführungen, Konzerte, Vorträge oder auch das Halten von Musik- und Spielautomaten.

Nicht als Vergnügungen werden solche Veranstaltungen angesehen, die politischen, gewerkschaftlichen, religiösen, erzieherischen, volksbildenden oder wissenschaftlichen Zwecken dienen. Das gleiche gilt für die Besichtigung von Denkmalen der Bau- und Gartenbaukunst, Museen, Gemäldegalerien, Sammlungen und Kunstausstellungen, wenn die Besichtigung als volksbildend anerkannt ist.

Die Vergnügungsteuer wird meist in Form der Kartensteuer erhoben. Wenn bei einer Veranstaltung Eintrittsgeld verlangt wird, ist der Veranstalter verpflichtet, Eintrittskarten auszugeben. Die Kartensteuer wird dabei nach Zahl und Preis der ausgegebenen Eintrittskarten berechnet. Werden für eine Veranstaltung keine Eintrittskarten ausgegeben oder ist die Erhebung der Kartensteuer nicht möglich oder nicht gewährleistet, so wird die Vergnügungsteuer pauschal festgesetzt.

Die Steuersätze sind in den einzelnen Ländern unterschiedlich geregelt und vielfach nach der Art der Veranstaltungen gestaffelt. Sie bewegen sich zwischen 5 und 25 v. H. Der Veranstalter einer Vergnügung ist verpflichtet, diese vor ihrem Beginn bei der Steuerbehörde der Gemeinde anzumelden.

Bei Spielgeräten wird das Halten des Geräts mit einem bestimmten Betrag je Zeiteinheit (z. B. für jeden angefangenen Kalendermonat) besteuert. Nach dem Beschluß des BVerwG vom 7. 7. 1993 (Zeitschrift für Kommunalfinanzen 1993 S. 278) sind unterschiedliche Steuersätze für Spielautomaten in Spielhallen und Gaststätten mit dem Gleichbehandlungsgrundsatz (Art. 3 Abs. 1 GG) vereinbar, wenn der Satzungsgeber hierdurch die Ausbreitung der Spielhallen im Interesse des Jugendschutzes eindämmen will. Dem schließt sich der BFH mit Urteil vom 26. 6. 1996 (BStBl. II S. 538) an.

3. Steuerbefreiungen

Von der Vergnügungsteuer sind zahreiche Veranstaltungsarten befreit. In den meisten Ländern bestehen z. B. Befreiungen für die Aufführung von Opern, Konzerten und anderen musikalischen Veranstaltungen, die als künstlerisch wertvoll anerkannt sind. Ferner für die Aufführung von Laientheatern oder Heimatspielen, wobei es auf den künstlerischen Wert nicht ankommt. Derartige Aufführungen dürfen jedoch nicht im Rahmen von Tanzveranstaltungen oder anderen geselligen Veranstaltungen stattfinden.

Sportliche Veranstaltungen sind an sich ebenfalls steuerpflichtig (z. B. Motorsportveranstaltungen); sie bleiben aber steuerfrei, wenn sie den Leibesübungen dienen. Voraussetzung ist dabei, daß nur Amateursportler teilnehmen. Der Einsatz von Lizenz- oder Vertragsfußballspielern steht daher der Steuerbefreiung entgegen.

Veranstaltungen, die kirchlichen und wohltätigen Zwecken dienen, sind steuerfrei, wenn sie von einer Religionsgesellschaft des öffentlichen Rechts, von einem anerkannten Spitzenverband der freien Wohlfahrtspflege oder deren Untergliederungen und angeschlossenen Einrichtungen durchgeführt werden. Dabei ist es gleichgültig, ob die Veranstaltung unmittelbar den begünstigten Zwecken dient oder ob nur der Reinertrag aus einer Veranstaltung (z. B. Tanzvergnügen) den begünstigten Zwecken zugeführt wird.

Hinsichtlich der Vergnügungsteuer ist unbedingt zu empfehlen, sich wegen des Umfangs der Steuerpflicht, der Höhe der Steuer und der Steuerbefreiungsmöglichkeiten mit der zuständigen Gemeindeverwaltung in Verbindung zu setzen.

Sachregister

(Die Zahlen geben die Seiten an)

Aberkennung der Gemeinnützigkeit 245, 323 f.
Abfallbeseitigung 139
Abführung der Lohnsteuer 422
Abgrenzung des Unternehmensbereichs für den Vorsteuerabzug 390 f.
Ablöseentschädigung bei Vereinswechsel 220, 226, 317, 319, 366
Abmahnverein 28, 89
Abnutzbare Wirtschaftsgüter 295 f.
Absetzung f. Abnutzung (AfA) 295 f.
Abstimmungsgrundsätze 63 f.
ADAC 113, 121, 135
Ärzteverein 23
Aktien 299, 307, 332
Alkoholkonsum 139
Alkoholmißbrauch 139
Allgemeiner Steuersatz (Umsatzsteuer) 387
Allgemeinheit 120 f.
Altenheime 229, 352, 374
Altenhilfe 133, 418
Altenpflegeheime 229, 374
Altherrenvereine 139, 167
Altmaterialsammlungen 190 f., 312
Amateurfilmen und -photographieren 129
Amateurfunker 139
Amateursportler als Arbeitnehmer 406
Ambulante Pflege 352, 374
Amtsniederlegung 74
Anerkennung als Träger der Jugendhilfe 380
Angestellte 81, 108
Anglervereine 132
Anlage 7 zu den EStR 265 f.
Anlagevermögen 295
Anmeldung
– der Auflösung zum Vereinsregister 91
– der Lohnsteuer 422
– zur Eintragung 31 f.
– zur Satzungsänderung 41
– einer Vorstandsänderung 75
– Zurückweisung der . . . 33
Annehmlichkeiten 162 f.
Anrufungsauskunft 422
Ansammlung von Vereinsmitteln 178
Anschaffungskosten 295
Anzeigengeschäft bei Vereinszeitschriften 193
Arbeitgeber 405
Arbeitgeberverbände 25, 331
Arbeitnehmer 405 f.
Arbeitslöhne für Vereinsangehörige 405 f.
Arbeitslosenhilfevereine 139
Arbeitsschutz 134
Arbeitstherapeutische Betriebe 230
Arbeitsvertrag 405
Archiv 377
Auflösung des Vereins
– durch Behörde 89
– Satzung 58
Aufmerksamkeiten 162
Aufnahme 52
Aufnahmegebühren 52, 121, 316, 364
Aufsichts- und Organisationspflicht 81
Aufteilung
– von Einnahmen und Ausgaben 313 f.
– der Vorsteuer 391 f.
Auftragsforschung 128
Aufwandsentschädigung 224, 422 f.
Aufwandsersatz 260, 273
Aufwandsspenden 255 f.
Aufzeichnungen
– Nachweis tatsächlicher Geschäftsführung 316

Sachregister

Aufzeichnungspflicht 242
- für die Ertragssteuern 292 f.
- für die Umsatzsteuern 400
Ausbilder 417
Aushilfslöhne 201 f.
Auslagenersatz 416 f.
Ausschließlichkeit 166
Ausschluß 48 f., 53, 79 f.
Ausschüsse 57 f.
Ausstellerhaftung 279
Ausstellung von Rechnungen 395
Austritt 45, 53, 78, 102, 111

Ballonsportverein 140
Bandenwerbung 199, 217, 313 f., 319
Bauernvereine 331
Beamtenverein 22
Bedürftigkeit 149 f.
Beförderung behinderter Menschen 206
Beisitzer 56
Beitragserhöhung 45
Beitragspflicht 45, 53
Beitrittserklärung 76 f.
Beitrittsgebiet 350
Bemessungsgrundlage (USt) 385 f.
Berufsbildung 129
Berufssport 213
Berufsverbände 25, 331 f., 343
- Begriff 331
- partielle Steuerpflicht 333
- Steuerfreiheit 332
Beschäftigungsgesellschaften 140, 207
Bescheinigung für kulturelle Einrichtungen 378
Beschlußfassung
- der Mitgliederversammlung 62, 87
- des Vorstands 72
- mangelhafte 66 f.
Beschwerde 33
Besonders förderungswürdige gemeinnützige Zwecke 265
Besteuerungsgrenze 186, 310 f., 352, 389
Besteuerungszeitraum für die Umsatzsteuer 401
Beteiligung an
- Kapitalgesellschaft 194, 299, 307, 334
- Personengesellschaft 294

Betriebsarztzentrum 24
Betriebsaufgabeerklärung 197, 294, 323, 326
Betriebsaufspaltung bei gemeinnützigen Vereinen 194
Betriebsausgaben 295
Betriebseinnahmen 295
Betriebskindergarten 121
Betriebsmittelrücklage 178
Betriebsvermögen 293 f., 356
Betriebsvermögensvergleich 293
Betriebsvorrichtungen 369 f.
Bezahlte Sportler 224
Bezirksverband 113
Bildung 129
Billardvereine 140
Blindenfürsorge 231
Blutspenden 258
Botanische Gärten 377
Briefmarkensammler 140
Buchführung 242
Buchführungspflicht 292 f.
Buchwert 259
Buchwertprivileg 259
Bücher 388
Bücherei 377
Bürgerinitiative 124
Bundesamt für Finanzen 307
Bundesligaskandal 47
Bundesligavereine 213

Cafeteria 210, 377
Campingplatz 196, 308, 369
Campingverein 140
CB-Funk 140
Chöre 377
Chorleiter 417
Computerclub 140
Containersammlungen 191

Dachverbände 169
Darlehen 297, 306
Dartclub 135
Dauerschulden 350
Degressive AfA-Methode 296
Denkmalschutz 133
Deutscher Alpenverein 24, 113
Direktspenden 251, 270

Sachregister 439

Dirigent 417
Disziplinargewalt des Vereins 47 f.
Disziplinarmaßnahmen 47 f.
Dividenden 299, 307
Drachenflugvereine 141
Dringlichkeitsantrag 61
Dritte-Welt-Laden 141
Drittlandsgebiet 358
Drogenmißbrauch 134
Druidenlogen 120
Duldung 366
Durchlaufende Posten 297
Durchlaufspenden 251, 272
Durchlaufstelle 273

Eheanbahnung 141
Ehevermittlung 141
Ehrenamt 51, 408
Ehrengericht 48
Ehrenmitglieder 51 f.
Ehrungen 54
Eigenverbrauch 366
Eigenwirtschaftliche Zwecke 154
Einfuhr von Gegenständen 358
Einkommensermittlung 291 f., 302
Einkünfte aus
– Gewerbebetrieb 293
– Kapitalvermögen 299
– Land- und Forstwirtschaft 292
– Vermietung und Verpachtung 300
Einnahmen 301
Einnahmen-Überschußrechnung 295 f.
Einrichtungen zur ambulanten Pflege 352, 374
Eintragung
– der Auflösung und Entziehung ins Vereinsregister 91
– Bekanntmachung der ... 34
– Einspruch gegen ... 33
– Geschäftswert 34
– Inhalt 34
– Kosten 34
– Löschung 36
– mangelhafte ... 36
– ordnungsgemäße ... 35 f.
– Rechtswirkungen 35 f.
– Sollvorschriften 36

– ins Vereinsregister 27 f.
– Verfahren 33 f.
Eintragungszeugnis 35
Eintritt 45
Eintrittsgelder 255, 317 f., 358 f.
Eintrittsspende 123
Einzelvertretungsmacht 70 f.
Eisenbahnmodellbauvereine 141
Eissporthallen 371
Elternspenden 254
Entgelt 385 f.
– Herausrechnung aus Bruttopreis 386
Entlohnung
– von Angestellten 161
– von Sportlern 224, 406, 422
Entwicklungshilfe 131
Erbanfälle 363, 430
Erbschaftsteuer 430 f.
Erhaltungsaufwand 297
Erholungsheime 141, 229
Erholungsreisen 215, 319
Ermäßigter Steuersatz (Umsatzsteuer) 387 f.
Erstattung von Reisekosten 259, 416
Erwachsenenbildung 129
Erzieher 417
Erziehung 129, 379
Erzwingungsgelder 304
Esoterik 131
Essen auf Rädern 150

Fachgruppe 113
Faschingsveranstaltungen 138, 319, 321
Festgemeinschaft 188
Festveranstaltungen 311, 359
Festzelt 388
Feuerbestattung 141
Feuerschutz 266
Feuerwehr 329 f.
Feuerwehrförderverein 141
Filmclub 129
Fitness-Studio 219
Flughafen 127
Flugrettungsdienste 141
Förderung
– der Allgemeinheit 120
– auf geistigem Gebiet 124

- auf materiellem Gebiet 124
- auf sittlichem Gebiet 124
Förderung des demokratischen Staatswesens 136
Fördervereine 169 f.
Formelle Satzungsmäßigkeit 236
Formmängel 66
Forschung 128
Forstbetrieb 196, 309
Fortbildung Jugendlicher 379
Fotoverein 129
Frauenhäuser 150
Freibetrag
- beim Gewerbeertrag 351
- bei der Körperschaftsteuer 345
- für Veräußerungsgewinne 294
Freie Rücklage 180
Freie Wählervereinigungen 269
Freie Waldorfschulen 254
Freigrenze
- gesellige, kulturelle Veranstaltungen 232
- Umsatzsteuer (Kleinunternehmer) 396 f.
Freikörperkultur 126
Freistellung (von der Haftung) 84
Freistellungsauftrag 300
Freistellungsbescheinigung bei geringfügiger Beschäftigung 413
Freiwilligkeit von Spenden und Mitgliederbeiträgen 252 f.
Freizeitgestaltung 142
Fremdenverkehrsverbände 365
Fremdenverkehrsverein 142
Frieden 125
Fürsorge für Verfolgte, Flüchtlinge, Vertriebene, Kriegsopfer usw. 266
Fürsorgeeinrichtungen 230
Fusion 87 f., 327 f.
Fußballbundesligavereine 213
Fußballverein 308

Gartenschau 132
Gast- und Fremdauftritte 233
Gebäudeabschreibung 297, 301
Gebäudeaufwendungen 297, 301
Gebietskörperschaften 272
Geistliche Genossenschaften

- Mitgliedergestellung 381
Geldbußen 47
Geldstrafen 303
Gemeiner Wert 256
Gemeinnützige Körperschaft
- Aberkennung 323 f.
- Anerkennung 242
- Weitergabe von Mitteln 175
Gemeinnützige Zwecke 43, 49 f., 119 f.
- ABC der gemeinnützigen Zwecke 139 f.
Gemeinsame Veranstaltungen mehrerer Vereine 188, 294, 361
Gemeinschaftsgebiet 358, 367
„Gemischte" Eigenveranstaltungen bei Musik- oder Gesangvereinen 233
Genossenschaftsanteil 295, 307, 332
Geringwertige Wirtschaftsgüter 297
Gesamtbetrag der Einkünfte 302
Gesamtrechtsnachfolge 35, 87
Gesamtumsatz 396
Gesamtvertretung 83
Gesangvereine 233
Geschäftsfähigkeit 67
Geschäftsführung 240
Geschäftsjahr 51
Geschäftsstelle 113
Geschäftsunfähigkeit 67
Geschirrmobil 132
Gesellige Veranstaltungen 182, 232, 319, 321
Geselligkeit 167
Geselligkeitsvereine 167
Gesellschaft des bürgerlichen Rechts 95
- Festgemeinschaft 188, 294, 361, 390
Gesetzliches Verbot
- Verstoß gegen ... 31
Gesonderte Gewinnfeststellung 294
Gesundheitspflege 134
Gewerbeertrag 350
Gewerbekapital 350
Gewerbesteuer 349 f.
- Behandlung als Ausgabe 295, 304
- Beispiel zur Berechnung 320 f.
- Erklärung 351
- Hebesatz 351
- Steuerbefreiung 352

Sachregister

- Steuermeßbetrag 351
- Stundung und Erlaß 349
- Vorauszahlungen 351
Gewerbeverluste 350
Gewerkschaften 25, 331
Gewinnermittlung 292 f.
Gewinn 292, 350
Gewinnsparvereine 22, 25
Gleichberechtigung 77
GmbH-Anteile 299, 307, 332
Golfclub 123
Golfplätze 371
Großspendenregelung 287
Gründung 28 f.
Gründungsprotokoll 29
Grunderwerbsteuer 428
Grundsteuer 425 f.
Grundstückserwerb 104
Grundstücksumsätze 368
Grundstücksvermietung 300, 308, 368
Gutscheinspenden 256

Haftpflicht 58
Haftung 80 f., 105 f.
- im Besteuerungsverfahren 85, 108
- des Mitglieds 84, 86
- des Organs 83
- beim Spendenabzug 86, 278 f.
- des Vereins f. Angestellte 81, 108
- des Vereins f. Organe 81, 105
- des Vereins für seine Tiere 84
- des Vorstands 85
Hallenbauvereine 177
Hausbaugemeinschaft 97
Haus- und Grundbesitzervereine 331, 339, 365
Hauswart 55
Heilbäder 208
Heimatabende 233
Heimatfeste 133
Heimatpflege 133
Heimatpflegevereine 388
Herstellungskosten 295
Hilfsbedürftige Personen 149 f.
Hilfspersonen 81, 108, 168
Hobbyvereine 143
Hoheitliche Aufgaben 126
Homosexuellenvereine 143

Hundesport 143
Hypotheken und Grundschulden 299

Idealverein 23
Ideeller Tätigkeitsbereich 306, 316, 320, 360
Innergemeinschaftlicher Erwerb 367
Inseratengeschäft 193, 319
Investmentanteile 307, 332
Investmentclubs 97

Jagdvereine 143
Jugendabteilungen von Sportvereinen als Träger freier Jugendhilfe 390
Jugendfürsorge 133, 229
Jugendheime 133, 229
Jugendherbergen 380
Jugendhilfe 133, 380
Jugendliche
- Erziehung, Ausbildung, Fortbildung 379
Jugendreisen 208
Jugendreligionen 130
Juristische Personen des öffentlichen Rechts 271

Kameradschaftskasse der Feuerwehr 329
Kammermusikensemble 377
Kantine 25
Kapellenleiter 408
Kapitalausstattung 159
Kapitalbeteiligungsrücklage 180
Kapitalertragsteuer 300, 307, 332, 346
- Erstattung von ... 307, 332
Kapitalforderungen 299
Kapitalgesellschaften
- Beteiligungen an ... 299, 307, 332
Karnevalsvereine 143
Kartensteuer 434
Kassenprüfer 55, 57, 62, 65
Kassenwart 55, 70
Kassierer 70
Katastrophenlager 191
Kegelbahnen 370, 373
Kegelclub 25, 97
Kindergarten 133, 229, 379
Kinderheime 229

Sachregister

Kindertagesstätten 379
Kirchenlohnsteuer 415
Kirchenopfer 256
Kirchliche Zwecke 153
Klageerhebung 98, 109 f.
Kleiderkammern 191
Kleiderspenden 257
Kleinbetragsrechnungen 395
Kleingärtnervereine 144
Kleinunternehmer
– Nichterhebung der Umsatzsteuer 396
– Option zur Steuerpflicht 397
Kleintierzüchtervereine 144
Kommunales Kino 144
Konkurseröffnung 90, 111
Konkurs- und Vergleichsverfahren 45, 98, 111
Konsumverein 22
Körperersatzstücke 388
Körperschaftsteuer 290 f.
– Anrechnung 299, 304, 307, 346
– Befreiung 306 f.
– Beispiel zur Berechnung 320 f.
– beschränkte Steuerpflicht 291
– Besteuerungsgrenze 310 f., 322
– Einkommensermittlung 291 f., 302
– Freibetrag 345
– Freistellungsbescheid 242 f., 341
– Schaubild 305
– Steuersatz 345
– unbeschränkte Steuerpflicht 290
– Veranlagung 346
– Vorauszahlungen 346
– Zinsabschlag 300, 306, 332, 340 f.
Kostendeckung bei Mitgliedergeschäften 365, 385
Konzerte 377
Krankenanstalten 374
Krankenfahrstühle 388
Krankenfahrten 208
Krankenhäuser 144, 211, 352
Krankenhausapotheke 212, 375
Krankenhauswäscherei 212, 375
Krankenpflegevereine 150, 254
Krankentransport 375
Kultur 129
Kulturelle Einrichtungen 232, 310, 317, 377
Kulturelle Veranstaltungen 232, 310, 317, 378
Kulturvereine 388
Kunst 129, 265
Kunstausstellungen 310
Kunsteisbahn 208
Kunstgegenstände 388
Kunstsammlungen 129, 388
Kunstverein 24, 388
Kurse 378
Kurzzeitmitgliedschaften 219
Kurzzeitpflegeeinrichtungen 352, 374

Landschaftspflege 132
Landschaftsschutz 132
Land- und forstwirtschaftliches Vermögen 292
Landwirtschaftliche Vereine 337, 353
Lebensmittel- und Getränkelieferungen 388
Lehrlingsheime 133
Lehrwerkstätte 144
Leibesübungen 134
Leistungsaustausch 363
Lieferungen 362
– Lieferung von menschlichem Blut 375
Lineare AfA-Methode 296
Lions-Club 144
Liquidation 92 f., 112
Listenverfahren 272
Lizenzfußballspieler 49, 406
Löschung
– der Eintragung 36
– des Vereinsnamens 43
Loge 45, 120
Lohnsteuer 405 f.
– Pauschalierung 409 f., 414
Lohnsteuerabzug 409
Lohnsteuerberatungsvereine 24, 39, 365
Lohnsteuerhilfevereine 332
Lotterien und Ausspielungen 231, 310, 317, 331, 368, 432 f.
Lotterieumsätze 368
Lotterieveranstaltungen 231
Lotto- und Totogewinne 292, 295

Medaillenverkauf 379
Meditation 130
Mehrheitslistenwahl 64
Mehrzweckhallen 170
Mensabetriebe 210, 377
Miet- und Pachteinnahmen 301, 308, 316
Miet- oder Pachtvertrag 369
Miet- und Pachtzinsen 301, 316, 369
Mildtätige Zwecke 149 f.
Mindestbemessungsgrundlage 385
Minicar-Club 144
Minigolfverein 145
Mitglied, Mitglieder
– aktives ... 51
– außerordentliches ... 51
– Austritt 45, 53, 78, 102, 111
– Auswechslung 79
– Beziehungen zum Verein 75 f., 102 f.
– Eintritt 45, 102
– ordentliches ... 51
– passives ... 51
– Pflichten 52, 77 f., 103
– Rechte 52, 103
– Sonderrechte 64, 77, 103
Mitgliederbeiträge 45, 53, 103, 121, 251 f., 306, 316, 338 f., 363
– Abstufung 339, 364
– Gegenleistung 339, 364
– nach Satzung 338, 340
– Sonderleistungsentgelte 364
Mitgliederumlagen 121
Mitgliederversammlung 46, 56 f., 100 f.
– außerordentliche ... 57
– Beschlußfassung 56, 62, 87 f., 100 f.
– Einberufung 56, 59, 100
– mangelhafte Beschlußfassung 66 f.
– ordentliche ... 56
– Protokoll über ... 65
– Stellung und Aufgaben 59
– Vorsitz 62
Mitgliederwerbung 161
Mitgliedschaft 51 f., 75 f., 102 f.
– Beendigung 53, 102
– Erwerb 52, 76, 102
Mittelverwendung 159
Modellbauvereine 145

Modellflugvereine 145
Moscheebauverein 145
Motorsport 134
Museen 377
Musikschulen 155
Musik- und Gesangvereine 232 f., 388
Mustersatzung 237

Nachhaltige Tätigkeit 193, 358
Narrenzünfte 145
Naturschutz 132
Nebenberufliche Tätigkeit 417 f.
Nichtabnutzbare Wirtschaftsgüter 295
Nichtabziehbare Steuern 303 f.
Nichtrechtsfähiger Verein 24 f., 95 f.
– Ende 111 f.
– Errichtung 99
– Haftung 105 f.
– Mitgliederversammlung 100 f.
– Mitgliedschaft 102 f.
– Rechtsstellung 97 f.
– Satzung 100
– Stellung vor Gericht 109 f.
– Verfassung 99 f.
– Vermögen 103 f.
– Vorstand 101 f.
Nichtsteuerbare Umsätze 360
Nichtunternehmerischer Bereich des Vereins 359 f., 391 f.
Nichtveranlagungs(NV)-Bescheinigung 300, 341
Notvorstand 69

Obst- und Gartenbauverein 138, 339
Öffentliche Zuschüsse 363
Örtliche Zuständigkeit für die Besteuerung der Vereine 290
„Option" (Verzicht auf Umsatzsteuerbefreiung) 382 f.
– Bindungsfrist bei Kleinunternehmern 397
Orchester 377
Ordnungen 50
Ordnungsmäßige Aufzeichnungen 316
Organe des Vereins 54 f., 100 f.
Organisationsmangel 81
Ortsgruppe 113
Ortsverwaltung 113

Parteifähigkeit 109 f.
- aktive 109
- passive 109
Partielle Steuerpflicht 184, 310, 333
- für wirtschaftliche Geschäftsbetriebe 310, 333
Pauschalierung
- der Lohnsteuer 414
- der Vorsteuer 393 f.
Pensions- und Unterstützungskassen 330, 353
Personenbeförderung 375
Personengesellschaft 294
Personensteuern 303 f., 318
Pfennigbasar 191
Pferde 388
Pferderennsport 135
Pferdezucht 135
Pflanzenzucht 136
Pflegebedürftige Personen 149 f.
Pflegeheime 352, 374
Pkw-Werbung durch Vereine 200
Platz- und Gerätewart 54, 55, 70, 418
Platz- und Spielordnung 50
Politische Parteien 25, 146, 268, 338, 344
Politische Vereine 146, 338
Politische Ziele 136
Preiskegeln 368
Preisskat 368
Pressewart 54, 56
Projektrücklage 178
Publizitätswirkung des Vereinsregisters 35

Rabattsparverein 331
Rahmen des Unternehmens 359
Rechnungen 395
Rechtliches Gehör 49, 80
Rechtsfähigkeit 27 f.
- Aberkennung 90
Rechtsfähiger Verein 24 f.
- Ende des ... 87 f.
Rechtsmittel gegen Vereinsstrafe 49, 79
Registeranmeldung 31 f.
- Anlagen 31
- Muster 32

Registergericht 27, 33 f., 41
Reithallen 370
Reit- und Fahrvereine 84, 146
Reitunterricht 215
Religiöse Zwecke 130, 264
Rennwett- und Lotteriesteuer 368, 432 f.
Rettung aus Lebensgefahr 134
Richtlinien 50
Rücklagenbildung 178 f.
Rundfunkvereine 146

Sachspenden 256 f.
Säumniszuschläge 304
Sanierungsgewinn 303
Satzung 30 f., 37 f., 99 f., 235 f.
- Änderung 39 f., 60, 63 f.
- Bestandskraft 38 f.
- Form 38
- Hauptzweck 23
- Inkrafttreten 59
- Mindestinhalt 30 f., 41 f., 100
- Muster 41, 51 f., 172, 237
- Nichtigkeit 39
- des nichtrechtsfähigen Vereins 100 f.
- des rechtsfähigen Vereins 37 f.
- Rechtsnatur 38
- Sollinhalt 44 f.
Satzungsaufwendungen 303
Schach 136
Schadensersatz 81 f., 365
Scheck- und Wechselfähigkeit 105
Schenkungsteuer 430 f.
Schiedsgericht 42, 49, 80, 100
Schiedsklausel 39, 41
Schießstände 370, 373
Schlußbesteuerung 221
Schriftführer 54, 55
Schülerheime 379
Schulelternspenden 254
Schulen 353, 378
Schulgeld 254
Schullandheime 229
Schweigepflicht 80
Schwimmbäder 136, 369, 373
Schwimmverein 147
Scientology-Vereine 22, 131, 147
Sekten 130

Sektion 113
Selbständige Tätigkeit 193, 358
Selbstauflösungsbeschluß 87 f., 111
Selbstlosigkeit 154 f.
Selbstversorgungseinrichtungen 230
Seuchengefahren 134
Sitz 43, 49, 51
Skatclub 147
Skiausfahrten von Skivereinen 215
Skilift 23, 209
Skisportverein 23
Solidaritätszuschlag 320, 346, 415
Sonderabschreibung für kleinere Betriebe 296
Sonderleistungsentgelte 364
Sondervertreter 34
Sonderzahlungen 253
Sonstige Einkünfte 301
Sonstige Leistungen 362
Sozialversicherungsrecht bei „630-Mark-Jobs" 409 f.
Sparguthaben 306, 340
Spekulationsgeschäfte 301
Spenden 247 f., 306, 315 f., 369
Spendenbegünstigte Zwecke 262 f.
Spendenbegünstigung 247 f.
Spendenbescheinigung 281 f.
Spendenempfänger 271 f.
Spendenhöchstbeträge 285, 303
Spendensammelvereine 169
Spendensiegel 285
Sphärentheorie 391
Spielgeräte 435
Spiel- und Wettkampfsperren 48
Sponsoring 248 f., 430
Sport 212 f.
Sportgemeinschaften 221, 361, 389
Sportpark 374
Sportplätze 369
Sportreisen 215
Sportunterricht 215, 224, 378
Sportveranstaltungen 212 f., 310, 317 f., 321
Sportvereine 212, 310, 317 f., 320 f., 398
Sportwart 54, 55
Squashhallen 370
Stadthalle 170

Startgelder 214
Sterbekassenverein 22
Steuerbare Umsätze 358
Steuerbefreiung für Schulen 353, 378
Steuerbefreiung wegen gemeinnütziger, mildtätiger oder kirchlicher Tätigkeit 305 f., 352, 367 f., 417 f., 426, 431, 433, 435
Stiftung 43, 177
Stimmabgabe 62 f.
Stimmenthaltung 63
Stimmrechtsbündelung 65
Strafgewalt des Vereins 46 f., 100
Studentenheime 229
Studentenheimvereine 147
Studentenwerke 210, 377
Studentische Verbindungen 99, 167

Tagesordnung 56 f., 60, 65 f.
Tanzsport 147
Tatsächliche Geschäftsführung 240
Tausch 386
Technologiezentren 147
Teilnehmergebühren (Startgelder) 214, 378
Teilwert 258
Telefonseelsorge 150
Tennisclub 45, 51 f., 147
Tennisplätze und -hallen 370, 373
Theater 377
Theatervereine 129
Theatervorführungen 377
THW-Helfervereinigung 148
Tierhaftung 84
Tierparks 377
Tierzucht, Tierhaltung 148
Tischfußball und Tippkick 148
Tombola 231, 310, 317, 368, 432
Toto- und Lottomittel 363
Touristenverein „Die Naturfreunde" 380
Touristikreisen 215
Trennung des Unternehmensbereichs und nichtunternehmerischen Bereichs 359, 392 f.
Trikotwerbung 218, 319
Turnhallen 371
Turnusmäßige Prüfung 244

Überlassung
- von Arbeitskräften und Arbeitsmitteln 176
- von Räumen 177

Überschuß der Einnahmen über die Werbungskosten 293, 295 f.

Übungsleiter 406, 417

Umlagen 53, 121

Umsatzsteuer 357 f.
- Abwälzung 357
- als abziehbare Ausgabe 297, 314 f.
- Befreiungen 367 f.
- Beispiel zur Berechnung 398 f.
- Bemessungsgrundlage 385 f.
- Billigkeitsmaßnahmen 357
- Entstehung der Steuerschuld 401
- Erklärung 401
- Identifikationsnummer 367
- Kleinunternehmer 396 f.
- Schaubild 360
- Steuerbefreiungen 367 f.
- Steuersätze 387 f.
- bei Verlustgeschäften 357
- Verzicht auf Befreiungen 382 f., 397
- Voranmeldungen 402
- Vorsteuerabzug 390 f.

Umsatzsteuervoranmeldungen 402

Umsatzsteuervorauszahlungen 402

Umweltschutz 132

Unabhängige Wählervereinigungen 148, 269

Unbezahlte Sportler 224

Unentgeltliche Leistungen an Mitglieder 366

Unentgeltliche Nutzungen und Leistungen 259

Unentgeltlichkeit von Spenden und Beiträgen 253

Unerlaubte Handlungen 82, 106

Unfallverhütung 134

UNICEF-Grußkarten 256

Unmittelbarkeit 168

Untergliederungen
- funktionale 118, 343
- regionale 117, 343

Unternehmereigenschaft
- auch bei steuerbegünstigter Tätigkeit 359
- bei der Umsatzsteuer 358 f.

Unternehmensbereich des Vereins 358, 391 f.

Unternehmereigenschaft von Vereinen 358

Unterorganisationen 113

Unterschlagung von Vereinsvermögen 161

Vegetarier 148

Veräußerungsgewinn 298

Veranlasserhaftung 280

Veranstaltungen mehrerer Vereine 221, 294, 361

Verbot des Vereins 33

Verbraucherschutz 127

Verdeckte Gewinnausschüttung (Einkommensverwendung) 304, 315

Verein
- Name 34, 43
- Sitz 43 f.
- Zweck 42

Vereinsämter 51

Vereinsausflüge 163

Vereinsautonomie 37, 39, 47, 82

Vereinsdelikt 46 f.

Vereinserlaß 392

Vereinsfeste 232, 311, 319, 389

Vereinsförderungsgesetz
- Erweiterung der gemeinnützigen Zwecke 136 f.
- selbstbewirtschaftete Forstbetriebe 196, 309
- funktionale Untergliederungen 118
- gesellige Veranstaltungen 182
- Verrechnung von Überschüssen und Verlusten 185

Vereinsfusion 90, 327 f.

Vereinsgaststätte und -kantine
- selbstbewirtschaftet 186, 294, 311, 318, 322, 386, 394
- verpachtet 196 f., 323, 369, 398

Vereinsgläubiger 105 f.

Vereinsgründung 28 f.

Vereinshaftung 80 f., 105 f.

Vereinsorgane 54 f., 100 f.

Vereinsregister 27 f., 75

Vereinsschädigendes Verhalten 79

Sachregister

Vereinsstrafe 46 f.
- Rechtsmittel gegen . . . 48, 79
Vereinsvermögen 91 f., 103 f., 111
Vereinszeitschrift, Festschrift 349
Vereinszeitung 193
Vereinszweck 40, 42, 51
Verfassung
- des nichtrechtsfähigen Vereins 99 f.
- des rechtsfähigen Vereins 37 f.
Vergabe von Darlehen 160
Vergnügungssteuer 434 f.
Vergnügungswart 54, 56, 70
Vergütungen 161, 224
Verkauf von Grundstücken 301, 308
Verkauf von Speisen und Getränken
- bei geselligen Veranstaltungen 204, 311, 319
- bei kulturellen Veranstaltungen 204, 233, 311, 319
- bei Sportveranstaltungen 216, 311, 319
- zum Verzehr an Ort und Stelle 388
Verlustabzug 185 f., 298, 303
Vermietung
- von Sportanlagen 219, 372
- von Werbeflächen und -rechten 199, 308
Vermietungsumsätze
- Verzicht auf Steuerbefreiung 382 f.
Vermögen 91 f., 103 f., 108, 111
Vermögensauseinandersetzung 111
Vermögensbindung 164, 239
Vermögensmehrung 154
Vermögensteuer 355 f.
Vermögensstock 182
Vermögensumschichtung 159
Vermögensverwaltung 167, 194, 306 f., 316, 321, 349, 388
Vermögensverwaltung für nichtrechtsfähigen Berufsverband 337, 353
Verpachtung
- des Bewirtschaftungsrechtes 198
- des Veranstaltungsrechts 198
- der Vereinsgaststätte 196 f., 309
- des Werberechts 199, 308
- eines wirtschaftlichen Geschäftsbetriebs 293, 309, 384, 398
Verpächterwahlrecht 293

Verrechnung von Verlusten 155, 185
Verschmelzung 92, 165, 327 f.
Verschulden 81 f., 107 f.
Verspätungszuschläge 304
Verträge besonderer Art 373
Vertrauensschutz beim Spendenabzug 278 f.
Vertretung des Vereins in Steuersachen 71
Verwaltungsbehörde, Mitwirkung bei der Anmeldung 33
Verwaltungsgerichtsbarkeit 33
Verwaltungs- und Wirtschaftsakademie 378
Verwendung
- von Spenden
- im Ausland 173
- im Vermögensverwaltungsbereich 257
- des Vermögens 164
Verzehr an Ort und Stelle 388
Verzicht auf Umsatzsteuerbefreiung 382 f., 398
Verzicht auf Vergütungs- oder Aufwandsentschädigungsansprüche 259 f.
Völkerverständigung 131
Volksbildung 129
Volksfeste 133
Volkshochschulen 129, 234, 378
Volksläufe 379
Volks- und Berufsbildungsvereine 388
Vorabeintragung 41
Vorgründungsgesellschaft 28
Vorläufige Bescheinigung 243 f., 341
Vorstand 46, 54 f., 68 f., 101 f.
- Änderung 74 f.
- Amtsniederlegung 74
- Beendigung der Bestellung 74 f.
- Beschränkung der Vertretungsvollmacht 70
- Bestellung 68, 74, 101
- Entlastung 62, 74, 102, 104
- Geschäftsführung 72, 101 f.
- mehrgliedriger . . . 73 f.
- Mehrheitsgrundsatz . . . 73 f., 102
- Stellung und Aufgaben 70 f., 101 f.
- Vertretungsmacht 70, 101

– Widerruf der Bestellung 74
Vorsteuerabzug 390 f.
– Aufteilung von Vorsteuerbeträgen 392 f.
– Ausschluß vom ... 391
– durch Verzicht auf Steuerbefreiung 382 f.
– vereinfachte Aufteilung 392 f.
Vorsteuer
– als Betriebsausgabe 297
– Vergütung von 382
Vorsteuerberichtigung 395
– Steuerfreiheit zur Vermeidung 381
Vorsteuerpauschalierung 393 f.
Vorträge 378
Vorverein 29
Vorvertrag 28

Wanderheime 349
Wandervereine 148
Weihnachtsbasar 191
Weihnachtsfeiern 162, 319
Werbeeinnahmen 217, 313, 319
Werbung 193, 217, 311, 314
Werbungskosten 301
Werkstätten für Behinderte 230, 310
Wertpapiersparvereine 97
Wettbewerbsklausel 206
Wettkampfbestimmungen 50
Wett-, Spiel- und Lottogemeinschaft 97
Wiederholungsabsicht 193
Willensmängel 30, 38 f., 68
Wirtschaftlicher Geschäftsbetrieb 42, 183 f., 308 f., 311, 318 f., 333, 349, 389
– Beispiele 203
Wirtschaftlicher Verein 21 f., 27, 42

Wirtschaftsförderungsgesellschaften 149
Wirtschaftsverbände 331
Wissenschaftliche Zwecke 128, 264
Wohlfahrtsbriefmarken 255
Wohlfahrtspflege 209, 375
Wohlfahrtsverbände 332, 375
Wohlfahrtswesen 134
Wohltätigkeitsbasar 191
Wohltätigkeitsveranstaltungen 255

Yoga-Psychologie 131

Zauberkunst 130
Zeitschriften 388
Zellteilung 189
Zeltlager 381
Zinsabschlag 300, 306, 332, 340 f.
Zinsen 194, 299, 306, 316, 332, 340, 342 f.
Zoologische Gärten 149, 377
Zuordnung von Einnahmen und Ausgaben 312 f.
Zusammenfassende Meldung 367
Zuschüsse 183, 306, 316, 363
Zuständigkeit der Vereinsorgane 59 f.
Zustellung 71
Zustiftung 160, 165, 275
Zuwendungen an Vereinsmitglieder 160
Zwangsvollstreckung 98, 110
Zweckbetriebe 205 f., 310, 317 f., 388
– Beispiele 207 f.
Zweckbetriebsgrenze 208, 213 f.
Zweckerfüllungsrücklage 178
Zweigstellen 113
Zweigverein 113